中国商务广告协会
中国传媒大学
BBI 商务品牌战略研究所
Business Brand Institute

倾听消费者的声音

# 品牌蓝皮书

2008—2009

刘立宾 张树庭◎主 编
吕艳丹 孔清溪◎副主编

**图书在版编目(C I P)数据**

品牌蓝皮书 2008—2009/刘立宾，张树庭主编. —北京：中国市场出版社，2008.11

ISBN 978-7-5092-0430-6

Ⅰ. 品…  Ⅱ. ①刘…  ②张…  Ⅲ. 企业管理：质量管理—白皮书—中国—2008—2009  Ⅳ. F279.23

中国版本图书馆 CIP 数据核字(2008)第 154425 号

---

**书　　名：** 品牌蓝皮书 2008—2009
**主　　编：** 刘立宾　张树庭
**责任编辑：** 宋　涛
**出版发行：** 中国市场出版社
**地　　址：** 北京市西城区月坛北小街 2 号院 3 号楼（100837）
**电　　话：** 编辑部（010）68034118　读者服务部（010）68022950
发行部（010）68021338　68020340　68053489
68024335　68033577　68033539
**经　　销：** 新华书店
**印　　刷：** 河北省高碑店市鑫宏源印刷包装有限责任公司
**规　　格：** 787×1092 毫米　1/16　31.5 印张　880 千字
**版　　本：** 2008 年 11 月第 1 版
**印　　次：** 2008 年 11 月第 1 次印刷
**书　　号：** ISBN 978-7-5092-0430-6
**定　　价：** 68.00 元

# 前 言

## 从消费者角度考察品牌<br>为企业和政府提供参考

改革开放以来，我国经济持续快速增长，经济总量跃居世界第四，进出口总额排名世界第三，人均国内生产总值超过1 700美元，城乡居民生活状况显著改善，社会的品牌意识不断增强，品牌消费和出口持续增长，涌现出一批市场影响力较大的自主品牌。但总体上看，我国自主品牌建设还比较薄弱，突出表现为知名品牌数量少、品牌寿命短、自主创新能力弱、品牌人才匮乏、品牌管理经验和水平较低、中介服务缺失、市场秩序还不规范等。

发达国家的经验和我国参与国际分工的实践证明，创立和培育自主品牌是提高利用国内外两个市场、两种资源能力的重要途径，是增强国际竞争力和综合国力的重要手段。胡锦涛总书记强调："要拥有我们自己的核心技术，要拥有我们民族的世界品牌。"温家宝总理也指出："名牌就是质量，就是效益，就是竞争力，就是生命力。"党的十七大报告提出："创新对外投资和合作方式，支持企业在研发、生产、销售等方面开展国际化经营，加快培育我国的跨国公司和国际知名品牌。"这是中央根据我国经济社会发展的阶段性特征，提出的一项新的重要战略性任务。

品牌建设涉及企业的竞争力和营销理念、社会文化、消费者的评价与认同、政府的引导与扶持培育、保护等各个方面，是一项关系到提高经济质量、增强企业实力、弘扬民族精神、消费者得到实惠的综合性、长期性任务。

真正落实这项任务，首先，必须以党的十七大精神为指导，以科学发展观为统领，坚持走以企业为主体、自主创新为支撑、政府推动与社会参与相结合的自主品牌发展道路，着力营造规范的市场环境，形成促进自主品牌成长的机制，使具有自主知识产权和自主品牌的产品和企业脱颖而出，推动经济增长方式的根本转变，全面增强我国的综合国力、国际竞争力和抗风险能力，促进我国社会经济全面、协调、可持续发展。其次，要通过政府、企业和全社会各方面的努力，促进形成一批以自主创新为核心、以自主品牌为标志、具有较强竞争力的优势企业和企业集团，力争在未来10年间拥有若干具有自主知识产权的国际品牌和一批经过市场检验、公众认可的国内品牌，自主品牌产品出口占全国出口总额的比重不断提高，改变我国制造大国、品牌小国的局面，推动实现从经济大国向经济强国的转变。

为进一步促进我国自主品牌建设，为企业品牌营销和政府品牌决策提供参考，中国商务广告协会和中国传媒大学在全国36个中心城市展开了"2008中国消费者理想品牌大调查"活动。该调查由中国传媒大学BBI商务品牌战略研究所策划执行，组织全国36所知名高校共同调查研究，并得到了12家全国性协会、商会和研究单位的大力支持，对中国36个中心城市消费者的品牌消费行为与态度进行全面考察和深度分析。

在本次大调查的基础上，BBI商务品牌战略研究所推出了《品牌蓝皮书2008—2009》，遵循以消费者为主导的科学品牌价值观，聚焦家庭消费者与潜力消费者两类典型消费群体，以行业和区域为维度，通过探寻品牌在消费者中的心理格局，勾勒出我国品牌竞争的现状，探讨其未来发展趋势。全书共分为4个部分。其中第三部分是本书的核心部分，依托"2008中国消费者理想品牌大调查"所获得的基础数据，对12个行业57个消费品类的品牌竞争格局、品牌发展策略、市场热点趋势，以及媒体、城市、人物三类人文品牌的消费者认知与偏好，进行了多角度、全方位的解析。

翔实的调查数据、多维度的格局分析、鲜活的实战案例是本书的几大特色。希望本书能够有助于协助各级政府及有关部门了解各行业、各区域的品牌发展现状，加大对产品质量的监管和对自主品牌的扶持力度；协助企业厘清品牌所处的竞争格局，加强质量意识、竞争意识、市场意识，力争在广大消费者心中塑造理想的品牌形象；为品牌相关从业人员了解行业竞争态势提供参考。

刘立宾　张树庭

2008年9月15日

# 目 录

## 第一部分 2007 品牌营销环境概述



## 第二部分 消费者品牌认知现状与趋势分析



## 第三部分 消费与人文品牌生态分析

## 第四部分　部分省市品牌发展状况

第一部分

# 2007 品牌营销环境概述

# 第一章　2007 年经济、文化与传播环境概述

## 第一节　2007 年经济环境概况

根据国家统计局和中华人民共和国国家发展和改革委员会公布的相关数据报告，2007 年，中国国民经济保持平稳快速发展，工业经济较快增长，效益明显提高，运行质量进一步改善，结构调整和节能减排取得新进展，农业和第三产业也都呈现出增长较快、结构优化、效益提高、民生改善的良好运行态势。初步核算，全年国内生产总值 249 530 亿元，比上年增长 11.9%，加快 0.3 个百分点，连续 5 年增速达到或超过 10%。其中第一产业增加值 28 095 亿元，增长 3.6%；第二产业增加值 121 381 亿元，增长 13.4%；第三产业增加值 96 328 亿元，增长 11.4%。[①] 总的来看，2007 年国民经济发展总体呈现出以下特点：

### 一、工业各项指标良性增长加快，产业结构更趋合理

**（一）工业企业经济效益明显提高，整体协调性有所提高**

2007 年主要工业行业利润均实现较快增长，新增利润在上下游行业的分布更趋协调。工业企业盈利能力进一步增强，销售收入利润率与上年相比提高了 0.43 个百分点。重工业增长 19.6%，轻工业增长 16.3%。规模以上工业企业产销率达到 98.1%。其中，增幅超过 40%的行业有交通运输设备制造、专用设备制造、化工、煤炭、钢铁等行业。另外，从工业增长的结构看，内需拉动的作用进一步增强。

**（二）区域工业共同发展不断推进**

中西部地区充分发挥比较优势，积极完善产业配套、优化发展环境，主动承接东部地区的产业转移，发展速度明显加快。东北地区装备制造业、原材料加工、高新技术、农副产品等行业发展态势良好，重要行业企业的重组改制步伐加快。东部地区调整产业布局，推动自主创新，加快发展先进制造业和现代服务业。中西部地区工业生产和投资增速继续快于东部地区，占全国的比重继续提高；东部地区生产增速与去年同期持平，实现利润增幅继续提高。

**（三）产业结构调整迈出新步伐，重点行业节能减排取得新进展**

2007 年我国大力加强节能减排综合管理力度，国家遏制高耗能高排放行业过快增长的政策效果逐步显现。工业产品结构不断优化，一些重点行业能耗指标继续下降。重点大中型钢铁企业吨钢综合能耗、吨钢耗新水继续下降，有色行业重点冶炼企业能耗、电耗水平也有降低。工业主要污染物二氧化硫和化学需氧量排放量增速近年来首次由升转降。2007 年，节能减排首次出现“拐点”：前三季度，全国单位 GDP 能耗同比下降了 3%，二氧化硫和化学需氧量排放量首次出现“双下降”。

---

① 国家统计局. 中国统计年鉴 2008 [M]. 2008.

相关政策看板：2007年国家启用了区域限批、流域限批政策，遏制高污染、高耗能产业的迅速扩张趋势；正式颁布《中国应对气候变化国家方案》；出台节能减排统计、监测及考核实施方案和办法的通知。此外，《中华人民共和国国民经济和社会发展第十一个五年规划纲要》中也有提出节能减排的总目标——“2006－2010年的五年间，实现单位国内生产总值能耗降低20%左右，主要污染物排放总量减少10%”。

**(四) 产业国际竞争力进一步增强**

通过加大技术进步和自主创新，工业企业技术装备水平加快提升。工业产品结构、出口结构有所优化。机械行业出口大幅增长。纺织行业进一步发展，全年纺织品服装出口实现量减价增。通过加征关税、降低出口退税等手段加大对部分产品出口调整力度，一些产品出口量持续下降或增幅出现回落。全年煤炭、钢坯、未锻轧铝出口量均有不同程度的下降。

## 二、农业生产继续稳定发展，粮食再获丰收

2007年粮食总产量达到50 150万吨，比上年增产350万吨，增长0.7%，成为历史上第4个高产年，这是1985年以来我国粮食生产首次实现连续4年增产。其中，夏粮产量11 534万吨，比上年增长1.3%；早稻3 196万吨，与上年基本持平；秋粮35 420万吨，比上年增长0.6%。

## 三、能源生产供应稳定增长

煤炭生产和运输较快增长，2007年煤炭产量25.36亿吨，比上年增长6.9%，国家铁路煤炭运量和主要港口煤炭中转量分别呈现不同程度增长。电力持续快速发展，发电量3.26万亿千瓦时①，同比增长14.44%，年末发电装机超过7亿千瓦。发电设备平均利用小时数比上年降低。国内市场成品油供应基本稳定。四季度以来，部分地区出现了成品油特别是柴油供应紧张的情况，经过各方面努力，供应紧张状况明显缓解。

## 四、固定资产投资快速增长，房地产开发投资明显加快

2007年全社会固定资产投资137 239亿元，比上年增长24.8%，加快0.9个百分点。其中，城镇投资117 414亿元，增长25.8%，加快1.5个百分点（12月份16 809亿元，增长19.6%）；农村投资19 825亿元，增长19.2%。分地区看，东部地区投资比上年增长21.0%，中部地区增长34.0%，西部地区增长28.2%。全年房地产开发投资25 280亿元，比上年增长30.2%，加快8.4个百分点。

相关政策看板：2007年，针对房地产市场持续走热、住房价格居高不下、土地资源供不应求、行业资金流动过剩的突出状况，政府出台“24号文”、“第二套房贷管理”、“39号令”、《廉租住房保障办法》、《经济适用住房管理办法》等一系列政策，抑制过快增长，加强低收入居民住房保障，打击房地产交易中的投机行为。国家政策宏观导向从市场调控机制转向住房保障机制。

## 五、金融业全面开放，在国际化进程中接受考验

2007年，中国金融业全面开放，进入“现代金融体系”时代。17家外资银行抢滩上海、北京、深圳，同时开拓农村市场，与本土银行竞争共存。在对外扩大开放的同时，我国寻求更多的对内开放，给予国内民营资本进入银行业的权利。面对次贷危机、信息安全保障欠缺、高端理财业务短板、开放程度有限等问题，本土银行努力提升服务水平，积极进行海外收购、上市，寻求

---

① 中国电监会. 2007年度电力监管报告［M］.

发展。

## 六、对外贸易快速增长，外商直接投资继续增长

2007 年进出口总额 21 738 亿美元，比上年增长 23.5%，回落 0.3 个百分点。其中，出口额 12 180 亿美元，增长 25.7%，回落 1.5 个百分点；进口额 9 558 亿美元，增长 20.8%，加快 0.8 个百分点。进出口相抵，贸易顺差 2 622 亿美元，比上年增加 847 亿美元。全年实际使用非金融机构外商直接投资 748 亿美元，比上年增长 13.6%。年末国家外汇储备余额达到 1.53 万亿美元，比上年增长 43.3%。

## 七、人民币升值压力加大，货币政策紧缩

2007 年货币供应量增长较快，贷款增加较多。金融机构人民币各项贷款比年初增加 36 323 亿元，比上年多增 4 482 亿元。各项存款比年初增加 53 878 亿元，比上年多增 4 599 亿元。全年投放现金 3 262 亿元，比上年多投放 221 亿元。为解决流动性过剩问题，防止经济增长由偏快转为过热，央行 6 次上调人民币存贷款基准利率、10 次上调存款准备金率，多次发行定向央票。

## 八、市场销售增长较快，消费价格上涨较快

2007 年社会消费品零售总额 89 210 亿元，比上年增长 16.8%，提高 3.1 个百分点（12 月份 9 015 亿元，增长 20.2%）。其中城市消费品零售额 60 411 亿元，增长 17.2%；县及县以下消费品零售额 28 799 亿元，增长 15.8%。分行业看，石油及制品类、汽车类、建筑及装潢材料类、家具类、家用电器和音像器材类、服装鞋帽、针纺织品类、化妆品类、体育娱乐用品类增长较大。

消费价格上涨较快。全年居民消费价格上涨 4.8%，涨幅比上年提高 3.3 个百分点（12 月上涨 6.5%），城市上涨 4.5%，农村上涨 5.4%。食品（上涨 12.3%）、居住（上涨 4.5%）价格上涨是拉动价格总水平上涨的主要原因。全年 70 个大中城市房屋销售价格比上年上涨 7.6%。受猪肉、食用油等食品涨价的影响，居民消费价格指数（CPI）涨幅连续 9 个月超过 3%的警戒线。

相关政策看板：2007 年中央经济工作会议将“防止价格由结构性上涨演变为明显通货膨胀”作为来年宏观调控的首要任务，国家采取六大措施抑制价格总水平过快上涨①：

举措一：国家发展改革委会同有关部门，大力发展生产，保障粮食、食用植物油、肉类等重点农产品的供给，确保基本生活必需品供应不断档。

举措二：加强粮食等重要产品储备调节、进出口调节。

举措三：健全大宗农产品、初级产品供求和价格变动的监测预警制度，做好市场供应和价格应急预案。

举措四：强化市场监管，抓好教育收费、医药价格、通信资费、农资价格及涉农收费等监督检查。

举措五：完善和落实因基本生活必需品价格上涨对低收入群体的补贴办法。

举措六：稳定消费者心理预期。

## 九、居民收入快速增长，就业增加较多

2007 年城镇居民人均可支配收入 13 786 元，比上年增长 17.2%，扣除价格因素，实际增长

---

① 李云路，赵博．点击 2007 年中国经济关键词［2007-12-13］．新华网．

12.2%，增幅上升1.8个百分点。农村居民人均纯收入4 140元，比上年增长15.4%，扣除价格因素，实际增长9.5%，加快2.1个百分点。年末居民储蓄存款余额172 534亿元，比上年末增加10 967亿元。全年城镇新增就业1 204万人，比上年多增加20万人；年末城镇登记失业率为4.0%，比上年末回落0.1个百分点。

## 第二节　2007年文化与传播环境概况

2007年中国共产党第十七次全国代表大会召开，十七大深刻阐述了科学发展观的科学内涵和精神实质，对继续推进改革开放和社会主义现代化建设、实现全面建设小康社会的宏伟目标作出了全面部署，在我国改革发展关键阶段具有里程碑式的意义。报告中提出“推动社会主义文化大发展大繁荣”的伟大战略目标，出现的“文化创造活力”、“文化软实力”、“文化权益”、“文化生产力”、“文化产业群”、“公共文化服务体系”等名词，也对我国文化、国际交流与传播环境产生了深远影响。2007年，文化与传播领域呈现出以下一些热点：

### 一、国学热潮与传统文化复兴

《百家讲坛》用开放式讲学的形式将国学展示给大众，一股对于国学的追捧热潮渐成规模。书店原本偏居一隅的国学著作开始登上畅销书架，社会上出现多种形式的国学教育，企业界甚至开始推广“国学式管理”。

### 二、调整节假日加强文化传承

在广泛征求各界意见和社情民意的基础上，修改后的《全国年节及纪念日放假办法》（以下简称《办法》）经国务院通过，并于2007年12月16日对外公布。根据《办法》，从2008年起，新增清明节、端午节、中秋节各放假1天，春节放假3天不变，但调整为从农历除夕开始计假。将传统节日纳入法定节假日，使百姓有时间参与民俗活动，将有利于进一步加强优秀传统民族文化的传承，有利于增强民族凝聚力，促进和谐社会建设。

### 三、大国尊严回归

“嫦娥一号”成功发射、北京奥运会的举办等一系列大事，不仅使中国受到更多国际目光的关注，成为世界的焦点，是中国经济实力增强及国际地位不断提高的表现，也使中国人民的自信心和自豪感随之空前高涨。

### 四、企业社会责任与道德反思

重庆家乐福踩踏事件、沃尔玛裁员事件等一系列负面报道拷问企业的社会责任。首届中国企业社会责任报告国际研讨会在京召开，企业道德备受关注；新中国成立以来首次评选表彰道德模范；华南虎真假的大讨论和《士兵突击》中塑造的钝感人物许三多引发社会对于道德精神的反思。

### 五、大众传媒与新媒体传播精彩纷呈

#### （一）荧屏净化工程

为遏制低俗化倾向，倡导传播健康高雅的人文精神，广电系统把净化荧屏视频作为宣传管理

重点，加强对法制类、娱乐类，特别是选秀类节目的管理。对选秀活动的播出时长、时段、场外投票方式等设限，叫停低俗节目，禁播八类涉性广告，以及群众参与的整容、变性节目。

**（二）央视招标反映中国经济信心指数**

2008 年的央视招标体现出奥运背景下本土企业和国际企业对于中国经济的巨大信心。国有企业、国际品牌中标额均显著提高。中标企业在区域和行业分布上更加广泛，这次招标是西北、西南企业中标最多的一年。央视抓住奥运契机走出国门，在日韩举办推广会，迈出了国际化营销路线的第一步。

**（三）新媒体迅速崛起**

新媒体在 2007 年发展迅速。我国数字电视地面传输标准 8 月 1 日起正式实施，数字电视转换工作步入快速发展阶段。手机媒体也取得了突破性进展，《人民日报》面向全国正式发行手机报，上海推出全球首个手机电视直播频道“第五媒体”。

**（四）网络更深入地渗透生活**

2007 年，上市、风投、并购，大笔资金涌入中国互联网行业，网络在国家重大事件的新闻报道中扮演了主流传播平台的角色。博客、网络视频、电子杂志等网络服务迅速壮大。截止到 2007 年，中国网民总人数达到 2.1 亿，宽带网民人数 1.63 亿，收集网民人数达到 5 040 万。从生活购物到寻觅爱情，从个人空间到网络江湖，网络已经无处不在。网络，不仅将触角延伸至全民的物质消费，更渗透进入了精神世界的各个角落。

**（五）媒介集团掀上市并购浪潮**

2007 年中国媒介集团通过并购、上市积极进行资源整合。分众先后并购好耶、艾瑞咨询集团、创世奇迹、上海江畔传媒及玺诚传媒；网盛科技并购中国服装网；华友与光线合并。中国互联网企业第三波集体上市，完美时空登陆纳斯达克；金山软件在香港联交所挂牌；巨人网络在纽约证交所挂牌；网龙及阿里巴巴相继在香港联交所上市。媒介产业化趋势进一步加强，新一轮势力布局渐趋明朗。

**（六）媒体联盟，为奥运结缘**

为抓住奥运契机，应对媒体竞争，规模不一、层级相异的奥运媒体联盟纷纷成立。央视组建“奥运新媒体报道联盟”。搜狐联合全国 15 家主流报纸媒体、30 多家电台组成“奥运媒体联盟”。新浪、腾讯、网易三大门户共同发布《奥运报道联合宣言》，吸引了 Tom、雅虎中国等多家主流媒体加盟，形成声势浩大的“奥运报道联盟”。

# 第二章 2007年中国营销事件盘点

2007年，世界的目光渐渐聚集在中国。伴随中国经济的高速发展，国内外企业纷纷厚积薄发，突破固有营销模式束缚，积极融入社会热点元素宣传品牌。整合化趋势不断加强，各种营销方式交织在一起，为企业的营销实践营造了良好的宏观环境。

## 第一节 营销主题盘点

### 一、奥运营销：投身体育 各显神通

突破点：众多企业成功地走出了奥运营销的差异化之路。

奥运赞助商的全民参与策略："伊利奥运健康中国行"深入社区；海尔"奥运城市行"为国际化道路增添砝码；中国移动举办面向全球的"奥运家庭游北京"活动。

非奥运赞助商的曲线策略：新飞开展2008助威团全国选拔赛；李宁与央视五套合作凸显本土营销智慧；雪花啤酒喊出"有我才行"；"百事敢为中国红"，脱下蓝装为中国队加油；奥克斯赞助奥运场馆，成为国家奥林匹克体育中心的独家战略合作伙伴。

企业在积极运用奥运场馆、吉祥物、会徽、运动员等奥运元素，使宣传效果最大化的同时，注重以差异化树立品牌鲜明的形象，进行中国元素、奥运元素的巧妙结合。甚至在同一权益的运用中，也体现出不同的营销智慧。以火炬手选拔为例，联想携手央视，展示东道主优势；三星开通网络、手机双平台，关注感人故事；可口可乐齐集中国顶尖运动员，激扬民间力量，煽动"草根英雄"。随着奥运的步伐临近，企业采取奥运明星代言、体育项目赞助、专项产品支持等方式纷纷发力奥运营销，善于创新营销方法的企业将在新一轮的奥运营销战役中取得先机。

### 二、娱乐营销：全民动员 广泛参与

突破点：娱乐营销冲破选秀樊篱，融合各种时下热门元素，向更为广阔的娱乐空间进发。

仁和闪亮滴眼液独家冠名湖南卫视《快乐男声》；江中亮嗓润喉片《红楼梦中人》火热决选；美特斯邦威服饰赞助《加油！好男儿》，选秀类节目依然充当着品牌展台。广电总局设限后，借助选秀节目进行营销的方式有待创新；音乐独特的流行元素和传播效应仍然受到企业的青睐。Myspace以音乐会友，实现在中国的成功登陆。汇源果汁二度牵手MTV超级盛典，通过音乐推广健康理念。

为迎合奥运热，企业进一步将"全民健身"、"娱乐竞技"融入营销活动。青岛啤酒冠名湖南卫视亲子户外竞技节目《我是冠军》，巧打亲情牌。耐克开展京城篮球少爷活动，展现品牌活力。蒙牛与国家体育总局、央视联合打造趣味健身活动《城市之间》，首创全民健身海选，通过无门槛的竞赛最大限度地与消费者互动。

捆绑快乐进行销售依然是商家最有效的"促销"大法。娱乐的精神已被融入到各种营销活动

之中，通过各种媒体的协同效应被演绎得淋漓尽致。然而，在娱乐泛滥的年代，创新和差异化才能使娱乐营销效果常驻。

## 三、跨界营销：优势互补 战略牵手

突破点：品牌联盟的基准发生了转移，产品的功能互补不再是联盟营销的首要前提，消费者的使用体验成为联盟是否成立的关键点。

因资源共享、优势互补而渐受企业青睐的联盟营销方式，在2007年体现出明显的跨界营销趋势。彩电品牌创维与厨卫品牌华帝，共同启动“新农村影院工程”，赴全国600个县为8 000多万农村居民放映电影，且试行渠道共用，为开拓三、四级市场奠定基础。

服装品牌Kappa与百事可乐联手打造Kappa—百事“影舞”运动产品系列，将百事新包装的元素设计到运动服饰中。此外，Kappa还与东风雪铁龙C2携手，在各大城市举办“Shine Me”大型路演活动，并开始着手打造纯粹运动风格的C2车主专有服饰；肯德基与蒙牛结成战略联盟，蒙牛将于2008年为肯德基近2 000家连锁餐厅供应乳制品，并加入“肯德基全国青少年三人篮球冠军挑战赛”。肯德基作为爱心伙伴加入由蒙牛和中国奶协联合发起的“中国牛奶爱心行动”，凸显社会责任。

跨界营销是用不同的商品符号共同构建消费者的使用体验，达到1+1>2的效果。当几种商品叠加能够加强消费者某种愉快的体验时，跨界营销的基础就产生了。

## 四、体验营销：注重感受 理念至上

突破点：体验营销从简单的产品性能展示，向营造生活理念、真正以消费者体验为中心深层发展。

体验式经济日盛，注重消费者体验不再只是商家的一句口号，而成为获得品牌好感度的重要前提。2007年最大的体验营销话题莫过于奥运，号召全民参与，在参与中与产品亲密接触，是企业在奥运契机下的体验营销战略。

新浪启动“我的2008”大型活动，整合网站资源，通过新浪提供的各项服务，如写博客记载奥运见闻、传照片分享奥运精彩时刻等发动全民参与奥运会，在感受奥运的同时体验新浪的各种功能；AMD举办“我为双核狂”活动，掀起真双核体验风暴，通过电脑竞技凸显双核的高效。同时借助网络媒体，鼓励消费者加入博客圈，扩大参与体验的人群，为体验后的口碑传播建立通道。

## 五、公益营销：找准热点 献身社会

突破点：企业积极结合热点时事展开公益营销，将关注重点延伸到环境、健康、教育、城市建设等各个方面，企业社会责任意识凸显。

奥康将奥运与公益结合，成立“奥康奥运圆梦基金”，携手奥运冠军启动“圆梦行动”，帮助奥运冠军实现个人公益梦想；青岛啤酒独家冠名央视经济频道的大型电视活动“倾国倾城”，在奥运背景下为中国城市品牌的建设贡献力量；蒙牛联合联想、微软等发起“中国牛奶爱心行动”，向贫困地区的孩子无偿捐赠爱心牛奶。联合国粮农组织、肯德基等6家机构成为爱心行动的第二批合作伙伴；扬子江药业在中国人民解放军建军80周年之际策划系列拥军主题活动；帝亚吉欧借广受全国人民关注的太湖蓝藻事件，启动“东太湖水源地与生态环境保护工程”；怡宝为和谐社会添砖加瓦，力推“百所图书馆计划”，呼吁公众为偏远山区的学校捐赠旧书，捐出一本书，就能获赠一瓶水；中国银联成立“银联励志基金”捐助贫困大学生；浙江中烟正式开启“利群阳光直通车”圆贫困学子的大学梦。

公益题材在奥运前站年受到前所未有的关注，越来越多的企业注重审时度势，抓住机遇，利用舆论关注的热点问题巧打公益营销牌，树立了有责任意识的企业公民形象。

## 六、网络营销：深入挖掘 精准运作

突破点：2007年各种网络技术的营销价值得到深入挖掘，网络营销向大众化和精准化两极发展，成为企业整合营销战略中的排头兵。

在2006年尚处于概念阶段的博客营销，却在2007年绽放光彩。随着博客势力的壮大，企业纷纷运用博客获得信息，进行公关、事件营销和危机处理，博客广告联盟、话题营销等营销方式相继出现，杰里米的《博客营销》一书风靡网络营销界。

圈群的发展为高效精准的营销提供了新的路径。口碑营销在社区和圈群的发展下迅速成熟。三星F308与InSenz社区营销联盟合作，向手机论坛推送话题，进行口碑传播。

企业借助网络为各种营销活动扩大影响，广泛发动公众参与，网络成为企业整体营销战略中不可或缺的一环。百事开展“百事我创 我要上罐”活动，通过网络发动消费者上传照片，借助网络扩大活动规模。

网络构筑的社区营销平台、体验营销平台、病毒营销平台，以及数据库营销平台，极具精准、互动的特质。网络在覆盖面不断扩大的同时，对于网民的分类却更加细致，不同服务吸引不同消费者，相同的消费者聚集在一起，这使得精准营销迈上了新的台阶。

## 七、事件营销：制造话题 传达价值

突破点：准确找到公众关注焦点，引爆公众流行话题，使企业受益。

春秋航空因1元票价的炒作，以及将“霸机”乘客列入黑名单事件，成为2007年最受关注的航空公司，低价策略随之闯入大众的视野。其打破定位一致、面向人群相同的旧有规则，将飞行之旅与奢华划上不等号，通过精准定位、细分市场推动价格创新，走出了一条低价的蓝海之路；农夫山泉发起“水测试”大战，促销人员向消费者免费派发测试试纸，配合广告宣传，在全国各大城市开展“饮用水酸碱度测试”报道，让消费者亲身体验农夫山泉的健康品质。

造有利于企业之势，营建宜于传达企业核心价值的社会氛围，使公众能够在嘈杂的环境中听到企业的声音，关注企业的动态，通过事件对企业和产品的利益点有更深入的了解。

## 八、置入营销：无缝接合 润物无声

突破点：无论在品牌与内容的结合程度上、情节设计的巧妙性上，还是对置入载体的挖掘上，2007年置入营销都交上了令人满意的答卷。

在香港回归十周年之际，以吉利为原型的大型电视连续剧《岁月风云》在内地和香港热播。该剧以华夏子孙振兴民族工业为题材，完整地“再现”了吉利的成长历史及取得的成绩，产品名称直接出现在剧中，为自主品牌打造了另类传播通道；森马将品牌服装款式置入QQ秀中，“M&M”巧克力豆在QQ表情和游戏中置入，雀巢、蒙牛置入可乐吧网络休闲游戏，361°、百事、匡威等品牌置入网游“童年online”，使IGA市场焕发无限生机。

置入营销以隐性的方式绕开强行灌输的弊端，在营销细化和精准化的潮流下日益受到企业的青睐，成为广告业关注的热点。对置入载体的深入挖掘和真正与品牌内涵对接的情节设计，是置入发展需要进一步探究的问题。

### 九、文化营销：提升品位 充实内涵

突破点：国内外企业都更注重通过与中国文化的对接攻破消费者的心理防线，利用历史积淀的文化资源提升品牌品位。

中粮集团旗下食用油品牌福临门更换企业视觉识别系统，放大了其商标中的“福”字，迎合中国人对“福”的偏爱，利用传承千年的福文化提升品牌好感度和识别度；双喜借势奥运，在全国选出 50 对世纪婚礼新人，开通“体验 2008 喜悦专线”，通过让新人游历 4 个奥运会赛事举办地制造宣传素材，将中国传统喜文化和现代的奥运文明融合。汽车行业使用文化营销提升品牌内涵：一汽丰田举办 CROWN 皇冠竹林音乐会，体现知性、和谐；华泰汽车赞助“华泰圣达菲之夜——女子十二乐坊演出”等一系列文化活动，以此提升品牌形象；铃木汽车赞助“2007 广东国际旅游文化节”。

在产品同质化时代，赋予品牌文化内涵是塑造差异化和品牌个性的有效方式，也是国际企业本土化的有利手段。

### 十、渠道创新：扩充渠道 加强终端

突破点：企业对行业内传统营销结构重新审视，借异业独有优势，进行新旧模式融合以及多元化尝试。

巨人网游《征途》，挣脱网游推广对网络及其他主流媒体的依赖，借鉴零售业的终端传播模式，使产品宣传出现在全国各地区的网吧内。PPG 衬衣突破传统服装行业的营销法则，将电子商务和传统零售业两种模式进行创新性融合。库存、销售终端及其他实体成本都转换为广告投放资金，把每一则广告都变成了 PPG 的店面。同时配合先进的物流供应体系，保证高质量的生产和低廉的价格，被称为“服装界的戴尔”。金立语音王的电视直销试水掀起国产手机品牌电视直销的热潮，UT 斯达康、中兴、侨兴、CECT 等手机先后跳水电视直销。湖南广电旗下的快乐购，定位为虚拟通路零售产业，即媒体零售、电视百货。建立全国连锁，出售卖场中同样有销售的商品，以价格和服务取胜。借电视媒体公信力跨越消费者的心理屏障，为日用消费品提供新的销售渠道。

2007 年，企业通过销售渠道和传播渠道的创新，品尝到“嫁接”出的硕果。创新的含义不仅是创世间之所无，还体现在大胆进行旧有元素的重新组合。

## 第二节　营销问题盘点

### 一、“中国制造”遭遇品牌危机

宠物食品有毒、轮胎缺乏安全装置、牙膏含“二甘醇”、玩具铅含量超标等一系列中国产品的质量问题被西方媒体曝光，妖魔化渲染使“中国制造”在 2007 年遭遇寒冬。大量的商品回收使国际消费者对中国产品的质量安全产生疑虑，中国国家形象和产品信誉受损。

政府积极回应此次危机，多次召开新闻发布会对具体情况进行说明，组织外国媒体和驻华使节参观中国出口制造企业，并开始实施新的食品和玩具召回制度，打响打击劣质产品和非法制造商的“特殊战役”。此次危机给我们的启示是，要严格政府监管，改善企业生产，参与标准制定，积极实现从“中国制造”向“中国创造”的转型。

### 二、网络成为企业危机病灶

2007年一系列企业危机祸起互联网。湖南省消费者通过博客披露LG空调质量问题，LG翻新事件曝光；星巴克因芮成钢博客的质疑被迫撤出故宫；麦当劳起用杨丞琳做代言人，致使各大论坛“万人签名抵制麦当劳”；大学生的博客文章《森马，你在干什么?》引起网友对违背环保精神的森马广告口诛笔伐。

网络已经具备了为大众设置议题的能力，企业危机的爆发脱离了由传统大众媒体爆料的轨迹，起源往往是某个论坛帖子、博客文章、邮件甚至即时通讯工具的签名档，这对于企业的口碑管理和危机公关应急能力提出了更高的要求。以消费者为中心，提供高品质的产品和服务，勇于承担社会责任是企业在新形势下的必然选择。

### 三、合作纠纷引发合资思考

法国达能公司强行以低价并购杭州娃哈哈集团有限公司非合资公司51%的股权，双方各执一词，一度发展为“契约精神”与“民族主义”的较量，达娃之争备受关注，激起业界警惕外资控股、保护民族品牌的大讨论。在新的市场环境中，众多中国企业积极与外商合资以求获得竞争优势。面对汹涌的外资并购浪潮，中国企业在选择外资合作伙伴时，要学习规则、掌握规则、建立规则，唯有如此，才可能实现互惠互利的初衷。

### 四、名人代言面临公信力问题

2007年，名人代言风波不断，名人广告公信力问题重新回到大众视野。葛优代言亿霖木业被卷入非法传销案；郭德刚拍摄的“藏秘排油减肥茶”虚假广告在央视“3·15”晚会上曝光；演员傅艺伟代言的“胡师傅”无油烟不沾锅存在严重质量问题。郭冬临、张铁林分别因代言汰渍洗衣粉和参龟固本酒时夸大宣传，被消费者告上法庭。以消费者利益为本，遵守诚信，积极倡导优质消费，是名人回报社会的一种方式。然而，在经济诱惑下漠视社会责任的情况屡有发生，名人广告代言亟待规范，政府针对这一情况出台措施，禁止和取缔以公众人物、专家名义证明疗效的药品广告。

### 五、五谷道场崩盘警示民营企业

五谷道场因健康的差异化定位，以及“非油炸、更健康”的广告口号，知名度迅速攀升。然而，抢占蓝海并不意味着一劳永逸。由于巨额欠贷，五谷道场位于房山区的工厂遭封，总部已撤出北京，产品在多个省份下架，昔日的强势品牌瞬间崩塌。急速扩张和文化瓶颈是导致五谷道场危机的主因，民营企业要避免冒进行为，在具备资金实力的前提下进行战略扩张，同时重视企业文化建设，谋求长远利益。

## 第三节 营销趋势盘点

### 一、奥运营销

随着奥运进入倒计时，奥运营销成为2007年当之无愧的营销主旋律。无论是奥运赞助商的奥运营销策略，还是非赞助商的曲线营销法则，中外企业纷纷发挥聪明才智，抓住百年难遇的营销机会。赞助商力求充分地运用奥运权益进行特色营销，获得丰厚回报；非赞助商挖空心思打出漂亮的“擦边球”，在奥运的光环下挤出一席之地，“全民参与”成为 2007 年企业奥运营销的真实写照。

## 二、口碑营销

美国资深营销专家马克·休斯在《口碑营销》一书中写道：口碑是这世上最具效力的营销方法。2007 年企业营销方式向口碑营销回归。奇虎推出社区口碑营销平台；口碑网成立；博啦网等博客门户网站纷纷推出博客口碑营销、话题营销。

web2.0 时代消费者有了更多发表见解、吐露心声的渠道和机会，口碑传播成为继分众传播之后新的趋势，“口碑传播——大众媒介传播——分众媒介传播——口碑传播”的链条形成。然而此口碑非彼口碑，口碑营销的媒介有了颠覆性的变化。原始的口口相传转变为借助互联网进行病毒性传播，企业开始积极利用网络社区、博客、维客等发表第三方证言，积累口碑效应，为消费者购买提供决策支持。

## 三、社会营销

黑煤窑矿难事件、太湖蓝藻爆发、华为员工“辞职门”事件等一系列有关员工权益保护、环保、纳税等方面的负面事件将社会责任推上前台，成为 2007 年舆论关注的焦点。在获取经济效益之外，企业是否承担了相应的社会责任，在从社会汲取养分的同时回报社会，成为衡量企业和品牌价值的重要指标。企业纷纷以企业公民自居，选择在 2007 年进行社会营销，积极关注社会利益，以取得消费者认同。

万科开展海螺行动，启动中低收入人群保障住房项目；GE 提出名为“绿色创想”的一整套环境污染解决方案；肯德基表示要饮水思源，将“感恩·回报”确定为 20 周年的主题。企业对社会的贡献终将换来品牌价值的提升。

## 四、国家品牌营销

2008 年奥运会不仅是企业营销的“嘉年华”，也是中国国家品牌塑造的黄金机遇。中国抓住这一机遇，塑造良好的国家形象。2007 年伊始，中国展开了一系列卓有成效的外交活动，融多边外交、热点外交、经济外交于一体，展示了中国与世界关系的历史性变化，以贡献者和建设者的形象活跃在世界舞台上。在遭遇“中国制造”危机后，中国政府积极应对，富有成效的措施缓解了中国产品的舆论压力。“嫦娥一号”升空，我国首次月球探测工程取得圆满成功，科技自主创新取得的标志性成果，有力地提升了国家品牌形象。一系列举措表明，中国的国际公关意识已逐步趋于成熟，中国国家品牌塑造迈入新阶段。

回顾 2007 年营销界，大至国家，小至企业，营销意识都迈上了新的台阶，这是奥运契机带来的新气象。企业积极进行各层面的营销突破，营销 e 化、口碑营销、社会营销蔚然成风，孕育出新的营销机会。智慧地运用奥运元素，最大限度地吸引消费者目光成为企业首选的营销战略。新环境催生新动作，中国营销界正在谱写新的篇章。2008 奥运将至，我们期待着中国及中国企业在营销舞台上有更为精彩的演出。

（执笔：张亚萍　陈珊珊　周忠亮）

第二部分

# 消费者品牌认知现状与趋势分析

# 第一章　2008 中国消费者常用、预购、理想第一品牌

“2008 中国消费者常用、预购、理想第一品牌”是指所有调查对象常用、预购、理想品牌的提及率排名第一的品牌，反映了消费者的整体品牌态度。由于本次调查涉及了家庭消费者和潜力消费者两个特定群体，考虑到二者在品牌消费能力及消费潜力上各自具有不同的代表性，因此将调查结果进行加权处理。

权重计算公式为：潜力消费者权重＝（全国本科及以上学历人口的人均月收入÷全国城市人口人均月收入）×（36 个城市在校大学生数÷36 个城市市辖区人口数）。经过计算，得出潜力消费者与家庭消费者调查数据的权重比，近似为 20：80。见表 2—1。

**表 2—1　消费者常用、预购、理想第一品牌（表内百分比计算方式见表后注释）**

| 类　别 | 品　类 | 常用第一品牌 | % | 预购第一品牌 | % | 理想第一品牌 | % |
|---|---|---|---|---|---|---|---|
| 日化类 | 牙膏 | 高露洁 | 24.1 | 佳洁士 | 19.8 | 佳洁士 | 20.3 |
| | 洗发水 | 飘柔 | 26.8 | 飘柔 | 21.5 | 飘柔 | 21.3 |
| | 沐浴露 | 玉兰油 | 17.7 | 玉兰油 | 16.2 | 玉兰油 | 19.6 |
| | 洗面奶 | 大宝 | 10.3 | 大宝 | 9.1 | 大宝 | 8.5 |
| | 润肤露 | 玉兰油 | 14.6 | 玉兰油 | 14.3 | 玉兰油 | 15.4 |
| | 卫生巾 | 护舒宝 | 28.9 | 护舒宝 | 24.6 | 护舒宝 | 28.0 |
| | 洗衣粉/液 | 雕牌 | 24.6 | 雕牌 | 20.1 | 汰渍 | 19.7 |
| 饮料类 | 瓶装水 | 农夫山泉 | 25.3 | 农夫山泉 | 25.6 | 农夫山泉 | 27.4 |
| | 碳酸饮料 | 百事可乐 | 38.0 | 可口可乐 | 26.2 | 可口可乐 | 33.6 |
| | 非碳酸饮料 | 康师傅 | 15.1 | 王老吉 | 15.4 | 王老吉 | 15.4 |
| | 含乳饮料 | 蒙牛 | 29.6 | 蒙牛 | 25.6 | 蒙牛 | 28.4 |
| 烟酒类 | 啤酒 | 青岛 | 20.8 | 青岛 | 20.2 | 青岛 | 25.2 |
| | 白酒 | 金六福 | 12.8 | 五粮液 | 17.1 | 茅台 | 33.6 |
| | 葡萄酒 | 长城 | 30.3 | 张裕 | 29.2 | 张裕 | 34.2 |
| | 黄酒 | 古越龙山 | 16.5 | 古越龙山 | 14.1 | 古越龙山 | 18.6 |
| | 香烟 | 红塔山 | 10.9 | 中华 | 12.9 | 中华 | 35.1 |
| 食品类 | 休闲食品 | 奥利奥 | 9.6 | 徐福记 | 10.5 | 徐福记 | 15.8 |
| | 方便面 | 康师傅 | 55.5 | 康师傅 | 36.8 | 康师傅 | 52.4 |
| | 八宝粥 | 娃哈哈 | 40.2 | 娃哈哈 | 30.2 | 娃哈哈 | 38.0 |
| | 速冻食品 | 思念 | 19.3 | 思念 | 20.0 | 思念 | 23.3 |
| | 熟食 | 双汇 | 48.9 | 双汇 | 38.6 | 双汇 | 45.8 |
| | 米、面 | 福临门 | 18.7 | 福临门 | 17.2 | 福临门 | 23.4 |
| | 食用油 | 金龙鱼 | 49.2 | 金龙鱼 | 41.1 | 金龙鱼 | 45.7 |
| | 调味品 | 太太乐 | 27.9 | 太太乐 | 28.1 | 太太乐 | 30.6 |
| 服装服饰类 | 男士西服 | 七匹狼 | 17.8 | 七匹狼 | 19.6 | 雅戈尔 | 17.1 |
| | 皮鞋 | 达芙妮 | 13.1 | 达芙妮 | 10.2 | 百丽 | 10.7 |
| | 运动休闲服饰 | 李宁 | 15.4 | 耐克 | 16.7 | 耐克 | 25.7 |
| | 羽绒服 | 波司登 | 50.4 | 波司登 | 43.8 | 波司登 | 54.6 |
| | 毛纺织品 | 恒源祥 | 34.5 | 恒源祥 | 33.4 | 鄂尔多斯 | 42.8 |
| | 内衣 | 三枪 | 18.8 | 三枪 | 17.1 | 三枪 | 16.4 |

续 表2－1

| 类 别 | 品 类 | 常用第一品牌 | % | 预购第一品牌 | % | 理想第一品牌 | % |
|---|---|---|---|---|---|---|---|
| 制药类 | 药企 | 同仁堂 | 19.8 | — | — | 同仁堂 | 34.4 |
| IT、数码及相关产品类 | 个人电脑 | 联想 | 20.9 | 联想 | 18.7 | 联想 | 18.8 |
| | 数码相机 | 佳能 | 21.6 | 佳能 | 23.1 | 索尼 | 26.6 |
| | MP3 | 爱国者 | 15.4 | 苹果 iPod | 23.2 | 苹果 iPod | 30.0 |
| | 电池 | 南孚 | 51.0 | 南孚 | 48.5 | 南孚 | 51.2 |
| 通信产品及服务类 | 手机 | 诺基亚 | 38.4 | 诺基亚 | 48.2 | 诺基亚 | 53.7 |
| | 移动通信运营商 | 中国移动 | 77.9 | — | — | 中国移动 | 84.6 |
| | 固话运营商 | 中国电信 | 66.3 | — | — | 中国电信 | 68.0 |
| 家电类 | 电视机 | 长虹 | 16.8 | 索尼 | 11.0 | 索尼 | 14.7 |
| | 空调 | 格力 | 19.5 | 格力 | 20.3 | 格力 | 21.6 |
| | 电冰箱 | 海尔 | 33.3 | 海尔 | 34.3 | 海尔 | 38.1 |
| | 洗衣机 | 海尔 | 31.4 | 海尔 | 34.2 | 海尔 | 36.8 |
| | DVD | 步步高 | 15.9 | 步步高 | 13.8 | 步步高 | 14.6 |
| | 电饭煲 | 美的 | 24.7 | 美的 | 22.0 | 美的 | 24.0 |
| | 微波炉 | 格兰仕 | 38.5 | 格兰仕 | 34.8 | 格兰仕 | 38.3 |
| | 吸油烟机 | 方太 | 19.8 | 方太 | 20.6 | 方太 | 22.9 |
| | 燃气灶 | 方太 | 15.7 | 方太 | 16.1 | 方太 | 18.4 |
| | 热水器 | 海尔 | 15.9 | 海尔 | 16.5 | 海尔 | 18.2 |
| 交通工具类 | 家用汽车 | 大众 | 12.7 | 本田 | 11.5 | 宝马 | 27.0 |
| | 摩托车 | 本田 | 30.0 | 本田 | 25.8 | 本田 | 30.9 |
| | 自行车 | 凤凰 | 33.6 | 捷安特 | 40.1 | 捷安特 | 39.6 |
| 房产家装类 | 房地产 | 万科 | 5.6 | 万科 | 13.4 | 万科 | 24.9 |
| | 木地板 | 圣象 | 23.8 | 圣象 | 30.0 | 圣象 | 41.9 |
| 服务类 | 银行 | 中国工商银行 | 29.6 | 中国工商银行 | 22.9 | 中国工商银行 | 21.8 |
| | 保险公司 | 中国人寿保险 | 26.4 | 中国人寿保险 | 26.6 | 中国人寿保险 | 32.2 |
| | 航空公司 | 中国南方航空 | 29.4 | 中国南方航空 | 24.3 | 中国国际航空 | 29.6 |
| | 家电卖场 | 国美电器 | 58.0 | 国美电器 | 41.9 | 国美电器 | 52.6 |
| 媒体类 | 电视 | — | — | — | — | CCTV－5 | 13.9 |
| | 广播 | — | — | — | — | 中央人民广播电台 | 9.4 |
| | 报纸 | — | — | — | — | 《南方周末》 | 6.5 |
| | 杂志 | — | — | — | — | 《读者》 | 27.2 |
| | 网站 | — | — | — | — | 百度 | 24.4 |
| 城市类 | 宜居住城市 | — | — | — | — | 大连 | 10.8 |
| | 宜工作城市 | — | — | — | — | 上海 | 32.2 |
| | 宜学习城市 | — | — | — | — | 北京 | 52.1 |
| | 宜经商城市 | — | — | — | — | 上海 | 31.1 |
| | 宜旅游城市 | — | — | — | — | 杭州 | 9.6 |
| 人物类 | 最欣赏的企业家 | — | — | — | — | 李嘉诚 | 23.3 |
| | 最可信的品牌代言人 | — | — | — | — | 成龙 | 18.5 |

注：品牌综合百分比＝家庭消费者品牌提及率×0.8＋潜力消费者品牌提及率×0.2。以联想为例，理想品牌综合百分比 18.8＝（20.8×0.8＋10.6×0.2）。由于媒体类为开放式调查，表中数据为消费者原始填答结果，因此，会出现母子品牌共存的现象，如电视媒体中会同时出现 CCTV－5、CCTV－1 和 CCTV 等，广播亦如此。

（执笔：吕艳丹　孔清溪）

# 第二章　消费者品牌细分指标深度分析

在完整展示“2008中国消费者理想品牌大调查”调研结果的基础上，我们提炼出八大细分指标，力图对中国中心城市消费者的品牌消费行为与态度进行深度研究，从不同侧面解读调查数据，探讨品牌竞争的现状与未来发展趋势。其八大指标为：

第一，消费者对品牌的提及率是品牌市场地位的最直观表现。究竟谁在市场上占据无可撼动的地位？谁又是极具赶超可能的第二品牌？“品牌领先指标”指出各品类中第一提及品牌与第二提及品牌的差距，解析行业竞争格局。

第二，消费者的购买预期是品牌市场发展潜力的重要评估因素。现阶段暂落人后，并不意味着将来没有竞争力。究竟谁能突破当前的市场保有量，挤进消费者购买清单前列？“品牌市场潜力指标”展现品牌下一步的发展潜能，勾勒市场走势。

第三，消费者的认可是品牌可持续发展的根本所在。能够成为消费者心中的理想品牌将成为最有力的竞争资本。究竟谁在常用品牌中屈居后位，却在将来具有强大的溢价能力？“品牌理想晋级指标”解读现实与理想的距离，评估品牌未来的发展潜力。

第四，消费者的忠诚是品牌最宝贵的资本。把握住那20%对品牌忠贞不渝的消费群体，也就赢得了80%的品牌利润。究竟谁能牢牢抓住消费者的心，与其建立稳定而持久的关系？“品牌消费者维系度指标”呈现品牌对消费者的吸引力，考察品牌的顾客流失状况。

第五，品牌的地域影响力是品牌参与市场竞争的关键要素。不同地域消费者对品牌的消费行为和态度有所差异，对于全国性品牌来说，最大范围地占据消费者心智空间至关重要；而对于地方性品牌来说，稳定本区域市场的消费群体才是第一要务。究竟谁能在不同城市消费者心中排名前列？谁又是区域市场的领军品牌？“品牌跨地域影响力指标”展示品牌的市场扩张情况，划定品牌影响力范围。

第六，品牌的行业集中度是衡量市场结构的重要指标。集中度的高低将直接体现消费者的品牌倾向，进而反映品牌竞争的激烈程度。究竟哪些行业被少数品牌垄断？哪些行业具有更多的竞争空间？“品牌消费者集中度指标”解析市场活跃程度，探寻品牌生存空间。

第七，消费者品牌宽度呈现在消费者不同消费状态下的行业竞争格局与趋势。品牌能够进入消费者的认知空间是促成销售的前提条件。数量众多的品牌当中，有多少品牌能成为消费者最常用品牌？又有多少品牌会在未来市场抢占预购市场？还有多少品牌将脱颖而出跻身消费者理想品牌之列？“各品类消费者品牌宽度指标”描绘市场竞争激烈程度，展现消费者不同消费状态下的品牌认知情况。

第八，消费者对品牌的感知程度反映了品牌的市场培育状况。行业品牌建设比较成熟，则消费者对品牌比较敏感，能够形成鲜明的认知和态度，这类企业应加强与消费者的深度沟通，培育品牌忠诚。而一些品牌竞争格局尚不明晰的行业，消费者的品牌敏感度低，这也给品牌带来了占领消费者心智的突击机会。究竟哪些品类存在品牌开拓空间？“各品类消费者品牌感知度指标”分析消费者对品牌的认知现状，发现品牌拓展机会。

我们对两类消费者调研数据进行科学化的处理。在研究过程中，本次调查涉及了家庭消费者和潜力消费者两类不同的调查对象，基于二者在品牌消费能力及消费潜力上各自具有不同的代表性和影响力，因此，在进行“品牌领先指标”、“品牌市场潜力指标”、“品牌理想晋级指标”、“品牌消费者维系度指标”、“品牌的消费者集中度指标”、“各品类消费者品牌宽度指标”的分析时，我们将两类消费者的调查数据进行了加权处理，设定潜力消费者与家庭消费者权重比近似为 20：80（权重计算方法参见“2008 中国消费者常用、预购、理想第一品牌”部分的说明）。而在进行“各品类消费者品牌感知度指标”的分析时，考虑到家庭消费者和潜力消费者由于消费经历、消费能力不同，对各品类的品牌感知程度也有较大差异，因此以不加权的方式，对比呈现两类调查对象的原始数据。另外，在“品牌跨地域影响力指标”中，考虑到潜力消费者较难代表所在高校城市的城市居民消费状态，所以该指标中的数据仅由家庭消费者计算得出。

## 第一节　品牌领先指标

“品牌领先指标”指在消费者“常用”、“预购”和“理想”品牌调查中，各品类第一名的提及百分比超出第二名的提及百分比，并根据领先百分比降序排列。计算公式如下：领先百分比＝第一品牌提及百分比－第二品牌提及百分比。如方便面品类的常用品牌中，第一品牌康师傅的领先百分比为 55.5％－9.9％＝45.6％。

领先百分比较高的品牌，在各自品类中具有显著的竞争优势，在消费者心目中占有难以撼动的品牌位置。如在消费者的常用品牌中，中国移动比第二名的中国联通高出 56.4％；在消费者的预购品牌中，南孚电池以 38.0％的领先比例远远高于第二名的金霸王；而在消费者的理想品牌中，中国移动、波司登和中国电信等品牌更是以超过 40％的差距遥遥领先于行业的第二竞争品牌，成为各自品类中独领风骚的领军者。

领先百分比较低的品牌，在各自品类中虽然占据第一名的位置，但是其所面临的威胁较大，即该品类中的第二品牌与之差距不大，并有赶超的可能。如在消费者常用洗面奶品牌中，第一提及品牌大宝仅比第二品牌丁家宜高出 0.3％；同样，这两个品牌在消费者的预购品牌和理想品牌中的提及率也相差无几。可见，对于大宝来讲，虽说坐在第一的位置，但时刻受到第二名丁家宜的威胁；而对于第二品牌丁家宜来说，却是在竞争中看到了希望的曙光。见表 2－2－1、表 2－2－2、表 2－2－3。

**表 2－2－1　消费者常用品牌领先百分比**

| 品　类 | 第一品牌 | | 第二品牌 | | 领先％ |
|---|---|---|---|---|---|
| | 名　称 | 提及％ | 名　称 | 提及％ | |
| 移动通信运营商 | 中国移动 | 77.9 | 中国联通 | 21.5 | 56.4 |
| 方便面 | 康师傅 | 55.5 | 福满多 | 9.9 | 45.6 |
| 电池 | 南孚 | 51.0 | 金霸王 | 9.5 | 41.5 |
| 羽绒服 | 波司登 | 50.4 | 北极绒 | 9.0 | 41.4 |
| 熟食 | 双汇 | 48.9 | 金锣 | 7.6 | 41.3 |
| 固话运营商 | 中国电信 | 66.3 | 中国网通 | 25.9 | 40.4 |
| 家电卖场 | 国美电器 | 58.0 | 苏宁电器 | 22.4 | 35.6 |
| 食用油 | 金龙鱼 | 49.2 | 福临门 | 17.4 | 31.8 |
| 微波炉 | 格兰仕 | 38.5 | 美的 | 10.0 | 28.5 |
| 电冰箱 | 海尔 | 33.3 | 容声 | 8.1 | 25.2 |

续 表2-2-1

| 品 类 | 第一品牌 | | 第二品牌 | | 领先% |
|---|---|---|---|---|---|
| | 名 称 | 提及% | 名 称 | 提及% | |
| 手机 | 诺基亚 | 38.4 | 摩托罗拉 | 15.0 | 23.4 |
| 八宝粥 | 娃哈哈 | 40.2 | 银鹭 | 17.9 | 22.3 |
| 卫生巾 | 护舒宝 | 28.9 | 安尔乐 | 12.6 | 16.3 |
| 摩托车 | 本田 | 30.0 | 嘉陵 | 14.7 | 15.3 |
| 个人电脑 | 联想 | 20.9 | 惠普 | 6.5 | 14.4 |
| 电饭煲 | 美的 | 24.7 | 苏泊尔 | 10.5 | 14.2 |
| 含乳饮料 | 蒙牛 | 29.6 | 伊利 | 17.7 | 11.9 |
| 调味品 | 太太乐 | 27.9 | 海天 | 16.0 | 11.9 |
| 黄酒 | 古越龙山 | 16.5 | 汾湖 | 5.9 | 10.6 |
| 航空公司 | 中国南方航空 | 29.4 | 中国东方航空 | 19.5 | 9.9 |
| 银行 | 中国工商银行 | 29.6 | 中国建设银行 | 20.0 | 9.6 |
| 吸油烟机 | 方太 | 19.8 | 老板 | 10.4 | 9.4 |
| 木地板 | 圣象 | 23.8 | 大自然 | 14.7 | 9.1 |
| 热水器 | 海尔 | 15.9 | A.O. 史密斯 | 6.9 | 9.0 |
| 碳酸饮料 | 百事可乐 | 38.0 | 可口可乐 | 29.2 | 8.8 |
| DVD | 步步高 | 15.9 | 新科 | 8.2 | 7.7 |
| 洗发水 | 飘柔 | 26.8 | 潘婷 | 19.3 | 7.5 |
| 洗衣机 | 海尔 | 31.4 | 小天鹅 | 23.9 | 7.5 |
| 洗衣粉/液 | 雕牌 | 24.6 | 汰渍 | 18.1 | 6.5 |
| 男士西服 | 七匹狼 | 17.8 | 雅戈尔 | 11.6 | 6.2 |
| 燃气灶 | 方太 | 15.7 | 华帝 | 9.8 | 5.9 |
| 米、面 | 福临门 | 18.7 | 北大荒 | 12.8 | 5.9 |
| 内衣 | 三枪 | 18.8 | 红豆 | 13.4 | 5.4 |
| 自行车 | 凤凰 | 33.6 | 捷安特 | 28.2 | 5.4 |
| 啤酒 | 青岛 | 20.8 | 雪花 | 16.0 | 4.8 |
| 产品 | 同仁堂 | 19.8 | 白云山 | 15.3 | 4.5 |
| 沐浴露 | 玉兰油 | 17.7 | 舒肤佳 | 13.3 | 4.4 |
| 润肤露 | 玉兰油 | 14.6 | 大宝 | 10.4 | 4.2 |
| 电视机 | 长虹 | 16.8 | TCL | 12.7 | 4.1 |
| 数码相机 | 佳能 | 21.6 | 索尼 | 18.0 | 3.6 |
| 葡萄酒 | 长城 | 30.3 | 张裕 | 26.9 | 3.4 |
| 香烟 | 红塔山 | 10.9 | 白沙 | 7.6 | 3.3 |
| 房地产 | 万科 | 5.6 | 大连万达 | 2.8 | 2.8 |
| MP3 | 爱国者 | 15.4 | 纽曼 | 12.7 | 2.7 |
| 皮鞋 | 达芙妮 | 13.1 | 红蜻蜓 | 10.7 | 2.4 |
| 保险公司 | 中国人寿保险 | 26.4 | 中国平安保险 | 24.1 | 2.3 |
| 牙膏 | 高露洁 | 24.1 | 佳洁士 | 22.2 | 1.9 |
| 家用汽车 | 大众 | 12.7 | 本田 | 11.0 | 1.7 |
| 空调 | 格力 | 19.5 | 海尔 | 17.9 | 1.6 |
| 瓶装水 | 农夫山泉 | 25.3 | 康师傅 | 23.8 | 1.5 |
| 白酒 | 金六福 | 12.8 | 五粮液 | 11.4 | 1.4 |
| 速冻食品 | 思念 | 19.3 | 三全 | 18.0 | 1.3 |
| 运动休闲服饰 | 李宁 | 15.4 | 阿迪达斯 | 14.5 | 0.9 |
| 毛纺织品 | 恒源祥 | 34.5 | 鄂尔多斯 | 33.6 | 0.9 |
| 休闲食品 | 奥利奥 | 9.6 | 徐福记 | 9.0 | 0.6 |
| 非碳酸饮料 | 康师傅 | 15.1 | 王老吉 | 14.6 | 0.5 |
| 洗面奶 | 大宝 | 10.3 | 丁家宜 | 10.0 | 0.3 |

注：表中数据由家庭、潜力两类消费者加权而得。

表 2－2－2　消费者预购品牌领先百分比

| 品　类 | 第一品牌 | | 第二品牌 | | 领先% |
|---|---|---|---|---|---|
| | 名　称 | 提及% | 名　称 | 提及% | |
| 电池 | 南孚 | 48.5 | 金霸王 | 10.5 | 38.0 |
| 羽绒服 | 波司登 | 43.8 | 南极人 | 10.2 | 33.6 |
| 手机 | 诺基亚 | 48.2 | 三星 | 15.9 | 32.3 |
| 熟食 | 双汇 | 38.6 | 雨润 | 8.7 | 29.9 |
| 微波炉 | 格兰仕 | 34.8 | 美的 | 9.7 | 25.1 |
| 方便面 | 康师傅 | 36.8 | 统一 | 12.6 | 24.2 |
| 电冰箱 | 海尔 | 34.3 | 西门子 | 10.8 | 23.5 |
| 食用油 | 金龙鱼 | 41.1 | 鲁花 | 22.5 | 18.6 |
| 自行车 | 捷安特 | 40.1 | 凤凰 | 22.8 | 17.3 |
| 木地板 | 圣象 | 30.0 | 大自然 | 14.6 | 15.4 |
| 洗衣机 | 海尔 | 34.2 | 小天鹅 | 19.5 | 14.7 |
| 调味品 | 太太乐 | 28.1 | 海天 | 13.8 | 14.3 |
| 卫生巾 | 护舒宝 | 24.6 | 苏菲 | 11.9 | 12.7 |
| 瓶装水 | 农夫山泉 | 25.6 | 康师傅 | 15.1 | 10.5 |
| MP3 | 苹果 iPod | 23.2 | 索尼 | 12.9 | 10.3 |
| 吸油烟机 | 方太 | 20.6 | 老板 | 10.5 | 10.1 |
| 电饭煲 | 美的 | 22.0 | 苏泊尔 | 12.3 | 9.7 |
| 八宝粥 | 娃哈哈 | 30.2 | 银鹭 | 20.9 | 9.3 |
| 葡萄酒 | 张裕 | 29.2 | 长城 | 21.1 | 8.1 |
| 黄酒 | 古越龙山 | 14.1 | 塔牌 | 6.1 | 8.0 |
| 摩托车 | 本田 | 25.8 | 雅马哈 | 17.8 | 8.0 |
| 房地产 | 万科 | 13.4 | 碧桂园 | 5.5 | 7.9 |
| 热水器 | 海尔 | 16.5 | A.O. 史密斯 | 8.7 | 7.8 |
| 个人电脑 | 联想 | 18.7 | IBM | 11.5 | 7.2 |
| 燃气灶 | 方太 | 16.1 | 华帝 | 9.0 | 7.1 |
| 内衣 | 三枪 | 17.1 | 红豆 | 10.0 | 7.1 |
| 男士西服 | 七匹狼 | 19.6 | 雅戈尔 | 13.1 | 6.5 |
| 啤酒 | 青岛 | 20.2 | 雪花 | 13.7 | 6.5 |
| 润肤露 | 玉兰油 | 14.3 | 大宝 | 8.4 | 5.9 |
| DVD | 步步高 | 13.8 | 索尼 | 8.0 | 5.8 |
| 含乳饮料 | 蒙牛 | 25.6 | 伊利 | 19.8 | 5.8 |
| 米、面 | 福临门 | 17.2 | 北大荒 | 11.8 | 5.4 |
| 航空公司 | 中国南方航空 | 24.3 | 中国国际航空 | 19.0 | 5.3 |
| 洗发水 | 飘柔 | 21.5 | 潘婷 | 16.3 | 5.2 |
| 家电卖场 | 国美电器 | 41.9 | 苏宁电器 | 37.1 | 4.8 |
| 非碳酸饮料 | 王老吉 | 15.4 | 康师傅 | 10.7 | 4.7 |
| 白酒 | 五粮液 | 17.1 | 茅台 | 12.4 | 4.7 |
| 香烟 | 中华 | 12.9 | 红塔山 | 8.7 | 4.2 |
| 沐浴露 | 玉兰油 | 16.2 | 舒肤佳 | 12.4 | 3.8 |
| 银行 | 中国工商银行 | 22.9 | 中国建设银行 | 19.5 | 3.4 |
| 速冻食品 | 思念 | 20.0 | 三全 | 17.2 | 2.8 |
| 保险公司 | 中国人寿保险 | 26.6 | 中国平安保险 | 24.1 | 2.5 |
| 数码相机 | 佳能 | 23.1 | 索尼 | 20.8 | 2.3 |
| 牙膏 | 佳洁士 | 19.8 | 高露洁 | 18.0 | 1.8 |
| 洗面奶 | 大宝 | 9.1 | 丁家宜 | 7.4 | 1.7 |
| 毛纺织品 | 恒源祥 | 33.4 | 鄂尔多斯 | 31.8 | 1.6 |
| 休闲食品 | 徐福记 | 10.5 | 旺旺 | 9.0 | 1.5 |
| 空调 | 格力 | 20.3 | 海尔 | 19.2 | 1.1 |
| 碳酸饮料 | 可口可乐 | 26.2 | 百事可乐 | 25.3 | 0.9 |
| 运动休闲服饰 | 耐克 | 16.7 | 阿迪达斯 | 15.8 | 0.9 |
| 皮鞋 | 达芙妮 | 10.2 | 红蜻蜓 | 9.3 | 0.9 |
| 家用汽车 | 本田 | 11.5 | 宝马 | 10.8 | 0.7 |
| 电视机 | 索尼 | 11.0 | 长虹 | 10.3 | 0.7 |
| 洗衣粉/液 | 雕牌 | 20.1 | 汰渍 | 19.9 | 0.2 |

注：表中数据由家庭、潜力两类消费者加权而得。

表 2—2—3　消费者理想品牌领先百分比

| 品　类 | 第一品牌 | | 第二品牌 | | 领先% |
|---|---|---|---|---|---|
| | 名　称 | 提及% | 名　称 | 提及% | |
| 移动通信运营商 | 中国移动 | 84.6 | 中国联通 | 15.3 | 69.3 |
| 羽绒服 | 波司登 | 54.6 | 南极人 | 8.9 | 45.7 |
| 固话运营商 | 中国电信 | 68.0 | 中国网通 | 24.8 | 43.2 |
| 方便面 | 康师傅 | 52.4 | 统一 | 11.6 | 40.8 |
| 电池 | 南孚 | 51.2 | 金霸王 | 10.6 | 40.6 |
| 手机 | 诺基亚 | 53.7 | 三星 | 14.4 | 39.3 |
| 熟食 | 双汇 | 45.8 | 雨润 | 8.1 | 37.7 |
| 微波炉 | 格兰仕 | 38.3 | 美的 | 10.0 | 28.3 |
| 香烟 | 中华 | 35.1 | 万宝路 | 7.5 | 27.6 |
| 电冰箱 | 海尔 | 38.1 | 西门子 | 11.5 | 26.6 |
| 木地板 | 圣象 | 41.9 | 大自然 | 15.5 | 26.4 |
| 家电卖场 | 国美电器 | 52.6 | 苏宁电器 | 28.3 | 24.3 |
| 药企 | 同仁堂 | 34.4 | 哈药 | 12.7 | 21.7 |
| 食用油 | 金龙鱼 | 45.7 | 鲁花 | 26.9 | 18.8 |
| 洗衣机 | 海尔 | 36.8 | 小天鹅 | 19.5 | 17.3 |
| 八宝粥 | 娃哈哈 | 38.0 | 银鹭 | 21.6 | 16.4 |
| 调味品 | 太太乐 | 30.6 | 海天 | 14.6 | 16.0 |
| 自行车 | 捷安特 | 39.6 | 凤凰 | 24.0 | 15.6 |
| 房地产 | 万科 | 24.9 | 碧桂园 | 9.9 | 15.0 |
| MP3 | 苹果 iPod | 30.0 | 索尼 | 15.5 | 14.5 |
| 卫生巾 | 护舒宝 | 28.0 | 苏菲 | 13.8 | 14.2 |
| 葡萄酒 | 张裕 | 34.2 | 长城 | 21.5 | 12.7 |
| 瓶装水 | 农夫山泉 | 27.4 | 康师傅 | 15.1 | 12.3 |
| 吸油烟机 | 方太 | 22.9 | 老板 | 11.0 | 11.9 |
| 家用汽车 | 宝马 | 27.0 | 奔驰 | 15.6 | 11.4 |
| 黄酒 | 古越龙山 | 18.6 | 周庄 | 7.3 | 11.3 |
| 电饭煲 | 美的 | 24.0 | 苏泊尔 | 13.6 | 10.4 |
| 摩托车 | 本田 | 30.9 | 雅马哈 | 20.9 | 10.0 |
| 啤酒 | 青岛 | 25.2 | 百威 | 15.4 | 9.8 |
| 米、面 | 福临门 | 23.4 | 北大荒 | 14.1 | 9.3 |
| 白酒 | 茅台 | 33.6 | 五粮液 | 24.9 | 8.7 |
| 燃气灶 | 方太 | 18.4 | 华帝 | 9.7 | 8.7 |
| 毛纺织品 | 鄂尔多斯 | 42.8 | 恒源祥 | 34.4 | 8.4 |
| 热水器 | 海尔 | 18.2 | A.O. 史密斯 | 9.8 | 8.4 |
| 含乳饮料 | 蒙牛 | 28.4 | 伊利 | 21.0 | 7.4 |
| 沐浴露 | 玉兰油 | 19.6 | 舒肤佳 | 12.3 | 7.3 |
| 润肤露 | 玉兰油 | 15.4 | 大宝 | 8.4 | 7.0 |
| 休闲食品 | 徐福记 | 15.8 | 旺旺 | 9.0 | 6.8 |
| 内衣 | 三枪 | 16.4 | 红豆 | 10.3 | 6.1 |
| 速冻食品 | 思念 | 23.3 | 三全 | 17.4 | 5.9 |
| 保险公司 | 中国人寿保险 | 32.2 | 中国平安保险 | 26.4 | 5.8 |
| 洗发水 | 飘柔 | 21.3 | 潘婷 | 15.7 | 5.6 |
| 碳酸饮料 | 可口可乐 | 33.6 | 百事可乐 | 28.9 | 4.7 |
| 银行 | 中国工商银行 | 21.8 | 中国建设银行 | 17.5 | 4.3 |
| DVD | 步步高 | 14.6 | 索尼 | 10.5 | 4.1 |
| 非碳酸饮料 | 王老吉 | 15.4 | 康师傅 | 11.4 | 4.0 |
| 电视机 | 索尼 | 14.7 | 海尔 | 10.9 | 3.8 |
| 航空公司 | 中国国际航空 | 29.6 | 中国南方航空 | 25.8 | 3.8 |
| 运动休闲服饰 | 耐克 | 25.7 | 阿迪达斯 | 22.3 | 3.4 |
| 牙膏 | 佳洁士 | 20.3 | 高露洁 | 17.1 | 3.2 |
| 数码相机 | 索尼 | 26.6 | 佳能 | 23.6 | 3.0 |
| 个人电脑 | 联想 | 18.8 | IBM | 17.1 | 1.7 |
| 皮鞋 | 百丽 | 10.7 | 皮尔·卡丹 | 9.4 | 1.3 |
| 洗面奶 | 大宝 | 8.5 | 丁家宜 | 7.4 | 1.1 |
| 洗衣粉/液 | 汰渍 | 19.7 | 雕牌 | 19.2 | 0.5 |
| 空调 | 格力 | 21.6 | 海尔 | 21.2 | 0.4 |
| 男士西服 | 雅戈尔 | 17.1 | 七匹狼 | 16.9 | 0.2 |

注：表中数据由家庭、潜力两类消费者加权而得。

## 第二节　品牌市场潜力指标

“品牌市场潜力指标”是指在消费者“预购品牌”中的提及百分比与该品牌在消费者“常用品牌”中的提及百分比的差值。计算公式为：潜力百分比＝预购百分比－常用百分比，如服务类家电卖场中，苏宁电器的潜力百分比为37.1%－22.4%＝14.7%。并且，在该指标中，我们着重对比了各品类中的最具潜力品牌的潜力百分比和常用第一品牌的潜力百分比。

该指标的价值在于能够体现出品牌短期内的市场潜力走势，即该品牌虽然在消费者的“常用品牌”中提及百分比排名并不是很高，但其在消费者的“预购品牌”中的提及百分比却有可能大幅度提升。因此，我们可以这样理解，这些潜力百分比高的品牌在未来的市场中，具有较大的发展潜力。

值得关注的是在家电卖场这一品类中，当问及消费者“常用品牌”时，国美电器以绝对优势占据了冠军的位置。但在“品牌市场潜力指标”中，其最大的竞争对手苏宁电器以14.7%的潜力百分比成为该品类中的最具潜力品牌，即：苏宁电器尽管在消费者的“常用品牌”中表现稍逊一筹，但其在“预购品牌”的上升空间却是巨大的，表现出强大的市场潜力，而国美电器的潜力百分比却为－16.1%。

也不排除个别品类中最具潜力品牌就是消费者的常用第一品牌，但这类品牌往往潜力百分比不会太高，如手机中的诺基亚、房地产中的万科、木地板中的圣象等。这些品牌在市场竞争格局中如日中天，无论是现在，还是不远的将来，都牢牢拴住了消费者的心。见表2－2－4。

**表2－2－4　品牌潜力百分比**

| 类别 | 品类 | 最具潜力品牌 | | | | 对照品牌 | | | |
|---|---|---|---|---|---|---|---|---|---|
| | | 名称 | 预购% | 常用% | 潜力% | 常用第一品牌 | 预购% | 常用% | 潜力% |
| 日化类 | 牙膏 | 纳爱斯 | 3.0 | 1.5 | 1.5 | 高露洁 | 18.0 | 24.1 | －6.1 |
| | 洗发水 | 沙宣 | 6.7 | 4.3 | 2.4 | 飘柔 | 21.5 | 26.8 | －5.3 |
| | 沐浴露 | 资生堂 | 5.1 | 2.2 | 2.9 | 玉兰油 | 16.2 | 17.7 | －1.5 |
| | 洗面奶 | 碧欧泉 | 2.3 | 1.4 | 0.9 | 大宝 | 9.1 | 10.3 | －1.2 |
| | 润肤露 | 资生堂 | 5.2 | 3.6 | 1.6 | 玉兰油 | 14.3 | 14.6 | －0.3 |
| | 卫生巾 | 苏菲 | 11.9 | 9.1 | 2.8 | 护舒宝 | 24.6 | 28.9 | －4.3 |
| | 洗衣粉/液 | 汰渍 | 19.9 | 18.1 | 1.8 | 雕牌 | 20.1 | 24.6 | －4.5 |
| 饮料类 | 瓶装水 | 屈臣氏 | 5.6 | 2.3 | 3.3 | 农夫山泉 | 25.6 | 25.3 | 0.3 |
| | 碳酸饮料 | 非常可乐 | 6.4 | 3.8 | 2.6 | 百事可乐 | 25.3 | 38.0 | －12.7 |
| | 非碳酸饮料 | 雀巢 | 6.1 | 4.1 | 2.0 | 康师傅 | 10.7 | 15.1 | －4.4 |
| | 含乳饮料 | 伊利 | 19.8 | 17.7 | 2.1 | 蒙牛 | 25.6 | 29.6 | －4.0 |
| 烟酒类 | 啤酒 | 嘉士伯 | 4.0 | 1.9 | 2.1 | 青岛 | 20.2 | 20.8 | －0.6 |
| | 白酒 | 五粮液 | 17.1 | 11.4 | 5.7 | 金六福 | 9.5 | 12.8 | －3.3 |
| | 葡萄酒 | 张裕 | 29.2 | 26.9 | 2.3 | 长城 | 21.1 | 30.3 | －9.2 |
| | 黄酒 | 塔牌 | 6.1 | 4.2 | 1.9 | 古越龙山 | 14.1 | 16.5 | －2.4 |
| | 香烟 | 中华 | 12.9 | 6.0 | 6.9 | 红塔山 | 8.7 | 10.9 | －2.2 |
| 食品类 | 休闲食品 | 喜之郎 | 8.4 | 5.8 | 2.6 | 奥利奥 | 6.3 | 9.6 | －3.3 |
| | 方便面 | 统一 | 12.6 | 8.5 | 4.1 | 康师傅 | 36.8 | 55.5 | －18.7 |
| | 八宝粥 | 银鹭 | 20.9 | 17.9 | 3.0 | 娃哈哈 | 30.2 | 40.2 | －10.0 |
| | 速冻食品 | 五芳斋 | 3.7 | 2.1 | 1.6 | 思念 | 20.0 | 19.3 | 0.7 |
| | 熟食 | 雨润 | 8.7 | 5.7 | 3.0 | 双汇 | 38.6 | 48.9 | －10.3 |
| | 米、面 | 天山雪 | 4.2 | 2.8 | 1.4 | 福临门 | 17.2 | 18.7 | －1.5 |
| | 食用油 | 鲁花 | 22.5 | 12.9 | 9.6 | 金龙鱼 | 41.1 | 49.2 | －8.1 |
| | 调味品 | 李锦记 | 11.1 | 9.6 | 1.5 | 太太乐 | 28.1 | 27.9 | 0.2 |

续 表2-2-4

| 类 别 | 品 类 | 最具潜力品牌 | | | | 对照品牌 | | | |
|---|---|---|---|---|---|---|---|---|---|
| | | 名 称 | 预购% | 常用% | 潜力% | 常用第一品牌 | 预购% | 常用% | 潜力% |
| 服装服饰类 | 男士西服 | 柒牌 | 5.7 | 3.7 | 2.0 | 七匹狼 | 19.6 | 17.8 | 1.8 |
| | 皮鞋 | 皮尔·卡丹 | 5.6 | 3.1 | 2.5 | 达芙妮 | 10.2 | 13.1 | −2.9 |
| | 运动休闲服饰 | 耐克 | 16.7 | 12.1 | 4.6 | 李宁 | 14.0 | 15.4 | −1.4 |
| | 羽绒服 | 南极人 | 10.2 | 7.2 | 3.0 | 波司登 | 43.8 | 50.4 | −6.6 |
| | 毛纺织品 | 海尔曼斯 | 5.9 | 4.0 | 1.9 | 恒源祥 | 33.4 | 34.5 | −1.1 |
| | 内衣 | 恒源祥 | 8.9 | 6.8 | 2.1 | 三枪 | 17.1 | 18.8 | −1.7 |
| IT、数码及相关产品类 | 个人电脑 | IBM | 11.5 | 5.8 | 5.7 | 联想 | 18.7 | 20.9 | −2.2 |
| | 数码相机 | 索尼 | 20.8 | 18.0 | 2.8 | 佳能 | 23.1 | 21.6 | 1.5 |
| | MP3 | 苹果 iPod | 23.2 | 11.9 | 11.3 | 爱国者 | 11.2 | 15.4 | −4.2 |
| | 电池 | 索尼 | 4.0 | 2.1 | 1.9 | 南孚 | 48.5 | 51.0 | −2.5 |
| 通信产品类 | 手机 | 诺基亚 | 48.2 | 38.4 | 9.8 | 诺基亚 | 48.2 | 38.4 | 9.8 |
| 家电类 | 电视机 | 索尼 | 11.0 | 5.6 | 5.4 | 长虹 | 10.3 | 16.8 | −6.5 |
| | 空调 | 海尔 | 19.2 | 17.9 | 1.3 | 格力 | 20.3 | 19.5 | 0.8 |
| | 电冰箱 | 西门子 | 10.8 | 7.3 | 3.5 | 海尔 | 34.3 | 33.3 | 1.0 |
| | 洗衣机 | 西门子 | 8.1 | 4.6 | 3.5 | 海尔 | 34.2 | 31.4 | 2.8 |
| | DVD | 索尼 | 8.0 | 4.5 | 3.5 | 步步高 | 13.8 | 15.9 | −2.1 |
| | 电饭煲 | 苏泊尔 | 12.3 | 10.5 | 1.8 | 美的 | 22.0 | 24.7 | −2.7 |
| | 微波炉 | 西门子 | 2.4 | 1.4 | 1.0 | 格兰仕 | 34.8 | 38.5 | −3.7 |
| | 吸油烟机 | 方太 | 20.6 | 19.8 | 0.8 | 方太 | 20.6 | 19.8 | 0.8 |
| | 燃气灶 | 西门子 | 2.7 | 1.6 | 1.1 | 方太 | 16.1 | 15.7 | 0.4 |
| | 热水器 | A.O. 史密斯 | 8.7 | 6.9 | 1.8 | 海尔 | 16.5 | 15.9 | 0.6 |
| 交通工具类 | 家用汽车 | 宝马 | 10.8 | 2.9 | 7.9 | 大众 | 9.4 | 12.7 | −3.3 |
| | 摩托车 | 雅马哈 | 17.8 | 11.1 | 6.7 | 本田 | 25.8 | 30.0 | −4.2 |
| | 自行车 | 捷安特 | 40.1 | 28.2 | 11.9 | 凤凰 | 22.8 | 33.6 | −10.8 |
| 房产家装类 | 房地产 | 万科 | 13.4 | 5.6 | 7.8 | 万科 | 13.4 | 5.6 | 7.8 |
| | 木地板 | 圣象 | 30.0 | 23.8 | 6.2 | 圣象 | 30.0 | 23.8 | 6.2 |
| 服务类 | 银行 | 招商银行 | 10.5 | 6.5 | 4.0 | 中国工商银行 | 22.9 | 29.6 | −6.7 |
| | 保险公司 | 中国人民保险 | 7.0 | 5.8 | 1.2 | 中国人寿保险 | 26.6 | 26.4 | 0.2 |
| | 航空公司 | 中国国际航空 | 19.0 | 14.1 | 4.9 | 中国南方航空 | 24.3 | 29.4 | −5.1 |
| | 家电卖场 | 苏宁电器 | 37.1 | 22.4 | 14.7 | 国美电器 | 41.9 | 58.0 | −16.1 |

注：表中数据由家庭、潜力两类消费者加权而得。

## 第三节　品牌理想晋级指标

“品牌理想晋级指标”是指在消费者“理想品牌”中提及百分比与该品牌在消费者“常用品牌”中提及百分比的差值。计算公式为：晋级百分比＝理想百分比－常用百分比，如 IBM 的晋级百分比为 17.1%－5.8%＝11.3%。并且，在该指标中，我们同样对比了各品类中的最具晋级力品牌的晋级百分比和常用第一品牌的晋级百分比。

该指标代表了品牌长期的市场价值及其在消费者心目中的理想认知程度。某些品牌或许由于价格等因素的影响，往往在消费者的“常用品牌”中很难位居前列，但若不考虑价格等支付能力的问题，这些上榜品牌在消费者心目中还是占据了相当重要的地位，在选择“理想品牌”时当仁不让，迅速晋级。

纵观该指标的分析结果，通常都被该品类中品质较高、价格昂贵的品牌所占据，如香烟中的中华、白酒中的茅台、汽车中的宝马等，基本代表了各自行业的顶级标准，具有较高的品牌溢价能力，如果经济条件允许，消费者愿意为其付出更高的价格。见表 2－2－5。

**表 2－2－5　品牌晋级力百分比**

| 类别 | 品类 | 最具潜力品牌 | | | | 对照品牌 | | | |
|---|---|---|---|---|---|---|---|---|---|
| | | 名称 | 理想% | 常用% | 晋级% | 常用第一品牌 | 理想% | 常用% | 晋级% |
| 日化类 | 牙膏 | 中华 | 14.0 | 11.0 | 3.0 | 高露洁 | 17.1 | 24.1 | －7.0 |
| | 洗发水 | 沙宣 | 8.7 | 4.3 | 4.4 | 飘柔 | 21.3 | 26.8 | －5.5 |
| | 沐浴露 | 资生堂 | 8.8 | 2.2 | 6.6 | 玉兰油 | 19.6 | 17.7 | 1.9 |
| | 洗面奶 | 兰蔻 | 4.0 | 1.6 | 2.4 | 大宝 | 8.5 | 10.3 | －1.8 |
| | 润肤露 | 资生堂 | 7.9 | 3.6 | 4.3 | 玉兰油 | 15.4 | 14.6 | 0.8 |
| | 卫生巾 | 苏菲 | 13.8 | 9.1 | 4.7 | 护舒宝 | 28.0 | 28.9 | －0.9 |
| | 洗衣粉/液 | 安利 | 7.9 | 5.2 | 2.7 | 雕牌 | 19.2 | 24.6 | －5.4 |
| 饮料类 | 瓶装水 | 依云 | 4.2 | 0.5 | 3.7 | 农夫山泉 | 27.4 | 25.3 | 2.1 |
| | 碳酸饮料 | 可口可乐 | 33.6 | 29.2 | 4.4 | 百事可乐 | 28.9 | 38.0 | －9.1 |
| | 非碳酸饮料 | 雀巢 | 8.8 | 4.1 | 4.7 | 康师傅 | 11.4 | 15.1 | －3.7 |
| | 含乳饮料 | 伊利 | 21.0 | 17.7 | 3.3 | 蒙牛 | 28.4 | 29.6 | －1.2 |
| 烟酒类 | 啤酒 | 青岛 | 25.2 | 20.8 | 4.4 | 青岛 | 25.2 | 20.8 | 4.4 |
| | 白酒 | 茅台 | 33.6 | 7.3 | 26.3 | 金六福 | 5.4 | 12.8 | －7.4 |
| | 葡萄酒 | 张裕 | 34.2 | 26.9 | 7.3 | 长城 | 21.5 | 30.3 | －8.8 |
| | 黄酒 | 周庄 | 7.3 | 4.3 | 2.9 | 古越龙山 | 18.6 | 16.5 | 2.1 |
| | 香烟 | 中华 | 35.1 | 6.0 | 29.1 | 红塔山 | 6.5 | 10.9 | －4.4 |
| 食品类 | 休闲食品 | 徐福记 | 15.8 | 9.0 | 6.8 | 奥利奥 | 6.8 | 9.6 | －2.8 |
| | 方便面 | 统一 | 11.6 | 8.5 | 3.1 | 康师傅 | 52.4 | 55.5 | －3.1 |
| | 八宝粥 | 银鹭 | 21.6 | 17.9 | 3.7 | 娃哈哈 | 38.0 | 40.2 | －2.2 |
| | 速冻食品 | 思念 | 23.3 | 19.3 | 4.0 | 思念 | 23.3 | 19.3 | 4.0 |
| | 熟食 | 雨润 | 8.1 | 5.7 | 2.4 | 双汇 | 45.8 | 48.9 | －3.1 |
| | 米、面 | 福临门 | 23.4 | 18.7 | 4.7 | 福临门 | 23.4 | 18.7 | 4.7 |
| | 食用油 | 鲁花 | 26.9 | 12.9 | 14.0 | 金龙鱼 | 45.7 | 49.2 | －3.5 |
| | 调味品 | 李锦记 | 12.6 | 9.6 | 3.0 | 太太乐 | 30.6 | 27.9 | 2.7 |
| 服装服饰类 | 男士西服 | 阿玛尼 | 11.7 | 2.7 | 9.0 | 七匹狼 | 16.9 | 17.8 | －0.9 |
| | 皮鞋 | 皮尔·卡丹 | 9.4 | 3.1 | 6.3 | 达芙妮 | 9.3 | 13.1 | －3.8 |
| | 运动休闲服饰 | 耐克 | 25.7 | 12.1 | 13.6 | 李宁 | 13.7 | 15.4 | －1.7 |
| | 羽绒服 | 波司登 | 54.6 | 50.4 | 4.2 | 波司登 | 54.6 | 50.4 | 4.2 |
| | 毛纺织品 | 鄂尔多斯 | 42.8 | 33.6 | 9.2 | 恒源祥 | 34.4 | 34.5 | －0.1 |
| | 内衣 | CK | 8.6 | 3.9 | 4.7 | 三枪 | 16.4 | 18.8 | －2.4 |
| 制药类 | 药企 | 同仁堂 | 34.4 | 19.8 | 14.6 | 同仁堂 | 34.4 | 19.8 | 14.6 |
| IT、数码及相关产品类 | 个人电脑 | IBM | 17.1 | 5.8 | 11.3 | 联想 | 18.8 | 20.9 | －2.1 |
| | 数码相机 | 索尼 | 26.6 | 18.0 | 8.6 | 佳能 | 23.6 | 21.6 | 2.0 |
| | MP3 | 苹果 iPod | 30.0 | 11.9 | 18.1 | 爱国者 | 10.4 | 15.4 | －5.0 |
| | 电池 | 索尼 | 7.0 | 2.1 | 4.9 | 南孚 | 51.2 | 51.0 | 0.2 |
| 通信产品及服务类 | 手机 | 诺基亚 | 53.7 | 38.4 | 15.3 | 诺基亚 | 53.7 | 38.4 | 15.3 |
| | 移动通信运营商 | 中国移动 | 84.6 | 77.9 | 6.7 | 中国移动 | 84.6 | 77.9 | 6.7 |
| | 固话运营商 | 中国电信 | 68.0 | 66.3 | 1.7 | 中国电信 | 68.0 | 66.3 | 1.7 |
| 家电类 | 电视机 | 索尼 | 14.7 | 5.6 | 9.1 | 长虹 | 10.1 | 16.8 | －6.7 |
| | 空调 | 海尔 | 21.2 | 17.9 | 3.3 | 格力 | 21.6 | 19.5 | 2.1 |
| | 电冰箱 | 海尔 | 38.1 | 33.3 | 4.8 | 海尔 | 38.1 | 33.3 | 4.8 |
| | 洗衣机 | 海尔 | 36.8 | 31.4 | 5.4 | 海尔 | 36.8 | 31.4 | 5.4 |
| | DVD | 索尼 | 10.5 | 4.5 | 6.0 | 步步高 | 14.6 | 15.9 | －1.3 |
| | 电饭煲 | 苏泊尔 | 13.6 | 10.5 | 3.1 | 美的 | 24.0 | 24.7 | －0.7 |
| | 微波炉 | 西门子 | 3.1 | 1.4 | 1.7 | 格兰仕 | 38.3 | 38.5 | －0.2 |
| | 吸油烟机 | 方太 | 22.9 | 19.8 | 3.1 | 方太 | 22.9 | 19.8 | 3.1 |
| | 燃气灶 | 方太 | 18.4 | 15.7 | 2.7 | 方太 | 18.4 | 15.7 | 2.7 |
| | 热水器 | A.O.史密斯 | 9.8 | 6.9 | 2.9 | 海尔 | 18.2 | 15.9 | 2.3 |

续 表2-2-5

| 类 别 | 品 类 | 最具潜力品牌 | | | | 对照品牌 | | | |
|---|---|---|---|---|---|---|---|---|---|
| | | 名 称 | 理想% | 常用% | 晋级% | 常用第一品牌 | 理想% | 常用% | 晋级% |
| 交通工具类 | 家用汽车 | 宝马 | 27.0 | 2.9 | 24.1 | 大众 | 7.1 | 12.7 | -5.6 |
| | 摩托车 | 雅马哈 | 20.9 | 11.1 | 9.8 | 本田 | 30.9 | 30.0 | 0.9 |
| | 自行车 | 捷安特 | 39.6 | 28.2 | 11.4 | 凤凰 | 24.0 | 33.6 | -9.6 |
| 房产家装类 | 房地产 | 万科 | 24.9 | 5.6 | 19.3 | 万科 | 24.9 | 5.6 | 19.3 |
| | 木地板 | 圣象 | 41.9 | 23.8 | 18.1 | 圣象 | 41.9 | 23.8 | 18.1 |
| 服务类 | 银行 | 中国银行 | 14.8 | 8.6 | 6.2 | 中国工商银行 | 21.8 | 29.6 | -7.8 |
| | 保险公司 | 中国人寿保险 | 32.2 | 26.4 | 5.8 | 中国人寿保险 | 32.2 | 26.4 | 5.8 |
| | 航空公司 | 中国国际航空 | 29.6 | 14.1 | 15.5 | 中国南方航空 | 25.8 | 29.4 | -3.6 |
| | 家电卖场 | 苏宁电器 | 28.3 | 22.4 | 5.9 | 国美电器 | 52.6 | 58.0 | -5.4 |

注：表中数据由家庭、潜力两类消费者加权而得。

## 第四节　常用品牌前三强消费者维系度指标

"消费者维系度"是指在常用某品牌的消费者中预购仍是该品牌的消费者的比例。消费者维系度越高的品牌说明这些品牌在消费者心中越具有较高的忠诚度，对现有消费者的维系能力越强，消费者的流失率越低。计算公式为：消费者维系百分比＝在常用和预购品牌中同时选择该品牌的人数/在常用品牌中选择该品牌的人数×100%，然后再将两类消费者的计算结果加权。如南孚的家庭消费者维系百分比为1640/2132×100%＝76.9%，其潜力消费者维系百分比为752/992×100%＝75.8%，加权后综合的两类消费者维系百分比为76.9%×0.8＋75.8%×0.2＝76.7%。

由于在常用品牌中，前三强的竞争比较激烈，因此，我们选择了常用品牌中排名前三强的品牌，考量其在消费者中的维系度，以便透过现阶段最强势的前三名品牌的竞争格局，探寻品牌在消费者未来消费状态中的变化趋势。如在MP3品类中，虽然爱国者位居常用品牌的第一名，但其消费者的维系百分比并不高，仅为39.2%，远远低于排在第三位的苹果iPod，其消费者维系百分比高达63.3%，这种现象应该引起第一品牌的重视。见表2-2-6。

**表2-2-6　常用品牌前三强消费者维系度**

| 类 别 | 品 类 | 常用第一品牌 | 维系% | 常用第二品牌 | 维系% | 常用第三品牌 | 维系% |
|---|---|---|---|---|---|---|---|
| 日化类 | 牙膏 | 高露洁 | 42.2 | 佳洁士 | 44.7 | 中华 | 51.4 |
| | 洗发水 | 飘柔 | 48.6 | 潘婷 | 41.5 | 力士 | 46.5 |
| | 沐浴露 | 玉兰油 | 54.6 | 舒肤佳 | 65.6 | 夏士莲 | 41.9 |
| | 洗面奶 | 大宝 | 53.3 | 丁家宜 | 35.2 | 妮维雅 | 47.0 |
| | 润肤露 | 玉兰油 | 51.6 | 大宝 | 67.2 | 强生 | 50.0 |
| | 卫生巾 | 护舒宝 | 56.4 | 安尔乐 | 44.2 | 娇爽 | 54.5 |
| | 洗衣粉/液 | 雕牌 | 53.6 | 汰渍 | 56.9 | 奥妙 | 54.0 |
| 饮料类 | 瓶装水 | 农夫山泉 | 52.2 | 康师傅 | 40.1 | 娃哈哈 | 44.4 |
| | 碳酸饮料 | 百事可乐 | 46.0 | 可口可乐 | 54.9 | 雪碧 | 48.9 |
| | 非碳酸饮料 | 康师傅 | 44.5 | 王老吉 | 50.1 | 汇源 | 37.2 |
| | 含乳饮料 | 蒙牛 | 52.0 | 伊利 | 53.9 | 光明 | 42.3 |
| 烟酒类 | 啤酒 | 青岛 | 50.8 | 雪花 | 47.3 | 百威 | 38.6 |
| | 白酒 | 金六福 | 28.9 | 五粮液 | 49.9 | 剑南春 | 25.7 |
| | 葡萄酒 | 长城 | 38.3 | 张裕 | 51.4 | 王朝 | 44.2 |
| | 黄酒 | 古越龙山 | 46.3 | 汾湖 | 22.2 | 周庄 | 39.9 |
| | 香烟 | 红塔山 | 37.9 | 白沙 | 42.5 | 红双喜 | 43.9 |

续 表2－2－6

| 类 别 | 品 类 | 常用第一品牌 | 维系% | 常用第二品牌 | 维系% | 常用第三品牌 | 维系% |
|---|---|---|---|---|---|---|---|
| 食品类 | 休闲食品 | 奥利奥 | 25.6 | 徐福记 | 35.1 | 大白兔 | 28.0 |
| | 方便面 | 康师傅 | 46.3 | 福满多 | 23.6 | 统一 | 41.5 |
| | 八宝粥 | 娃哈哈 | 46.1 | 银鹭 | 46.7 | 达利园 | 28.2 |
| | 速冻食品 | 思念 | 42.9 | 三全 | 42.6 | 龙凤 | 38.3 |
| | 熟食 | 双汇 | 52.1 | 金锣 | 30.9 | 雨润 | 48.0 |
| | 米、面 | 福临门 | 44.5 | 北大荒 | 42.0 | 古船 | 49.7 |
| | 食用油 | 金龙鱼 | 53.8 | 福临门 | 30.4 | 鲁花 | 59.7 |
| | 调味品 | 太太乐 | 51.1 | 海天 | 41.0 | 李锦记 | 51.7 |
| 服装服饰类 | 男士西服 | 七匹狼 | 41.0 | 雅戈尔 | 43.7 | 报喜鸟 | 30.5 |
| | 皮鞋 | 达芙妮 | 40.0 | 红蜻蜓 | 36.3 | 奥康 | 34.1 |
| | 运动休闲服饰 | 李宁 | 41.1 | 阿迪达斯 | 44.4 | 耐克 | 51.4 |
| | 羽绒服 | 波司登 | 56.6 | 北极绒 | 33.0 | 雪中飞 | 39.4 |
| | 毛纺织品 | 恒源祥 | 57.8 | 鄂尔多斯 | 54.0 | 灰鼠 | 32.3 |
| | 内衣 | 三枪 | 56.7 | 红豆 | 42.6 | 宜而爽 | 50.8 |
| IT、数码及相关产品类 | 个人电脑 | 联想 | 42.2 | 惠普 | 42.0 | IBM | 57.2 |
| | 数码相机 | 佳能 | 54.9 | 索尼 | 53.9 | 三星 | 41.6 |
| | MP3 | 爱国者 | 39.2 | 纽曼 | 25.0 | 苹果 iPod | 63.3 |
| | 电池 | 南孚 | 76.7 | 金霸王 | 63.6 | 双鹿 | 54.1 |
| 通信产品类 | 手机 | 诺基亚 | 64.2 | 摩托罗拉 | 30.8 | 三星 | 38.6 |
| 家电类 | 电视机 | 长虹 | 34.2 | TCL | 33.3 | 康佳 | 29.7 |
| | 空调 | 格力 | 65.6 | 海尔 | 68.3 | 美的 | 55.3 |
| | 电冰箱 | 海尔 | 72.7 | 容声 | 43.4 | 西门子 | 73.1 |
| | 洗衣机 | 海尔 | 74.0 | 小天鹅 | 54.9 | 荣事达 | 43.5 |
| | DVD | 步步高 | 57.9 | 新科 | 41.2 | 飞利浦 | 56.1 |
| | 电饭煲 | 美的 | 66.1 | 苏泊尔 | 69.0 | 格兰仕 | 61.1 |
| | 微波炉 | 格兰仕 | 71.9 | 美的 | 61.9 | LG | 48.9 |
| | 吸油烟机 | 方太 | 66.7 | 老板 | 60.4 | 帅康 | 55.1 |
| | 燃气灶 | 方太 | 66.2 | 华帝 | 63.9 | 老板 | 69.1 |
| | 热水器 | 海尔 | 70.3 | A.O.史密斯 | 76.8 | 万家乐 | 61.6 |
| 交通工具类 | 家用汽车 | 大众 | 32.0 | 本田 | 33.8 | 丰田 | 37.6 |
| | 摩托车 | 本田 | 44.5 | 嘉陵 | 32.5 | 铃木 | 31.5 |
| | 自行车 | 凤凰 | 37.6 | 捷安特 | 71.9 | 永久 | 39.8 |
| 房产家装类 | 房地产 | 万科 | 54.5 | 大连万达 | 36.5 | 恒大实业 | 34.5 |
| | 木地板 | 圣象 | 60.2 | 大自然 | 44.4 | 吉象 | 43.8 |
| 服务类 | 银行 | 中国工商银行 | 48.7 | 中国建设银行 | 51.0 | 中国农业银行 | 44.7 |
| | 保险公司 | 中国人寿保险 | 61.6 | 中国平安保险 | 55.2 | 太平洋保险 | 50.6 |
| | 航空公司 | 中国南方航空 | 57.8 | 中国东方航空 | 49.0 | 中国国际航空 | 60.0 |
| | 家电卖场 | 国美电器 | 48.9 | 苏宁电器 | 52.5 | 永乐家电 | 45.3 |

注：常用品牌前三强的排名结果及表中数据由家庭、潜力两类消费者加权而得。

## 第五节 品牌跨地域影响力指标

“品牌跨地域影响力指标”是指在消费者的“常用品牌”、“预购品牌”和“理想品牌”中，对某品牌的提及率达到第一名的城市个数。该指标所关注的重点在于从横向的市场地域覆盖的角度来考察品牌的市场扩张情况，即考察品牌在全国不同城市的消费者心智中达到第一位置的城市跨度，对于品牌认知区域市场发展情况具有一定的可借鉴价值。

品牌跨地域影响力受到多种因素的制约，从品牌自身来讲，由于品牌的原产地所承载的地域文化特征、品牌的营销推广策略、产品销售渠道的开发等因素制约了品牌在跨地域营销推广的效果；从竞争情况来讲，品牌在跨地域营销过程中，很有可能受到当地知名品牌的阻击；从消费者的消费心理和消费形态来看，其长期以来形成的消费文化和习惯，也会影响其对品牌的选择，如王老吉在大部分南方城市的理想品牌中占据第一，而北方消费者对其认同度却不高。

数据显示，方便面品类中的康师傅、羽绒服品类中的波司登等品牌在30个以上的调查城市中均占据第一名的位置，地域影响力跨度较大；而吸油烟机品类中的方太、含乳饮料品类中的蒙牛等品牌，在消费者“常用品牌”跨地域影响力指标中，在20多个城市中占据第一名的位置，地域影响力跨度中等；消费者“预购品牌”中的思念和雕牌等，及消费者“理想品牌”中的百丽等品牌，占据第一名的城市跨度不足20个，甚至不足10个，可见这些品牌的地域影响力跨度较小，同时也可以这样认为，这些品类在不同城市的消费者认知上具有明显的地域差异，即各城市消费者对各品类品牌的认知，表现出明显的地域特征。见表2—2—7、表2—2—8、表2—2—9。

**表2—2—7　常用品牌跨地域影响力指标**

| 城市跨度类别 | 品　类 | 品　牌 | 城市跨度（个） |
|---|---|---|---|
| 高跨度（跨城市个数≥30个） | 方便面 | 康师傅 | 36 |
| | 羽绒服 | 波司登 | 36 |
| | 移动通信运营商 | 中国移动 | 36 |
| | 个人电脑 | 联想 | 36 |
| | 微波炉 | 格兰仕 | 36 |
| | 手机 | 诺基亚 | 35 |
| | 电冰箱 | 海尔 | 35 |
| | 熟食 | 双汇 | 33 |
| | 电池 | 南孚 | 32 |
| | 电饭煲 | 美的 | 32 |
| | 家电卖场 | 国美电器 | 32 |
| | 食用油 | 金龙鱼 | 31 |
| | 摩托车 | 本田 | 31 |
| 中跨度（20个≤跨城市个数＜30个） | 洗发水 | 飘柔 | 29 |
| | 八宝粥 | 娃哈哈 | 28 |
| | 卫生巾 | 护舒宝 | 28 |
| | 木地板 | 圣象 | 28 |
| | 洗衣机 | 海尔 | 27 |
| | DVD | 步步高 | 27 |
| | 碳酸饮料 | 百事可乐 | 26 |
| | 固话运营商 | 中国电信 | 25 |
| | 吸油烟机 | 方太 | 25 |
| | 含乳饮料 | 蒙牛 | 23 |
| | 数码相机 | 佳能 | 23 |
| | 银行 | 中国工商银行 | 23 |
| | 沐浴露 | 玉兰油 | 22 |
| | 洗衣粉/液 | 雕牌 | 22 |
| | 燃气灶 | 方太 | 22 |
| | 黄酒 | 古越龙山 | 21 |

续 表2-2-7

| 城市跨度类别 | 品类 | 品牌 | 城市跨度（个） |
|---|---|---|---|
| | 洗面奶 | 大宝 | 21 |
| | 润肤露 | 玉兰油 | 21 |
| | 内衣 | 三枪 | 21 |
| | 热水器 | 海尔 | 21 |
| | 家用汽车 | 大众 | 21 |
| | 米、面 | 福临门 | 20 |
| | 调味品 | 太太乐 | 20 |
| | 毛纺织品 | 鄂尔多斯 | 20 |
| 低跨度（0个≤跨城市个数＜20个） | 葡萄酒 | 长城 | 19 |
| | 男士西服 | 七匹狼 | 19 |
| | MP3 | 爱国者 | 19 |
| | 保险公司 | 中国人寿保险 | 19 |
| | 自行车 | 凤凰 | 18 |
| | 牙膏 | 高露洁 | 17 |
| | 运动休闲服饰 | 李宁 | 17 |
| | 电视机 | 长虹 | 17 |
| | 空调 | 格力 | 16 |
| | 药企 | 同仁堂 | 15 |
| | 速冻食品 | 三全 | 14 |
| | 瓶装水 | 农夫山泉 | 14 |
| | 航空公司 | 中国南方航空 | 13 |
| | 非碳酸饮料 | 王老吉/康师傅 | 12 |
| | 皮鞋 | 红蜻蜓/达芙妮 | 12 |
| | 啤酒 | 青岛 | 11 |
| | 白酒 | 金六福 | 11 |
| | 香烟 | 红塔山 | 9 |
| | 休闲食品 | 达利园 | 8 |
| | 房地产 | 万科 | 8 |

**表2-2-8 预购品牌跨地域影响力指标**

| 城市跨度类别 | 品类 | 品牌 | 城市跨度（个） |
|---|---|---|---|
| 高跨度（跨城市个数≥30个） | 羽绒服 | 波司登 | 36 |
| | 手机 | 诺基亚 | 36 |
| | 微波炉 | 格兰仕 | 36 |
| | 方便面 | 康师傅 | 35 |
| | 电池 | 南孚 | 33 |
| | 电冰箱 | 海尔 | 33 |
| | 熟食 | 双汇 | 32 |
| | 木地板 | 圣象 | 32 |
| | 食用油 | 金龙鱼 | 30 |
| | 洗衣机 | 海尔 | 30 |
| 中跨度（20个≤跨城市个数＜30个） | 洗发水 | 飘柔 | 29 |
| | 吸油烟机 | 方太 | 29 |
| | 个人电脑 | 联想 | 28 |
| | 卫生巾 | 护舒宝 | 27 |
| | MP3 | 苹果iPod | 27 |
| | 八宝粥 | 娃哈哈 | 26 |
| | 电饭煲 | 美的 | 26 |
| | 热水器 | 海尔 | 26 |
| | 摩托车 | 本田 | 26 |
| | 调味品 | 太太乐 | 25 |

续 表2—2—8

| 城市跨度类别 | 品 类 | 品 牌 | 城市跨度（个） |
|---|---|---|---|
| | 家电卖场 | 国美电器 | 25 |
| | 米、面 | 福临门 | 24 |
| | 润肤露 | 玉兰油 | 24 |
| | 男士西服 | 七匹狼 | 24 |
| | 内衣 | 三枪 | 23 |
| | 数码相机 | 佳能 | 23 |
| | 燃气灶 | 方太 | 23 |
| | 自行车 | 捷安特 | 23 |
| | 瓶装水 | 农夫山泉 | 22 |
| | 黄酒 | 古越龙山 | 22 |
| | 沐浴露 | 玉兰油 | 22 |
| | 白酒 | 五粮液 | 21 |
| | 葡萄酒 | 张裕 | 21 |
| | 毛纺织品 | 恒源祥 | 21 |
| | DVD | 步步高 | 21 |
| 低跨度（0个≤跨城市个数＜20个） | 碳酸饮料 | 可口可乐 | 19 |
| | 洗面奶 | 大宝 | 19 |
| | 含乳饮料 | 蒙牛 | 18 |
| | 牙膏 | 佳洁士 | 18 |
| | 保险公司 | 中国人寿保险 | 18 |
| | 非碳酸饮料 | 王老吉 | 17 |
| | 银行 | 中国工商银行 | 17 |
| | 空调 | 海尔 | 17 |
| | 速冻食品 | 思念 | 15 |
| | 洗衣粉/液 | 雕牌 | 15 |
| | 运动休闲服饰 | 耐克 | 14 |
| | 房地产 | 万科 | 14 |
| | 啤酒 | 雪花 | 12 |
| | 皮鞋 | 红蜻蜓 | 12 |
| | 航空公司 | 中国南方航空 | 12 |
| | 家用汽车 | 本田 | 12 |
| | 休闲食品 | 徐福记 | 11 |
| | 香烟 | 中华 | 11 |
| | 电视机 | 索尼 | 10 |

**表2—2—9 理想品牌跨地域影响力指标**

| 城市跨度类别 | 品 类 | 品 牌 | 城市跨数（个） |
|---|---|---|---|
| 高跨度（跨城市个数≥30个） | 方便面 | 康师傅 | 36 |
| | 羽绒服 | 波司登 | 36 |
| | 移动通信运营商 | 中国移动 | 36 |
| | 微波炉 | 格兰仕 | 36 |
| | 手机 | 诺基亚 | 35 |
| | 香烟 | 中华 | 33 |
| | 家电卖场 | 国美电器 | 33 |
| | 木地板 | 圣象 | 33 |
| | 熟食 | 双汇 | 32 |
| | 电池 | 南孚 | 32 |
| | 电冰箱 | 海尔 | 32 |
| | 洗衣机 | 海尔 | 31 |
| | 家用汽车 | 宝马 | 31 |
| | 洗发水 | 飘柔 | 30 |
| | 药企 | 同仁堂 | 30 |

续　表 2－2－9

| 城市跨度类别 | 品　类 | 品　牌 | 城市跨数（个） |
|---|---|---|---|
| 中跨度（20个≤跨城市个数<30个） | 沐浴露 | 玉兰油 | 29 |
| | 摩托车 | 本田 | 29 |
| | 八宝粥 | 娃哈哈 | 28 |
| | MP3 | 苹果 iPod | 27 |
| | 电饭煲 | 美的 | 27 |
| | 食用油 | 金龙鱼 | 26 |
| | 卫生巾 | 护舒宝 | 26 |
| | 固话运营商 | 中国电信 | 26 |
| | 吸油烟机 | 方太 | 26 |
| | 调味品 | 太太乐 | 25 |
| | 润肤露 | 玉兰油 | 25 |
| | DVD | 步步高 | 25 |
| | 毛纺织品 | 鄂尔多斯 | 24 |
| | 个人电脑 | 联想 | 23 |
| | 燃气灶 | 方太 | 23 |
| | 热水器 | 海尔 | 23 |
| | 休闲食品 | 徐福记 | 22 |
| | 米、面 | 福临门 | 22 |
| | 白酒 | 茅台 | 22 |
| | 葡萄酒 | 张裕 | 22 |
| | 黄酒 | 古越龙山 | 22 |
| | 碳酸饮料 | 可口可乐 | 21 |
| | 数码相机 | 索尼 | 21 |
| | 保险公司 | 中国人寿保险 | 21 |
| | 自行车 | 捷安特 | 21 |
| | 瓶装水 | 农夫山泉 | 20 |
| | 含乳饮料 | 蒙牛 | 20 |
| | 运动休闲服饰 | 耐克 | 20 |
| 低跨度（0个≤跨城市个数<20个） | 银行 | 中国工商银行 | 19 |
| | 非碳酸饮料 | 王老吉 | 17 |
| | 啤酒 | 青岛 | 17 |
| | 房地产 | 万科 | 17 |
| | 空调 | 海尔 | 17 |
| | 速冻食品 | 思念 | 16 |
| | 内衣 | 三枪 | 16 |
| | 电视机 | 索尼 | 16 |
| | 男士西服 | 雅戈尔 | 15 |
| | 洗衣粉/液 | 雕牌 | 14 |
| | 牙膏 | 佳洁士 | 13 |
| | 洗面奶 | 大宝 | 13 |
| | 航空公司 | 中国南方航空 | 12 |
| | 皮鞋 | 百丽 | 8 |

## 第六节　品牌消费者集中度指标

品牌的消费者集中度 CR4（Concentration Ratio 4）是某一产品中消费者份额排名前 4 名的品牌的累积消费者人数占该产品所有品牌累积消费者人数的比例。CR4 的值越大，说明这一产品以及这一行业的集中度越高，市场趋向于垄断；反之，市场趋向于自由竞争。通常认为，高集中度的 CR4≥60%；中集中度为 30%≤CR4<60%；低集中度 CR4<30%。

纵观各品类“品牌消费者集中度排名”，我们可以看出如移动通信运营商和固话运营商这两类国家资源垄断性行业的行业品牌集中度相当高，接近100%；而家电卖场和碳酸饮料这两个行业由于市场竞争格局形成了巨头垄断局势，因此，行业集中度也都接近了90%。但在房地产品类中，由于各品牌有较强的地域限制，因此品牌提及较为分散，其集中度也相应较低。见表2-2-10。

**表2-2-10 品牌消费者集中度**

| 高集中度 | |
|---|---|
| 品 类 | 集中度（CR4）% |
| 移动通信运营商 | 99.4 |
| 固话运营商 | 98.8 |
| 家电卖场 | 88.5 |
| 自行车 | 87.8 |
| 碳酸饮料 | 83.9 |
| 食用油 | 83.0 |
| 方便面 | 80.3 |
| 八宝粥 | 78.4 |
| 保险公司 | 77.9 |
| 银行 | 77.8 |
| 毛纺织品 | 76.4 |
| 羽绒服 | 74.1 |
| 手机 | 74.1 |
| 电池 | 72.5 |
| 葡萄酒 | 71.8 |
| 航空公司 | 71.4 |
| 含乳饮料 | 70.0 |
| 瓶装水 | 69.2 |
| 摩托车 | 68.2 |
| 牙膏 | 68.0 |
| 洗衣粉/液 | 68.0 |
| 洗衣机 | 66.3 |
| 熟食 | 65.0 |
| 调味品 | 60.9 |
| 卫生巾 | 60.2 |
| 中集中度 | |
| 品 类 | 集中度（CR4）% |
| 数码相机 | 59.6 |
| 药企 | 57.5 |
| 洗发水 | 56.9 |
| 微波炉 | 56.6 |
| 啤酒 | 55.5 |
| 空调 | 53.8 |
| 电冰箱 | 53.7 |
| 速冻食品 | 53.3 |
| 非碳酸饮料 | 50.9 |
| 木地板 | 50.2 |
| 运动休闲服饰 | 49.8 |
| MP3 | 48.8 |
| 内衣 | 48.7 |
| 沐浴露 | 48.5 |
| 男士西服 | 47.5 |
| 电视机 | 46.1 |
| 电饭煲 | 46.1 |
| 吸油烟机 | 45.3 |
| 皮鞋 | 41.8 |
| 白酒 | 39.3 |

续　表2－2－10

| 品　类 | 集中度（CR4）% |
| --- | --- |
| 个人电脑 | 38.9 |
| DVD | 38.8 |
| 米、面 | 38.0 |
| 燃气灶 | 37.0 |
| 润肤露 | 36.3 |
| 休闲食品 | 35.7 |
| 家用汽车 | 35.6 |
| 热水器 | 34.6 |
| 香烟 | 32.5 |
| 洗面奶 | 31.3 |
| 黄酒 | 30.9 |
| 低集中度 | |
| 品　类 | 集中度（CR4）% |
| 房地产 | 13.3 |

注：表中数据由家庭、潜力两类消费者加权而得。

## 第七节　各品类消费者品牌宽度指标

“各品类消费者品牌宽度指标”中，“常用品牌宽度”、“预购品牌宽度”、“理想品牌宽度”分别指消费者“常用品牌”、“预购品牌”、“理想品牌”的不重复提及品牌个数；“品牌总宽度”指消费者在“常用品牌”、“预购品牌”、“理想品牌”的累计不重复提及品牌总个数。品牌宽度的数值越大，说明进入消费者相应认知领域的品牌个数越多。

从消费者同一品类的“常用品牌宽度”、“预购品牌宽度”、“理想品牌宽度”的变化，可以看出该品类的竞争格局与未来发展态势，如摩托车品类的常用、预购和理想品牌宽度分别为43、26和27个，可见，在众多摩托车品牌中，只有极少数的品牌满足消费者的理想要求，在未来市场占据一席之地。不同品类间“品牌总宽度”的对比，可以看出不同品类之间的消费者品牌认知的集散程度，如碳酸饮料的品牌总宽度为21个，非碳酸饮料为47个，瓶装水为67个，含乳饮料为72个，分散程度递增。见表2－2－11。

**表2－2－11　各品类品牌宽度**

| 类　别 | 品　类 | 常用品牌宽度 | 预购品牌宽度 | 理想品牌宽度 | 品牌总宽度 |
| --- | --- | --- | --- | --- | --- |
| 日化类 | 牙膏 | 41 | 36 | 36 | 44 |
| | 洗发水 | 76 | 67 | 68 | 84 |
| | 沐浴露 | 85 | 74 | 73 | 97 |
| | 洗面奶 | 123 | 113 | 109 | 153 |
| | 润肤露 | 125 | 105 | 107 | 146 |
| | 卫生巾 | 57 | 49 | 48 | 60 |
| | 洗衣粉/液 | 30 | 27 | 30 | 32 |
| 饮料类 | 瓶装水 | 58 | 51 | 53 | 67 |
| | 碳酸饮料 | 19 | 19 | 16 | 21 |
| | 非碳酸饮料 | 43 | 35 | 36 | 47 |
| | 含乳饮料 | 66 | 63 | 64 | 72 |
| 烟酒类 | 啤酒 | 86 | 72 | 82 | 97 |
| | 白酒 | 113 | 98 | 74 | 138 |
| | 葡萄酒 | 47 | 43 | 44 | 61 |
| | 黄酒 | 40 | 37 | 33 | 44 |
| | 香烟 | 68 | 59 | 46 | 104 |

续　表2-2-11

| 类　别 | 品　类 | 常用品牌宽度 | 预购品牌宽度 | 理想品牌宽度 | 品牌总宽度 |
| --- | --- | --- | --- | --- | --- |
| 饮料类 | 休闲食品 | 51 | 48 | 48 | 61 |
| | 方便面 | 42 | 35 | 39 | 48 |
| | 八宝粥 | 28 | 26 | 33 | 39 |
| | 速冻食品 | 51 | 46 | 49 | 57 |
| | 熟食 | 70 | 66 | 71 | 88 |
| | 米、面 | 153 | 147 | 144 | 187 |
| | 食用油 | 42 | 38 | 36 | 47 |
| | 调味品 | 78 | 79 | 79 | 98 |
| 服装服饰类 | 男士西服 | 70 | 53 | 64 | 82 |
| | 皮鞋 | 118 | 105 | 98 | 137 |
| | 运动休闲服饰 | 81 | 68 | 69 | 99 |
| | 羽绒服 | 87 | 64 | 68 | 96 |
| | 毛纺织品 | 57 | 44 | 40 | 69 |
| | 内衣 | 95 | 82 | 71 | 115 |
| 制药类 | 药企 | 82 | — | 74 | 92 |
| IT、数码及相关产品类 | 个人电脑 | 41 | 27 | 27 | 46 |
| | 数码相机 | 24 | 22 | 25 | 30 |
| | MP3 | 90 | 30 | 27 | 90 |
| | 电池 | 42 | 31 | 31 | 44 |
| 通信产品及服务类 | 手机 | 66 | 38 | 37 | 69 |
| | 移动通信运营商 | 5 | — | 6 | 6 |
| | 固话运营商 | 3 | — | 3 | 3 |
| 家电类 | 电视机 | 77 | 61 | 59 | 80 |
| | 空调 | 75 | 63 | 64 | 83 |
| | 电冰箱 | 91 | 70 | 71 | 94 |
| | 洗衣机 | 86 | 73 | 71 | 91 |
| | DVD | 87 | 65 | 65 | 93 |
| | 电饭煲 | 86 | 74 | 78 | 95 |
| | 微波炉 | 66 | 53 | 63 | 77 |
| | 吸油烟机 | 116 | 76 | 77 | 121 |
| | 燃气灶 | 141 | 88 | 91 | 144 |
| | 热水器 | 63 | 56 | 56 | 64 |
| 交通工具类 | 家用汽车 | 140 | 152 | 137 | 198 |
| | 摩托车 | 43 | 26 | 27 | 45 |
| | 自行车 | 59 | 38 | 43 | 68 |
| 房产家装类 | 房地产 | 266 | 109 | 116 | 307 |
| | 木地板 | 66 | 36 | 40 | 75 |
| 服务类 | 银行 | 40 | 41 | 37 | 49 |
| | 保险公司 | 33 | 26 | 29 | 36 |
| | 航空公司 | 24 | 27 | 31 | 41 |
| | 家电卖场 | 56 | 48 | 49 | 62 |

注：表中数据由家庭、潜力两类消费者加权而得。

## 第八节　各品类消费者品牌感知度指标

消费者对不同品类的产品的熟悉程度和关注程度不同，导致其对相应品类品牌的感知程度也会不同。“各品类消费者品牌感知度指标”是指“家庭消费者”和“潜力消费者”两个不同消费人群各自对不同品类，关于“常用品牌”、“预购品牌”和“理想品牌”的有效填答率，分别为常用率、预购率和理想率。计算公式为：有效填答人数/被访者总人数×100%，如个人电脑品类中家庭消费者常用率为 3704/428 8×100%＝86.4%。

对于日常生活用品，如方便面、八宝粥等无论是“家庭消费者”还是“潜力消费者”的有效填答率都较高；而对于一些家庭生活用品，如“米、面”、“食用油”、“调味品”以及烟酒等品类，“家庭消费者”的填答率往往高于“潜力消费者”的有效填答率；同样，对于年轻人比较熟悉和日常关注的品类，如“饮料”、“个人电脑”、“MP3”和“自行车”等，则是“潜力消费者”的有效填答率高于“家庭消费者”。见表 2－2－12。

**表 2－2－12　各品类消费者品牌感知度**

单位：%

| 行　业 | 品　类 | 家庭消费者 | | | 潜力消费者 | | |
|---|---|---|---|---|---|---|---|
| | | 使用率 | 预购率 | 理想率 | 使用率 | 预购率 | 理想率 |
| 日化类 | 牙膏 | 99.3 | 98.9 | 95.3 | 99.4 | 99.3 | 96.9 |
| | 洗发水 | 98.9 | 98.3 | 93.7 | 99.2 | 99.6 | 96.7 |
| | 沐浴露 | 89.6 | 89.6 | 85.3 | 92.8 | 94.1 | 91.7 |
| | 洗面奶 | 78.0 | 79.4 | 76.4 | 90.7 | 92.3 | 88.8 |
| | 润肤露 | 81.3 | 82.1 | 78.7 | 83.4 | 85.9 | 83.8 |
| | 卫生巾 | 93.4 | 91.7 | 90.8 | 99.0 | 98.4 | 96.2 |
| | 洗衣粉/液 | 98.3 | 97.9 | 94.4 | 98.3 | 98.1 | 95.6 |
| 饮料类 | 瓶装水 | 96.2 | 96.3 | 93.9 | 98.6 | 98.7 | 96.7 |
| | 碳酸饮料 | 87.6 | 88.5 | 88.1 | 94.2 | 94.6 | 93.9 |
| | 非碳酸饮料 | 94.0 | 94.4 | 91.5 | 96.8 | 97.4 | 95.1 |
| | 含乳饮料 | 96.7 | 96.2 | 93.9 | 97.4 | 97.8 | 95.6 |
| 烟酒类 | 啤酒 | 87.4 | 88.0 | 88.4 | 84.1 | 86.5 | 87.8 |
| | 白酒 | 70.5 | 73.7 | 79.6 | 56.6 | 64.2 | 73.6 |
| | 葡萄酒 | 80.3 | 82.0 | 80.3 | 66.5 | 73.8 | 74.2 |
| | 黄酒 | 53.5 | 55.0 | 52.0 | 43.5 | 49.2 | 46.7 |
| | 香烟 | 61.0 | 62.5 | 70.8 | 46.6 | 53.0 | 65.1 |
| 食品类 | 休闲食品 | 92.2 | 92.0 | 87.3 | 95.9 | 96.6 | 93.5 |
| | 方便面 | 91.3 | 90.7 | 88.3 | 95.4 | 94.2 | 92.1 |
| | 八宝粥 | 81.5 | 83.4 | 81.6 | 85.0 | 87.4 | 85.1 |
| | 速冻食品 | 88.1 | 88.0 | 82.0 | 81.8 | 83.3 | 78.1 |
| | 熟食 | 92.7 | 91.1 | 85.6 | 93.7 | 91.4 | 85.2 |
| | 米、面 | 97.0 | 91.7 | 73.1 | 91.9 | 79.1 | 60.2 |
| | 食用油 | 97.9 | 96.9 | 93.1 | 88.1 | 87.7 | 85.1 |
| | 调味品 | 98.6 | 96.5 | 89.6 | 94.7 | 88.6 | 81.9 |
| 服装服饰类 | 男士西服 | 80.6 | 84.4 | 83.6 | 54.4 | 80.5 | 80.0 |
| | 皮鞋 | 91.2 | 91.0 | 86.2 | 70.9 | 85.0 | 82.1 |
| | 运动休闲服饰 | 81.1 | 83.4 | 83.3 | 91.7 | 94.0 | 93.4 |
| | 羽绒服 | 82.5 | 82.6 | 81.2 | 79.3 | 83.1 | 82.0 |
| | 毛纺织品 | 87.9 | 87.5 | 82.7 | 79.2 | 82.0 | 77.4 |
| | 内衣 | 94.0 | 92.6 | 83.9 | 93.8 | 92.9 | 83.6 |
| 制药企业类 | 药企 | 90.0 | 83.2 | 87.9 | 82.7 | | |
| IT、数码及相关产品类 | 个人电脑 | 86.4 | 83.1 | 85.4 | 91.5 | 93.8 | 95.1 |
| | 数码相机 | 79.5 | 81.6 | 85.4 | 73.9 | 90.2 | 91.7 |
| | MP3 | 67.4 | 68.9 | 71.2 | 90.9 | 92.0 | 94.3 |
| | 电池 | 96.6 | 95.8 | 93.3 | 94.2 | 94.7 | 92.7 |

续　表2－2－12

| 行　业 | 品　类 | 家庭消费者 | | | 潜力消费者 | | |
|---|---|---|---|---|---|---|---|
| | | 使用率 | 预购率 | 理想率 | 使用率 | 预购率 | 理想率 |
| 通信产品及服务类 | 手机 | 96.5 | 93.5 | 94.0 | 98.8 | 98.0 | 97.4 |
| | 移动通信运营商 | 96.5 | | 90.9 | 98.7 | | 93.1 |
| | 固话运营商 | 94.3 | | 88.6 | 95.1 | | 88.4 |
| 家电类 | 电视机 | 99.1 | 92.1 | 93.9 | 95.3 | 93.7 | 93.2 |
| | 空调 | 88.3 | 85.5 | 88.8 | 84.0 | 88.8 | 90.3 |
| | 电冰箱 | 97.0 | 90.4 | 93.0 | 89.2 | 91.4 | 92.5 |
| | 洗衣机 | 96.5 | 89.6 | 91.7 | 88.8 | 90.2 | 90.2 |
| | DVD | 86.6 | 77.2 | 78.0 | 83.5 | 82.7 | 81.8 |
| | 电饭煲 | 93.4 | 86.3 | 83.3 | 80.2 | 83.2 | 77.1 |
| | 微波炉 | 87.1 | 82.1 | 82.6 | 76.5 | 82.5 | 79.0 |
| | 吸油烟机 | 88.5 | 83.1 | 80.5 | 73.7 | 78.7 | 73.3 |
| | 燃气灶 | 91.8 | 83.3 | 78.2 | 76.0 | 78.4 | 70.2 |
| | 热水器 | 91.7 | 84.5 | 82.5 | 80.5 | 82.5 | 76.7 |
| 交通工具类 | 家用汽车 | 41.7 | 54.0 | 61.3 | 32.2 | 63.9 | 68.5 |
| | 摩托车 | 51.0 | 50.5 | 63.2 | 54.8 | 66.6 | 74.5 |
| | 自行车 | 75.5 | 66.5 | 76.6 | 80.2 | 78.9 | 83.8 |
| 房产家装类 | 房地产 | 86.1 | 63.5 | 53.2 | 80.7 | 70.7 | 56.2 |
| | 木地板 | 67.3 | 67.9 | 62.2 | 56.4 | 69.8 | 61.4 |
| 服务类 | 银行 | 99.1 | 97.9 | 91.4 | 98.6 | 98.3 | 90.7 |
| | 保险公司 | 74.3 | 74.3 | 74.7 | 64.5 | 76.5 | 70.9 |
| | 航空公司 | 61.3 | 75.0 | 70.4 | 47.3 | 78.8 | 75.3 |
| | 家电卖场 | 93.5 | 94.1 | 87.1 | 88.0 | 92.6 | 86.9 |

（执笔：孔清溪　吕艳丹）

# 第三章　潜力消费者品牌消费行为与态度特殊性分析

## 第一节　潜力消费者群体的界定与考察价值

### 一、潜力消费者群体的界定

潜力意指潜在的能力和力量。潜力消费者群体指消费能力尚有很大提升空间，在不久的将来会把产品需求转换为现实消费，加入主流消费力量行列的群体。

最大的潜力消费群体当属大学四年级学生。首先，高学历使他们更可能成为中国未来的实力阶层、社会的中坚力量，这意味着更强的消费能力；其次，他们即将步入社会，对于各类商品有着现实的消费需求，从经济上靠家庭接济、购买上无法完全自主地进行选择决策，到经济独立、能够把对品牌的渴望转换成现实的消费，大四学生心中的品牌认知，无疑将最迅速地影响品牌在市场上的表现；最后，大学阶段被称为品牌塑形的黄金期，在畅通的信息环境中，大学生接触品牌信息，相互影响，养成特定的消费习惯与品牌观，这些品牌意识在四年中有所变化，大学四年级是大学阶段形成最终品牌观的时期，这一阶段的品牌认知状况最能代表未来的实际购买方向，影响未来的消费结构，预示品牌的发展态势。

### 二、潜力消费者群体的考察价值

大学四年级学生作为潜力群体，其特殊价值体现在：

1. 作为特殊消费群体，全面展现品牌价值

大学四年级学生经过几年的校园生活，受到除家庭以外的环境影响，最重要的参照群体是自己周边的同学，他们组成一个小宇宙，影响彼此之间的消费观念和消费行为。他们具备大学生的特征，同时处于向成熟消费者过渡的阶段，更加贴近社会，品牌观基本成形。因此，本次调查选取除家庭消费者以外的大学四年级学生作为考察对象，从现有主力消费人群和潜力消费人群两个角度全面了解品牌状况，洞察品牌与潜力消费群体的关系，力求全面展现品牌在不同消费人群中的价值认知。

2. 对品牌信息更加关注，体现差异化消费特征

大学四年级学生即将迈入社会，对于消费有着迫切的愿望和现实的需求，会更多地关注品牌信息。作为潜力消费者的大四学生，受到校园环境、社会环境的双重影响，品牌消费行为呈现出与家庭消费者不同的特点。作为即将汇入社会主流消费群体的力量，其品牌消费特征对于品牌的建构工程和营销活动有重要的借鉴意义。

3. 快速转换为现实消费力，预示品牌未来的发展趋势

大学四年级学生在步入社会、挣脱经济能力的限制后，会迫不及待地将理想品牌转换为现实消费，在未来的一年或几年内，能最直接地影响品牌的市场表现。潜力消费者现阶段使用的品牌也许是经济状况限制下的退而求其次，也许是通过节衣缩食而获取的理想品牌。在拥有更高的购买能力后，品牌选择行为将会有所变化，从而影响品牌的竞争格局。对于潜力消费者的常用品牌、预购品牌和理想品牌的摸底调查及相关分析，在一定程度上预示着品牌未来的发展趋势。

## 第二节　潜力消费者群体的消费特征

### 一、消费心理

**（一）80 后的鲜明印记**

潜力消费者出生于 20 世纪 80 年代，拥有 80 后的鲜明印记。他们成长在改革开放之后、中国经济蒸蒸日上的时期，没有经过政治高压和经济拮据的洗礼，受到无微不至的呵护，这些时代背景的印记是潜力消费者形成独特消费特征的深层原因。他们独立、自我，崇尚“感官型消费”，具有超前的消费观念和鲜明的自我消费意识。他们“初生牛犊不怕虎”，没有经济上的重压，对未来充满信心，不喜欢储蓄，认为金钱的价值在于消费带来的舒适和便利。追求个性，将品牌作为沟通与自我表现的符号，搭建出独特的生活方式。

**（二）从众心理和求异心理并存**

由于处于校园环境之中，潜力消费者不可避免地受到群体影响，他们倾向于购买满足参照群体期望或被群体接受的品牌，将品牌作为与群体沟通的语言和符号，以取得群体认同。从这点上来说，潜力消费者的消费具有从众的特征。

另外，潜力消费者们有着极为相似的生活经验与教育经历，然而他们并不喜欢刻板、同一，害怕被淹没在人潮之中，渴望展现区别于其他人的个别的、特殊的差异点，以证明自己与众不同。因此，潜力消费者对于能够表达个性、吸引更多目光的品牌情有独钟。

潜力消费者的消费具有“求大同而存小异”的特点，在参照群体普遍认同的品牌范围内进行选择，群体内具有高度的一致性，尽量选择有个性和特点的产品。

**（三）享乐主义与奋斗精神共生**

潜力消费者既注重享受生活的乐趣，也借由奋斗满足自我实现的需求。他们一方面通过奋发向上、努力工作充实自己；另一方面不忘编造生活中的小插曲，积极参与旅游、体育、文化品位等休闲娱乐活动，享受人生。

潜力消费者作为“边缘人”，具有奋斗的激情和自我实现的迫切需求，他们即将开始人生新的旅程，想要证明自己的能力和价值，多年积聚的力量和孕育的梦想使他们充满干劲。他们欣赏自我挑战的勇气，认为只要努力就没有办不到的事情，藐视权威却又向往当领头人。

这种心理状态使鼓励超越自我、提倡勇往直前精神的品牌受到青睐，提供高品质感官享受的产品成为消费热点。

### 二、文化特征

潜力消费者处于 80 后亚文化圈，他们有着相似的经历，共同的文化偶像，而且共同经历了重

要的历史事件，文化特征具有以下共性：

首先，在改革开放后多元文化的影响下，潜力消费者融合了西方个人主义与东方集体主义观念，既要出风头、亮个性、做英雄，也注意与集体的和谐共处、共同提高，这是从众心理与求异心理的根源。他们既被西方文化的神秘所吸引，也为东方文化的博大精深所折服；既追求小资情调和浪漫主义，也对体现民族特色的品牌具有特殊情感；既想要超凡脱俗，不受羁绊，向往自由，又希望得到社会的肯定与支持。潜力消费者是充满矛盾的，东西文化的交锋在他们身上体现无余。这种文化特征使诉求西化风格的品牌（如午后红茶），和将中国文化融入内涵的品牌（如爱国者），都在潜力消费者市场中取得一席之地。

其次，潜力消费者积极寻找归属，组建小圈群。他们在电视、广播、报纸等大众媒介环境中成长，并经历了新媒体的崛起，信息渠道畅通，有更多发出自己声音的机会，借助各种媒介更容易与志同道合的人聚集在一起，形成更小的圈群。这些小圈群又具备自己的文化特征，他们勇于解构精英文化，争夺权威们的话语权，传播自己喜爱的文化。

最后，高等教育背景使他们具有较强的社会参与意识与公益意识。他们关注时事，公民意识强烈，乐于在社会事务中扮演角色，发表见解；他们注重中国的国际形象，积极了解世界局势。这种特征在潜力消费者的媒体接触情况上有所反映，在“最喜欢的媒体”一题的填答中，中央人民广播电台第一套新闻综合频道——中央人民广播电台中国之声、“向世界介绍中国，向中国介绍世界”的中国国际广播电台、BBC，以及报纸媒体中的《南方周末》、《人民日报》、《环球时报》，填答率均高于家庭消费者，而较高的外语水平则使《China Daily》、VOA美国之音这类外语时事媒体位列潜力消费者最喜爱的媒体十强。见表2－3－1。

**表2－3－1 潜力消费者与家庭消费者最喜爱的广播、报纸对比一览表**

| 广播 | | | | 报纸 | | | |
|---|---|---|---|---|---|---|---|
| 潜力消费者 | | 家庭消费者 | | 潜力消费者 | | 家庭消费者 | |
| 名称 | % | 名称 | % | 名称 | % | 名称 | % |
| 中央人民广播电台音乐之声 | 17.0 | 中央人民广播电台 | 10.1 | 《南方周末》 | 11.6 | 《南方周末》 | 5.3 |
| 中央人民广播电台中国之声 | 8.9 | 中央人民广播电台音乐之声 | 7.3 | 《体坛周报》 | 5.8 | 《参考消息》 | 5.2 |
| 中央人民广播电台 | 6.9 | 中央人民广播电台中国之声 | 6.3 | 《参考消息》 | 5.0 | 《人民日报》 | 2.4 |
| BBC | 5.1 | 中国国际广播电台 | 1.9 | 《环球时报》 | 4.8 | 《环球时报》 | 2.2 |
| 东方电台流行音乐频率 | 3.2 | 北京人民广播电台交通台 | 1.8 | 《人民日报》 | 4.7 | 《南方都市报》 | 2.0 |
| 中国国际广播电台 | 2.5 | 中央人民广播电台经济之声 | 1.7 | 《中国青年报》 | 3.2 | 《广州日报》 | 2.0 |
| VOA美国之音 | 2.0 | BBC | 1.4 | 《南方都市报》 | 2.6 | 《体坛周报》 | 1.8 |
| 济南人民广播电台音乐广播 | 1.9 | 广东人民广播电台 | 1.4 | 《China Daily》 | 2.1 | 《齐鲁晚报》 | 1.7 |
| 四川人民广播电台城市之音 | 1.6 | 济南人民广播电台音乐广播 | 1.3 | 《齐鲁晚报》 | 1.9 | 《大河报》 | 1.6 |
| 中国人民广播电台经济之声 | 1.3 | 东方电台流行音乐频率 | 1.1 | 《21世纪经济报道》 | 1.8 | 《大连报》 | 1.5 |

## 三、信息接收特点

### （一）受大众传播、群体传播和人际传播的交叉影响

潜力消费者作为“大众”的组成部分，受到各品牌借助主流大众媒体进行的大面积品牌传播活动的影响。由于潜力消费者特性鲜明，易划分类别，群体归属和群体规范对他们的态度起着影响和制约作用，各品牌重视在潜力消费者群体中营造氛围，通过在整个群体内部塑造品牌个性和形象达到良好的传播效果，因此，潜力消费者还受到各品牌针对群体传播的影响。这种传播目标更加明确，宣传方是将目标消费者定位为潜力消费者群体的品牌。潜力消费者处于“校园—班级—宿舍”的半封闭环境中，同学之间对于品牌的信息、意见、感情的直接交流与沟通颇为频繁，他们对品牌的看法相互影响，因此，人际传播也对潜力消费者的信息接收具有重要的作用。见图2—3—1。

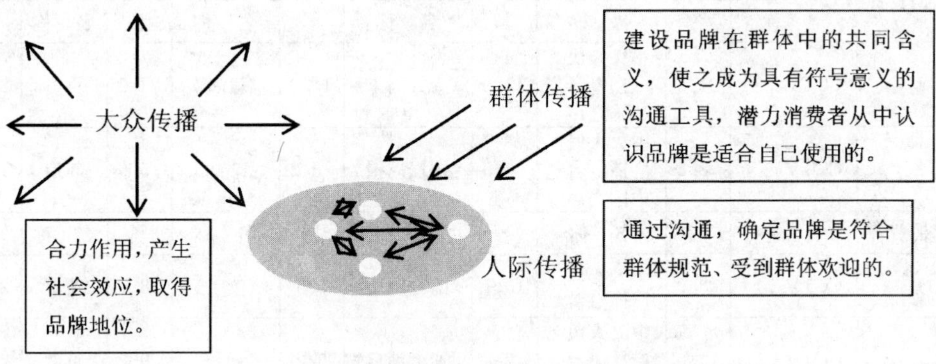


图2—3—1　潜力消费者受到多种传播方式的影响

### （二）获取信息的e化方式

网络在高等教育人群中普及率高，潜力消费者对于网络使用熟练，甚至有依赖的现象。出现问题时他们首先会想到借助网络解决问题，网络成为他们获取和发布信息的主要手段。在对某品牌产生兴趣后，他们会上网搜寻相关介绍与评论，主动而非被动地接受品牌宣传信息，同时乐于将自己的使用体验通过互联网发布，与大家共同分享。遵循AISAS的e化模式，运用多种终端设备，例如电脑、手机、PDA等进行信息接收。家庭消费者在填答“最喜欢的网站”一题时，27.5%选择“没有或不知道”，而在潜力消费者中，这一比例仅为4.1%。

### （三）群体中存在明显的主流媒体

他们接触多种形式的媒体，比家庭消费者更主动迅速地接受新媒体带来的全新生活体验。家庭消费者在“最喜欢的媒体”一题中，提及的媒体个数普遍大于潜力消费者，说明潜力消费者的兴趣点较为集中。潜力消费者对于电视、广播和报纸的品牌消费者集中度（CR4）比家庭消费者高，而在杂志与网站的喜好上，家庭消费者的填答更为集中，这说明潜力消费者倾向于消费相同的电视、广播和报纸媒体，而对于网站和杂志的喜好则悬殊较大。媒介在潜力消费者的填答中具有明显的分水岭，最喜爱品牌的第一名遥遥领先于第二名，占据大份额，是潜力消费者接触的“主流媒体”，而在家庭消费者的填答中分布则较为平均，差异较小。综合来看，潜力消费者对媒体的偏好较为集中。见表2—3—2、表2—3—3。

表 2－3－2　潜力消费者与家庭消费者最喜欢的媒体集中度（CR4）比较

| 媒　介 | 潜力消费者 | | 家庭消费者 | |
|---|---|---|---|---|
| | 不同媒体提及个数 | CR4 | 不同媒体提及个数 | CR4 |
| 电视 | 172 | 45.6 | 296 | 39.1 |
| 广播 | 280 | 37.9 | 355 | 25.6 |
| 报纸 | 307 | 27.2 | 460 | 15.1 |
| 杂志 | 361 | 37.8 | 551 | 44.9 |
| 网站 | 267 | 59.5 | 302 | 65.7 |

表 2－3－3　潜力消费者与家庭消费者最喜欢的媒体前两名比较

| 潜力消费者 | 电视频道 | | 广　播 | | 报　纸 | | 杂　志 | | 网　站 | |
|---|---|---|---|---|---|---|---|---|---|---|
| | 名　称 | % | 名　称 | % | 名　称 | % | 名　称 | % | 名　称 | % |
| 1 | CCTV－5 | 21.6 | 中央人民广播电台音乐之声 | 17.0 | 《南方周末》 | 11.6 | 《读者》 | 24.2 | 百度 | 28.6 |
| 2 | CCTV | 8.2 | 中央人民广播电台中国之声 | 8.9 | 《体坛周报》 | 5.8 | 《瑞丽》 | 5.9 | 新浪 | 19.1 |
| 家庭消费者 | 名　称 | % | 名　称 | % | 名　称 | % | 名　称 | % | 名　称 | % |
| 1 | CCTV－1 | 13.9 | 中央人民广播电台 | 10.1 | 《南方周末》 | 5.3 | 《读者》 | 28.0 | 新浪 | 25.0 |
| 2 | CCTV－5 | 12.0 | 中央人民广播电台音乐之声 | 7.3 | 《参考消息》 | 5.2 | 《知音》 | 9.2 | 百度 | 23.3 |

## 四、消费特征

### （一）具有强烈的品牌观，多数心中存在理想品牌

潜力消费者注重生活品质，认为工作的目的是为了更好地生活，这种对于生活品质的关注，既涉及物质层面也涉及精神层面。他们享受着高品质品牌带来的愉悦生活体验，同时，在需要某种情感关怀和身心放松的时候，也通过使用营造了特定氛围的品牌达到寻求心灵慰藉的目的。他们认为消费的初级目的是得到物质保证，而最终目的是情感满足，这恰恰是品牌的特殊力量。因此，他们将品牌作为辨识手段，重视品牌内涵，认为品牌能够传达出特定的信息，是身份和生活品质的象征，用品牌搭建品质生活，让品牌扮演生活角色。

潜力消费者是理想主义者，他们心中往往存在理想品牌。从大调查的“理想品牌”有效填答率对比中可以看出，在潜力消费者使用率较高（如个人电脑、MP3）、向往拥有（如数码相机、家用汽车）或较为熟悉（如羽绒服）的品类中，理想率均高于家庭消费者。他们将理想品牌作为奋斗目标，将得到理想品牌作为取得阶段性成功的标志。甚至节衣缩食，或将某方面的开支削减到最低，以便积攒足够资金去购买心中的理想品牌。而对于较少使用的品类，他们的关注度小，理想品牌填答率较低。见表 2－3－4。

表 2—3—4　潜力消费者理想率较高的品类

| 行业 | 品类 | 潜力消费者 | | 家庭消费者 | |
|---|---|---|---|---|---|
| | | 使用率（%） | 理想率（%） | 使用率（%） | 理想率（%） |
| IT、数码相关产品类 | 个人电脑 | 91.5 | 95.1 | 86.4 | 85.4 |
| | 数码相机 | 73.9 | 91.7 | 79.5 | 85.4 |
| | MP3 | 90.9 | 94.3 | 67.4 | 71.2 |
| 通信产品及服务类 | 手机 | 98.8 | 97.4 | 96.5 | 94.0 |
| | 移动运营商 | 98.7 | 93.1 | 96.5 | 90.9 |
| 日化类 | 牙膏 | 99.4 | 96.9 | 99.3 | 95.3 |
| | 洗发水 | 99.2 | 96.7 | 98.9 | 93.7 |
| | 沐浴露 | 92.8 | 91.7 | 89.6 | 85.3 |
| | 洗面奶 | 90.7 | 88.8 | 78.0 | 76.4 |
| | 润肤露 | 83.4 | 83.8 | 81.3 | 78.7 |
| | 卫生巾 | 99.0 | 96.2 | 93.4 | 90.8 |
| | 洗衣粉/液 | 98.3 | 95.6 | 98.3 | 94.4 |
| 服装服饰类 | 运动休闲服饰 | 91.7 | 93.4 | 81.1 | 83.3 |
| | 羽绒服 | 79.3 | 82.0 | 82.5 | 81.2 |
| 食品类 | 休闲食品 | 95.9 | 93.5 | 92.2 | 87.3 |
| | 方便面 | 95.4 | 92.1 | 91.3 | 88.3 |
| | 八宝粥 | 85.0 | 85.1 | 81.5 | 81.6 |
| 饮料类 | 瓶装水 | 98.6 | 96.7 | 96.2 | 93.9 |
| | 碳酸饮料 | 94.2 | 93.9 | 87.6 | 88.1 |
| | 非碳酸饮料 | 96.8 | 95.1 | 94.0 | 91.5 |
| | 含乳饮料 | 97.4 | 95.6 | 96.7 | 93.9 |
| 交通工具类 | 家用汽车 | 32.2 | 68.5 | 41.7 | 61.3 |
| | 摩托车 | 54.8 | 74.5 | 51.0 | 63.2 |
| | 自行车 | 80.2 | 83.8 | 75.5 | 76.6 |

### （二）青睐独具个性的品牌

潜力消费者求异的心理特征使有助于张扬个性、表达自我的品牌受到青睐。有鲜明个性的品牌成功地筑造起与其他品牌的心理区隔，展现出独特风格。使用个性品牌是追求挑战和变化的潜力消费者将个性外化的一种方式，也是他们利用品牌的符号意义取得群体认同，以及满足心理需求、确定自我概念和社会身份的一种手段。

品牌个性是人们赋予品牌的一系列拟人化特质，大调查中潜力消费者与家庭消费者在选择上有较大差别的品牌，多数塑造了与众不同的品牌个性，符合潜力消费者出风头、秀自己的心理需求。见表 2—3—5。

表 2—3—5　两类消费者选择差异与品牌个性

| 理想品牌 | 代言人 | 品牌个性 | 广告口号 | 潜力消费者常用品牌提及率% | 家庭消费者常用品牌提及率% |
|---|---|---|---|---|---|
| 美特斯邦威 | 周杰伦、张韶涵 | 洒脱、特殊、有魄力 | 不走寻常路 | 11.5 | 4.1 |
| 森马 | 谢霆锋、Twins | 前卫、时尚、我行我素 | 穿什么就是什么 | 4.0 | 2.1 |
| 匡威 | 徐静蕾、孙燕姿 | 另类、个性、自我 | —— | 3.6 | 1.8 |
| 才子 | 梁朝伟 | 时尚、运动 | 西服也要动起来 | 8.9 | 3.4 |
| 达芙妮 | SHE | 个性、时尚、自信 | 爱上 SHE，爱上达芙妮 | 19.9 | 11.4 |
| 天美意 | —— | 张扬个性、追求时尚、变化 | Mix 一下 | 4.4 | 1.9 |
| 哈雷 | —— | 自由、个性、独立、炫酷 | —— | 2.6 | 1.8 |
| 伊卡璐 | —— | 天然、自信、颠覆传统 | —— | 2.6 | 1.8 |
| 乐事 | 孙燕姿、王力宏 | 自由、年轻、享受 | 停不了的乐事 | 9.0 | 4.7 |

### （三）理想品牌钟情高端，但实际选择看重性价比

潜力消费者的理想品牌多为高端知名品牌，他们渴望拥有具有丰富附加值的品牌带来的高品质感和良好的使用体验，也想要通过这些品牌进行自我定位，显示身份地位。然而，现实的消费能力制约了他们的实际品牌选择，性价比成为选购品牌的首要考虑因素。潜力消费者对于个人电脑品类和MP3品类的品牌选择情况明显体现出这一特征。

1. 电脑品类品牌选择特征

以高性价比著称的华硕排在潜力消费者常用品牌第三位，而同属台湾地区品牌的明基、宏基也入选潜力消费者常用品牌十强。台湾地区电脑生产商以充当各大电脑品牌的OEM发家，近年其自主品牌纷纷进军祖国大陆市场，并不断加大宣传推广力度。由于先进的技术和丰富的经验，其产品质量过硬，而价格比大品牌低廉，因此，高性价比成为台湾地区个人电脑品牌的核心竞争力。这一卖点符合潜力消费者的现实需求，台湾地区品牌在常用品牌十强中占到1/3席，说明潜力消费者在个人电脑品牌选择上重性能和价格的特点。

更能说明问题的是潜力消费者选择“散装无牌”的比例高达25.5%，组装电脑（俗称攒电脑）也是潜力消费者提高产品性价比的一种重要方式。

与实际购买情况形成对比的是，潜力消费者的理想品牌集中于IBM、苹果此类的高端品牌，在步入社会、拥有更高的消费能力后，这些理想品牌将成为潜力消费者的首选。以IBM和苹果为理想品牌的潜力消费者有40.7%，而常用这两个品牌的被访人数只有7.8%，足以看出理想与现实之间存在着巨大差距，这一差距源于经济能力的限制。

相对较低的购买能力使潜力消费者的购买具有一些特点。他们用于购买个人电脑的资金有限，一般可用于此项消费的钱数是确定的，然后在确定的可承受范围内选择产品。这时，同等价位但功能优越的品牌最容易引起潜力消费者的注意。由于电脑配置是可以进行量化比较的，而大多数品牌的质量却难以在短时间内表现出明显差异，且难以进行量化比较，因此，潜力消费者的选择会偏向功能领先的品牌。而对于可表现出身份个性、具有丰厚附加值的品牌虽然喜爱，却囿于现实，保留功能而放弃附加值。

2. MP3品类品牌选择特征

在MP3品类的品牌选择中，潜力消费者的常用品牌多为国产中端品牌，在常用品牌十强中，国产品牌占据七席，纽曼、爱国者、魅族、OPPO定位于中端市场，选择率之和达44.8%。在理想品牌中，iPod和索尼占潜力消费者选择的一半多，三星、艾利和也跻身理想品牌十强，4个品牌共占潜力消费者选择的58.9%，国外高端品牌是多数潜力消费者向往的品牌。

对比两类消费者品牌选择状况，可以得出以下结论：潜力消费者现实购买与理想品牌存在较大差距。见表2－3－6。

**表 2—3—6　两类消费者理想与使用品牌差距①**

单位:%

| 品类 | 理想品牌与常用品牌相同人数比例 | | 相差百分比 |
|---|---|---|---|
| | 潜力消费者 | 家庭消费者 | |
| 黄酒 | 45.4 | 60.7 | −15.3 |
| MP3 | 31.5 | 46.2 | −14.7 |
| 润肤露 | 39.4 | 54.0 | −14.6 |
| 个人电脑 | 31.6 | 45.1 | −13.5 |
| 洗面奶 | 39.0 | 51.7 | −12.7 |
| 皮鞋 | 35.2 | 46.7 | −11.5 |
| 运动休闲服饰 | 33.2 | 44.0 | −10.8 |
| 葡萄酒 | 45.8 | 55.9 | −10.1 |
| 内衣 | 45.7 | 55.3 | −9.6 |
| 方便面 | 53.9 | 63.2 | −9.3 |
| 银行 | 48.3 | 57.5 | −9.2 |
| 香烟 | 27.3 | 36.2 | −8.9 |
| 米/面 | 52.5 | 61.3 | −8.8 |
| 摩托车 | 42.9 | 51.7 | −8.8 |
| 啤酒 | 43.4 | 51.6 | −8.2 |
| 彩电 | 38.1 | 46.2 | −8.1 |
| 热水器 | 64.1 | 71.8 | −7.7 |
| 保险公司 | 62.4 | 69.9 | −7.5 |
| 洗发水 | 48.4 | 55.7 | −7.3 |
| 吸油烟机 | 61.4 | 68.4 | −7.0 |
| 男士西装 | 11.8 | 18.5 | −6.7 |
| 微波炉 | 66.4 | 73.0 | −6.6 |
| 瓶装水 | 47.3 | 53.8 | −6.5 |
| 沐浴露 | 55.0 | 61.5 | −6.5 |
| 数码相机 | 46.0 | 52.3 | −6.3 |
| 休闲食品 | 36.8 | 43.1 | −6.3 |
| 固话运营商 | 80.4 | 86.6 | −6.2 |
| 木地板 | 55.8 | 62.0 | −6.2 |
| 手机 | 46.5 | 52.5 | −6.0 |
| 家用汽车 | 18.7 | 24.6 | −5.9 |
| DVD | 56.0 | 61.7 | −5.7 |
| 燃气灶 | 64.0 | 69.4 | −5.4 |
| 白酒 | 27.2 | 32.6 | −5.4 |
| 毛纺织品 | 58.6 | 64.0 | −5.4 |
| 电池 | 64.0 | 69.3 | −5.3 |
| 电饭煲 | 63.4 | 68.6 | −5.2 |
| 自行车 | 58.6 | 63.8 | −5.2 |
| 羽绒服 | 59.1 | 64.1 | −5.0 |
| 速冻食品 | 55.1 | 59.9 | −4.8 |
| 空调 | 58.9 | 63.6 | −4.7 |
| 航空公司 | 59.4 | 63.9 | −4.5 |
| 非碳酸饮料 | 50.2 | 54.5 | −4.3 |
| 牙膏 | 52.9 | 57.1 | −4.2 |
| 含乳饮料 | 55.9 | 59.9 | −4.0 |
| 非处方药企业 | 51.5 | 55.4 | −3.9 |

① 常用品牌与理想品牌的差距用以下百分比表示：消费者常用品牌与理想品牌填答率相同的人数，除以常用品牌与理想品牌均有效填答的人数。百分比越高，说明实际消费与理想品牌越吻合，消费者理想品牌的现实转换率更高。计算公式为：常用品牌与理想品牌相同的人数/常用品牌与理想品牌均有效填答的人数×100%。

续　表2－3－6

| 品　类 | 理想品牌与常用品牌相同人数比例% | | 相差百分比% |
|---|---|---|---|
| | 潜力消费者 | 家庭消费者 | |
| 房地产商 | 40.2 | 43.7 | －3.5 |
| 食用油 | 59.1 | 62.4 | －3.3 |
| 电冰箱 | 61.4 | 64.5 | －3.1 |
| 洗衣机 | 64.0 | 67.0 | －3.0 |
| 家电卖场 | 71.8 | 74.5 | －2.7 |
| 卫生巾 | 27.5 | 29.9 | －2.4 |
| 调味品 | 56.6 | 58.8 | －2.2 |
| 熟食 | 61.9 | 64.1 | －2.2 |
| 洗衣粉/液 | 59.6 | 61.7 | －2.1 |
| 八宝粥 | 61.8 | 63.4 | －1.6 |
| 碳酸饮料 | 64.7 | 65.3 | －0.6 |
| 移动运营商 | 89.4 | 87.9 | 1.5 |

除移动运营商品类的理想与常用品牌吻合度高于家庭消费者外，潜力消费者在各品类中，理想与常用品牌相同的人数比例均小于家庭消费者。这一情况除受经济条件的影响外，潜力消费者对于新品牌的接受速度，以及对具有丰富附加价值、使自己满意的品牌的向往也使常用品牌很难达到要求，理想与现实之间存在的差距较大。而移动运营商品牌则因为中国移动的品牌塑造较为成功，针对大学生的子品牌动感地带满足了潜力消费者需求，且竞争者少，成为多数现用中国移动品牌的消费者的理想品牌。

**（四）受参照群体的影响大**

由于潜力消费者长期处于群体之中，因此购买行为受参照群体的影响比较大。这种影响主要表现在两方面：首先，其购买行为受到身边同学的影响，趋向于消费这个群体共同喜爱的品牌，以符合群体规范，避免购后不和谐心理的产生；其次，潜力消费者还受到偶像群体的影响，通过各品牌邀请的代言人，来了解品牌的内涵和定位，从而确定这一品牌是否具有独特的个性，是否与群体的风格相契合。

以运动休闲服饰为例，潜力消费群体对美特斯邦威的使用和好感度明显高于家庭消费者。美特斯邦威通过聘请青春明星周杰伦、TWINS等做品牌代言人，和“不走寻常路”的广告口号，迅速打开了年轻消费群体市场，成为潜力消费者最常用的品牌。它的成功与将形象代言人周杰伦的个性内化到品牌中密不可分。森马也在潜力消费者常用品牌中占据一席之地，它请谢霆锋做品牌代言人，把谢霆锋时尚、前卫的个性转移到品牌中，以此具化品牌内涵，使潜力消费者接受并喜爱该品牌。

潜力消费者品牌选择较多地受到参照群体影响的另一个表现是，在潜力消费者经常使用或较多关注的品类中，对理想品牌的选择较为集中。在长时间的相互影响下，各品牌在潜力消费者心中形成了相同的品牌形象，他们对于某个品牌的看法趋同，倾向于用相似的方式去解读某个品牌的含义。最终，无论在现实因素影响下潜力消费者的实际品牌使用情况如何，相近的心理和追求使他们的理想品牌呈现出较为集中的特点。

1. 电脑品类的品牌选择集中度①

在个人电脑品类中，潜力消费者常用与预购品牌较家庭消费者分散，而在理想品牌上选择较为集中，IBM、苹果和联想三大品牌占到50%强。见表2－3－7。

① 本指标将两类消费者常用品牌、预购品牌与理想品牌前三强所占百分比分别求和，进行对照，以比较潜力消费者与家庭消费者常用、预购与理想品牌选择的集中程度。

表 2—3—7 两类消费者电脑品牌选择集中度比较

单位：%

| 潜力消费者 | | | | | | | 家庭消费者 | | | | | |
|---|---|---|---|---|---|---|---|---|---|---|---|---|
| 常用品牌 | | 预购品牌 | | 理想品牌 | | | 常用品牌 | | 预购品牌 | | 理想品牌 | |
| 联想 | 15.1 | IBM | 15.1 | IBM | 22.0 | 1 | 联想 | 22.4 | 联想 | 20.5 | 联想 | 20.8 |
| 惠普 | 8.0 | 联想 | 11.8 | 苹果 | 18.7 | 2 | 惠普 | 6.2 | IBM | 10.6 | IBM | 15.8 |
| 华硕 | 7.3 | 惠普 | 9.5 | 联想 | 10.6 | 3 | IBM | 5.9 | 索尼 | 8.1 | 苹果 | 10.1 |
| CR3 | 30.4 | CR3 | 36.4 | CR3 | 51.3 | | CR3 | 34.5 | CR3 | 39.2 | CR3 | 46.7 |

2. MP3 品类的品牌选择集中度

在 MP3 品类中，潜力消费者的常用品牌不如家庭消费者集中，家庭消费者的购买情况更为趋同。家庭消费者提及的常用品牌宽度为 54，少于潜力消费者的常用品牌宽度 73，而占常用品牌前三位的爱国者（16.4%）、纽曼（12.3%）、iPod（11.8%），选择率均分别高于潜力消费者常用品牌前三位纽曼（14.2%）、iPod（12.2%）、爱国者（11.6%）。潜力消费者相比家庭消费者，在 MP3 品类的消费中显现出品牌多而分散的特点。

但在预购品牌与理想品牌的选择集中度上，潜力消费者高于家庭消费者（见表 2—3—8）。且在预购品牌宽度与理想品牌宽度上，潜力消费者（24，22）也小于家庭消费者（26，25），这体现出未来潜力消费者的品牌选择将更为集中，他们购买的品牌趋同化将更为明显，一些小品牌将丧失在潜力消费者中的生存空间，几大品牌独霸潜力消费者市场的情况可能发生。

表 2—3—8 两类消费者 MP3 品牌选择集中度比较

单位：%

| 潜力消费者 | | | | | | | 家庭消费者 | | | | | |
|---|---|---|---|---|---|---|---|---|---|---|---|---|
| 常用品牌 | | 预购品牌 | | 理想品牌 | | | 常用品牌 | | 预购品牌 | | 理想品牌 | |
| 纽曼 | 14.2 | iPod | 29.3 | iPod | 38.5 | 1 | 爱国者 | 16.4 | iPod | 21.7 | iPod | 27.9 |
| iPod | 12.2 | OPPO | 10.9 | 索尼 | 12.0 | 2 | 纽曼 | 12.3 | 索尼 | 13.7 | 索尼 | 16.4 |
| 爱国者 | 11.6 | 爱国者 | 10.3 | OPPO | 11.8 | 3 | iPod | 11.8 | 爱国者 | 11.4 | 爱国者 | 10.8 |
| CR3 | 38 | CR3 | 50.5 | CR3 | 62.3 | | CR3 | 40.5 | CR3 | 46.8 | CR3 | 55.1 |

**（五）品牌忠诚度较低**

在绝大多数品类中，潜力消费者的品牌忠诚度都小于家庭消费者。他们更经常地转换品牌，休闲食品、个人电脑、MP3、运动休闲服饰等品类都是品牌转换较为频繁的品类。家庭消费者的品牌忠诚度普遍高于潜力消费者，这与多种因素有关。首先，家庭消费者的购买行为更为成熟，经过深思熟虑后的品牌选择变数较小；其次，家庭消费者受经济因素的限制较少，在大多数品类的购买中能够将心中的理想品牌转化为现实消费，在下次进行购买时，继续选择理想品牌，只是产品等级更高；最后，家庭消费者长期形成的品牌印象根深蒂固，不容易形成新品牌的跟风购买、追逐流行，这些都降低了品牌的转换率。而潜力消费者的情况则与家庭消费者相反，经济状况制约着他们的实际品牌选择，当他们拥有更高的经济实力后，将会跳出消费能力的限制，积极将理想品牌转换为现实消费，品牌的转换率更高。在日用品、食品等品类中，虽然品牌之间的差价相对较小，但潜力消费者尝试新鲜，喜爱生活充满变化的特征使品牌转换率仍然相对较高。见表 2—3—9。

**表 2－3－9　两类消费者品牌忠诚度①比较**

单位：%

| 品　类 | 品牌忠诚度 | | 相差百分比 |
|---|---|---|---|
| | 潜力消费者 | 家庭消费者 | |
| 米/面 | 21.5 | 33.3 | －11.8 |
| 香烟 | 31.4 | 42.5 | －11.1 |
| 黄酒 | 26.1 | 37.3 | －11.2 |
| 润肤露 | 38.5 | 47.1 | －8.6 |
| 洗面奶 | 36.1 | 44.6 | －8.5 |
| 个人电脑 | 22.6 | 30.6 | －8.0 |
| 保险公司 | 43.9 | 51.1 | －7.2 |
| 内衣 | 35.5 | 42.7 | －7.2 |
| MP3 | 30.3 | 37.3 | －7.0 |
| 白酒 | 26.3 | 32.9 | －6.6 |
| 葡萄酒 | 33.7 | 40.2 | －6.5 |
| 电视机 | 32.6 | 38.7 | －6.1 |
| 啤酒 | 39.3 | 45.4 | －6.1 |
| 运动休闲服饰 | 30.8 | 36.8 | －6.0 |
| 食用油 | 40.8 | 46.6 | －5.8 |
| 毛纺织品 | 41.2 | 46.9 | －5.7 |
| 方便面 | 36.3 | 41.7 | －5.4 |
| 冷冻食品 | 31.5 | 36.8 | －5.3 |
| 调味品 | 36.7 | 41.8 | －5.1 |
| 热水器 | 50.3 | 55.0 | －4.7 |
| 皮鞋 | 32.1 | 36.7 | －4.6 |
| 银行 | 44.7 | 49.2 | －4.5 |
| 吸油烟机 | 47.4 | 51.6 | －4.2 |
| 燃气灶 | 46.4 | 50.4 | －4.0 |
| 家用汽车 | 16.7 | 20.7 | －4.0 |
| 非碳酸饮料 | 38.2 | 41.9 | －3.7 |
| 木地板 | 32.9 | 36.6 | －3.7 |
| 手机 | 38.2 | 41.8 | －3.6 |
| 洗发水 | 41.0 | 44.2 | －3.2 |
| 沐浴露 | 47.6 | 50.7 | －3.1 |
| 房地产商 | 11.7 | 14.6 | －2.9 |
| 瓶装水 | 41.1 | 43.8 | －2.7 |
| 电饭煲 | 49.9 | 52.6 | －2.7 |
| 卫生巾 | 50.5 | 53.0 | －2.5 |
| 电池 | 61.2 | 63.6 | －2.4 |
| 男士西服 | 33.4 | 35.7 | －2.3 |
| 含乳饮料 | 44.6 | 46.8 | －2.2 |
| 休闲食品 | 26.4 | 28.6 | －2.2 |
| 家电卖场 | 46.2 | 48.3 | －2.1 |
| 熟食 | 40.1 | 42.1 | －2.0 |
| 数码相机 | 39.7 | 41.6 | －1.9 |
| 八宝粥 | 39.7 | 41.6 | －1.9 |
| 羽绒服 | 43.8 | 45.6 | －1.8 |
| 空调 | 51.8 | 53.5 | －1.7 |
| 摩托车 | 34.6 | 36.2 | －1.6 |
| 微波炉 | 55.9 | 57.4 | －1.5 |
| 洗衣机 | 54.5 | 55.8 | －1.3 |
| 电冰箱 | 52.7 | 54.0 | －1.3 |
| DVD | 45.6 | 46.1 | －0.5 |
| 牙膏 | 43.6 | 43.7 | －0.1 |
| 航空公司 | 49.9 | 49.6 | 0.3 |
| 自行车 | 45.5 | 44.9 | 0.6 |
| 碳酸饮料 | 48.1 | 47.2 | 0.9 |
| 洗衣粉/液 | 53.0 | 50.9 | 2.1 |

① 为考察潜力消费者的品牌忠诚度情况，将每个品类中常用与预购品牌相同的人数之和，除以消费本品类的所有消费者的人数。计算公式为：常用品牌与预购品牌相同的人数/有效填答常用品牌的人数。所得百分比越大，说明所有消费此类产品的消费者中，常用品牌与预购品牌相同的人数越多，忠诚度越高。

**(六) 热衷娱乐消费，快速接受新产品**

潜力消费者注重精神享受，热衷于听音乐、旅游等娱乐活动，并以此作为放松身心、增长见识的重要方式。他们最喜爱的广播媒体是音乐之声，音乐播放器MP3、音乐手机等产品在潜力消费者中热销。

潜力消费者对新事物有敏锐的洞察力和强烈的好奇心，他们能快速地接受新技术，尝试新产品，往往是技术或功能创新的早期采用者，为生活制造新奇感，显示前瞻性，创造流行。他们已经进入“数码生活”时代，个人电脑、MP3、手机等产品的拥有率均高于家庭消费者。见表2－3－10。

**表2－3－10 两类消费者个别品类使用率、预购率、理想率比较**

单位:%

| 品类 | 潜力消费者 | | | 家庭消费者 | | |
|---|---|---|---|---|---|---|
| | 使用率 | 预购率 | 理想率 | 使用率 | 预购率 | 理想率 |
| 个人电脑 | 91.5 | 93.8 | 95.1 | 86.4 | 83.1 | 85.4 |
| MP3 | 90.9 | 92.0 | 94.3 | 67.4 | 68.9 | 71.2 |
| 手机 | 98.8 | 98.0 | 97.4 | 96.5 | 93.5 | 94.0 |

在个人电脑品类、MP3品类和手机品类中，潜力消费者的使用率、预购率与理想率均高于家庭消费者。使用率分别高达91.5%、90.9%和98.8%，普及率高，接近人手一台。预购率同样领先于家庭消费者，显示出强劲的市场发展空间。理想率均在94%以上。由于更多地接触到这些品类，对于品牌更加了解，加上受大众传播、群体传播和人际传播的交叉影响，他们自然而然地对品牌留有某些印象，绝大多数潜力消费者心中都有向往的品牌。

**(七) 消费场所独具特色**

在购买某些品类时，潜力消费者的消费场所与家庭消费者有所差异。以IT数码产品为例，潜力消费者的购买场所多为专卖店和集中销售IT数码产品的商场，而较少到家电卖场消费。购买服饰时也较少光临超市和百货商场，以专卖店作为首选购物场所。

综上，潜力消费者具有强烈的品牌观，愿意在能力可承受的范围内为功能价值以外的附加价值付出，这些附加价值包括品牌个性，以及品牌蕴涵的情感价值。他们喜爱独具个性的品牌，消费行为受到参照群体的较大影响，心中多存在理想品牌，消费在实际经济状况的压力下，在高性价比和高品牌价值中摇摆。

## 第三节 产生消费行为差异的原因

除了潜力消费者的一系列特征以及经济条件的限制，使其与家庭消费者的消费行为具有一些区别外，还有一些其他原因也造成了两类消费者品牌选择状况的差异。

### 一、不同的消费需求与消费习惯导致个别品类的消费差异较大

潜力消费者与家庭消费者在消费需求和消费习惯上存在的差异，使整体品类的使用状况不同。

以MP3为例，潜力消费者与家庭消费者之所以在使用率、预购率与理想率上存在巨大差距，

原因在于对于音乐的消费需求不同。听音乐是潜力消费者最常见的娱乐方式之一，轻音乐、流行音乐、摇滚等不同音乐风格的作品对于舒缓潜力消费者的压力、引起情感共鸣、得到精神上的愉悦享受具有重要作用。潜力消费者在很多场合都把听音乐作为消遣方式，例如等车、在路途中等，他们对于音乐的消费需求旺盛，因此，音乐播放器 MP3 在潜力消费者中被迅速接受。

洗面奶品类也体现了这种情况。潜力消费者养成了用洗面奶洁面的习惯，而不少家庭消费者习惯于用香皂代替洗面奶，甚至不使用洁面产品，只用清水洁面。因此，洗面奶品类潜力消费者的使用率、预购率和理想率明显高于家庭消费者。见表 2－3－11。

表 2－3－11 两类消费者洗面奶使用率、预购率、理想率对比

单位：%

| 潜力消费者 | | | 家庭消费者 | | |
|---|---|---|---|---|---|
| 使用率 | 预购率 | 理想率 | 使用率 | 预购率 | 理想率 |
| 90.7 | 92.3 | 88.8 | 78.0 | 79.4 | 76.4 |

## 二、不同品牌定位锁定不同消费人群

品牌塑造的形象和含义是消费者选择品牌的重要根据，潜力消费者多选择将目标消费者定位于自身的品牌。在洗面奶品类中，丁家宜、妮维雅、曼秀雷敦、李医生、可伶可俐、露得清均为定位年轻消费人群的品牌，这些品牌的广告活动使用年轻模特等表现定位年轻化的元素，将有效解决青年人皮肤问题作为核心竞争力，促销活动深入校园，触及年轻人群，有利于潜力消费者明确品牌定位，并产生深刻印象。这些定位中低端、目标消费者为年轻人群的品牌，在潜力消费者常用品牌中占据较大比重。

洗面奶品牌的定位决定了其适用人群。例如，定位高端、诉求成熟的品牌适合家庭消费者使用，其成分适合年龄稍长的人群。而定位于中低端、诉求年轻美丽的品牌适合潜力消费者使用，他们承诺解决出油、黑头、青春痘等皮肤问题，而这正是处于问题高发期的潜力消费者需要的。但由于各品牌诉求点均侧重产品功能而轻品牌个性，潜力消费者的品牌选择较为平均，各洗面奶品牌都有自己的粉丝，品牌选择率相差很小，没有领先率高的品牌。

## 三、不同的品牌宣传攻略打动不同消费者

将目标消费者定为潜力消费人群的品牌，容易通过各种传播渠道建立与潜力消费者的关系，在潜力消费者人群中营造品牌氛围，传达特定的品牌含义。森马与腾讯合作，在 QQ 窗口进行富媒体广告的投放，并用年轻人的语言与潜力消费者沟通。魅族、蓝魔等均将开展校园活动作为营销的重要一环，重视与潜力消费者的互动，以此培育市场。相反，联想凭借大众媒体攻坚，在家庭消费者中留有良好印象。

## 四、不同销售渠道吸引不同的消费者

国际高端品牌一般在各大商超设置专柜，或拥有专门的销售队伍和专卖店，这些销售终端更贴近家庭消费者。中低端品牌则在大小超市中广泛分布，这使潜力消费者的购买更为便利。销售渠道上的差异也是导致常用品牌选择差异的原因之一。

潜力消费者的品牌选择行为与态度和家庭消费者相比，有其特殊性。这种特殊性源于几个方面。首先，潜力消费者受到成长环境的影响，在心理特征与文化偏好上呈现出与家庭消费者不同的特点，信息渠道和接收方式也具有特色。这些特点在潜力消费者的品牌选择行为中得到直接体

现。其次，品牌的定位、宣传攻略与销售渠道等方面的差异，也促使潜力消费者与家庭消费者的品牌选择行为不尽相同。最后，现实购买力的限制也影响着潜力消费者的实际品牌选择。品牌要在潜力消费者市场中有所作为，以下几点是至关重要的：以其需求为导向推出产品；在传播活动中，以抓住潜力消费者特征为基础进行传播内容的设计和传播渠道的选择。同时，针对潜力消费者忠诚度较低的特点，品牌要不断为自己注入新鲜血液，以保持新鲜感，契合潜力消费者乐于接受新鲜事物的心理。

（执笔：郑苏晖　陈珊珊）

第三部分

# 消费与人文品牌生态分析

# 第一章　日化行业

## 行业综述

在我国，日化行业已经发展成为一个充分竞争、市场化程度非常高的行业，行业整体容量很大。随着中国经济的高速发展，中国的日化市场也在大踏步地前进。日化市场销售额平均以每年12.4%的速度增长，最高达到15.6%①，增长速度远远高于国民经济的平均增长速度。2006年日化市场销售额约为1 285.55亿元，同比增长10.9%②，2007年全国日化销售额达到1 840亿元③。目前，中国已经是全球洗衣粉产量第一大国、最大的洗涤市场、全球化妆品销售第二大国。就整个市场的销售金额来看，国外品牌占据的份额目前已经超过70%。

日化行业的主要消费产品具有与百姓日常生活联系紧密的"亲民性"，而中国13亿的庞大消费人群、1.2亿奢侈品消费人口，为日化市场的发展储备了良好的"群众基础"。

为了维护日化市场有序发展，我国设立了相应的管理部门和行业协会，如中国轻工业协会、中国香料香精化妆品工业协会、中国洗涤工业协会等。日化行业的管理政策也相应出台，特别是在2007年加大了对日化行业的监管，出台了《化妆品卫生规范》（2007年版）、《化妆品标签标识管理规范》、《化妆品生产企业卫生规范》（2007年版）、《国际化妆品原料标准中文名称目录》等诸多规章政策，以肃清市场。

本报告中提及的"日化行业"，主要包括以下几大细分市场：牙膏市场、洗发水市场、沐浴露市场、洗面奶/润肤露市场、卫生巾市场和洗衣粉/液市场。总体看来，中国的市场规模巨大，消费能力较强，行业秩序不断完善，这些都为日化行业的美好前景提供了保证，也预示着中国市场将会成为全球最重要的日化产业基地。

## 第一节　牙膏

### 一、牙膏品牌十强数据

牙膏品牌十强数据见表3－1－1、表3－1－2、表3－1－3。

---

① 王万绪. 中国日化行业的发展现状与未来［J］. 日用化学品科学，2005（11）.

② 2007年中国日化行业分析及投资咨询报告［OL］.［2007-06］. http：//www.ocn.com.cn/reports/2006271rihua.htm.

③ 亚洲PHPC咨询公司. 中国日化市场研究年度报告［M］. 2007.

表 3－1－1　牙膏品牌家庭消费者十强

| 排　序 | 常用品牌 | | 预购品牌 | | 理想品牌 | |
|---|---|---|---|---|---|---|
| | 名　称 | 提及％ | 名　称 | 提及％ | 名　称 | 提及％ |
| 1 | 高露洁 | 23.7 | 佳洁士 | 18.8 | 佳洁士 | 19.3 |
| 2 | 佳洁士 | 21.1 | 高露洁 | 17.9 | 高露洁 | 17.3 |
| 3 | 中华 | 11.2 | 黑人 | 10.9 | 中华 | 14.6 |
| 4 | 黑人 | 10.0 | 中华 | 10.6 | 黑人 | 12.4 |
| 5 | 安利 | 4.8 | 安利 | 5.6 | 安利 | 7.5 |
| 6 | LG 竹盐 | 4.6 | LG 竹盐 | 5.0 | LG 竹盐 | 5.1 |
| 7 | 冷酸灵 | 4.1 | 两面针 | 4.8 | 两面针 | 3.9 |
| 8 | 两面针 | 3.4 | 冷酸灵 | 4.7 | 冷酸灵 | 3.9 |
| 9 | 黑妹 | 3.1 | 田七 | 3.7 | 纳爱斯 | 2.7 |
| 10 | 田七 | 2.8 | 黑妹 | 3.5 | 田七 | 2.4 |

表 3－1－2　牙膏品牌潜力消费者十强

| 排　序 | 常用品牌 | | 预购品牌 | | 理想品牌 | |
|---|---|---|---|---|---|---|
| | 名　称 | 提及％ | 名　称 | 提及％ | 名　称 | 提及％ |
| 1 | 佳洁士 | 26.4 | 佳洁士 | 23.5 | 佳洁士 | 24.4 |
| 2 | 高露洁 | 25.6 | 高露洁 | 18.4 | 黑人 | 17.3 |
| 3 | 黑人 | 13.4 | 黑人 | 15.0 | 高露洁 | 16.5 |
| 4 | 中华 | 10.1 | 中华 | 9.9 | 中华 | 11.4 |
| 5 | LG 竹盐 | 4.6 | LG 竹盐 | 6.0 | 安利 | 6.1 |
| 6 | 安利 | 3.1 | 安利 | 4.4 | LG 竹盐 | 6.0 |
| 7 | 黑妹 | 2.5 | 纳爱斯 | 3.7 | 纳爱斯 | 3.9 |
| 8 | 纳爱斯 | 2.4 | 黑妹 | 3.3 | 欧乐－B | 1.9 |
| 9 | 冷酸灵 | 2.3 | 田七 | 2.9 | 两面针 | 1.8 |
| 10 | 两面针 | 1.9 | 冷酸灵 | 2.5 | 冷酸灵 | 1.8 |

表 3－1－3　牙膏品牌两类消费者加权十强

| 排　序 | 常用品牌 | | 预购品牌 | | 理想品牌 | |
|---|---|---|---|---|---|---|
| | 名　称 | 提及％ | 名　称 | 提及％ | 名　称 | 提及％ |
| 1 | 高露洁 | 24.1 | 佳洁士 | 19.8 | 佳洁士 | 20.3 |
| 2 | 佳洁士 | 22.2 | 高露洁 | 18.0 | 高露洁 | 17.1 |
| 3 | 中华 | 11.0 | 黑人 | 11.7 | 中华 | 14.0 |
| 4 | 黑人 | 10.7 | 中华 | 10.5 | 黑人 | 13.3 |
| 5 | LG 竹盐 | 4.6 | 安利 | 5.4 | 安利 | 7.2 |
| 6 | 安利 | 4.5 | LG 竹盐 | 5.2 | LG 竹盐 | 5.3 |
| 7 | 冷酸灵 | 3.8 | 冷酸灵 | 4.3 | 两面针 | 3.5 |
| 8 | 两面针 | 3.1 | 两面针 | 4.2 | 冷酸灵 | 3.5 |
| 9 | 黑妹 | 3.0 | 田七 | 3.5 | 纳爱斯 | 2.9 |
| 10 | 田七 | 2.6 | 黑妹 | 3.5 | 田七 | 2.2 |

## 二、牙膏品牌的竞争格局解析

### （一）牙膏品牌竞争阵营格局

当前牙膏市场品牌竞争格局呈现出以下三大特点：

1. 品牌纷繁

目前，我国牙膏市场上的品牌纷繁，调查结果证实了这点，仅仅进入消费者心智的牙膏品牌就已经有三四十个，其中消费者对常用牙膏品牌的提及数目已经多达 41 个，预购和理想的品牌个数也达到了 36 个。这种现状一方面是由于牙膏市场的进入门槛相对较低，不仅有跨国企业、国有大企业耕耘市场，还有一些地方性的小企业也在牙膏市场中崭露头角；另一方面也反映了越来越多的企业、品牌看好中国已经达到 80 多亿元的牙膏市场，试图分食这块蛋糕，也就加剧了市场竞争的激烈程度。

2. 品牌分布 3 个梯度：虎头龙身蛇尾

虽然牙膏市场品牌众多，但是品牌的集中度较高。通过对消费者常用品牌提及率的比较，牙膏市场的诸多品牌主要呈现 3 个梯度，梯度间差距较明显，前两个梯度优势集中，CR4 值达到了 68.0%，第三梯度构成长尾，整体呈现“虎头、龙身、蛇尾”的态势：

第一梯度包括前两名品牌，各项提及率都在 20%左右浮动，与随后几名的品牌拉开较大的差距，霸主地位比较明显，构成牙膏市场的“虎头”。

第三、四名品牌中华、黑人牙膏的各项提及率也都超过了 10%，两者几乎平分秋色，稳居第二梯度，构成牙膏市场的“龙身”。

第三梯度的品牌较多，且提及率下滑较大，主要集中在 2%～5%之间，这一梯度中众多牙膏品牌组成的“诸侯小国”瓜分中、低端或个别细分市场。除了调查结果显示的品牌之外，还存在大量杂牌牙膏，整体构成长长的“蛇尾”。见图 3—1—1。

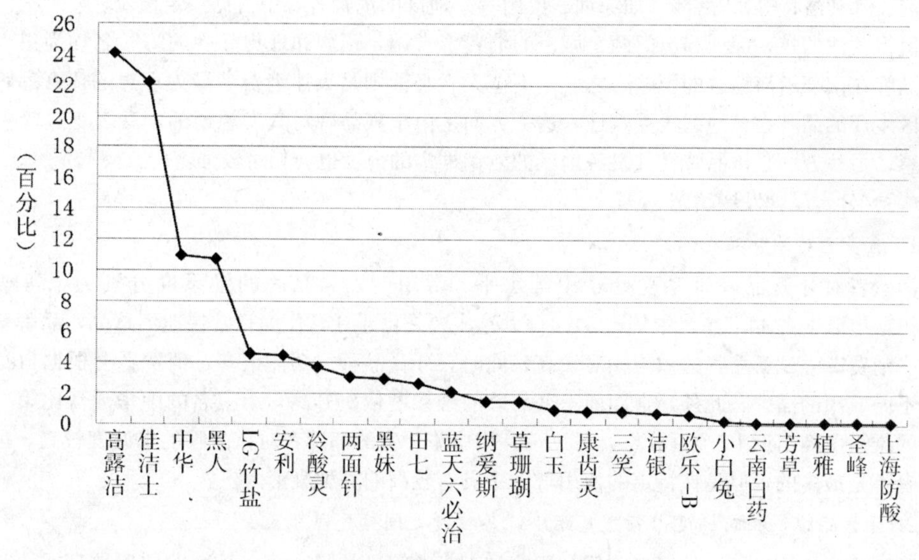


图 3—1—1　常用牙膏品牌竞争阵营分布格局

3. 品牌分布两大阵营：外资品牌遥遥领先，国产品牌积聚长尾

和很多品类相似，牙膏市场上也呈现出明显的中外两大阵营形势。调查显示，在消费者生活中，牙膏品牌的两大阵营，即外资品牌和国产品牌之间的差距比较明显。

居于提及率前两名的高露洁和佳洁士均是外资大品牌，两大霸主将常用、预购和理想品牌的冠、亚军分收囊中，体现出跨国品牌的绝对强势，其深入人心的程度之高正是它们进入中国市场多年来的耕耘之果。

随后的中华、黑人以及LG竹盐、安利，也是外资、合资品牌，其中诞生于上海的中华牙膏的经营权被联合利华收购，黑人牙膏所属的好来化工有限公司更是与高露洁棕榈公司合资，LG竹盐牙膏的出品方北京LG日用化学有限公司是中韩合资企业，而安利牙膏则是美国血统，这些品牌或是拥有本土历史优势，或是有着外资企业的营销经验，在消费者心中占据一席之地，表现良好。

而积聚品牌格局"长尾"的主要是国产牙膏品牌，其中，由两面针、冷酸灵、黑妹、田七、蓝天六必治等本土领军品牌组成的"本土联军"，运用自身优势及地利、人和因素，高举民族大旗，从中药草本特色或明显的差别定位出发，也在消费群中有一定口碑。"长尾"中的诸多国产品牌或是夹缝中一枝独秀，或是扎根区域市场，还有相当一部分牙膏品牌在越来越规范的、激烈的市场竞争中生存艰难。

**（二）牙膏品牌区域格局**

目前，牙膏市场除个别品牌实现占据全国市场外，其余二线、三线品牌则以部分区域为主要发展市场，区域格局主要表现为：

（1）一线品牌覆盖全国各地。高露洁、佳洁士在全国各地都占据了主要的市场地位。

（2）二线品牌具有明显的区域特征。冷酸灵、两面针在西南优势明显；黑人、黑妹在广东表现突出；蓝天六必治在东北、华北、西北三个地区的市场具备一定的优势，单在天津渗透率甚至高于高露洁和佳洁士。

调查显示，在受访的36个城市中，推举高露洁或佳洁士为第一常用品牌的城市分别有17和14个，两者联手在全国遍地开花，做到了"全国性"品牌。而中华、黑人牙膏则分别在北部（如哈尔滨、呼和浩特等）、南部（如深圳、厦门等）地区的消费者心中占据一定地位。

值得关注的是，深圳和厦门两个城市的消费者常用、预购和理想品牌的第一名均为黑人，可见该品牌在南部沿海地区的影响力之大；而蓝天六必治则是天津消费者最为理想的牙膏品牌。某一地区生产的品牌在该地区较受欢迎，这一方面是由于某品牌对其发源地的消费者更具吸引力和亲切感，另一方面是该品牌在其发源地区的营销推广的力度也会相对较强。

**（三）牙膏品牌发展动态**

*1. 消费者对牙膏品牌的维系度中等*

消费者对牙膏品牌维系度处于中等水平。常用前三名品牌的维系度分别为：高露洁占42.2%，佳洁士占44.7%，中华占51.4%。这主要是由于牙膏作为日常快速消费品，品牌转换成本低，消费者尝试新品牌的欲望相对较高；同时，牙膏品种、功能诸多，消费者会根据自身需要选择不同效用的品牌。此外，常用前三名品牌的维系度依次升高，第三名的中华牙膏比第一名高露洁的维系度高出近10个百分点，可见，常用中华牙膏的消费者对该品牌的忠诚度较高，虽然其使用者不是最多的，但是在特定的使用群体中具有较高的品牌凝聚力。

*2. 牙膏品牌，相同梯度内领先差距小，各梯度之间领先差距大*

品牌领先指标显示，消费者常用、预购和理想的第一品牌和第二品牌的位置被高露洁和佳洁士交替占据。最常用的品牌中，高露洁以1.9%优势领先；预购品牌中，佳洁士以1.8%的优势反超；而理想品牌中，佳洁士的领先优势则较明显，高出高露洁3.2%的提及率。总体看来，高露洁和佳洁士在消费者心中遥遥领先于其他品牌，两者不分伯仲。常用和预购的指标中，两者几乎打了平手，可见在"功能性"方面，两者实力相当，而在"理想性"方面，佳洁士则凭借自身"健康自信的笑容"取得情感优胜。

整体看牙膏品牌3个梯度的领先情况可以发现，梯度间的领先百分比较高，而梯度内品牌间的领先值较小，也就是说，梯度间存在一定的竞争差异，而梯度内品牌间的竞争则比较激烈。

3. 时尚个性牙膏市场潜力更大

调查数据显示，在“最具潜力的品牌”中，“牙齿好喜欢”的纳爱斯牙膏拔得头筹，表现出一定的上升空间，市场潜力不容忽视。随后的几个具有潜力的品牌，如两面针、黑人、田七等，也都是各具独特的气质和个性。可见，在纷繁的牙膏市场，消费者品牌转换较频繁的情况下，消费者对功能性明显、个性突出的牙膏品牌有着较高的尝试倾向。对此，新兴品牌通过独特的产品理念和出色的营销策划，一举出新，吸引消费者，仍有机会与“霸主”一争高下。

4.“老品牌”在消费者心中积淀情感助于理想晋级

虽然佳洁士高居理想品牌之冠，但是，在理想晋级指标中，中华牙膏则表现突出，足以见得，已经年过半百的中华牙膏在中国消费者的心中积聚了深厚的情感价值，提到“中华”，会激起不少国人的怀旧情绪和自豪感。中华牙膏长期的市场价值累积及其在消费者心目中的理想认知程度使其成为最有晋级力的品牌，未来市场前景乐观。

## 三、牙膏品牌发展策略和市场热点趋势

### （一）牙膏品牌的发展策略

面对这样3个梯度和两大阵营的牙膏市场，身处其中的各个牙膏品牌也是八仙过海，各显神通。

1. 霸主品牌全方位营销占据市场

高露洁、佳洁士这两个来自国外的顶尖牙膏品牌稳固占据城市市场后，不约而同地将营销重心开始大幅向农村倾斜，价格由高价位向低价位渗透。除了防蛀牙膏外，两者也多点出击。高露洁自2005年首次推出中国第一款创新的含有“冰爽珠子”的牙膏，并启用周杰伦作为代言人后，又搭乘“选秀之车”，将其“冰爽之风”一直持续，在2007年推出“寻找下一位冰爽之星”活动，以吸引网络时代的年轻时尚消费群体。而佳洁士则一直推崇其“健康自信，笑容传中国”的理念，从快乐、爱等情感层面出击，抓住消费者的心。

2. 传统品牌注入新活力

中华牙膏与时俱进，不断推出新品、不断开展各种公益营销活动，旨在传达中华“领先、健康、活力”的全新品牌诉求，从而赢得更多的年轻消费者。

冷酸灵作为本土知名的传统牙膏品牌，二十年如一日，始终坚持抗过敏牙膏的功能定位。“冷热酸甜，想吃就吃”深深地印刻在亿万受众心中，近期全新推出冷酸灵草本矿物盐双重抗过敏牙膏，又选用明星孙俪代言，提升品牌的时尚感。

两面针是本土牙膏中第一个尝试中草药配方的品牌，氟中毒事件发生后，两面针中草药牙膏销量猛增。日前，为应对外资品牌对中草药牙膏市场的冲击，规范中草药牙膏行业，两面针又领衔起草国家中草药牙膏标准，此举赢得了同行及公众的广泛赞誉。

蓝天六必治依旧凭借当年那条“牙好胃口就好，身体倍儿棒，吃嘛嘛香!”的广告语在消费者心中占据一席之地，特别是在东北、华北、西北市场表现良好。2005年，广州立白收购蓝天六必治90%的股份，也为“蓝天”的发展提供了更广阔的市场。

3. 后起新秀个性化进军市场

2005年初，纳爱斯牙膏打着“营养”、“透明”的概念高调上市，多品种、多规格的牙膏种类覆盖了高、中、低各类市场，试图告别雕牌牙膏迷雾笼罩下的低端时代。在2007年，纳爱斯集团以2.29亿元一举拿下中央电视台全年的电视剧特约剧场冠名权，也为其品牌的传播发展奠定了基础。

2005 年，云南白药集团剑走偏锋，从药物、保健角度推出每支超过 20 元的云南白药牙膏，直击高端市场，在 2008 年初又以濮存昕为代言，继续推崇健康、保健牙膏的理念。虽然单价高得出奇，但是市场发展势头良好，也体现出专业精神和药物功能在牙膏市场的可观前景。

**（二）牙膏品牌的市场热点与趋势**

综上所述，结合 2007 年的热点，我国牙膏市场的发展主要体现出以下几大趋势：

1. 行业规范提上日程

在 2007 年，牙膏市场经历一个转折点：2007 年 5 月，巴拿马卫生部责令所有的中国牙膏全面下架，随后，美国、新加坡、日本、中国香港等众多国家与地区禁售中国多款品牌牙膏。一系列危机使国家加快牙膏相关规范法规的制定。7 月 11 日，质检总局发出《关于禁止用二甘醇作为牙膏原料的公告》。同时，国家认监委和卫生部正加紧制定《口腔保健品的认证管理办法》。卫生部也已组织专家起草《口腔保健用品功效评价标准》，牙膏市场有望终结无“国标”的历史。

2. 企业改制、合资、上市、并购重组、企业联盟等进程加快

2003 年 1 月，高露洁收购了中国扬州三笑集团的全部股价；同年田七被奥奇力公司收购；2005 年初美晨集团兼并杭州牙膏厂（小白免、黄岑牙膏）；两面针于 2005 年 5 月完成对安徽芳草的收购；2005 年 11 月广州立白最终收购蓝天六必治 90％的股份，完成了近几年中国牙膏界最大的收购案……牙膏市场向规模化、集团化靠拢，越来越多的资源集中在有实力的大企业手中，这对于本土小企业的生存提出了严峻考验。

3. 跨国品牌向中低端延伸，本土品牌向中高端跨越

一般来说，一支牙膏（120g）的终端零售价在 6 元以上为高档牙膏，2～6 元为中档牙膏、不足 2 元为低档牙膏。近年来，高露洁、佳洁士等外资巨头不断进行自上而下的产品梯队建设，一边巩固自己在高端市场几近垄断的地位，树立高端品牌形象；一边不断推出新品，放低产品价格，向中低端市场渗透，获得更大的发展空间和更多的实际利润。目前，外资巨头已经形成了多档次、多类别、多功能的全系列产品体系。相比之下，一些国产品牌如纳爱斯、云南白药等推出高价牙膏，以其独特的理念和功效，向中高端市场跨越，并取得了一定的成绩。

4. 牙膏成分、功效成为关注热点

“中药草本”近年来成为牙膏成分的新宠，这也反映了人们对自然、健康的追求。天然成分或是高科技含量成为牙膏市场的主打概念，如盐、竹盐、茶、钙、蜂胶、生物酶、维生素、草本等。在功效上，除了原有的全效、多合一牙膏，更是推出针对性较强的美白、护龈、消渍、防治牙龈出血等新品，全面提升了消费者对牙膏的使用体验。

## 专案解析

### 纳爱斯：雕牌折翅退出，纳爱斯插翅再飞

在竞争激烈的日化行业中，纳爱斯树立了本土品牌的标杆，其产品开发和营销举措为我国自有品牌的发展提供了参考。在丰富产品线的策略下，纳爱斯进入牙膏市场。说到纳爱斯牙膏，不得不先从雕牌牙膏的浮沉说起。

**品牌延伸的代价**

1999 年，纳爱斯集团的雕牌牙膏以一则煽情的“真情付出，心灵交汇”的《后妈篇》广告高调入市，主攻低端市场，然而由于雕牌洗涤产品的强势，使得雕牌牙膏总带着来自洗涤用品的那股挥之不去的“洗衣粉”味道。另外，受到“中国驰名商标事件”的影响，使得品牌一蹶不振，

很快出局。

***借助卡通形象，多渠道重塑牙膏品牌***

2005年，纳爱斯集团重新涉足牙膏市场，推出纳爱斯牙膏，高调入市。一时间，在诸多电视频道，纳爱斯的舞动身体的卡通牙齿形象，以及“看得到的品质，尝得到的VC、VE”、“牙膏有营养，牙齿好喜欢”的卡通人声不断地冲击消费者的视听系统。

纳爱斯牙膏已经吸取了以前品牌延伸失败的教训。在产品上，丰富产品种类和功能，注重包装形象上的创新，首创透明管体，并且有蓝、白、黄、绿四种颜色，从质量、视觉上树立纳爱斯牙膏高端、时尚的产品形象；在广告宣传上，纳爱斯牙膏打出了“营养”的新概念，以差异化的功能诉求切入市场；在媒体资源占有上，纳爱斯集团先是借力凤凰卫视提升品牌美誉，又在2007年一举拿下中央电视台全年的电视剧特约剧场冠名权，在品牌传播上下足工夫；在渠道上的选取更为谨慎，牙膏目前的销售只限于超市等大卖场。

***勇于创新重获品牌新生***

纳爱斯的重新定位、重新入市为其带来新生，不仅吸引了消费者的眼球，也带来了市场动力。在我们的调查中，其成为最具市场潜力的品牌。对此，纳爱斯集团老总庄启传给出这样的解释，“我们痛定思痛，壮士断腕，硬是割舍了已有上亿支销量的雕牌牙膏，在全国率先推出了全透明包装的纳爱斯牙膏，透明、时尚、看得见的品质，尝得到的营养VC、VE，令人耳目一新。这是一种对质量要求很高的产品，是我们引进了国际顶级设备，是消化了国际上一流品牌牙膏的配伍，经过自己近两年的研发、攻关后的创新，所以投放市场后呼声日高，也是情理之中的事”。

作为本土品牌，固然无法在短时间里与经验丰富的国际日化巨头抗衡，在市场操作中难免有疏忽不足，但是纳爱斯牙膏的发展为我国本土品牌提出建议：在内外挤压的市场环境下，一味走低价路线很难继续维持，塑造品牌形象、打造品牌价值是首要理念，产品的国际化和品牌高端、多元化是目前两条最现实的出路。

## 资料链接

中国牙膏市场容量巨大，20世纪90年代中后期开始，市场规模即以年均5%的比例保持快速增长，到2006年，牙膏全年销售额达到了84.13亿元①。从产品结构看，向天然、多品种、多档次、多功能方向发展，功能性牙膏仍是销售热点，如符合中国传统消费习惯的中草药牙膏、符合国际口腔用品发展潮流的增白牙膏等；从市场趋势看，高科技产品深入人心，人性化、个性化的产品容易受到市场欢迎，产品线继续延伸，市场细分日益明显，产品多元化、多功能化成为发展趋势；从品牌现状看，市场集中度进一步提高，市场日益被大企业所垄断，小企业在这一市场内的生存空间日益狭窄。

中华人民共和国成立以来，牙膏市场的发展大致经历了以下几个阶段②：

·第一阶段（1949—1982年）：两大品牌南北称雄。新中国成立后的计划经济期间，上海中华牙膏和天津蓝天牙膏两个国产品牌一直分享着中国庞大的牙膏市场。

·第二阶段（1983—1991年）：国内品牌雨后春笋。改革开放，尤其是工业自销后，国内新品牌如雨后春笋破土而出，涌现出两面针、冷酸灵、黑妹、芳草、草珊瑚、小白兔、黄芩等众多品牌。它们各执一域，逐渐形成竞争割据之势。

·第三阶段（1992—1995年）：洋品牌抢滩中国市场。1992年，世界最大的牙膏品牌高露洁

---

①② 中国牙膏市场状况分析［OL］.［2007-04-11］. http://www.chinairn.com/doc/70270/117902.html.

进入中国市场；1995年世界上最大的清洁用品公司宝洁公司的佳洁士进入中国。短时间内利用强大的营销攻势抢占了中国的高端市场。

·第四阶段（1996－2002年）：洋品牌洗牌中国市场。外资品牌一方面通过收购国产品牌来取得市场份额和渠道，如联合利华从上海牙膏厂取得了“中华”和“美加净”的品牌经营权；另一方面通过出色的营销手段及价格调整，让大众接受自己。

·第五阶段（2003年至今）中国牙膏品牌重新整合寻求突破。两面针、冷酸灵等国内品牌在经历了一轮市场洗礼后，营销手段和品牌管理理念日渐成熟。田七牙膏异军突起，又涌现出纳爱斯、西瓜霜、立白、云南白药牙膏等新生品牌。

（执笔：孔清溪　李瑞雪）

## 第二节　洗发水

### 一、洗发水品牌十强数据

洗发水品牌十强数据见表3－1－4、表3－1－5、表3－1－6。

表3－1－4　洗发水品牌家庭消费者十强

| 排序 | 常用品牌 | | 预购品牌 | | 理想品牌 | |
|---|---|---|---|---|---|---|
| | 名　称 | 提及% | 名　称 | 提及% | 名　称 | 提及% |
| 1 | 飘柔 | 26.8 | 飘柔 | 22.4 | 飘柔 | 22.1 |
| 2 | 潘婷 | 19.1 | 潘婷 | 16.0 | 潘婷 | 15.5 |
| 3 | 力士 | 5.8 | 力士 | 6.2 | 沙宣 | 7.9 |
| 4 | 安利 | 5.5 | 沙宣 | 6.0 | 安利 | 7.0 |
| 5 | 沙宣 | 4.1 | 安利 | 4.7 | 力士 | 5.7 |
| 6 | 霸王 | 3.3 | 霸王 | 3.8 | 资生堂 | 3.7 |
| 7 | 舒蕾 | 3.2 | 舒蕾 | 3.7 | 霸王 | 3.6 |
| 8 | 海飞丝 | 3.0 | 清扬 | 2.7 | 舒蕾 | 3.3 |
| 9 | 拉芳 | 2.8 | 夏士莲 | 2.1 | 海飞丝 | 2.8 |
| 10 | 夏士莲 | 2.2 | 海飞丝 | 2.0 | 拉芳 | 2.1 |

表3－1－5　洗发水品牌潜力消费者十强

| 排序 | 常用品牌 | | 预购品牌 | | 理想品牌 | |
|---|---|---|---|---|---|---|
| | 名　称 | 提及% | 名　称 | 提及% | 名　称 | 提及% |
| 1 | 飘柔 | 26.9 | 飘柔 | 17.7 | 飘柔 | 18.1 |
| 2 | 潘婷 | 20.0 | 潘婷 | 17.5 | 潘婷 | 16.7 |
| 3 | 力士 | 5.5 | 沙宣 | 9.2 | 沙宣 | 11.9 |
| 4 | 沙宣 | 5.3 | 力士 | 5.4 | 安利 | 5.3 |
| 5 | 舒蕾 | 4.1 | 伊卡璐 | 3.8 | 力士 | 5.0 |
| 6 | 安利 | 3.4 | 清扬 | 3.6 | 资生堂 | 4.9 |
| 7 | 拉芳 | 3.2 | 舒蕾 | 3.3 | 海飞丝 | 3.3 |
| 8 | 海飞丝 | 3.1 | 霸王 | 3.2 | 舒蕾 | 3.2 |
| 9 | 夏士莲 | 2.6 | 安利 | 3.0 | 伊卡璐 | 2.6 |
| 10 | 伊卡璐 | 2.6 | 资生堂 | 2.9 | 霸王 | 2.5 |

表 3—1—6 洗发水品牌两类消费者加权十强

| 排 序 | 常用品牌 | | 预购品牌 | | 理想品牌 | |
|---|---|---|---|---|---|---|
| | 名 称 | 提及% | 名 称 | 提及% | 名 称 | 提及% |
| 1 | 飘柔 | 26.8 | 飘柔 | 21.5 | 飘柔 | 21.3 |
| 2 | 潘婷 | 19.3 | 潘婷 | 16.3 | 潘婷 | 15.7 |
| 3 | 力士 | 5.7 | 沙宣 | 6.7 | 沙宣 | 8.7 |
| 4 | 安利 | 5.1 | 力士 | 6.0 | 安利 | 6.6 |
| 5 | 沙宣 | 4.3 | 安利 | 4.4 | 力士 | 5.5 |
| 6 | 舒蕾 | 3.4 | 霸王 | 3.6 | 资生堂 | 3.9 |
| 7 | 海飞丝 | 3.1 | 舒蕾 | 3.6 | 霸王 | 3.4 |
| 8 | 霸王 | 3.0 | 清扬 | 2.8 | 舒蕾 | 3.3 |
| 9 | 拉芳 | 2.9 | 伊卡璐 | 2.3 | 海飞丝 | 2.9 |
| 10 | 夏士莲 | 2.3 | 夏士莲 | 2.2 | 拉芳 | 1.9 |

## 二、洗发水品牌的竞争格局解析

### (一) 洗发水品牌的 4 个主要维度

洗发水在中国发展了 20 多年，形成了强大的功能体系和庞大的品牌集群，从功能和品牌这两个层次分析当今洗发水市场的风云变幻，可以将市场归为 4 个维度：

1. 核心维度

核心维度主要是指市场上洗发水的常规主体品牌，由日化集团针对大众市场生产的常规性系列洗发水，如宝洁、联合利华、丝宝，以及国内诸多洗发水厂商的品牌产品等。这一维度中的品牌是最易进入普通消费者购物选择范围的群体，在价格、功能方面体系完整，基本满足大众的需求。

2. 分众维度

众所周知，随着人们生活意识形态的发展进步，在满足了基本的物质需求后，开始更加关注自身的个性需求。在针对头发护理方面，也出现了一批“专职”去屑、防脱，以及婴幼儿专用的洗发水，不断追随消费者的碎片化而分众化。

3. 提升维度

从洗发到护发再到美发，人们对美的需求与日俱增。经济的发展使人们的物质水平得到提高，从而有了进一步追求精神需求的基础。而洗发水市场上，高档专业美发品牌填补了高端市场的空缺。这一维度的品牌主要来自海外，以高品质、高价格为特征，提升了洗发水市场的产品系高度。

4. 衍生维度

洗发水和化妆品同属日化行业范围，本是同根生，其间的产品延伸、跨越也就不足为奇。特别是一些在化妆美容领域已经颇具知名度和美誉度的品牌，开始生产洗发水，旨在全方位提供美的享受。此外，有运动品牌涉足洗发水领域，也有超市卖场推出自有品牌，谋求全面发展。

洗发水市场的 4 个维度分布见图 3—1—2。

### (二) 洗发水品牌各维度内的品牌阵营

目前市场上洗发水品牌多如繁星，仅进入消费者心智的品牌就有 80 多个。根据以上 4 个维度的界定，可以将主要的洗发水品牌归类。每个维度内的小环境又具有各自的维度特征和品牌阵营。

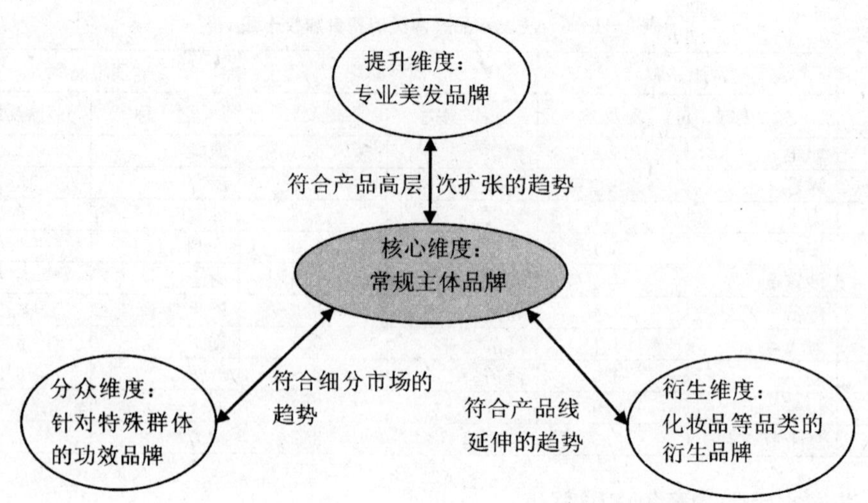


**图 3－1－2 洗发水市场的 4 个维度分布**

1. 核心维度内的常规主体品牌

这一维度内包括洗发水品牌的“一霸二雄”以及诸多“英雄好汉”。

(1) 一霸二雄统领天下

宝洁公司无疑是洗发水品牌中的霸主，旗下主要有五大洗发水品牌，20 多个系列，包括第一个在中国推出洗发护发二合一洗发露的飘柔、“头屑去无踪，秀发更出众”的海飞丝、含维他命原 $B_5$ 的潘婷、国际美发大师推荐的沙宣，以及回归自然、香气逼人的伊卡璐。而宝洁之所以能成为“霸主”，不仅仅是其拥有 5 个洗发水品牌那么简单。首先，这 5 个品牌深入人心的程度令很多品牌望洋兴叹、难以企及。在我们的调查中就可看出，宝洁旗下的品牌均榜上有名，成绩斐然，其在消费者心中的地位已经根深蒂固；其次，这 5 个品牌间的互补定位又是宝洁之所以强势的关键，可以看到，飘柔针对勤俭持家、温柔贤淑的女性，海飞丝标榜去屑，潘婷宣扬营养，而沙宣代表时尚专业，伊卡璐代表年轻美丽……就这样，宝洁撒下大网，网住了各类消费者的心，其能取得这样的成绩，也就理所当然了。

而联合利华和丝宝紧随宝洁其后，在洗发水市场上领跑。联合利华拥有三大品牌：一直坚持“明星＋营养修护”路线的力士，颇具邻家女孩风格的夏士莲，以及 2007 年重磅推出的新品清扬。3 个品牌也纷纷在消费者心中占据一席之地，其中力士在常用、预购和理想品牌中均在前五强的席位，可见明星效应的力量。而清扬以 1.5％的潜力百分比名列亚军，表现出较广阔的市场潜力空间。

丝宝作为在湖北本土起家的品牌，通过“狂轰滥炸”式的终端营销，一度在市场上掀起了舒蕾“红色风暴”和风影“绿色风暴”，并最终成为国内洗发水品牌的老大，同时也挤进中国洗发水市场三强。2007 年 10 月 2 日，德国的拜尔斯多夫公司出资 35 亿港元并购丝宝日化 85％的股份，使中国洗护发行业最大一宗合作案一锤定音，这一资本合作对于丝宝来说是个重要转折，相信新一轮的搏杀将会在资本的帮助下更加激烈。

(2) 诸多好汉纷争割据

与宝洁、联合利华相比，同是外资品牌的德国汉高旗下的 Fa 以及花王旗下的 kao 花王和诗芬洗发水的市场反应平平，在消费者心中的地位已经呈现衰退的迹象。在靠广告宣传打天下的洗发水领域，消费者对这两者的“鲜人问津”与其近乎“默默无闻”的表现不无关联。

奥妮集团是香港与内地的合资企业，其品牌形象宣传中一贯重视和突出“中国本土”特色。2006年11月，奥妮集团被浙江纳爱斯集团全资收购，纳爱斯一举获得“奥妮”、“100年润发”、“西亚斯”等系列注册商标的合法独占使用权。2007年初，纳爱斯利用奥妮原有的产品、渠道及部分团队，已经在内地20多个省份开始重新启动销售，在拿下央视2008年电视剧时段冠名权后，也表示将会大力推进100年润发品牌。这无疑加剧了洗发水市场的白热化竞争。

除此之外，洗发水市场还有众多令消费者耳熟能详的“英雄好汉”，如上海的蜂花，江苏的隆力奇，广东的拉芳、蒂花之秀、好迪、飘影、迪彩、柏丽丝等。可以看出，洗发水品牌呈现出明显的区域集中特征，这些本土品牌的制造企业多分布在上海、广东等沿海经济发达地区或经济地理战略重地，尤其是广东省，无论在消费数量还是品牌数量上来看，均堪称洗发王国。

2. 分众维度内针对特殊群体的功效品牌

由于中国洗发水市场的竞争惨烈，素有“差异化”之称的索芙特便从2002年起，剑走偏锋，推出中药“防脱生发香波”产品，通过大量广告以及强势的终端促销，终究成就索芙特成为中国防脱洗发水第一品牌。霸王看到了成功的机会，从2004年起全面跟进，推出“中药防脱”洗发露，并将霸王品牌定位为“中药世家”。2005年底，更是花费重金1 000万元邀请国际影星成龙做广告，全面演绎“中药防脱”产品。而一直在专卖店销售的防脱第一品牌章光101也无法抵挡“大卖场”的诱惑，开足马力进入全国各零售终端。索芙特看到徒弟霸王的成功与超越，随即展开防卫反击战：在2006年邀策划公司策划出“现代汉方”防脱；在2007年花巨资1 000多万元请出李连杰代言“现代汉方”防脱，与霸王上演防脱“龙虎大战”。

另外，强生旗下的强生洗发水，以及德国汉高的孩儿面等，针对婴幼儿娇嫩的天性推出“小众化”产品，在儿童市场占据强势。

3. 提升维度内的专业美发品牌

有了高端市场的需求，便会有高端产品的提供。在专业洗护发领域，国外品牌已经开创了日渐成熟的天地，而且市场越做越大。巴黎欧莱雅、卡诗，汉高的施华蔻，以及宝洁旗下的威娜，便是这类品牌的代表。高品质，树立了良好的专业形象；在高品质的基础上，高价格只会更加吸引、团结目标受众。可以看到，这些高档品牌近几年也在表现出“亲民”的风格，一方面，大众广告宣传越来越多；另一方面，原来只在专业美发沙龙才能购得的品牌也已经走进了超市卖场。消费者对这些品牌的认知也在加强，可以看到，施华蔻已经进入潜力、晋级的十强之列，表现出消费者对其品质和精神象征的认可。在人们物质基础越来越丰厚的趋势下，提升维度内的高档品牌会走得更好。

4. 衍生维度内化妆品等品类的衍生品牌

随着产品线的延伸发展，一些化妆品、卖场、运动品牌等相继进入洗发水市场。做得比较成功的如安利、资生堂、嘉娜宝、屈臣氏，以及阿迪达斯等。安利洗发水凭借其独特的营销渠道在消费者常用、预购和理想之选中均进入前五名；资生堂的水之密语成绩表现不错，成为消费者第六个理想品牌；而屈臣氏凭借其卖场铺货的独特优势，市场潜力巨大。此外，在理想晋级提名中，我们还发现了“舒肤佳”和“玉兰油”的身影，暂不论这两个品牌到底有没有涉足洗发水领域，消费者对这两个品牌已表现出较高的满意度，如果它们推出洗发水品牌，想必会成为重要的市场搅局者，加剧市场竞争。

总之，这个维度内的品牌多是借助已形成的市场知名度和好感度影响、推动着自身洗发水品牌的前进，由于消费者对原有品牌产品的熟悉认可，在光环效应的带动下促使其洗发水品牌的成功延伸，达到事半功倍的效果。

### （三）洗发水品牌各维度间的互动关系

高空俯视这4个维度，可以看出，维度之间并没有严格不可逾越的分界线，核心维度作为中心链接，向外扩张蔓延。

核心维度与提升维度间的互动，是高端产品间的融合。一方面高档专业美发品牌愈发亲民，另一方面主体品牌也借助专业形象，如沙宣等，进行品牌传播。

核心维度与分众维度间的互动，是市场分化的结果。分众市场正是看到了大众市场中较弱的针对性，从而见缝插针，迅速崛起；而大众市场中的品牌也在逐步加强自身个性功能的体现，海飞丝、清扬正是在维护去屑品牌的地位。

衍生维度的触角扩张更是觊觎洗发水市场巨大利润的结果，在原有品牌认知基础之上推出的洗发水品牌也较快地得到了消费者的认可，这些品牌在发展中也向高档专业和分众功能性等方向分化，形成自身的品牌特性。

总体看来，洗发水产品将来的主要潮流是向中高档次、功能性、成分天然化方向发展。洗发水的产品功效将越来越重要，特殊功能与辅助功能将不断细化。各维度间的品牌将根据自身特点制定未来的发展战略。

## 三、洗发水品牌发展策略和市场热点趋势

市场日趋饱和，品牌仍在增加，洗发水市场竞争的白热化是全方位的。在今后的洗发水市场中，无论是外资品牌还是本土品牌，都面临着如下选择趋势①：

### （一）进城VS下乡

对于长期占据大中城市的跨国日化企业来说，8亿人口的农村市场实在是一种不可抗拒的诱惑。于是，下乡成为跨国公司的战略性选择。宝洁甚至不惜牺牲当年立下汗马功劳的中高端品牌飘柔，现在它已经成为农村姑娘和小伙子的心头之好。此外，联合利华的夏士莲、力士等白领级品牌也早已摆到了农村杂货店的货柜上，2007年新上市的清扬则迅速下沉到县城的小超市里。而原本在农村市场独霸一方的本土品牌面对这样的强大攻势，疲于防守。同时，本土品牌从未放弃过进入一线市场的努力，然而城市大卖场的进场费等“苛捐杂税”令其进退两难，想与外资品牌一争高下，就要先付出高昂的代价才能进入战场。

### （二）功能VS非功能

“防脱大战”中打得不亦乐乎的索芙特和霸王是成功的，它们的成功是因为其率先在国内开创了一个全新的洗发水品类，并成为这个品类的领先品牌，强大的广告宣传攻势和稳健的市场表现很快就占据了消费者的心智资源，成为有防脱需求的消费者的首选。

同时，宝洁等深谙市场之道的日化巨头，旗下每一个洗发水品牌都开发了系列产品，尽全力满足消费者的个性化需求，加上其强大的品牌号召力和娴熟的市场操作手法，也对走功能性路线的洗发水产生了冲击。

事实上，功能性产品和普通洗发水之间并没有一个清晰的楚河汉界。霸王和索芙特也生产养护性洗发水，丝宝和拉芳同样可以推出功能性产品，不同的是，主打产品的选择会直接导致竞争优势的差异。

### （三）价格VS品牌

对于中国消费者，特别是广大的农村消费者来讲，“物美价廉”是其选择洗发水的头等考虑因素。正因为如此，国内近千个区域性洗发水品牌依赖低价格存活下来，它们具备一定的产品品

---

① 国产洗发水何以走出迷局［J］. 新营销，2007（10）.

质，价格比二线品牌还要低，虽然没有长远的发展规划，更没有品牌管理，却在某些农村地区深受欢迎。但是，这毕竟不是长久之计。当外资品牌放下架子潜入农村市场时，其强大的品牌力量便发挥了作用。经历行业洗牌，最终会淘汰大批厂家，而能坚持下来的肯定是那些具有很好的品牌美誉度和忠诚度的洗发水企业。

## 专案解析

### 飘柔：变价不变质，发动更心动

从1989年秋，飘柔成为中国市场第一个洗发护发二合一品牌开始，飘柔在中国经历了近二十年的成长，从“一传十，十传百”的“全国皆知的秘密”，到“就是这么自信”，在人们心中飘柔始终扮演着一个“言行得体”、“温柔贤淑”的“大家闺秀”形象。直到2003年11月，飘柔在“家长”的全盘谋略下开始变脸，推出了9.9元的低价位洗发水。飘柔如此“作贱”自己，一石激起千层浪，市场对此褒贬不一。难道作为国际日化巨头、作为飘柔“家长”的宝洁真的是在玩火么？试从宝洁大品牌和飘柔小品牌两个角度，冷静地看飘柔的变脸。

**大品牌角度：飘柔变脸是宝洁全盘计划的一步棋**

请试着将飘柔放到宝洁这个大品牌中俯瞰，会发现飘柔的演进绝不是单一产品的改革那么简单，这一系列的动作都是基于宝洁的全球大品牌战略及中国美容化妆市场的无缝隙战略需要。

飘柔变脸发生在2003年底，当时的背景是外资品牌竞争已经白热化，对于宝洁、联合利华等巨头来讲，中高端市场几近饱和，而低端市场是它们的巨大缺口。与此同时，一批出色的本土品牌迅速崛起，以良好的品质和低廉的价格席卷低端市场，在市场上收获颇丰。对此，宝洁自然不会甘心放弃低端市场这块肥肉，针对纳爱斯、立白、拉芳等国内品牌，宝洁在2003年制定“射雕计划”，而“9.9元飘柔”的低价策略正是该全盘计划中的一步棋。

之所以选择飘柔“跳水”，原因主要有二：一方面，宝洁洗发水旗下的“5个孩子”，海飞丝个性硬朗，潘婷略显小资，伊卡璐走清新时尚路线，而沙宣更是高贵的代表，想来只有温顺的飘柔适合走亲民路线；另一方面，在中国市场上飘柔已进入品牌成熟期，有着深厚的群众基础，其在市场上的认知度和占有率是其敢于降价的后盾。作为知名品牌，飘柔即使降价也不会引起消费者对其品质的怀疑，反而会吸引广大的低端市场。

**小品牌角度：每一面都美**

严格说来，飘柔的变脸依然带着犹抱琵琶半遮面的含蓄。现在市场上，“9.9元飘柔”只是其产品体系中的一部分，还有部分产品的价格在15元/200ml左右；另外，在降价之际，飘柔教育消费者“天天洗发”的理念，并推出日常护理系列，增加消费品的使用频率——既然洗发水如此“物美价廉”，不妨天天使用。

飘柔的变脸绝不仅仅是降价这一步，在品牌包装和建设上，宝洁从来就没有放弃过飘柔，一系列的改版、变身、广告宣传，都阻止着这个品牌沦为农村品牌，让消费者知道飘柔依然美丽。

紧随2003年底的降价调整，飘柔为了维护其在消费者心中的形象，在2004、2005年相继推出一系列精彩绝美的广告，片尾伴着“嗵嗵”心跳声娓娓道来的那句“发动，心动”更是深入人心。2006年，飘柔挟最新理念“每一面都美”，迎来上市以来的最大规模升级。全新亮相的飘柔包装更加流畅，更具年轻时尚的现代气息和女性的柔美韵味。2006年3月，飘柔首度邀请两位华语乐坛的巨星陶喆、古巨基，带来超凡音乐巨制《每一面都美》，以不同的音乐风格，一同唱诵女性之美——从秀发、身影、到心灵，每一面都美，每一面都令人沉醉。2006年7月，飘柔大手笔制作金茂大厦巨幅投影广告，高达百米的巨幅循环广告画面堪称全世界最大的户外投影广告，飘柔用华彩新装带来的震撼效果倾情打造浦东第一夜景。2007年，飘柔选用当红男星罗志祥代言产品，推出公车系列广告。

从这一系列后续举动可以看到，飘柔一方面在团结广大低端市场，一方面依然在树立其美丽的形象。从我们的调查中，可以看到飘柔依然是消费者最常使用、最想购买和最为理想的品牌，可见其品牌形象在群众中的根深蒂固。也正是基于此，宝洁推出9.9元的飘柔是由守转攻的开始，在品质的保证下，广告和价格两把锋利无比的利剑，是外资巨头进攻中国市场的武器，飘柔变脸意义深远。

## 资料链接

中国是目前世界上洗发水生产量和销售量最高的国家。据相关资料显示，全国洗护发产品2005年的市场销售额为191.52亿元，其中农村市场为78.52亿元；2006年中国洗护发产品市场销售额达220亿元左右，2007年接近250亿元。目前，我国洗发护发用品市场容量渐趋饱和，增长速度开始减慢，正由成长期日益走向成熟期，品牌集中度已经比较高。全国有300多个品牌，其中有20多个占据市场的主导地位，合资企业市场份额达到80%左右，2006年1－11月份，前10位品牌市场综合占有率合计为78.03%。预计未来5年，中国洗护发产品年均增长速度将保持在1.8%左右。①

我国洗发水品类品牌经历了以下几个发展阶段：

• 第一阶段（20世纪80年代前后）：萌芽起步阶段。20世纪80年代前后，以梦思、蜂花、美加净为代表的国产洗发品牌作为中国洗发水市场的开创者，把国人带出了用肥皂洗发的历史。这一阶段，缺少品牌意识的国货只是以低价、低档产品吸引市场，却忽视了消费者迅速成长的需求。

• 第二阶段（20世纪80年代后期－90年代后期）：成长壮大阶段。国产品牌培育了市场，引领了消费者的洗发水意识，却没有尝到市场成熟的果实。而此时国外品牌的介入，迅速填补了原本几乎空白的中高档市场，中国洗发水开始有了真正意义的品牌。1988年8月，广州宝洁有限公司成立，当年推出的海飞丝洗发水，虽然定价是国产洗发水的4倍多，但其高品质的形象、新颖的包装，加上国内前所未有铺天盖地式的广告攻势，迅速抓住了消费者的心，1990年又相继推出了飘柔和潘婷两大洗发水品牌，令用惯了单一品种洗发水的中国老百姓有了从容选择的空间。全球日化巨头联合利华旗下的力士、夏士莲，以及日本花王的诗芬凭借其雄厚实力，也各占有一席之地。

• 第三阶段（20世纪90年代末至今）：成熟繁荣阶段。在这一阶段，国产品牌和外资品牌都各自展现出成熟的市场表现力。一方面，国产品牌受到了洋品牌的教育，开始重视品牌建设，并在产品功能、质量等方面下足工夫，出现了一批具有较高知名度和美誉度的洗发水品牌；另一方面，外资品牌受到国产品牌崛起的影响，重新审视中国市场和中国消费者，以本土化作为前进路线，全面抵抗国产品牌的反攻。当前，洗发水市场可谓百家争鸣，百花齐放。从长远看，市场发展前景依然可观。本土化的国际品牌与不断成长、国际化的民族品牌间的相互较量、竞争将是一个长期的过程，也是长久趋势。

（执笔：孔清溪　李瑞雪）

① 2007－2008年中国洗发护发市场分析及投资咨询报告［OL］.［2007-08］. http://www.ocn.com.cn/reports/2006300xifahufa.htm.

# 第三节　沐浴露

## 一、沐浴露品牌十强数据

沐浴露品牌十强数据见表3—1—7、表3—1—8、表3—1—9。

表3—1—7　沐浴露品牌家庭消费者十强

| 排序 | 常用品牌 | | 预购品牌 | | 理想品牌 | |
|---|---|---|---|---|---|---|
| | 名称 | 提及% | 名称 | 提及% | 名称 | 提及% |
| 1 | 玉兰油 | 17.4 | 玉兰油 | 15.9 | 玉兰油 | 19.6 |
| 2 | 舒肤佳 | 12.9 | 舒肤佳 | 12.6 | 舒肤佳 | 12.1 |
| 3 | 夏士莲 | 11.0 | 夏士莲 | 9.4 | 资生堂 | 8.4 |
| 4 | 六神 | 7.5 | 六神 | 6.5 | 夏士莲 | 7.9 |
| 5 | 力士 | 6.7 | 力士 | 5.8 | 安利 | 6.6 |
| 6 | 安利 | 5.5 | 安利 | 5.5 | 六神 | 6.3 |
| 7 | 雅芳 | 4.3 | 资生堂 | 4.9 | 力士 | 5.9 |
| 8 | 田七 | 4.0 | 雅芳 | 4.6 | 雅芳 | 3.7 |
| 9 | 强生 | 3.4 | 伊卡璐 | 4.1 | 强生 | 3.4 |
| 10 | 伊卡璐 | 3.1 | 强生 | 3.0 | 伊卡璐 | 3.1 |

表3—1—8　沐浴露品牌潜力消费者十强

| 排序 | 常用品牌 | | 预购品牌 | | 理想品牌 | |
|---|---|---|---|---|---|---|
| | 名称 | 提及% | 名称 | 提及% | 名称 | 提及% |
| 1 | 玉兰油 | 18.9 | 玉兰油 | 17.4 | 玉兰油 | 19.6 |
| 2 | 舒肤佳 | 14.6 | 舒肤佳 | 11.8 | 舒肤佳 | 13.2 |
| 3 | 六神 | 7.6 | 力士 | 6.8 | 资生堂 | 10.6 |
| 4 | 力士 | 6.6 | 强生 | 6.3 | 强生 | 5.9 |
| 5 | 夏士莲 | 6.0 | 资生堂 | 6.2 | 安利 | 5.7 |
| 6 | 强生 | 5.3 | 夏士莲 | 5.8 | 六神 | 5.7 |
| 7 | 雅芳 | 4.6 | 六神 | 5.7 | 力士 | 5.4 |
| 8 | 安利 | 3.8 | 雅芳 | 4.1 | 夏士莲 | 3.9 |
| 9 | 田七 | 3.4 | 安利 | 4.0 | 伊卡璐 | 3.8 |
| 10 | 伊卡璐 | 3.2 | 伊卡璐 | 3.9 | 雅芳 | 2.9 |

表3—1—9　沐浴露品牌两类消费者加权十强

| 排序 | 常用品牌 | | 预购品牌 | | 理想品牌 | |
|---|---|---|---|---|---|---|
| | 名称 | 提及% | 名称 | 提及% | 名称 | 提及% |
| 1 | 玉兰油 | 17.7 | 玉兰油 | 16.2 | 玉兰油 | 19.6 |
| 2 | 舒肤佳 | 13.3 | 舒肤佳 | 12.4 | 舒肤佳 | 12.3 |
| 3 | 夏士莲 | 10.0 | 夏士莲 | 8.7 | 资生堂 | 8.8 |
| 4 | 六神 | 7.5 | 六神 | 6.3 | 夏士莲 | 7.1 |
| 5 | 力士 | 6.7 | 力士 | 6.0 | 安利 | 6.4 |
| 6 | 安利 | 5.2 | 安利 | 5.2 | 六神 | 6.2 |
| 7 | 雅芳 | 4.4 | 资生堂 | 5.1 | 力士 | 5.8 |
| 8 | 田七 | 3.8 | 雅芳 | 4.5 | 强生 | 3.9 |
| 9 | 强生 | 3.8 | 伊卡璐 | 4.0 | 雅芳 | 3.6 |
| 10 | 伊卡璐 | 3.1 | 强生 | 3.7 | 伊卡璐 | 3.2 |

## 二、沐浴露品牌的竞争格局解析

### （一）消费者对沐浴露品牌的认知现状

1. 消费者对沐浴露使用率相对较低，但市场潜力巨大

由于沐浴露作为香皂等产品的替代品，在市场上出现的时间尚短，其在消费者生活中的渗透程度还有待加强。同时，受到季节和地域等因素的共同影响，家庭消费者对于沐浴露的使用率为89.6％，相对于其他日化用品95％以上的使用率来讲，这个比例相对较低。但是，通过潜力消费者对沐浴露使用和预购的数值可以看出，年轻人已经接受并习惯于使用沐浴露作为清洁产品，沐浴露市场具有较大的发展潜力，未来市场可观。见图3－1－3。

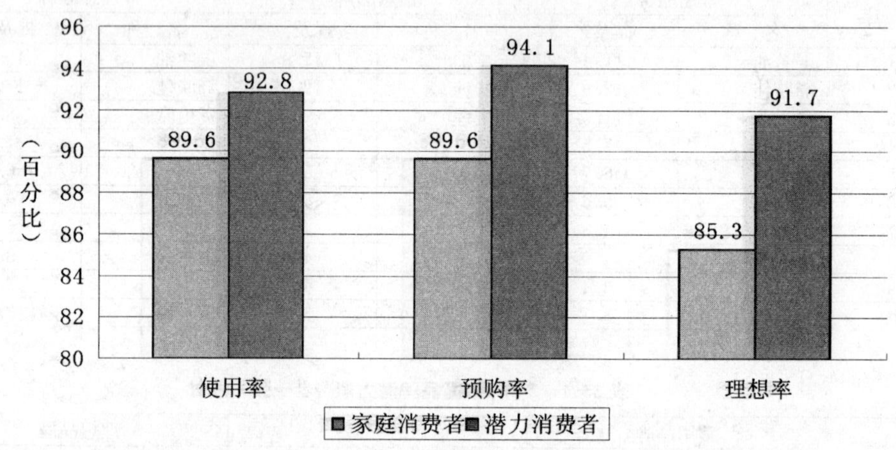


图3－1－3 消费者对沐浴露的使用、预购和理想提及情况

2. 消费者对沐浴露品牌的认知模糊

对于城市消费者来讲，从香皂过渡到沐浴露的使用，需要一定的转化时间，而在这个阶段，其对沐浴露品牌的认知还比较模糊，除了部分介入度较高的消费者能够清晰地区别沐浴露品牌外，大多数消费者对沐浴露品牌的认知还与香皂、洗发水等品牌有较强的相关性。一些在其他日化细分市场表现良好，但尚未涉足沐浴露领域的品牌，例如夏士莲、伊卡璐等，也被消费者归类到沐浴露市场，整体认知比较含糊。这一方面由于沐浴露在经济欠发达城市的普及率不足，另一方面也是由于现有的沐浴露品牌多是由产品线延伸而来，本身就与香皂、洗发水等有着一脉相承的关联，这对于沐浴露品牌的发展既是机遇，也是挑战。

### （二）沐浴露品牌的市场竞争格局

1. 众多沐浴露品牌分割市场份额

在我国沐浴露市场上，品牌琳琅满目，仅进入消费者心智的品牌就多达97个。从品牌来源、产地来看，一部分来自外资日化巨头，这些品牌一般在城市市场上表现出众，使用率和预购率较高，也有较高的满意度；另外，绝大多数品牌来自本土企业，除了个别占据全国市场外，大部分属于区域性品牌，产地以广东、上海两地最为集中，另外还有重庆、天津等地。

2. 沐浴露市场的五大竞争阵营

通常来讲，根据企业在市场上的竞争地位不同，可以分为4种阵营类型：市场领先者、市场挑战者、市场跟随者、市场补缺者。

纵观我国沐浴露市场，并结合我们的调查结论，可以看到，各品牌竞争阵营分布也比较明显，无论是领跑的高端品牌，还是战斗力十足的竞争品牌，无论是按部就班、默默耕耘的跟随者，还是见缝插针、另辟蹊径的补缺者，都表现出一定的市场特点。同时，通过我们调查结果反映出的人们对沐浴露品牌的认知和使用情况，我们还发现了沐浴露市场的一批潜在品牌，综合起来，我们大致将其分为以下五大阵营：

（1）领跑阵营

• 阵营成员：玉兰油、舒肤佳等

• 阵营特点及策略：这两个领先者在沐浴露品牌中的消费者认知度较高，常用、预购和理想的提及率都在10%以上，且能与后续品牌拉开一定差距。这二者的行为在行业市场中有举足轻重的作用，处于主导地位，既是市场竞争的导向者，也是其他企业挑战、效仿或躲避的对象。但值得注意的是，其地位是在竞争中自然形成的，但不是固定不变的。作为处于市场主导地位的领先品牌，其营销战略首先是扩大总市场，培养人们对沐浴露更加清晰的认知和更加自然的使用习惯，将市场蛋糕做大，同时，保持市场份额，提高自身的市场占有率。

（2）竞争阵营

• 阵营成员：六神、力士、安利、资生堂等

• 阵营特点及策略：这4个品牌在市场上扮演挑战者的角色，它们相对于市场领先者来说是在行业中处第二、第三和以后位次的企业。调查结果可见，一方面，六神、力士、安利的使用率排名比较靠前，而资生堂在理想晋级力上表现出色；另一方面，它们的使用、预购率在5～7个百分点左右，这样的提及率仅是领先者的一半，处于次要地位。对于挑战者来讲，在这个阶段，进攻和防守的战略需要交错使用。它们目前处于上升阶段，有较强的竞争力，对领导者有最大的威胁。

（3）跟随阵营

• 阵营成员：雅芳、索芙特、多芬、妮维雅、Fa、花王、舒蕾、澳雪、樱雪、隆力奇、屈臣氏等

• 阵营特点及策略：跟随阵营的品牌较多，主要特点是在“和平共处”的状态下求得尽可能多的收益。但是这些市场跟随者不是盲目、被动地单纯追随领先者，而是确定一个不致引起竞争性报复的跟随战略，在不同的情形下有自己的策略组合和实施方案。例如雅芳专心做好自己的销售渠道，索芙特巧妙利用天然植物做文章，舒蕾建立强大的终端模式，澳雪和樱雪在南方把地方品牌做强做大，等等，这些品牌目前在消费者的心中个性不够鲜明、地位有待提高，所以，保持现有顾客并努力争取新的消费者，设法创造独有的优势，给自己的目标市场带来某些特有的利益是这些品牌的发展关键。

（4）补缺阵营

• 阵营成员：强生、威露士、阿迪达斯等

• 阵营特点及策略：市场补缺又称市场补白，是指选择某一特定区隔市场为目标，提供专业化的服务。在日益分众的营销背景下，人们对沐浴露的需求也在逐渐分化，根据不同群体的不同特征，一些品牌推出专门的产品，例如强生致力于对婴幼儿沐浴产品的开发，威露士强调杀菌、健康，阿迪达斯则从运动后的沐浴感受出发，并推出不同性别专用的不同沐浴产品等。对于补缺者来讲，创造补缺市场、扩大补缺市场、保护补缺市场是今后发展的重要思路。

（5）潜在阵营

• 阵营成员：夏士莲、伊卡璐、雨洁、田七等

• 阵营特点及策略：潜在阵营是指尚未进入该领域，但具有一定市场开拓和品牌号召能力，

有进入市场的可能性的品牌群。调查显示，夏士莲、伊卡璐、雨洁、田七等品牌在消费者调查中均有提及，然而这些品牌尚未涉足沐浴露领域，但它们在日化行业，或者个人日常清洁用品领域中有了良好的市场表现和品牌认知，所以，基于消费者对现有品牌的模糊和对这些潜在品牌的期待，这几个品牌有一定的市场潜力，可以考虑进入沐浴露市场发展。

### 三、沐浴露品牌发展策略和市场热点趋势

**（一）沐浴露逐渐成为洗浴用品主流**

随着中国人民洗浴意识的增强，越来越多的消费者选择通过沐浴来释放他们的情绪。为了减缓人们的压力、舒缓情绪，大量的洗浴产品应运而生，纷纷问世。正如我们的调查数据显示，沐浴露将逐渐代替香皂的主导地位，成为主流，其市场潜力可观。

**（二）市场细分越来越细致**

与化妆品市场类似，沐浴露产品不再“重女轻男”，各大品牌相继推出男士专用沐浴露，加上原本针对婴儿、儿童和女性开发的产品，沐浴露市场的化分越来越细致。

**（三）产品功能越来越丰富**

人们对沐浴露的要求主要有两个层次：基本的清洁要求和高层次的洗浴享受，所以，能带来洗浴快乐的沐浴产品越来越受到关注。无论是从沐浴露成分还是从沐浴露功能上，各品牌都极力提升产品品质，天然草本、水果、花朵等成分受到青睐。此外，能够提供香薰享受或有护肤功效或有助于减肥的特殊产品也比较风行，沐浴露的产品越来越丰富。

## 专案解析

### 玉兰油：滋润肌肤，更滋润消费者的心

玉兰油成为消费者心中最理想的沐浴露品牌，与其多年来的品牌耕耘密不可分。同时，借由玉兰油在护肤品上优异的建树，“滋润”的“惊喜”自然从脸传到身体，品牌好感度也从肌肤传到心灵。作为沐浴露市场上的领军品牌，玉兰油近年来在产品和品牌上的发展和举动也映照出整个沐浴露市场的主要态势。

**功能诉求：从洁肤到护肤**

纵览玉兰油的沐浴露产品，从全身护理系列到玉兰凝翠系列，再到新推出的双层彩带丝润系列，玉兰油在全方位满足清洁、清爽、提神等功效外，“滋润”始终是玉兰油秉持的基础。这正符合现代人的沐浴需求：在市场观念和化妆品工业的发展推动下，消费者对于沐浴露的要求不局限在简单的清洁之上，越来越重视沐浴露对皮肤的护理作用。所以，对于沐浴露品质的技术研发也成为一个品牌良好发展的保证，既达到消费者沐浴清洁的目的，又要满足其滋润肌肤的需求，同时带来沐浴时愉快的精神享受，这也对沐浴露的质地、成分、包装等提出了更高的要求。

**目标诉求：女性依然是核心**

从玉兰油的产品设计到广告宣传都可以看出，其专心于女性市场的态度。总体来说，沐浴露的主要目标受众也是家庭妇女或年轻女性。同时，我们也看到，日化行业越来越看重男性市场的空缺和机遇，一些市场补缺者已经推出针对男性群体的专用沐浴产品。对于玉兰油来讲，是否能在稳固女性用户这块后防阵营基础上，进军这片“处女地”，还让我们拭目以待。

**广告诉求：明星策略抢人眼**

在日化行业，广告中运用明星的策略十分普遍，特别是洗发水等产品。而对于发展较晚的沐浴露，只有几个大品牌启用明星策略，所以在市场上也格外抢眼。从林志玲到袁泉，玉兰油沐浴

露的代言形象始终选择美丽、健康、时尚的女性，通过完美肌肤的展示来传达产品滋润呵护的功效。无独有偶，惯走明星路线的力士也启动蔡依琳等作为品牌代言人，与玉兰油一拼高下。这种手段可以迅速提高品牌认知，在消费者心中建立较好的形象。

从对产品品质的不断提升，到对目标受众的精心维护，再到广告宣传的大力推进，玉兰油将自身"滋润"的特性发挥得淋漓尽致，提到玉兰油沐浴露，大家脑海中自然涌现的"滋润"特性也是其品牌建设的成功所在。玉兰油将这份滋润从肌肤传递到了消费者的内心，这种品牌个性的树立和坚持，是值得其他品牌学习的。

### 资料链接

沐浴露市场容量及消费不断增长，市场发展潜力巨大。据问鼎分析推断，中国沐浴露市场的显性市场容量已达到20亿元，年均增长速度可达12%。虽然沐浴露目前的市场容量远远小于洗发水市场，但由于在国内市场上沐浴露实际是洗发水的跟随性产品，而且沐浴露是香皂的替代产品，香皂市场正处于衰退萎缩状态，因此沐浴露市场还有巨大的发展空间。尤其沐浴露在城镇市场的普及率非常低，这也是有待开发的市场，随着洗浴条件的改善，沐浴露将代替普通香皂成为身体清洁用品的主导产品。

受消费习惯的影响，从制造厂商厂址分布来看，无论是纯粹中资制造商，还是中外合资、合作制造商，大多数选址在中国南方，产地以广东、上海两地最为集中。这与南方地区天气炎热、人们洗澡频率高，沐浴露的需求大，市场容量大，而北方的市场容量相对偏小有关。

（执笔：孔清溪　李瑞雪）

## 第四节　洗面奶/润肤露

### 一、洗面奶/润肤露品牌十强数据

洗面奶/润肤露品牌十强数据见表3－1－10、表3－1－11、表3－1－12、表3－1－13、表3－1－14、表3－1－15。

**表3－1－10　洗面奶品牌家庭消费者十强**

| 排　序 | 常用品牌 | | 预购品牌 | | 理想品牌 | |
|---|---|---|---|---|---|---|
| | 名　称 | 提及% | 名　称 | 提及% | 名　称 | 提及% |
| 1 | 大宝 | 10.9 | 大宝 | 9.9 | 大宝 | 9.2 |
| 2 | 丁家宜 | 10.0 | 丁家宜 | 7.5 | 丁家宜 | 7.7 |
| 3 | 安利 | 6.4 | 安利 | 6.0 | 安利 | 7.3 |
| 4 | 玉兰油 | 5.2 | 玉兰油 | 4.8 | 玉兰油 | 6.1 |
| 5 | 东洋之花 | 4.7 | 妮维雅 | 3.8 | 资生堂 | 4.2 |
| 6 | 妮维雅 | 4.7 | 东洋之花 | 3.6 | 兰蔻 | 4.1 |
| 7 | 碧柔 | 4.4 | 隆力奇 | 3.4 | SK－Ⅱ | 3.8 |
| 8 | 旁氏 | 3.3 | 李医生 | 3.4 | 欧莱雅 | 3.4 |
| 9 | 欧莱雅 | 3.0 | 欧莱雅 | 3.2 | 东洋之花 | 3.4 |
| 10 | 李医生 | 2.8 | 碧柔 | 2.8 | 妮维雅 | 3.0 |

表 3－1－11　洗面奶品牌潜力消费者十强

| 排　序 | 常用品牌 | | 预购品牌 | | 理想品牌 | |
|---|---|---|---|---|---|---|
| | 名　称 | 提及% | 名　称 | 提及% | 名　称 | 提及% |
| 1 | 丁家宜 | 10.2 | 丁家宜 | 6.6 | 丁家宜 | 6.2 |
| 2 | 妮维雅 | 8.9 | 妮维雅 | 6.3 | 大宝 | 5.9 |
| 3 | 大宝 | 8.0 | 大宝 | 6.0 | 曼秀雷敦 | 5.3 |
| 4 | 曼秀雷敦 | 5.4 | 曼秀雷敦 | 5.6 | 妮维雅 | 4.9 |
| 5 | 东洋之花 | 5.3 | 李医生 | 4.6 | 欧莱雅 | 4.6 |
| 6 | 李医生 | 5.2 | 碧柔 | 3.7 | 资生堂 | 4.5 |
| 7 | 碧柔 | 4.4 | 欧莱雅 | 3.7 | DHC | 4.4 |
| 8 | 旁氏 | 4.2 | 旁氏 | 3.6 | 玉兰油 | 3.9 |
| 9 | 可伶可俐 | 3.9 | 佳雪 | 3.5 | SK－Ⅱ | 3.7 |
| 10 | 露得清 | 3.0 | 可伶可俐 | 3.4 | 兰蔻 | 3.6 |

表 3－1－12　洗面奶品牌两类消费者加权十强

| 排　序 | 常用品牌 | | 预购品牌 | | 理想品牌 | |
|---|---|---|---|---|---|---|
| | 名　称 | 提及% | 名　称 | 提及% | 名　称 | 提及% |
| 1 | 大宝 | 10.3 | 大宝 | 9.1 | 大宝 | 8.5 |
| 2 | 丁家宜 | 10.0 | 丁家宜 | 7.4 | 丁家宜 | 7.4 |
| 3 | 妮维雅 | 5.5 | 安利 | 5.3 | 安利 | 6.5 |
| 4 | 安利 | 5.5 | 玉兰油 | 4.4 | 玉兰油 | 5.7 |
| 5 | 东洋之花 | 4.8 | 妮维雅 | 4.3 | 资生堂 | 4.3 |
| 6 | 玉兰油 | 4.8 | 李医生 | 3.6 | 兰蔻 | 4.0 |
| 7 | 碧柔 | 4.4 | 东洋之花 | 3.5 | SK－Ⅱ | 3.8 |
| 8 | 旁氏 | 3.5 | 欧莱雅 | 3.3 | 欧莱雅 | 3.7 |
| 9 | 李医生 | 3.3 | 隆力奇 | 3.2 | 妮维雅 | 3.4 |
| 10 | 欧莱雅 | 2.9 | 碧柔 | 3.0 | 东洋之花 | 3.3 |

表 3－1－13　润肤露品牌家庭消费者十强

| 排　序 | 常用品牌 | | 预购品牌 | | 理想品牌 | |
|---|---|---|---|---|---|---|
| | 名　称 | 提及% | 名　称 | 提及% | 名　称 | 提及% |
| 1 | 玉兰油 | 15.5 | 玉兰油 | 15.3 | 玉兰油 | 16.4 |
| 2 | 大宝 | 10.8 | 大宝 | 8.8 | 大宝 | 9.0 |
| 3 | 美加净 | 6.1 | 雅芳 | 5.5 | 资生堂 | 8.2 |
| 4 | 雅芳 | 5.4 | 欧莱雅 | 5.4 | 欧莱雅 | 5.7 |
| 5 | 欧莱雅 | 5.3 | 资生堂 | 5.3 | 雅芳 | 5.3 |
| 6 | 强生 | 5.2 | 美加净 | 4.5 | 强生 | 4.7 |
| 7 | 妮维雅 | 4.2 | 强生 | 4.4 | 美加净 | 4.2 |
| 8 | 资生堂 | 3.9 | 妮维雅 | 4.0 | 安利 | 3.5 |
| 9 | 曼秀雷敦 | 3.6 | 旁氏 | 3.3 | 妮维雅 | 3.3 |
| 10 | 安利 | 3.1 | 安利 | 2.9 | 曼秀雷敦 | 2.6 |

表 3—1—14 润肤露品牌潜力消费者十强

| 排序 | 常用品牌 | | 预购品牌 | | 理想品牌 | |
|---|---|---|---|---|---|---|
| | 名称 | 提及% | 名称 | 提及% | 名称 | 提及% |
| 1 | 玉兰油 | 10.7 | 玉兰油 | 10.6 | 玉兰油 | 11.5 |
| 2 | 大宝 | 8.9 | 强生 | 8.5 | 强生 | 7.1 |
| 3 | 强生 | 8.5 | 大宝 | 6.8 | 资生堂 | 7.0 |
| 4 | 曼秀雷敦 | 7.0 | 妮维雅 | 6.8 | 欧莱雅 | 6.4 |
| 5 | 妮维雅 | 6.9 | 欧莱雅 | 5.7 | 大宝 | 6.1 |
| 6 | 雅芳 | 5.8 | 曼秀雷敦 | 5.2 | 曼秀雷敦 | 6.1 |
| 7 | 欧莱雅 | 4.5 | 资生堂 | 4.7 | 妮维雅 | 4.4 |
| 8 | 丁家宜 | 3.0 | 雅芳 | 4.0 | 雅芳 | 4.0 |
| 9 | 雅倩 | 2.7 | 雅倩 | 2.8 | 雅诗兰黛 | 3.2 |
| 10 | 东洋之花 | 2.4 | 旁氏 | 2.5 | 安利 | 2.9 |

表 3—1—15 润肤露品牌两类消费者加权十强

| 排序 | 常用品牌 | | 预购品牌 | | 理想品牌 | |
|---|---|---|---|---|---|---|
| | 名称 | 提及% | 名称 | 提及% | 名称 | 提及% |
| 1 | 玉兰油 | 14.6 | 玉兰油 | 14.3 | 玉兰油 | 15.4 |
| 2 | 大宝 | 10.4 | 大宝 | 8.4 | 大宝 | 8.4 |
| 3 | 强生 | 5.8 | 欧莱雅 | 5.4 | 资生堂 | 7.9 |
| 4 | 雅芳 | 5.5 | 强生 | 5.2 | 欧莱雅 | 5.8 |
| 5 | 美加净 | 5.4 | 资生堂 | 5.2 | 强生 | 5.2 |
| 6 | 欧莱雅 | 5.1 | 雅芳 | 5.2 | 雅芳 | 5.1 |
| 7 | 妮维雅 | 4.7 | 妮维雅 | 4.6 | 美加净 | 3.5 |
| 8 | 曼秀雷敦 | 4.3 | 美加净 | 4.0 | 妮维雅 | 3.5 |
| 9 | 资生堂 | 3.6 | 曼秀雷敦 | 3.2 | 安利 | 3.4 |
| 10 | 旁氏 | 2.9 | 旁氏 | 3.2 | 曼秀雷敦 | 3.3 |

## 二、洗面奶/润肤露品牌的竞争格局解析

### (一) 消费者对洗面奶/润肤露品牌的认知现状

1. 消费者对洗面奶/润肤露的使用习惯有待培养

总体看来，消费者对于洗面奶、润肤露等护肤产品的使用还处于发展阶段。从 20 世纪 80 年代开始，一些国产品牌的护肤品打开了中国消费者的护肤空白，开始培养市场。发展至今，人们已经逐渐接受护肤品，并形成了一定的使用习惯，80%左右的家庭消费者经常使用洗面奶和润肤露，但在日化行业诸多品类中，这一使用率是最低的，使用习惯有待进一步加强。同时我们也看到，潜力消费者护肤品的使用、预购和理想率，与家庭消费者相比都有一定的提高，也预示着市场的发展和成熟。

2. 消费者对洗面奶/润肤露品牌的使用和认知呈金字塔状上升

一般的，根据消费者的年龄、收入，以及护肤产品的性价比，护肤品市场大致划分成高、中、低端三部分。其中，高端市场以价格较高的国外产品为主，消费者主要是高收入的中青年女性；中端市场的主要产品是价格相对较高的合资产品，如玉兰油、雅芳等，消费群体集中在中低收入女性；而低端市场基本上是低收入或无收入（学生）的女性在购买，又可再细分成两个市场，即一个以老品牌为主，如大宝、美加净等，一个以新品牌为主，如佳雪、丁家宜等。

目前，我国消费者的收入和生活水平决定了中低端市场人群的广泛性，正如调查结果显示，

一些中低档的品牌，如大宝、丁家宜、妮维雅、玉兰油等凭借性价比高的优势，满足了大部分中低端消费群体的需求，所以在消费者常用、预购、理想等排名中表现出色。而一些高端品牌，如兰蔻、倩碧、HR等，在常用和预购品牌中鲜人提及，则只是出现在理想排名中。这一点印证了我国人口结构金字塔状的布局，也表明了护肤品消费者的认知现状，为各品牌的市场区隔定位提供了参考。

3. 消费者对洗面奶/润肤露品牌的理想认知比较理性

在谈及护肤品的理想品牌时，我们看到，大宝和玉兰油分别夺得洗面奶和润肤露的最理想品牌的桂冠，丁家宜、资生堂等中低端品牌紧随其后，这些品牌有着共同的特性——亲民。对于中国消费者来讲，这些品牌的价格并不是高不可攀，产品本身口碑良好，同时又有着各自独特的品牌情感，综合起来，使其能够在理想品牌排名中名列前茅。消费者并没有一味地追求包装精美、价格不菲的高档产品，而是根据自身需求对各类护肤品形成理想认知，当然，这一方面是因为一些高端大品牌的护肤品在中国市场发展尚未成熟，另一方面也充分揭示了中国消费者目前对于护肤品的理性判断。

**（二）洗面奶/润肤露品牌的市场特点比较**

1. 相同点：品牌众多，但集中度较低

总体看来，护肤品市场的两大主要类别——洗面奶和润肤露的品牌繁多，消费者常用、预购或理想的品牌均超过百个，品牌总宽度分别为153个和146个，足见市场诸侯割据般激烈的竞争势态。另外，品牌的集中度不高，产业尚未形成品牌高度集中的情况。洗面奶和润肤露前四强品牌的集中度分别仅为31.3%和36.3%，市场远远没有洗发水等品类那样的高垄断态势。同时，目前市场年度销售额超过10亿元的品牌并不多，虽然部分品牌的市场发展速度较快，也正在迅速向10亿元销售额的门槛靠近，但护肤品的市场垄断还处于萌芽状态，可以预见品牌整合以及市场洗牌之势趋于激烈。

2. 不同点：各品牌主攻领域有所差别

在产品线拓展和品牌延伸的潮流下，几乎每个护肤厂家都采取“一牌多品”的策略，即一个品牌同时涉足洗面和润肤两个领域的产品，商家更是推出“洗护”套装，教育消费者配套使用同一品牌的洗护产品，达到更好的护肤效果。但是，目前中国消费者尚未形成整体护理的品牌意识，在选择洗面奶和润肤露上还是有各自偏爱的品牌。同时，这也与品牌在各领域的侧重发展方向有关，例如丁家宜、东洋之花、可伶可俐和碧柔等在洗面奶领域发展突出，而玉兰油、强生和美加净等则是润肤露更受青睐。

**（三）洗面奶/润肤露品牌的四大派系**

总体看来，同属护肤产品领域的洗面奶和润肤露，在品牌格局和地位上呈现出较强的趋同性，在此挑选出在洗面奶和润肤露领域的常用提及率均超过1%或二者之和超过2%的品牌进行统计，并根据品牌来源国的不同，将护肤品的诸多品牌分为四大派系进行整体分析，依此探寻护肤品品牌在消费者心中的格局和地位。见图3－1－4。

1. 本土护肤品以亲民取胜

• 代表品牌：大宝、丁家宜、美加净、佰草集等

对于中国普通消费者来讲，大多数人的护肤品使用历程都是从国货品牌开始的。一些国内名牌，从大宝、美加净，到丁家宜、佳雪，其“物美价廉”的特性使得这些品牌在消费者的护肤品萌芽阶段打下了良好的认知基础。大宝的洗面奶和润肤露在消费者常用、预购和理想排名中，均排在前两位，表现出较高的消费认知；丁家宜和东洋之花在洗面奶品牌中表现出色，郁美净和美加净的润肤露则更胜一筹。

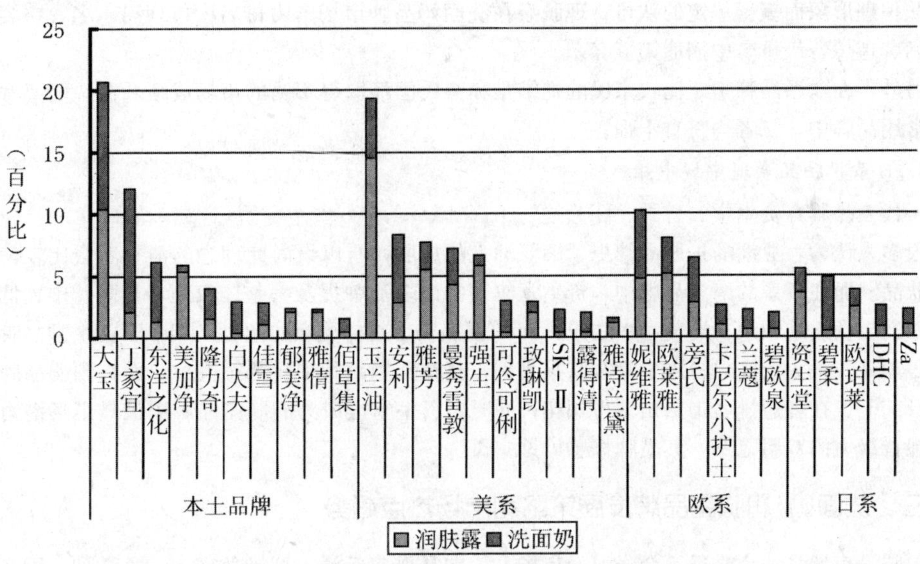


**图 3－1－4　洗面奶/润肤露品牌的四大派系常用提及率**

近来，在激烈的市场竞争面前，这些国内名牌护肤品已日趋分化，一些曾辉煌一时的全国主要品牌表现出一定的衰退迹象，大多数国内化妆品企业困难重重，正在苦苦挣扎。相比之下，以上海家化、北京三露厂为代表的注重品牌价值与缔造强势品牌的化妆品企业，在市场中得到了较大的发展，并在中低档化妆品市场上一展身手。目前国内品牌虽然有价格与网络优势，但随着跨国公司利用中国基地进一步占领市场，以实现全球扩张的战略目标，这些优势将不复存在，这对于国产品牌也是一个严峻的考验。

2. 美系护肤品整体比较强势

• 代表品牌：玉兰油、安利、雅芳、曼秀雷敦、强生等

品质高、品牌形象好、价格又适中的玉兰油成为美系产品中的佼佼者，其性价比较高，既满足了中国消费者的需求，又迎合了消费者的消费心理，所以也在润肤露排名中拔得头筹。而以直销发家的安利、雅芳以及玫琳凯也因其良好的品质保证和畅通的产品渠道赢得了消费者的青睐，其中安利的洗面奶、雅芳的润肤露是消费者较常使用、且较为理想的品牌选择，在排名中表现突出。品牌形象青春、产品价格亲民的曼秀雷敦、强生，也因其各自的品质特点赢得了特定的消费群体。而以雅诗兰黛为代表的高端品牌在潜力、晋级提名中势头良好，表现出较强的市场潜力和品牌好感度。

总结起来，美系的化妆品给人的印象是产品质量好、科技含量高，这种印象来自于产品来源国——美国给消费者的固有印象，美国发达的技术使消费者有理由相信美系护肤品的科技含量是具有竞争力的。另外，纵观进入中国市场的美系护肤品，也是高、低层次具备，能够从多方面笼络各层次的消费群体，使得美系护肤品整体比较强势。

3. 欧系护肤品较有潜力

• 代表品牌：妮维雅、欧莱雅、旁氏等

欧系的化妆品给人以自然、纯净，或华美、尊贵的印象，产品档次整体比较高，特别是以欧莱雅为代表的高端品牌，虽然尚不能被大众接受，但是在特定消费者心中占据良好的品牌地位，同时，成为消费者心中较为理想的品牌选择。例如，欧莱雅旗下的碧欧泉在洗面奶品牌中最具市

场潜力，兰蔻在润肤露品牌中最具理想晋级力。此外，药妆产品，如理肤泉、薇姿等也因其专业的皮肤护理形象而赢得一定的认可，理肤泉在洗面奶品牌市场潜力排名中位列第六名，薇姿在润肤露品牌理想晋级排名中摘取第五名。

另外，在欧系品牌中，比较亲民的妮维雅和旁氏已经取得不错的市场成绩，在洗面奶和润肤露的常用品牌中，二者均跻身十强。

4. 日系护肤品表现中规中矩

• 代表品牌：资生堂、碧柔、DHC等

很多人认为，亚洲的护肤品牌更了解亚洲人的皮肤，所以崇尚此理念的消费者会比较偏爱日系护肤品。而在日系的诸多品牌中，资生堂旗下的诸多品牌提及率整体较高，其高、中、低档品牌，如资生堂、欧珀莱、泊美、水之印、Za等都赢得了目标受众的倾心，其中以资生堂品牌在人们的心理地位最为崇高。以资生堂润肤露为例，其在常用品牌中排名第九位，而在预购品牌中已经跻身前五，在理想排名中更是摘得探花；同时，资生堂也成为润肤露品牌中最具市场潜力和最具理想晋级力的双料冠军，其品牌好感可见一斑。

## 三、洗面奶/润肤露品牌发展策略和市场热点趋势

护肤品市场是一个永远不会降温的市场，一向是风起云涌，群雄争霸，竞争激烈。国产、合资、进口品牌争奇斗艳，高档、中档、低档系列异彩纷呈。一个产业发展到一定的阶段，就必须寻找自己行业的突破口，护肤品行业也不例外。在2008年，护肤品行业主要表现出以下几大热点和趋势：

### （一）行业规范化

近几年，中国日化行业热点不断，经历了如金丝植入、违禁成分、SK－Ⅱ退市等化妆美容行业风波的2006年，被称为美容业的“非典年”，出台了多条法规制度以规范日化市场的2007年，被称为“政策年”，而2008年则成为“监管年”。

### （二）市场细分化①

从2007年开始，面对国际品牌与本土品牌在女性护肤保养市场上激烈的竞争，曾经被日化产业严重忽略的男士日化品的潜在巨大市场开始崭露头角，并不断被各大品牌重磅推出。现今，女性护肤品的平均利润已经在30％以下，部分产品利润甚至降到了15％。而男性化妆品则刚刚起步，针对的主流顾客群体是社会精英层，利润要远远高于女性化妆品市场，所以各大企业的战略性任务就是通过男性市场寻找市场新的增长点。

国际品牌纷纷推出自己的男士护肤用品来抢占市场，如欧莱雅集团、妮维雅公司、日本资生堂公司、法国的Nickel，均有良好业绩表现。2007年3月，一向以安全著称的医学健康护肤品牌薇姿，也将把男士护肤品带进中国市场。继倩碧、碧欧泉、兰蔻、迪奥等品牌相继引入男士护肤品后，未来几年中国男士护肤品的市场竞争将会更加激烈。

### （三）产品功能化②

功能性护肤品和护肤品的换季概念进一步强化。一方面，美白、祛斑、抗衰老、保湿、防晒、补水这些功能概念非常受到消费者的认同；另一方面，季节性护肤品的销售表现也非常强势。从销售状况来看，最畅销类别依旧是面部护肤品。各大品牌公司市场促销费用加大，消费者消费差异化增强，品牌市场占比差距缩小。

---

①② 2008护肤品市场热点追踪［N］. 北京商报，2008.

此外，“药妆”一跃成为护肤时尚领域的新兴名词，活跃在公众视线中的药妆概念一度表现得魅力非凡。探讨中国药妆市场的未来发展，还有一个现实问题是不能回避的，那就是大多数消费者仍没有走进药房购买化妆品的习惯。由于药妆产品一般锁定的是年轻的知识型白领消费群体，且以女性消费群体为主。所以，除了线上广告传播途径之外，如何多层次、多途径地展开教育消费和市场引导工作，将科学专业护肤和安全养护的理念融入到目标顾客的生活中，送达每个潜在顾客的内心，就成为未来将要面对的问题。

## 专案解析

### 大宝：好的定位是成功的一半

大宝是消费者心中最为理想的洗面奶品牌，是第二理想的润肤露品牌。这一结果对于大宝这个土生土长的本土老品牌无疑是一大褒奖。回顾大宝的成长，明确且一以贯之的市场定位是其取得现有成绩的前提和保障。大宝前身是国有企业北京三露厂。1990 年，大宝拳头产品 SOD 蜜面世，定位于低端市场。1993 年，“大宝天天见”的广告第一次出现在中央电视台，大获成功。从 1997 年开始，大宝连续 8 年夺得护肤类产品的销售冠军。2002 年，北京三露厂进行股份制改革，由国有企业转变为国家控股 83%、职工个人持股 17%的股份制公司，北京三露厂更名为北京大宝化妆品有限公司。

**立足“百姓之友”的品牌形象**

大宝对自己的定位具体描述为：“年龄在 25～50 岁之间的各类职业工作者，有着一定的文化修养，但又属于大众消费阶层。他们对生活质量有着较高的追求，主要是对品牌价值、品牌内涵以及品牌的社会影响有着特定的主见；他们不求奢侈豪华，但求心理满足，对同类产品不同价格的敏感度较强；对一些高档产品质量满意的同时，常常对价格有抱怨情绪。因此，他们追求的购买目标是质价相称，或在心理上对某种满意产品有一个认为合适的价格预期，一旦某一品牌的市场价格超越了原有心理价格的预期值，他们就会放弃这一品牌而选择其他品牌作为替代品。但他们对品牌有着良好的忠诚度，在市场价格差距不是特别悬殊或没有太大波动的情况下，他们会钟情于原来自己所喜欢的品牌。”① 同时，大宝在产品、价格、渠道、宣传手段和媒介选择上都秉持着这一定位，树立起百姓之友的形象。

这一定位的选择，瞄准了中国最广大的低端消费群体，以亲民的方式贴近最普通的人的生活，由此赢得大众的信赖和青睐。在该定位的驱动下，大宝在一个竞争尚不激烈的年代起家，知名度、美誉度迅速提高，为品牌的长远发展打下了良好的基础。

**防止品牌老化是良好定位的新挑战**

好的定位是成功的一半，而另一半还需要其他品牌因素的配合。进入 21 世纪，国外品牌的大量涌入充斥着中高端市场，本土品牌的发展也不断分食中低端市场，内外夹击之下，大宝依旧凭借市场定位的特点，以价格、品质和情感等优势继续占据低端市场。但是也不难看出，在市场潜力和理想晋级力中，大宝的成绩略显衰弱之势，一方面是旗下产品组合不够丰富，产品主要还局限于 SOD 蜜、日霜、晚霜等，难以满足各类消费群体的需求，而相比之下，一些更加年轻、有时尚感的本土品牌则迅速笼络年轻人的心；另一方面是在自身品牌的运作与宣传方面故步自封，多年来沿用同一种传播语言的做法，虽然可以增强原有年龄消费者的忠诚度，但因为毕竟原有的消

---

① 蓝领定位，大宝成功的唯一秘诀［OL］．［2004-08-04］．http：//info. news. hc360. com/html/001/002/009/018/60694. htm.

费者与新兴的消费者是两代人，多少有一些代沟，大宝品牌已经出现老化。

作为本土护肤品的标杆性品牌，大宝依旧是个宝。但是，消费群体是有时代性的，虽然同属于一个细分市场内，但不同年龄段的消费者在生活方式、人生经历等方面是存在差异的。好的定位打下了成功的半壁江山，而谋取最终的全面成功，还需要在产品设计和品牌宣传上与时俱进，这些都为本土护肤品牌的发展起到了指导性作用。

## 资料链接

从化妆品的分类看，2006 年，护肤类产品的市场份额占 32.17%左右，市场销售总额达 249.69 亿元，护肤类产品仍然是化妆品消费的主流，且是日化行业市场潜力较大、利润最丰厚的产业之一。改革开放以来，市场规模平均以每年 23.8%的速度增长。最大的增长幅度甚至达到 41%，预计到 2010 年，护肤品的市场规模将达到 380 亿～400 亿元，与美容产品两分化妆品市场规模①。

作为化妆品行业的一个细分领域，护肤品行业主要囊括了洁肤产品（如洗面奶等）和润肤产品（如润肤露等）。在今天的中国，护肤品已经从奢侈品变成了日常生活中不可或缺的必需品，这个发展演进的过程主要经历了以下四大阶段：

• 第一阶段（20 世纪 70 年代－1981 年）：上海品牌垄断国内市场。以上海家化为代表的上海护肤品品牌风靡全国。至今，很多人对美加净、郁美净、孩儿面、皇后牌珍珠膏等品牌仍然记忆犹新。

• 第二阶段（1982－1996 年）：跨国公司抢滩中国，土洋品牌泾渭分明。这段时期，跨国品牌如欧莱雅、玉兰油、强生、资生堂等纷纷进入中国市场，中国护肤品营销真正起步，这些品牌以高定价瞄准高收入的年轻女性。与此同时，安利、雅芳等外国品牌把直销模式引入中国，取得了不小的成绩。而本土军团如小护士、丁家宜等上升势头非常快，大宝集团树立的价廉物美、平民化的品牌路线也非常成功。在这个阶段，跨国品牌和本土品牌各自占据着高端市场和中低端市场，正面交锋比较少。

• 第三阶段（1997－2001 年）：本土品牌专业细分市场突围 。2002 年的市场规模是 1982 年的 200 多倍。同时，消费者对护肤品的要求不仅仅停留在滋润肌肤上，还出现了防晒、美白、保湿、祛痘、香熏美容、男性护肤等方面的需求。定位于大众消费品的国内品牌在产品功能上找卖点，从功能市场、细分市场、专业市场上突围。比较成功的有小护士（维他命防晒）、索肤特（木瓜减肥）、丁家宜（一洗白）、珊拉娜（祛痘）、大宝（男士也可以用）等。

• 第四阶段（2002 年至今）：跨国品牌重视中低端市场，本土品牌向中高端进军。2002 年以来，跨国品牌对中低端市场发起了进攻。雅芳推出了价格超低的子品牌 UP2U，资生堂在成功地推出了中档品牌 Aupress 之后，开始力推中低档品牌 Za，欧莱雅历经 4 年努力终于得到了小护士。而本土品牌则不满足于市场份额大、利润却很低的现状，希望打入利润巨大的高端市场，如上海家化推出的佰草集就是一个比较成功的案例。

（执笔：李瑞雪）

---

① 护肤品行业分析报告［OL］.［2006-03-06］. http：//www.globrand.com/2006/03/06/20060306－215130－1.shtml.

# 第五节　卫生巾

## 一、卫生巾品牌十强数据

卫生巾品牌十强数据见表3—1—16、3—1—17、3—1—18。

表3—1—16　卫生巾品牌家庭消费者十强

| 排　序 | 常用品牌 | | 预购品牌 | | 理想品牌 | |
|---|---|---|---|---|---|---|
| | 名　称 | 提及% | 名　称 | 提及% | 名　称 | 提及% |
| 1 | 护舒宝 | 30.3 | 护舒宝 | 25.4 | 护舒宝 | 29.5 |
| 2 | 安尔乐 | 13.7 | 苏菲 | 12.1 | 苏菲 | 13.6 |
| 3 | 苏菲 | 9.3 | 安尔乐 | 9.9 | 安尔乐 | 10.4 |
| 4 | 娇爽 | 8.9 | 娇爽 | 9.2 | 七度空间 | 8.5 |
| 5 | 七度空间 | 6.7 | 七度空间 | 7.5 | ABC | 7.8 |
| 6 | ABC | 6.2 | ABC | 7.0 | 娇爽 | 7.2 |
| 7 | 益母草 | 5.3 | 洁婷 | 6.3 | 益母草 | 5.2 |
| 8 | 洁婷 | 3.9 | 益母草 | 5.5 | 洁婷 | 4.2 |
| 9 | 舒而美 | 3.8 | 舒而美 | 4.7 | 舒而美 | 4.1 |
| 10 | 好舒爽 | 2.6 | 月月舒 | 2.7 | 月月舒 | 3.3 |

表3—1—17　卫生巾品牌潜力消费者十强

| 排　序 | 常用品牌 | | 预购品牌 | | 理想品牌 | |
|---|---|---|---|---|---|---|
| | 名　称 | 提及% | 名　称 | 提及% | 名　称 | 提及% |
| 1 | 护舒宝 | 23.2 | 护舒宝 | 21.4 | 护舒宝 | 21.9 |
| 2 | 七度空间 | 13.0 | 七度空间 | 16.2 | 七度空间 | 17.3 |
| 3 | 娇爽 | 12.5 | 娇爽 | 11.4 | 苏菲 | 14.2 |
| 4 | 苏菲 | 8.7 | 苏菲 | 11.2 | ABC | 11.2 |
| 5 | 安尔乐 | 8.0 | ABC | 8.6 | 娇爽 | 9.1 |
| 6 | ABC | 7.4 | 安尔乐 | 6.9 | 安尔乐 | 7.0 |
| 7 | 益母草 | 6.3 | 洁婷 | 6.2 | 益母草 | 4.2 |
| 8 | 洁婷 | 4.8 | 益母草 | 4.7 | 洁婷 | 3.3 |
| 9 | 好舒爽 | 3.5 | 舒而美 | 2.7 | 舒而美 | 2.4 |
| 10 | 舒而美 | 2.1 | 高洁丝 | 2.3 | 好舒爽 | 2.3 |

表3—1—18　卫生巾品牌两类消费者加权十强

| 排　序 | 常用品牌 | | 预购品牌 | | 理想品牌 | |
|---|---|---|---|---|---|---|
| | 名　称 | 提及% | 名　称 | 提及% | 名　称 | 提及% |
| 1 | 护舒宝 | 28.9 | 护舒宝 | 24.6 | 护舒宝 | 28.0 |
| 2 | 安尔乐 | 12.6 | 苏菲 | 11.9 | 苏菲 | 13.8 |
| 3 | 娇爽 | 9.6 | 娇爽 | 9.6 | 七度空间 | 10.2 |
| 4 | 苏菲 | 9.1 | 安尔乐 | 9.3 | 安尔乐 | 9.7 |
| 5 | 七度空间 | 8.0 | 七度空间 | 9.2 | ABC | 8.5 |
| 6 | ABC | 6.4 | ABC | 7.3 | 娇爽 | 7.6 |
| 7 | 益母草 | 5.5 | 洁婷 | 6.2 | 益母草 | 5.0 |
| 8 | 洁婷 | 4.1 | 益母草 | 5.4 | 洁婷 | 4.0 |
| 9 | 舒而美 | 3.5 | 舒而美 | 4.3 | 舒而美 | 3.8 |
| 10 | 好舒爽 | 2.8 | 月月舒 | 2.4 | 月月舒 | 2.9 |

## 二、卫生巾品牌的竞争格局解析

### （一）总体品牌格局特点：外资本土两相争，高低贵廉各不同

我国卫生巾生产厂家众多，卫生巾品牌也多如牛毛，仅仅是进入消费者认知领域的品牌已经多达60个。其中，外资品牌主要来自五大巨头集团，进攻我国城市市场，走中高端路线；国产品牌方面，有几家在卫生巾领域有一定品牌历史的厂家，如恒安等，还有后起新秀，如来自佛山的景兴等，这些品牌知名度较大，较受消费者青睐，属于第一集团；而第二集团的诸多品牌则分割低端市场的天下，各品牌几乎平分秋色，品牌认知的地域性明显，但都凭借“物美价廉”抓住消费者的芳心。

### （二）外资五巨头持七剑抢滩中国市场

宝洁、强生、金佰利、花王、尤妮佳，这5个来自海外的巨头，在中国的卫生巾市场上拉开一场争夺战，刀光剑影，锋芒毕露。凭借其跨国公司的雄厚资金与实力，以及强大的推广力度，五巨头牢牢控制一线城市。

护舒宝作为最早进入中国的卫生巾品牌，从培育市场、教育消费者做起，稳扎稳打，在中国消费者心中成为品质的保证；苏菲以高价亮相，在明星代言的推动下闯入市场，赢得白领阶层的青睐；娇爽秉持温和、体贴的气质深入人心，正符合强生“因爱而生”的集团口号，在消费群体中人缘颇好；舒而美则是“美裔华人”，祖籍邯郸，被金佰利收购后以全新的形象示人，其新产品“瞬吸蓝”系列市场反响不错；相比之下，高洁丝、乐而雅、佳慕则比较低调，着力赢得区域市场的认可。

这五个外资巨头利用这各具特色、杀伤力强的七把利剑抢滩中国市场，一方面抬高了市场的消费档次，另一方面也提升了中国百姓的卫生消费意识。

### （三）国内品牌众多，令消费者眼花缭乱

国内的卫生巾品牌则略显杂乱，能被消费者提及的品牌，有来自恒安、恒利两大老企业的知名品牌，有来自丝宝和佛山景兴的新兴品牌，有各个城市的区域性品牌，还有更多名不见经传的杂牌卫生巾，令整个国产品牌市场眼花缭乱。

整体看来，国产卫生巾品牌间表现出较强相似性，从品牌名称到产品定位，差异性较小。例如，在品牌名称上，恒安旗下的安乐与安尔乐，恒利旗下的舒爽和好舒爽，十分相似，消费者对其差异很难判断；更有一些厂家推出诸如护舒柔、苏菲娅、佳慕斯等品牌，混淆消费者的判断。另外，大部分国产品牌几乎无产品差异，除了“益母”和“日子”卫生巾利用中草药为卖点外，其他品牌个性不明显，多是以“物美价廉”的同一特点争夺市场。

### （四）“少女路线”品牌表现出较大市场潜力

时尚、年轻化在卫生巾品牌战略中同样有所体现，例如针对年轻白领的苏菲，针对少女系列的七度空间、ABC、舒而美等。年轻是这些品牌的标签，品牌形象都表现出强烈的时尚感。调查结果可以看到，潜力排名和晋级排名的前几名几乎被这类“少女路线”的品牌占据，表现出了较大的市场潜力，也预示了市场的走向。见表3－1－19。

**表3－1－19 卫生巾潜力、晋级品牌前五名一览**

| 潜力排名 | 品　牌 | 潜力% | 晋级排名 | 品　牌 | 晋级% |
|---|---|---|---|---|---|
| 1 | 苏菲 | 2.8 | 1 | 苏菲 | 4.7 |
| 2 | 洁婷 | 2.1 | 2 | 七度空间 | 2.2 |
| 3 | 七度空间 | 1.2 | 3 | ABC | 2.1 |
| 4 | ABC | 0.9 | 4 | 月月舒 | 1.1 |
| 5 | 舒而美 | 0.8 | 5 | 舒而美 | 0.3 |

## 三、卫生巾品牌发展策略和市场热点趋势

在我国社会、经济有序发展的大背景下，卫生巾市场也面临洗牌，总体看来，目前市场表现出以下的特点和趋势：

**（一）市场进入成熟期，竞争日益白热化**

经过了几十年的发展，中国消费者的卫生意识比从前大大提高，人们对于经期的护理也更加重视，卫生巾早已不陌生。卫生巾市场步入了成熟期，整个行业内生产能力迅速增长，甚至超过了需求的脚步，使得品牌间的竞争日益白热化，目前部分品牌以价格取胜，谋求生路，然而长远看来，提高品质、技术创新、降低成本才是竞争的核心。

**（二）市场向上收缩，挤压小作坊的生存空间**

有几个原因会导致小品牌将逐渐退出：一是随着中国女性消费意识的增强、消费能力的提高，质量不高的产品将不受欢迎；二是商业运营费用越来越高，会让中小企业消化不起巨额成本；三是随着零售渠道门槛的提高，中小企业进不了超市，只能去农村，但由于受到卖场的打压，它们的市场愈发缩小。此外，国家有关部门会加强行业管理力度，很多小企业生存举步维艰。地方性品牌虽然很多，但企业规模小，产品为中低档，知名度和竞争力差，面临市场的淘汰。专家预测，中国的卫生巾市场容量相当大，未来市场上存活的品牌可达20～30个，这些品牌将控制国内市场70％～80％的份额①。

**（三）消费者的需求促使产品升级**

随着市场的不断成熟，消费者对卫生巾产品有了更强的自主选择和判断能力，甚至会根据经期身体的不同状况使用不同品牌、规格、档次的产品。这就对生产商提出了更高的要求。一方面，产品结构设计需要更加新颖、合理，搭配组合的包装受到欢迎；另一方面，新材料不断被应用，如添加抗菌药物、草本成分，使用透气性底膜，增强贴身质感的舒适性，等等。

**（四）广告传播需要更加温柔含蓄**

广电总局颁令规范广播电视广告管理，其中明文规定："播放广播电视广告应当尊重大众生活习惯，不得在6：30至7：30、11：30至12：30以及18：30至20：00之间人们用餐时播放容易引起受众反感的广告，如治疗痔疮、脚气等类药品及卫生巾等卫生用品的广告。"这不仅是时间上的限制，更从消费者接受角度对诸多卫生巾广告起到警示作用，引导卫生巾广告传播向温柔、含蓄的方向发展，更好地为大众所接受。

## 专案解析

### 护舒宝：女人"月"当"月"快乐，品牌越做越成熟

1991年，护舒宝首次亮相中国，为中国女性带来先进、舒适的个人卫生护理用品，开启了中国消费者全新的卫生理念，也开辟了卫生巾市场的新时代。十几年的发展，护舒宝在中国越做越成熟，无论是从产品还是从情感方面，都与中国消费者之间建立了良好的关联，其每一步成长、进步，都是卫生巾市场发展、成熟的写照。

**多功能、多档次的产品体系，满足消费者日益膨胀的需求**

1993年以来，护舒宝先后在中国进行了多次技术革新。产品技术要更新，产品品种要延伸，从直条卫生巾到护翼卫生巾，从轻巧型卫生巾到丝薄型卫生巾，从快速吸收、干爽洁净到透气增香，从研

① 国产卫生巾步步进逼外资巨头［OL］．［2006-08-11］．http：//info.paper.hc360.com/2006/08/11101331091.shtml.

制干爽网面与棉柔材质合二为一的全新质感产品，到推出日用、夜用比例组合的经济包装，护舒宝始终从消费者体验出发，完善自身的产品体系。此外，在稳固高端市场的同时，护舒宝还推出中档产品，以各种促销包装吸引消费者，以最优的品质、最有吸引力的价格，提升品牌市场占有率。

**以普及健康知识为渠道，帮助女性了解自己，并传递来自护舒宝的关爱**

20世纪90年代，面对经期卫生知识匮乏的中国消费者，护舒宝担当了“知心姐姐”的角色，大力普及健康尝试，培育卫生巾市场。从1997年开始，宝洁公司在中国范围内开展了与教育部合作的“全国学校青春期健康教育计划”，免费向学生和学校提供与青春期健康教育相关的材料和知识。目前，已有几百个城市的数千万名中小学女生通过这个计划获得了包括经期卫生健康在内的青春期卫生知识。

对成熟的女性，护舒宝在不同场合传播其品牌所倡导的清新舒适生活理念：“作为世界知名的女性个人护理品牌，护舒宝时刻关注现代新女性的身心健康，不断研究开发新产品，以适应女性对个人卫生护理产品的要求。此外，护舒宝品牌也热切关注新女性的精神需求和身心健康，积极倡导清新舒适的生活理念。”①

**从知识营销向情感营销转身，借力明星代言传递品牌个性**

从“更干、更爽、更安心”，到“自己自在”，护舒宝实现了一次精神上的飞跃；再到2007年的“女人‘月’当‘月’快乐”，护舒宝第二次提升了自身的品牌理念。回避了对产品实体的知识性传播，护舒宝已经可以和消费者“谈情”了。近年来，护舒宝的广告宣传也是铺天盖地，先后选用了清纯质朴的林嘉欣和勤奋从容的刘若英作为形象代言人，传递品牌对现代新女性的关爱。

当前，护舒宝无疑在卫生巾市场处于龙头地位，其一步步的成功，既体现出外资品牌成熟的特性，也为国产品牌的发展树立标杆——做好产品，树好品牌，才能长久抓住消费者的心。

## 资料链接

卫生巾的生产经过十几年的快速发展，到2001年，全国妇女卫生巾总产量约330亿片，市场渗透率由1985年的约2%上升到2001年的52.7%，与世界平均水平49.5%相当，而发达国家已达到90%左右。到2001年底，我国有500多家卫生巾生产企业，其中直条型卫生巾产品生产线约800条，护翼型卫生巾产品生产线1 000多条，年生产能力约800亿片，产品的档次也由早期的低档直条型发展为如今多种品种、多种类型的中、高档型。

在我国，卫生巾的生产始于20世纪80年代初期，发展至今经历了以下几次重大转折②：

• 1982年从日本瑞光株式会社引进第一条卫生巾生产线，生产直条卫生巾，这在国内妇女经期用品的生产方面是一个突破。随后引进的是意大利等国的卫生巾生产设备，陆陆续续也有国产设备投入生产。

• 1988年《卫生巾》国家标准正式出台，对当时的卫生巾生产起到了正确的引导作用。到20世纪90年代之前，国内已有1 000余条生产线，但设备的性能较差，生产能力低，产品均为直条型。

• 1991年，广州宝洁公司率先生产护翼型卫生巾。1995－1998年，国内一些发展壮大起来的企业从意大利、日本、德国、美国引进数十条具有国际先进水平的生产线，大大提升了国内卫生巾生产设备的技术水平及卫生巾的质量水平和产品档次。

---

① 宝洁主打女性关爱牌［OL］.［2006-06-14］. http：//www.c2cc.cn/news/tactics/cygc/2004/6/14/25960.htm.

② 张冰. 许中国卫生巾品牌一个未来［OL］. ［2007-07-22］. http：//www.umgr.com/blog/postview.aspx? bpid=14750.

• 1992 年开始生产卫生护垫。

• 1999 年，针对 GB 8939－1988《卫生巾》进一步修改完善，发布 GB 8939－1999《卫生巾（含卫生护垫）》。

• 根据国家标准化管理委员会发布的 2008 年第 1 号（总第 114 号）国家标准批准发布公告，GB/T 8939－2008《卫生巾（含卫生护垫）》国家标准于 2008 年 1 月 4 日发布，并将于 2008 年 9 月 1 日起开始实施。新标准由强制性国家标准改为推荐性国家标准，卫生要求引用强制性国家标准 GB 15979－2002《一次性使用卫生用品卫生标准》，部分指标、试验方法和包装等内容也作了相应调整。

（执笔：孔清溪　李瑞雪）

## 第六节　洗衣粉/液

### 一、洗衣粉/液品牌十强数据

洗衣粉/液品牌十强数据见表 3－1－20、表 3－1－21、表 3－1－22。

表 3－1－20　洗衣粉/液品牌家庭消费者十强

| 排　序 | 常用品牌 | | 预购品牌 | | 理想品牌 | |
|---|---|---|---|---|---|---|
| | 名　称 | 提及％ | 名　称 | 提及％ | 名　称 | 提及％ |
| 1 | 雕牌 | 24.4 | 雕牌 | 20.4 | 汰渍 | 19.6 |
| 2 | 汰渍 | 17.3 | 汰渍 | 19.4 | 雕牌 | 19.4 |
| 3 | 奥妙 | 15.5 | 奥妙 | 12.7 | 奥妙 | 14.3 |
| 4 | 碧浪 | 10.2 | 碧浪 | 11.0 | 碧浪 | 10.7 |
| 5 | 立白 | 8.5 | 立白 | 8.0 | 立白 | 8.4 |
| 6 | 白猫 | 7.6 | 白猫 | 6.0 | 安利 | 8.2 |
| 7 | 安利 | 5.6 | 安利 | 5.2 | 白猫 | 6.0 |
| 8 | 奇强 | 2.8 | 奇强 | 3.6 | 奇强 | 2.6 |
| 9 | 超能 | 1.0 | 超能 | 2.6 | 超能 | 1.9 |
| 10 | 蓝月亮 | 0.9 | 蓝月亮 | 2.2 | 蓝月亮 | 1.7 |

表 3－1－21　洗衣粉/液品牌潜力消费者十强

| 排　序 | 常用品牌 | | 预购品牌 | | 理想品牌 | |
|---|---|---|---|---|---|---|
| | 名　称 | 提及％ | 名　称 | 提及％ | 名　称 | 提及％ |
| 1 | 雕牌 | 25.5 | 汰渍 | 22.2 | 汰渍 | 20.3 |
| 2 | 汰渍 | 21.1 | 雕牌 | 18.8 | 雕牌 | 18.0 |
| 3 | 奥妙 | 14.1 | 奥妙 | 14.5 | 奥妙 | 14.3 |
| 4 | 立白 | 10.5 | 碧浪 | 11.4 | 碧浪 | 11.9 |
| 5 | 碧浪 | 9.4 | 立白 | 9.9 | 立白 | 9.3 |
| 6 | 安利 | 3.9 | 奇强 | 3.8 | 安利 | 6.8 |
| 7 | 奇强 | 3.7 | 白猫 | 3.5 | 奇强 | 3.5 |
| 8 | 白猫 | 3.7 | 超能 | 3.3 | 白猫 | 3.3 |
| 9 | 超能 | 1.6 | 安利 | 2.9 | 超能 | 3.1 |
| 10 | 蓝月亮 | 1.6 | 蓝月亮 | 2.2 | 蓝月亮 | 2.3 |

表 3－1－22　洗衣粉/液品牌两类消费者加权十强

| 排　序 | 常用品牌 | | 预购品牌 | | 理想品牌 | |
|---|---|---|---|---|---|---|
| | 名　称 | 提及％ | 名　称 | 提及％ | 名　称 | 提及％ |
| 1 | 雕牌 | 24.6 | 雕牌 | 20.1 | 汰渍 | 19.7 |
| 2 | 汰渍 | 18.1 | 汰渍 | 19.9 | 雕牌 | 19.2 |
| 3 | 奥妙 | 15.2 | 奥妙 | 13.1 | 奥妙 | 14.3 |
| 4 | 碧浪 | 10.1 | 碧浪 | 11.1 | 碧浪 | 10.9 |
| 5 | 立白 | 8.9 | 立白 | 8.4 | 立白 | 8.6 |
| 6 | 白猫 | 6.8 | 白猫 | 5.5 | 安利 | 7.9 |
| 7 | 安利 | 5.2 | 安利 | 4.8 | 白猫 | 5.5 |
| 8 | 奇强 | 3.0 | 奇强 | 3.6 | 奇强 | 2.8 |
| 9 | 超能 | 1.2 | 超能 | 2.8 | 超能 | 2.1 |
| 10 | 蓝月亮 | 1.0 | 蓝月亮 | 2.2 | 蓝月亮 | 1.8 |

## 二、洗衣粉/液品牌的竞争格局解析

### （一）洗衣粉/液的竞争环境

在中国市场，洗衣粉/液的发展依附于国家经济、政策的宏观调控，依赖于百姓的消费心态和趋势、原料供货商议价能力，以及替代品的进入，这些都对织物洗涤剂的发展形成竞争压力。在此，借助波特的五力模型窥探织物洗涤剂的竞争环境。见图 3－1－5。

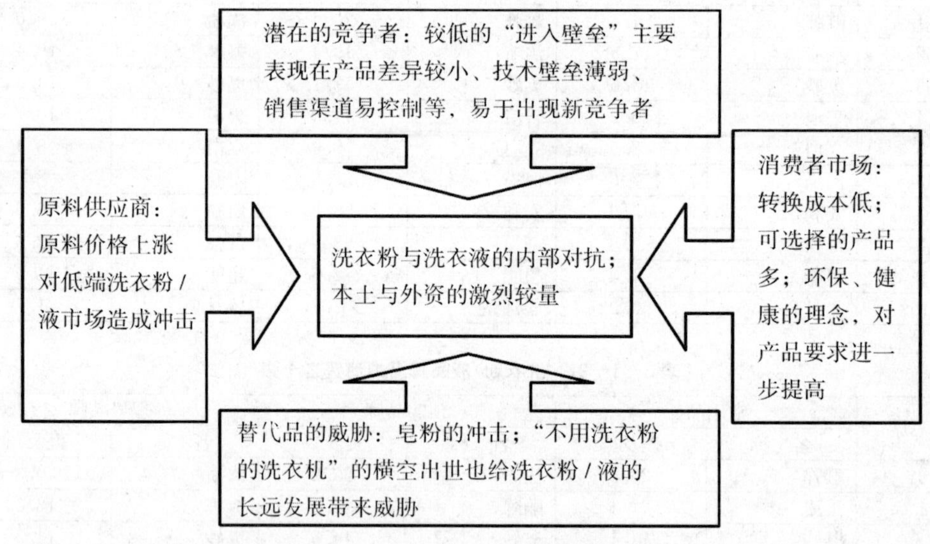


图 3－1－5　洗衣粉/液竞争环境分析

### （二）洗衣粉与洗衣液的品牌布局与较量

目前，我国消费者对洗衣粉的使用率相当高，品牌认知度也较高，而洗衣液市场经历了萌芽起步阶段，也逐渐被消费者认可。当前市场上已有的洗衣粉、洗衣液品牌众多，但是进入消费者认知领域的有 30 个左右，其中提及率超过 0.1％的品牌有 21 个，集中反映了目前市场上具有竞争力的品牌现状。这 21 个主要品牌在产品发展上也各有布局和谋划。

此外，液体洗涤剂成为市场上的新亮点，洗衣液正以每年高于行业平均 1～2 倍的发展速度挤占洗涤用品市场。虽然与发达国家洗衣液占主导的市场相比，由于内在技术、经济和消费习惯上的原因，在我国洗衣粉还是唱主角，洗衣液的市场占有率仅为0.28%，但是，市场的空缺正表明其具有很大的发展空间①。一些在洗衣粉市场已经有所作为的大品牌卓有先见地将触角伸向洗衣液领域，开拓新的产品线，或是延续、发展已有品牌，或开创新的品牌进入洗衣液市场，如雕牌、立白、白猫等；另有一些专心致力于生产洗衣液的厂家更是打造出专业的洗衣液品牌，在消费者心中树立较高的认知形象，如安利、蓝月亮、开米等；还有一些目前仍专心致力于洗衣粉市场的品牌，如汰渍、奥妙、碧浪等。总体看来，洗衣粉依然是织物洗涤剂的老大，在消费者心中占据主要地位；同时消费者对洗衣液品牌也多有提及，其发展势头不可小觑。

**（三）洗衣粉/液品牌阵营格局**

我国织物洗涤剂品牌的发展史，基本就是本土品牌与外资品牌的较量史。从织物洗涤剂，特别是洗衣粉品牌的发展历程即可看出，从本土品牌一统天下，到外资品牌抢滩市场，再到本土品牌防守反击、重新占据市场。现在，洗衣粉/液市场上形成了本土品牌与外资品牌相对抗的两大阵营，而可喜的是，在外资巨头领先日化行业诸多细分市场的现状下，唯有洗衣粉/液市场上呈现本土品牌占据强势，可以抗衡甚至压制外资品牌的局面。

1. 本土品牌势如破竹，长江后浪推前浪

（1）领跑者打造本土强势

• 阵营成员：雕牌、奇强、立白

雕牌、奇强和立白，堪称本土洗衣粉品牌的“三剑客”。国内洗衣粉市场领导地位的三甲宝座被雕牌、奇强、立白分收囊中。

这三个领跑者，雕牌、奇强属国有企业，立白是来自广州的民营企业；雕牌从长江三角洲发家，借力央视的广告传播，一时在全国遍地开花；奇强和立白则是在区域市场站稳脚跟后，向全国市场进攻。统揽这三者的发展，可以窥探出本土洗衣粉品牌取得领跑优势的相似要领。

• 低价格取胜

“高端的群众买不起，低端的品质有问题”，抓住了整个洗衣粉市场这一机会，三大品牌利用原料生产基地的成本优势，均采用低价位的销售策略，主攻中低端品牌的空档。

• 农村包围战

在市场经济快速成长及其浪潮影响下的20世纪90年代初，原有的多层分销体系表现出更多的弊病，渐趋势微。而当时的中国农村，由于地理交通的制约，物流体系比较落后，可供农民选择的品牌多是地方区域性小品牌，缺乏全国性强势领导品牌。在这样的市场情况下，“让开大路，占领两厢，农村天地，大有作为”，以此为策略点，3个品牌都对农村市场十分重视，向农村市场大力进军，并取得了可观的效益。

• 城市攻坚战

在竞争激烈的城市市场中，三大品牌依然主攻中低端人群，以差异化风格进入消费者心智，打着亲民、国货的旗号，靠着良好的渠道搭建，在城市中与外资品牌分庭抗礼。

• 鲜明的广告诉求强化品牌概念

广告宣传无疑对这三大品牌的发展起到了推波助澜的积极作用。雕牌的“只选对的，不选贵的”迎合了中国消费者“物美价廉”的消费心理，并在下岗失业的社会背景下推出了多条广告，大走情感路线，以求树立亲民形象；而奇强的“干干净净，中国人，奇强”则从爱国情绪出发，

① 张丽娜. 打破“粉”垄断洗衣液要走的路很长［OL］. http://www.xfrb.com.cn/xfrbmap/2007-07/31/content_18695.htm.

选用了濮存昕作为形象代言人，将“中国人，奇强”的口号喊遍全国，激发民族爱国情绪；而立白的“洗衣不伤手”更是带着关怀体贴的理念，随着陈佩斯、袁立、欧阳震华的形象深入人心。

三位领跑者以各自的特点和优势在本土品牌中各有作为，同时这三者之间的竞争也从未间断，都为争夺洗衣粉品牌头把交椅的位置使尽浑身解数。另外，作为领跑者，三者也同样面临着来自各方面的挑战，如核心技术需要加强、低价策略不是长远之计、其他品牌的差异发展、广告投放挤压利润空间等，都是对强势品牌的考验。

（2）追逐者为本土市场锦上添花

• 阵营成员：白猫、超能、巧手、熊猫、全力、活力 28、扇牌

这一阵营中的很多品牌，曾在洗衣粉市场叱诧风云，引领风骚。例如，上海白猫是我国最大的合成洗涤剂生产企业，全国 500 家最大工业企业之一，在洗衣粉品牌发展的第一阶段曾经夺得市场首位，但是随着外资品牌的进入、国内品牌的崛起，白猫限于体制老化呆板、资金流通不畅、市场运作不灵等因素的制约，败下阵来，屈居二线；而素有“南有海鸥，北有熊猫”美誉的熊猫洗衣粉，在外资涌入中国的大潮下投靠了宝洁，却自此被打入冷宫，直至 2000 年，为了防止这一民族品牌的消亡，北京日化二厂不惜违约，正式从宝洁收回了被外商使用长达 6 年的熊猫品牌，重出江湖；同样，当年傲视群雄的活力 28 也将自己的品牌作价 7 000 万元交给德国邦特色公司（后在湖北建立湖北活力美洁时合资公司）使用 50 年，虽在广告上播放“活力依旧，常伴左右”，却难以再唤起人们对活力 28 的美好回忆。该公司重点也放在自有品牌巧手上，且发展势头较好，已逐渐成为湖北省一个新的外资洗衣粉生产基地。

这些从一线退下来的老品牌，或后起新秀依然在追逐市场，分食洗衣粉这块蛋糕，既加剧了市场竞争，同时也影响了市场格局。

（3）竞争者另辟蹊径，侧面进攻

• 阵营成员：蓝月亮、开米、金鱼、洛娃、绿伞

在洗衣粉市场日趋饱和的状态下，洗衣液市场则暗藏巨大的潜力，一些品牌以此为契机，绕开洗衣粉市场，而主力发展洗衣液市场，采用侧面进攻的方式抢占织物洗涤剂市场。

这一阵营的品牌中有“一心一意做洗涤”的广州蓝月亮，有“忠实科学，献身环保”的开米涤王，有在洗涤灵领域表现优异的北京金鱼，有宣扬洗衣新时代的洛娃，还有同样出身北京的新秀绿伞……这些致力于洗衣液市场的品牌，是洗衣液市场的开拓者，在洗衣液的发展初期，它们肩负着培育市场、引导消费的重要使命，同时，作为先行者，会在消费者心中先入为主，形成较好的专业形象，随着市场的日益成熟而受益。

2. 外资品牌几家欢喜几家忧

• 阵营成员：汰渍、奥妙、碧浪、安利、威白、洁霸

外资阵营主要来自五大集团，即宝洁、安利、联合利华、汉高和花王。其中，安利在中国的织物洗涤剂市场主营洗衣液产品，其丝白系列洗衣液凭借良好的产品质量形成一定的口碑效应，但是 60～70 元/升的价格使其在中国只能限于少数高端市场。另外，几大品牌均是以洗衣粉开拓市场。其中，汰渍、奥妙和碧浪在十强排名中稳定在前四名，成绩较为可喜。相比之下，同样是外资品牌的威白和洁霸则无缘十强，现状令人担忧。

宝洁旗下的碧浪和汰渍于 20 世纪 90 年代年先后进入中国市场，汰渍凭借多年的市场耕耘，在消费者心中占据一定地位，在我们的理想品牌排名中位列第一名，而碧浪也因其特有的香气备受白领青睐，它们一个走平民路线，一个走白领路线，在中国市场取得了不俗的成绩。来自联合利华的奥妙于 1993 年进入中国市场，先后推出针对十大洗衣死角的“净蓝风暴”、能去除 99 种顽渍污渍的“新奥妙全自动”、进入“量化洁净”的新时代后的“新奥妙全效”，以及洁衣又杀菌的

"除菌倍洁洗衣粉"。来自德国的威白和日本花王旗下的洁霸凭借背景优势，一度在中国市场表现良好，威白爆炸盐的推出曾掀起市场风波，引起消费者的高度关注。然而，这几个曾经给中国洗衣粉市场带来翻天覆地的变化、给本土洗衣粉品牌上了一堂技术知识，以及营销策划课的外资洗衣粉品牌，在民族品牌崛起的当下，却受到了严重冲击，特别是威白和洁霸，市场表现疲软，很难重现昔日雄风。对此状况，外资品牌首先加大技术优势，提升洗衣粉的科技含量和品质保证；其次，开拓产品线，形成多档次、多类别、多功能的产品体系；最后，在强大的集团背景支持下，下大工夫做好广告传播、市场营销和渠道搭建工作。

**（四）洗衣粉/液品牌发展动态**

1. 低价是争夺市场的速效药，品质是稳固市场的长生丹

在品质感知度较低的市场，消费者对两种产品在质量上的差异感觉较小，或者说不敏感，此时，比较低廉的价格便会在相当大的程度上决定消费者的购物选择。在洗衣粉市场，以雕牌为首的一些本土品牌充分利用自身低成本的优势，在市场上打价格战，从而迅速夺得市场占有率。调查显示，消费者常用品牌中，雕牌以24.6%的提及率高居榜首，大大超过了一些外资品牌。然而，品质感知度低并不代表品质不重要。通过潜力排行表和晋级排行表可以看出，汰渍、安利以较高的品质认知和品牌好感分别成为最有潜力和最具晋级力的品牌，纳爱斯集团推出的超能也以天然、健康的形象打动消费者，表现出较好的市场潜力。

2. 崇尚健康成为发展主流

洗衣液一度以健康、不伤衣、不伤手的优势闯入原本已竞争激烈的洗衣粉市场，消费者对洗衣液也从陌生到了解，从有感知到有感情，逐渐接受了洗衣液市场。通过潜力排行表和晋级排行表即可看出，诸多洗衣液品牌，如蓝月亮、开米、洛娃等都榜上有名，表现出较好的市场潜力，相信在崇尚健康的主流推动下，这些品牌会有更好的发展。

## 三、洗衣粉/液品牌发展策略和市场热点趋势

总揽竞争激烈的洗衣粉/液市场，主要表现出以下的热点和趋势①：

**（一）强势品牌趋于集中，区域品牌风光难现**

如今，中国的洗涤剂生产能力已相对过剩，竞争激烈的市场大环境也使行业的利润率水平降低，竞争日趋白热化。在产品日益全球化的今天，品牌集中化趋势越来越明显，地区进入壁垒越来越低，洗衣粉作为一种大众化、标准化、同质化的产品，过去那些依托本地市场的区域品牌和厂家将面临这些主导品牌的压制与消费者更趋理性的双重压力，日子将更加难过，无法同全国性品牌竞争。

**（二）价格竞争是双刃剑，提高技术才是核心竞争力**

洗衣粉/液市场一度出现的价格战，及其导致的连锁反应，使得中国的洗涤剂市场提前步入微利时代。而洗涤剂企业在市场竞争中的真正实力，应该是步入高科技领域。如宝洁在北京清华、汉高在天津、联合利华在上海均分别成立了实力雄厚的研发中心；南风集团成立了国家级研发中心，并与清华、无锡轻工业大学进行技术合作；广州蓝月亮有限公司更是把研究中心设在美国；北京日化二厂与北京大学合作组建了北京大学金鱼高新技术研究发展中心，与中国环境科学研究院合作成立了中国环境科学研究院金鱼生态洗涤技术研究发展中心，等等。

**（三）针对洗衣液的优势，洗衣粉全面改版、华丽提升**

在健康、环保日渐主流的市场趋势下，洗衣液的优势日益凸显，针对此状，原本以洗衣粉发

---

① 张晓冬. 中国洗涤剂市场分析及发展建议［OL］.［2006-04-01］. http：//www.soidc.net/articles/1192846370427/20060401/1197689076288.html.

家的诸多品牌及时采取行动，一方面，投身于洗衣液的大潮中，推出自身品牌的洗衣液产品；另一方面，全面提升洗衣粉的品质，在加强去污渍功能的基础上，还增加了在冷水中即溶、易漂洗、为衣物增白增艳、杀菌不伤手等功能，与洗衣液全面抗衡。总体看来，洗涤剂功能趋向于洗涤效果、使用安全和洗护保养；主流方向仍为绿色、植物、节能节水、高效温和、使用安全等。

**（四）“不用洗衣粉的洗衣机”搅局市场**

洗衣机的出现一度是洗衣粉市场的福音，洗衣粉的主要任务是“帮助洗衣机更好地清洁衣物”。然而近几年，“不用洗衣粉的洗衣机”的横空出世，给消费者的认知带来全新冲击，该种洗衣机主要是“通过专用电解装置将自来水电解为弱碱性离子水和弱酸性离子水，弱碱性离子水去除污垢，弱酸性离子水杀灭细菌”的原理清洁衣物，不仅使衣物洁净，而且更呵护皮肤。虽然“不用洗衣粉”的理念还处于消费者认知空缺，且该类洗衣机当前较高的市场价格暂时指向高端用户，但是这无疑给洗衣粉/液市场敲响警钟。

## 专案解析

### 雕牌：一手抓低价，一手抓情感，两手抓，两手硬

雕牌是纳爱斯公司的拳头品牌，中国驰名商标，雕牌洗衣粉为中国名牌产品和国家免检产品。雕牌最早以“超能皂”的身份出现于1992年。到1999年，纳爱斯建成世界上四台之一的全自动喷粉设备，推出雕牌洗衣粉，煽情的广告手段、频繁的市场促销和不断的降价措施，迅速将雕牌洗衣粉推销到全国各地，目前在洗衣粉市场高居榜首。差位定价和情感营销成为其制胜的重要法宝。

**以低价打开城市缺口**

1999年，雕牌对外宣告其建成了全世界四台之一的全自动喷粉设备，生产效率大大提高，为此做注脚的是：这一年刚开始，雕牌洗衣粉的价格就降到了每箱29元，跌破了30元的心理防线，一步到位的价格让同行们措手不及。①

此时的洗衣粉市场，一直被宝洁、联合利华和国内的奇强所把持。外资经过数年的运作，已牢牢占据了城市市场绝大多数的份额，而奇强避其锋芒，从外资不太重视但市场容量十分巨大的农村入手，连续三年全国销量第一。

面对如此强大的对手、如此残酷的竞争，雕牌洗衣粉的审时度势、当机立断令其在2000年尝到了市场第一的甜头。城市市场中档价位的洗衣粉严重缺档，早些年以活力28和白猫为首的高档浓缩粉已渐渐不再受宠，逐渐被外资品牌的复配粉所代替。但外资洗衣粉的价格仍然超出了大多数消费者的接受水平，雕牌趁机推出物美价廉的中档洗衣粉产品，一时间填补空缺，稳握城市中低档市场。再者，以奇强、全力为代表的农村路线的领路军，虽已在农村市场有了坚固的基础，但有一点，它们在知名度方面却是软肋。而农村消费者在有限的电视媒体上还没有看到什么厂家做广告，所以在洗衣粉的选择上是盲目的。对此，雕牌利用广告在农村市场奠定品牌形象，结果遍地开花。

**以情感打动消费者的心**

针对城市中低端市场的雕牌洗衣粉，除了低廉的价格外，还在广告中回避了当时众多洗衣粉广告的功能性宣传，反用情感营销，第一则广告中脍炙人口的广告语“只买对的，不选贵的”暗示雕牌的实惠价格。广告一播出，立即家喻户晓，为雕牌知名度的提升起了很大的作用。1999年

① 纳爱斯集团的品牌战略［OL］. http://wiki.mbalib.com/wiki/%E9%9B%95%E7%89%8C.

初，借助“下岗潮”的出现，推出“下岗工人篇”广告，那句“妈妈，我能帮你洗衣了”打动着消费者的心；在中秋佳节又迎合中国百姓团圆的固有情怀，推出“中秋节篇”广告，篇中父亲那句“你妈非要来”道出了天下父母对儿女的关心；新版“经历过，才能明白，努力就有机会!”的“奋斗篇”广告，一改悲情形象，借用那首脍炙人口的《从头再来》的曲调，激发暂陷逆境者的动力，产生了与社会共振的效果；在2007年母亲节之际，雕牌又推出“为妈妈洗衣服篇”，相信广告结束时那句“你为妈妈洗过衣服吗?”会引起不少人的共鸣。

雕牌这一系列打破常规功能性宣传的广告，出人意料地受到了广大消费者的欢迎。独特的视角，真情的流露，让雕牌带着浓浓的亲情走进了千家万户，也完成了对品牌的成功塑造。

## 资料链接

从近年来中国洗涤用品行业看，2005年，中国洗衣粉产量294万吨，2006年全国洗衣粉销量360万吨，年销售额260亿元，市场规模可观。同时，目前中国人均洗衣粉年消耗量为3千克，世界人均洗衣粉年消耗为7.4千克，显示中国洗衣粉市场具有很大潜力，而拥有8亿人口的农村市场平均家庭拥有洗衣机的比例比城市低50个百分点，只有30%左右，因此，随着农村洗衣机市场的逐步扩大，洗衣粉产品在农村市场的销售将会有大幅度的增长①。

洗衣粉是中国本土品牌最早面对国际品牌竞争的行业之一，也是竞争最激烈的行业之一，到目前为止，其品牌格局的演变大致经历了4个阶段②。

• 第一阶段（1983年以前）：计划经济体制下，厂家只负责生产，销售则由国家统一实行配给。白猫洗衣粉成了这一阶段国家在洗衣粉配给中的主要产品，从而也奠定了它在消费者心目中的重要地位。

• 第二阶段（1984—1993年）：活力28超浓缩无泡洗衣粉的问世，开创了中国洗衣粉历史的新纪元。同时活力28也敢为天下先，在当时企业广告意识不强的情况下，在中央电视台不间歇地播放活力28的广告，一时间“活力28、沙市日化”的广告语和“一比四、一比四”的广告歌走进千家万户。活力28从此天下扬名，一跃成为国内洗衣粉行业的大哥大。同时，海鸥、熊猫、桂林、天津等地方品牌开始雄踞一方。

• 第三阶段（1994—1996年）：这一时期，外资洗衣粉开始在中国控股合资或直接设厂生产。凭借丰富的促销手段、高密度的广告宣传、不断的技术革新，它们在市场上取得节节胜利。在强大的外来攻势下，许多国内品牌要么选择了与外国洗衣粉厂合资，要么无奈地退出市场。市场基本由联合利华、汉高、宝洁、花王四大外资集团所主导。

• 第四阶段（1997年至今）：由于成本过高，外资洗衣粉一直未在中国市场有好的赢利表现，所以广告、促销力度渐渐减弱，再加上国内一段时间内消费低迷，消费者也渐渐转向购买价格低廉的国有品牌。而一些国内品牌借此机会，凭借价格和广告优势确立了自己的地位，如奇强、立白等，雕牌纳爱斯更是在中低端市场独霸天下。

（执笔：李瑞雪）

---

① 2007—2008年中国洗衣粉市场分析及投资咨询报告［OL］.［2007-07］. http://www.ocn.com.cn/reports/2006292xiyifen.htm.

② 洗衣粉市场分析报告［OL］.［2004-12-06］. http://www.ch—imc.com/articles_detail.asp? ID=1711.

# 第二章 饮料行业

## 行业综述

近20多年来，中国饮料行业突飞猛进，发生了巨大的变化。据中国饮料工业协会在2008年4月的统计显示，2007年饮料产量已超过5 110万吨，是20世纪80年代初的100多倍，饮料行业已成为中国食品行业中发展最快的行业之一。

伴随消费的不断升级，饮料已由过去的解渴时代发展到口感时代，并开始全面进入健康和品质时代。整个行业逐步形成了由碳酸饮料、水饮料、果汁饮料、茶饮料、功能饮料、含乳饮料等多个细分品类为主的市场新格局，同时新企业、新产品、新包装、新工艺、新概念不断涌现，市场竞争极为激烈。

具体而言，在碳酸饮料品类中，娃哈哈和可口可乐、百事可乐争夺着从农村到城市的每一寸土地；在瓶装水品类中，康师傅和农夫山泉等各大品牌上演了一场又一场水战；在非碳酸饮料品类中，各个品牌在果汁饮料、茶饮料、功能饮料细分品类上都有布局，又各有专攻；在液态奶、酸奶及含乳饮料品类，蒙牛、伊利和光明占据优势，太子奶等含乳饮料也迅速发展。

我国在十一五规划中，对饮料行业进行了区域布局。在果品优势区，重点发展果汁及果汁饮料加工企业；在长江三角洲、珠江三角洲地区以及大城市，重点培育茶饮料、保健饮料、运动功能性饮料以及果汁饮料加工企业；在水源条件优越的西南、中南地区，重点发展天然矿泉水、纯净水、茶饮料等加工企业。随着经济发展和消费升级，我国饮料行业也将迎来新的发展时机。

## 第一节 瓶装水

### 一、瓶装水品牌十强数据

瓶装水品牌十强数据见表3－2－1、表3－2－2、表3－2－3。

**表3－2－1 瓶装水品牌家庭消费者十强**

| 排序 | 常用品牌 | | 预购品牌 | | 理想品牌 | |
|---|---|---|---|---|---|---|
| | 名称 | 提及% | 名称 | 提及% | 名称 | 提及% |
| 1 | 农夫山泉 | 25.8 | 农夫山泉 | 25.7 | 农夫山泉 | 27.3 |
| 2 | 康师傅 | 23.3 | 康师傅 | 15.1 | 康师傅 | 15.6 |
| 3 | 娃哈哈 | 12.8 | 娃哈哈 | 12.2 | 娃哈哈 | 14.9 |
| 4 | 乐百氏 | 8.0 | 乐百氏 | 8.3 | 雀巢 | 7.3 |
| 5 | 雀巢 | 4.3 | 雀巢 | 7.0 | 乐百氏 | 5.7 |
| 6 | 统一 | 4.3 | 屈臣氏 | 5.4 | 统一 | 4.7 |
| 7 | 冰露 | 4.2 | 统一 | 4.7 | 屈臣氏 | 4.5 |
| 8 | 怡宝 | 3.3 | 怡宝 | 3.3 | 依云 | 3.9 |
| 9 | 屈臣氏 | 2.1 | 冰露 | 2.2 | 怡宝 | 3.7 |
| 10 | 崂山 | 1.9 | 依云 | 2.2 | 益力 | 2.2 |

表 3—2—2　瓶装水品牌潜力消费者十强

| 排　序 | 常用品牌 | | 预购品牌 | | 理想品牌 | |
|---|---|---|---|---|---|---|
| | 名　称 | 提及% | 名　称 | 提及% | 名　称 | 提及% |
| 1 | 康师傅 | 25.9 | 农夫山泉 | 24.9 | 农夫山泉 | 27.9 |
| 2 | 农夫山泉 | 22.9 | 康师傅 | 15.3 | 娃哈哈 | 14.0 |
| 3 | 娃哈哈 | 12.1 | 娃哈哈 | 12.6 | 康师傅 | 13.1 |
| 4 | 冰露 | 7.2 | 雀巢 | 8.5 | 雀巢 | 9.8 |
| 5 | 乐百氏 | 5.8 | 乐百氏 | 6.9 | 屈臣氏 | 5.8 |
| 6 | 雀巢 | 5.7 | 屈臣氏 | 6.7 | 依云 | 5.4 |
| 7 | 统一 | 4.7 | 统一 | 5.5 | 统一 | 5.3 |
| 8 | 屈臣氏 | 3.0 | 怡宝 | 3.4 | 乐百氏 | 5.2 |
| 9 | 怡宝 | 2.6 | 冰露 | 2.8 | 怡宝 | 2.6 |
| 10 | 景田 | 1.8 | 依云 | 2.1 | 冰露 | 2.5 |

表 3—2—3　瓶装水品牌两类消费者加权十强

| 排　序 | 常用品牌 | | 预购品牌 | | 理想品牌 | |
|---|---|---|---|---|---|---|
| | 名　称 | 提及% | 名　称 | 提及% | 名　称 | 提及% |
| 1 | 农夫山泉 | 25.3 | 农夫山泉 | 25.6 | 农夫山泉 | 27.4 |
| 2 | 康师傅 | 23.8 | 康师傅 | 15.1 | 康师傅 | 15.1 |
| 3 | 娃哈哈 | 12.6 | 娃哈哈 | 12.3 | 娃哈哈 | 14.7 |
| 4 | 乐百氏 | 7.5 | 乐百氏 | 8.0 | 雀巢 | 7.8 |
| 5 | 冰露 | 4.8 | 雀巢 | 7.3 | 乐百氏 | 5.6 |
| 6 | 雀巢 | 4.6 | 屈臣氏 | 5.6 | 统一 | 4.9 |
| 7 | 统一 | 4.4 | 统一 | 4.9 | 屈臣氏 | 4.7 |
| 8 | 怡宝 | 3.2 | 怡宝 | 3.3 | 依云 | 4.2 |
| 9 | 屈臣氏 | 2.3 | 冰露 | 2.3 | 怡宝 | 3.5 |
| 10 | 崂山 | 1.7 | 依云 | 2.2 | 益力 | 2.2 |

## 二、瓶装水品牌竞争格局解析

本次调查显示，瓶装水的消费者集中度指标 CR4 为 69.2%，属于高集中度的品类。农夫山泉、康师傅、娃哈哈、乐百氏 4 个品牌成为市场上近七成消费者的选择和最爱。

### (一) 瓶装水品牌竞争格局分析

1. 第一阵营：市场领导者

· 领先品牌：农夫山泉、康师傅、娃哈哈

在本次调查中，农夫山泉、康师傅、娃哈哈 3 个品牌的常用、预购和理想提及率累计之和均高于 50%，是瓶装水市场的领导品牌。

(1) 农夫山泉

农夫山泉在本次调查中获得了 25.3%的常用提及率，是本次调查的常用、预购和理想第一品牌，其 52.2%的品牌维系百分比也是常用三强中最高的，表明农夫山泉的消费者忠诚度高于康师傅和娃哈哈。农夫山泉坚持不打价格战，以稳定的市场价格维护品牌形象，“农夫山泉有点甜”的品牌区隔定位法和公益元素的运用，都为品牌增加了美誉度，从品牌资产的长期建设上来说是个很好的典范品牌。

(2) 康师傅

康师傅的纯净水出现于 1998 年，但并未获得市场和消费者的认可，销售业绩不佳。2005 年，康师傅重新发力瓶装水品类，制订了 2005－2010 年的五年计划，希望 2010 年能成为中国瓶装水的第一品牌。2007 年康师傅凭借价格优势和良好品牌形象获得了很好的销售成绩，本次调查中，康师傅名列常用、预购和理想的第二品牌。康师傅的低价策略和“矿物质水”的品牌定位，用低廉的成本创造了与纯净水不同的产品附加价值，顶新集团庞大的销售渠道及运营网络为康师傅瓶装水的市场渗透提供了保证，使得康师傅在短期内迅速崛起。

（3）娃哈哈

娃哈哈是瓶装水中发展最稳健的品牌。“我的眼里只有你”的广告语和王力宏的长期代言，是娃哈哈瓶装水独特的品牌元素。1996 年以来，娃哈哈在瓶装水品类的发展一直非常顺利，但本次调查显示，娃哈哈的常用、预购和理想提及率均落后于农夫山泉和康师傅。2007 年达能欲强行低价并购娃哈哈，之后又要求在娃哈哈的非合资公司中分享 50%的利润①，使得娃哈哈花费过多精力与达能谈判，应对诉讼官司，维护商标权益，忽视了品牌的推广和建设，因此在瞬息万变的市场面前，娃哈哈显得有些疲惫。

2. 第二阵营：本土其他瓶装水品牌

• 领先品牌：乐百氏、怡宝、崂山

第二阵营是我国大陆地区的瓶装水品牌，如乐百氏、怡宝、崂山等。这些品牌能在一定的区域市场安生立命，“眼馋”第一阵营品牌占据的广大市场和消费者的心智，但暂时缺乏与第一阵营品牌抗衡的实力。

（1）乐百氏

乐百氏曾是与娃哈哈齐名的全国性瓶装水先驱品牌，“27 层净化”的独特品牌定位紧紧抓住了消费者的心，纯净、专业的理念在品牌定位中深深扎根，但 2000 年这一民族品牌被达能收购，品牌宣传活动渐渐减少。本次调查中乐百氏名列常用、预购品牌第四名，理想品牌第五名。

（2）怡宝

怡宝是华南地区消费者喜爱的区域强势品牌，广告语“你我的怡宝”和婉转的旋律为品牌平添了一份韵味。“羊城社区运动会”、“疯狂足球”等品牌营销活动刮起了怡宝的体育营销旋风，2007 年怡宝的“百所图书馆计划”在体育营销的基础上结合公益活动，进行了一场整合营销传播，通过社区体育平台募集爱心图书，支持全国的山区学校。本次调查中，怡宝获得了常用品牌、预购品牌第八名，理想品牌第九名的成绩。

（3）崂山

崂山——曾经的“中国第一水”，在本次调查中仅名列常用品牌第十名。崂山拥有优质的水源和难得的品牌历史故事，但品牌定位模糊和宣传乏力的“致命伤”，使其难以在今日的竞争中占据优势。曾经由于缺乏对假冒品牌产品的打击，崂山的品牌形象受到过严重伤害，品牌资产缩水，如今崂山必须进行品牌诊断，制定完善的品牌战略才有可能重塑其昔日的高端品牌形象。

3. 第三阵营：外资及其他台资/港资品牌

• 领先品牌：雀巢、统一、屈臣氏、冰露、益力

第三阵营的品牌是具有先进管理经验的外资或台资、港资品牌，它们的特点是“八仙过海，各显神通”。

雀巢、统一是食品饮料行业的明星品牌，布局中国瓶装水市场是它们在食品饮料行业整盘棋局中的一个步骤。雀巢的瓶装水品牌推出时间较早，本次调查中获得了理想品牌第四名的成绩，

---

① 达能要分娃哈哈非合资企业 50%利润［OL］.［2008-01-04］. http://finance.sina.com.cn/roll/20080104/07201906546.shtml.

潜力指标和晋级指标都排名第二；统一的瓶装水虽然推出得较晚，但也实力强劲，本次调查中排名理想品牌第六名。

屈臣氏是综合性品牌，其瓶装水品牌有着悠久的历史，因此，进入大陆市场后获得了消费者的喜爱。本次调查中屈臣氏名列理想品牌第五名，潜力指标排名第一。

冰露和益力是跨国饮料巨头在瓶装水市场上的子品牌，这些子品牌不仅拥有母品牌的背书，还分享了母品牌的强大资金运作能力和销售渠道，成功的几率较大。本次调查中排名常用品牌第五名的冰露是可口可乐的子品牌，此外可口可乐在瓶装水市场上还有天与地、水森活多个品牌；获得理想品牌第十名的益力则是达能旗下的全资子品牌。

这一阵营中还有来自国外的高端瓶装水品牌，如“来自阿尔卑斯山底”的依云矿泉水。这些高端品牌拥有“贵族血统”，虽然目标消费群体人数不多，但消费实力强，预计未来将有较大发展。

**（二）瓶装水品牌的未来竞争分析**

1. 农夫山泉、娃哈哈发展平稳，康师傅前景堪忧

本次调查显示，农夫山泉和娃哈哈两个先驱品牌的理想晋级指标都较高，可见，在未来的市场竞争中，农夫山泉和娃哈哈能够继续博得消费者的喜爱。

康师傅的市场前景堪忧，虽然在本次调查中位于常用品牌、预购品牌和理想品牌第二名，但其市场潜力百分比和理想晋级百分比都很低，均为－8.7%。这说明康师傅的低价策略在短期内为其带来了丰厚的利益，获得了消费者暂时的偏爱，但为了缩减成本而在包装上将瓶子、瓶盖拉得更薄等行为，影响了它的品质感，使消费者在选择预购品牌和理想品牌时从康师傅转向了其他品牌。消费者的眼睛是雪亮的，价格低廉和母品牌背书并不能保证康师傅在未来的瓶装水市场上继续保持领先，如果不能在产品价格与品质之间保持平衡，康师傅的领先优势将慢慢丧失。见图3－2－1。

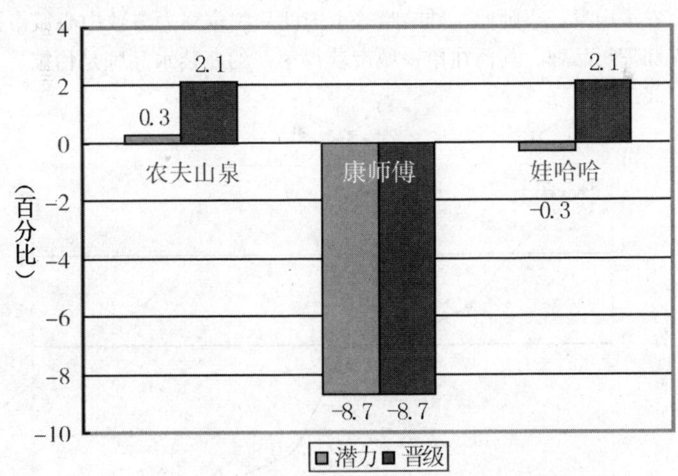


**图3－2－1　瓶装水第一阵营的潜力指标与晋级指标对比图**

2. 屈臣氏、雀巢、依云——瓶装水品牌中的“明日之星”

屈臣氏、雀巢和依云3个品牌的市场潜力指标和理想晋级指标位列三甲。从近期来看，屈臣氏将有较大发展。雀巢在2008年推出新品牌——雀巢深泉，从口感到包装材料、品牌故事都彰显了较高端的品牌定位，依靠这一新品牌和消费者对雀巢母品牌的喜爱，雀巢在未来较高端的瓶装

水市场上的表现值得期待。依云一直是中国市场上最高端的瓶装水品牌，随着中国经济的发展，更多的消费者将有能力尝试和选择依云。见图 3－2－2。

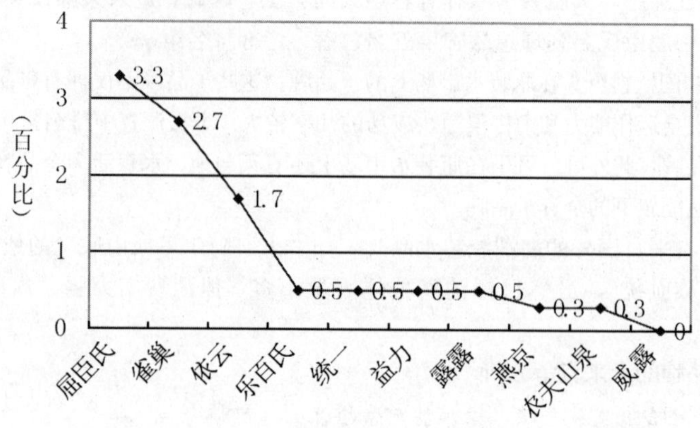


**图 3－2－2 瓶装水潜力指标前十名**

3. 其他品类的品牌向瓶装水品牌的成功延伸

崂山、怡宝、农夫山泉、益力等少数几个品牌，在创立之初就是单一的瓶装水品牌，而多数瓶装水品牌都是食品饮料行业其他品类品牌的延伸。乐百氏、娃哈哈这批最早延伸的品牌已经在瓶装水市场尝到了甜头，康师傅、雀巢也已经颇有收获。其他的饮料品牌目前也进一步跟进瓶装水市场，例如啤酒品牌——燕京，杏仁露品牌——露露在本次调查中显示了一定的发展潜力，燕京的瓶装水名列市场潜力指标第八名，露露矿泉水获得了市场潜力指标第七名以及理想晋级指标第八名。

**（三）瓶装水品牌的区域格局分析**

本次调查中，农夫山泉、康师傅、娃哈哈等全国性品牌位列大多数中心城市消费者的第一常用品牌、预购品牌和理想品牌。其他在单一城市获得第一的瓶装水品牌是怡宝、益力、崂山和屈臣氏。见图 3－2－3。

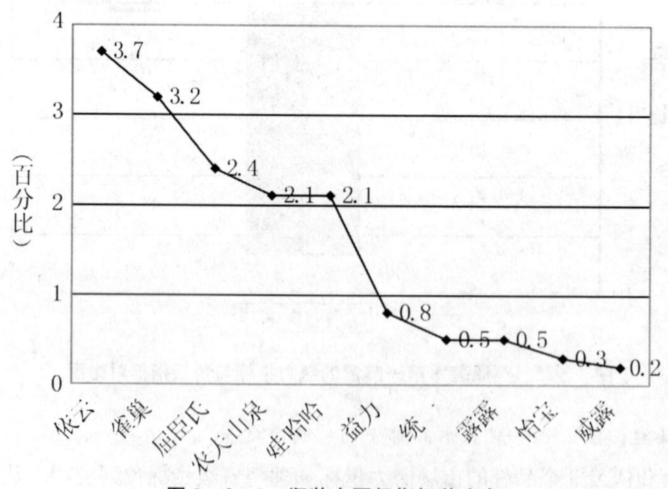


**图 3－2－3 瓶装水晋级指标前十名**

1. 怡宝—广州，益力—深圳

怡宝、益力是两个典型的区域强势品牌，怡宝在广州消费者的常用品牌、预购品牌和理想品牌选择中名列第一；益力是深圳消费者的常用品牌、预购品牌和理想品牌第一名。怡宝和益力在各自区域内的优良口碑和强大的终端操作能力，使第一阵营和其他品牌都望尘莫及。

2. 崂山—青岛

崂山在青岛获得了常用和预购品牌第一名，理想品牌的排名落后于农夫山泉。作为区域强势品牌，崂山在青岛占据的是更大的市场份额，但在品牌形象上却输给了深得民心的农夫山泉。作为我国历史最悠久的瓶装水品牌，崂山优质的水源并不逊色于农夫山泉，逊色的是品牌形象的清晰定位。如果品牌在自己的优势区域内都不能被消费者认为是最理想的品牌，那么它将很难突破区域市场走向全国，原本在区域内的优势也会慢慢被全国性品牌蚕食。

3. 屈臣氏—厦门

屈臣氏在厦门获得了预购品牌的第一名，厦门消费者心目中的常用和理想品牌第一名则是农夫山泉。屈臣氏能够在厦门获得第一名实属不易，这与其清晰的品牌定位和强大的综合品牌形象不无关系。

## 三、瓶装水品牌发展策略和市场热点趋势

### （一）政策热点

2007 年 7 月 1 日，我国修订后的《生活饮用水卫生标准》正式实施。新标准将原来的 35 项水质检测指标增加到 106 项①，它的实施意味着瓶装水品类在今后的发展中将面临更严格的政策监督。

在国家的区域定位方面，“十一五”规划将瓶装水品类中的天然矿泉水加工生产企业重点地区定位于水源条件优越的西南、中南地区②，这种定位有利于天然矿泉水产品更好地利用优质水源，整体提升天然矿泉水产品品质。

### （二）资本运作，闷声赚大钱

瓶装水品牌的背后，是一双双实力雄厚的资本运营大手，它们操纵着品牌的市场、资金，获得了丰厚的经济利益。以达能为例，它一方面拥有益力和依云品牌，另一方面通过资本运作手段控股和参股了乐百氏、娃哈哈两大领先品牌，虽然达能没有以自己名字命名的瓶装水品牌，但却在瓶装水市场上有着近期和远期的丰厚利益。

### （三）瓶装水的贵族式消费渐成气候

纵观我国瓶装水品牌，绝大多数属于“平易近人”型，瓶装水解渴的单一功效使其难以开发高端产品，但是近年来一些高价瓶装水品牌凭借强大的公司背景，寻找高质量的水源，开发和引进了高价产品，也赢得了部分消费者的青睐。

例如此次调查中，价格不菲的依云天然矿物质水跻身瓶装水预购和理想前十强，分别排名第十位和第八位，虽然依云几度爆出细菌超标的消息以及 118 吨产品退回法国的事件③，却没有影响目标消费群体对它的钟爱。景天百岁山、5100、九千年、HEILAND 等品牌现在也都“摩拳擦

---

① 新修订《生活饮用水标准》7 月 1 日起实施［OL］．［2007-06-29］．http：//news3. xinhuanet. com/politics/2007/06/29/content _ 6308511. htm.

② 胡笑红．可乐等碳酸饮料生产比例将降低［OL］．［2007-06-07］．http：//finance. sina. com. cn/roll/20070607/03021457963. shtml.

③ 达能就依云事件发声明，118 吨依云水将退回法国［OL］．［2007-05-31］．http：//finance. sina. com. cn/consume/20070531/04201443015. shtml.

掌”，向知名高端瓶装水品牌的方向前行。

如今，瓶装水的贵族式消费已经渐成气候，只要准确地把握目标消费群体的需求，成功打造瓶装水贵族品牌并非是遥不可及的梦想。

## 专案解析

### 农夫山泉：区隔定位影响深远，公益形象深入人心

农夫山泉诞生于1996年，以“有点甜”和山泉水的独特销售主张迅速获得消费者的喜爱，它在本次调查中位列常用、预购和理想品牌第一名，潜力指标和晋级指标均在前十名之列，是常用品牌三强中消费者维系度指标最高的品牌。最近两年，农夫山泉的品牌营销活动不乏可圈可点之处。

**区隔定位影响深远**

农夫山泉曾经运用“农夫山泉有点甜”的区隔定位概念打开了瓶装水市场，继而在2000年单挑69家纯净水企业发起“天然水更健康”的第一次水战①，后又大力宣传弱碱性水更健康的概念。无论是“有点甜”还是天然水、弱碱性水，农夫山泉区隔定位的本质都在于更健康的水，健康概念贯穿于农夫山泉的品牌建设始终，影响深远。

**主打弱碱性水的概念获得政策支持**

2006年7月，农夫山泉连续在广州、深圳、东莞三地发起“你家喝什么水，我来帮你测”的活动，测试各品牌瓶装水的酸碱度；2007年4月，大力宣传弱碱性水有益身体健康的概念。测水和弱碱性水概念的推行，使农夫山泉的健康概念深入人心，获得了很好的品牌传播效果。农夫山泉总裁钟睒睒称测水的实质是“为国内消费者提供影响购买决策的参考与增值服务”②。国家新修订的《生活饮用水卫生标准》明确规定生活饮用水的pH值范围为6.5～8.5（偏碱性），同时强制性要求瓶装饮用水必须在瓶贴上标示水源和pH值两项内容，也为农夫山泉弱碱性水概念的推行提供了政策上的背景支持。

**公益营销提升品牌美誉度**

农夫山泉一直坚持投放以公益为主要元素的广告，模糊商业广告和公益广告之间的界限，不以个体的名义而是以消费者群体的名义来支持水源地公益事业。这种以企业自身行为带动社会行为、以消费者个体的力量拉动整体力量、以商业性推动地方公益事业的新营销方法，不仅搭建了从消费者到公益事业的便捷桥梁，更获得了品牌美誉度的提升。

## 资料链接

瓶装水是我国饮料行业发展较早的一个品类，2002年以来，饮料行业其他品类的快速发展给瓶装水带来了挑战。2006年，瓶装水的市场比重首次出现下降，2006年1－11月其比重为37.7%，比上年同期下降3.17%③。

我国瓶装水品类品牌发展经历了以下过程：

• 第一阶段（20世纪初－1978年）：“中国第一水”的年代。1903年我国第一个矿泉水品

---

① 论企业外部管理的V.A.S.E法则［OL］. http://www.ceo123.com/news/Web/a－2－26.htm.

② 弱碱性水兴起引用新风潮［OL］.［2007-11-16］. http://www.h2o－china.com/center/bbs_view.asp?kind=10&id=211544.

③ 陈淑亚. 我国饮料呈现多元化格局［J］. 糖酒快讯，2007（6）.

牌——爱乐阔（ALAC）在山东半岛的太平山麓诞生，其优质的水源可以与法国著名矿泉水媲美。爱乐阔矿泉水是崂山矿泉水的前身，新中国成立后崂山矿泉水成为国宴专用水并出口到世界各地，享有“中国第一水”的美名。

• 第二阶段（1979－1995 年）：初步发展期。改革开放之后，我国出现了几个知名的瓶装水品牌，如 1989 年怡宝牌纯净水在深圳问世；1993 年屈臣氏在北京建厂，在大陆生产屈臣氏蒸馏水、饮用矿物质水；世界著名的矿泉水品牌依云也于这一时期进入中国。这一阶段，瓶装水品类初步发展，消费者认知度有限，消费习惯还未形成。

• 第三阶段（1996－2000 年）：瓶装水快速发展，消费热潮形成。1996 年是我国瓶装水品牌的“盛装派对”年，娃哈哈、农夫山泉华丽出场，普及了瓶装水的消费概念。娃哈哈从含乳饮料跨界到瓶装水，与达能公司、香港百富勤公司合资生产娃哈哈纯净水；农夫山泉则运用优质水源的差异化营销手段，推广“有点甜”的山泉水。此后，乐百氏于 1997 年推出“27 层净化”的纯净水，益力、康师傅等品牌也相继发力瓶装水市场。

• 第四阶段（2001 年至今）：各大饮料企业纷纷发展瓶装水品牌。这一阶段瓶装水已成为一个成熟的品类，各大饮料企业都顺势发展瓶装水品牌。继飘蓝矿泉水之后，雀巢推出雀巢牌矿泉水，并凭借母品牌的强大实力获得了比飘蓝更大的成功。可口可乐推出瓶装水品牌冰露、天与地、水森活；统一也推出瓶装水产品……几乎所有的大型饮料企业都推出了瓶装水品牌。

（执笔：孔清溪　朱宁迪）

## 第二节　碳酸饮料

### 一、碳酸饮料品牌十强数据

碳酸饮料品牌十强数据见表 3－2－4、表 3－2－5、表 3－2－6。

**表 3－2－4　碳酸饮料品牌家庭消费者十强**

| 排序 | 常用品牌 | | 预购品牌 | | 理想品牌 | |
|---|---|---|---|---|---|---|
| | 名　称 | 提及％ | 名　称 | 提及％ | 名　称 | 提及％ |
| 1 | 百事可乐 | 37.6 | 可口可乐 | 26.5 | 可口可乐 | 34.1 |
| 2 | 可口可乐 | 29.4 | 百事可乐 | 25.2 | 百事可乐 | 28.3 |
| 3 | 雪碧 | 12.4 | 雪碧 | 13.6 | 雪碧 | 13.9 |
| 4 | 芬达 | 4.5 | 非常可乐 | 6.3 | 健力宝 | 5.6 |
| 5 | 健力宝 | 3.8 | 芬达 | 6.2 | 美年达 | 3.8 |
| 6 | 非常可乐 | 3.8 | 健力宝 | 5.6 | 芬达 | 3.4 |
| 7 | 美年达 | 2.8 | 美年达 | 4.2 | 非常可乐 | 3.2 |
| 8 | 七喜 | 2.0 | 七喜 | 3.8 | 七喜 | 3.0 |
| 9 | 醒目 | 1.8 | 醒目 | 3.2 | 醒目 | 2.6 |
| 10 | 健怡可乐 | 0.9 | 健怡可乐 | 1.9 | 健怡可乐 | 1.0 |

表 3－2－5　碳酸饮料品牌潜力消费者十强

| 排　序 | 常用品牌 | | 预购品牌 | | 理想品牌 | |
|---|---|---|---|---|---|---|
| | 名　称 | 提及％ | 名　称 | 提及％ | 名　称 | 提及％ |
| 1 | 百事可乐 | 39.8 | 百事可乐 | 25.6 | 可口可乐 | 31.6 |
| 2 | 可口可乐 | 28.3 | 可口可乐 | 25.1 | 百事可乐 | 31.2 |
| 3 | 雪碧 | 9.3 | 雪碧 | 10.0 | 雪碧 | 10.6 |
| 4 | 芬达 | 6.7 | 芬达 | 7.1 | 芬达 | 5.5 |
| 5 | 非常可乐 | 4.1 | 非常可乐 | 6.9 | 健力宝 | 4.5 |
| 6 | 美年达 | 3.9 | 美年达 | 6.0 | 美年达 | 4.2 |
| 7 | 七喜 | 2.3 | 七喜 | 5.3 | 非常可乐 | 4.1 |
| 8 | 健力宝 | 2.0 | 健力宝 | 4.7 | 七喜 | 3.0 |
| 9 | 醒目 | 1.7 | 醒目 | 4.4 | 醒目 | 2.6 |
| 10 | 健怡可乐 | 0.9 | 健怡可乐 | 2.6 | 健怡可乐 | 1.8 |

表 3－2－6　碳酸饮料品牌两类消费者加权十强

| 排　序 | 常用品牌 | | 预购品牌 | | 理想品牌 | |
|---|---|---|---|---|---|---|
| | 名　称 | 提及％ | 名　称 | 提及％ | 名　称 | 提及％ |
| 1 | 百事可乐 | 38.0 | 可口可乐 | 26.2 | 可口可乐 | 33.6 |
| 2 | 可口可乐 | 29.2 | 百事可乐 | 25.3 | 百事可乐 | 28.9 |
| 3 | 雪碧 | 11.8 | 雪碧 | 12.9 | 雪碧 | 13.3 |
| 4 | 芬达 | 4.9 | 非常可乐 | 6.4 | 健力宝 | 5.4 |
| 5 | 非常可乐 | 3.8 | 芬达 | 6.4 | 芬达 | 3.9 |
| 6 | 健力宝 | 3.4 | 健力宝 | 5.4 | 美年达 | 3.8 |
| 7 | 美年达 | 3.0 | 美年达 | 4.6 | 非常可乐 | 3.4 |
| 8 | 七喜 | 2.1 | 七喜 | 4.1 | 七喜 | 3.0 |
| 9 | 醒目 | 1.8 | 醒目 | 3.5 | 醒目 | 2.6 |
| 10 | 健怡可乐 | 0.9 | 健怡可乐 | 2.1 | 健怡可乐 | 1.1 |

## 二、碳酸饮料品牌的竞争格局解析

### （一）消费者对碳酸饮料品牌的认知现状

1. 品牌数量少

碳酸饮料虽然发展最早，但消费者认同和喜爱的品牌较为集中，本次调查中消费者提及的碳酸饮料品牌只有21个，远远低于其他饮料品类。常用、预购和理想提及率前十名的品牌中，可口可乐、百事可乐旗下的品牌就占据了8个席位，被消费者提及的国内碳酸饮料品牌少之又少。见图3－2－4。

2. 担心碳酸饮料对身体无益

如今消费者购买饮料已经从原来单纯地考虑解渴功能，发展到考虑其健康、营养的功能，越来越多的消费者认为饮用碳酸饮料对身体无益，负面消息不断爆出。例如可乐型碳酸饮料中含有有害物质咖啡因早已是不争的事实，近期又有传言称美年达、芬达含有致癌物质，甚至篮球明星姚明在NBA比赛中的骨折都被大众归咎于大量饮用碳酸饮料所致。

### （二）碳酸饮料品牌竞争格局

1. 严重的寡头垄断市场

碳酸饮料市场呈现出严重的寡头垄断局面，本次调查中常用、预购、理想品牌提及率前十名的碳酸饮料品牌除健力宝和非常可乐以外，全是可口可乐、百事可乐旗下的子品牌。将可口可乐

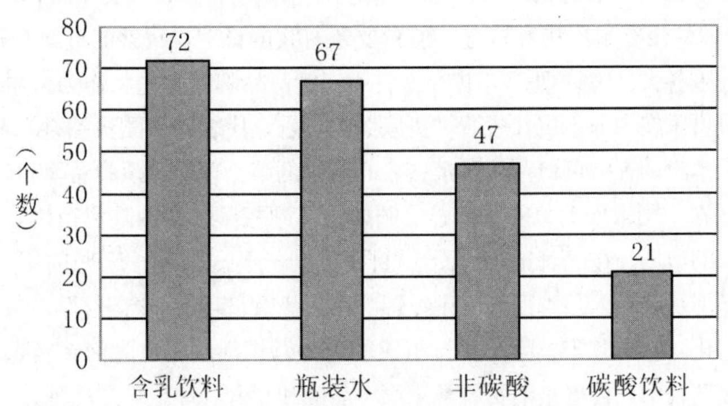


**图 3—2—4 饮料各品类品牌宽度对比图**

和百事可乐的各子品牌常用提及率累计相加发现，可口可乐累计提及率达 48.6%，百事可乐达 43.1%，可见二者在碳酸饮料市场上的垄断地位。

消费者集中度指标也显示出碳酸饮料市场的寡头垄断局面，碳酸饮料是本次调查中 CR4 最高的快速消费品，高达 83.9%。见图 3—2—5。

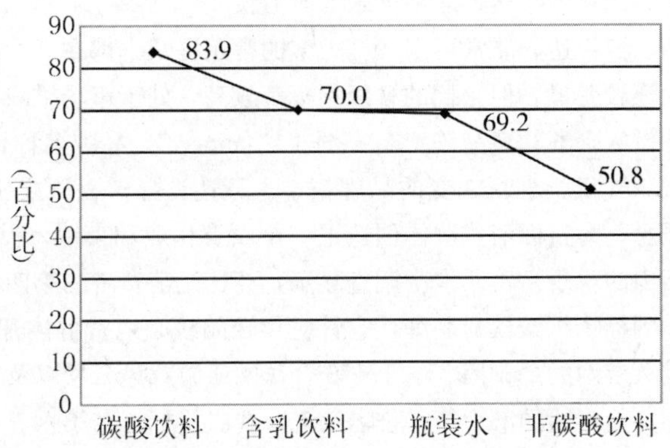


**图 3—2—5 饮料各品类集中度指标对比图**

2. 碳酸饮料的多品牌战略

为了最大限度地占有市场，碳酸饮料品牌普遍采取多品牌战略，希望不同的产品口味和品牌形象能够获得不同消费群体的青睐。

例如可口可乐旗下有果味型碳酸饮料品牌雪碧、芬达和醒目，低热量品牌健怡可乐、零度可乐；百事可乐则有七喜和美年达、轻怡可乐、青柠等品牌；娃哈哈旗下拥有可乐型碳酸饮料品牌非常可乐，果味型碳酸饮料品牌非常柠檬、非常甜橙、非常苹果及其他型碳酸饮料品牌非常咖啡可乐和锐舞派对矿化汽水。

3. 碳酸饮料品牌竞争格局分析

从碳酸饮料的市场情况和本次消费者调查的数据来看，目前我国碳酸饮料品牌竞争格局简单明了。总体而言可口可乐、百事可乐、雪碧是市场领导者；芬达、美年达、非常可乐、健力宝是市场挑战者；七喜、醒目、健怡是市场追随者；延中、崂山为市场补缺者。

(1) 市场领导者：可口可乐、百事可乐、雪碧可口可乐是世界上最有影响力的品牌，《商业周刊》“2007年度全球最佳品牌百强排行榜”① 中可口可乐高居榜首。“即使没有了厂房和资金，但只要还有我的员工，我就能重新开始”，可口可乐前总裁的这句话如今已经被各大品牌管理教科书广泛引用，例证品牌的力量。作为最早进入中国的美国快速消费品品牌，可口可乐在中国不仅代表着“正宗”的可乐，代表着“酷爽怡神”和“自由活力”，更是美国文化的象征。本次调查中可口可乐是消费者心目中的第一理想、预购品牌和第二常用品牌。

年轻的百事可乐在中国市场上也煞费苦心，例如它将制瓶厂设在内陆省市区，避开可口可乐的锋芒而攻击其较为薄弱的市场。在品牌推广方面，“百事我创，全民上罐，舞动中国”的活动拉近了消费者与品牌的距离，将消费者融入品牌形象之中，影响巨大。“百事敢为中国红”的换装大胆尝试，使得品牌形象进一步本土化。它与苏宁、摩托罗拉组成的跨界营销活动，也为消费者选择百事品牌提供了更充分的理由。本次调查中，百事是消费者常用第一品牌和预购、理想第二品牌。

雪碧是中国果味型碳酸饮料中的领导品牌。1984年进入中国以来，雪碧坚持“自由率真”的品牌定位，“晶晶亮，透心凉”这一清新透明的形象一直贯穿雪碧品牌推广的始终。在代言人的选择上，雪碧钟情于有着自信、坦率、真诚特征的人选，如张惠妹、伏明霞、何洁、薛之谦等。此外，雪碧还紧跟时代步伐，赞助能体现年轻人自信、率真形象的“音乐榜”、“我型我秀”、“绝对畅想”等电视节目。本次调查中获得常用、预购和理想品牌第三名的成绩，以及颇高的潜力指标和晋级指标都验证了雪碧的领导地位。

(2) 市场挑战者：芬达、美年达、非常可乐、健力宝

本次调查中，芬达、美年达、非常可乐、健力宝的常用提及率都在3%～5%之间，虽然常用提及率与第一阵营差距还较明显，但它们的晋级指标都较高，处于市场挑战者的位置。

芬达是可口可乐的橙味碳酸饮料品牌，名字源于“fantasy”，品牌名称传递的是一种“开心、快乐”的理念和崇尚欢乐气氛、求新求变的品牌精神。芬达选择“喜剧之王”周星驰做代言人，推行“芬达校园”的概念，为目标消费群体创造了一个没有作业和束缚，没有考试和压力，充满自由和创新、激情和活力的欢乐平台。本次调查显示，芬达是消费者的第四常用品牌。

美年达是百事可乐的橙味碳酸饮料品牌，它针对年轻的核心消费群体开展了一系列的网络品牌营销活动。例如赞助久游网的劲舞团、与17173合作网络游戏风云榜以及与跑跑卡丁车合作K1锦标赛等。本次调查中，美年达的潜力指标排名第五，晋级指标排名第六。

非常可乐是娃哈哈的碳酸饮料品牌，它在“两乐”的夹缝中开辟了中国农村碳酸饮料市场。“中国人自己的可乐”的品牌定位，为非常可乐品牌穿上了民族元素的外衣，树立了独特的品牌联想。本次调查中，非常可乐获得潜力指标第一名以及晋级指标第九名。

健力宝是我国最早的碳酸饮料品牌之一，昔日的“东方魔水”历经市场无数洗礼，至今仍有一定影响。本次调查中，健力宝获得潜力指标第三名，以及晋级指标第二名。

(3) 市场蚕食者：七喜、醒目、健怡

这一阵营的品牌都是“两乐”旗下的二线品牌，品牌推广力度不如市场领导者和挑战者，但独特的产品定位吸引了相当一部分消费者。

七喜是百事可乐的子品牌，漫画人物FIDO和形象代言人吴克群塑造了七喜品牌的活泼形象。2008年七喜活动频繁，它将长城、天坛、兵马俑、喜玛拉雅山、蒙古草原、三亚海滩、桂林山水七大中国经典名胜印制在产品包装上，既表现了对中国元素的重视，也突出了对自然和广阔天地的追求。本次调查中，七喜名列潜力指标第二名以及晋级指标第四名。

---

① 2007商业周刊全球最佳品牌100强排行榜［OL］.［2007-10-15］. http://top.ce.cn/home/jbtm/200710/15/t20071015_13244027.shtml.

健怡是可口可乐的低热量碳酸饮料品牌，它代表着可口可乐发展的新方向——对健康理念的日益重视。健怡是可口可乐的纯正味道与低卡路里的健康组合，它的目标消费者是日益注重健康生活方式——既希望享受可乐美味，又害怕可乐产生过高热量的人群。本次调查中，健怡的潜力指标和晋级指标均进入前十名。

醒目是可口可乐在中国市场上开发的果味碳酸饮料品牌，它代表着突破常规、敢于创新的精神，目标消费者是追求大胆、创新和个性的新一代年轻人。本次调查中，醒目是潜力指标排名第四、晋级指标排名第五的品牌。

（4）市场补缺者：延中、崂山等

除了非常可乐和健力宝以外，中国市场上还存在一批本土碳酸饮料品牌，他们多采用差异化战略，在碳酸饮料市场上掘金。例如延中盐汽水在“盐汽水”的产品差异化基础上，集中耕耘于一个特定的市场细分空间。在本次调查中，延中盐汽水跻身潜力指标和晋级指标的前十强，崂山等品牌也被消费者提及，有一定的品牌认知度。

## 三、碳酸饮料品牌发展策略和市场热点趋势

**（一）果味型、无糖型新产品的流行**

果味型、无糖型等新型碳酸饮料越来越多，例如可口可乐在2008年推出的新品牌零度可乐，一方面秉承健怡可乐的健康理念，用阿斯巴甜取代蔗糖；另一方面用时尚、非主流的酷炫黑色包装，将零度可乐打造成后碳酸时代的急先锋。零度可乐的目标消费者是一群既推崇健康理念又追逐时尚的先锋群体。零度可乐在碳酸饮料市场上刮起了一阵时尚、新潮和健康的旋风，是无糖可乐型碳酸饮料中的新宠。

**（二）娃哈哈进城 VS 可口可乐下乡**

2004年高调宣布“进城战略”的非常可乐并没有在中心城市获得与可口可乐、百事可乐一样的地位。在本次调查涉及的36个中心城市里，娃哈哈并未能在某个城市获得常用、预购和理想品牌第一名的成绩。

可口可乐不动声色地执行着“上山下乡”策略，除了从渠道铺设和管理上更加深入农村以外，广告中也加入了更多雅俗共赏的成分。“下乡容易进城难”已经成为目前娃哈哈和可口可乐战略执行情况的真实写照。

**（三）节庆营销显神威**

碳酸饮料是快速消费品，节庆营销是这个品类的常用营销方法。各大碳酸饮料品牌红红火火的节庆营销，在促进销售的同时为品牌增添了特殊的内涵。例如逢年过节可口可乐就会推出热热闹闹、大吉大利的中国式节庆广告，通过对中国民俗的精彩再现，在不损害城市消费者品牌感知的前提下，获得了很多农村消费者的认同。

## 专案解析

### 非常可乐：不惧艰险，树民族碳酸饮料奇葩

非常可乐的品牌所有者——杭州娃哈哈集团是中国最大的饮料生产企业之一，它于1998年推出碳酸饮料品牌非常可乐，随后推出儿童可乐、非常柠檬、非常甜橙、非常苹果、非常咖啡可乐、锐舞派对矿化汽水等多种碳酸饮料。非常可乐经过十年的成长，销量稳步提高，成为本土碳酸饮料品牌中的佼佼者。

**娃哈哈的雄厚臂膀，成就非常可乐子品牌**

非常可乐作为娃哈哈的子品牌，并没有采取单纯的品牌延伸，而是以“娃哈哈·非常可乐”

为品牌名，由于更多地享用了母品牌娃哈哈的资源和口碑，它更加容易得到消费者的信任。面对碳酸饮料市场的双寡头竞争局面，拥有娃哈哈这个中国本土饮料第一品牌的背书，非常可乐才得以在“两乐”的夹缝中求得生产和发展。

**做情感差异化战略的践行者**

唐代诗人白居易曾说过：“感人心者，莫先乎于情。”“两乐水淹七军”之后，敢于进入碳酸饮料市场的中国企业并不多，非常可乐的情感差异化营销战略使其成为勇敢的挑战者。

从“中国人，喝中国人自己的可乐”，到“有喜事，当然非常可乐!”，非常可乐一直以民族情感诉求为突破点，追求差异化的生存空间。民族情感要素在创造品牌附加值时具有重要的地位，能够唤起最为广泛的消费者对品牌的认同与忠诚。当可口可乐、百事可乐代表的美国文化遭遇非常可乐代表的中国民族感情时，究竟谁是赢家其实并不重要，重要的是非常可乐的情感差异化战略让它拥有了一批忠实的消费者。

**非常可乐的未来**

非常可乐的主战场并非大中型城市，但在本次调查的 36 个中心城市里非常可乐仍然有不错的成绩。在消费者常用、预购和理想品牌的前十名中，都有非常可乐的身影，它位列常用品牌第五名、预购品牌第四名和理想品牌第七名。此外，非常可乐以 2.6%的潜力百分比名列潜力指标首位，晋级指标也名列前十名。调查数据说明，非常可乐在中心城市消费者心目中还是有一定的影响力。从数据的背后，我们可以联想，在二、三线城市和广阔的农村主战场，非常可乐有着广阔发展空间和未来。

## 资料链接

“十一五”规划要求饮料业调整产品结构，降低碳酸饮料品类的比重。2005 年碳酸饮料的比重是 23.8%①，2006 年 1－11 月碳酸饮料的比重比 2005 年同期下降 1.67%，2007 年 1－7 月碳酸饮料的产量增长比茶饮料、果汁饮料慢，并且总量上的优势也逐渐消失②。

碳酸饮料品类品牌的发展历程：

• 第一阶段（20 世纪 80 年代初－20 世纪 80 年代中期）：碳酸饮料的第一个春天。改革开放的春风吹绿了碳酸饮料的第一个春天，世界碳酸饮料巨头可口可乐、百事可乐携旗下可乐品牌相继进入中国市场，国内饮料企业也推出天府、崂山、幸福等碳酸饮料品牌。

• 第二阶段（20 世纪 80 年代末期－20 世纪 90 年代初期）：“两乐水淹七军”。这一时期，国内碳酸饮料品牌遭到可口可乐、百事可乐两大巨头的冲击，损失惨重，品牌数量急遽减少。中国八大饮料厂中除上海正广和通过合资手段残存外，其余七家均被“两乐”收编，史称“两乐水淹七军”③。此外，可口可乐在中国推出了柠檬味碳酸饮料品牌——雪碧，并成为继可口可乐、百事可乐之后，第三个闻名全中国的碳酸饮料品牌。

• 第三阶段（20 世纪 90 年代中期－20 世纪末）：“两个巨人和三个少年”共存。这一阶段碳酸饮料市场上除了可口可乐、百事可乐这两个“巨人”以外，还有国产品牌——健力宝、娃哈哈和汾煌可乐这三个“少年”。“两个巨人和三个少年”构成了碳酸饮料品牌的竞争格局。“两乐”进一步将旗下的其他碳酸饮料品牌引入中国，如芬达、醒目、美年达等果味型碳酸饮料品牌和健怡、轻怡低热量型碳酸饮料品牌。健力宝经过多年的品牌积累，在碳酸饮料市场分得了一杯羹，

---

① 王城．我国饮料业“十一五”年增长率将不低于 15%［OL］．［2007-01-05］．http：//www.stockstar.com/info/darticle.aspx? id=GA，20070105，00415569.

② 碳酸饮料市场份额将进一步萎缩［OL］．［2008-03-01］．http：//www.tech-food.com/news/2008-03-01/n0167907.htm.

③ 叶书利，曹瑞敏．天堂向左，非常可乐向哪？［J］．环球财经，2006（8）：57.

其运动功能型碳酸饮料健力宝，拥有很高的品牌认知度和美誉度。1998年，当时的饮料行业新贵娃哈哈推出非常可乐，同期汾煌可乐也通过铺天盖地的广告获得了很高的品牌认知度。娃哈哈从农村市场上找到了突破口，在碳酸饮料市场上站稳了脚跟，而汾煌可乐单纯依靠广告攻势，渠道建设滞后，导致巨额广告费用带来的品牌效应难以实现，在经历了两年的辉煌后黯然落幕。

• 第四阶段（2000年至今）：饮料品类更加丰富，碳酸饮料面临其他品类竞争的同时积极进行产品延伸。我国饮料行业经过多年的发展，品类更加丰富。随着瓶装水、茶饮料、果汁饮料相继流行，其他品类的发展在一定程度上瓜分了原来属于碳酸饮料的市场。面临其他品类的挑战，国内碳酸饮料品牌和可口可乐、百事可乐都在大力发展非碳酸饮料，通过产品线的延伸积极抢占市场。

（执笔：孔清溪　朱宁迪）

# 第三节　非碳酸饮料

## 一、非碳酸饮料品牌十强数据

非碳酸饮料品牌十强数据见表3－2－7、表3－2－8、表3－2－9。

**表3－2－7　非碳酸饮料品牌家庭消费者十强**

| 排　序 | 常用品牌 | | 预购品牌 | | 理想品牌 | |
|---|---|---|---|---|---|---|
| | 名　称 | 提及% | 名　称 | 提及% | 名　称 | 提及% |
| 1 | 王老吉 | 15.2 | 王老吉 | 15.7 | 王老吉 | 15.8 |
| 2 | 康师傅 | 14.4 | 康师傅 | 10.7 | 康师傅 | 11.5 |
| 3 | 汇源 | 12.0 | 汇源 | 8.8 | 汇源 | 10.2 |
| 4 | 统一 | 8.8 | 统一 | 7.8 | 雀巢 | 8.2 |
| 5 | 红牛 | 6.7 | 娃哈哈 | 6.9 | 统一 | 7.3 |
| 6 | 娃哈哈 | 6.6 | 红牛 | 5.8 | 娃哈哈 | 6.9 |
| 7 | 露露 | 5.5 | 雀巢 | 5.8 | 红牛 | 6.6 |
| 8 | 农夫果园 | 5.1 | 露露 | 4.8 | 农夫果园 | 5.5 |
| 9 | 雀巢 | 3.8 | 农夫果园 | 4.8 | 椰树椰汁 | 5.2 |
| 10 | 脉动 | 3.5 | 椰树椰汁 | 4.6 | 露露 | 4.8 |

**表3－2－8　非碳酸饮料品牌潜力消费者十强**

| 排　序 | 常用品牌 | | 预购品牌 | | 理想品牌 | |
|---|---|---|---|---|---|---|
| | 名　称 | 提及% | 名　称 | 提及% | 名　称 | 提及% |
| 1 | 康师傅 | 17.6 | 王老吉 | 14.3 | 王老吉 | 13.7 |
| 2 | 统一 | 13.3 | 康师傅 | 10.4 | 统一 | 11.2 |
| 3 | 王老吉 | 11.9 | 统一 | 10.2 | 雀巢 | 10.9 |
| 4 | 汇源 | 9.4 | 娃哈哈 | 7.8 | 康师傅 | 10.8 |
| 5 | 娃哈哈 | 7.7 | 雀巢 | 7.3 | 汇源 | 7.4 |
| 6 | 农夫果园 | 5.9 | 汇源 | 6.8 | 娃哈哈 | 7.2 |
| 7 | 雀巢 | 5.4 | 农夫果园 | 5.7 | 农夫果园 | 6.0 |
| 8 | 红牛 | 4.4 | 午后红茶 | 5.3 | 红牛 | 5.4 |
| 9 | 脉动 | 3.4 | 红牛 | 4.8 | 午后红茶 | 4.3 |
| 10 | 乐百氏 | 3.3 | 脉动 | 4.5 | 椰树椰汁 | 3.9 |

表 3—2—9　非碳酸饮料品牌两类消费者加权十强

| 排序 | 常用品牌 | | 预购品牌 | | 理想品牌 | |
|---|---|---|---|---|---|---|
| | 名称 | 提及% | 名称 | 提及% | 名称 | 提及% |
| 1 | 康师傅 | 15.1 | 王老吉 | 15.4 | 王老吉 | 15.4 |
| 2 | 王老吉 | 14.6 | 康师傅 | 10.7 | 康师傅 | 11.4 |
| 3 | 汇源 | 11.5 | 汇源 | 8.4 | 汇源 | 9.6 |
| 4 | 统一 | 9.7 | 统一 | 8.3 | 雀巢 | 8.8 |
| 5 | 娃哈哈 | 6.8 | 娃哈哈 | 7.0 | 统一 | 8.1 |
| 6 | 红牛 | 6.2 | 雀巢 | 6.1 | 娃哈哈 | 7.0 |
| 7 | 农夫果园 | 5.3 | 红牛 | 5.6 | 红牛 | 6.4 |
| 8 | 露露 | 4.8 | 农夫果园 | 5.0 | 农夫果园 | 5.6 |
| 9 | 雀巢 | 4.1 | 露露 | 4.4 | 椰树椰汁 | 5.0 |
| 10 | 脉动 | 3.5 | 椰树椰汁 | 4.2 | 露露 | 4.3 |

## 二、非碳酸饮料品牌的竞争格局解析

在本土品牌、台资/港资品牌、外资品牌的三股势力推动下，最近十年饮料业呈现出品类多元化的发展趋势，果汁饮料、茶饮料、功能饮料等细分品类的发展势头逐渐赶超了碳酸饮料。此次调查中，我们将碳酸饮料、瓶装水和含乳饮料之外的所有饮料归为一个品类——非碳酸饮料，试图从多元的饮料品类中寻找常青品牌，预见饮料业各品类的未来发展趋势。

### （一）消费者对非碳酸饮料品牌的认知现状

1. 萝卜白菜各有所爱

非碳酸饮料市场有很多细分品类，品牌繁杂。消费者在选择品牌时一般有两种模式：一种模式是在细分品类内部进行品牌比较和选择，另一种模式是在同一母品牌内部进行品牌比较和选择。

第一种选择模式产生的原理是消费者钟情于某一个细分品类的产品，例如有的人喜欢果汁饮料，在选择非碳酸饮料品牌时会从所有的果汁饮料品牌中进行选择，而忽视其他的茶饮料、功能饮料品牌。

第二种选择模式产生的原理是消费者偏爱某一特定饮料品牌，从而在选择非碳酸饮料品牌时会从所有细分市场上选择属于该母品牌的产品，例如某消费者偏爱康师傅，便会在康师傅劲爽冰红茶、鲜の每日C、劲跑X中进行选择。总之，萝卜白菜各有所爱，是目前消费者对非碳酸饮料品牌的认知写照。

2. 部分区域消费者偏爱特定品牌

总体而言，非碳酸饮料品牌的区域性不强，康师傅、王老吉、汇源是各个区域消费者提及率都很高的品牌。但某些非碳酸饮料品牌在特定的区域内优势明显，例如红牛和汇源。本次调查中南宁消费者的常用、预购、理想第一品牌均为红牛，贵阳消费者的常用、理想第一品牌，拉萨消费者的常用第一品牌，西宁消费者的预购第一品牌也是红牛。从地理位置上来分析，红牛源于泰国，南宁、贵阳、拉萨、西宁等地靠近红牛发源地，因此，消费者对红牛品牌的认可程度比其他区域高。位于北京的汇源，在北京消费者心目中是最常用也是最理想的非碳酸饮料品牌，在石家庄、天津等北京附近区域的消费者心目中常用和理想程度也很高。

### （二）非碳酸饮料品牌的竞争格局分析

1. 总体竞争格局

（1）明星阵营：王老吉、康师傅、汇源

王老吉、康师傅和汇源是非碳酸饮料品类里的明星品牌，本次调查显示非碳酸饮料常用、预购、理想提及率前三强的席位都被这三个品牌占据。

王老吉和汇源都是潜心专注于单一品类的非碳酸饮料品牌，王老吉的“怕上火，喝王老吉”培育了新的消费习惯，创造了新的细分市场，是凉茶品类中的先驱品牌；汇源的“喝汇源果汁，走健康之路”专业果汁品牌定位，使其在果汁饮料市场上深受欢迎。本次调查中王老吉获得了预购、理想品牌第一名，常用品牌第二名的成绩；汇源则在常用、预购和理想品牌排名中均名列第三。

康师傅的品牌发展战略则可以用“多元化发展猛于虎”来形容。1999 年康师傅推出“冰力十足，无可替代”的冰红茶，由阳光动感的任贤齐为其代言人，传播了冰红茶时尚、活力、冰酷的品牌特性，随后又邀请张惠妹、飞儿乐队出任代言人，将阳光、健康冰酷的品牌概念贯彻到底。在冰红茶获得市场认可之后，康师傅陆续推出茶饮料劲爽冰红茶、康师傅绿茶、茉莉清茶、大麦香茶；果汁饮料鲜の每日C果汁、果汁甜蜜一族；功能饮料劲跑X等子品牌，本次调查中康师傅名列常用品牌第一名，预购、理想品牌第二名。见图 3—2—6。

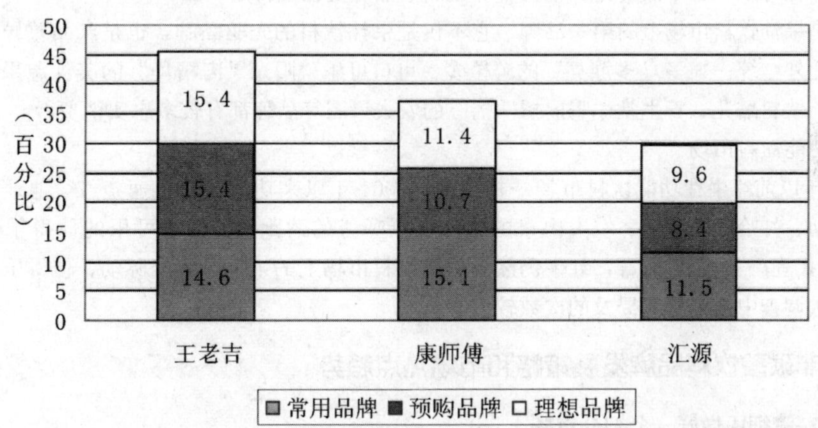


图 3—2—6 **非碳酸饮料明星阵营品牌的常用、预购和理想提及率累计**

(2) 潜力明星阵营：统一、娃哈哈、红牛等

目前潜力明星阵营品牌与明星阵营品牌的差距还较明显，内部竞争非常激烈。潜力明星阵营中，既有产品多元化的品牌如统一、娃哈哈、雀巢；也有单一强势产品的品牌如红牛、露露、椰树椰汁；还有某些细分市场上的子品牌，如农夫旗下的农夫果园和乐百氏旗下的脉动。

统一、娃哈哈、雀巢借助母品牌在饮料行业的强大品牌资产，在非碳酸饮料品类中广泛撒网，开发了茶饮料、果汁饮料等多个细分品类的品牌。统一是非碳酸饮料市场上的先驱品牌，统一冰红茶和统一鲜橙多两个产品是当年引爆茶饮料、果汁饮料市场的两个“重磅炸弹”。本次调查中统一名列常用、预购品牌第四名和理想品牌第五名。娃哈哈和雀巢也通过实力雄厚的母品牌担保，在非碳酸饮料市场上分得一块不小的蛋糕。娃哈哈名列常用、预购品牌第五名和理想品牌第六名；雀巢获得了理想品牌第四名的成绩。

红牛、露露和椰树椰汁积累了多年的专业化品牌联想，执著地深挖非碳酸饮料的某一细分市场，成为单一品类中的佼佼者。红牛和露露分别名列本次调查中常用品牌第六名和第八名，椰树椰汁名列理想品牌第九名，且潜力指标和晋级指标都位列三甲。

一些优秀的子品牌在单一品类市场上显示出强劲实力。例如养生堂旗下的农夫果园是果汁饮料中较早出现的品牌，乐百氏旗下的脉动则是功能饮料中的先驱品牌之一。它们依靠在单一产品中的强大实力，顺利跻身本次调查的常用、预购和理想品牌前十名之列。

2. 细分市场竞争格局

(1) 茶饮料市场

茶饮料既满足了消费者的消费习惯，又省去了繁琐的冲泡过程，以清新多变的口感赢得了中国消费者的喜爱，甚至成为当下“时尚”的代名词。目前，茶饮料的销售额已经直逼碳酸饮料，市场前景广阔。

在茶饮料市场中，康师傅和统一是最有实力的品牌，据AC尼尔森的调查数据显示，目前康师傅和统一在绿茶方面的市场占有率十分接近，在红茶方面康师傅则更胜一筹。此外，这一细分市场上还有很多知名品牌，如娃哈哈的茉莉香茶、养生堂的农夫茶、曾经红极一时的旭日升冰茶、雀巢冰爽茶、立顿红茶等。

(2) 果汁饮料市场

果汁饮料与茶饮料的起步时间相差无几，但是发展的步伐较为缓慢。目前果汁饮料市场进入了产品差异化时期，各个品牌竞相推出口味创新、品牌定位独特的产品。

汇源是果汁饮料市场上的第一品牌，它不仅是果汁饮料的先驱品牌，也是产品差异化的积极实践者。此外，统一“多C多漂亮”的鲜橙多、可口可乐“阳光果肉精华”的美汁源果粒橙，以及儿童果汁饮料酷儿、养生堂“喝前摇一摇”的农夫果园等品牌都有较多忠实消费者。

(3) 功能饮料市场

2003年以前红牛在功能饮料市场一枝独秀，2004年以来功能饮料迅速走红，遍地开花。乐百氏的脉动、娃哈哈的激活、农夫山泉的尖叫、康师傅的劲跑X、百事可乐的佳得乐等品牌是“你方唱罢我登场”。总体而言，红牛仍然是功能饮料市场上的第一品牌，脉动、佳得乐也较为活跃，在本次调查中被消费者提及的次数较多。

## 三、非碳酸饮料品牌发展策略和市场热点趋势

### （一）精雕细琢做好一个细分市场

精雕细琢做好一个细分市场，能够集中优势资源，创造“人无我有，人有我精”的核心竞争力，本次调查中常用、预购和理想品牌的前三名中，王老吉、汇源都是专注于单一细分市场的品牌，它们用事实证明了专攻某一细分领域可以获得与多元化品牌相媲美，甚至更多的消费者认知度。消费者购买非碳酸饮料产品时，一旦将目光锁定于某一细分市场，这些领先品牌就能牢牢拴住消费者的心；此外，单一市场强势品牌的形象和标识单一，便于广告宣传和消费者记忆，从而增加了消费者购买和重复选择的可能性。

### （二）品牌多元化延伸，释放母品牌的强大吸引力

康师傅、统一、娃哈哈等综合实力雄厚的品牌，选择了另一种截然不同的品牌策略——品牌多元化，这种策略能够在各个细分市场内充分释放母品牌的凝聚力，将忠实于母品牌的消费者轻而易举地收入囊中。康师傅是多元化发展策略中最成功的品牌，非碳酸饮料市场的每一个细分角落几乎都有康师傅的身影。

并非每个品牌都具有多元化的实力，若品牌的综合实力并不突出，品牌多元化策略则不一定见效，甚至反而因为精力分散而丧失原本的优势。露露、椰树椰汁等传统品牌目前也在努力探索品牌多元化之路，但是，消费者是否欢迎它们的品牌多样化，还是个未知数。

### （三）各细分市场的热点趋势

茶饮料市场上的品牌越来越多，2008年由成龙父子代言的雀巢红茶、雀巢绿茶，以强大的母品牌背书和低价位策略又一次搅局茶饮料市场。汇源的新产品——汇源奇异王果，凭借“VC多，

健康多，快乐多”的口号和热门演员王宝强的代言，成为果汁市场的新宠；金牌果粒橙、百事可乐果缤纷等新品的推出也让果汁饮料市场越来越热闹……总而言之，非碳酸饮料市场还处于飞速发展期，产品和品牌定位的多样化，以及目标人群的细分化时时刻刻都在上演。

## 专案解析

### 王老吉：打造中国式可乐，任重而道远

**王老吉品牌的前世今生**

凉茶是我国广东、广西地区的一种由中草药熬制，具有清热去湿等功效的“药茶”。王老吉凉茶发明于清道光年间，被认为是凉茶始祖，有“药茶王”之称。20世纪50年代初，由于政治原因，王老吉凉茶铺分成两支：一支为今天的王老吉药业股份有限公司，生产王老吉凉茶颗粒（国药准字），拥有内地的王老吉品牌；另一支由王老吉家族的后人带到香港地区，拥有内地以外的王老吉品牌。位于东莞的港资公司加多宝集团，经王老吉药业特许，由香港王氏后人提供配方，在内地独家生产、经营王老吉牌罐装凉茶，即红罐王老吉。

**重塑品牌形象，开创品牌新纪元**

凉茶具有保健功能，受到广东、广西地区消费者的喜爱。2002年以前，王老吉药业的王老吉凉茶颗粒被消费者当成降火的药品，而加多宝集团的红罐王老吉虽然拥有凉茶始祖王老吉的品牌，却长着一副饮料化的面孔，在消费者心目中定位模糊。

后来加多宝集团为红罐王老吉进行品牌定位，大手笔传播“怕上火，喝王老吉”的概念，将红罐王老吉定位为“预防上火的饮料”，告诉消费者喝红罐王老吉能预防上火，可以无忧无虑地尽情享受生活。这个独特的品牌定位和完善的终端销售计划，使王老吉品牌打破了区域限制，红遍全国，一跃成为非碳酸饮料中最受欢迎的品牌之一。

**王老吉还能火多久**

本次调查的数据表明，王老吉深受消费者喜爱，2008年5月汶川地震之后王老吉的巨额捐款更是感动了众多消费者，品牌形象进一步提升。但是这种单一产品的品牌能在市场上持续红火下去吗？一方面，本次调查中王老吉的潜力指标和晋级指标均排名第四，预示着王老吉还有很大的发展空间；另一方面，凉茶作为一个新品类，目前还不太成熟，不能给王老吉的持续红火提供充足的养分。因此，王老吉不仅需要继续传播凉茶品类的概念，扩大该细分品类在非碳酸饮料中的市场份额，还要面对来自其他凉茶品牌的竞争，例如福建达利集团的和其正凉茶在这次调查中表现不错，名列潜力指标第五名。总之，要想成为“中国式可乐”，王老吉任重而道远。

## 资料链接

非碳酸饮料品类经历了以下几个发展阶段：

• 第一阶段（1990－2000年）：萌芽起步阶段。20世纪90年代以前碳酸饮料一家独大，非碳酸饮料品牌寥寥无几。90年代初消费者耳熟能详的3个果汁饮料品牌：露露牌杏仁露、椰树牌天然椰子汁和汇源牌纯果汁相继出现。1995年源自泰国的世界功能饮料品牌红牛进入中国市场。此外，茶饮料的先驱品牌——旭日升冰茶，凭借强大的广告攻势普及了茶饮料的消费概念，统一冰红茶和康师傅冰红茶、绿茶和乌龙茶紧随其后陆续出现，拉开了茶饮料发展的序幕。

• 第二阶段（2001－2003年）：茶饮料成品类主流，果汁饮料进一步发展。进入21世纪，茶饮料品牌越来越多，各大品牌纷纷开发茶饮料子品牌。例如娃哈哈绿茶运用“天堂水、龙井茶”的概念进行差异化定位，获得了很好的品牌知名度和美誉度；可口可乐与雀巢合作，百事可乐与

联合利华合作，强强联合发展茶饮料品牌。这一时期的果汁饮料中，统一“多C多漂亮”的统一鲜橙多是深受消费者喜爱的明星品牌，它的出现带动了果汁饮料品牌的加速发展。随后，可口可乐推出酷儿果汁饮料、汇源推出“无菌冷罐装”的汇源真鲜橙。凉茶、醋饮等具有浓郁中国传统特色的“新品类”非碳酸饮料品牌也纷纷面市。最成功的“新品类”品牌当属“怕上火，喝王老吉”的凉茶始祖王老吉。

·第三阶段（2004年至今）：品类的成熟发展期。这一时期各个品牌根据自身定位和资源特点，逐渐形成了适合自己的发展道路。康师傅、统一、娃哈哈等品牌都从原来进入非碳酸饮料市场时的单一品牌向多个细分市场进行延伸；王老吉、红牛等品牌则坚守于具有核心竞争力的初创产品。

（执笔：孔清溪　朱宁迪）

## 第四节　液态奶、酸奶及含乳饮料

### 一、液态奶、酸奶及含乳饮料品牌十强数据

液态奶、酸奶及含乳饮料品牌十强数据见表3－2－10、表3－2－11、表3－2－12。

**表3－2－10　液态奶、酸奶及含乳饮料品牌家庭消费者十强**

| 排　序 | 常用品牌 | | 预购品牌 | | 理想品牌 | |
|---|---|---|---|---|---|---|
| | 名　称 | 提及% | 名　称 | 提及% | 名　称 | 提及% |
| 1 | 蒙牛 | 29.8 | 蒙牛 | 25.8 | 蒙牛 | 28.4 |
| 2 | 伊利 | 17.3 | 伊利 | 20.2 | 伊利 | 21.2 |
| 3 | 光明 | 15.3 | 光明 | 11.9 | 光明 | 11.2 |
| 4 | 达能 | 7.3 | 达能 | 5.2 | 雀巢 | 5.9 |
| 5 | 娃哈哈 | 4.5 | 雀巢 | 4.8 | 达能 | 5.5 |
| 6 | 三鹿 | 4.1 | 娃哈哈 | 4.4 | 娃哈哈 | 5.2 |
| 7 | 乐百氏 | 3.9 | 三鹿 | 4.1 | 三鹿 | 3.5 |
| 8 | 雀巢 | 3.7 | 乐百氏 | 3.3 | 旺仔 | 3.1 |
| 9 | 太子奶 | 1.7 | 太子奶 | 2.8 | 乐百氏 | 2.3 |
| 10 | 小洋人 | 1.7 | 旺仔 | 2.6 | 太子奶 | 2.3 |

**表3－2－11　液态奶、酸奶及含乳饮料品牌潜力消费者十强**

| 排　序 | 常用品牌 | | 预购品牌 | | 理想品牌 | |
|---|---|---|---|---|---|---|
| | 名　称 | 提及% | 名　称 | 提及% | 名　称 | 提及% |
| 1 | 蒙牛 | 28.5 | 蒙牛 | 24.9 | 蒙牛 | 28.1 |
| 2 | 伊利 | 19.1 | 伊利 | 18.6 | 伊利 | 20.0 |
| 3 | 光明 | 15.1 | 光明 | 12.0 | 光明 | 9.4 |
| 4 | 达能 | 7.7 | 雀巢 | 6.9 | 雀巢 | 9.0 |
| 5 | 雀巢 | 4.6 | 达能 | 4.9 | 达能 | 5.9 |
| 6 | 娃哈哈 | 4.6 | 娃哈哈 | 3.9 | 娃哈哈 | 5.1 |
| 7 | 乐百氏 | 3.7 | 小洋人 | 3.8 | 旺仔 | 3.2 |
| 8 | 三鹿 | 3.2 | 乐百氏 | 3.6 | 小洋人 | 2.8 |
| 9 | 小洋人 | 2.6 | 旺仔 | 3.4 | 三鹿 | 2.7 |
| 10 | 味全 | 1.5 | 三鹿 | 2.9 | 太子奶 | 2.6 |

表 3—2—12 液态奶、酸奶及含乳饮料品牌两类消费者加权十强

| 排 序 | 常用品牌 | | 预购品牌 | | 理想品牌 | |
|---|---|---|---|---|---|---|
| | 名 称 | 提及% | 名 称 | 提及% | 名 称 | 提及% |
| 1 | 蒙牛 | 29.6 | 蒙牛 | 25.6 | 蒙牛 | 28.4 |
| 2 | 伊利 | 17.7 | 伊利 | 19.8 | 伊利 | 21.0 |
| 3 | 光明 | 15.3 | 光明 | 11.9 | 光明 | 10.9 |
| 4 | 达能 | 7.4 | 雀巢 | 5.3 | 雀巢 | 6.5 |
| 5 | 娃哈哈 | 4.5 | 达能 | 5.2 | 达能 | 5.6 |
| 6 | 三鹿 | 3.9 | 娃哈哈 | 4.3 | 娃哈哈 | 5.2 |
| 7 | 雀巢 | 3.9 | 三鹿 | 3.9 | 三鹿 | 3.4 |
| 8 | 乐百氏 | 3.8 | 乐百氏 | 3.3 | 旺仔 | 3.1 |
| 9 | 小洋人 | 1.8 | 太子奶 | 2.8 | 太子奶 | 2.4 |
| 10 | 太子奶 | 1.6 | 旺仔 | 2.8 | 乐百氏 | 2.4 |

## 二、液态奶、酸奶及含乳饮料品牌的竞争格局解析

液态奶、酸奶和含乳饮料在营养成分上有较大区别，但目前液态奶、酸奶的品牌和含乳饮料的品牌并没有明确的划分，消费者缺乏区分液态奶、酸奶和含乳饮料的知识，常常将它们混为一谈，因此从消费者的角度出发，本次调查将液态奶、酸奶和含乳饮料合为一个品类展开分析。

### (一) 液态奶、酸奶及含乳饮料品牌竞争格局

1. 液态奶、酸奶及含乳饮料品牌的五大阵营分割市场

(1) “巨无霸”阵营：蒙牛、伊利、光明

· 领先品牌：蒙牛

蒙牛、伊利和光明是综合实力最强的传统乳制品品牌，本次调查中它们占据了60%以上的消费者提及率，因此被成为“巨无霸”品牌。凭借优质的奶源、丰富的子品牌，以及常年积累而来的品牌认知度和美誉度，三大“巨无霸”品牌表现非凡，蒙牛以29.6%的常用品牌提及率高居榜首，预购和理想提及率也遥遥领先；伊利在常用、预购和理想品牌中均名列第二，并且位列潜力指标和晋级指标第一名；光明紧随其后，获得了常用、预购和理想品牌第三名的成绩。

蒙牛品牌的诞生时间较晚，但锐气十足，2007年蒙牛“中国牛奶爱心活动”以及与“赢在中国”、肯德基和NBA的合作，从各方面接近消费者，提高了品牌美誉度；“每天一斤奶，强壮中国人”、“只为优质生活”的口号把民族大爱和健康理念融入品牌理念之中，赢得消费者的信赖。

(2) 液态奶、酸奶阵营：三鹿、夏进、三元等

· 领先品牌：三鹿

三鹿、夏进和三元等传统乳制品品牌构成了液态奶、酸奶阵营，纯正的奶源为这个阵营的品牌带来了“专业”、“纯正”、“健康”的良好品牌联想。

三鹿是这一阵营中表现最出众的品牌之一，本次调查中它的常用品牌提及率排名第六，预购、理想品牌提及率排名第七。此外，夏进和三元在消费者心目中都有不错的形象，夏进名列潜力指标第十名，三元获得了潜力指标第八名和晋级指标第十名的成绩。

(3) “老字号”含乳饮料阵营：乐百氏、娃哈哈

· 领先品牌：娃哈哈

娃哈哈、乐百氏是含乳饮料中的“老字号”品牌，它们在十几年的品牌发展历程中，培育了消费者的含乳饮料消费习惯。最初的消费者已经停止购买之后，仍然能继续长期占据产品市场，是“老字号”品牌目前最大的优势。

娃哈哈是含乳饮料中的先驱品牌，2004年以来，它陆续推出了一系列含乳饮料子品牌，如营养快线、思慕C、呦呦、优的乳、乳娃娃、爽歪歪等。娃哈哈坚持产品创新和品牌延伸，走出了一条可持续发展的品牌之路，本次调查中它获得了常用品牌第五名，预购、理想品牌第六名，以及晋级指标第五名的成绩。

乐百氏最初是瓶装水品牌，曾以“27层过滤”的核心概念在瓶装水市场上获得极大成功，此后率先开发了含乳饮料产品并成为该品类的先驱品牌，现在隶属于达能集团。乐百氏被达能收购之后丧失了强大的品牌宣传能力和推广力度，品牌资产严重缩水，但其产品仍然存在，受到不少消费者的喜爱。此次调查中它位列常用、预购品牌第八名、理想品牌第十名。

（4）新生代含乳饮料阵营：小洋人、太子奶

•领先品牌：太子奶

20世纪90年代中期之后，小洋人、太子奶等含乳饮料品牌相继出现，这些新生代品牌的诞生，使含乳饮料市场更加热闹。虽然它们的奶源很难与“巨无霸”阵营和液态奶、酸奶阵营的品牌媲美，但由于专注开拓含乳饮料这个细分市场，也取得了不错的成绩。

1996年太子奶品牌问世。1998年它以8 888万元的高价成为中央电视台快速消费品标王①，后又聘请深受年轻消费者喜爱的时尚明星为品牌代言人。本次调查中太子奶名列预购、理想品牌第九名和常用品牌第十名，潜力指标和晋级指标均为第四名。

小洋人品牌出现于1994年，在含乳饮料产品的创新上表现突出，大量的媒介投放和张娜拉的明星代言人为它带来了很大的品牌知名度。本次调查中小洋人位列常用品牌第九名和潜力指标第五名。

液态奶、酸奶及含乳饮料潜力指标前十名见图3－2－7。

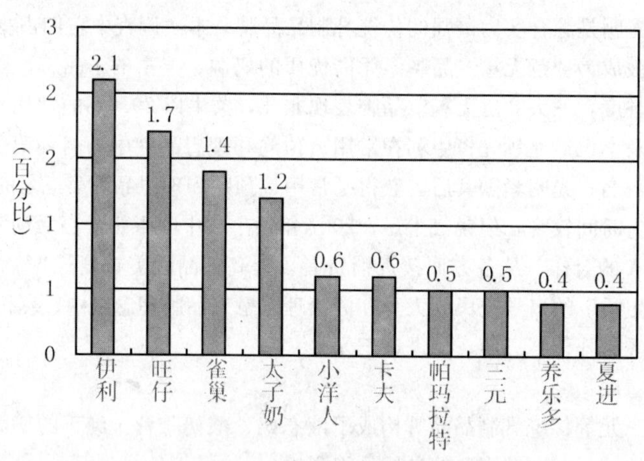

**图3－2－7 液态奶、酸奶及含乳饮料潜力指标前十名**

（5）外资及台资、港资阵营：达能、雀巢、养乐多、帕玛拉特、旺仔、味全等

•领先品牌：雀巢、达能

在进入中国大陆市场之前，这一阵营中的品牌就已经是成熟的液态奶、酸奶或含乳饮料品牌，进入中国大陆市场后，它们带来了各自的优势品牌、先进的管理经验，以及良好的原产地品牌联想，但是发展轨迹各不相同。

---

① 谢海峰．太子奶赶考［OL］．［2007-12-04］．http：//finance.sina.com.cn/chanjing/b/20071204/00544245858.shtml.

雀巢和达能是这一阵营中的领先品牌，本次调查中，这两个领先品牌均出现在常用、预购和理想品牌十强之中。1990 年进入中国以来，雀巢在液态奶细分市场上摸爬滚打了二十多年，与中国消费者建立了深厚的感情，本次调查中，它名列预购和理想品牌第四名，常用品牌第七名，潜力指标和晋级指标分列第三名和第二名。

世界饮料巨头达能，1987 年进入中国市场，除拥有达能品牌的酸奶之外，达能还凭借其在资本市场上的长袖善舞，享受着这一品类中其他品牌带来的利益。先驱品牌乐百氏被达能收入囊中，蒙牛、光明两个"巨无霸"品牌也与达能合资，并得到它的技术支持。本次调查中，达能获得了常用品牌第四名和预购、理想品牌第五名的成绩。

源自意大利的知名液态奶品牌帕玛拉特，1995 年进入中国市场，2003 年帕玛拉特母公司破产后，该品牌通过 OEM 的方式继续在中国市场存在。2005 年天津蓓蕾公司经意大利政府授权成为该品牌在中国市场上的唯一使用者，使用期限 8 年①。本次调查中，帕玛拉特的潜力指标和晋级指标均进入前十名。此外，养乐多、旺仔等品牌的潜力指标和晋级指标均进入前十名，发展潜力十足。

2. 液态奶、酸奶及含乳饮料品牌两级分化严重

本次调查中，液态奶、酸奶及含乳饮料品类的消费者集中度为 70.0%，在饮料行业中，仅次于碳酸饮料品类。数据表明，该品类中的品牌呈现出严重的两级分化格局：全国性强势品牌产品多样、品牌形象清晰，占据了消费者绝大部分的认知空间，而数量繁多的区域性品牌生存日益艰难。

**(二) 品牌区域格局**

1. "巨无霸"阵营品牌占据绝大部分区域市场

本次调查中，有 33 个城市的常用、预购和理想品牌第一名为"巨无霸"阵营中的品牌。这些品牌通过遍布全国的生产基地和对区域品牌的并购，实现了在全国范围内的统领地位。

蒙牛在北京等 23 个城市获得常用品牌第一名，在长春等 18 个城市获得预购品牌第一名，在长沙等 20 个城市获得理想品牌第一名。成都、福州、昆明、拉萨、厦门等地的消费者最信赖伊利，他们的常用、预购和理想第一品牌均为伊利。光明的优势区域主要在南方，杭州、南京、宁波、上海、武汉等地的消费者对光明的维系度最高。

2. 三鹿、夏进和达能各有优势区域

三鹿、夏进和达能在各自生产基地的区域内拥有强大的营销队伍，品牌认知度和美誉度都很高，优势明显。本次调查中，三鹿是石家庄消费者心目中的常用、预购和理想第一品牌；夏进是银川消费者心目中的常用、预购和理想第一品牌；达能是广州消费者心目中的常用、预购和理想第一品牌。

液态奶、酸奶及含乳饮料晋级指标前十名见图 3－2－8。

## 三、液态奶、酸奶及含乳饮料品牌发展策略和市场热点及趋势

**(一) 积极开发液态奶高端品牌**

在液态奶高端品牌出现之前，中国市场上就有了纯牛奶、花色奶、功能奶等花样繁多的液态奶产品，这些产品在一定程度上满足了消费者的多元需求。随着品类的成熟和消费者需求的不断增加，品质出众的高端液态奶品牌接连诞生。蒙牛、伊利和光明等品牌都积极研发高端品牌，其

---

① 卢旭成．帕玛拉特的中国转身［OL］．［2006-04-20］．http：//www.chinavalue.net/Article/Archive/2006/4/20/27639_3.html.

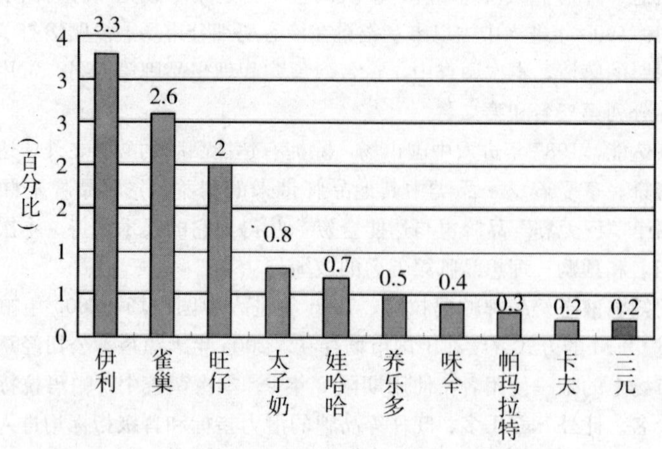


图 3－2－8　液态奶、酸奶及含乳饮料晋级指标前十名

中蒙牛的特伦苏以“产自中国乳都核心区”的完美身份，成为迅速走红的第一个高端液态奶品牌。伊利和光明也分别推出金典、致优等高端液态奶品牌。

**（二）乳制品企业准入门槛提高**

液态奶、酸奶和含乳饮料品牌的生产企业中很多都是乳制品生产企业，2008 年 4 月 1 日，国家发展改革委的 26 号令《乳制品加工行业准入条件》正式实施，抬高了行业的准入标准。新政策规定新建乳品工厂的原奶规模要高于 200 吨，现有加工规模为日处理能力 20 吨以下的乳品工厂要被淘汰①。26 号令的实施将使大批中小乳品企业丧失生存和竞争能力，它们的液态奶、酸奶和含乳饮料品牌将退出历史舞台，“巨无霸”阵营的品牌将从中获利。

**（三）液态奶标识制度将进一步完善**

2007 年 1 月，我国正式实施禁鲜令。禁鲜令是指“凡是加热的食品不能称鲜”，它是以美国关于食品的一些法典或观点作为理论依据，规定“巴氏杀菌奶”只要是经过任何一种加工处理（包括热加工、杀菌、灭菌）就失去“生鲜”的意义②。禁鲜令实施后，市场上的“鲜牛奶”彻底消失，各个品牌的液态奶再也不能利用“鲜”字标签来进行商业炒作。“禁鲜令”只是一个开始，它标志着液态奶标识制度的讨论从“需要或不需要标识”的层面走向了“如何制定标识”的层面，进一步完善液态奶标识制度成为行业发展的趋势。

**（四）“涨价”成为关键词**

自 2005 年以来液态奶不断涨价。国际奶价飙升、原料成本价格上涨使“涨价”成为液态奶发展中的关键词语。由于 2008 年国内原奶价格还会有平均约 10％的增幅，包装材料价格上涨约 30％，国际农产品价格上升的趋势短期内不会改变，预计液态奶价格很难在短期内回落③。

---

① 黄梦真．乳企生产准入门槛太高，千家中小乳企或被淘汰［OL］．［2008-03-27］．http：//www.china8989.com/newscont_48329.html.

② 师峰涛．有关“禁鲜令”的来源和背景概述［OL］．［2007-01-06］．http：//www.foodqs.com/news/gnspzs01/2007168254.htm.

③ 奶制品价格普遍上浮至 10％［OL］．［2008-03-25］．http：//www.foodqs.com/news/gnspzs01/20083258731800.htm.

## 专案解析

### 太子奶：新生代含乳饮料的领跑者

太子奶品牌诞生于1996年，一直专攻含乳饮料市场。2001年太子奶在北京成立生产基地，完成了从区域品牌向全国品牌的转变。目前，太子奶是新生代含乳饮料阵营中的代表品牌，品牌营销活动非常活跃。

**从关心产品出发作营销**

太子奶的品牌定位是："做最优质的产品，以品质牢牢树立自身在乳酸菌行业的霸主地位。"细数太子奶的品牌发展历程，可以发现它一直积极地改进产品，始终保持其产品在含乳饮料市场中的科技含量领先地位。坚持从产品的功能层面作营销，使太子奶的营销活动和品牌口号显得更加真实可信。

**国际资本融资，加速品牌发展**

2007年摩根斯坦利、高盛和英联先后向太子奶注资7 300万美元，此后以花旗银行为首的世界六大顶级财团，共同向太子奶集团提供5亿元无担保无抵押的三年期低息贷款①。得到大量注资的太子奶实力大增，品牌推广和媒介投放力度加大，为品牌的加速发展创造了条件。

**为品牌寻找年轻、有活力的代言人**

太子奶想通过年轻、有活力的品牌代言人打动年轻消费者，例如它现在的代言人是年轻消费者普遍喜爱的谢霆锋和Twins组合。太子奶的目标消费群体是年纪较小的中小学生，年轻、有活力的代言人对于这个群体具有很强的"杀伤力"，太子奶将自己的品牌与这些代言人建立牢固的品牌联想，赢得了年轻消费者的喜爱。

无论是资本注入，还是大手笔的广告和品牌传播活动，太子奶都给消费者留下了深刻的印象。作为含乳饮料细分市场中的领先品牌，太子奶只有继续开发市场需要的产品、作好品牌传播活动的长期规划，才能实现持续领跑。

（执笔：朱宁迪）

---

① 国际资本押宝太子奶［OL］.［2008-02-02］. http://www.foodqs.com/news/gjspzs01/200822154825534.htm.

# 第三章　烟酒行业

## 行业综述

在这个特殊的行业里，国家的政策支持和导向对品牌的发展起到关键性作用，我国本土品牌有非常明显的优势。大多数本土品牌都是在国家政策的扶植下产生、发展和成熟的，国外品牌虽然都觊觎着烟酒行业的丰厚利润，积极寻求介入机会，但目前为止还没有找到大施拳脚的市场。

我国的烟草国家专卖制度决定了烟草市场的垄断性质。在"两个十多个"① 和"两个跨越"② 政策的引导下，我国烟草市场逐渐朝着大市场和大品牌的方向迈进，品牌间的整合成为历史发展的主流。我国的酒类发展宏观政策是贯彻"优质、低度、多品种、低消耗"的方针，积极实施"四个转变"③,重点发展葡萄酒、水果酒,积极发展黄酒,稳步发展啤酒,控制白酒总量。白酒、葡萄酒、黄酒、啤酒各个细分品类上都有强势品牌,资本在各个品类内部流动和整合能力强,但是在品类之间则少有流动。

由于行业发展的时间较长，白酒品类中有很多知名品牌，例如茅台、五粮液、剑南春等。葡萄酒品类正处于快速发展期，张裕、王朝和长城三大老品牌在葡萄酒市场里占据优势。黄酒品类原为我国区域性传统酒类，如今在古越龙山等品牌的大力宣传下，其目标市场已经拓展到全国范围。啤酒是我国市场发展最全面的酒类，青岛的领先优势明显，百威等国外品牌也潜力十足。

## 第一节　啤酒

### 一、啤酒品牌十强数据

啤酒品牌十强数据见表3－3－1、表3－3－2、表3－3－3。

**表3－3－1　啤酒品牌家庭消费者十强**

| 排　序 | 常用品牌 | | 预购品牌 | | 理想品牌 | |
|---|---|---|---|---|---|---|
| | 名　称 | 提及％ | 名　称 | 提及％ | 名　称 | 提及％ |
| 1 | 青岛 | 20.7 | 青岛 | 20.4 | 青岛 | 25.6 |
| 2 | 雪花 | 15.7 | 雪花 | 13.9 | 百威 | 14.6 |
| 3 | 百威 | 12.1 | 百威 | 11.2 | 雪花 | 10.6 |
| 4 | 蓝带 | 6.6 | 蓝带 | 7.7 | 蓝带 | 7.9 |
| 5 | 燕京 | 5.9 | 燕京 | 6.7 | 燕京 | 6.3 |
| 6 | 哈尔滨 | 4.7 | 哈尔滨 | 4.7 | 嘉士伯 | 5.1 |
| 7 | 三得利 | 3.4 | 嘉士伯 | 3.8 | 哈尔滨 | 3.6 |
| 8 | 雪津 | 3.1 | 喜力 | 3.3 | 喜力 | 3.4 |
| 9 | 金星 | 2.9 | 雪津 | 3.2 | 珠江 | 2.6 |
| 10 | 汉斯 | 2.6 | 三得利 | 2.7 | 雪津 | 2.3 |

---

① 十多个重点骨干企业，十多个重点骨干品牌。

② 从省内市场向全国市场的跨越，从国内市场向国际市场的跨越。

③ 普通酒向优质酒转变，高度酒向低度酒转变，蒸馏酒向酿造酒转变，粮食酒向水果酒转变。

**表 3－3－2　啤酒品牌潜力消费者十强**

| 排　序 | 常用品牌 | | 预购品牌 | | 理想品牌 | |
|---|---|---|---|---|---|---|
| | 名　称 | 提及％ | 名　称 | 提及％ | 名　称 | 提及％ |
| 1 | 青岛 | 21.1 | 青岛 | 19.8 | 青岛 | 23.5 |
| 2 | 雪花 | 17.2 | 雪花 | 13.0 | 百威 | 18.4 |
| 3 | 百威 | 11.6 | 百威 | 12.0 | 雪花 | 10.1 |
| 4 | 蓝带 | 6.8 | 蓝带 | 9.8 | 蓝带 | 8.4 |
| 5 | 哈尔滨 | 5.2 | 燕京 | 6.6 | 嘉士伯 | 6.4 |
| 6 | 燕京 | 5.0 | 嘉士伯 | 4.7 | 燕京 | 5.0 |
| 7 | 雪津 | 3.9 | 哈尔滨 | 4.0 | 哈尔滨 | 4.3 |
| 8 | 三得利 | 3.8 | 喜力 | 3.5 | 喜力 | 3.7 |
| 9 | 汉斯 | 3.5 | 雪津 | 3.4 | 雪津 | 2.6 |
| 10 | 金星 | 3.5 | 汉斯 | 3.3 | 三得利 | 2.1 |

**表 3－3－3　啤酒品牌两类消费者加权十强**

| 排　序 | 常用品牌 | | 预购品牌 | | 理想品牌 | |
|---|---|---|---|---|---|---|
| | 名　称 | 提及％ | 名　称 | 提及％ | 名　称 | 提及％ |
| 1 | 青岛 | 20.8 | 青岛 | 20.2 | 青岛 | 25.2 |
| 2 | 雪花 | 16.0 | 雪花 | 13.7 | 百威 | 15.4 |
| 3 | 百威 | 12.0 | 百威 | 11.3 | 雪花 | 10.5 |
| 4 | 蓝带 | 6.7 | 蓝带 | 8.1 | 蓝带 | 8.0 |
| 5 | 燕京 | 5.7 | 燕京 | 6.7 | 燕京 | 6.0 |
| 6 | 哈尔滨 | 4.8 | 哈尔滨 | 4.6 | 嘉士伯 | 5.3 |
| 7 | 三得利 | 3.5 | 嘉士伯 | 4.0 | 哈尔滨 | 3.7 |
| 8 | 雪津 | 3.2 | 喜力 | 3.4 | 喜力 | 3.5 |
| 9 | 金星 | 3.0 | 雪津 | 3.2 | 珠江 | 2.5 |
| 10 | 汉斯 | 2.8 | 三得利 | 2.7 | 雪津 | 2.4 |

## 二、啤酒品牌的竞争格局解析

### (一) 啤酒品牌的消费者认知现状分析

1. 消费者常用的啤酒品牌繁多

啤酒产品的区域性很强，每个地方都有自己特定的啤酒品牌。本次调查中，消费者共提及了86个常用啤酒品牌，其中不仅有全国性品牌，也有大批的区域品牌。相对于葡萄酒和黄酒而言，啤酒的品牌数量是它们的两倍。

2. 国外啤酒品牌受到消费者青睐

中国市场上几个知名的国外啤酒品牌发展较早，拥有丰富的品牌营销经验，品牌附加价值较高。相比之下，本土啤酒品牌除青岛、哈尔滨啤酒等为数不多的几个品牌外，大多数都缺乏明确的品牌定位和附加价值。因此，消费者在啤酒消费时更倾向于国外啤酒。本次调查显示，啤酒、葡萄酒、白酒、黄酒 4 个酒品类中，进入消费者常用、预购、理想品牌前十名的啤酒品牌最多。与葡萄酒、白酒和黄酒相比，啤酒品牌十强当中的外国品牌最多。

从消费群体看，本次调查的数据显示，家庭消费者和潜力消费者在选择常用品牌时均多选择本土品牌，但在选择理想品牌时，潜力消费者会较多地考虑国外品牌。这些年轻的潜力消费者是娱乐场所的高频率消费人群，家庭负担轻、敢于接受新鲜事物、追求时尚和多元文化、消费能力强。在本次调查的啤酒品牌前十强数据里，将理想品牌前十名的本土品牌和国外品牌提及率分别累加，发现潜力消费者对国外品牌的提及率比家庭消费者高 8%。总体而言，在年轻、时尚、多元化的年轻人心目中，国外啤酒品牌地位较高。

3. 品牌因素对消费者的啤酒口味感知影响很大

Larry Percy 的啤酒品尝试验证明：当消费者知道自己品尝的是一些著名品牌时，他们的感觉是非常有偏袒性的；而当消费者不知道其所尝试的品牌时，则很少能找出不同点。即便是很有经验的消费者，也难以区分不同品牌的啤酒①。市场专家在我国对啤酒作了类似的试验，证明被试验者也无法准确地判断啤酒品牌。本次调查中，啤酒的消费者集中度 CR4 为 55.5%，青岛、雪花、百威、蓝带四大啤酒品牌获得了过半数的消费者提及率，它们强大的品牌优势将直接影响消费者对产品的口感评价，进而更容易吸引消费者下次继续购买该品牌。

4. 啤酒是普及率、感知度最高的酒品类

啤酒的酒精含量较低，并且夏天饮用能够解渴和消暑，因此啤酒是消费者消费最多、感知度最高的酒类。本次调查显示，啤酒品类的家庭、潜力消费者使用率均高于葡萄酒、白酒和黄酒品类。同时，它的消费者感知度也是所有酒品类中最高的，消费者具备充足的啤酒品牌知识，能够选择和购买合适的啤酒品牌。见图 3－3－1。

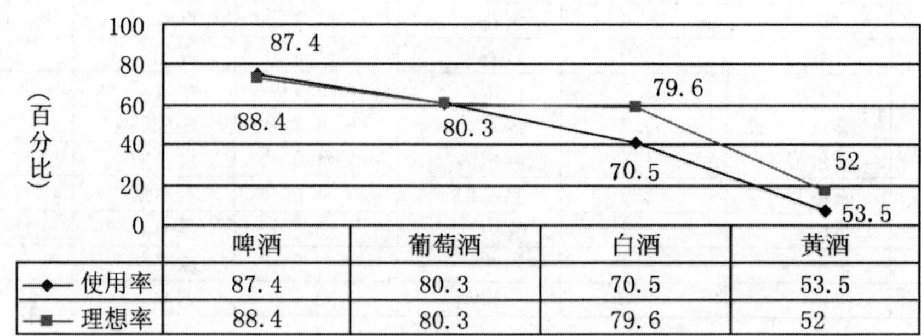


| | 啤酒 | 葡萄酒 | 白酒 | 黄酒 |
|---|---|---|---|---|
| 使用率 | 87.4 | 80.3 | 70.5 | 53.5 |
| 理想率 | 88.4 | 80.3 | 79.6 | 52 |

**图 3－3－1 各酒品类家庭消费者使用率和感知率对比图**

**（二）啤酒品牌的竞争及区域格局分析**

本次调查中，青岛、雪花和百威是消费者心目中最受欢迎的啤酒品牌，这 3 个品牌的常用和预购提及率之和均高于 40%，理想提及率之和超过 50%。

1. 国内啤酒品牌阵营

（1）全国性品牌

青岛啤酒位列常用、预购和理想品牌第一名，在啤酒品类中它是唯一的提及率超过 20%的品牌，同时青岛啤酒的领先指标很高，晋级指标也高居榜首。在消费者维系度方面，它是常用三强中唯一高于 50%的品牌。大连等 11 个城市的消费者选择青岛啤酒为常用品牌第一名，海口等 11 个城市的消费者选择它为预购品牌第一名，贵阳等 17 个城市的消费者选择它为理想品牌第一名。这些数据显示，青岛啤酒目前的优势明显，并且未来潜力不错，稳稳占据了消费者心目中第一啤酒品牌的位置。

雪花在本次调查中位列常用、预购品牌第二名，理想品牌第三名。在成都、合肥、沈阳 3 个

① Kevin Lane Keller. Strategic Brand Management：57.

城市，消费者的常用、预购、理想品牌第一名都是雪花。此外，雪花是长春等10个城市消费者选择的常用品牌第一名，贵阳等12个城市消费者选择的预购品牌第一名。

（2）区域强势品牌

由于啤酒包装笨重、不易运输，啤酒市场的区域性特征明显。全国性品牌运用雄厚的资金实力，在各个区域并购当地啤酒品牌，布局全国。但是毕竟只有少数品牌具有在全国市场范围内运作的能力，大多数啤酒品牌还是区域性品牌，在特定的区域市场内深受消费者的喜爱，品牌认知度和美誉度很高。

本次调查中，除青岛、雪花表现出显著的全国性品牌特征外，其他品牌都被归于区域强势品牌。这些区域强势品牌在某一个或两个城市获得了消费者常用品牌第一名，并且在某些城市的理想品牌提及率也在前三名之列。区域强势品牌的背后，往往还能够看到国际大型啤酒集团的身影。见图3—3—2。

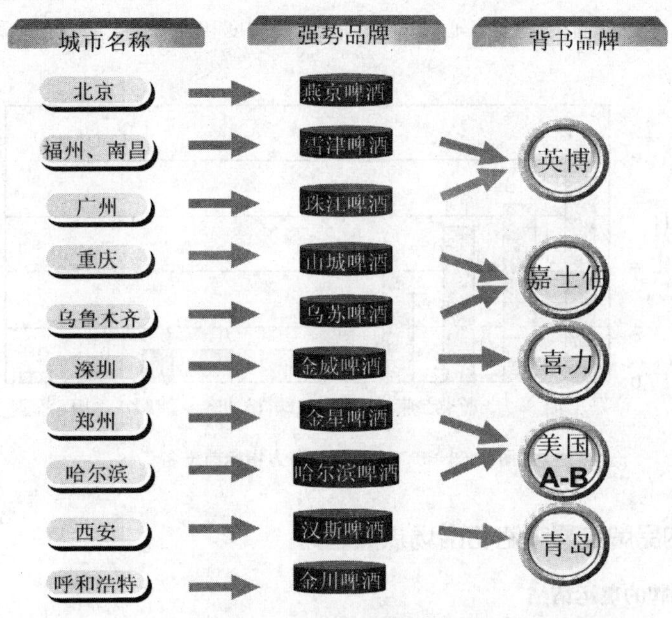


**图3—3—2 国内区域强势啤酒品牌的区域版图及背书品牌**

2. 国外啤酒品牌阵营

国外啤酒阵营中，百威、蓝带、三得利、嘉士伯和喜力表现出色。百威和蓝带进入本次调查的常用、预购和理想品牌前十名之列，其他3个品牌表现也不错，但与百威和蓝带的品牌知名度和美誉度还有一定距离，属于不同的品牌阶梯。

（1）第一阶梯：百威、蓝带

百威是中国消费者最熟悉、最常用的国外啤酒品牌，本次调查中它获得了预购和理想品牌第二名及常用品牌第三名。除青岛啤酒和雪花啤酒外，百威是唯一的常用、预购和理想品牌提及率均超过10%的品牌。从区域来看，百威啤酒在南京、昆明、拉萨消费者的常用和理想品牌提及率中均名列第一名，在武汉、杭州、天津消费者的理想品牌提及率中获得了第一名的成绩，常用品牌提及率排名第二。长沙、西安、沈阳、大连、青岛、成都、广州、北京、上海、宁波、合肥、太原、呼和浩特的消费者对百威的常用、理想提及率均进入区域前三名。

蓝带啤酒名列常用、预购和理想品牌第四名，仅落后于青岛、雪花和百威。同时，蓝带的潜力指标排名第三，晋级指标排名第五。蓝带在北京、天津、石家庄、深圳、杭州、大连、沈阳、济南、长春、南昌、厦门、南宁、兰州、乌鲁木齐、银川、呼和浩特、太原、合肥、郑州、宁波、武汉、哈尔滨22个城市消费者心目中的常用、理想品牌排名均在前五名之列，特别是在银川，蓝带是消费者最理想的品牌，在乌鲁木齐、兰州、南宁、石家庄4个城市，蓝带是消费者心目中的第二理想品牌。

(2) 第二阶梯：三得利、嘉士伯、喜力等

三得利专攻上海市场，是本次调查中上海消费者的常用品牌第一名和理想品牌第二名。此外，它在成都和南京等城市也受到消费者的喜爱。

嘉士伯是这一阵营中潜力指标和晋级指标均最高的品牌。总体来说，嘉士伯在很多城市的理想品牌排名中进入前五名之列，但是，消费者在常用品牌的选择上较少考虑嘉士伯，只有西安、拉萨两个城市的消费者将它选进常用品牌前三名。

喜力在本次调查中获得了预购和理想品牌第八名的成绩，潜力指标排名第二、晋级指标排名第四。数据说明，喜力在中国消费者心目中有一定的认知度和美誉度。见图3－3－3。

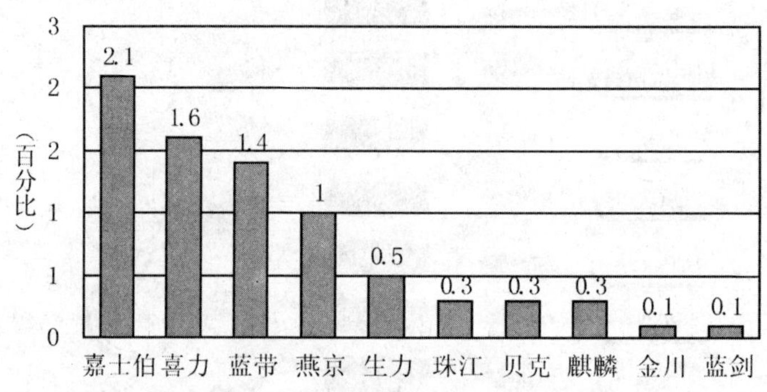


图3－3－3　啤酒品牌潜力指标前十名

## 三、啤酒的品牌发展策略和市场热点趋势

### （一）啤酒品牌的奥运情结

在北京奥运会期间，很多啤酒品牌都借奥运营销来提高品牌形象。啤酒品类共有3家奥运赞助商——百威、青岛和燕京，百威为北京奥运制作的广告片用可爱的蚂蚁作各种各样的体育运动，既突出快乐主题，更与奥运精神暗合；青岛则制定了从“点燃激情”到“传递激情”再到“释放激情”和“演绎激情”纵贯4年、横贯全国的奥运营销计划；燕京借助地利，在品牌的优势区域——北京大力宣传其奥运赞助商的形象。

其他非奥运赞助商同样有着挥之不去的奥运情结，雪花提出“啤酒爱好者，雪花支持你”的口号，从体现普通奥运参与者价值的角度吸引消费者；三得利在上海推出了以“好运08，三得利啤酒”为主题的广告和“观战北京召集令”，将“08”、“好运”等关键词光辉泛化到品牌中。总之，不论是否拥有奥运会赞助商的“金牌令箭”，各大品牌都在积极地向奥运靠拢。

### （二）区域性品牌与城市品牌的共繁共荣

将区域城市品牌的优良品质融入啤酒的品牌联想之中，能够增加啤酒的品牌文化价值，并将消费者对城市品牌的好感“移情”到啤酒品牌中。同时，一个好的啤酒品牌，能够为城市品牌增加底蕴。

燕京、哈尔滨、珠江、山城等啤酒的品牌名称，蕴涵丰富的城市地理及文化含义，这些品牌

在吸引当地消费者时更具优势。从品牌的角度出发，应该管理和利用这种优秀的品牌联想链条，进一步将城市品牌的优良资产"嫁接"到啤酒品牌中。啤酒品牌和城市品牌的共繁共荣，是在争夺奥运福气之外的一场旷日持久的品牌联盟之恋。

**（三）啤酒节的盛典营销**

啤酒节源于德国，它不仅是啤酒爱好者的"嘉年华"，更是各大啤酒进行品牌展示以及和消费者沟通的最好桥梁。几乎所有的知名啤酒品牌都在承办大大小小的啤酒节，例如青岛啤酒节、哈尔滨啤酒节、燕京啤酒节、中国国际啤酒节……无论是企业或是政府发起的各色啤酒节，客观上都为中国市场上的啤酒品牌提供了绝妙的消费者互动场所。

**（四）国外品牌发展前景看好**

国外啤酒品牌"血统优秀"，充满时尚感和个性文化。它们拥有一批特定的消费群体，占据了大部分的酒吧、KTV等娱乐场所销售终端。本次调查的潜力指标前十名中，有6个是国外啤酒品牌；晋级指标前五名中，除青岛以外其余4个都是国外啤酒品牌。可以预计，在未来较长的一段时间内，国外啤酒品牌仍然会在中国市场上活得很"滋润"。见图3－3－4。

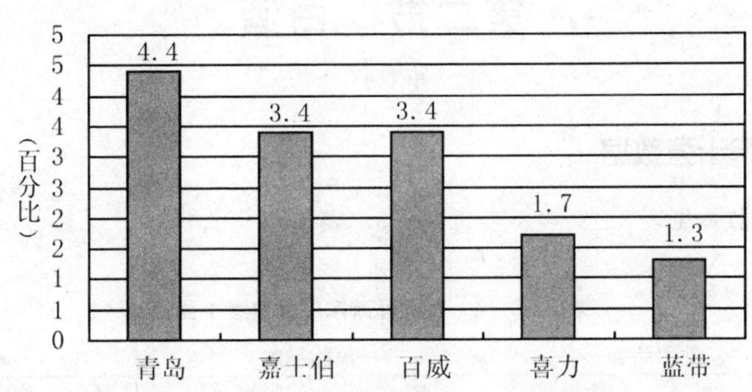


**图3－3－4 啤酒品牌晋级指标前五名**

## 专案解析

### 青岛啤酒：体育、节庆双管齐下，墙内墙外遍地开花

青岛啤酒诞生于1903年，原为日尔曼啤酒股份公司青岛公司，经过一百多年的发展，青岛啤酒已经成为中国啤酒的代名词，受到国内外消费者的喜爱。目前，青岛啤酒的营销网络遍布全国，是国内啤酒阵营中的全国性品牌。青岛啤酒在本次调查中获得常用、预购和理想品牌第一名，并且晋级指标也名列第一，在未来的啤酒市场上，青岛啤酒的领先优势将越来越明显。

**青岛啤酒的奥运营销主线**

青岛啤酒认为，奥运的核心在于全民传播奥运精神和全民健身，它定位于全民奥运精神的倡导者，通过互动和体验博得消费者的放心。青岛啤酒的奥运营销计划既全面又细致，从2006年的"点燃激情"到2007年"传递激情"再到2008年的"释放激情"，以及将来2009年的"演绎激情"，有一条纵贯4年、横通全国的奥运营销主线。"我是冠军"、"倾国倾城"、"大篷车巡游"、赞助"中国网球公开赛"和"厦门马拉松"公开赛，等等，就像是一颗颗珍珠将奥运、青岛啤酒和消费者串联在一起。

**将体育营销提升到战略高度**

实施体育营销战略，就是以体育活动为平台，将品牌内涵融入体育精神之中，形成特有的品牌联想和品牌文化。青岛啤酒的体育营销思路，并不是停留在简单的战术和执行层面上，而是在战略的高度，综合运用各种营销工具，树立品牌形象、传播品牌主张。例如，青岛啤酒将娱乐营销与体育营销相结合，在赞助媒体节目时都选择与体育紧密相关、能与消费者亲密互动的节目。

**节庆营销魅力大**

很多品牌的节庆营销，是在已有的节日里大量投放节庆广告、促销来实现的，这种形式的节庆营销起到了烘托节日气氛、促进短期销售的作用。但青岛啤酒的节庆营销却另辟蹊径，创造了属于自己的狂欢节日，将"激情"、"梦想"等概念以具体化的形式送到消费者的身边。青岛国际啤酒节在当地享有盛誉，通过常年的举办和丰富的节日形式很好地传达了青岛啤酒的品牌理念。2008年青岛啤酒更是走出地区，将啤酒狂欢节送到几十个城市消费者的家门口。这种自创节庆的营销方式为青岛啤酒提供了更多接近消费者的机会，使其在全国市场上一直保持领先地位。

（执笔：孔清溪　朱宁迪）

# 第二节　白酒

## 一、白酒品牌十强数据

白酒品牌十强数据见表3－3－4、表3－3－5、表3－3－6。

**表3－3－4　白酒品牌家庭消费者十强**

| 排　序 | 常用品牌 | | 预购品牌 | | 理想品牌 | |
|---|---|---|---|---|---|---|
| | 名　称 | 提及％ | 名　称 | 提及％ | 名　称 | 提及％ |
| 1 | 金六福 | 13.2 | 五粮液 | 17.4 | 茅台 | 32.9 |
| 2 | 五粮液 | 11.5 | 茅台 | 12.1 | 五粮液 | 25.8 |
| 3 | 剑南春 | 8.2 | 金六福 | 9.6 | 金六福 | 5.4 |
| 4 | 茅台 | 7.2 | 剑南春 | 7.7 | 剑南春 | 4.9 |
| 5 | 汾酒 | 6.6 | 汾酒 | 5.0 | 泸州老窖 | 3.3 |
| 6 | 古井贡 | 5.4 | 泸州老窖 | 4.4 | 汾酒 | 3.1 |
| 7 | 泸州老窖 | 5.1 | 古井贡 | 4.0 | 水井坊 | 2.7 |
| 8 | 稻花香 | 5.0 | 水井坊 | 3.7 | 竹叶青 | 2.3 |
| 9 | 红星二锅头 | 3.9 | 女儿红 | 2.9 | 古井贡 | 2.0 |
| 10 | 衡水老白干 | 3.0 | 红星二锅头 | 2.4 | 稻花香 | 1.6 |

**表3－3－5　白酒品牌潜力消费者十强**

| 排　序 | 常用品牌 | | 预购品牌 | | 理想品牌 | |
|---|---|---|---|---|---|---|
| | 名　称 | 提及％ | 名　称 | 提及％ | 名　称 | 提及％ |
| 1 | 五粮液 | 11.0 | 五粮液 | 15.6 | 茅台 | 36.4 |
| 2 | 金六福 | 10.9 | 茅台 | 13.7 | 五粮液 | 21.0 |
| 3 | 茅台 | 7.6 | 金六福 | 9.3 | 金六福 | 5.7 |
| 4 | 稻花香 | 7.5 | 剑南春 | 6.6 | 女儿红 | 4.2 |
| 5 | 剑南春 | 6.4 | 女儿红 | 6.2 | 剑南春 | 3.6 |
| 6 | 汾酒 | 6.3 | 汾酒 | 5.3 | 汾酒 | 2.7 |
| 7 | 红星二锅头 | 6.2 | 泸州老窖 | 3.1 | 古井贡 | 2.5 |
| 8 | 古井贡 | 3.6 | 稻花香 | 3.1 | 稻花香 | 2.4 |
| 9 | 女儿红 | 3.4 | 古井贡 | 3.1 | 水井坊 | 2.4 |
| 10 | 泸州老窖 | 3.1 | 竹叶青 | 2.8 | 杏花村 | 2.3 |

表 3—3—6 白酒品牌两类消费者加权十强

| 排 序 | 常用品牌 | | 预购品牌 | | 理想品牌 | |
|---|---|---|---|---|---|---|
| | 名 称 | 提及% | 名 称 | 提及% | 名 称 | 提及% |
| 1 | 金六福 | 12.8 | 五粮液 | 17.1 | 茅台 | 33.6 |
| 2 | 五粮液 | 11.4 | 茅台 | 12.4 | 五粮液 | 24.9 |
| 3 | 剑南春 | 7.8 | 金六福 | 9.5 | 金六福 | 5.4 |
| 4 | 茅台 | 7.3 | 剑南春 | 7.5 | 剑南春 | 4.6 |
| 5 | 汾酒 | 6.5 | 汾酒 | 5.1 | 泸州老窖 | 3.0 |
| 6 | 稻花香 | 5.5 | 泸州老窖 | 4.1 | 汾酒 | 3.0 |
| 7 | 古井贡 | 5.1 | 古井贡 | 3.8 | 水井坊 | 2.7 |
| 8 | 泸州老窖 | 4.7 | 女儿红 | 3.6 | 竹叶青 | 2.3 |
| 9 | 红星二锅头 | 4.4 | 水井坊 | 3.5 | 古井贡 | 2.1 |
| 10 | 衡水老白干 | 2.9 | 稻花香 | 2.5 | 女儿红 | 2.1 |

## 二、白酒品牌的竞争格局解析

### (一) 消费者对白酒品牌的认知现状

1. 进入消费者选择范围的白酒品牌繁多

由于白酒是我国历史悠久的传统酒类，消费者的白酒知识远远高于其他酒类，传统白酒品牌在消费者心目中有着古老而神圣的位置。近年来，通过广告崛起的新兴品牌，也利用强大的市场营销能力扩大了知名度。本次调查中，消费者共提及白酒品牌 138 个，远远高于其他酒品类的品牌提及数。此外，白酒的消费者集中度为 39.3%，低于其他的酒品类。

2. 茅台、五粮液两个品牌是绝大多数消费者的最爱

虽然消费者提及的白酒品牌很多，但从理想品牌的提及率，以及区域消费者的第一理想品牌分布综合分析得出，茅台、五粮液两个品牌是绝大多数消费者的最爱。金六福、剑南春、汾酒等品牌虽然在常用和预购提及率中显示了强大的竞争实力，但在理想品牌提及率中被茅台和五粮液远远抛在后面。36 个城市中只有太原消费者的第一理想品牌被汾酒占据，其他 35 个城市的第一理想品牌都是茅台或五粮液。

### (二) 白酒品牌竞争格局分析

1. 领跑阵营：五粮液、茅台、金六福、剑南春

茅台、五粮液、剑南春历史悠久，是中国名酒的代名词，代表了白酒的最高质量和荣耀。无论是从品牌资产、生产规模还是上缴税金等角度考量，“茅五剑”① 都是我国白酒行业中的“前三甲”。金六福是市场经济下诞生的新兴品牌，与“茅五剑”相比还十分年轻。它没有“茅五剑”的高贵血统和悠久历史，但依靠“福文化”的品牌定位、强大的营销和市场推广能力和五粮液的优质生产资源，获得了消费者的广泛认同。见图 3—3—5。

(1)“国酒”茅台，理想首选

“国酒”茅台“酱香突出，幽雅细腻”，它的历史源远流长，源头可以追溯到两千多年前的“枸酱酒”。从汉武帝“甘美之”的褒奖、1915 年巴拿马万国博览会金奖，到与新中国开国元勋们结缘，茅台在中国消费者的心目中奠定了无法撼动的至尊地位。在品牌战略上茅台遵循帝王式思维，“一牌为主，多品开发”，率先在白酒领域实行“年份制”，并逐步提高产品价格，不断提升品牌的市场价值。本次调查中，茅台位列理想品牌第一名、预购品牌第二名和常用品牌第四名，

① 茅台、五粮液、剑南春的简称。

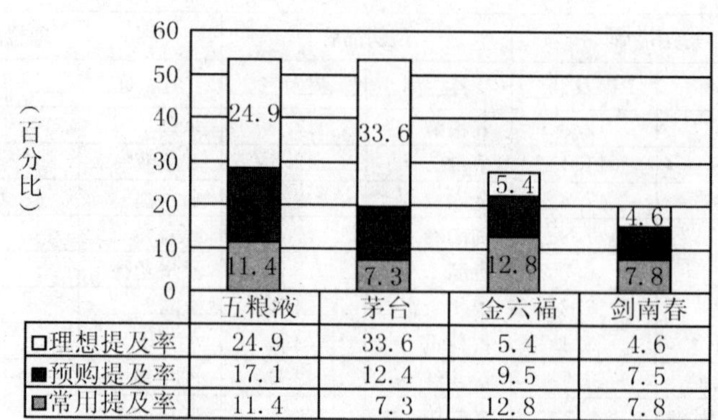


**图 3－3－5　白酒领跑阵营品牌常用、预购和理想提及率累计图**

它的晋级指标名列第一，潜力指标也排名第二，拥有强劲的发展潜力。

（2）五粮液

白酒大王——五粮液，有着六百多年的历史传承，“香气悠久、味醇甘美”。五粮液的快速成长源自其在白酒行业中独特的品牌策略——白酒业 OEM 模式。五粮液的 OEM，不同于以往的贴牌生产，而是利用自己过剩的生产能力与强大的品牌号召力，为其他品牌加工生产，以五粮液的品牌作为质量担保。这种独创的品牌策略成就了五粮液的“酒王”地位。本次调查中五粮液获得预购品牌第一名、常用和理想品牌第二名，以及潜力指标第一名和晋级指标第二名的成绩。其常用、预购和理想品牌提及率的累计之和也在所有白酒品牌中名列第一。

（3）剑南春

以道家文化为品牌内涵的剑南春，“窖香浓郁、醇厚丰满”。剑南春的历史可以上溯到古蜀时期，享有中国高档白酒守护神的美誉。“唐时宫廷酒，盛世剑南春”——早在唐代剑南春就以其优异的品质成为唐朝宫廷御酒和盛唐文明的优质符号。本次调查中，剑南春名列常用品牌第三名，预购、理想品牌第四名。但是剑南春的常用、预购和理想品牌提及率累计之和是领跑阵营中最低的，其潜力指标和晋级指标都未进入十强。只有深挖“唐文化”的品牌内涵，在“低调”的同时加大品牌营销力度，剑南春才能够继续保持领跑优势。

（4）金六福

高举“福文化”大旗的金六福，是与“茅五剑”不同的新生代白酒品牌。无论是文化营销，还是体育营销、节庆营销，金六福都是白酒行业中最活跃、最积极的一个品牌。在“茅五剑”和众多历史名酒面前，它一方面通过五粮液的 OEM 模式，得到五粮液优质酒品的背书；另一方面从“福文化”中深挖品牌内涵，走出了一条不同于历史定位的品牌之路。本次调查中，金六福摘取了常用品牌的桂冠，在预购、理想品牌排名中也跻身第三名。

2. 挑战者阵营：汾酒、竹叶青、古井贡、泸州老窖、水井坊

挑战者阵营的品牌是受到消费者认同的中高档品牌，它们大多数是“十七大名酒”中的佼佼者，有着广为流传的品牌历史故事。“借问酒家何处有，牧童遥指杏花村”的汾酒是我国清香型白酒的代表。同属汾酒集团的竹叶青是我国最早定位为保健酒的品牌。被誉为“酒中牡丹”的古井贡入口绵甜、醇香清怡、口感饱满。“浓香鼻祖”泸州老窖拥有“中国第一窖”，其子品牌国窖 1573 走高档品牌之路，获得消费者青睐。本次调查中，国窖 1573 获得晋级指标第七名。水井坊是全兴集团在 2000 年推出的高档品牌，它定位为中国高尚元素的代表，凭借“中国白酒第一坊”的优秀资源和“风、雅、颂”品牌文化，迅速跻身为高档品牌的新秀。见图 3－3－6。

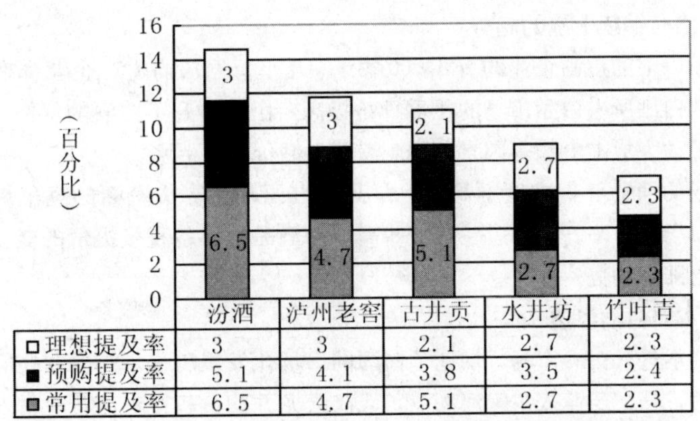


| | 汾酒 | 泸州老窖 | 古井贡 | 水井坊 | 竹叶青 |
|---|---|---|---|---|---|
| □理想提及率 | 3 | 3 | 2.1 | 2.7 | 2.3 |
| ■预购提及率 | 5.1 | 4.1 | 3.8 | 3.5 | 2.4 |
| ■常用提及率 | 6.5 | 4.7 | 5.1 | 2.7 | 2.3 |

图 3—3—6 白酒挑战者阵营品牌常用、预购和理想提及率累计图

3. 平民阵营：红星二锅头、衡水老白干、稻花香等

平民阵营是低档白酒品牌的天下，红星二锅头、衡水老白干、稻花香、沱牌、双沟、牛栏山二锅头等低档白酒品牌是很多普通消费者日常饮酒的选择。平民阵营的品牌在白酒市场上占有不小的份额，有着广泛的生存空间。它们在品牌策略上也是花样百出，例如红星二锅头的“品不够的京味，离不开的红星”和牛栏山二锅头的“正宗二锅头，地道北京味”都是主打京味文化；稻花香的“人生丰收时刻”定位成功文化；衡水老白干则在历史悠久上做足文章。

4. 白酒品牌的区域竞争力分析

本次调查显示，一批白酒品牌在区域市场内获得消费者的认可。虽然 36 个城市的消费者在各自城市第一理想品牌的选择上几乎一边倒地青睐于高端品牌茅台和五粮液，但在常用和预购品牌的选择上多考虑有地缘优势的、更加适合当地消费习惯的品牌。例如剑南春在成都、河套在呼和浩特、衡水老白干在石家庄、口子酒在合肥、泸州老窖在兰州、宋河在郑州、西凤在西安都是当地消费者的第一常用和预购品牌。此外，古井贡在银川、红星二锅头在北京、浏阳河在长沙、沱牌在拉萨、剑南春在广州和上海是当地消费者的第一常用品牌。汾酒是太原消费者心目中的第一常用、预购和理想品牌。

## 三、白酒的品牌发展策略和市场热点趋势

### （一）白酒的品牌发展策略

白酒品类的品牌竞争，不仅是品牌形象的竞争，更是品牌文化的竞争。白酒品牌定位的过程，就是整合各种文化资源的过程。目前白酒品牌定位有以下 3 种：

1. 历史型品牌定位

白酒的历史文化故事能增强品牌的品位价值和信誉度，代表了产品的尊贵品质。例如茅台就是中国酒文化的典范，茅台品牌历史厚重感的形成就得益于其对中国酒文化的运用。

2. 感性诉求型品牌定位

通过赋予品牌独特的情感元素，满足消费者情感上的需求，使白酒品牌具备自己的个性，实现差异化。例如金六福以“福运”为核心的福文化，从情感的表现形式上打动消费者的心，形成了它独特的品牌资产。

3. 个性化品牌定位

借助人们极端的情感，在消费者的内心占据很大的认知空间。例如小糊涂仙酒宣扬“糊涂”

的个性文化，为品牌塑造了生动的形象。

**（二）白酒价格有继续上涨的趋势**

目前我国规模以上的白酒企业约有 1 000 家[①]，几乎每家白酒生产企业都推出中高档价位的白酒品牌，中高档白酒所占白酒市场的比重日益提高，由此抬升了白酒的价格。此外，白酒上游原料价格上涨、劳动力成本上涨等因素共同刺激了白酒价格的上涨。

虽然白酒市场的消费者集中度不高，但是高端白酒却是寡头垄断的竞争局面，茅台、五粮液、泸州老窖的市场占有率高达 80%[②]，这些高端白酒品牌具备直接提价的能力。因此，未来白酒价格将有继续上涨的趋势。

**（三）业外资本向白酒渗透**

近年来业外资本进入白酒市场，加速了白酒的市场化发展历程。深振业控股董酒，泸州宝光集团收购郎酒集团，辅仁药业入主宋河酒业，武汉天龙并购黄鹤楼，洁石建材入主宝丰，维维集团收购双沟等，在短短几年的时间里，中国白酒市场很多二线品牌被业外资本控股，这一比例还有增加的趋势。

**（四）马太效应明显**

国家政策的调整和对白酒市场宏观环境的治理，使白酒企业未来的分化将更加明显，大品牌将聚集更多的生产能力，强者更强、弱者更弱的马太效应将使众多小品牌淘汰出局。

## 专案解析

### 金六福：文化营销显神威

**金六福的空手道功夫**

20 世纪 90 年代是白酒行业处境艰难的时刻。国家政策的限制和市场需求的萎靡，加上山西假酒事件、秦池标王的轰然倒塌，都使白酒品牌的竞争更加激烈，矛盾凸显。金六福诞生于 90 年代中后期，一举成为我国新兴白酒品牌中的急先锋。在品牌创立时，金六福没有酒厂，自己并不生产白酒，只有品牌和营销网络。它看中五粮液的白酒业 OEM 模式，依托五粮液的生产技术和巨大品牌优势上演了一场美轮美奂的空手道表演。五粮液 OEM 模式合作的品牌非常多，但是，如此长袖善舞，欲与“茅五剑”一争天下的，非金六福莫属。

**用情境忠诚创造独特品牌定位方式**

当众多白酒品牌还在思考如何通过口味的差异化创造品牌联想和核心资产时，金六福先行一步赶了个早集，在情境忠诚上寻找品牌定位的突破点。作为一个新兴品牌，金六福在历史资源的挖掘上，如何努力也赶不上那些有几千年、几百年历史传承的传统品牌，但在文化资源的利用与再创造上，金六福创造了奇迹。

金六福的情境忠诚包括 3 个组成部分：中秋、春节和婚庆。它希望通过自己的品牌定位能够使消费者在以上 3 种情境之中能首先联想到自己的品牌，并且通过文化的创造使这种联系能够长久和忠诚。于是，金六福为自己的情境忠诚找到了绝妙的品牌定位载体：福文化。

**福文化的使者**

金六福的品牌名称与其福文化使者的身份完美结合，迎合了消费者盼福和喜好吉利的传统习

① 认准纯粮标志，明明白白喝白酒［OL］．［2005-06-24］．http：//info. ebdoor. com/ProductReports/1499. aspx.

② 酒鬼酒：冲击白酒行业第一梯队值得期待［OL］．［2008-05-24］．http：//guba5. eastmoney. com/000799，3004143692，guba. html.

俗和需求，引导消费者追求“寿、富、康、德、和、孝”的美好境界。此外，它对福文化的品牌定位进行了深刻和不断创新的挖掘，结合时间、节庆和社会热点事件，应时应景地进行品牌推广。从最初的“好日子离不开它”，到“运气就是这么好”、“为××干杯”的 N 个版本，再到“中国人的福酒”、“奥运福、金六福”和“春节回家，金六福酒”、“中秋团圆，金六福酒”、“我有喜事，金六福酒”，金六福打出了一套又一套福文化的组合拳。它从个人之福到家庭之福、民族之福、国家之福不同的层次上制造情境忠诚，创造了品牌的独特魅力。认同中国福文化与认同金六福、选择金六福之间，形成了一条坚固的纽带，创造了独特的品牌联想。

本次调查的数据综合显示，金六福已经超过了其他品牌，从挑战者阵营中脱颖而出，跃居领跑阵营。它已经获得了常用品牌第一名的成绩，但是领先优势并不十分明显。在理想品牌的提及率中，金六福虽然名列第三，但与茅台和五粮液仍不可同日而语。想要真正达到与“茅五剑”齐名的高度，它还需要进一步提高品牌的美誉度。金六福，值得期待。

### 资料链接

目前，我国白酒品类已经进入了稳定、健康的发展轨道，现有 17 个优质白酒、53 个名牌白酒，五粮液、茅台、剑南春成为白酒中的领军品牌。现代白酒品牌发展经历了如下阶段：

• 白酒品牌的民间传播时代（1949—1979 年）。五粮液、茅台、剑南春等代表中国白酒最高质量和至高荣誉的品牌，以及红星二锅头、衡水二锅头等平民化品牌都在这个时期获得较快发展。

• 十七大名酒的发展期（20 世纪 80 年代—90 年代初）。这一时期最有名的白酒品牌是茅台，茅台享有“国酒”之尊称，是我国消费者心目中的理想品牌。这一时期的五届评酒会选出了我国十七大名酒：茅台、五粮液、剑南春、古井贡、汾酒、泸州老窖、全兴、郎酒、宝丰、董酒、双沟、宋河、西凤、洋河、武陵、黄鹤楼、沱牌。这些名酒成为我国第一批响亮的白酒品牌，赢得了极大的知名度和美誉度。

• 新兴品牌依靠广告迅速崛起（1991—1997 年）。利用这一时期市场经济逐渐开放的大好机会，一批新兴品牌用大量投放的广告和各种营销活动打响了品牌知名度之战。例如 1991 年借助《北京人在纽约》的热播，孔府家酒在中央电视台投放广告，并凭借一句“孔府家酒，叫你想家”的广告语迅速红遍全国。这些新兴品牌通过广告占据了巨大的市场份额，但也因为单纯依赖广告的策略而无法获得长期稳定的发展。1997 年秦池的“标王事件”就暴露了这种新兴品牌急速扩张背后的危险本质。

• 良性发展阶段（1998 年至今）。前一阶段新兴品牌广告战的成败为众多白酒品牌上了生动的一课，它们纷纷通过广告等各种营销手段叫卖自己的品牌。传统品牌中的茅台仍以“国酒”姿态示人；川酒的“六朵金花”——五粮液、剑南春、泸州老窖、全兴、郎酒、沱牌都积极挖掘品牌历史，诉求传统酿造工艺，高频率投放制作精美、阵容华丽的广告片。此外，一批市场运作能力很强的新兴品牌也不断涌入，如金六福、水井坊等品牌获得又快又稳的发展。

（执笔：孔清溪　朱宁迪）

## 第三节　葡萄酒

### 一、葡萄酒品牌十强数据

葡萄酒品牌十强数据见表 3—3—7、表 3—3—8、表 3—3—9。

表 3－3－7　葡萄酒品牌家庭消费者十强

| 排　序 | 常用品牌 | | 预购品牌 | | 理想品牌 | |
|---|---|---|---|---|---|---|
| | 名　称 | 提及％ | 名　称 | 提及％ | 名　称 | 提及％ |
| 1 | 长城 | 31.0 | 张裕 | 29.8 | 张裕 | 34.4 |
| 2 | 张裕 | 27.4 | 长城 | 22.0 | 长城 | 22.6 |
| 3 | 王朝 | 10.0 | 王朝 | 10.7 | 王朝 | 10.5 |
| 4 | 通化 | 5.6 | 公爵干红 | 4.3 | 云南红 | 4.2 |
| 5 | 云南红 | 3.7 | 通化 | 4.2 | 公爵干红 | 3.9 |
| 6 | 公爵干红 | 2.9 | 云南红 | 4.2 | 通化 | 3.4 |
| 7 | 威龙 | 2.9 | 华夏 | 3.8 | 伯爵 | 3.3 |
| 8 | 华夏 | 2.4 | 威龙 | 3.5 | 威龙 | 2.9 |
| 9 | 伯爵 | 1.9 | 伯爵 | 2.6 | 阿波罗尼奥 | 2.6 |
| 10 | 千禧 | 1.7 | 千禧 | 2.2 | 华夏 | 2.5 |

表 3－3－8　葡萄酒品牌潜力消费者十强

| 排　序 | 常用品牌 | | 预购品牌 | | 理想品牌 | |
|---|---|---|---|---|---|---|
| | 名　称 | 提及％ | 名　称 | 提及％ | 名　称 | 提及％ |
| 1 | 长城 | 27.6 | 张裕 | 26.9 | 张裕 | 33.4 |
| 2 | 张裕 | 25.2 | 长城 | 17.5 | 长城 | 17.0 |
| 3 | 王朝 | 6.4 | 王朝 | 8.5 | 王朝 | 8.6 |
| 4 | 云南红 | 4.5 | 华夏 | 5.4 | 公爵干红 | 5.1 |
| 5 | 公爵干红 | 4.2 | 公爵干红 | 4.7 | 阿波罗尼奥 | 5.1 |
| 6 | 通化 | 4.2 | 云南红 | 4.4 | 伯爵 | 4.7 |
| 7 | 华夏 | 3.9 | 伯爵 | 4.1 | 华夏 | 4.0 |
| 8 | 伯爵 | 3.0 | 千禧 | 3.8 | 夜光杯 | 4.0 |
| 9 | 千禧 | 3.0 | 夜光杯 | 3.1 | 千禧 | 3.2 |
| 10 | 威龙 | 2.6 | 通化 | 2.9 | 云南红 | 3.1 |

表 3－3－9　葡萄酒品牌两类消费者加权十强

| 排　序 | 常用品牌 | | 预购品牌 | | 理想品牌 | |
|---|---|---|---|---|---|---|
| | 名　称 | 提及％ | 名　称 | 提及％ | 名　称 | 提及％ |
| 1 | 长城 | 30.3 | 张裕 | 29.2 | 张裕 | 34.2 |
| 2 | 张裕 | 26.9 | 长城 | 21.1 | 长城 | 21.5 |
| 3 | 王朝 | 9.3 | 王朝 | 10.3 | 王朝 | 10.1 |
| 4 | 通化 | 5.3 | 公爵干红 | 4.4 | 公爵干红 | 4.1 |
| 5 | 云南红 | 3.9 | 云南红 | 4.2 | 云南红 | 3.9 |
| 6 | 公爵干红 | 3.2 | 华夏 | 4.2 | 伯爵 | 3.6 |
| 7 | 威龙 | 2.9 | 通化 | 4.0 | 通化 | 3.2 |
| 8 | 华夏 | 2.7 | 威龙 | 3.2 | 阿波罗尼奥 | 3.1 |
| 9 | 伯爵 | 2.1 | 伯爵 | 2.9 | 威龙 | 2.8 |
| 10 | 千禧 | 1.9 | 千禧 | 2.6 | 华夏 | 2.8 |

## 二、葡萄酒品牌的竞争格局解析

### （一）葡萄酒的消费行为分析

1. 消费渠道及动机分析

消费者购买葡萄酒的渠道分为两类：一类是酒店、酒吧等娱乐场所；一类是超市和购物中心等零售终端。目前，我国消费者并未形成特定的葡萄酒消费习惯，从动机上来看，娱乐场所的葡萄酒消费属于即时型消费，即买即饮；超市、购物中心的葡萄酒消费属于家庭、个人自饮或送礼，多为节庆、纪念日时饮用。

2. 消费者常在几大品牌间转换购买

本次调查中，消费者提及的常用葡萄酒品牌共47个，葡萄酒的消费者集中度很高，是烟酒行业中唯一的高集中度品类。数据说明，消费者在购买葡萄酒时特别相信品牌的力量，长城、张裕、王朝、通化四大品牌占据了绝大部分消费者的心智。但是这些品牌的维系度指标并不高，只有名列理想品牌第一名的张裕获得高于50%的品牌维系度。

从高集中度和低维系度综合分析得出，消费者在购买葡萄酒时很少尝试长城、张裕、王朝、通化之外的其他品牌，但却常常在这四大品牌之间转换选择，通过不断尝试和体验选择最适合自己及最理想的葡萄酒品牌。当面对大量的葡萄酒品牌时，大多数消费者不会考虑长城、张裕、王朝、通化之外的品牌，但是具体选择四大品牌中的哪个品牌，他们缺乏判断的理由，常常随机作出选择。见图3—3—7、图3—3—8。

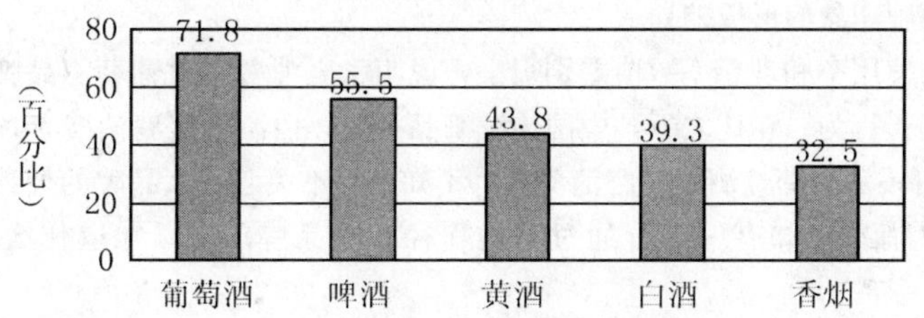


图3—3—7　烟酒品类集中度指标对比图

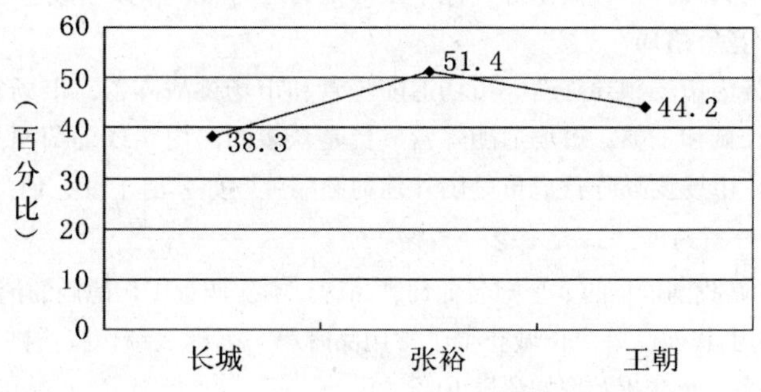


图3—3—8　葡萄酒常用品牌前三名的维系度指标

3. 家庭消费者和潜在消费者的认知、消费差异

（1）消费需求和能力的差异

家庭消费者购买葡萄酒时有两种特殊需求——保健和礼品赠送，而潜力消费者一般是自饮型

消费。

家庭消费者比潜力消费者更加注重健康，适量饮用葡萄酒能够满足他们的保健需求。送礼的需求也是家庭消费者所特有的，一般而言，潜力消费者的生活环境较为单纯，因此礼品赠送的需求不如家庭消费者明显。潜力消费者对红酒的消费需求多为在聚会、纪念日等特殊时刻营造浪漫情调，在这些方面他们显示出比家庭消费者更旺盛的需求。

本次调查中，两类消费者的葡萄酒消费差异与白酒相似，家庭消费者的葡萄酒消费能力大于潜在消费者，他们的使用率和理想率均明显高于潜力消费者。见图 3－3－9。

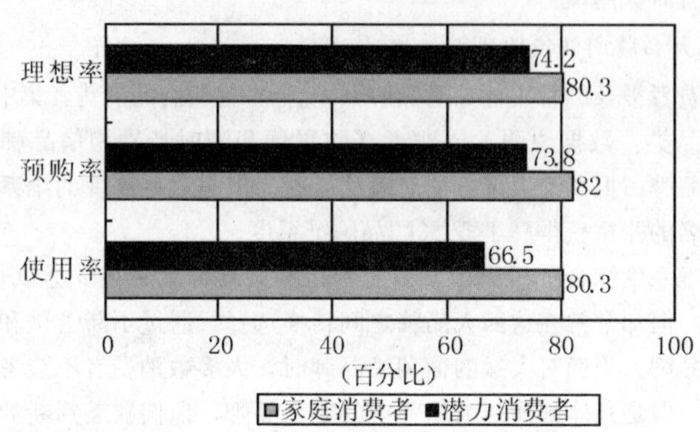


**图 3－3－9　葡萄酒两类消费者使用率、预购率和理想率对比图**

（2）葡萄酒品牌印象的形成差异

家庭消费者的使用率和理想率数值差别很小，说明家庭消费者对葡萄酒品牌的印象很大一部分来源于尝试和购买行为。相比之下，中国传统酒品类——白酒的家庭消费者理想率高于使用率近 10%。这意味着不消费葡萄酒的家庭消费者，不知道也不关心什么品牌的葡萄酒是好品牌，而不消费白酒的家庭消费者却有一部分通过其他途径获得品牌印象，知道什么品牌的白酒是好品牌。

潜力消费者中的一部分非使用者具有明确的品牌好恶印象。本次调查显示的潜力消费者理想率约高于其使用率 8%，说明葡萄酒知识在潜力消费者中得到了较好的传播，其品牌印象并非完全来源于产品尝试和购买，广告、促销等其他手段都是畅通的品牌印象形成途径。

**（二）葡萄酒品牌竞争格局**

我国葡萄酒品牌分为市场领导阵营、市场追随阵营和市场挑战阵营。市场领导阵营的“三大元老”品牌是张裕、长城和王朝。市场追随阵营成员是众多的国内二线葡萄酒品牌，以威龙、通化、云南红等为代表。市场挑战阵营成员是国外葡萄酒品牌，如公爵干红、伯爵等。

1. 市场领导阵营：葡萄酒“三大元老”品牌

张裕、长城和王朝是我国最早的 3 个知名葡萄酒品牌。本次调查中，他们的消费者常用、预购和理想提及率均远远领先于其他品牌。长城获得了常用品牌第一名的成绩，张裕则是预购和理想品牌“双料冠军”，王朝的预购、理想提及率均超过 10%。

总体而言，本次调查数据显示：张裕的品牌优势最为明显，长城紧随其后，王朝与张裕和长城的提及率有一定差距。张裕的潜力指标和晋级指标均名列第一，显示出了深厚的品牌底蕴和未来成长空间；王朝的潜力指标排名第四，晋级指标排名第六，在抵抗外来阵营品牌威胁时显示出了较强的力量。

“三大元老”品牌目前都奉行“两手抓”战略。一手抓品牌国际化建设，“以攻为守”应对国外品牌的挑战，例如张裕以张裕解百纳为中高端核心子品牌，四大酒庄细分各个高端市场，“深入骨髓”地执行品牌国际化战略。王朝则与多个跨国公司签订战略合作协议，走“强强联合”的国际化之路。

另一手牢牢抓紧国内稀缺的高端葡萄酒资源，进一步发展高端葡萄酒系列品牌，以求与国内二线葡萄酒品牌形成有效区隔。例如长城的华夏葡园A区、星级长城、金色庄园和君顶酒庄酒构筑了高端品牌的坚实“长城”。此外，长城还利用2008奥运会供应商的身份，执行其“人文奥运”战略。通过主打大品牌战略和奥运营销，创造品牌新高度。

2. 市场追随者：其他国内二线品牌

国内二线品牌数量众多，与“三大元老”品牌的差距显著。这一阵营的品牌在品牌策略上“八仙过海，各显神通”。威龙主打低价品牌，丰收则定位中端市场，云南红运用少数民族文化概念，紫轩则大手笔投放央视黄金段广告。

通化、威龙、云南红、华夏4个二线品牌进入本次调查常用、预购和理想品牌十强；千禧名列常用、预购品牌第十名。这些二线品牌的提及率均为2%～5%。潜力指标和晋级指标的前十名均以这一阵营的品牌居多，华夏、夜光杯、万达、千禧、丰收等都是潜力指标的十强，夜光杯、万达、新天的品牌美誉度较高，均跻身晋级指标前十名的行列。

二线品牌一般是区域市场上的“宠儿”，在各自区域版图内是强势品牌，渠道和产品都占据先机，市场占有率和品牌知名度都较高，受到区域消费者的支持。例如本次调查中，通化是长春消费者心目中的常用和预购品牌第一名；威龙是杭州消费者心目中的常用和理想品牌第一名；云南红则全面占据了昆明消费者心目中常用、预购和理想品牌第一名的位置。

3. 市场挑战者：国外葡萄酒品牌

我国葡萄酒进口量逐年增长，2007年同比增长高达125%①，但是绝大多数国外葡萄酒品牌在消费者心目中认知度不高。本次调查中，只有公爵干红、伯爵、阿波罗尼奥3个品牌进入常用十强，在所有消费者提及的61个葡萄酒品牌中，国外葡萄酒品牌只有8个。

国外葡萄酒品牌鱼龙混杂并且价格偏高，消费者购买时很难辨别真伪，不知道如何判断产品的质量。国外品牌的铺货能力又远远不及国内品牌，无法从渠道上给消费者提供便利。阿波罗尼奥、伯爵和公爵干红的晋级指标分列第二名、第三名和第五名，这些数据说明国外品牌获得消费者的信任后，很容易培育品牌的美誉度。一旦在渠道、品牌建设和推广上获得突破，这些国外葡萄酒品牌将成为“三大元老”旗下高端系列品牌的有力挑战者。

## 三、葡萄酒品牌发展策略和市场热点趋势

### （一）国家新标准出台，推动葡萄酒国际化进程

2008年1月1日，我国葡萄酒开始执行新的国家强制性标准，新标准与老标准相比，不仅具有强制执行力，并且明确规定了年份葡萄酒、品种葡萄酒、产地葡萄酒的定义。这个新标准是广泛参照国际葡萄酒标准而制定的，它的推行将有力推动中国葡萄酒的国际化进程。

### （二）“年份葡萄酒”的穷途末路

国家新标准对目前市场上泛滥的“年份葡萄酒”作出明确规定，其所标注的年份必须是葡萄采摘的年份，并且该年的葡萄汁含量必须达到80%以上②。从长期来看，新国标的规定是

① 2007年中国进口葡萄酒达5 400万瓶［OL］.［2008-03-31］. http://www.foodqs.com/news/alibaba/info.asp?id=1340251&zt=zx.

② “旧标准”葡萄酒，新年前大甩卖［OL］.［2007-12-29］. http://www.harbindaily.com/200712/K20071229CBDA07F235F66B8E0087331C17C05DFE.html.

各品牌混乱炒作年份酒概念的“刹车板”，真正的大品牌年份葡萄酒将是这场博弈中的获利方，而绝大多数不符规定的“年份葡萄酒”品牌将消失。

**（三）高端市场的肥肉“喷喷香”**

有实力发展高端葡萄酒的品牌都纷纷瞄准了这块“喷喷香”的肥肉。“三大元老”使尽浑身解数布局高端市场。例如张裕2008年加大对高端葡萄酒的投入，与法拉宾合作推出张裕白兰地的高端品牌可雅白兰地；即将完工的爱斐堡酒庄则定位于酒庄系列的最高端品牌。

国外葡萄酒品牌凭借自身优势的原料、精湛的工艺及品牌背后的深厚文化底蕴，紧盯国内品牌最为薄弱的高端市场，成为“三大元老”在高端布局时的有力竞争对手。未来的葡萄酒市场必将出现更多的高端品牌，“三大元老”和国外品牌的“龙虎斗”将异常激烈。

**（四）通过品酒会培育消费者，扩大品牌知名度**

中国消费者对葡萄酒的认知程度不及白酒、啤酒等品类，品酒会是葡萄酒品牌扩大知名度、近距离接触和培育消费者的好工具。在品酒会中，消费者能够近距离接触葡萄酒和葡萄酒文化，提高对葡萄酒的甄别和鉴赏能力。特别对于定位高端葡萄酒品牌而言，品酒会是其非常重要的营销策略之一。

## 专案解析

### 长城：浓墨重彩的先驱品牌

长城葡萄酒诞生于20世纪80年代，目前属于中粮集团。作为中国葡萄酒品牌“三大元老”之一，长城曾研发出中国第一瓶干白、第一瓶干红葡萄酒，以及第一瓶起泡酒，为中国葡萄酒的发展立下过汗马功劳。现在，长城也辛勤地续写着葡萄酒品牌的发展史。在本次调查中，它获得了消费者常用品牌第一名，理想和预购品牌第二名的成绩。

**长城的奥运营销**

长城是2008北京奥运的供应商，制定了“相约长城，相约奥运”的人文奥运战略。在13个城市举办“国际奥委会奥运珍藏品中国巡展”、“奥运城市酒标大赛”和“超越2008”奥运豪华版全球限量珍藏酒的推出是长城奥运营销的几颗闪亮棋子。

**以个性化定制服务打造高端品牌**

高端葡萄酒市场是“三大元老”品牌目前的战略制高点，长城通过个性化定制服务的创新，成功地找到了高端市场的切入点。消费者可以从长城挑选不同年份、不同品种的葡萄酒，实现产品的个性化，并且要求长城根据自己的需要重新设计酒标和包装盒。在包装设计中，消费者可以根据自己的身份添加个人信息或者公司信息。这种“专酒专用”的个性化定制服务将消费者融入品牌之中，让消费者感受到品牌与自己合二为一，是长城高端品牌之路上的神来之笔。

**事件营销提高品牌美誉度**

长城品牌的知名度在消费者心目中毋庸置疑，努力提高品牌美誉度才是长城从“三大元老”阵营中脱颖而出的关键。通过成为APEC财长会议晚宴专用酒、亚洲博鳌论坛唯一指定用酒、中法文化年希拉克访华国宴用酒等事件营销活动，长城努力塑造着品牌的高端形象。2007年长城赞助华彬北京高尔夫公开赛，将事件营销做得更加精致。长城目标明确地赞助有影响力的文化活动和体育赛事，关注有世界名流参与的重大事件，积极地向目标受众传达着品牌的独特魅力。

## 资料链接

我国的葡萄酒品牌可以分为4类：第一类是以长城、张裕、王朝为代表的全国性知名葡萄酒品牌；

第二类是以新天、威龙、通化等为代表的二线知名品牌；第三类是由其他传统酒类知名品牌延伸和扩展而来的品牌，如古井、茅台、五粮液葡萄酒；第四类是各地区的中小葡萄酒品牌。2006 年我国葡萄酒的年资产总量同比增长了 9.22%，利润总额增长 7.71%，工业总产值增长 23.37%①，实现了持续而稳定的发展。

葡萄酒品牌发展阶段：

• 葡萄酒品牌初创期（1892－1949 年）。1892 年张裕葡萄酒诞生，随后通化、青岛、清徐、长白山等品牌的葡萄酒也相继出现，成为我国第一批葡萄酒品牌。

• 建国后葡萄酒品牌的发展（1949－1987 年）。新中国成立后各葡萄酒生产企业纷纷扩大规模，葡萄酒的产量由 1949 年的不足 200 吨，发展到 1978 年的 6.4 万吨②。伴随葡萄酒消费热潮的到来，20 世纪 80 年代初期和中期出现了两个影响深远的品牌——王朝和长城。这两个品牌与张裕一同形成了我国葡萄酒的 3 个支柱品牌，占有这一阶段全国 50%以上的葡萄酒市场。

• 在震荡中走向品牌整合（1988－2000 年）。这一时期出现的知名品牌有丰收、华夏、威龙、云南红、新天等。由于各品牌间的竞争和兼并，葡萄酒产量在这一阶段出现震荡，经历了一段时间的洗牌之后，各品牌逐渐走向整合。

• 国外品牌的增加及本土品牌的国际化（2001 年至今）。2001 年以来我国葡萄酒产量实现了持续稳定的增长，2002 年我国加入世界贸易组织和葡萄酒进口关税的下调为国外葡萄酒品牌“松绑”，越来越多的国外品牌进入中国市场。张裕、王朝和长城 3 个国内品牌的“领头羊”不满足于国内市场，开始了品牌的国际化之路。

（执笔：朱宁迪）

## 第四节 黄酒

### 一、黄酒品牌十强数据

黄酒品牌十强数据见表 3－3－10、表 3－3－11、表 3－3－12。

**表 3－3－10 黄酒品牌家庭消费者十强**

| 排序 | 常用品牌 | | 预购品牌 | | 理想品牌 | |
|---|---|---|---|---|---|---|
| | 名称 | 提及% | 名称 | 提及% | 名称 | 提及% |
| 1 | 古越龙山 | 17.7 | 古越龙山 | 15.0 | 古越龙山 | 20.0 |
| 2 | 汾湖 | 5.6 | 塔牌 | 6.5 | 周庄 | 6.3 |
| 3 | 塔牌 | 4.3 | 会稽山 | 5.1 | 塔牌 | 6.1 |
| 4 | 古运河 | 3.5 | 周庄 | 5.0 | 汾湖 | 4.7 |
| 5 | 周庄 | 3.4 | 汾湖 | 3.8 | 会稽山 | 3.8 |
| 6 | 会稽山 | 3.1 | 古运河 | 3.1 | 谢村黄酒 | 3.7 |
| 7 | 剑光 | 2.5 | 剑光 | 2.9 | 浙牌 | 3.7 |
| 8 | 浙牌 | 2.4 | 谢村黄酒 | 2.7 | 剑光 | 3.1 |
| 9 | 谢村黄酒 | 2.2 | 浙牌 | 2.3 | 古运河 | 2.7 |
| 10 | 香林 | 1.3 | 鉴湖 | 2.1 | 香林 | 2.6 |

① 2006 年中国葡萄酒行业研究报告［OL］.［2006-08-09］. http://www.51report.com/research/detail/9406655.html.

② 中国葡萄酒历史［OL］. http://www.putaowang.cn/gb/produce/culture/200408050039.html.

表 3－3－11 黄酒品牌潜力消费者十强

| 排 序 | 常用品牌 | | 预购品牌 | | 理想品牌 | |
|---|---|---|---|---|---|---|
| | 名 称 | 提及％ | 名 称 | 提及％ | 名 称 | 提及％ |
| 1 | 古越龙山 | 11.9 | 古越龙山 | 10.6 | 古越龙山 | 13.0 |
| 2 | 周庄 | 8.0 | 周庄 | 8.7 | 周庄 | 11.1 |
| 3 | 汾湖 | 7.3 | 剑光 | 5.9 | 汾湖 | 7.3 |
| 4 | 古运河 | 5.3 | 汾湖 | 5.4 | 谢村黄酒 | 5.8 |
| 5 | 会稽山 | 4.2 | 会稽山 | 5.0 | 会稽山 | 4.9 |
| 6 | 剑光 | 4.2 | 塔牌 | 4.5 | 剑光 | 4.3 |
| 7 | 塔牌 | 4.1 | 古运河 | 4.4 | 塔牌 | 4.0 |
| 8 | 谢村黄酒 | 3.0 | 谢村黄酒 | 3.6 | 浙牌 | 4.0 |
| 9 | 香林 | 2.2 | 鉴湖 | 2.9 | 古运河 | 3.4 |
| 10 | 浙牌 | 2.2 | 锣鼓洞 | 2.7 | 鉴湖 | 2.7 |

表 3－3－12 黄酒品牌两类消费者加权十强

| 排 序 | 常用品牌 | | 预购品牌 | | 理想品牌 | |
|---|---|---|---|---|---|---|
| | 名 称 | 提及％ | 名 称 | 提及％ | 名 称 | 提及％ |
| 1 | 古越龙山 | 16.5 | 古越龙山 | 14.1 | 古越龙山 | 18.6 |
| 2 | 汾湖 | 5.9 | 塔牌 | 6.1 | 周庄 | 7.3 |
| 3 | 周庄 | 4.3 | 周庄 | 5.7 | 塔牌 | 5.6 |
| 4 | 塔牌 | 4.2 | 会稽山 | 5.1 | 汾湖 | 5.2 |
| 5 | 古运河 | 3.9 | 汾湖 | 4.1 | 谢村黄酒 | 4.1 |
| 6 | 会稽山 | 3.3 | 剑光 | 3.5 | 会稽山 | 4.0 |
| 7 | 剑光 | 2.9 | 古运河 | 3.3 | 浙牌 | 3.7 |
| 8 | 谢村黄酒 | 2.3 | 谢村黄酒 | 2.9 | 剑光 | 3.3 |
| 9 | 浙牌 | 2.3 | 浙牌 | 2.4 | 古运河 | 2.9 |
| 10 | 香林 | 1.5 | 鉴湖 | 2.2 | 香林 | 2.6 |

## 二、黄酒品牌的竞争格局解析

### （一）黄酒品牌的消费行为分析

1. 黄酒品类的消费区域集中，非饮用酒比例高

我国黄酒消费群体主要集中在福建、上海、江苏和浙江四地，以中老年消费者为主。黄酒消费中非饮用酒的比例非常高，很多消费者购买黄酒是为了在做饭时调味和佐餐，或者作为药用酒，日常饮用黄酒的消费者不多，例如 2005 年我国消费的黄酒中只有 30％为饮用酒①。

2. 黄酒的消费量比其他酒类低

黄酒品类在酒行业中所占的市场份额非常小，很多消费者都没有黄酒消费习惯。黄酒的销售量与白酒和啤酒存在很大差距。本次调查中，无论是家庭消费者还是潜力消费者，黄酒品类的使用率都远远低于啤酒、白酒和葡萄酒。总之，黄酒是个小品类，消费人群还非常有限。见图3－3－10。

### （二）黄酒品牌竞争格局分析

1. 黄酒之王：古越龙山一枝独秀

本次调查中，古越龙山获得了常用、预购和理想品牌第一名的成绩，并且其提及率远远高于第二品牌，以绝对优势处于领先地位。古越龙山 46.3％的消费者维系度也是常用品牌前三强中最

---

① 2007 年黄酒面临的五大问题［OL］.［2007-02-13］. http://www.21food.cn/html/news/9/125605.htm.

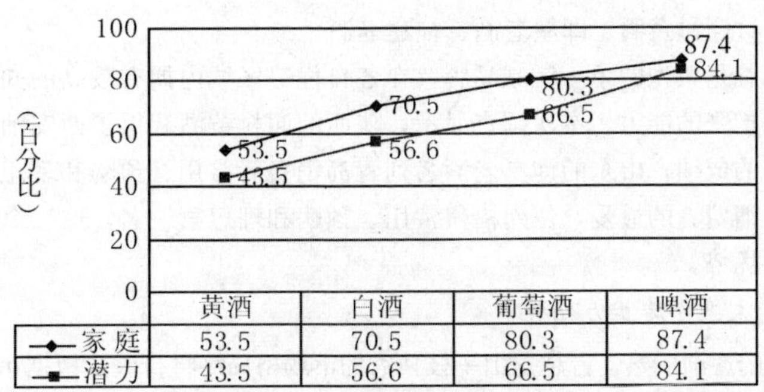


| | 黄酒 | 白酒 | 葡萄酒 | 啤酒 |
|---|---|---|---|---|
| 家庭 | 53.5 | 70.5 | 80.3 | 87.4 |
| 潜力 | 43.5 | 56.6 | 66.5 | 84.1 |

图 3－3－10 两类消费者的酒品类使用率对比图

高的。36 个城市中，有 22 个城市的消费者将古越龙山作为第一理想品牌，其中既有北京、上海、广州、深圳等经济最活跃的几个大城市，也有成都、南昌等经济水平中等和居后的城市。因此，各指标综合说明，古越龙山是黄酒中一枝独秀的领先品牌。

2. 各路诸侯竞争胶着

汾湖、周庄、塔牌等几个品牌竞争胶着，难分胜负。常用品牌第二名的汾湖，预购品牌第二名的塔牌，以及理想品牌第二名的周庄，在消费者提及率上都远远落后于古越龙山。从第二名至第十名，黄酒品牌的常用、预购和理想品牌排名均未形成明显的阶梯层次，常用提及率差距并不大，只有 4.4%。从本次调查得到的数据显示，黄酒品类的竞争格局不甚明朗，其他黄酒品牌的认知度远远落后于古越龙山，成熟品牌的出现需要时间。

3. 黄酒品牌的区域格局

(1) 第一阵营：会稽山、汾湖等浙派黄酒

第一阵营的品牌是有一定实力的市场挑战者，由于浙江绍兴是黄酒的发源地，消费者提到黄酒时自然会联想到绍兴原产地。本次调查中，消费者提及的黄酒品牌绝大部分来自浙江，例如会稽山、汾湖、塔牌、剑光、圣越、香林等都是浙江黄酒品牌，浙派黄酒品牌在常用品牌十强中占据了 7 个席位。

(2) 第二阵营：周庄、锡山等苏派黄酒与石库门、和酒等海派黄酒

第二阵营的品牌是积极寻求突破的区域性品牌。无论是苏派黄酒还是海派黄酒，大多数还未真正走出区域走向全国。

• 苏派黄酒

"天下黄酒第一镇"的苏州吴江市桃源镇是苏派黄酒的生产地，但这里集中的绝大多数是低价位的普通黄酒，知名度不高。本次调查中，苏派黄酒中的周庄和锡山表现较为突出。周庄获得了常用品牌第三名的成绩，并且名列理想品牌第二名；锡山的潜力指标和晋级指标都在前十名之列。

• 海派黄酒

海派黄酒以上海消费者崇尚西方文化的消费心理为基础，是时尚化、小资化了的新派黄酒。和酒宣扬的"和文化"以及"营养酒"的定位、石库门的"老上海情怀"品牌定位等，都是海派黄酒品牌对区域消费者特定心理和需求的精准把握。

有报道显示，海派黄酒生产企业日前销售收入增长缓慢，2007 年 8 月和 11 月甚至出现负增长①。本次调查中获得，上海消费者的常用、预购和理想品牌第一名的并非海派黄酒中的和酒、石库门，而

① 董俊峰．海派黄酒品牌或将面临拐点［OL］．［2008-02-27］．http://www.hjsww.com.cn/article.php?article_id=1499.

是全国性品牌古越龙山，从上海消费者的角度印证了海派黄酒品牌发展中令人担忧的状况。

（3）第三阵营：谢村黄酒、即墨老酒、福建老酒

这一阵营的品牌是典型的单一区域品牌，在各自优势区域内拥有较高的知名度和美誉度，但短期内不具备向外扩张的能力。本次调查显示，陕西的谢村黄酒获得了西安消费者的常用、预购和理想品牌第一名的成绩；山东的即墨老酒名列青岛消费者常用、预购和理想品牌第一名；福建的福建老酒是福州消费者的最爱，位列福州常用、预购和理想第一名，这三个品牌在生产“大本营”内占据了绝对优势。

4. 黄酒品牌的未来发展潜力分析

随着黄酒市场的逐渐成熟，古越龙山一枝独秀的市场格局终将打破。根据市场情况和本次调查的数据综合分析，苏派黄酒中的周庄和浙派黄酒中的会稽山是未来古越龙山最有力的竞争品牌。周庄在本次调查中获得常用品牌、预购品牌第三名，理想品牌第二名的成绩，其市场潜力指标排名第三。此外，浙派黄酒中的塔牌、会稽山、浙牌、鉴湖和陕西黄酒中的谢村黄酒，未来的发展前景也不错。见图 3－3－11。

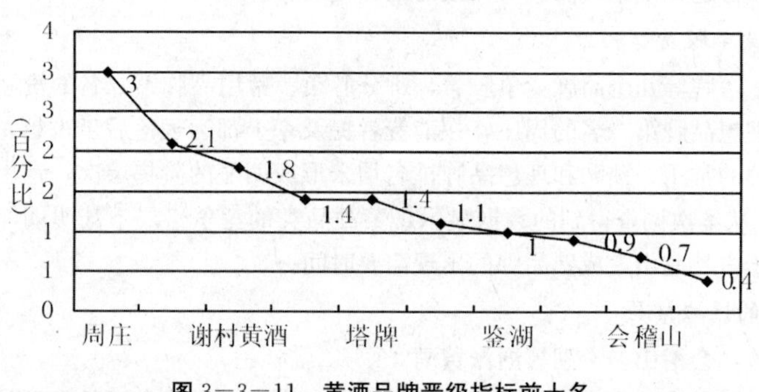


**图 3－3－11　黄酒品牌晋级指标前十名**

## 三、黄酒品牌发展策略和市场热点趋势

### （一）消费市场从区域化转向全国化

由于产品口味的不断创新和在全国性媒体上的广告投放，黄酒已经逐渐突破原有的地域和人群，拥有了一批新的消费群体。随着黄酒的销售从区域走向全国，最近两年黄酒企业的收入增长速度非常快。据酿酒工业协会数据显示，2003 年外省市场与江浙沪市场销售比例约为 1∶9，2005 年末这一比例上升到了 3∶7①，越来越多的年轻消费人群，甚至是江浙沪以外的年轻消费群体渐渐接受了黄酒，养成了黄酒消费习惯。

### （二）运用广告、公关等手段进一步提升品牌形象

在央视 2007 年广告招标会上，古越龙山又一次夺得新闻联播前后的广告标的物，同时获得 2008 年 CCTV－1 新闻王牌栏目——“朝闻天下”的全年投放和“奥运资讯套餐”② 的节目投放。会稽山、石库门等其他黄酒品牌也都积极运用广告、公关等营销手段进一步加强品牌宣传力度，以提升品牌形象。

---

① 第一食品黄酒业务或将受益行业整合［OL］．［2006-07-19］．搜狐财经．http：//business. sohu. com/20060719/n244336398. shtml.

② 潘乐生．黄酒行业：品牌竞争阶段来临［OL］．［2007-12-20］．http：//www. hjsww. com. cn/article. php? article _ id＝1321.

**（三）强势品牌之间整合形成强大黄酒母品牌**

目前，古越龙山所属的绍兴黄酒集团已经拥有4个知名的黄酒品牌，它们是古越龙山、沈永和、女儿红和鉴湖；光明集团旗下也有和酒、石库门两个海派黄酒品牌。黄酒品牌的强强联合将会打造出一个或若干个强大的黄酒母品牌，而母品牌形成后又将对各自子品牌的发展起到强大的推动作用。

**（四）从产业初期走向快速发展期**

现阶段大多数黄酒生产企业的品牌运作能力较差，缺乏战略性目标和详尽的方案。除古越龙山、会稽山、石库门等少数几个品牌定位较明确、宣传攻势较强外，绝大多数黄酒品牌还处于混沌状态，既没有明确的品牌定位，也没有强大的公关和广告支撑，在其他酒品类和古越龙山的强大攻势面前没有还击之力。总体而言，黄酒品牌目前处于发展初期阶段，还有很长的路要走。要想在酒产业中扩大市场份额，各黄酒品牌不仅需要从产品本身和消费者心理上谋求突破，更需要运用先进的品牌管理理念，塑造有个性、有内涵的品牌形象。在政策的大力扶持和几个领先品牌的长期市场培养下，未来一段时间黄酒的发展将逐渐驶入快车道。

## 专案解析

### 古越龙山：数风流品牌，还看古越龙山

绍兴黄酒集团旗下的古越龙山历史悠久、文化底蕴深厚，品牌知名度和美誉度都遥遥领先。它不仅继承了绍兴黄酒的优秀血统，还拥有强大的品牌运作能力，品牌形象定位清晰，受到消费者的喜爱。

**从品牌到产品的战略**

古越龙山采取“先做品牌，再刺激产品销售”的路线，凭借强大的资金优势开拓全国市场。本次调查中，古越龙山获得了多达20个以上城市的常用、预购和理想品牌第一名的成绩，证明它从品牌到产品的全国化策略成效显著。

**强大的品牌运作能力**

2006年，古越龙山以6 000万元的高额广告费，投放央视黄金档位的广告。在此之后连续几年投放央视广告，为其创造了全国范围的品牌知名度。邀请影星陈宝国做品牌代言人，又进一步提升了古越龙山的品牌形象。古越龙山还利用航空杂志、时尚类杂志和新闻财经类等高端媒体，与其锁定的商务、政务和文化人士等目标消费群体进行深度沟通。并且与法国卡慕公司合作“中华国酒天下行”。古越龙山和茅台联合进入卡慕的世界免税店系统，以中华国酒的身份出现在国际消费者面前。

**以科技创新打造品牌含金量**

2006年古越龙山与浙江大学生命科学院合作的“黄酒的保健功能研究”课题通过省级鉴定。此研究表明，绍兴黄酒具有显著的排铅增强记忆力功能。这一研究结果为古越龙山的品牌增添了更多的健康元素。

**原酒交易另辟蹊径**

古越龙山拥有24.7万吨库存原酒①。为原酒搭建交易平台、开展现货交易不仅能为古越龙山盘活库存原酒资产，而且能够促进黄酒行业的发展，对于古越龙山市场领导者地位的巩固和品牌

① 第一食品VS古越龙山［OL］.［2007-02-02］. http://www.cs.com.cn/jrbznew/html/2007/02/01/content_2176214.htm.

资产的进一步扩大具有深远意义。

## 资料链接

黄酒是我国传统的酒精饮料，是福建、上海、江苏、浙江等地消费者偏爱的调味品和饮用酒。黄酒中有很多历史悠久的品牌，最古老的黄酒品牌要追溯到几百年以前，如沈永和、会稽山、周庄、谢村老黄等。中华人民共和国成立以后，我国陆续诞生了一批真正意义上的黄酒品牌，如20世纪60年代左右出现的塔牌、古越龙山、鉴湖、古运河，20世纪80年代的剑光、汾湖等。上海的黄酒品牌在最近二十年有较大发展，20世纪90年代出现的和酒以及2001年诞生的石库门在当地拥有较高的品牌知名度。

目前，中国有七百多家黄酒生产企业，主要集中在浙江、江苏、上海、福建、江西和广东、安徽等地，山东、陕西、大连、湖南等地也有少量黄酒生产企业。总体而言，黄酒产业现阶段的特点是生产企业规模小、数量多，手工劳动比例大，机械化程度不高。相对于白酒、葡萄酒等品类，黄酒还处于初期发展阶段，其销售量与白酒和啤酒存在很大的差距。2006年全国黄酒销售收入只有55.18亿元，与白酒的971.39亿元和葡萄酒的129.52亿元差距明显，只占饮用酒总量的5%①。经历了一段时间的恢复性增长期之后，目前是黄酒行业调整蓄势并聚集能量的练功阶段。

（执笔：朱宁迪）

# 第五节 香烟

## 一、香烟品牌十强数据

香烟品牌十强数据见表3－3－13、表3－3－14、表3－3－15。

表3－3－13 香烟品牌家庭消费者十强

| 排 序 | 常用品牌 | | 预购品牌 | | 理想品牌 | |
|---|---|---|---|---|---|---|
| | 名 称 | 提及% | 名 称 | 提及% | 名 称 | 提及% |
| 1 | 红塔山 | 10.5 | 中华 | 13.1 | 中华 | 36.5 |
| 2 | 白沙 | 7.3 | 红塔山 | 8.9 | 红塔山 | 6.6 |
| 3 | 红双喜 | 7.1 | 玉溪 | 8.2 | 云烟 | 6.3 |
| 4 | 云烟 | 6.8 | 云烟 | 8.0 | 万宝路 | 5.8 |
| 5 | 红河 | 6.5 | 红双喜 | 6.2 | 玉溪 | 5.2 |
| 6 | 中华 | 6.4 | 芙蓉王 | 5.9 | 芙蓉王 | 5.2 |
| 7 | 芙蓉王 | 5.7 | 白沙 | 5.0 | 中南海 | 4.9 |
| 8 | 555 | 4.5 | 红河 | 4.4 | 红双喜 | 3.9 |
| 9 | 玉溪 | 4.4 | 中南海 | 4.2 | 555 | 3.1 |
| 10 | 阿诗玛 | 4.3 | 利群 | 3.8 | 白沙 | 3.0 |

① 周英杰．振兴黄酒还需加把火［OL］．［2008-02-18］．http：//www.hjswww.com.cn/article.php?article_id=1471.

表 3—3—14　香烟品牌潜力消费者十强

| 排 序 | 常用品牌 | | 预购品牌 | | 理想品牌 | |
|---|---|---|---|---|---|---|
| | 名 称 | 提及% | 名 称 | 提及% | 名 称 | 提及% |
| 1 | 红塔山 | 12.6 | 中华 | 11.9 | 中华 | 29.8 |
| 2 | 白沙 | 8.7 | 万宝路 | 10.3 | 万宝路 | 14.3 |
| 3 | 红双喜 | 8.5 | 红塔山 | 8.0 | 中南海 | 8.4 |
| 4 | 红河 | 6.6 | 红双喜 | 6.8 | 红塔山 | 6.1 |
| 5 | 555 | 6.1 | 中南海 | 6.2 | 芙蓉王 | 5.4 |
| 6 | 中南海 | 6.0 | 玉溪 | 5.9 | 555 | 4.4 |
| 7 | 万宝路 | 5.3 | 云烟 | 5.3 | 玉溪 | 4.3 |
| 8 | 阿诗玛 | 4.4 | 芙蓉王 | 5.0 | 云烟 | 4.1 |
| 9 | 云烟 | 4.4 | 白沙 | 4.7 | 白沙 | 3.3 |
| 10 | 中华 | 4.3 | 555 | 4.1 | 红双喜 | 3.2 |

表 3—3—15　香烟品牌两类消费者加权十强

| 排 序 | 常用品牌 | | 预购品牌 | | 理想品牌 | |
|---|---|---|---|---|---|---|
| | 名 称 | 提及% | 名 称 | 提及% | 名 称 | 提及% |
| 1 | 红塔山 | 10.9 | 中华 | 12.9 | 中华 | 35.1 |
| 2 | 白沙 | 7.6 | 红塔山 | 8.7 | 万宝路 | 7.5 |
| 3 | 红双喜 | 7.4 | 玉溪 | 7.7 | 红塔山 | 6.5 |
| 4 | 红河 | 6.6 | 云烟 | 7.5 | 云烟 | 5.9 |
| 5 | 云烟 | 6.3 | 红双喜 | 6.3 | 中南海 | 5.6 |
| 6 | 中华 | 6.0 | 芙蓉王 | 5.7 | 芙蓉王 | 5.2 |
| 7 | 芙蓉王 | 5.3 | 万宝路 | 5.1 | 玉溪 | 5.1 |
| 8 | 555 | 4.9 | 白沙 | 4.9 | 红双喜 | 3.8 |
| 9 | 中南海 | 4.4 | 中南海 | 4.6 | 555 | 3.4 |
| 10 | 阿诗玛 | 4.3 | 红河 | 4.1 | 白沙 | 3.1 |

## 二、香烟品牌的竞争格局解析

### （一）消费者对香烟品牌的认知现状

1. 消费者提及的香烟品牌多为“百牌号”品牌

我国香烟的《百牌号品牌目录》代表了国家对香烟品牌的重点培育方向，“百牌号”品牌是目前我国香烟品牌中的主力军团。本次调查中，消费者共提及香烟品牌 104 个，其中非“百牌号”品牌 18 个，国外品牌 13 个，其他全部为“百牌号”品牌。数据显示，消费者常用和理想的香烟品牌多为“百牌号”，特别是消费者提及的 47 个理想品牌中，除了 555、希尔顿、骆驼、mild seven 4 个国外品牌外，全是“百牌号”品牌。这说明政府重点培养的品牌与消费者的认知存在高度一致性。

2. 现实与理想的不同

本次调查显示，消费者常用香烟品牌有 17 个，预购品牌为 12 个，但问及理想的香烟品牌时，消费者提及的却只有 4 个品牌。这说明消费者心目中的常用、预购和理想香烟品牌存在很大差异，由于价格、购买便利与否等因素，消费者最常购买的多为当地的香烟品牌，而并非自己最中意的品牌。如合肥消费者选择的常用品牌第一名是黄山，杭州消费者选择的常用品牌第一名是利群。但消费者心目中的理想品牌却很集中，33 个城市的消费者选择的理想品牌第一名都是中华，长沙、南宁、昆明的消费者选择的理想品牌则分别是芙蓉王、红塔山和云烟。

3. 非烟民对香烟品牌也有较高认知

本次调查的消费者中，家庭消费者对常用香烟品牌的填答率为61%，而理想品牌的填答率为70.8%，说明非烟民消费者对香烟品牌也有较高认知。潜力消费者中这一现象更为明显，其理想品牌的填答率（65.1%）比常用品牌填答率（46.6%）高18.5%。

**（二）香烟品牌竞争格局分析**

1. 滇系、沪系和湘系品牌“三家分晋”

从本次调查显示的竞争格局来看，以红塔集团、红云集团、红河集团组成的滇系和以京津沪三地整合而成的上海烟草，以及湖南中烟的实力最为强大。此次调查中，常用、预购和理想品牌十强里，除555和万宝路两个国外品牌外，其他品牌都是滇系、沪系和湘系品牌。

2. 滇系：五大品牌深受消费者欢迎

七彩云南，烟草飘香。本次调查中，云南的红塔、红云和红河三大烟草集团旗下5个品牌名列常用、预购和理想品牌前十强。它们是红塔集团的红塔山、阿诗玛、玉溪；红云集团的云烟和红河集团的红河。

（1）红塔集团：红塔山、阿诗玛、玉溪

“山高人为峰”的红塔山有着脍炙人口的品牌故事，它曾是我国历史上能与555、万宝路等国外品牌抗衡的民族香烟品牌，20世纪90年代末，经历过一段品牌衰退时期，后来又逐渐崛起。2007年“归来王者”——红塔山产销量超过110万箱，消费者认知度和美誉度都很高。本次调查中红塔山位列常用品牌第一名，预购品牌第二名和理想品牌第三名。

阿诗玛是红塔集团中的侧翼品牌，阿诗玛的品牌名称源自云南民间神话传说故事中的主人公，有着勤劳、勇敢和智慧的品牌联想。本次调查中，阿诗玛位于消费者常用品牌第十名。

玉溪则是红塔集团的高端品牌，如果说红塔集团对红塔山的目标是“做大”的话，玉溪则是红塔集团定位于“做精”的品牌。玉溪的品牌名称来源于碧绿美玉之溪流，其品牌理念是“上善若水，德行天下。”本次调查中玉溪获得预购品牌第三名的成绩，仅次于中华和红塔山，理想品牌排名中玉溪名列第七。

（2）红云集团：云烟

云烟是红云集团的核心品牌，也是我国驰骋中高档卷烟市场的品牌。云烟的品牌名称是云南之烟的意思，云烟的品牌联想是一种“行到水穷处，坐看云起时”的宽大人生境界。它的包装与其品牌理念绝妙契合：白色的如意祥云和圆润挥洒的王羲之书法，充分体现了云烟的淡雅和隽永。2007年云烟产销量超100万箱，利税超100亿元，实现“双百”目标①。本次调查中，它获得常用品牌第五名和预购、理想品牌第四名的成绩，受到市场和消费者的双重认可。

（3）红河集团：红河

红河集团实施单品牌战略，将有限的资源集中在优势品牌上，专心打造红河品牌。红河在本次调查中名列常用品牌第四名和预购品牌第十名。总体而言，在滇系香烟品牌阵营的内部竞争中，红河还稍落后于红塔山、云烟等品牌。

3. 沪系：三大品牌榜上有名

（1）中华：皇冠上的“明珠”

中华拥有尊贵、高档和上流的品牌形象。“爱我中华”、“中华的高度、中华的速度、中华的力度”等广告语，为该品牌增加了多维度、多层次的丰富联想。“到凌云处总虚心”的品牌文化

① 云烟：辉煌中强大［OL］.［2008-05-20］. http：//www.yntsti.com/forumart/view.asp? id=19442.

又为其增添了几分博大和虚怀若谷的品牌DNA。本次调查中，它获得了预购和理想品牌第一名及常用品牌第六名的成绩。中华的国烟地位无人能憾，这个“明珠”品牌常常被消费者当成礼品赠送给亲朋好友，以凸显对方的尊贵地位。

(2) 红双喜、中南海

沪系中的红双喜、中南海两个品牌也进入了本次调查的常用、预购和理想前十名。其中，红双喜是上海烟草中常用品牌排名最高的，它紧随红塔山、白沙之后名列常用品牌第三名，还获得了预购品牌第五名和理想品牌第八名的成绩。

中南海不仅名列常用和预购品牌的前十名，而且还获得了理想品牌第五名的成绩。此外其潜力指标位居第九，晋级指标更是跻身三强。

4. 湘系：两大品牌平分秋色

白沙和芙蓉王两个湘系品牌在各自的细分市场上都有较好的表现。

白沙“鹤舞白沙，我心飞翔”的品牌形象定位非常成功。它用鹤来表现飞翔、心旷神怡、自由的品牌体验，在飞翔文化的引领下连续多年保持高速增长。本次调查中白沙获得了常用品牌第二名，预购品牌第八名，理想品牌第十名的成绩。作为一个年销售量200万箱的品牌，白沙在目前的市场上是众多消费者的常用品牌。

“华夏瑰宝，一王情深”的芙蓉王走中高档品牌之路，是目前中高档品牌中销量特别好的品牌，其规模已经与中华相似。目前，芙蓉王在高端市场上已经成为强有力的市场挑战者，是中华的强劲对手。本次调查中芙蓉王名列常用品牌第七名，预购、理想品牌第六名，其潜力指标位居第七名。

**(三) 潜力十足的香烟品牌**

利群、熊猫、人参、五叶神、小熊猫5个国内品牌在本次调查中显示出较好的发展潜力。利群从“三美元中式卷烟领导品牌”到“让心灵去旅行”再到“利群阳光”，谱写了从品牌的产品定位到自我实现再到社会价值及认同感的品牌定位三部曲。本次调查中利群获得潜力指标第五名。在晋级指标排名中，定位中高档品牌的熊猫、人参、五叶神和小熊猫分别获得第六名、第八名、第九名和第十名。

国外香烟品牌在中国市场上有一定的发展空间。本次调查中，万宝路获得理想品牌第二名、预购品牌第七名；555获得理想品牌第九名。总体而言，万宝路是目前消费者最喜爱也最有购买意愿的国外品牌。从市场发展趋势来看，万宝路名列潜力指标第三名和晋级指标第二名；希尔顿获得潜力指标第六名和晋级指标第五名；骆驼等品牌也跻身潜力指标、晋级指标前十名之列。见图3—3—12、3—3—13。

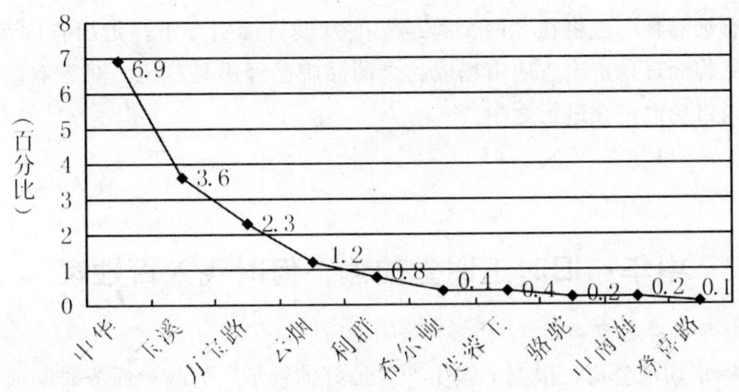


**图3—3—12　香烟潜力指标前十名**

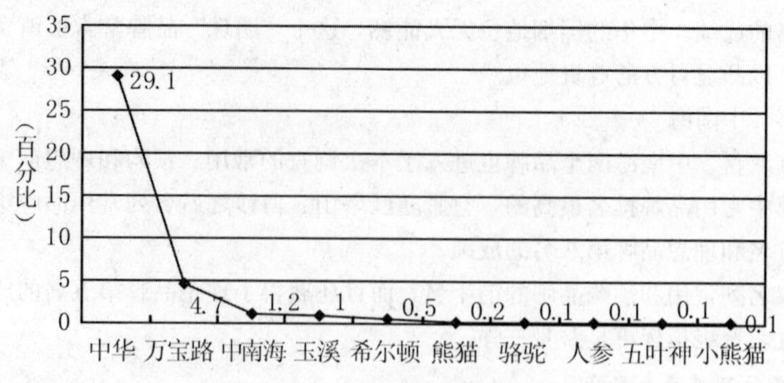


图 3－3－13　香烟晋级指标前十名

## 三、香烟品牌发展策略和市场热点趋势

我国的香烟广告禁止在大众媒体上投放，香烟品牌的营销必须另辟蹊径。

**（一）公益营销**

公益营销是香烟品牌最常用的品牌发展策略。很多香烟品牌通过各种各样的阳光助学、抗震救灾、表彰见义勇为等社会公益活动建立起自己热心公益、回馈社会、服务社会的品牌形象。例如芙蓉王 2007 年的“芙蓉学子，大型公益活动”，它以“传递价值，成就你我”的芙蓉王品牌核心理念，评选出“榜样力量”的优秀大学生，资助贫困生和优等生。类似的香烟品牌公益营销活动每年都数不胜数。

**（二）增加品牌文化内涵**

几乎每一个知名香烟品牌的背后都有一个神奇而生动的品牌故事，不断充实品牌的故事和文化内涵也是香烟的常用品牌发展策略。例如，红河为品牌赋予了丰富的文化联想素材，从提倡“俯首甘为孺子牛”的奉献精神，到用奔腾牛群彰显“万流奔腾、红河雄风”的恢宏气势，再到“奔腾，致远千里”的精神，红河的品牌文化越来越成熟和清晰。其子品牌红河源，用源头、活水，以及生命的发端、智慧的源泉等含义解释品牌名称，衍生出丰富的品牌文化。

**（三）闯进来 VS 走出去**

根据中国加入世界贸易组织时的承诺，2010 年中国将允许外国烟草公司进入中国烟草行业。从规模上来说，外国的烟草品牌比中国品牌庞大得多。从管理和经营模式上来看，外国的烟草品牌也远远强于中国品牌。因此，未来两年中国烟草品牌必须在“大市场、大企业、大品牌”的指导下实现跨越式发展，才有可能在未来的竞争中立于不败之地。

中国的强势香烟品牌，也将在“两个跨越”的发展目标引导下，走出省内市场和国内市场。对于规模主导型品牌而言，走出省内市场成为全国品牌已经不是梦想。对于效益主导型中高档品牌而言，走出国内市场也正在进行之中。

## 专案解析

### 中华：旧时王谢堂前燕，何时飞入百姓家

**显赫身世，彰显品牌高贵品质**

1950 年国有中华烟草公司，根据上级生产“最好的卷烟”的政治任务研制成了中华香烟。自诞生之后二十多年，中华都是国家领导人的特供用烟和款待国外友人的国宾礼品，对那个年代的

普通消费者而言，中华是神秘、高贵而遥不可及的。直到1984年，中华初步放开供应，消费者才有机会与其“亲密接触”。

**走下神坛，积极传播品牌文化**

20世纪90年代以来，面对我国烟草行业的渐变格局，国烟中华开始积极面对竞争，转变观念、居安思危，努力进行品牌文化的培育和传播。“爱我中华”将爱国主义精神和民族情结凝结成品牌的基本理念，品牌的原产地——上海为中华带来了中国经济发展第一速度的品牌联想。近年来，芙蓉王、苏烟、黄鹤楼等品牌对于高端香烟市场的入侵，使中华越来越注重对品牌的传播。围绕中华的国烟身份，打造中华“国烟的品牌信仰”；以“领袖”和“精英”之势，响应和传承华夏几千年的文化精髓，中华在不断强调品牌的身份厚重感、沧桑感和积淀感。

**饥饿营销维护品牌价值**

一方面，中华对品牌的传播越来越不遗余力；另一方面，它在市场上采用“适度从紧”的手段控制消费者与品牌的接触量。在本次调查中，中华名列常用品牌第六名，预购和理想品牌均为第一名。数据说明，消费者在日常购买中很多时候不是不想买中华，而是买不到或买不起中华，这种市场现状就是中华“饥饿疗法”的营销策略造成的结果。中华用自己“物以稀为贵”的特质，进一步提升了其品牌价值，使中华始终成为消费者心目中的理想品牌。

**中华的未来**

中华从国烟的神坛走入市场，通过高贵的身份和品质赢得了消费者的心。中华的潜力指标和晋级指标均为第一名，这意味着消费者在未来很有可能选择中华、结缘中华、忠诚于中华。中华在走出国门向世界推广品牌时优势颇多，几十年来作为特供烟与国外友人结成的缘分，以及中华民族的优质品牌联想将为中华带来更多的机会。当然，中华的未来不能仅仅停留在消费者的理想品牌这一位置上，不适度的“饥饿疗法”、市场上充斥的造假品牌，都是中华品牌的威胁所在。只有既理想又能让消费者充分接触和购买，中华才有更美好的未来。

## 资料链接

2007年上半年，我国烟草工商利税已经超过2 000亿元①。香烟品牌发展历程如下：

• 香烟品牌遍地开花阶段（1949－1980年）。在新中国成立前，我国就存在龙球、飞马、美丽、云烟等第一批香烟品牌，新中国成立后香烟从包销商品调整为国家计划二类商品，商业部通过全国各产地二级卷烟调拨供应站统一收购卷烟。中华、红塔山、中南海、洋金花、熊猫、玉溪、娇子、利群、白沙等一大批知名香烟品牌均产生于这一时期。

• 香烟品牌的两个发展周期（1981－1999年）。1981年我国实施烟草管理体制改革。《烟草专卖条例》、《中华人民共和国烟草专卖法》的相继颁布使我国香烟品牌进入了第一轮发展期。第一阶段诞生的各个香烟品牌在这一时期竞相发展。

1992年卷烟价格放开后，我国烟草行业逐步走上市场经济的轨道。一批香烟品牌抓住自我定价的机会，向上调整价格，抢占中高档卷烟市场。白沙、红梅、云烟、红塔山等品牌在这一时期确定了自己的强势地位。

• “大市场、大企业、大品牌”的高速发展时期（2000年至今）。进入21世纪烟草行业又实现了连续几年的高速发展。在国家“大市场、大企业、大品牌”的指导思想下，很多

---

① 2007年1－6月我国烟草业利税超2 000亿元［OL］．［2007-12-15］．http：//www.21food.cn/html/news/35/197809.htm.

香烟品牌退出历史舞台，改变了此前香烟品牌繁杂、低端品牌多的局面。一批技术含量较高、成长性较强、有实力的大品牌逐渐浮出水面。从规模上看，白沙、红梅、红河、红金龙、黄果树、红旗渠、芙蓉、哈德门、红山茶、双喜、红塔山、云烟、黄山 13 个品牌产销量超过百万箱。从市场化程度上来看，“按订单组织货源”的推广，对消费者需求的重视，使得香烟品牌市场化水平逐渐提升。

（执笔：朱宁迪）

# 第四章 食品行业

## 行业综述

近年来，随着我国经济的不断发展，人们生活水平不断提高，作为与人民生活密切相关的产业，食品行业呈现出良好的发展态势。产品品种不断推陈出新，产品花色更加丰富。与此同时，食品质量安全成为关注的焦点，产品质量不断提高。食品行业的发展，不断满足人民群众日益增长的消费需求；食品价格的节节攀升，也使得食品行业站在了民生改革的前沿。

2001年，中国食品进出口规模为225.4亿美元，至2005年中国食品进出口规模达到了442.8亿美元，比上年增长9.6%，5年间的年均增幅为18.4%。其中进口速度明显放缓，全年进口200.8亿美元，增速由2004年41.9%转为2005年下降0.1%；出口速度则明显加快，当年出口242亿美元，增长19.1%，较2004年7.7%的出口增速高出11.4个百分点，贸易顺差由2004年的2.1亿美元迅速扩大至41.2亿美元。① 出口速度的明显加快，表明中国食品行业在不断发展和进步。

更多企业为了长久的生存，开始注重品牌的塑造。品牌成了企业的生命线，一个成功的品牌甚至会成为一种文化、一个行业的代名词。在此，我们选择食品行业中和人们生活息息相关的几个品类进行调查梳理，并通过对各品类下诸多品牌成长经历、发展策略的分析阐述，为读者提供一些营销启示。

## 第一节 休闲食品

### 一、休闲食品品牌十强数据

休闲食品品牌十强数据见表3—4—1、表3—4—2、表3—4—3。

**表3—4—1 休闲食品品牌家庭消费者十强**

| 排序 | 常用品牌 | | 预购品牌 | | 理想品牌 | |
|---|---|---|---|---|---|---|
| | 名称 | 提及% | 名称 | 提及% | 名称 | 提及% |
| 1 | 奥利奥 | 9.9 | 徐福记 | 10.9 | 徐福记 | 15.8 |
| 2 | 大白兔 | 9.6 | 旺旺 | 9.2 | 旺旺 | 9.4 |
| 3 | 徐福记 | 9.3 | 喜之郎 | 8.2 | 上好佳 | 8.4 |
| 4 | 旺旺 | 8.5 | 上好佳 | 7.6 | 大白兔 | 8.1 |
| 5 | 达利园 | 7.8 | 大白兔 | 7.3 | 喜之郎 | 7.9 |
| 6 | 上好佳 | 7.1 | 奥利奥 | 6.1 | 奥利奥 | 6.5 |
| 7 | 康师傅 | 5.9 | 达利园 | 5.7 | 康师傅 | 5.2 |
| 8 | 达能 | 5.6 | 康师傅 | 5.1 | 达能 | 4.9 |
| 9 | 喜之郎 | 5.6 | 达能 | 4.7 | 达利园 | 4.3 |
| 10 | 乐事 | 4.7 | 乐事 | 4.4 | 乐事 | 4.3 |

① 2006—2007年中国食品行业分析及投资咨询报告［OL］. http://www.ocn.com.cn/reports/2006211shipin.htm.

表 3－4－2　休闲食品品牌潜力消费者十强

| 排　序 | 常用品牌 | | 预购品牌 | | 理想品牌 | |
|---|---|---|---|---|---|---|
| | 名　称 | 提及％ | 名　称 | 提及％ | 名　称 | 提及％ |
| 1 | 达利园 | 9.2 | 喜之郎 | 9.4 | 徐福记 | 15.4 |
| 2 | 乐事 | 9.0 | 徐福记 | 8.6 | 乐事 | 9.0 |
| 3 | 奥利奥 | 8.7 | 乐事 | 8.0 | 上好佳 | 7.9 |
| 4 | 徐福记 | 7.8 | 旺旺 | 7.9 | 奥利奥 | 7.8 |
| 5 | 上好佳 | 7.4 | 上好佳 | 7.3 | 喜之郎 | 7.8 |
| 6 | 康师傅 | 7.2 | 奥利奥 | 6.9 | 旺旺 | 7.2 |
| 7 | 喜之郎 | 6.8 | 大白兔 | 6.6 | 大白兔 | 5.9 |
| 8 | 大白兔 | 6.6 | 达利园 | 5.3 | 康师傅 | 5.5 |
| 9 | 达能 | 6.5 | 好丽友 | 5.3 | 达利园 | 4.5 |
| 10 | 旺旺 | 5.8 | 可比克 | 4.6 | 达能 | 4.4 |

表 3－4－3　休闲食品品牌两类消费者加权十强

| 排　序 | 常用品牌 | | 预购品牌 | | 理想品牌 | |
|---|---|---|---|---|---|---|
| | 名　称 | 提及％ | 名　称 | 提及％ | 名　称 | 提及％ |
| 1 | 奥利奥 | 9.6 | 徐福记 | 10.5 | 徐福记 | 15.8 |
| 2 | 徐福记 | 9.0 | 旺旺 | 9.0 | 旺旺 | 9.0 |
| 3 | 大白兔 | 9.0 | 喜之郎 | 8.4 | 上好佳 | 8.3 |
| 4 | 达利园 | 8.1 | 上好佳 | 7.5 | 喜之郎 | 7.9 |
| 5 | 旺旺 | 8.0 | 大白兔 | 7.2 | 大白兔 | 7.7 |
| 6 | 上好佳 | 7.2 | 奥利奥 | 6.3 | 奥利奥 | 6.8 |
| 7 | 康师傅 | 6.2 | 达利园 | 5.6 | 康师傅 | 5.2 |
| 8 | 喜之郎 | 5.8 | 乐事 | 5.1 | 乐事 | 5.2 |
| 9 | 达能 | 5.8 | 康师傅 | 4.9 | 达能 | 4.8 |
| 10 | 乐事 | 5.6 | 达能 | 4.6 | 达利园 | 4.4 |

## 二、休闲食品品牌的竞争格局解析

### （一）品牌竞争的整体布局

1. 品牌琳琅满目，集中程度不高

随着生活水平的不断提高，人们闲暇时间的增多和消费方式的改变，消费者对于休闲食品的需求也在不断提升，休闲食品已成为食品市场的新宠和都市生活不可或缺的伴侣。广阔的市场前景吸引了众多品牌争相进入该领域，外资品牌、中国台湾品牌和中国大陆品牌成为该领域的三大主要竞争阵营，加之休闲食品的市场准入门坎相对较低，不断吸引着越来越多的中小品牌涉足，这些品牌的加入在加剧市场竞争的同时也使得整个市场的品牌呈现出琳琅满目的局面。

本次调查的结果显示，消费者所提及的常用休闲食品品牌的个数为 51 个，预购品牌和理想品牌的个数也都达到了 48 个，能够进入消费者心智的休闲食品品牌共有 61 个。此外，休闲食品的消费者集中度为 35.7％，属于中集中度行业，市场中的各品牌竞争依旧激烈。

2. 一线品牌格局稳固，品牌分布呈一字长蛇阵

目前，我国的休闲食品行业已经进入完全竞争阶段，企业利润日趋平均化，行业整合、市场细分即将完成，整体格局逐渐趋于稳固。

从本次调查中可以看出，位居常用十强的品牌同时也是预购和理想十强的品牌。也就是说，奥利奥、徐福记、大白兔、达利园、旺旺、上好佳、康师傅、喜之郎、达能、乐事这十个品牌的认知度较高，颇受消费者青睐。常用、预购、理想 3 种消费形态的十强品牌无任何变化，只是在排名上存在一定的交替现象，这进一步说明了目前国内休闲食品市场一线品牌的竞争格局相对稳固。

通过对各品牌提及率的比较可以看出，休闲食品市场呈现出一字长蛇阵的品牌分布。在常用品牌的十强中，第一名的奥利奥（9.6％）仅比第十名的乐事（5.6％）高 4 个百分点；在预购品

牌的十强中，第一名的徐福记（10.5%）比第十名的达能（4.6%）高了5.9个百分点；相比较而言，理想品牌中第一和第十名的品牌差距要稍明显一些，徐福记（15.8%）比达利园（4.4%）的提及率高11.4个百分点。总体看，各品牌之间的差距不是很大，梯度不是很明显，呈一字长蛇阵的分布态势，品牌提及率由“蛇头”向“蛇尾”逐渐降低。

3. 品牌转换频繁，消费者忠诚度偏低

休闲食品作为快速消费品，品牌转换的成本较低，消费者尝试新品牌的风险相对较小，因此转换的意愿会更强；同时，休闲食品的品牌纷繁，口味众多，侧重点各不相同，消费者会根据自己的口味选择适合自己的品牌。

本次调查显示，常用前三名品牌的消费者维系百分比分别为：奥利奥25.6%；徐福记35.1%；大白兔28.0%，整体偏低。不断开发新产品，满足消费者多样化的需求，提升品牌凝聚力应该成为休闲食品品牌今后的发展方向。

**（二）中国大陆品牌、中国台湾品牌、外资品牌的对阵：势均力敌，中国大陆品牌略占优势**

目前的休闲食品市场呈现出外资品牌、中国台湾品牌和中国大陆品牌三分天下的格局，这种三分天下的格局，使得休闲食品行业从整体上看，呈现出一个相对稳定的态势。在本次消费者常用、预购、理想品牌十强中，中国大陆、中国台湾品牌分别以三席入围，其余四个席位则被外资品牌囊括。

对比各个阵营，可以发现，三大阵营可谓势均力敌，但是中国大陆品牌在潜力和晋级排名中表现相对突出：雅客、好丽友、喔喔、金丝猴、盼盼等品牌显示出了强大的发展潜力，顺利跻身潜力和晋级十强，使得十强中中国大陆品牌的席位均达到六席，优势地位得以凸显，未来发展走势被看好。见图3—4—1。

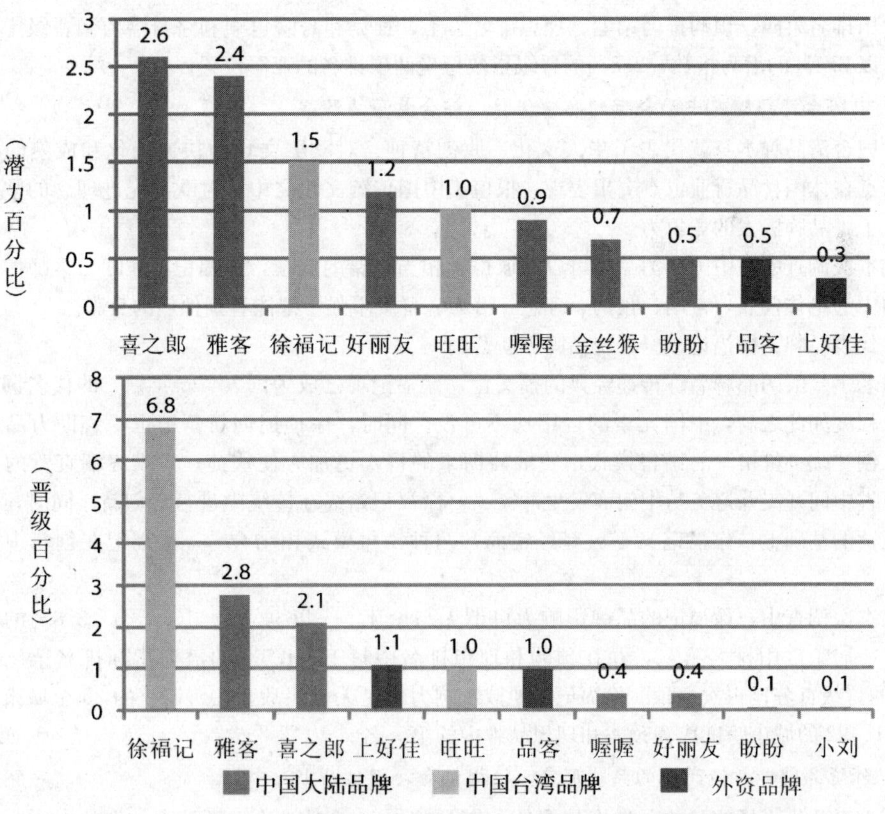


图3—4—1 潜力、晋级指标十强中国大陆、中国台湾、外资品牌力量对比

1. 中国大陆品牌：固守现有优势，品牌突破成为关键

目前，国内休闲食品品牌大都以生产饼干、薯片、派、巧克力等膨化休闲食品为主，产品线在很大程度上都很相似，聘请明星代言人也成为中国大陆品牌惯用的传播策略，这使得品牌的同质化现象愈发严重，价格战此起彼伏。面对外资和中国台湾品牌的虎视眈眈，要在固守现有微弱市场优势的基础上进一步扩大市场占有率，中国大陆品牌依旧需要寻找品牌突破的关键点，差异化营销和联合拓展市场成为许多品牌的不二选择。

（1）代表品牌：喜之郎——凭借独特定位赢得差异化竞争优势

虽然喜之郎在常用品牌中只处于第八位，但却在发展潜力上显示出无可争议的优势，以2.6%的潜力百分比荣登冠军宝座，赶超之势可见一斑。这与其抢占概念、差异营销的策略是分不开的。

喜之郎刚推出时，打出的口号是“果冻布丁喜之郎”，直接用喜之郎来代替果冻布丁，在消费者心目中产生先入为主的效果，占据了明显的定位优势；此后，喜之郎摆脱果冻乃儿童食品的形象，以年轻人为目标消费群，通过子品牌“水晶之恋”直接赋予果冻一种浪漫爱情的联想，将消费者情感认知显性化，从而在果冻市场中凭借差异化的品牌形象脱颖而出。

（2）代表品牌：福建军团——依靠明星代言、央视投放提升品牌知名度

福建军团是近年来迅速“蹿红”的黑马，他们在央视集体发力，利用明星代言、概念打造和发挥区位优势等运作方式，使雅客、奇客、亲亲等品牌一跃成为国内一线品牌，迅速占领了一部分市场。

在本次调查中，福建军团的威力清晰可见，达利园分别凭借8.1%、5.6%、4.4%的提及率位居常用排名第四、预购排名第七、理想排名第十，雅克和盼盼也顺利跻身潜力和晋级十强，其中雅克以2.4%的潜力指数、2.8%的晋级指数稳坐两项排名的亚军位置。

2. 中国台湾品牌：中西合璧的品牌优势，综合竞争力骤显

中国台湾品牌本身就代表了华人文化、原创精神、对欧美文化的快速消化和成熟的行业机制，这点在休闲食品行业也有突出表现。根植于中国传统文化之中，对欧美先进理念的掌握和理解都赋予了品牌极大的竞争力。

在本次调查中，中国台湾品牌可以说取得了相当不错的成绩，徐福记、旺旺、康师傅成为这一集团中的绝佳代表，常用、预购、理想、潜力、晋级十强中都能看到他们的身影。

• 代表品牌：徐福记——传统品牌创新营销

以老字号般的品牌名称传递经典的福文化，徐福记现已成为国人“新年糖”的代名词，品牌的普及程度如此之高，中国元素的运用功不可没。同时，徐福记创新营销也一直助力品牌的成长。首创“统一价格”的销售模式，使散装糖果的售卖更加方便快捷；力推终端直营的销售模式，节省中间开支并避免与中间商发生冲突——徐福记始终在传统中进行着创新。同时，在依靠终端直营的基础上，徐福记又不放弃经销商，两种销售模式相结合——徐福记在创新中延续着传统。

在本次调查中，徐福记的品牌影响力可谓无与伦比——以9.0%、10.5%、15.8%的消费者提及率，居于常用排名第二，并在预购和理想排名中封王；1.5%的潜力指标排名第三，又以6.8%的晋级百分比再次登顶。徐福记的地域影响力也是无可匹敌，在所调查的36个城市中，分别以11、22的城市跨度成为预购和理想品牌中的第一名。

3. 外资品牌：打造高端的品牌形象，把握机会，伺机而上

随着近几年市场的开放，越来越多的外资品牌看到了中国的市场潜力，进驻中国。依托资金、规模、人才、管理等方面的优势，外资品牌的竞争力有目共睹。

一些外资品牌依靠自身高端的品牌形象，瞄准年轻高学历群体实施品牌的时尚化策略。倡导时尚的消费概念，提升包装的设计感和品质感，外资品牌高端时尚的品牌形象逐渐被消费者所认可。

从本次调查的结果来看，无论是在现用品牌排名中还是在未来发展潜力上，外资品牌与中国大陆品牌的差距均不大，品牌之间的激烈竞争不可避免。

• 代表品牌：奥利奥——创新吃法，引领时尚

奥利奥在引导消费者如何“吃”饼干上可谓将时尚元素发挥到了极致。其“扭一扭，舔一舔，泡一泡”的广告语和由此衍生出的极具童真童趣的食用方法深受广大学生群体和年轻消费者的喜爱。这种新概念的传播曾经掀起了一场“奥利奥的最好食用方式”的争论，不仅引领了时尚潮流，也加快了品牌的推广进程。

在本次调查中，奥利奥以 9.6%的提及率一马当先成为常用品牌中消费者提及最多的品牌，其在现有市场上的影响力不可小视。

## 三、休闲食品品牌的发展策略和市场热点趋势

随着休闲食品行业的子品类越来越丰富，消费者的选择余地也越来越大，市场竞争愈演愈烈……这些相关因素使休闲食品行业在迎来发展机遇的同时，也面临着巨大的挑战，呈现出如下的发展趋势：

**（一）价格战的理性回归，品牌成为竞争关键**

同质化现象的日趋严重，使市场一度陷入价格战的泥潭。然而近年来，市场趋于回归理性，品牌成为未来市场竞争的关键所在。外资品牌基本完成企业的整合、产品的细分和市场的布局，运用其在资金实力、品牌管理和渠道运作等方面的优势大力蚕食中国休闲食品市场；本土企业也开始重视产品质量，进行产品创新，并加大力度对品牌进行树立和培养，以期和外资相抗衡。

**（二）差异化成就品牌发展**

我国的休闲食品市场经由民粹阶段和全盘洋化阶段，现已进入同质化时期，无论是概念还是实体，同质化现象均很严重。在这一市场形势下，最大限度地发掘消费者的需求、进一步细分市场，实施差异化营销、跳出传播同质化的圈子，成为品牌未来发展的趋势。各品牌均致力于创新产品、建设品牌和拓展渠道，用产品内在的优越性将消费者与品牌紧密联系起来，为自己创造可持续发展的道路。

**（三）休闲食品的发展要注重区位资源优势**①

由于原材料的生产状况和原材料的出身会对产品价值产生重要影响，因此区域资源对休闲食品的品牌格局将产生巨大作用，并成为未来品牌整合的方向之一。一些有自然资源优势的区域将被发掘、深化、重整和升值，如内蒙古生产的一些与奶制品相关的休闲食品，海南出产的利用热带作物制成的休闲食品，沿海地带盛产的利用海产品加工而成的休闲食品，都极大地提升了该区位的品牌影响力。这种资源优势不可复制，发展到一定程度后若加以整合则将会是一笔浩大的无形资产。

---

① 林文龙．休闲食品行业发展趋势感想［OL］．［2004-09-10］．http：//www.emkt.com.cn/article/176/17626-2.html.

## 专案解析

# 徐福记：全方位营销成就领先地位

徐福记由来自台湾地区的徐氏四兄弟于 1992 年注册创立，经过 15 年的发展，目前在中国拥有 88 家销售分公司，超过 13 500 个直接管控的终端零售点，为全国客户和消费者提供快捷便利的分销服务与产品售后服务，成为中国最大型的糖果品和糖点企业之一。从 2000 年到现在，徐福记糖果的销量在全国同类产品中一直稳居第一。这一成就的取得主要得益于其全方位的营销模式。

**终端直营——创新销售模式筑就品牌优势①**

徐福记在开拓初期就确立了与大型商超卖场进行重点合作的思路。在此阶段，经销商在商超的网络建设尚处于开发阶段，徐福记要全面开发这一市场，仅仅依靠经销商的力量远远不够。认识到这一点后，徐福记迅速开始了它的直营之旅。当时国内的大型商超数量有限，产品进入门槛也很低，徐福记凭借着强大的资金优势迅速抢占了这一领域。随后，沃尔玛、家乐福等国际连锁超市纷纷涌入国内市场，使擅长处理与国际卖场关系的徐福记如虎添翼。

徐福记通过这种销售模式直接将资金投放到终端，省去了中间环节的过程投入，赢得了品牌竞争优势——节省开支，避免与糖果经销商之间的矛盾；在商超渠道表现非常强势，陈列面积远远大于其他品牌；在终端反应上速度加快，厂家可以更加直接地了解到终端的各种最新需求，进而在第一时间进行有效调整。

同时，在依靠各地分公司直营的同时，徐福记并没有完全放弃经销商这一资源。在依靠经销商的同时并不完全依赖经销商，使得徐福记在市场上占有了很大的主动性。

**节庆营销——把握销售关键日拉动产品销量②**

年节是我国糖果消费的高峰期。徐福记看到这样的市场机会，将自身的产品诉求与年节的销售时段结合起来，用“福”的概念统领所有产品，在年节期间重点推广“年节糖”的组合产品概念，并通过包装来提升散装产品的消费价值，在广告和人员促销跟进上也按照这样的销售关键日进行配置，乃至于有种说法“徐福记平时打死找不到广告，年节期间是打死都还能看到广告”。

抓住节日、把握销售关键日拉动销量，大大提高了企业的业绩。现在提到“新年糖”，许多人首先想到的都是“徐福记”，徐福记也因此每逢佳节都会获得销售的满堂彩。

**概念营销——倡导消费文化，玩转生活概念③**

如今，休闲食品已经成为消费新宠，市场潜力巨大，但是，中国消费者的休闲食品观念还停留在发展的初期。以生活文化为出发点构筑品牌内涵从而引领全新的消费观念，徐福记的概念营销由此而生。徐福记从 2006 年开始把所有饼干点心类的休闲食品定位为“生活饼点”，这是该行业内第一次提出的休闲食品文化概念，倡导了全新的概念趋势。它精确地将所有零食爱好者的心理需求进行表达和满足，一旦消费者产生休闲需求，最先进入脑海的便是“徐福记”。如此一来，品牌在消费者心目中的形象更加清晰，地位亦得以提升。

---

① 强朝羡．终端直营成就徐福记霸主地位［J］．糖烟酒周刊，2006（13）：68-69.

② 英昂林．散装销售：一千个单品放在一起怎么卖出利润？［OL］．［2007-02-07］．http：//www.boraid.com/article/67/67531_2.asp？size=zhong.

③ 徐福记首提生活饼点概念［OL］．［2007-10-26］．http：//www.ycwb.com/myjjb/2007/10/26/content_1661044.htm.

## 资料链接

目前我国休闲食品共有八大类：谷物膨化类；油炸果仁类；油炸薯类；油炸谷物类；非油炸果仁类；糖食类；肉禽鱼类；干制果蔬类。蔬菜中亦有胡萝卜、笋豆脯、甜薯、豆腐干等。这八大类休闲食品中，品种有几十种，且一些品种市场前景看好。休闲产品主要有4种消费特征：风味型、营养型、享受型、特产型，消费者涵盖儿童零食、青少年享受、成年及老年人等全部人群。

据统计，目前中国休闲食品销量在200亿～300亿元，未来几年估计每年增幅在15%左右。① 根据近年的市场调查，休闲食品在主要超市、重点商场食品经营比重中已达到10%以上，名列第一，销售额占5%以上，名列第三，仅次于冷冻食品和保健滋补品。②

随着人们生活水平的提高，人们对于休闲食品的需求量也逐年上升。中国食品相关部门对于食品卫生的把关越来越严格，使得消费者能够更加放心地选购相关的休闲食品。2007年中国的休闲食品市场规模在300亿元以上，据预计，近几年还会持续以两位数的速度增长，行业前景看好，相关的投资机会也应运而生。③ 这也在一定程度上加剧了休闲食品行业的竞争。

（执笔：张晓丹　朱广慧）

# 第二节　方便面

## 一、方便面品牌十强数据

方便面品牌十强数据见表3－4－4、表3－4－5、表3－4－6。

**表3－4－4　方便面品牌家庭消费者十强**

| 排　序 | 常用品牌 | | 预购品牌 | | 理想品牌 | |
|---|---|---|---|---|---|---|
| | 名　称 | 提及% | 名　称 | 提及% | 名　称 | 提及% |
| 1 | 康师傅 | 57.8 | 康师傅 | 38.0 | 康师傅 | 54.4 |
| 2 | 福满多 | 9.6 | 统一 | 12.3 | 统一 | 10.8 |
| 3 | 统一 | 7.5 | 今麦郎 | 8.6 | 今麦郎 | 6.0 |
| 4 | 今麦郎 | 6.0 | 来一桶 | 6.5 | 来一桶 | 3.9 |
| 5 | 来一桶 | 3.2 | 福满多 | 5.8 | 福满多 | 3.7 |
| 6 | 好劲道 | 3.1 | 好劲道 | 4.9 | 日清 | 2.4 |
| 7 | 华龙 | 2.9 | 巧面馆 | 4.0 | 华龙 | 2.3 |
| 8 | 巧面馆 | 1.6 | 华龙 | 2.4 | 巧面馆 | 2.2 |
| 9 | 农心 | 1.3 | 日清 | 2.1 | 好劲道 | 2.2 |
| 10 | 日清 | 0.9 | 农心 | 2.0 | 农心 | 1.7 |

① 休闲食品的市场机会和发展战略（一）［OL］．［2006-09-12］．http：//spzx. foods1. com/show_2_55671. htm.

② 袁园，李松．休闲食品市场期待新格局［OL］．［2008-03-22］．http：//www. foodmate. net/news/guonei/2008/03/106758. html.

③ 2008年中国休闲食品行业市场研究报告［OL］．http：//blog. nnsky. com/blog_view_378479. html.

表 3－4－5　方便面品牌潜力消费者十强

| 排　序 | 常用品牌 | | 预购品牌 | | 理想品牌 | |
|---|---|---|---|---|---|---|
| | 名　称 | 提及% | 名　称 | 提及% | 名　称 | 提及% |
| 1 | 康师傅 | 46.4 | 康师傅 | 32.2 | 康师傅 | 44.7 |
| 2 | 统一 | 12.5 | 统一 | 13.9 | 统一 | 14.6 |
| 3 | 福满多 | 10.9 | 今麦郎 | 11.1 | 今麦郎 | 7.3 |
| 4 | 今麦郎 | 7.9 | 好劲道 | 5.1 | 福满多 | 3.3 |
| 5 | 华龙 | 3.7 | 福满多 | 4.6 | 巧面馆 | 3.2 |
| 6 | 好劲道 | 3.6 | 来一桶 | 4.6 | 日清 | 3.2 |
| 7 | 巧面馆 | 3.0 | 巧面馆 | 4.1 | 来一桶 | 2.7 |
| 8 | 来一桶 | 2.1 | 日清 | 3.3 | 华龙 | 2.1 |
| 9 | 日清 | 1.7 | 华龙 | 2.4 | 农心 | 2.0 |
| 10 | 农心 | 1.0 | 农心 | 2.2 | 好劲道/小浣熊 | 1.7 |

表 3－4－6　方便面品牌两类消费者加权十强

| 排　序 | 常用品牌 | | 预购品牌 | | 理想品牌 | |
|---|---|---|---|---|---|---|
| | 名　称 | 提及% | 名　称 | 提及% | 名　称 | 提及% |
| 1 | 康师傅 | 55.5 | 康师傅 | 36.8 | 康师傅 | 52.4 |
| 2 | 福满多 | 9.9 | 统一 | 12.6 | 统一 | 11.6 |
| 3 | 统一 | 8.5 | 今麦郎 | 9.1 | 今麦郎 | 6.3 |
| 4 | 今麦郎 | 6.4 | 来一桶 | 6.1 | 来一桶 | 3.7 |
| 5 | 好劲道 | 3.2 | 福满多 | 5.6 | 福满多 | 3.6 |
| 6 | 华龙 | 3.0 | 好劲道 | 4.9 | 日清 | 2.6 |
| 7 | 来一桶 | 3.0 | 巧面馆 | 4.0 | 巧面馆 | 2.4 |
| 8 | 巧面馆 | 1.9 | 华龙 | 2.4 | 华龙 | 2.3 |
| 9 | 农心 | 1.2 | 日清 | 2.3 | 好劲道 | 2.1 |
| 10 | 日清 | 1.0 | 农心 | 2.0 | 农心 | 1.8 |

## 二、方便面品牌的竞争格局解析

### （一）方便面品牌竞争格局特征

1. 品牌集中，消费者感知度较高

作为日常生活消费品，消费者对于方便面有很高感知度，它已经成为方便食品行业里的主力军。行业技术含量不高，所以进入门槛也相对很低，加上方便面市场需求的不断增加，越来越多的企业进军方便面市场，致使市场品牌繁多，但大部分生产商的生存模式单一，品牌缺乏竞争力。

从我们对消费者的调查中可以看到，品牌宽度指标中消费者常用的方便面品牌提及仅有 42 个，预购品牌和理想品牌为 35 个和 39 个，能进入消费者心智的品牌数量有限。同时，方便面品牌的 CR4 值达到 80.3%，行业呈现出越来越集中的趋势。

2. 品牌竞争格局呈现三大梯队

通过对消费者常用提及品牌的分析，可以看到，整个方便面市场的竞争格局呈现三大梯队。见图 3－4－2。

第一梯队康师傅一支独秀。提及率领先其后的福满多 40 多个百分点，在全国 36 个主要城市调查中，康师傅方便面的常用、预购和理想品牌提及率都排在第一位，显示出明显的垄断地位，

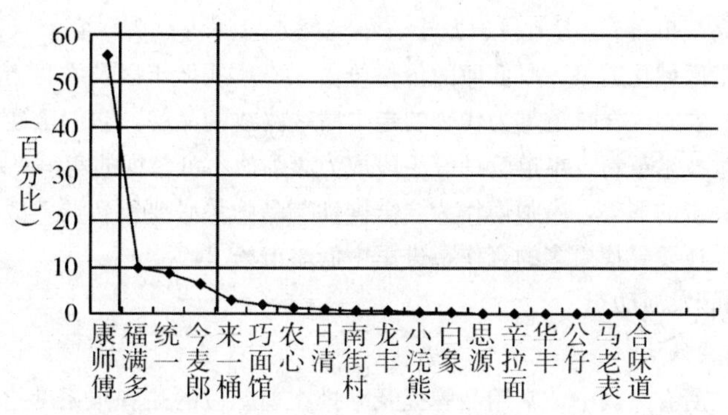


**图 3－4－2 常用方便面品牌竞争阵营分布格局**

成为方便面市场当之无愧的老大。

第二梯队由福满多、统一和今麦郎组成。它们的提及率虽然远不如康师傅，但也都在 5%到 10%之间，三者拥有将近 25%的消费者的认可。

以来一桶领衔的第三梯队蓄积“长尾”。其中有来一桶、南街村、龙丰、小浣熊、华丰、思源等中、低端市场的产品，也有农心辛拉面、日清等走高端路线的品牌，但整体影响力仍然较低。

3. 品牌聚合三大阵营

方便面行业在各品牌竞争中，逐渐形成三大阵营，它们是台资集团、国内军团以及外资企业。

(1) 台资集团垄断地位明显

从市场现况来看，三股力量之间极不均衡。市场大部分份额集中在康师傅和统一两大企业手中，它们凭借旗下的知名品牌占据了方便面市场的大半江山。数据显示，顶新集团的康师傅、福满多两者常用品牌提及率之和超出 60%，统一集团的统一、好劲道、来一桶、巧面馆也跻身前十名，都得到了消费者的不同程度的认可。

(2) 国内品牌“众而不敌寡”

国内品牌众多，分为河南、华北和南方三大军团，但大部分品牌身处第三竞争梯队，市场竞争力远远不及康师傅和统一，形成“众不敌寡”的现象。但其中也有个别表现不俗的品牌，如今麦郎，在常用品牌提及率排名第四、预购和理想品牌提及率中均上升至第三的位置。

(3) 外资品牌势单力薄

外资品牌依靠其自身的特色口味吸引着许多哈韩、哈日的青少年，如日本的日清、出前一丁、合味道，韩国的农心辛拉面等品牌都在细分市场赢得了部分消费者的青睐。然而由于市场定位的特殊性以及国内方便面市场渐趋饱和，这些“不走寻常路”的外资品牌虽然有着强大的实力型企业做后盾，在中国这个特殊的市场中依然显得势单力薄。

**(二) 方便面品牌区域格局**

目前，方便面市场的垄断趋势不断加强，在品牌区域分布格局上，我国方便面市场呈现几个特征：

一线品牌覆盖全国各地，城市市场成为主要阵地。调查显示，康师傅作为方便面市场的霸主，成为全国 36 个主要城市最有影响力的品牌，不论常用品牌还是预购和理想品牌提及率，康师傅都成为消费者心目中的佼佼者。

二、三线品牌又分为两类。第一类是以福满多、华龙为代表的中低端品牌，包括白象（2008年开始全面转向中高端市场）、南街村、龙丰、小浣熊、思源等品牌，它们大多无法与康师傅竞争一线城市，主要走区域化道路，以低廉的价格抢占二、三线城市以及农村市场。第二类是以统一、今麦郎、日清、农心、合味道等为代表的走中高端路线的品牌，它们虽然无法成为一线城市的主角，但已经通过技术革新、渠道营销等手段成为康师傅不可忽视的竞争对手。

面临这种两面夹击的形势，康师傅作为“全国性”品牌势必要重新调整战略，一方面阻击一线城市竞品的威胁，还要寻找更多的合作，进军中低端市场。

**（三）方便面品牌发展动态**

1. 消费者维系度偏低

在我们所调查的所有品类中，常用品牌提及率排在前三位的品牌维系度指标中，南孚电池的维系度最高，为76.7%，汾湖黄酒的维系度最低，为22.2%。康师傅、福满多和统一分列方便面常用品牌提及率前三甲，虽然是人们非常熟悉的快速消费食品，但它们的品牌维系度却偏低，分别为46.3%、23.6%和41.5%。这说明，高同质化的商品性质使消费者对于方便面品牌的选择性相对较强，而且种类的繁多也加大了消费者选择的空间。

同时，我们看到虽然福满多在常用品牌提及率中高居第二，但其品牌维系度欠佳，使得其在预购和理想品牌提及中纷纷落入第五的位置。对于此类品牌，建立良好的忠诚消费群体是赢得长久市场的关键。见图3－4－3。

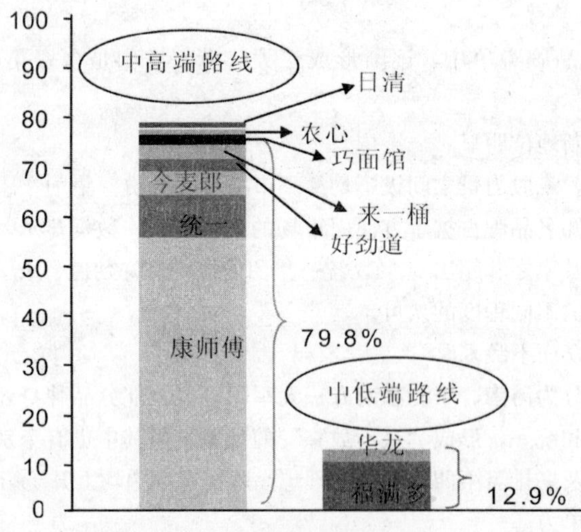


**图3－4－3 常用品牌提及率前十名**

2. 品牌发展多元化，中高端市场走俏

方便面行业存在两个不同的市场：一个是中低端市场，一个是高端市场。一般的，单价（100g左右的包装规格）在1元以下的方便面属于中低端市场，主要存在于二、三线城市和农村市场，此类产品占据市场60%的份额，主要代表是华龙、福满多和白象（2008年白象方便面全面进军高端市场），另外华丰、龙丰、南街村、小浣熊等品牌作为农村市场的主力也发挥着重要的作用。高端市场则由康师傅、统一、日清以及农心这些台资和外资企业掌控。方便面品牌呈现出多元化发展，满足不同消费者的需求。

调查中我们可以看到，在常用品牌中，中高端产品更受青睐。一方面得益于像康师傅、统一这样的大品牌强劲的宣传力度；另一方面鉴于低端市场利润逐渐缩水，使一些企业开始寻求新的发展，如白象方便面就是高调进军高端市场的典型。

## 三、方便面品牌发展策略和市场热点趋势

**（一）机遇与挑战并存**

我国现已成为世界方便面产销第一大国。目前中国人每年消费方便面 34 包，人均世界第四，与高居榜首的韩国（年人均消费 79 包）① 还有一定差距，说明市场空间依然很大。但面对竞争日趋白热化的方便面市场，许多方便面企业销售增长乏力，市场开始呈现滞缓状态。造成这一状况的原因主要有原料成本高昂、企业负责人陈旧的观念、财务制度不健全、市场操作粗放、产品生产和营销的革新能力相对较差，等等。所以要求得生存，就要把握机遇，在改革中迎接挑战。

**（二）科技创新成为生存新手段**

回顾过去，从 1992 年至今，全行业从 800 余家企业淘汰至不到 50 家，历经了激烈的竞争，产生了康师傅、统一、日清、农心、今麦郎、白象、锦丰等具有品牌及规模优势的企业群体。由于方便面企业集中度提高，竞争加剧，依托科技创新的市场环境正在形成。

随着市场需求的变化，加工技术成为生存的新手段。方便面行业由开始时注重方便、美味发展到对营养和健康的关注，营养、健康型方便面新产品不断涌现。包装形式除了初始的袋装外，还开发了更为方便的杯装、碗装。对于方便面品牌生产者来讲，只有不断改进技术、提高生产效率、加强新口味研发等才能更好地应对市场的竞争。

**（三）精准细分成为首要的营销手段**

如何在同质化的竞争中脱颖而出，成为企业提升竞争力首先考虑的问题。以大企业为主的杂粮面的推出，将成为主要的发展趋势。

消费者对方便面的关注也由对面体的要求更多地转向调味料的升值。地方风味已被浓缩到汤料当中，方便面更多的营养成分将体现在调味料上。调味料的品种从单一调味粉包，发展到油包、酱包、脱水蔬菜包等，更具有选择性。

**（四）品牌传播战略将决定企业未来的发展方向**

中国的方便面企业要从区域品牌发展到强势品牌、从粗放式经营到精细化经营，打造品类细分市场的行业第一，从做销量到做品牌作好战略规划，特别是中小企业要先做强再求大，要确保利润，要先能生存再求快速发展，同时谋求企业的长远战略和品牌规划之路。

**（五）食品安全势在必行**

随着人们对生活质量要求的提高，食品行业食品质量安全成为消费者关注的焦点。方便面最大的优点是方便，但在营养、健康方面比较欠缺，加上人们对油炸方便面的担忧等都对方便面的质量安全提出了挑战。康师傅、统一、日清等知名品牌都曾出现过质量问题的负面事件，虽然有些是跟当地环境或运输有关，可问题毕竟存在。为了让消费者吃上放心的方便面，方便面企业在不断改进生产技术的同时，对食品添加剂进行严格标注，加大对方便面本身质量的提高也成为一大趋势。

## 专案解析

### 康师傅：好吃看得见

康师傅控股有限公司隶属台湾顶新集团，总部设于天津市，主要从事生产和销售方便面、饮

---

① 中国方便面行业的冷思考［OL］．［2006-08-15］．http：//www.sina.com.cn.

品、糕饼以及相关配套产业的经营。1992年，康师傅第一碗红烧牛肉面在天津开发区诞生。从此“香喷喷，好吃看得见”的康师傅方便面进入千家万户。之后，康师傅在我国市场迅速成长，1995年起陆续扩大业务至糕饼及饮品。

康师傅方便面以精美的包装、独特丰富的口味和积极有效的营销策略，抓住了市场机遇，赢得了消费者的喜爱。进入市场不久，就占据了中国大陆方便面市场的龙头位置。康师傅方便面在方便面市场的龙头地位，说明其在品牌的建立、推广上形成了自己有特色且有效的路子。产品的不断创新，清晰的目标市场，有效的广告宣传加上精准的投放路径和活动营销，使康师傅方便面成为消费者心目中的理想品牌。

**新产品，新口味，满足各种需求的消费者**

从2004年康师傅开始加速新品上市的进度，以此来抵挡竞争者带来的压力，保持自己的市场占有率。先是亚洲精选杯面的上市，将其定位于整个亚洲区域的美味，并不惜重金聘请鲁豫作为形象代言人，在通路上做重点投入进行推广。接下来康师傅又推出亚洲精选的桶袋面和骨汤行家及一些新口味。

在产品的研发中，康师傅突出新口味、新健康、新品质、新时尚的特点，让康师傅为您带来不一样的“新”感觉。红烧牛肉、香辣牛肉、麻辣牛肉、麻辣排骨、辣旋风、海陆鲜汇、老火靓汤、千椒百味、蒸行家、油辣子传奇、陈泡风云、面霸、干拌面、食面八方、好滋味、劲爽拉面、汤王、料珍多等各种口味、各类面种应有尽有。

产品的不断创新，使康师傅更加充满活力，充满激情，吸引着各个年龄阶层的消费者，成为名副其实的大众消费品。相信在今后康师傅还会不断推出区别于其他厂家的一些产品和口味，来进一步扩大市场占有率。

**产品创新配合有效的营销策略**

近几年，康师傅方便面在产品导入市场时采用了正确有效的营销策略，其策略的核心是产品的不断创新配合有效的广告和事件活动等，使得康师傅的“好吃看得见”深入人心。与此同时，康师傅也通过富有创意、打动人心的广告把康师傅方便面的新产品告诉消费者。

“这个味儿真好；这个味儿巴适；这个味儿香；这个味儿美；这个味儿蛮好咯；这个味儿流行；这个味儿实在；这个味儿确实；这个味儿正；这个味儿爽快；这个味儿精彩；这个味儿鲜；这个味儿霸道；就是这个味儿……”

每一种新品推出一则新广告，连贯新颖，形成系列，使大家耳熟能详，让康师傅方便面真正贴近大家的生活，贴近大家的心思。广告的目的是告诉消费者，我们有了适合您的产品。康师傅做到了，它不但精准地宣传了每一个新产品，还用最亲切的画面与语言打动每一个消费者。

除此之外，康师傅不断推出校园促销，并用游戏营销提高与消费者的互动；还进行联合营销，以高晋国际作为联合赞助商，来降低推广成本。产品加广告加活动营销，线上线下共同作用，为康师傅的品牌推广打下了坚实的基础。

## 资料链接

随着中国快速消费品市场的快速增长，我国现已成为世界方便面产销第一大国，方便面市场连续多年表现出良好的增长态势。相关资料显示，2007年我国生产方便面489亿包，实现产值357亿元①，方便面的产量已占到世界总产量的1/2。调查发现，家庭消费者和潜力消费者对方便

---

① 去年我国方便面产量占世界一半，实现产值357亿［OL］.［2008-01-11］. http：//shipin. people. com. cn/GB/86119/6760912. html.

面品牌调查填答率达到88.3%和92.1%。人们对方便面的感知程度非常明显，方便面消费已经成为大部分人日常消费不可缺少的一部分。

中国方便面的发展历史基本上可以分为5个阶段：

• 探索阶段（1964—1980年）。1964年，北京食品总厂用鸭油手工生产的油炸面，被认为是中国最早的方便面。1970年，中国第一袋油炸方便面在上海益民四厂诞生，标志着我国方便面生产正式起步。到1980年，方便面生产技术不断改进，并研制出第一条非油炸生产线。

• 初级阶段（1981—1986年）。进入20世纪80年代后，我国主要通过引进日本技术来实现规模生产，先后从日本引进100余条生产线，与此同时，广州、上海、无锡、郑州等地相继出现40余家方便面设备生产厂家。由于国家粮油限价政策，这时的方便面尚未被大众接受。对当时的中国消费者来说，方便面还属于奢侈品，致使方便面市场一直处于低迷状态。

• 过渡发展阶段（1987—1991年）。1988年，国家制定了方便面质量标准。随着生活水平和购买力的提高，以及工作节奏的加快，方便面方便、实惠的优点凸显，使其在大、中城市的需求量骤增。方便面开始逐渐走进消费者的生活，加入快消品行列。1991年底，中国台湾顶新食品集团以康师傅品牌进入中国大陆市场，并取得了极大成功。之后，中国台湾“统一”、新加坡“幸运”、印度尼西亚的“美厨”和“营多”、日本“出前一丁”等外资品牌也纷纷入驻中国大陆。同时，国内珠海“华丰”、山东“龙丰”、河北“华龙”、无锡“中萃”、陕西“熊毅武”、河南“南德”、广东“来利”和“锦丰”、福建“宏发”等方便面生产企业纷纷建厂，国内方便面市场高涨。

• 市场趋于成熟阶段（1992—1995年）。随着方便面知名度的提高，人们开始真正接受方便面，把它作为生活常用甚至必备食品。这一时期以外资企业对中国大陆方便面市场的争夺为主线，它们通过自身的技术和推广能力，从低档市场逐渐步入中、高档市场。方便面也因此成为我国食品产业结构调整的重要支点，各企业纷纷建立自己的优势，抢夺市场，市场趋于成熟稳定。

• 市场激烈竞争阶段（1996—2000年）。高速的发展使得竞争不断加剧。方便面生产能力的急剧扩大，造成方便面大量积压，许多中小企业由于技术、资金和管理等问题面临停产和倒闭。仅有少数实力强劲的大企业获得了生存的可能，它们为了抢占市场份额，展开激烈竞争。这一时期的消费者也渐趋理性，对商品的选择更加“苛刻”，促使方便面企业在面品及调味料上不断改进。这一方面促进了方便面市场多元化的发展；另一方面也出现了许多不正当竞争，一定程度上破坏了方便面市场的稳定发展。

• 稳步地持续发展阶段（2001年至今）。这一时期，国家加大对方便面市场的监管，方便面产品质量及食品标签与国际接轨，促进了市场有序、健康的发展。人们的需求从温饱型食品向健康型食品转移，使营养、保健成为新时期的新要求。具有营养保健功能的面，如荞麦面、燕麦面、玉米面、豆面以及低含油量和非油炸的方便面受到人们的青睐。

（执笔：孔清溪　孔超）

# 第三节　八宝粥

## 一、八宝粥品牌十强数据

八宝粥品牌十强数据见表3－4－7、表3－4－8、表3－4－9。

表 3－4－7　八宝粥品牌家庭消费者十强

| 排　序 | 常用品牌 | | 预购品牌 | | 理想品牌 | |
|---|---|---|---|---|---|---|
| | 名　称 | 提及％ | 名　称 | 提及％ | 名　称 | 提及％ |
| 1 | 娃哈哈 | 41.0 | 娃哈哈 | 31.2 | 娃哈哈 | 38.6 |
| 2 | 银鹭 | 17.4 | 银鹭 | 20.1 | 银鹭 | 21.1 |
| 3 | 露露 | 10.2 | 露露 | 11.4 | 露露 | 9.7 |
| 4 | 达利园 | 10.1 | 达利园 | 10.2 | 达利园 | 9.2 |
| 5 | 亲亲 | 6.5 | 亲亲 | 7.2 | 椰树 | 6.1 |
| 6 | 椰树 | 3.7 | 椰树 | 6.3 | 亲亲 | 6.0 |
| 7 | 泰奇 | 2.8 | 泰奇 | 2.6 | 泰奇 | 2.8 |
| 8 | 华元 | 2.3 | 惠尔康 | 2.5 | 惠尔康 | 2.1 |
| 9 | 惠尔康 | 2.2 | 华元 | 2.3 | 华元 | 1.8 |
| 10 | 台福 | 0.6 | 亚亨 | 1.0 | 台福 | 1.1 |

表 3－4－8　八宝粥品牌潜力消费者十强

| 排　序 | 常用品牌 | | 预购品牌 | | 理想品牌 | |
|---|---|---|---|---|---|---|
| | 名　称 | 提及％ | 名　称 | 提及％ | 名　称 | 提及％ |
| 1 | 娃哈哈 | 37.4 | 娃哈哈 | 26.2 | 娃哈哈 | 35.8 |
| 2 | 银鹭 | 20.0 | 银鹭 | 23.8 | 银鹭 | 23.6 |
| 3 | 达利园 | 13.2 | 达利园 | 13.6 | 达利园 | 11.5 |
| 4 | 露露 | 7.0 | 露露 | 9.0 | 露露 | 7.4 |
| 5 | 亲亲 | 6.6 | 亲亲 | 7.3 | 亲亲 | 5.8 |
| 6 | 惠尔康 | 3.6 | 椰树 | 5.0 | 椰树 | 4.5 |
| 7 | 泰奇 | 3.5 | 惠尔康 | 3.2 | 泰奇 | 3.8 |
| 8 | 椰树 | 3.0 | 泰奇 | 3.1 | 惠尔康 | 2.5 |
| 9 | 华元 | 2.1 | 华元 | 2.9 | 华元 | 2.3 |
| 10 | 台福 | 0.7 | 台福 | 1.1 | 台福 | 0.9 |

表 3－4－9　八宝粥品牌两类消费者加权十强

| 排　序 | 常用品牌 | | 预购品牌 | | 理想品牌 | |
|---|---|---|---|---|---|---|
| | 名　称 | 提及％ | 名　称 | 提及％ | 名　称 | 提及％ |
| 1 | 娃哈哈 | 40.2 | 娃哈哈 | 30.2 | 娃哈哈 | 38.0 |
| 2 | 银鹭 | 17.9 | 银鹭 | 20.9 | 银鹭 | 21.6 |
| 3 | 达利园 | 10.7 | 达利园 | 10.9 | 达利园 | 9.6 |
| 4 | 露露 | 9.6 | 露露 | 10.9 | 露露 | 9.2 |
| 5 | 亲亲 | 6.5 | 亲亲 | 7.3 | 亲亲 | 6.0 |
| 6 | 椰树 | 3.6 | 椰树 | 6.1 | 椰树 | 5.8 |
| 7 | 泰奇 | 2.9 | 泰奇 | 2.7 | 泰奇 | 3.0 |
| 8 | 惠尔康 | 2.5 | 惠尔康 | 2.6 | 惠尔康 | 2.2 |
| 9 | 华元 | 2.3 | 华元 | 2.4 | 华元 | 1.9 |
| 10 | 台福 | 0.6 | 亚亨 | 1.0 | 台福 | 1.0 |

## 二、八宝粥品牌的竞争格局解析

### （一）八宝粥品牌竞争格局特征

1. 品牌纷争 南方独大

随着八宝粥市场的不断扩大，各个品牌纷纷涌现。然而，调查发现，能够被消费者认知的八宝粥品牌并不多，品牌总宽度为 39 个，常用品牌更缩减到 28 个。见图 3－4－4。

中国的八宝粥市场崛起于 20 世纪 90 年代初期，当时的领军者是娃哈哈、亲亲、银鹭三大南方品牌。鉴于此，南方成为八宝粥市场的发源地。八宝粥市场一直呈现南方品牌独大的

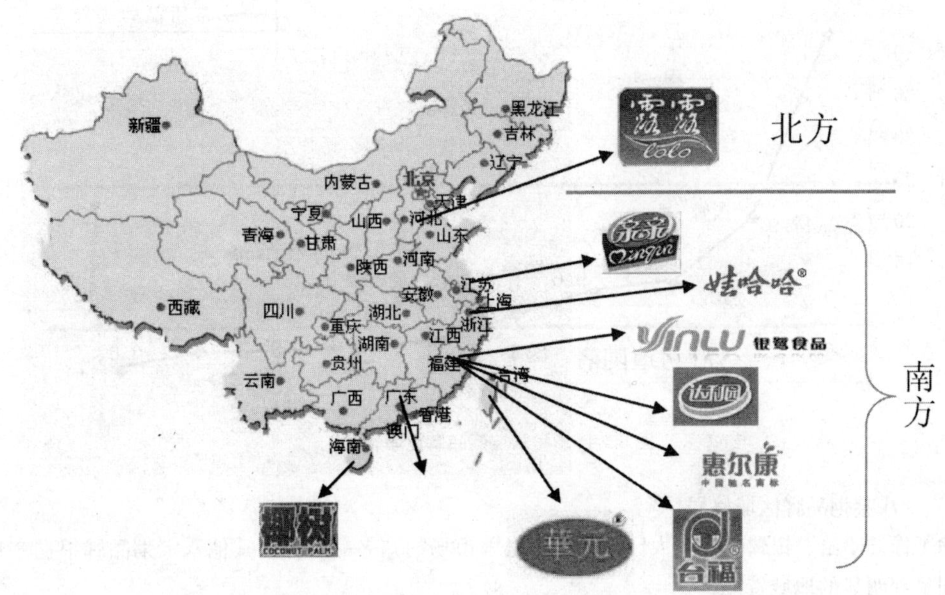


图 3－4－4　八宝粥常用品牌前十名产地分布图

格局，八宝粥常用品牌提及率排名中，名列前十的品牌只有露露是河北承德的，而且八宝粥还不是露露品牌的主打品类。很明显，整个市场仍然被南方品牌统领，虽然北方企业不断崛起，但短时间内还是很难改变这种局面。北方品牌要在利用地域优势寻找生存机会的同时，努力开拓全国市场。

2. 三大阵营分割市场

(1) 行业引领者：娃哈哈

中国的八宝粥市场从诞生之初就由南方企业做领头羊，娃哈哈通过多元化的发展战略、有效的宣传手段博得消费者认可。调查显示，娃哈哈八宝粥常用品牌提及率为 40.2%，领先第二位的银鹭八宝粥 20 多个百分点，无可争议地成为国内八宝粥行业的引领者。

(2) 实力竞争派：银鹭、达利园、露露、亲亲

银鹭、亲亲两大品牌从八宝粥上市初期，就与娃哈哈一道主宰着八宝粥市场，但随着娃哈哈市场份额的不断增大，以及新的竞争者纷纷加入，银鹭和亲亲的一部分市场被瓜分，但经过品牌建设，利用传统八宝粥打拼，仍跻身实力竞争派行列。

相反，达利园和露露则是通过原有品牌的知名度进行产品线延伸，把业务拓展到八宝粥行业，利用有效的品牌背书战略，短时间内在市场上取得了一席之地。

(3) 潜力追随者：椰树、惠尔康、泰奇、华元、台福等

在八宝粥市场的竞争末端，是一批以区域优势为主的品牌，它们的常用品牌提及率一般在 5%以下，如椰树、惠尔康、泰奇、华元、台福等。

这些品牌通常以企业所在省份为主市场，区域特征明显。在小范围里，它们的优势一是可以进行更有效的市场细分，瞄准目标消费群；二是在渠道铺货上，有“天时、地利、人和”的优势，更容易实现产品的覆盖和目标消费群体的到达。在竞争中，它们慢慢被消费者所认可，展现出一定的竞争潜力，成为潜力追随者。未来的八宝粥市场，后来者居上，自由竞争的局势将进一步明显。见图 3－4－5。

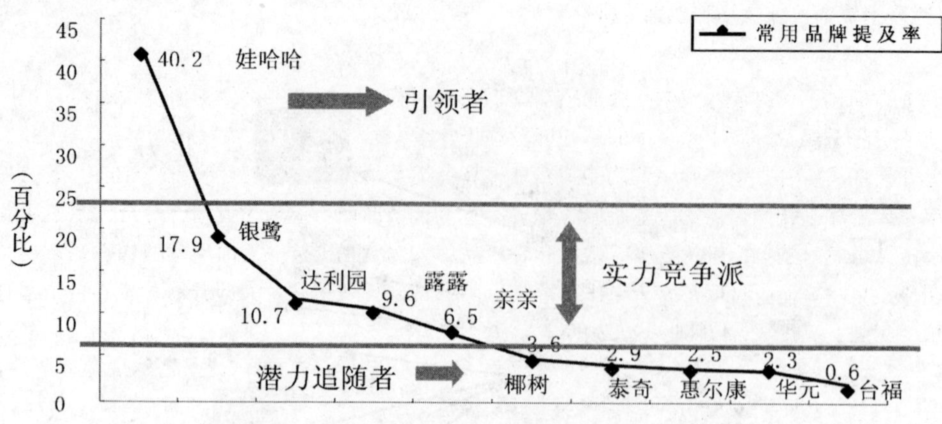


图 3－4－5 八宝粥品牌竞争格局

**（二）八宝粥品牌区域格局**

除了像娃哈哈、银鹭这样几大已经开拓出全国市场的知名品牌外，其他八宝粥品牌根据产地的不同呈现明显的地域特征。

我们选取了 36 个主要城市来调查八宝粥品牌的地域影响力。结果显示，娃哈哈通过强势的品牌影响力，在 28 个城市中占据着消费者常用品牌第一的位置。

其余的品牌如厦门的银鹭和惠尔康、河北承德的露露、扬州的亲亲、广州的泰奇、海南的椰树等，它们大都或者是产地的第一常用品牌，或者是产地周边的第一常用品牌，呈现出明显的地域性垄断特征。

随着未来市场竞争的不断加剧，区域性的垄断将会慢慢打破，向全国市场进军才是未来企业树立知名度、壮大品牌要走的路。见图 3－4－6。

图 3－4－6 八宝粥常用品牌前十名地域影响力示意图

## (三) 消费者八宝粥品牌感知分析

1. 消费者品牌认知较清晰

调查指标显示，对于八宝粥品牌的感知度，家庭消费者为81.6%，潜力消费者为85.1%。作为快速消费品，消费者对于八宝粥的感知度较理想。

另外，从消费者常用品牌、预购品牌和理想品牌提及率比较中发现，三者排在前九名的品牌提及率先后顺序都相同，依次为娃哈哈、银鹭、达利园、露露、亲亲、椰树、泰奇、惠尔康和华元，第十位也只有预购品牌为亚亨，常用和理想品牌均为台福。这一方面反映出八宝粥市场竞争格局明显，另一方面也说明消费者对于八宝粥品牌的认知比较清晰，大部分消费者心目中都有自己理想的品牌。见图3—4—7。

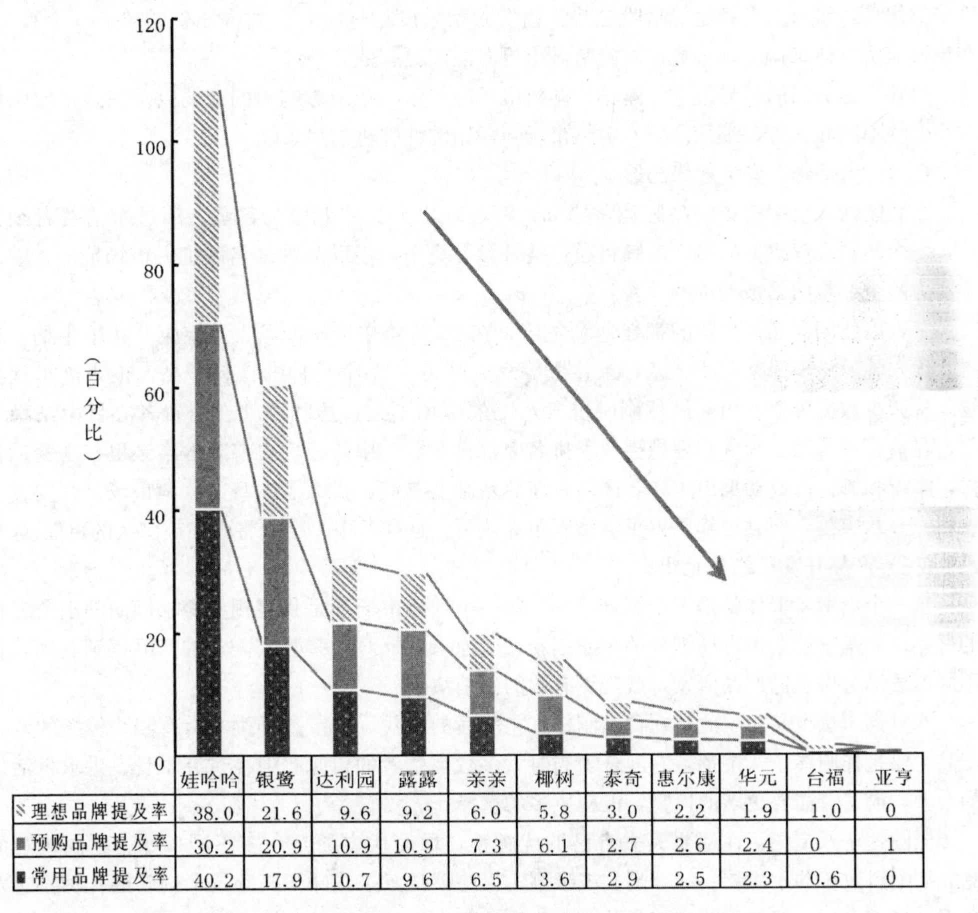


| | 娃哈哈 | 银鹭 | 达利园 | 露露 | 亲亲 | 椰树 | 泰奇 | 惠尔康 | 华元 | 台福 | 亚亨 |
|---|---|---|---|---|---|---|---|---|---|---|---|
| 理想品牌提及率 | 38.0 | 21.6 | 9.6 | 9.2 | 6.0 | 5.8 | 3.0 | 2.2 | 1.9 | 1.0 | 0 |
| 预购品牌提及率 | 30.2 | 20.9 | 10.9 | 10.9 | 7.3 | 6.1 | 2.7 | 2.6 | 2.4 | 0 | 1 |
| 常用品牌提及率 | 40.2 | 17.9 | 10.7 | 9.6 | 6.5 | 3.6 | 2.9 | 2.5 | 2.3 | 0.6 | 0 |

图3—4—7 八宝粥品牌提及率

2. 消费者品牌维系度偏低

数据显示，消费者对于常用品牌前三位的娃哈哈、银鹭和达利园的品牌维系度分别为46.1%、46.7%和28.2%。从所有品类的调查来看，娃哈哈和银鹭的维系度也只排在中等偏下的位置，达利园的维系度则处于尾部行列。

不难看出，八宝粥市场仍然存在许多问题。首先，娃哈哈虽然在消费者数量上占优势，但其消费者维系度指标落后于银鹭。未来的市场如果娃哈哈不采取相应的措施，将花去更多的成本来维护消费群体的忠诚度。其次，作为综合性的食品企业，达利园在成功涉足八宝粥行业的同时，也面临着挑战。作为“新手”，达利园八宝粥已经通过品牌效应赢得了知名度，但怎样在八宝粥行业建立有效的美誉度，将是达利园未来一段时间需要解决的重要问题。

## 三、八宝粥品牌发展策略和市场热点趋势

根据八宝粥竞争格局的现状分析，在未来的市场中，八宝粥品牌发展表现出以下发展趋势：

**（一）重新洗牌趋势加强**

从全国范围内来讲，虽然娃哈哈依然在产销量上占有绝对的优势，但八宝粥在企业中占有的份额毕竟较小，无法得到企业更多的扶持。相对而言，银鹭的主打产品始终是八宝粥，企业对八宝粥的扶持力度在不断加大，在一些北方城市，产品的铺货率已经接近或超过了娃哈哈，再加上价格的优势，银鹭大有赶超娃哈哈之势。消费者维系度指标中，银鹭高出娃哈哈 0.6 个百分点，在忠诚消费群体维持上，银鹭比娃哈哈做得更专注、更有效。

另外，达利园的强势进入，露露、椰树市场的扩张，亲亲影响力的减弱以及主打八宝粥的地方企业的不断壮大等，都预示着八宝粥市场新一轮的洗牌将悄然来临。

**（二）“大品牌”竞争趋势凸显**

今后国内八宝粥市场的品牌竞争格局，将显现出大品牌竞争的趋势。通过对消费者细分定位，一个集团企业旗下的多个品牌将通过整合参与竞争，借助品牌知名度扩大市场范围，缺乏资本实力的企业将面临被淘汰的危险。

一直以休闲食品为主业的福建达利集团，在 2007 年初推出凉茶、八宝粥、花生牛奶、杏仁露、优先乳、蜂蜜绿茶、冰红茶、果粒橙等六大品类、11 个品种的饮料产品，正式进军饮料市场。从调查数据可以看出，虽然刚刚进入八宝粥市场不久，达利园就在消费者心目中站稳了脚跟，在消费者常用、预购和理想提及率排名中都排在前三甲，把历史悠久的亲亲甩在了身后。同样，露露和椰树都成功推出了知名产品，在此基础上它们也扩大了本身的饮料市场，开发食品型饮料——八宝粥，而且也都取得了消费者很大认可。这样，中小企业将面临被淘汰的可能。

**（三）产品开发日趋多元化**

每一个消费者群体就是一个细分市场，每一个细分市场都是具有相似需求倾向的消费者构成的群体。而基于消费者市场细分的产品创新，由原来的针对大多数人需求的产品逐渐收缩，针对不同市场细分做不同产品研发，成为更有效的营销策略。

八宝粥市场也是基于此，在食品制作工艺落后的年代，八宝粥种类非常有限，传统的八宝粥产品主要是桂圆莲子八宝粥，它迎合了当时大多数消费者的口味。但在讲究享受、讲求生活质量的今天，消费者需要更多的口味，渴望更多的选择。

桂圆莲子八宝粥正在逐步失去自己的优越性，取而代之的是众多不同口味、不同包装的产品。从配料改革的水果粥、绿豆粥、玉米粥、粗粮粥甚至是咸味粥，到技术创新的无糖粥、木糖醇粥，打着养生、保健、美容等各种噱头的产品层出不穷。个性化的、针对特定消费群体推出的不同定位的八宝粥产品将赢得更多的市场，多元的产品开发将成为市场发展的一大趋势。

## 专案解析

### 娃哈哈：八宝粥中的“老字号”

娃哈哈八宝粥为娃哈哈集团旗下罐装食品的主力军：娃哈哈集团有限公司是中国目前最大的食品饮料生产企业。主要从事食品饮料的开发、生产和销售，主要生产含乳饮料、瓶装水、碳酸

饮料、茶饮料、果汁饮料、罐头食品、医药保健品、休闲食品等八大类近100个品种的产品，其中瓶装水、含乳饮料、八宝粥罐头多年来产销量一直位居全国第一。

**有效的品牌背书战略**

“娃哈哈”最早的产品是“儿童营养液”，娃哈哈儿童营养液通过大力宣传，使娃哈哈的名字家喻户晓。品牌已誉满全国之际，娃哈哈又适时地推出了其他食品饮料，并坚持用“娃哈哈”这个品牌名称，很快风靡全国，迅速被广大消费者接受。

1993年娃哈哈成功推出了娃哈哈营养八宝粥，上市至今一直高居全国八宝粥质量第一、销量第一的宝座。作为娃哈哈集团旗下的罐头产品，娃哈哈八宝粥能够在八宝粥市场居于霸主地位，除了由于较早地介入罐装八宝粥市场，把握住了消费者的口味和消费习惯以外，在市场推广中，产生了有效的品牌背书效应，利用娃哈哈在消费者心目中的优势地位来打造娃哈哈八宝粥的产品形象，娃哈哈本身的品牌效应成为娃哈哈八宝粥成功突破市场的重要原因。

结果证明，作为产品品牌的主角，娃哈哈八宝粥有效地塑造了消费者心目中的理想八宝粥的品牌形象，并且强化了娃哈哈母品牌的品牌效应。

**准确的消费者定位**

娃哈哈发现仅靠传统的八宝粥已经不能满足当前消费者的饮食需求，因此针对不同消费人群的特点，娃哈哈不断推出新的产品。在产品定位上，不但注重对老客户的维护，加大传统型八宝粥的生产，如无糖和营养八宝粥，另外还推出针对白领阶层的粗粮生活系列、面向老人和时尚减肥人士的木糖醇系列。

娃哈哈八宝粥随着消费者消费观念和习惯的变化作出适时的品牌延伸和扩大，并陆续获得成功，进一步扩大了娃哈哈八宝粥的市场份额，稳固了娃哈哈八宝粥在中国八宝粥市场龙头老大的地位。

**以经典广告打造知名品牌**

有效的营销模式是品牌建设的基础，广告宣传则是打造品牌知名度的有力工具。娃哈哈一贯注重广告的投入，同时坚持明确的广告策略——经济有效、树立品牌的个性，使品牌内涵、主张深入人们内心。

“喝了娃哈哈吃饭就是香”使娃哈哈一举成名。在八宝粥的宣传上，娃哈哈也成功地完成了“经典的克隆”：“随时随地，营养美味——娃哈哈八宝粥”。广告运用朗朗上口的语言把娃哈哈八宝粥的特点精炼到一句话中，让人们提起八宝粥无不想起娃哈哈八宝粥的广告语，通过优先联想加强购买的可能性。

强大的公司背景，精准的市场细分，有效的品牌传播使得娃哈哈八宝粥成为国内八宝粥行业的龙头企业。调查中也可以清楚看到，在常用品牌和理想品牌提及率比较中，娃哈哈均以绝对优势高居榜首，已经证明娃哈哈八宝粥在消费者心目中占据了难以撼动的位置。虽然没有“老字号”品牌的历史，但娃哈哈八宝粥已经做到了“老字号”的内涵。

## 资料链接

“八宝粥”这个概念和产品，是20世纪80年代后期由台湾地区的商人引入祖国大陆的。它把传统食品与现代罐装加工技术相结合，即食即用、方便、营养等特点使其成为人们热衷的方便休闲食品之一。八宝粥市场从20世纪90年代初在南方兴起，福建、上海等地不断有企业加入这个行业并占据着大部分市场，娃哈哈、银鹭、亲亲三大品牌垄断着八宝粥市场。市场的需求给更多企业提供了机会，南方企业由地方逐渐向全国扩张的同时，北方市场蠢蠢欲动，不断有新的面孔出现。

2006 年对于八宝粥行业来说是个转折点，市场不再只是娃哈哈、银鹭、亲亲三大品牌几个品种，更多新品牌、新品种丰富了八宝粥市场，三鹿、露露、绿宝露、亚亨、华元、康辉、泰奇、惠尔德、台福等纷纷上市，二、三线市场的品牌更是多如繁星。以露露、三鹿、绿宝露等为代表的北方品牌开始同南方品牌摆开竞争的架势，在稳固区域市场的同时，逐渐扩张。

在品种上，也从原有的传统桂圆莲子八宝粥、无糖八宝粥不断创新出红宝粥、燕窝粥、红枣粥、绿豆粥等，八宝粥市场逐渐红火起来。由于中西饮食文化的差异，八宝粥市场尚未出现外国品牌的竞争，市场发展机会较多，市场空间也较为可观。

（执笔：孔清溪　孔　超）

## 第四节　速冻食品

### 一、速冻食品品牌十强数据

速冻食品品牌十强数据见表 3－4－10、表 3－4－11、表 3－4－12。

**表 3－4－10　速冻食品品牌家庭消费者十强**

| 排　序 | 常用品牌 | | 预购品牌 | | 理想品牌 | |
|---|---|---|---|---|---|---|
| | 名　称 | 提及％ | 名　称 | 提及％ | 名　称 | 提及％ |
| 1 | 思念 | 20.7 | 思念 | 20.5 | 思念 | 24.0 |
| 2 | 三全 | 18.9 | 三全 | 18.3 | 三全 | 18.5 |
| 3 | 龙凤 | 9.2 | 龙凤 | 9.5 | 湾仔码头 | 10.0 |
| 4 | 湾仔码头 | 6.7 | 湾仔码头 | 7.6 | 龙凤 | 9.8 |
| 5 | 光明 | 6.6 | 甲天下 | 5.3 | 光明 | 6.3 |
| 6 | 海霸王 | 5.0 | 光明 | 5.1 | 海霸王 | 4.9 |
| 7 | 甲天下 | 4.5 | 海霸王 | 4.8 | 甲天下 | 4.5 |
| 8 | 科迪 | 4.5 | 科迪 | 4.3 | 五芳斋 | 4.3 |
| 9 | 避风塘 | 3.2 | 五芳斋 | 3.7 | 科迪 | 3.9 |
| 10 | 桂冠 | 3.0 | 避风塘 | 3.0 | 避风塘 | 2.9 |

**表 3－4－11　速冻食品品牌潜力消费者十强**

| 排　序 | 常用品牌 | | 预购品牌 | | 理想品牌 | |
|---|---|---|---|---|---|---|
| | 名　称 | 提及％ | 名　称 | 提及％ | 名　称 | 提及％ |
| 1 | 三全 | 14.5 | 思念 | 17.8 | 思念 | 20.5 |
| 2 | 思念 | 13.8 | 三全 | 13.0 | 三全 | 13.3 |
| 3 | 光明 | 9.4 | 湾仔码头 | 8.5 | 湾仔码头 | 9.2 |
| 4 | 避风塘 | 8.1 | 光明 | 7.9 | 光明 | 8.3 |
| 5 | 龙凤 | 7.2 | 龙凤 | 6.1 | 龙凤 | 7.3 |
| 6 | 湾仔码头 | 6.0 | 避风塘 | 6.0 | 科迪 | 6.0 |
| 7 | 科迪 | 5.9 | 甲天下 | 5.7 | 避风塘 | 5.9 |
| 8 | 甲天下 | 5.3 | 科迪 | 5.5 | 甲天下 | 5.8 |
| 9 | 海霸王 | 4.1 | 海霸王 | 4.7 | 海霸王 | 4.8 |
| 10 | 桂冠 | 4.0 | 五芳斋 | 3.8 | 五芳斋 | 4.5 |

表 3－4－12 速冻食品品牌两类消费者加权十强

| 排序 | 常用品牌 | | 预购品牌 | | 理想品牌 | |
|---|---|---|---|---|---|---|
| | 名称 | 提及％ | 名称 | 提及％ | 名称 | 提及％ |
| 1 | 思念 | 19.3 | 思念 | 20.0 | 思念 | 23.3 |
| 2 | 三全 | 18.0 | 三全 | 17.2 | 三全 | 17.4 |
| 3 | 龙凤 | 8.8 | 龙凤 | 8.8 | 湾仔码头 | 9.8 |
| 4 | 光明 | 7.2 | 湾仔码头 | 7.8 | 龙凤 | 9.3 |
| 5 | 湾仔码头 | 6.5 | 光明 | 5.7 | 光明 | 6.7 |
| 6 | 海霸王 | 4.8 | 甲天下 | 5.4 | 海霸王 | 4.9 |
| 7 | 科迪 | 4.8 | 海霸王 | 4.8 | 甲天下 | 4.7 |
| 8 | 甲天下 | 4.6 | 科迪 | 4.5 | 五芳斋 | 4.4 |
| 9 | 避风塘 | 4.2 | 五芳斋 | 3.7 | 科迪 | 4.3 |
| 10 | 桂冠 | 3.2 | 避风塘 | 3.6 | 避风塘 | 3.5 |

## 二、速冻食品品牌的竞争格局解析

### （一）消费者品牌认知特点

1. 认知度较高，忠诚度偏低

速冻食品的迅速发展，以及生活节奏的不断提高，使更多的人选择方便、实惠的速冻食品。人们逐渐养成了对速冻食品的消费习惯，对其感知程度也不断提高。

但对于排在人们常用品牌前三位的思念、三全和龙凤的消费者品牌维系度只有 42.9％、42.6％和 38.3％，均表现一般。市场品牌的杂而多、消费者选择余地较大，以及速冻食品的同质化程度高等，都成为人们对品牌忠诚度偏低的主要原因。

2. 速冻食品在城乡的发展存在差异

从市场现状看，销售终端主要为超市的速冻食品，它的发展是跟超市发展紧密相连的。城市的超市化进程非常明显，给速冻食品的销售提供了保证，加上城市冰柜、冰箱等家用电器普及率的提高，也为速冻食品的发展提供了有利条件。

而生活条件相对较低的农村，销售终端的不完善成为速冻食品难以进入农村市场的主要瓶颈。另外，农村消费习惯和消费意识的落后，也阻碍了速冻食品的发展和消费者的认知。但是，中国巨大的农村市场又给了速冻食品新的生存空间。因此，面对日益饱和的城市市场，如何有效地打开农村市场成为今后速冻食品发展的关键。

### （二）速冻食品品牌竞争格局特征

经历了 20 多年的发展，中国速冻食品行业产业结构不断优化，市场逐渐从调整期过渡到成熟期。行业已经形成了具有竞争力的几大品牌，思念、三全、龙凤三大品牌占据着大半市场成为第一集团军，第二集团品牌繁杂，行业竞争激烈程度加大。

从整个市场看，我国速冻食品竞争格局呈现以下特点：

1. 品牌较多且不集中

我国速冻食品行业品牌化程度逐渐加强，品牌不断增加。从地方中小品牌，如天津的狗不理、迎客，北京的瑞达、多灵多，上海的桂冠、日清、日冷，安徽的毛毛、阿毛，东北的老边、阿仙，江苏的苏阿姨，广东的维邦、金城，等等，到少数全国性的知名品牌，如思念、三全、龙凤、海霸王、湾仔码头等，应有尽有。但众多品牌的差异性较弱，表现出较低集中度，行业处在自由竞争的状态。

通过调查发现，全国 36 个主要城市的消费者所提及的品牌宽度达到 57 个，品牌虽然多而杂，但由于速冻食品已经成为人们日常饮食必需品，所以认知上达到了较高的百分比。然而，速冻食品品牌集中度调查数据为53.3%，处在中集中度（30%<CR4<60%）行列，地方特色品牌分散了消费者的购买行为，形成了品牌集中度不高的格局。

2. 品类对品牌

行业竞争的加剧使得速冻食品的品类结构变得清晰，品类细分市场逐渐成熟。目前，我国速冻食品市场主要有五大品类形成规模：水饺、汤圆、粽子、馄饨、面点。并且这些品类都出现了相对应的较成熟的品牌，消费者对这些品类的认知也固定在个别对应的品牌上。

我国速冻食品行业初步形成了以优势品类主打品牌的模式，像思念的水饺、三全的汤圆、五芳斋的粽子、苏阿姨的馄饨等，而地方中小品牌没有形成自己的资源优势，覆盖面广而不精，导致资源过度分散，没有形成成熟、有效的品牌战略。

3. 阵营分割明显，优势差距不大

在全国范围内，占市场份额较大的品牌有思念、三全和龙凤，三者组成了国内速冻食品品牌第一集团，消费者认知程度较高。海霸王、湾仔码头、科迪等众多品牌组成第二集团，由于第二集团品牌众多且分散，整体水平不相上下，品牌差异性不大。虽然一、二集团的分段明显，但速冻食品同质化程度高，行业中并没有出现具有绝对领导地位的品牌。

从消费者对速冻食品提及率上可以看出，思念、三全、龙凤成为常用品牌和预购品牌提及率最高的3个品牌。

4. 湾仔码头成为新宠儿

湾仔码头市场定位明确，主打大都市高端人群，渠道上主要依靠主流大卖场，特别注重终端形象建设，以高品质、高质量、高投入、高价位确立高端水饺的第一品牌。随着人们生活水平的不断提高，更多人追求高品质、高质量的生活。正是凭借这一点，湾仔码头获得了更多人的认可。

调查显示，湾仔码头表现不俗，在理想品牌提及率排名中超越龙凤跃居第三，并且在预购品牌排名中也跻身前四位。作为一个高档食品定位的品牌，湾仔码头的出色表现，一方面反映出消费者对它质量和定位的肯定，另一方面也预示着高品质食品市场需求的增加。

## 三、速冻食品品牌发展策略和市场热点趋势

### （一）产品品类不断丰富

我国虽然已经成为世界上食品种类最多的国家，但相对成熟的欧美市场，国内速冻食品的产品种类相对单一，主要集中在米、面等主食食品上。因此，要想扩大市场规模，就要不断丰富产品品类。中国地域广阔，地域差异性大和消费者需求的增大，为速冻食品丰富品类提供了机会。

### （二）品牌成为突围“利器”

面对越来越“苛刻”的消费者和速冻食品行业本身同质化程度高的特点，要想从速冻食品市场突围，价格战也许可以取得一时的成功，但并不能使企业真正占领市场。品牌成为真正的利器。品牌本身所代表的就是质量和信誉的保证，所以要以产品为基础，品牌为出发点，才能拓展生存的空间。像思念、三全等全国性品牌，就是依靠产品的优质质量和品牌的强势效应取得了有效的市场份额。

### （三）农村市场的潜力巨大

城市化进程的加快，促进了农村经济的发展。随着农民生活水平的不断提高，以及生活节奏加快，方便、实惠的速冻食品必然会激起农村的消费热情。只要配合有效的销售渠道，未来的农村将是一个很有潜力的巨大市场。

**（四）销售渠道多元化趋势**

城市超市化进程的加速，为速冻食品行业兴起提供了必要条件，但随着这种单一销售渠道的饱和，速冻食品的发展又受到了限制。在今后的市场运作中，通过增加便利店、杂货店、农贸市场、机关食堂、学校食堂、军队食堂、建筑工地、团购、宾馆饭店等使渠道多元化，成为速冻食品市场不断完善的重要途径。

## 专案解析

### 思念：精益求精，后来居上

郑州思念食品有限公司是中国最大的专业速冻食品生产企业之一，其前身可溯源到成立于1997年的河南省思念速冻食品有限公司。旗下除了知名的思念水饺系列外，还包括汤圆、早点、粽子、休闲食品（花卷、馄饨、小笼包、烧麦等）、火锅配料等各种速冻系列产品。

2000年以前，思念是一个较为弱小的速冻食品品牌，无论是销售额、市场占有率还是品牌价值，排名都在海霸王、龙凤、湾仔码头等品牌之后。从2002年春天开始，思念改变营销模式，运用有效的品牌战略，很快取得消费者的认可，成为名副其实的全国性强势品牌，并于2006年成为2008年北京奥运会速冻食品独家供应商。

通过对全国36个主要城市的消费者进行调查发现，思念在消费者常用、预购和理想品牌提及率中都稳居第一的位置。同时，在36个主要城市的地域影响力调查中也名列前茅。

思念食品的品牌战略核心主要通过创新的产品、专业化的品牌定位、有效的品牌传播以及成功的奥运营销来实现。

**产品生产上，走创新型道路**

通过对消费者消费需求的分析，打造自己独有的市场。例如“思念小小汤圆”就是成功的特色产品，它从传统的大汤圆市场中异军突起，重新开辟了新的市场，并分割了大汤圆的市场份额。

**品牌定位上，遵循专业化品牌战略**

把“思念”作为唯一的品牌形象，集中全部资源打造“思念”。这种战略避免了资源的分散和消费者认知的模糊，使思念在同质化严重的速冻食品行业中脱颖而出。

**品牌传播上，有效的广告宣传和活动营销让思念品牌覆盖全国**

思念食品广告宣传始终围绕“速冻食品专家”这一口号进行传播。传播的声音一致，加上这个口号具有亲和力的特点，使人们提到速冻食品就自然而然地想到“思念食品”，把“速冻食品专家”带进千家万户。

**“金牌品质，奥运选择”**

思念抓住北京奥运会这个稀缺的机会资源，展开强有力的奥运营销活动，一方面使得思念独享奥运会速冻食品行业的供应权，通过奥运会这个强大的平台，向世界展现思念，让思念走向国际；另一方面，利用人们对奥运会这样盛大赛事的积极态度，进一步提高思念在消费者心目中的形象。

思念食品正是通过一系列精准、有效的品牌策略，才使得它在速冻食品行业取得龙头企业的地位。面对多变的市场经济，只有从实际出发，在适时中不断创新发展，才能成为真正的强者，立足于未来。

## 资料链接

速冻食品早在20世纪70年代末已经出现，当时主要以外销速冻肉类、海产品及速冻蔬菜类产品为主。经过近30年的发展，速冻水饺、汤圆、馄饨等食品成为速冻食品的生力军。由于人们生活水平的提高，生活节奏的加快，冰箱、冰柜、微波炉等成为人们生活的必需品，这些都为速冻食品的发展提供了必要条件。最近十年，城市超市化进程加速、国外零售商业巨头的进入和国内零售市场的兴起，为速冻食品提供了理想的销售场所，卖场资源成为商家竞争的重点，取得销售场所便赢得了市场份额。市场需求越旺盛，行业潜力就越大。从1995年起，我国速冻食品的年产量每年以20%[①]的速度递增，成为20世纪90年代发展最快的食品加工业。

（执笔：孔清溪　孔　超）

# 第五节　熟食

## 一、熟食品牌十强数据

熟食品牌十强数据见表3－4－13、表3－4－15、表3－4－15。

**表3－4－13　熟食品牌家庭消费者十强**

| 排　序 | 常用品牌 | | 预购品牌 | | 理想品牌 | |
|---|---|---|---|---|---|---|
| | 名　称 | 提及% | 名　称 | 提及% | 名　称 | 提及% |
| 1 | 双汇 | 47.8 | 双汇 | 38.0 | 双汇 | 45.2 |
| 2 | 金锣 | 7.2 | 雨润 | 9.2 | 雨润 | 8.8 |
| 3 | 雨润 | 6.2 | 金锣 | 7.4 | 金锣 | 5.8 |
| 4 | 得利斯 | 3.1 | 得利斯 | 3.7 | 得利斯 | 3.4 |
| 5 | 汇通 | 1.9 | 汇通 | 2.5 | 喜旺 | 2.7 |
| 6 | 喜旺 | 1.5 | 喜旺 | 2.2 | 汇通 | 2.0 |
| 7 | 安福 | 1.4 | 德大 | 1.3 | 皓月 | 1.4 |
| 8 | 皓月 | 1.2 | 皓月 | 1.3 | 安福 | 1.2 |
| 9 | 德大 | 1.1 | 华都 | 1.3 | 德大 | 0.9 |
| 10 | 华都 | 1.0 | 安福 | 1.1 | 华都 | 0.9 |

**表3－4－14　熟食品牌潜力消费者十强**

| 排　序 | 常用品牌 | | 预购品牌 | | 理想品牌 | |
|---|---|---|---|---|---|---|
| | 名　称 | 提及% | 名　称 | 提及% | 名　称 | 提及% |
| 1 | 双汇 | 53.5 | 双汇 | 40.9 | 双汇 | 48.2 |
| 2 | 金锣 | 8.8 | 金锣 | 9.4 | 金锣 | 7.6 |
| 3 | 雨润 | 3.4 | 雨润 | 6.6 | 雨润 | 5.3 |
| 4 | 汇通 | 2.2 | 得利斯 | 2.9 | 得利斯 | 3.0 |
| 5 | 安福 | 1.9 | 汇通 | 2.1 | 喜旺 | 2.6 |
| 6 | 得利斯 | 1.7 | 喜旺 | 2.1 | 汇通 | 2.0 |
| 7 | 喜旺 | 1.5 | 德大 | 1.7 | 皓月 | 1.5 |
| 8 | 皓月 | 1.3 | 华都 | 1.3 | 德大 | 1.3 |
| 9 | 德大 | 1.1 | 皓月 | 1.3 | 安福 | 1.2 |
| 10 | 华都 | 0.8 | 安福 | 1.1 | 华都 | 0.9 |

**表3－4－15　熟食品牌两类消费者加权十强**

① 常州市烹饪餐饮行业协会．我国速冻食品企业的市场发展机会分析［OL］．［2007-11-04］．http：//www.cpcx.net/article/sort05/sort041/info-641.html.

| 排 序 | 常用品牌 | | 预购品牌 | | 理想品牌 | |
|---|---|---|---|---|---|---|
| | 名 称 | 提及% | 名 称 | 提及% | 名 称 | 提及% |
| 1 | 双汇 | 48.9 | 双汇 | 38.6 | 双汇 | 45.8 |
| 2 | 金锣 | 7.6 | 雨润 | 8.7 | 雨润 | 8.1 |
| 3 | 雨润 | 5.7 | 金锣 | 7.8 | 金锣 | 6.2 |
| 4 | 得利斯 | 2.8 | 得利斯 | 3.5 | 得利斯 | 3.3 |
| 5 | 汇通 | 2.0 | 汇通 | 2.4 | 喜旺 | 2.7 |
| 6 | 安福 | 1.5 | 喜旺 | 2.2 | 汇通 | 2.0 |
| 7 | 喜旺 | 1.5 | 德大 | 1.4 | 皓月 | 1.4 |
| 8 | 皓月 | 1.2 | 华都 | 1.4 | 安福 | 1.2 |
| 9 | 德大 | 1.1 | 皓月 | 1.3 | 德大 | 1.0 |
| 10 | 华都 | 0.9 | 安福 | 1.0 | 华都 | 0.9 |

## 二、熟食品牌的竞争格局解析

随着我国经济的持续发展以及人们生活节奏的不断加快，熟食产品以其方便、快捷的特点越来越成为居民家庭日常食品的重要组成部分。作为一种老幼皆宜的产品，熟食，特别是熟食中的熟肉制品，消费频率高，市场容量大，成为最常规的大众快速消费品之一，也是本节将要讨论的重点。

**(一) 消费者对熟食品牌的认知**

1. 熟食市场向品牌化方向迈进

城市快节奏的生活习惯悄然引发了现代厨房革命，食用起来快捷方便的熟食品成为人们日常食物的重要组成部分。据有关部门调查，北京近一半家庭月购买熟食消费在50元以上，市场容量每年为18亿吨左右，上海、深圳的熟食消费比北京高出近3个百分点，全国熟食市场需求近200亿元。① 在我国，较早从事熟食行业而发展成大型企业的就有数十家，仅肠类产品每年销量超过亿元的企业就有数家。

熟食的品质安全始终是消费者最为关心的问题，而“品牌熟食”在一定程度上给消费者提供了质量保证，由于其安全、放心等优势，更加得到消费者青睐。调查数据显示，目前进入消费者心智的熟食品牌已经达到88个，其中常用品牌有70个，预购品牌为66个，理想品牌为71个。见图3－4－8。

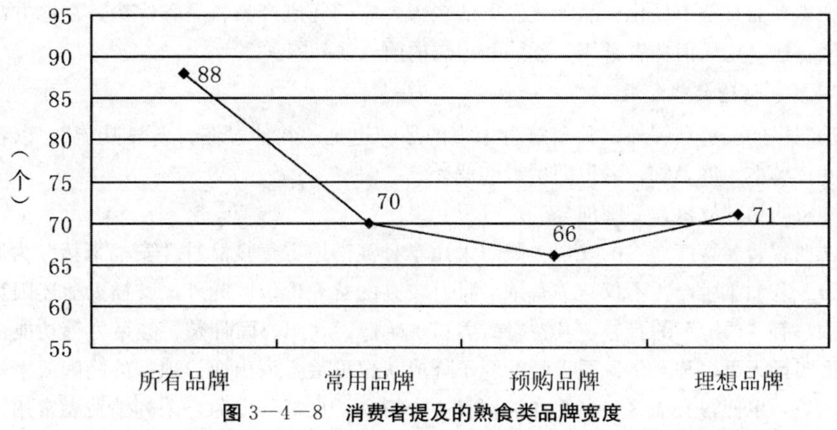


**图3－4－8 消费者提及的熟食类品牌宽度**

① 侯昌宇．熟食市场未成熟［J］．大众商务，2002（12）．

此外，家庭消费者和潜力消费者对熟食品牌的理想率分别为85.6%和85.2%，双双突破85%。可见，经历了作坊式的市场开拓，现在熟食市场已经向品牌化方向迈进。

2. 消费者对包装肉制熟食更为熟悉与青睐

当前，熟食市场呈现品种丰富、形式多样、口味齐全等特点，既有豆制熟食品，又有肉制熟食品，既有散装销售形式，又有独立罐装、袋装等包装形式。通过调查结果可见，消费者提及率较高的熟食品牌主要集中在包装肉制熟食市场，且多为在超市等柜台可以买到的品牌，如双汇、雨润等，而一些专卖散装肉制品的熟食店的受关注程度则相对较低。总体看来，消费者对包装肉制熟食更为熟悉与青睐。

**（二）熟食品牌竞争格局**

1. 一枝独秀与遍地开花

在经历了20世纪80年代的市场启动，90年代的品牌发展，以及2000年开始的全面升级后，我国熟食市场已经呈现出了较为清晰的品牌格局。由消费者常用、预购和理想的十强品牌提及率排名即可看出，当前的熟食市场由河南双汇一枝独秀，常用、预购和理想的提及率分别高达48.9%、38.6%和45.8%，以绝对的优势领跑熟食市场；而雨润、金锣、得利斯、汇通等品牌则遍地开花，提及率均集中在10%以下，这些品牌已各自的独特优势分踞市场一席之地，为消费者提供更多选择。

2. 前三甲品牌市场表现较为突出

当前，我国熟食市场的三强品牌非双汇、雨润和金锣莫属。通过调查也可以看到，双汇以极为明显的优势遥遥领先，而雨润和金锣的提及率也均超过5个百分点，与后续品牌拉开一定的差距。

双汇集团是以肉类加工为主的大型食品集团，在2006年中国企业五百强排序中列154位，拥有中国最大的肉类加工基地作为后盾；同样跻身中国五百强企业的雨润，总部位于中国江苏省南京市，产品品质高，产品线丰富，其中雨润凭借新鲜、营养和精致的品牌精髓，国际性、时代性的品牌风格赢得了市场青睐；临沂新程的金锣成立于1994年，拥有中国最大的生猪屠宰加工和肉制品生产基地，是全国农业产业化重点龙头企业。

统揽这三强的品牌背景，不难发现，他们成功的秘诀可以归结为优质的产品保证与鲜明的品牌形象。在熟食业日益市场化、品牌化发展的今天，它们凭借产品、品牌优势，在地方政府的支持下，发展迅速，稳居消费者常用、预购和理想的前三强品牌。

3. 产品特色促进品牌发展

除了前三甲的强势品牌外，其余跻身十强的品牌也是“八仙过海，各显其能”，以各自的优势和特点在市场上大展手脚，赢得消费者的偏爱。

（1）独特的品牌故事为品牌加分

作为江西省著名特产之一的安福火腿，采用享誉江南地方优良品种“安福米猪”为原料，以传统的配方工艺加工生产，不仅味美香浓，且有较高的营养价值。此外，安福火腿还因为一个美丽的传说而享有“西腿”的雅号，其益肾、养胃、生津、壮阳、固骨髓、健足力等功能也随着故事的传播而名扬天下，甚至传说系火腿的绳子烧成灰也可治金疮出血。独特的品牌故事塑造了独特的品牌形象，也使得安福这一名牌在消费者心中树立了良好的形象，荣列消费者常用、预购和理想品牌十强。

（2）独特定位为品牌赢得市场

吉林的皓月以“安全、绿色、健康”和清真品牌定位，为自己赢得了独特的消费市场。随着生活水平的不断提高，牛羊肉的低脂肪、高蛋白将逐步被人们所接受，正是看到这一突破点，皓月进军清真牛肉市场，并以占世界人口 1/5 的伊斯兰国家作为产品外销的主要目标市场，加大对日本、韩国、俄罗斯及中国港澳台等周边市场的拓展力度。其良好的产品质量和品牌基础，为企业经济发展搭建了腾飞的平台，也使得皓月在消费者心中成为享有较高认知度和美誉度的品牌。

(3) 借用明星效应强化品牌形象

吉林德大有限公司地处松辽平原腹地，是吉林省松辽禽业联营公司与泰国正大集团合资兴建的肉鸡生产加工一条龙企业。其鸡肉产品有着良好的品质保证和丰富的产品线组合。此外，德大邀请歌手陈红为德大香肠作宣传，借用其代表作品《常回家看看》的影响力，推出“带上德大火腿肠，回家看看爹和娘”的宣传口号，增强消费者对品牌的好感度。

4. 鲁、豫品牌占据半壁江山

在十强品牌中，可以看到较为明显的产业集群态势。来自河南的双汇、汇通，来自山东的金锣、得利斯、喜旺纷纷榜上有名，鲁、豫品牌共同占据了熟食市场的半壁江山。

这种局面的出现，可以追溯到 20 世纪 90 年代。当时，同样出身河南的春都、双汇和郑荣作为熟食品牌较早进入市场，发展迅速，确立了“豫肠”独霸全国熟肉市场的局面。随后，以金锣为代表的山东品牌在“豫肠”垄断的局面下杀出一片天地，开拓了鲁肉品牌的市场。凭借较早的市场意识、较高的品牌觉悟以及优质的产品保证，鲁、豫品牌在熟食市场的发展势头良好，在消费者心中认知度较高。

5. 品牌发展带有明显的地域性

调查发现，熟食品类以区域性品牌为主，影响力覆盖全国的并不多。各品牌往往在本地市场更加受到认可。这是因为品牌在原产地区域往往宣传力度较大，产品铺货较广，对该区域的消费者影响力也较大。例如，出身南京的雨润的影响力在南京和上海更大；山东的金锣和得利斯分别成为青岛和济南消费者常用第一熟食品牌；同样，来自吉林长春的皓月也当之无愧地成为长春人最为理想的熟食品牌。见表 3－4－16。

**表 3－4－16　熟食类区域性品牌地域影响力情况**

| 品牌名称 | 来源地 | 品牌类型 | “第一品牌”城市跨度 |
|---|---|---|---|
| 雨润 | 江苏南京 | 常用 | 上海 |
| | | 预购/理想 | 南京/上海 |
| 金锣 | 山东 | 常用 | 青岛 |
| 得利斯 | 山东 | 常用/理想 | 济南 |
| 皓月 | 吉林长春 | 理想 | 长春 |

## 三、熟食品牌发展策略和市场热点趋势

### (一) 品质安全成为关注热点

我国各质量监督部门曾多次对熟肉制品进行抽查，发现该行业的食品添加剂超标问题严重，抽样合格率不高。面对如此严峻的市场现状，有关部门大力呼吁高度重视熟食产品的品质安全，熟食生产者须严格按照国家相关标准进行产品加工，超市经营者须诚信经营，加强对超市食品卫生质量的巡查与检验，要从进货、加工、运销几个方面严把食品质量关。

### (二) 消费者对产品提出更高要求

当前熟肉制品市场供应的产品结构变化，说明了消费水平大大提高，消费者对熟肉制品色、香、味提出更高的要求。从消费者年龄看，青少年以“西式、中式”结合产品为主，中老年人除以传统产品为主外，还寻求保健治疗功能，如骨髓制品。这都说明熟肉制品市场开拓要加快，才

能不断满足各类消费要求。

**（三）运用多种营销技巧，推动品牌发展**

熟食行业逐步开始了品牌化进程，一些发展较快的企业已不局限于电视广告的传统宣传方式，而是逐步引入更多品牌营销传播技巧，加强对消费者的推广和教育。

比如，体育营销——顺应2008年北京奥运会掀起的全民运动浪潮，巧妙借助和利用体育赛事进行品牌推广。双汇集团冠名2008全国男排锦标赛和2008“双汇杯”全国女足超级联赛，在全国范围内进行企业形象宣传，以进一步增加品牌的知名度和美誉度。

又如，体验营销——采用多种方式让消费者与品牌零距离接触，使其在品牌体验的过程中加深对品牌好感度。双汇集团发现孩子们在家庭熟食消费中起着重要的作用，于是邀请孩子们参观食品工业园区，这不仅会给它带来现实的经济利益，从长远来看，也为它培养了一批潜在的忠诚消费者，为其将来的发展奠定了坚实的基础。而金锣公司则根据消费者关注健康的心理，成立了“健康科技馆”，以主要产品及相关科技知识展示为主，表现出品牌对消费者的真诚关心。

## 专案解析

### 双汇：将“创新”和“营销”进行到底

从濒临倒闭的漯河肉联厂，到拥有固定资产6亿元、实现产值23.1亿元、利税2.1亿元的行业第一大集团，双汇仅用了12年时间。而从第一根“双汇”火腿肠诞生，到成为商誉价值15.18亿元的中国肉制品第一品牌，双汇则用了不足5年时间。① 这样的奇迹，双汇究竟是如何创造出来的？

**产品不断推陈出新**

双汇集团作为中国肉制品行业的龙头企业，曾凭借传统营销模式和市场细分的方法，成功推出了“双汇火腿肠”、“双汇王中王”和“双汇鱼肉肠”等让消费者喜爱的产品，其中以八面威风但又憨态可鞠的狮子作为吉祥物的“双汇王中王”，更是成为高端火腿肠的代名词。

进入新的营销时代，双汇也与时俱进，在新产品的研制与上市推广中，敢于打破条条框框的束缚，大胆应用新原料、新工艺、新配方、新技术。在深刻洞察消费者市场的前提下，相继推出了“西瓜火腿”、“双汇玉米热狗肠”、台湾烤肠、油煎肠等30多个品种的60多个规格的产品，创造了中国肉食品消费的革命性变革。

**广告传遍大江南北**

广告传播在双汇的品牌建设中起到了推波助澜的作用。早在1994年，双汇仅用12万元就把自己的广告攻入天安门广场，成为“逛北京、爱北京、建北京”大型旅游文化活动的唯一赞助商，首开天安门广场上的广告禁令。而1996年，“省优、部优、葛优”的双汇火腿肠广告出现在电视上，葛优诙谐的唱白响彻大江南北，双汇火腿肠也一时红遍全国。到了2000年，双汇在中央台黄金频道推出“双汇，开创中国肉类品牌”的广告运动，呼吁中国的广大消费者改变几千年吃热鲜肉的传统，倡导吃安全、卫生、健康的“冷鲜肉”。

一系列延续性的广告创意使得双汇在全国的知名度迅速扩大，品牌价值逐步提升。

**营销活动加热市场**

双汇的营销活动更是从另一个侧面为品牌的发展锦上添花。2006年10月，双汇集团冠名的2006年“双汇杯”全国青年女排锦标赛在漯河市体育中心体育馆举行；2007年，双汇集团与工

① 王惠甫．风靡大江南北的“双汇”[J]．决策与信息，1998（3）．

商银行面向全国合作推出“牡丹双汇信用卡”，这是漯河市面向全国发行的第一张银企联名卡，享受中国工商银行和双汇集团特别提供的多项优惠活动和服务；2008年双汇集团利用奥运这个有利的时机，又冠名举办了2008全国男排锦标赛和2008“双汇杯”全国女足超级联赛。

管理大师德鲁克曾说：“企业有且仅有两个基本职能，那就是营销和创新。”双汇正是深谙此道，牢牢把握“营销”和“创新”这两面大旗，在市场上一步步登上第一品牌的宝座。

### 资料链接

我国熟食市场经历了以下几个发展阶段：

• 市场萌芽阶段（1986年之前）。在20世纪80年代中期之前，我国熟食市场的产品主要是以传统手工作坊生产的各种肉制品为主，无论在品种上、销量上占有市场比例都很小。直到80年代中期，随着国家经济建设的“七五”和“八五”规划的实施，全国肉制品行业也得到飞速发展。特别是经过对现有肉联厂扩建、技术改造投资的增长，引进国外先进加工技术和设备后，一大批西式或中西结合的肉制品开始面市，彻底改变了我国熟食市场的面貌。

• 市场导入阶段（1986—1990年）。1986年，河南春都集团引进我国历史上第一条结扎生产线，从此西式肉制品在我国的发展如火如荼，也开启了人们对熟食的消费市场。而作为先行者的“会跳舞的火腿肠”——春都，也就此响彻大江南北、独霸天下。

• 群雄竞起阶段（1991—1995年）。20世纪90年代前期，同处河南的双汇、郑荣看到了春都的红火景象，纷纷加入熟肉市场，形成了春都、双汇、郑荣三足鼎立、豫肠独霸全国熟肉市场的局面。

• 诸侯争霸阶段（1996—1999年）。双汇在与春都老大哥的竞争中后来居上，南京雨润以低温肉制品作为突破口，取得了低温肉制品市场的领先地位，而地处鲁南沂蒙山区的金锣，则以令人耳目一新的“比一比，尝一尝，金锣火腿肠”的广告语和质优价廉的产品定位，在“豫肠”铜墙铁壁中撕开了一条裂缝，并保持连年翻番的高速增长。到1998年底，熟肉市场经过新一轮的“洗牌”，形成了诸侯争霸的局面。

• 全面繁荣阶段（2000年之后）。随着人们生活水平的提高和现代食品制作技术的改进，熟食的种类逐渐增多。在大小超市熟食柜台和街头的熟食店里陈列的熟食的种类可谓五花八门，一些大城市的街头巷尾随处可以见到老字号家庭作坊式的熟食店。对于熟食制品的生产也取得了突破，如机械设备逐步现代化、注重肉制品的营养、重视产品的包装艺术、发展肉类科技，等等。我国熟食制品逐步从手工作坊式的生产发展到工业化、科学化、现代化的规模生产。

（执笔：李瑞雪　朱广慧）

## 第六节　米、面

### 一、米、面品牌十强数据

米、面品牌十强数据见表3－4－17、表3－4－18、表3－4－19。

表 3－4－17　米、面品牌家庭消费者十强

| 排序 | 常用品牌 | | 预购品牌 | | 理想品牌 | |
|---|---|---|---|---|---|---|
| | 名称 | 提及％ | 名称 | 提及％ | 名称 | 提及％ |
| 1 | 福临门 | 18.9 | 福临门 | 17.1 | 福临门 | 22.5 |
| 2 | 北大荒 | 13.7 | 北大荒 | 12.3 | 北大荒 | 14.5 |
| 3 | 古船 | 3.7 | 古船 | 4.4 | 五常 | 5.7 |
| 4 | 五常 | 3.4 | 五常 | 4.2 | 古船 | 5.1 |
| 5 | 金健 | 3.1 | 莲花 | 4.0 | 天山雪 | 4.9 |
| 6 | 莲花 | 2.9 | 金健 | 3.7 | 金健 | 4.7 |
| 7 | 天山雪 | 2.5 | 天山雪 | 3.5 | 莲花 | 4.3 |
| 8 | 盘锦胜 | 2.5 | 广元香 | 2.8 | 五得利 | 3.5 |
| 9 | 乐惠 | 2.2 | 东南香 | 2.7 | 乐惠 | 3.5 |
| 10 | 东南香 | 2.2 | 乐惠 | 2.6 | 盘锦胜 | 3.3 |

表 3－4－18　米、面品牌潜力消费者十强

| 排序 | 常用品牌 | | 预购品牌 | | 理想品牌 | |
|---|---|---|---|---|---|---|
| | 名称 | 提及％ | 名称 | 提及％ | 名称 | 提及％ |
| 1 | 福临门 | 18.0 | 福临门 | 17.4 | 福临门 | 27.0 |
| 2 | 北大荒 | 9.5 | 北大荒 | 10.0 | 北大荒 | 12.5 |
| 3 | 天山雪 | 4.2 | 天山雪 | 7.0 | 天山雪 | 7.4 |
| 4 | 莲花 | 2.9 | 莲花 | 3.7 | 莲花 | 5.5 |
| 5 | 古船 | 2.5 | 广元香 | 3.1 | 华龙甲家 | 4.4 |
| 6 | 半球 | 2.4 | 金健 | 3.1 | 东南香 | 4.1 |
| 7 | 东南香 | 2.2 | 东南香 | 3.0 | 金健 | 3.7 |
| 8 | 金健 | 1.9 | 华龙甲家 | 3.0 | 国宝 | 3.7 |
| 9 | 广元香 | 1.6 | 国宝 | 2.8 | 盘锦胜 | 3.4 |
| 10 | 国宝/乐惠 | 1.6 | 古船 | 2.3 | 古船 | 3.3 |

表 3－4－19　米、面品牌两类消费者加权十强

| 排序 | 常用品牌 | | 预购品牌 | | 理想品牌 | |
|---|---|---|---|---|---|---|
| | 名称 | 提及％ | 名称 | 提及％ | 名称 | 提及％ |
| 1 | 福临门 | 18.7 | 福临门 | 17.2 | 福临门 | 23.4 |
| 2 | 北大荒 | 12.8 | 北大荒 | 11.8 | 北大荒 | 14.1 |
| 3 | 古船 | 3.5 | 天山雪 | 4.2 | 天山雪 | 5.4 |
| 4 | 五常 | 3.0 | 古船 | 3.9 | 五常 | 5.1 |
| 5 | 金健 | 2.9 | 莲花 | 3.9 | 古船 | 4.7 |
| 6 | 莲花 | 2.9 | 五常 | 3.7 | 莲花 | 4.5 |
| 7 | 天山雪 | 2.8 | 金健 | 3.6 | 金健 | 4.5 |
| 8 | 盘锦胜 | 2.3 | 广元香 | 2.9 | 五得利 | 3.4 |
| 9 | 东南香 | 2.2 | 东南香 | 2.7 | 盘锦胜 | 3.3 |
| 10 | 半球 | 2.2 | 国宝 | 2.6 | 乐惠 | 3.3 |

## 二、米、面品牌的竞争格局解析

### （一）消费者对米、面品牌的认知特征

1. 消费者对米、面品牌的重视度较低

“民以食为天”，入口的食物始终是人们关心的问题，特别是作为主要粮食的大米和面粉，与

百姓的日常生活息息相关，是人们每日餐桌上必不可少的重要主食，其市场规模很大。然而，通过调查发现，与食用油、速冻食品和调味品等食品品类相比，消费者目前对米、面类产品的品牌重视程度较低，对品牌选择缺少概念或者经常购买散装无牌的米、面的消费者比例分别达到12.3%和22.4%，消费者的品牌消费意识有待提高。见图3－4－9。

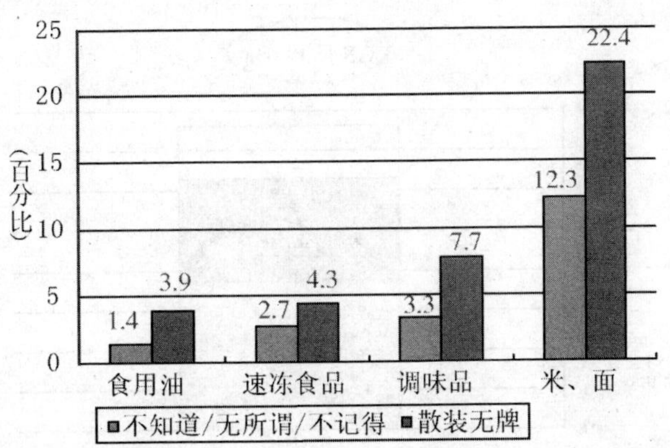


图3－4－9　消费者对食品各品类的品牌重视情况对比

2. 消费者对米、面品牌的理想感知率较乐观

虽然目前我国广大消费者对于米、面类产品的品牌选购意识较为淡漠，但是从米、面品牌理想率的调查结果可以看出，有73.1%的家庭消费者和60.2%的潜力消费者可以明确指出自己心中理想的米、面类品牌。这一结果为米、面类产品的品牌化发展提供了较为乐观的市场支持。随着人们生活水平的提高，对米、面的要求将不再只是充饥，而对产品的品质提出更多的要求，粮食的品牌化消费也会逐渐兴起。

**（二）米、面市场品牌繁多，消费者集中度偏低**

在所有接受调查的消费者中，只有约60%的消费者指出了自己常用的米、面品牌，即便如此，消费者提及的所有米、面类品牌总数仍达到187个，其中常用、预购和理想品牌宽度依次为153个、147个和144个，品牌数目之多可见一斑。同时，整个品类的消费者集中度为38.0%，较其他品类而言属于中等偏低的水平。见图3－4－10。

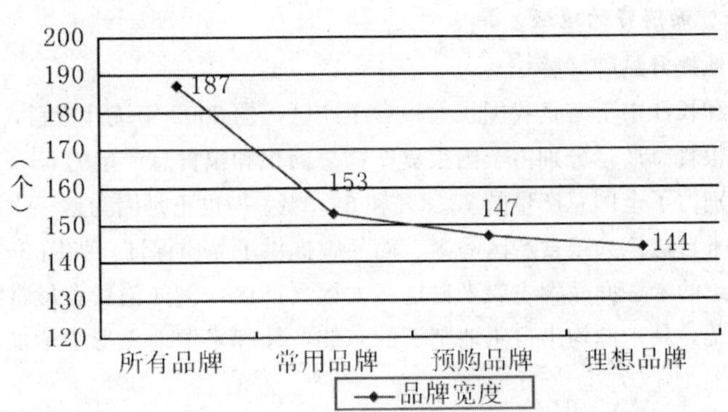


图3－4－10　米、面类品牌宽度示意图

这种情况的出现，主要取决于我国独特的粮食产销背景。首先，我国作为农业大国，水稻和

小麦的种植面积和产出量都很大，为米、面行业的发展提供了充足的原料来源；其次，由于米、面是人民的生活必需品，百姓生活对其需求量很大，而行业的准入门槛也不高，使得很多企业看准商机，纷纷入市；最后，由于米、面品牌的地域性较强，各地都有较为知名的品牌。以上几点因素共同促成了米、面市场上品牌众多、集中度偏低的局面。见图 3—4—11。

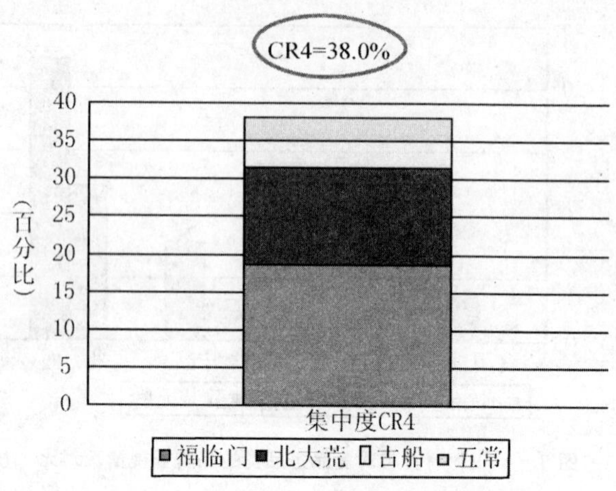


**图 3—4—11 消费者米、面常用品牌的四强集中度**

**（三）米、面类品牌格局分析**

1. 消费者对米、面消费的品种差异

我国居民长期的生活习惯，使得消费者对米、面的消费存在着品种差异。2005 年我国粮食消费结构中稻谷和小麦的食用消费量在粮食消费总量中所占的比例分别是 30.1%和 17.7%左右①。可以看到，大米的消费具有相对较强的全国性、普遍性，而面粉则较多地集中在北方地区，二者在人们的粮食消费结构中比重不同。我们的调查结果从另一个侧面反映了这一差异性，在消费者提及的常用、预购和理想的米、面类 15 个品牌中，大米类品牌占据 11 个席位，而提及的面粉品牌则仅有4 个。

但随着我国粮食流通体制的进一步改革、城镇化速度的加快、人口流动规模的扩大，以及农产品物流市场的不断发展，“南米北面”的粮食消费地域差异也将会逐步缩小。

2. 消费者对米、面消费的地域差异

（1）品牌来源地提升品牌好感

东北、黄淮海和长江中下游是我国三大粮食主产区。据 2002 年统计资料，三大粮食主产区粮食作物播种面积和粮食总产量分别占全国粮食作物总面积和粮食总产量的 63.0%和 66.7%，其中小麦、水稻产量分别占了全国总产量的 73.8%和 64.3%。② 也正是因为这三大区域得天独厚的地理、气候优势，为来自这三大粮食产区的米、面品牌提供了品质保证。如图 3—4—12 可见，消费者常用、预购和理想的米、面品牌主要来自这三大粮食产区，例如消费者最常购买的前两名大米品牌福临门和北大荒，其米源均出自土地肥沃的东北，品牌来源地无形中增加了消费者对品牌的好感度。

① 潘月红．当前我国粮食消费现状及发展趋势浅析［J］．粮食问题研究，2007（1）．

② 陈印军．我国粮食生产形势与发展对策［OL］．［2004-04-22］．http：//www.caas.net.cn/caas/ShowArticle.asp? id=1292.

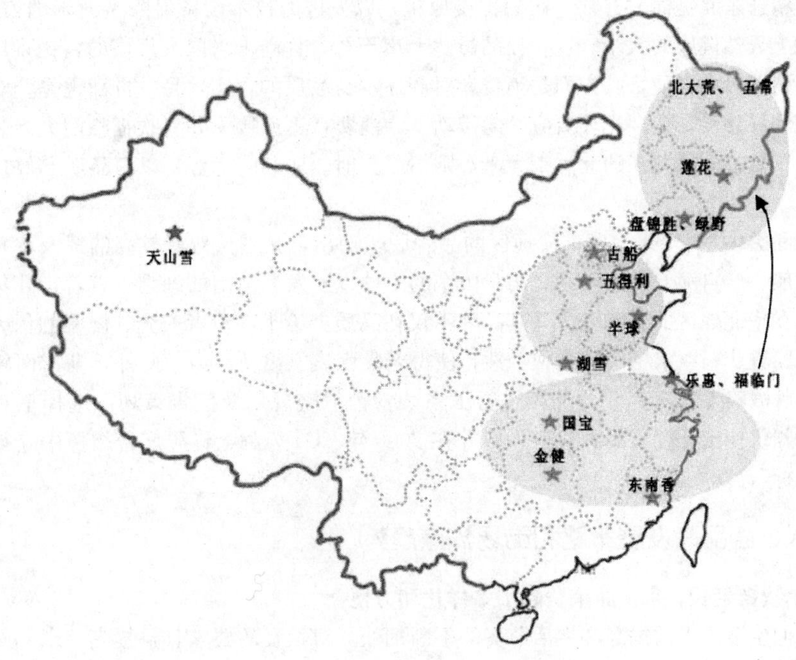


图 3—4—12　主要米、面品牌来源地分布

(2) 区域品牌的地区影响力较大

米、面生产地较为分散，使得品牌多具有明显的地方特色。总体看来，米、面类产品很少能做到全国性品牌，大多处于区域性销售，品牌影响力也是以生产地为中心向周边城市地区辐射。调查证实，福建的东南香、湖南的金健以及上海的乐惠大米分别被福州、长沙和上海的消费者推举为第一常用、预购、理想品牌，在其品牌发源地的影响力之大由此可见，而出自黑龙江的五常大米则在东三省更受欢迎。见表 3—4—20。

表 3—4—20　米、面类区域性品牌地域影响力情况

| 品牌名称 | 来源地 | 品牌类型 | “第一品牌”城市跨度 |
|---|---|---|---|
| 古船 | 北京 | 常用/预购 | 北京、太原 |
| | | 理想 | 北京 |
| 五常 | 黑龙江 | 常用 | 哈尔滨、长春 |
| | | 预购 | 哈尔滨 |
| | | 理想 | 哈尔滨、长春、大连 |
| 东南香 | 福建 | 常用/预购/理想 | 福州 |
| 金健 | 湖南 | 常用/预购/理想 | 长沙 |
| 乐惠 | 上海 | 常用/预购/理想 | 上海 |
| 天山雪 | 新疆 | 理想 | 银川 |

3. 米、面品牌的阵营分布

在消费者常用、预购和理想的米、面类品牌中，共涉及约 15 个品牌，其中面粉类品牌占据 4 个席位。

福临门和北大荒的品牌领先优势明显，以较高的提及率荣获前两名。福临门作为中粮集团旗下品牌，以食用油起家并闻名全国，近年来产品线延伸，推出了全新大米产品——“水晶米”和

"稻花香"，精选东北盘锦、五常产区的优质原粮，以先进的技术设备保障了大米的安全与营养，为消费者献上天然健康的大米。这一新品虽然上市不久，且尚未采取大规模的营销推广，但是已经受到很多消费者的喜爱，一方面是消费者对产品本身品质的肯定，另一方面也是归功于品牌已有的知名度和好感度，在"光环效应"的带动下，消费者迅速接受并喜欢福临门大米。而出自有着"北大仓"美誉的黑龙江的北大荒大米，则占尽天时、地利的优势，以高品质和好口碑备受消费者的青睐。

在面粉品类中，4个来自黄淮海地区的品牌脱颖而出，获得消费者较高的提及率，分别是来自北京的古船、产自河北的五得利、出身山东的半球以及发源河南的湖雪。有着十几年历史的北京古船面粉在华北地区的影响较大，其品牌不仅在品质上给予消费者安全、健康的保证，更强调了"稳健、厚重、精益求精"的品牌个性，使得老品牌焕发出新活力。此外，湖雪面粉深谙营销之道，请品牌战略专家李光斗为品牌进行了系统营销战略规划及广告策划，选择享有"围裙丈夫"美誉的刘仪伟出任湖雪品牌代言人，并在2006年CCTV黄金资源广告招标中夺得"面粉行业央视第一标"，发展势头不容小觑。

## 三、米、面品牌发展策略和市场热点趋势

**（一）消费链延长，米、面消费趋于多样化和方便化**

随着人们生活水平的提高和生活节奏的不断加快，对饮食的要求日益提高，米、面消费也从满足温饱向追求方便、营养、健康、美味、新型、多样等方面逐步转化。新的消费趋势促使现代粮食加工业不断拓展米、面类加工的广度和深度，以提升米、面及其制品的品质，并不断延长米、面消费链，给社会提供更加丰富多样的米、面制品，实现米、面产品从初级形态到最终消费的多样化、优质化、营养化和方便化，以满足人们不断变化的消费需求。①

**（二）米、面品牌消费已成为当前及今后的消费时尚**

科学技术的飞速发展使得不同米、面产品的品质有了较大的不同，有品牌的米、面在众多米面产品中脱颖而出。它们的生产环节都要经过严格的质量检验，并且通常具备"绿色"和"无公害"等特点。在当前人们的生活节奏加快和对食品安全日益重视的情况下，米、面品牌消费虽然价格上要比散装无牌产品高一些，但由于它不仅可以使消费者节省精力，更加快捷地选购米、面产品，而且可以有效地得到所选购米、面的品质保证，因此，米、面的品牌化消费正得到越来越多消费者的认可，已成为当前及今后的消费时尚。②

**（三）突破地域限制，打造全国品牌势在必行**

米、面市场具有很强的区域性，各品牌往往在当地区域市场内表现良好，如在北京市场上，提到面粉，人们首先想到的是古船；在福建，人们日常生活中用得最多的米是东南香。这些品牌虽然在各自区域内成为领导者，但现阶段还很难在全国市场上被消费者广泛认可。然而，品牌的发展与壮大，要求企业能突破地域限制，开拓全国市场。因此，对于整个米、面市场的品牌而言，打造全国品牌将是其今后发展的必然之路。

**（四）绿色、有机大米备受青睐，精美包装功不可没**

五常品牌的"美裕"大米售价高达每公斤34元。这一"天价"大米的出现与美裕的特色种植、精包装以及专业的营销方式是分不开的。美裕按照绿色和有机食品标准进行种植，不使用任何化学肥料，而是喷施用苹果、梨等做成的"营养液"，从而使水稻品质大幅提升，大米的营养更加丰富。同时它在包装上也大有改进：产品不再用麻袋进行包装，而是采用塑料编织袋来包装，

①② 潘月红．当前我国粮食消费现状及发展趋势浅析［J］．粮食问题研究，2007（1）．

精美的包装提高了大米的价值，也令其市场竞争力明显加强。“天价”大米说明两个问题：一是水稻种植理念已从追求产量向追求质量转变；二是有机、绿色食品大有前景。绿色、有机大米体现了米、面品牌的发展趋势，人们对健康的追求引导着米、面品牌的发展方向。①

## 专案解析

### 古船：千年古城，“古船”飘香

北京古船面粉集团于1997年11月28日成立，由北京市粮食工业公司、北京市潞河面粉公司合并而成，是以面粉加工为主业，集面粉、仪器生产、科研、贸易、服务业为一体的大型国有企业。古船面粉是北京市面粉行业中当之无愧的“花魁”。2008年1月，质检总局将“古船面粉——中国名牌”的证书颁发给古船面粉所属的北京京粮集团，使古船食品有限公司成为面粉行业中首家跻身“中国最有价值品牌”的企业。

在“品牌突围”方面古船采取了一系列的举措，使之成为米、面行业的先驱。②

**品牌招商抢占制空权**

古船在覆盖全国的10家卫星频道连续投放《古船品牌形象篇》电视广告，以现代都市、大型超市和绿色原野为交替背景，用充满青春活力的女性形象告诉消费者：古船相伴，健康永远。金色营养元素从绿色原野升腾而起，汇聚成动感万千的“三桅古船”，古船标志一时间闯进千家万户。这样的广告模式在消费类产品中可谓司空见惯，甚至有些腻味，但对面粉行业来说，古船是第一家。铺天盖地的经销商电话接连不断，古船取得在目标市场招商的初期胜利。

**得渠道者得天下**

得渠道者得天下，是面粉行业的一大突出特征。在卫视广告的大力支持下，古船采用区域经销商销售的方式，“借海行船，借风扬帆”。在选择经销商时，古船考虑了以下几方面：经销商在当地粮油市场的网络能力；经销商的企业管理水平；经销商面粉产品供应链等硬件的保障。此外，为了给经销商更多信心，加强消费者对品牌的关注度，古船还不断加大对市场终端的推广力度，比如超市POP、独特的货架标贴以及形式多样的现场促销，等等。

**公关活动博得头彩**

对实力有限的古船来说，不可能有充裕的资金投入来做广告，精心策划的公关活动成为古船营销的有力武器。古船所发起的“安全放心粮油工程”被政府列为重点关心和支持的为民服务项目。这一系列工程在北京的开展收到了奇效，随着古船全国市场的展开，“安全放心粮油工程”被同样引用到了石家庄、太原和西安等城市。

**概念营销独占鳌头**

古船从“安全放心”到“营养健康”的品牌塑造和强化，充分展现了“概念营销”的魅力，其中以“7＋1营养强化面粉”的运作为甚。“7＋1”是国家营养发展中心提供的营养强化配方（由7种强化营养素：维生素$B_1$、维生素$B_2$、尼克酸、叶酸、铁、锌、钙和1种选配元素配制），古船以自身实力抢得先机，拿到配方并成为国内面粉行业生产上市的第一家。通过第一时间的新闻发布和媒体公关传播，“7＋1”的概念几乎成了古船面粉的代名词，这项工作目前还在进一步的推进过程中。

---

① 五常大米在北京卖“天价”，有机、绿色食品大有前景［OL］．［2007-11-13］．http：//greenfood.northeast.cn/system/2007/11/14/051049500.shtml.

② 高伟．古船：洗心革“面”品牌突围［OL］．［2003-12-15］．http：//www.yewuyuan.com/article/200312/20031215010.shtml.

古船的一系列品牌举措都为其赢得了市场关注度和美誉度。但是，目前该品牌的广大忠诚消费者主要还是集中在北京地区，如果想要“驶向”全国市场，还需要在宣传和营销上再推陈出新，乘胜追击。

## 资料链接

米、面在人民的日常生活中是不可缺少的。2005年中国小麦粉产量达到39 922 933.34万吨，同比增长37.69%。2006年1－9月，中国共生产小麦粉35 761 116.10万吨，同比增长30.15%。作为稻米加工的产物，中国大米产量也逐年增加。2004年中国共生产大米11 667 622.69吨，比2003年同期增长16.17%；2005年中国大米生产比2004年又有较大增长，产量达到17 662 390.53吨，同比增长33.42%；2006年1－9月，中国共生产大米16 528 201.43吨，与2005年同期相比增长37.48%。①

从人均粮食消费趋势来说，我国城镇居民和农村居民的粮食人均消费量均逐年下降，2000－2004年的5年时间里，我国农村居民家庭每年的人均粮食消费量就从250.23公斤下降到了218.26公斤；城镇居民家庭每年的人均粮食消费量从2000年的82.31公斤下降到2004年的78.18公斤。从全国的粮食消费总量上来说，粮食消费总量平稳增长，2006年我国粮食消费总量将达到5 000亿公斤，稻谷和小麦实现产销平衡有余，粮食市场整体上保持平稳。②

从我国粮食供求总量看，在国家支农惠农政策作用下，2007年我国粮食生产连续4年丰收，但仍未达到1998年的水平。米、面等粮食的生产面临诸多制约因素，存在“5个不可逆转”、“4个日益”、“3个投入不足”的问题。③

• “5个不可逆转”因素影响米、面等粮食发展

目前，我国粮食生产面临着5个不可逆转的因素，分别是人口越来越多，耕地越来越少（1996年我国耕地总面积为19.51亿亩，到2006年底，已降为18.27亿亩，10年间净减少1.24亿亩），消费快速增长，一定时期内的农业仍“靠天吃饭”，耕地荒芜现象严重，农业效益比较低。这些都给中国粮食安全生产罩上了阴影。

• “4个日益”因素影响米、面等粮食发展

土地质量日益下降，淡水资源日益短缺，气候影响因素日益严重，粮食政策激励作用日益降低、种粮成本日益加大等不断加剧的不利因素，影响着我国米、面等粮食的安全发展，对相关部门的生产要求提出了严峻的挑战。

• “3个投入不足”因素影响米、面等粮食发展

“3个投入不足”，一是中央财政投入不足，发达国家对农业的投入一般占财政总支出的20%～50%，发展中国家亦为10%～20%，而我国只有8%～11%；二是粮食主产区是“吃饭财政”，往往是产粮大省、大市却是财政穷省、穷市，故对农业投入严重不足；三是因种粮效益低下，导致农民对农业生产投入下降。这些无疑为我国米、面等粮食的持续发展设置了障碍，亟待相关部门给出应对策略。

（执笔：李瑞雪　朱广慧）

---

① 2007年中国粮食加工行业分析及投资咨询报告［OL］. http://www.ocn.com.cn/reports/2006232liangshijiagong.htm.

② 潘月红．当前我国粮食消费现状及发展趋势浅析［J］．粮食问题研究，2007（1）.

③ 张晓雯．中国的粮食问题及政策建议［OL］．［2008-06-12］．http://www.foodqs.com/news/gnspzs01/2008612105017274.htm.

# 第七节　食用油

## 一、食用油品牌十强数据

食用油品牌十强数据见表 3－4－21、表 3－4－22、表 3－4－23。

表 3－4－21　食用油品牌家庭消费者十强

| 排　序 | 常用品牌 | | 预购品牌 | | 理想品牌 | |
|---|---|---|---|---|---|---|
| | 名　称 | 提及％ | 名　称 | 提及％ | 名　称 | 提及％ |
| 1 | 金龙鱼 | 49.0 | 金龙鱼 | 41.2 | 金龙鱼 | 44.4 |
| 2 | 福临门 | 17.8 | 鲁花 | 22.9 | 鲁花 | 27.9 |
| 3 | 鲁花 | 13.6 | 福临门 | 13.3 | 福临门 | 10.2 |
| 4 | 胡姬花 | 3.8 | 葵花 | 4.6 | 胡姬花 | 3.7 |
| 5 | 葵花 | 2.8 | 胡姬花 | 4.5 | 葵花 | 3.5 |
| 6 | 海狮 | 1.7 | 口福 | 1.7 | 元宝 | 2.1 |
| 7 | 多力 | 1.4 | 多力 | 1.6 | 海狮 | 1.3 |
| 8 | 刀唛 | 1.2 | 海狮 | 1.6 | 多力 | 1.2 |
| 9 | 爱厨 | 1.1 | 刀唛 | 1.6 | 刀唛 | 1.2 |
| 10 | 元宝 | 0.9 | 元宝 | 1.0 | 口福 | 1.0 |

表 3－4－22　食用油品牌潜力消费者十强

| 排　序 | 常用品牌 | | 预购品牌 | | 理想品牌 | |
|---|---|---|---|---|---|---|
| | 名　称 | 提及％ | 名　称 | 提及％ | 名　称 | 提及％ |
| 1 | 金龙鱼 | 50.2 | 金龙鱼 | 40.8 | 金龙鱼 | 50.8 |
| 2 | 福临门 | 15.9 | 鲁花 | 20.8 | 鲁花 | 22.6 |
| 3 | 鲁花 | 10.3 | 福临门 | 13.0 | 福临门 | 9.6 |
| 4 | 刀唛 | 3.4 | 葵花 | 5.0 | 刀唛 | 3.2 |
| 5 | 葵花 | 2.9 | 胡姬花 | 4.5 | 葵花 | 3.2 |
| 6 | 胡姬花 | 2.4 | 刀唛 | 3.1 | 胡姬花 | 2.5 |
| 7 | 多力 | 1.6 | 口福 | 2.4 | 元宝 | 2.3 |
| 8 | 爱厨 | 1.4 | 海狮 | 1.9 | 海狮 | 1.5 |
| 9 | 海狮 | 1.4 | 多力 | 1.1 | 爱厨 | 1.2 |
| 10 | 口福 | 1.3 | 爱厨 | 1.0 | 多力 | 1.2 |

表 3－4－23　食用油品牌两类消费者加权十强

| 排　序 | 常用品牌 | | 预购品牌 | | 理想品牌 | |
|---|---|---|---|---|---|---|
| | 名　称 | 提及％ | 名　称 | 提及％ | 名　称 | 提及％ |
| 1 | 金龙鱼 | 49.2 | 金龙鱼 | 41.1 | 金龙鱼 | 45.7 |
| 2 | 福临门 | 17.4 | 鲁花 | 22.5 | 鲁花 | 26.9 |
| 3 | 鲁花 | 12.9 | 福临门 | 13.3 | 福临门 | 10.1 |
| 4 | 胡姬花 | 3.5 | 葵花 | 4.7 | 胡姬花 | 3.5 |
| 5 | 葵花 | 2.8 | 胡姬花 | 4.5 | 葵花 | 3.4 |
| 6 | 海狮 | 1.6 | 刀唛 | 1.9 | 元宝 | 2.1 |
| 7 | 刀唛 | 1.6 | 口福 | 1.8 | 刀唛 | 1.6 |
| 8 | 多力 | 1.4 | 海狮 | 1.7 | 海狮 | 1.4 |
| 9 | 爱厨 | 1.2 | 多力 | 1.5 | 多力 | 1.2 |
| 10 | 口福 | 0.9 | 元宝 | 0.9 | 口福 | 1.0 |

## 二、食用油品牌的竞争格局解析

### （一）消费者食用油品牌感知分析

1. 消费者对食用油品牌认知清晰

作为日常生活必需品，消费者对于食用油较为熟悉，调查发现，家庭消费者的理想率为93.1%，潜在消费者的理想率也高达85.1%。如图3－4－13，在本次调查涉及到的米、面，调味品和食用油等家庭烹饪食品品类中，食用油的感知度是最高的，消费者对食用油品牌的整体认知非常清晰，该行业品牌建设已经日趋成熟。

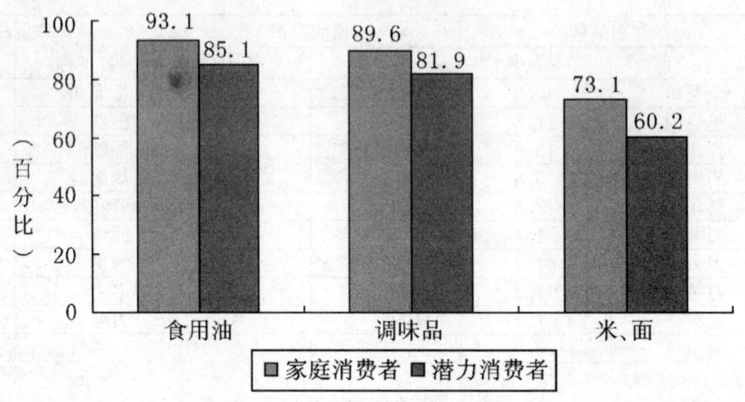


**图3－4－13 消费者品牌感知度**

2. 消费者品牌维系度中等

调查发现，目前消费者对于食用油品牌的维系度处在中等水平。食用油常用品牌前三位的金龙鱼、福临门和鲁花的维系度分别为53.8%、30.4%和59.7%。应该说消费者对这几大品牌已经有一定的品牌忠诚度。

同时，我们也可以看到，福临门的维系度比其他两大品牌低十几个百分比。作为一线品牌，福临门能得到比较高的常用品牌提及率，主要因为福临门擅长使用价格战，但品牌维系度表现不佳，又恰恰暴露出价格战只能带来短暂的热度，要想获得消费者长期的认可，必须建立成熟的品牌机制，加强消费群体凝聚力。见图3－4－14。

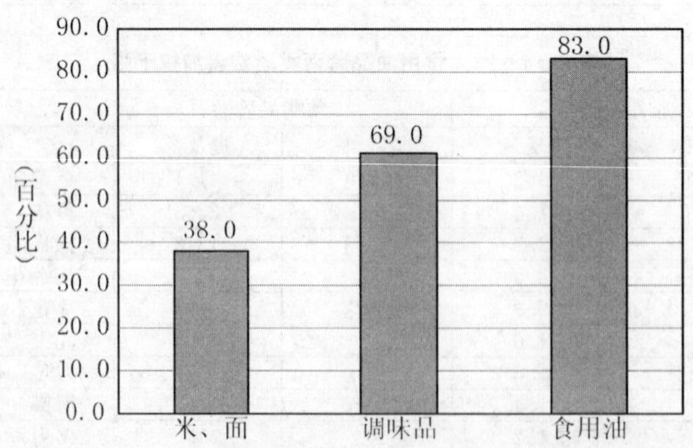


**图3－4－14 粮油等烹饪食品品牌集中度比较（%）**

### （二）食用油区域格局特征：品牌集中度逐渐加强

我们从消费者角度出发，调查发现，食用油品牌集中度在烹饪食品品类中最高，CR4 值为 83.0%，属于高集中度（CR4＞60%），反映出我国食用油行业垄断趋势明显。

从食用油品牌地域影响力指标看，消费者常用品牌中，有金龙鱼、鲁花、福临门和胡姬花四大品牌分割全国 36 个主要城市。而预购品牌中，福临门被排挤出，只剩下金龙鱼、鲁花和胡姬花三大品牌。到消费者选择心目中理想品牌的时候，只有金龙鱼和鲁花两大品牌了。食用油品牌集中度逐渐加强，行业寡头垄断格局渐显。见图 3－4－15。

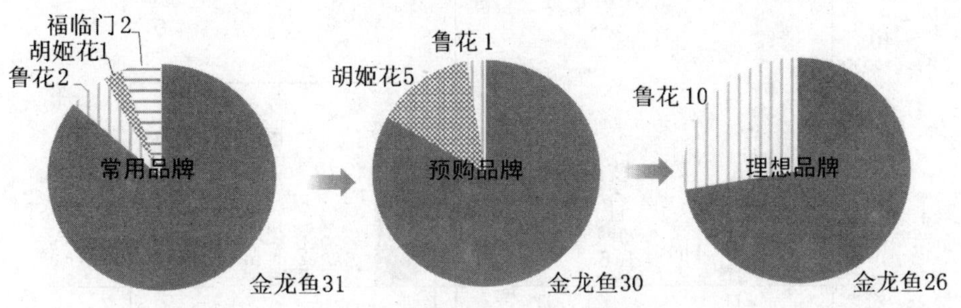


**图 3－4－15　全国 36 个主要城市食用油品牌地域影响比较（个）**

### （三）食用油品牌竞争格局基本特征

由于我国食用油逐渐由散装过渡到小包装，许多地方开始明令限制散装油的销售，因此面对愈加规范的食用油市场，品牌竞争显得特别重要。大量企业开始注重品牌建立与宣传，目前，根据调查我国食用油市场品牌格局呈现以下特点：

1. 阵营分段明显，三大品牌垄断格局已形成

在众多品牌中，金龙鱼、鲁花和福临门位居人们常用品牌的第一阵营，胡姬花带领葵花、元宝、刀唛、海狮、多力和口福等成为二线品牌，两大阵营出现明显的差距。第一阵营三大品牌金龙鱼、福临门、鲁花，不论常用品牌、预购品牌还是理想品牌的提及率都在 10%以上，而二线品牌的提及率都不足 5%。见图 3－4－16。

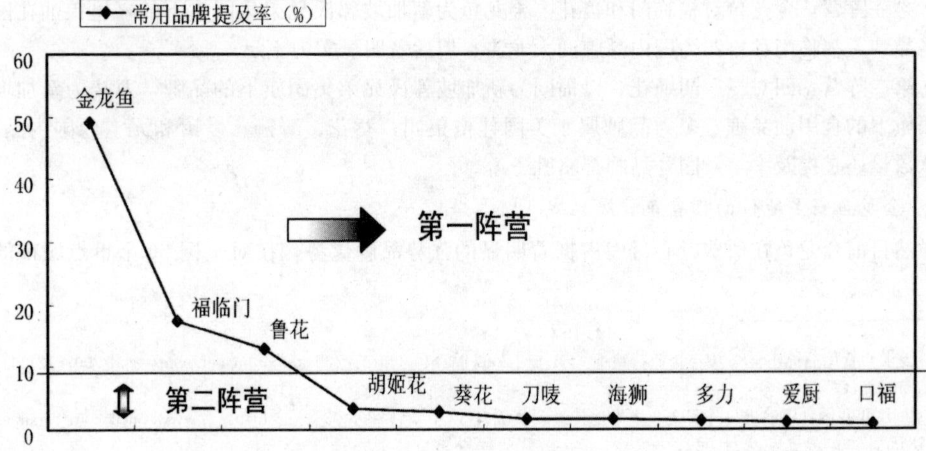


**图 3－4－16　食用油常用品牌格局**

另外据资料显示，国内约有70%的销售收入集中在占总数7.5%的企业，金龙鱼、福临门、鲁花三大品牌占据了49.2%①的市场份额，垄断了国内近半市场。可见，三大品牌已经深深影响了消费者的心智。见图3－4－17。

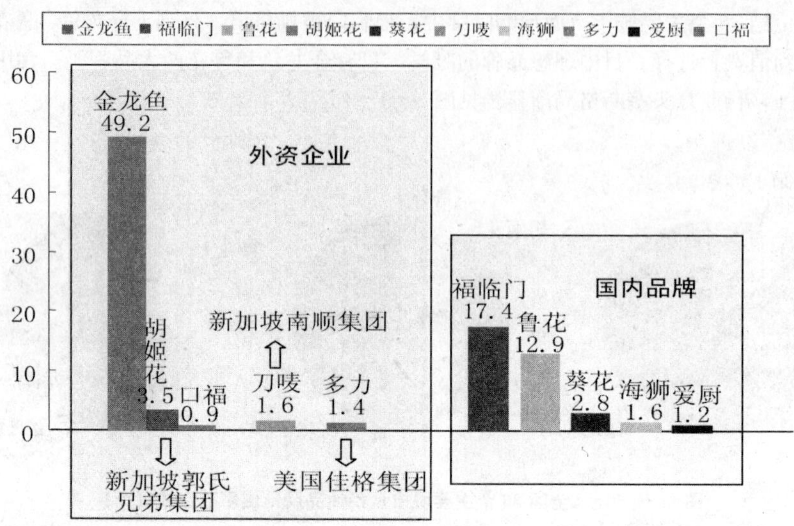


**图3－4－17　食用油内外资品牌对比**

2. 外资强势，围攻国内品牌

目前，我国食用油市场的大部分份额都被外资企业占领。它们利用资金、技术、管理上的优势压倒国内企业。

国内食用油巨大的消费需求，吸引着众多外资企业。自20世纪80年代末期开始，外资食用油企业进驻中国市场，率先在我国东部沿海的港口城市建厂。20世纪90年代初期，许多外资和合资企业不断出现，其范围几乎可以覆盖整个中国。

2007年，我国外商投资企业进出口食用植物油461.3万吨②，占同期我国食用植物油进出口总量的54%③，而国有企业和私营企业的进口步伐相对较缓。

国内食用油市场竞争中，外资品牌对国内品牌展开围攻。我们从常用品牌前十来看：

• 第一阵营，金龙鱼对福临门和鲁花。金龙鱼为新加坡郭氏兄弟集团旗下的嘉里粮油在国内的知名品牌，福临门和鲁花为国内品牌两大龙头，但后者明显实力不足。

• 第二阵营，四对三。胡姬花、口福同为新加坡郭氏兄弟集团旗下的品牌，刀唛为新加坡南顺集团旗下的食用油品牌，多力品牌属于美国佳格集团；葵花、海狮、爱厨和元宝为国内品牌。不管从数量还是提及率上，国外品牌都略胜一筹。

3. 金龙鱼霸主地位面临鲁花晋级挑战

虽然目前金龙鱼在消费者心目中占据着明显的强势品牌优势，在对全国36个重点城市的调

---

① 龙丽．食用油价还会涨 中小企业行路难［OL］．［2007-12-14］．http：//jjckb. xinhuanet. com/wzpd/2007/12/14/content_77769. htm．

② 2007年我国食用油进口外资企业主导地位进一步提升［OL］．［2008-03-05］．http：//www. oilcn. com/detail. aspx?Id＝193834．

③ 2007年我国食用油进口外资企业主导地位进一步提升［OL］．［2008-03-05］．http：//www. oilcn. com/detail. aspx?Id＝193834．

查发现，金龙鱼已经成为全国性的品牌，作为常用品牌在31个城市的消费者心目中占第一的位置，在30个城市为首选预购品牌，在26个城市为理想品牌。

但是鲁花已经突显出竞争的潜力。常用品牌位居第三的鲁花，预购与理想品牌提及已经超越福临门跃居第二，而且从消费者维系度分析，鲁花作为常用品牌消费者忠诚度最高，比金龙鱼高出5.9个百分点。在未来的市场中，消费群体流失机会小于金龙鱼，给它增加市场份额提供了保障。

另外，在潜力和晋级指标中，鲁花都名列第一，表明鲁花存在非常大的竞争潜力。市场是多变的，消费者逐渐理性，未来金龙鱼想要抵御鲁花或者其他“黑马”的攻势，必须作出不断的调整，加强产品的创新与品牌价值的提升。

## 三、食用油品牌发展策略和市场热点趋势

**（一）整合趋势明显，国企与外企对峙**

随着食用油市场准入制度的加强，许多散装企业与实力不足的中小企业因质量问题而被淘汰，使得强势的食用油品牌有了进一步扩张的机会。未来的食用油市场将进入新一轮的整合洗牌时期，与此同时，强势的外资企业继续看好中国市场，它们凭借巨大的资本实力，通过并购重组等模式快速进入中国市场，对本土品牌构成威胁和冲击。

面对这种形势，国企和外企都使出全身解数。我国最大的两家国有粮油企业——中粮集团和中谷集团完成了高达700亿元人民币的合并，形成我国最大的油料油脂加工企业集团。为了应对国企的行动，国内最大外资企业嘉里粮油与马来西亚最主要的棕榈油提供商丰益国际进行合并。双方的合作不仅为嘉里带来充足的原料供应，还大幅度提高了新公司的生产能力，其规模与新合并的中粮集团不相上下。市场竞争形成两大集团的对峙。

**（二）技术成就优势，健康创造财富**

技术的不断进步，加大了品类和质量方面的竞争。随着人民生活水平的提高，人民对食用油的要求也越来越高，消费者消费理性的加强，促使企业进行更精准的市场定位。先进的技术成为企业研发不同品类食用油的关键，成为增强竞争优势的重要手段。像玉米油、茶子油、红花子油、葵花子油等，这些产品具有很好的市场前景，可以充分满足消费者不同层次需求。

健康型食用油开始得到消费者青睐。在食用油行业利润逐渐缩水的情况下，健康功能型高档食用油展现出较高的赢利空间，未来的竞争将延续这种健康消费的需求。

**（三）小包装取代散装，农村市场成为竞争焦点**

城市对小包装的需求非常大，并且90%①的小包装食用油都集中在城市销售。城市市场首先被成功地打开，下一步发展空间巨大的农村市场将成为竞争的焦点。

但目前农村食用油仍以散装为主，价格低廉成为农村消费者选择散装油的主要原因，加上农村消费者生活习惯与消费观念导致他们健康消费意识不强。在进军农村市场的时候，仍然存在不小的障碍。

## 专案解析

### 金龙鱼：打造健康生活

“金龙鱼”是新加坡郭兄弟粮油私人有限公司所拥有的食用油著名品牌。郭兄弟粮油私人有

---

① 2008年中国小包装食用油前景分析［OL］.［2008-03-19］. http://www.51report.com/free/detail/1010154.html.

限公司是隶属郭兄弟集团下的粮油集团的旗舰公司。嘉里粮油（深圳）有限公司是郭兄弟集团下属的嘉里粮油（中国）有限公司在中国的全额投资的营销策划及管理公司。

1991年嘉里粮油第一瓶小包装食用油——金龙鱼调和油下线；1992年起，嘉里粮油小包装食用油家族壮大，开始推出香满园、元宝、胡姬花、鲤鱼、巧厨、花旗和手标等其余品牌小包装食用油。其中，金龙鱼作为“先发”与“主打”品牌家喻户晓，成为中国食用油的知名品牌。

**小包装起家，用标准化赢得消费者信赖**

十几年前，人们一直以传统的散装食用油为主，小包装食用油被看作是新奇的舶来品。十几年后，安全、实用的小包装食用油在许多经济较发达的城市已经取代了散装食用油，被人们所青睐。小包装食用油的市场潜力巨大。金龙鱼作为嘉里粮油的第一瓶小包装，自从下线后，一直坚持小包装路线，并以卫生、安全的标准化包装赢得了消费者的认同与信赖。

**品类营销见得利，健康之路新热点**

面对越来越“挑剔”的消费者，金龙鱼在坚持小包装的同时，为了满足不同消费者的不同口味，对食用油品类不断升级，推出山茶油、芝麻油、大豆油、葵花油等多种品类。之后针对中国人的需要，金龙鱼推出了调和油，即将花生油、芝麻油等同菜籽色拉油混合起来，在卫生安全的基础上，又增加了营养和美味。金龙鱼引领了调和油时代的到来。

随着人们对生活质量要求的不断提高，食用油市场开始从卫生、安全用油阶段步入健康、营养的新发展时期。健康油成为新的营销热点，西班牙的白叶初榨橄榄油的成功定位，给金龙鱼步入健康营销之路树立了典范。

**奥运营销——健康生活，为奥运加油**

2006年10月25日，嘉里粮油旗下食用油品牌金龙鱼，作为食用油行业的代表，入选奥运会供应商的企业，成为北京2008年奥运会正式食用油。

为了迎合人们对“健康”概念的新要求，金龙鱼抓住奥运的契机，升华自身的品牌内涵。金龙鱼以科技为基础，以百姓为主体，以健康为主线，把品牌打造成为“绿色食品”的代表，正切合了北京奥运“绿色奥运、科技奥运、人文奥运”的口号。金龙鱼对产品进行重新定位，用“健康”这种简洁的诉求来满足当代消费者对生活质量的要求，并借此奥运机会，把产品理念传递给消费者。

整个营销活动的主题通过奥运这条明线连接起来，把奥运精神与金龙鱼所要传递的信息相结合，通过“为奥运加油”的口号，赢得消费者的认同，加大影响力度。

金龙鱼成功的营销策略，已经为它获取了大多数消费者的芳心。从调查中看出，在消费者心中，金龙鱼仿佛已经成了食用油的代名词，金龙鱼以绝对的优势在食用油市场独领风骚。

金龙鱼要在完善食用油品类的同时，不断加强品牌形象和价值的传播，建立完善的整合营销体系。线下、线上共同作用，宣传、活动、终端等相互协调，才能进一步把金龙鱼的品牌内涵有效、准确地传达给消费者。

## 资料链接

我国食用油市场发展呈现良性增长态势，2006年，食用植物油加工行业实现累计工业总产值2 375亿元，累计产品销售收入2 361亿元，累计利润总额65亿元。2007年的发展态势更趋良好，仅1—5月份，食用植物油加工行业实现累计工业总产值1 088亿元，累计产品销售收入1 101亿元，累计利润总额35亿元。

我国食用油品牌发展经历的阶段：

• 散装为主的混乱时期。我国是世界上油料主要生产国之一，菜子、花生、棉子、芝麻的产量均居世界第一位，大豆、葵花子的生产也名列前茅。改革开放以来，我国的油料生产发展很快。但这一时期，表现出以散装无牌食用油为主的特点，国内中小企业遍布，市场处在混乱无序的状态。

• 外资进入，三大品牌崛起。外资食用油大量进入我国市场，主要是在20世纪80年代末期。1991年，新加坡嘉里集团推出的金龙鱼小包装食用油，以小包装食用油引领中国食用油市场。之后国内企业作出反应，中粮集团旗下的福临门、山东鲁花集团有限公司的鲁花等品牌，与嘉里集团争夺市场份额，使金龙鱼、福临门、鲁花成为小包装食用油市场的三大主导品牌。

• 小包装食用油逐渐成熟，品类内部竞争加剧。随着金龙鱼掀起的小包装热潮，小包装食用油市场逐渐成熟，使得食用油种类之争成为新的焦点。小包装植物油开始挑战人们对动物油的饮食习惯，事实证明，植物油逐渐占据了市场的优势地位。同时，色拉油、调和油、橄榄油、粟米油、山茶油等新品种食用油的不断推出加剧了植物油的同类竞争。

• “绿色健康”成为新主题。2006年10月以来，我国国内食用油价格一路攀升。随着经济的迅速发展，中国市场消费的差异化日趋明显，消费者对食用油的需求呈现多样化趋势，“绿色健康”成为诉求主题，各类具有保健功能的新型原料食用油越来越受到消费者的欢迎，食用油市场开始从卫生、安全用油阶段步入健康、营养用油的新时期。

（执笔：孔清溪　孔　超）

# 第八节　调味品

## 一、调味品品牌十强数据

调味品品牌十强数据见表3－4－24、表3－4－25、表3－4－26。

**表3－4－24　调味品品牌家庭消费者十强**

| 排序 | 常用品牌 | | 预购品牌 | | 理想品牌 | |
|---|---|---|---|---|---|---|
| | 名称 | 提及% | 名称 | 提及% | 名称 | 提及% |
| 1 | 太太乐 | 27.7 | 太太乐 | 27.3 | 太太乐 | 29.4 |
| 2 | 海天 | 16.4 | 海天 | 14.2 | 海天 | 14.7 |
| 3 | 李锦记 | 10.1 | 李锦记 | 11.4 | 李锦记 | 12.8 |
| 4 | 莲花 | 7.2 | 莲花 | 6.8 | 莲花 | 6.4 |
| 5 | 红梅 | 5.5 | 加加 | 5.5 | 加加 | 5.1 |
| 6 | 加加 | 4.5 | 豪吉 | 4.5 | 红梅 | 4.3 |
| 7 | 豪吉 | 3.7 | 红梅 | 3.8 | 豪吉 | 3.7 |
| 8 | 保宁 | 2.9 | 致美斋 | 2.5 | 珍极 | 2.4 |
| 9 | 恒顺 | 2.1 | 恒顺 | 2.3 | 致美斋 | 2.3 |
| 10 | 厨邦 | 1.9 | 保宁 | 2.2 | 恒顺 | 2.2 |

表 3－4－25　调味品品牌潜力消费者十强

| 排　序 | 常用品牌 | | 预购品牌 | | 理想品牌 | |
|---|---|---|---|---|---|---|
| | 名　称 | 提及％ | 名　称 | 提及％ | 名　称 | 提及％ |
| 1 | 太太乐 | 28.6 | 太太乐 | 31.3 | 太太乐 | 35.1 |
| 2 | 海天 | 14.2 | 海天 | 12.2 | 海天 | 14.1 |
| 3 | 莲花 | 8.5 | 李锦记 | 9.8 | 李锦记 | 11.7 |
| 4 | 李锦记 | 7.8 | 莲花 | 5.7 | 莲花 | 6.1 |
| 5 | 红梅 | 4.7 | 加加 | 5.6 | 加加 | 5.6 |
| 6 | 加加 | 4.2 | 豪吉 | 4.2 | 红梅 | 3.9 |
| 7 | 保宁 | 3.5 | 红梅 | 3.7 | 豪吉 | 3.3 |
| 8 | 豪吉 | 3.4 | 恒顺 | 2.3 | 保宁 | 2.5 |
| 9 | 厨邦 | 2.2 | 保宁 | 2.1 | 恒顺 | 2.1 |
| 10 | 恒顺 | 1.7 | 珍极 | 2.0 | 珍极 | 1.8 |

表 3－4－26　调味品品牌两类消费者加权十强

| 排　序 | 常用品牌 | | 预购品牌 | | 理想品牌 | |
|---|---|---|---|---|---|---|
| | 名　称 | 提及％ | 名　称 | 提及％ | 名　称 | 提及％ |
| 1 | 太太乐 | 27.9 | 太太乐 | 28.1 | 太太乐 | 30.6 |
| 2 | 海天 | 16.0 | 海天 | 13.8 | 海天 | 14.6 |
| 3 | 李锦记 | 9.6 | 李锦记 | 11.1 | 李锦记 | 12.6 |
| 4 | 莲花 | 7.4 | 莲花 | 6.6 | 莲花 | 6.3 |
| 5 | 红梅 | 5.3 | 加加 | 5.5 | 加加 | 5.2 |
| 6 | 加加 | 4.5 | 豪吉 | 4.4 | 红梅 | 4.2 |
| 7 | 豪吉 | 3.6 | 红梅 | 3.8 | 豪吉 | 3.6 |
| 8 | 保宁 | 3.0 | 恒顺 | 2.3 | 珍极 | 2.3 |
| 9 | 恒顺 | 2.0 | 致美斋 | 2.3 | 致美斋 | 2.2 |
| 10 | 厨邦 | 1.9 | 保宁 | 2.1 | 恒顺 | 2.2 |

## 二、调味品品牌的竞争格局解析

### （一）我国调味品品牌竞争格局特征

1. 小产品大市场，市场竞争激烈

调味品产品科技含量低，行业进入门槛低，作为生活必需品又有很大的需求空间，小产品的背后有一个很大的市场，因此，造成了市场上存在上万家企业、上百种品牌的纷繁竞争局面。同时，产品同质化现象突出，企业间无序竞争，市场竞争环境恶化。

数据显示，调味产品作为生活日用品，人们对其关注度很高，家庭消费者理想率达到 89.6％，就算很少接触厨房用品的潜力消费者也有 81.9％的理想率。调味品虽然是低成本、低利润的消费品，可是具有巨大的市场，致使众多企业加入到竞争中。人们所能提及的所有品牌宽度多达 98 个，常用品牌宽度也有 78 个之多，显示出调味品市场竞争的激烈。

2. 调味品品牌竞争梯度鲜明

从调味品理想品牌调查中发现，在消费者心目中，太太乐、海天、李锦记 3 个品牌成为调味品品类里的一线品牌，在常用品牌提及率调查中，三者的提及率分别为 27.9％，16％和 9.6％，三者之和超过 50％，足可以让它们在市场中得到消费者的首选。而且通过数据我们也可以看到，在预购和理想品牌提及率排名中，三者也都稳居前三，并以很大的优势领先其他品牌。

第二梯队由莲花、红梅、加加、豪吉领衔，保宁、恒顺、厨邦、致美斋、珍极等品牌紧随其后，也都有不俗的表现。其中，像莲花的味精、恒顺的醋、豪吉鸡精等都是誉满全国的调味品。

3. 行业霸主太太乐“遭遇”强劲对手李锦记

从多项指标中可以看到，太太乐处在调味品市场的霸主地位。不论常用品牌还是预购和理想品牌，提及率都领先第二名有十多个百分点。从2006年起，太太乐实施以调味品为主并向食品多元化发展的战略。有数据显示，太太乐鸡精的市场份额高达40%①。

但这并不代表太太乐就能高枕无忧。在潜力指标和晋级指标中，太太乐并没有继续登顶，相反是李锦记表现出色拔得头筹。这说明，虽然常用品牌中太太乐以大比分领先于李锦记，但纵向看自身的前景，太太乐的生存空间却小于李锦记。所以，赢得了现在的市场不等于赢得了未来。而且，在消费者维系度中，李锦记已经超过太太乐0.6个百分点，虽然不是一个很大的差距，但在未来调味品市场，太太乐要花费更多的成本维护市场份额。

**（二）调味品品牌区域格局特征**

1. 区域性特点明显，地方品牌纷争

中国地大物博，人口众多，由于文化差异和历史原因，不同地区的消费者在调味品口味选择上会存在差异化，因此不同的调味品企业也就因地制宜地推出不同特色的品牌，垄断着当地的市场，整个调味品市场呈现明显的区域性特征。

自20世纪90年代末，我国调味品行业进入了激烈的竞争时代，全国性的大品牌做大做强，不断蚕食各地市场，各地方小品牌开始进行艰难的市场保卫战。

以常用品牌为例，来自广东佛山的品牌海天，成为广州、深圳、长春、郑州、太原、南宁、海口等地的第一品牌，可见其对产地周边城市影响很大；四川的保宁垄断着成都、重庆两地的消费者；沈阳的红梅则成为大连、沈阳消费者心目中最认可的品牌；广东的李锦记，虽然没有战胜海天成为广东最受推崇的品牌，但它的影响辐射到了厦门；湖南的加加、河北的珍极、新疆的笑厨和河南的莲花，也都当之无愧地成为本地第一品牌。

2. 全国性大品牌悄然崛起

总的来说，目前中国的调味品仅仅是以区域性的品牌为主，但许多大型的综合性的品牌，通过市场细分、差异化战略和有效的宣传逐渐向全国市场扩张。地域影响力指标显示，在消费者心目中，太太乐已经成为纵贯南北的大品牌，在全国36个重要城市调味品常用品牌调查中，太太乐成为20个城市消费者心目中的第一品牌。

海天也开始从南到北扩大影响，利用悠久的历史、庞大的规模、齐全的产品线等优势，逐渐把海天酱油推向全国。另外，在预购和理想品牌调查中，李锦记除了在广州、深圳、厦门成为第一品牌，而且在呼和浩特“打败”当地调味品知名品牌笑厨勇夺桂冠。见图3－4－18。

## 三、调味品品牌发展策略和市场热点趋势

由我国调味品市场现状和品牌竞争格局分析，调味品市场正进入大品牌竞争时代。卖方主导市场的情形已经一去不复返，各大企业充分认识到消费者地位的变化，在做大做强的同时，开始注重市场的细分，注重品牌形象的塑造。在未来竞争中，调味品市场可能出现以下趋势：

**（一）产品多元化，向中高档发展**

随着国民生活水平的提高，人们对于饮食已不单单是满足温饱，更需要享受品质。这样就给作为家厨必备品的调味品以更高的要求，企业要研制适宜不同消费者的调味品，品种越分越细，以迎合越来越挑剔的消费者，产品多元化就成了必然趋势。

---

① 太太乐鸡精产销量突破5.6万吨［OL］. http：//guide. ppsj. com. cn/art/4736/18795585/.

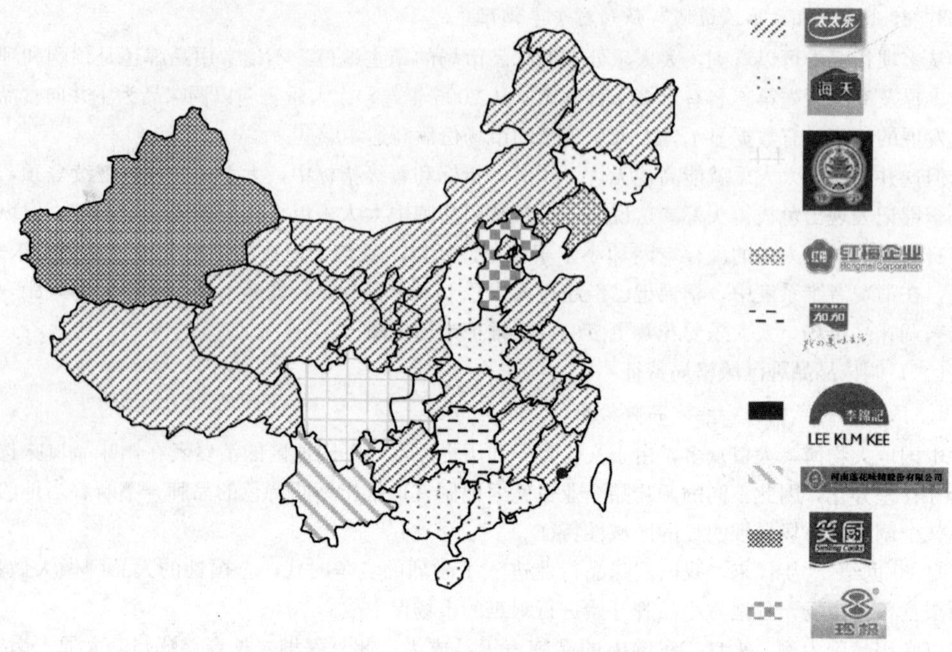


图 3－4－18 调味品品牌地域影响力分布

比如之前市场上只有传统的酱油、醋、盐等调味料。之后出现了老抽、生抽，还有各种功能性的酱油，如蒸鱼酱油、红烧酱油、凉拌酱油等。针对不同菜式，多种多样的调味料也相继推出，丰富了人们的饮食文化。

另外，高品质的生活要求调味品向中高档化发展。原料成本的不断增加、加工制作成本的提高也促使调味品走高端路线，以取得更高的利润。消费者品牌意识的提高，也使得行业内的分工向着多样化、专业化方向发展。

**（二）大整合趋势不断加强**

为了增强竞争力，调味品行业开始出现品牌大整合趋势。中国已经成为世界调味品生产大国，在中国调味品市场上拥有几乎世界上所有的强势品牌，他们利用资金优势或收购或联合，与中国本土品牌展开争夺。市场竞争也由不饱和竞争到行业集中度加大，大品牌不断整合并开始主导市场，中小企业面临严峻的市场形势。

雀巢公司联合太太乐，以及联合利华的家乐调味品系列，先一步进入中国并积极打开知名度，占据了市场主导地位；2007 年初日本味滋康入主北京和田宽并控股龙门和田宽和虎王和田宽；随后日本最大的食品集团味之素株式会社收购淘大食品集团，从而跻身全球酱油产业三甲；另外还有一些中外合资企业，如李锦记、万家香、老蔡等以资金和品牌优势占据了一定的市场份额，并且开始向高端定位发展。同时，除了中外强强联合，国内企业也开始联合以抵抗外资强大的势力。

**（三）国家将进一步加强调味品市场的规范性**

面对竞争日益激烈而形成的无序的调味品市场环境，国家将在出台政策扶持调味品行业的同时，加大对市场的规范，防止恶性竞争，加强质量监管以维护消费者的利益，使这个关系民生的行业能稳定、健康、持续地发展。

中国调味品协会正是在国家方针、政策指导下，为促进调味品工业生产经营，提高科技进步、管理水平，协调人民、政府和企业三者利益，振兴中国调味品工业而成立的社会团体。随着新型调味品的不断涌出，该协会与时俱进起草制定了《调味品分类》，以适应调味品行业发展的需要。另外，国家还出台了《调味品卫生管理办法》、《食醋卫生标准》、《鸡精调味料行业标准》等法规政策来维护消费者的利益，规范行业发展。

## 专案解析

### 太太乐：用“心”打造成就

上海太太乐食品有限公司是中国调味品食品著名企业之一。1988 年，创始人中国食品工业协会技术专家荣耀中通过自己的经历，决心走扶贫之路，以鸡精调味品为契机，建立起一条全方位的产业价值链。太太乐鸡精工厂于 1989 年在上海建成，在强大研发力量的支持下，为消费者带来国际流行的新一代调味品。太太乐系列调味品共分六大类几十个品种，分别为鸡精系列鲜味料、酱油系列、味精系列、营养系列、风味系列、汤料系列等。

中国调味品行业竞争激烈，强势品牌也有几十家之多，但是能在调味品行业中成为中国领头羊的全国性品牌却屈指可数。太太乐能在众多全国性品牌中占有一席之地，而且能收到消费者如此高的认知度和使用率，和太太乐成功的品牌策略是分不开的。

**扶贫与企业目标相结合的战略路线**

1984 年，荣耀中在南乐县的扶贫考察催生了“鸡精”概念。1988 年，他下定决心走实业扶贫之路，将农民的“致富梦”与人们对调味品的需求相联系，以鸡精产品为核心，建立起一条全方位的产业价值链。

之后的“走进大山，走近孩子们”公益活动成为太太乐扶贫之路的延续，为革命老区遵义山区贫困的孩子们捐建“安康亲情图书站”，帮助他们改善读书环境。在太太乐的发展壮大中，它始终坚持扶贫与企业目标相结合的营销策略，既响应了当前国家的扶贫号召，也促进了太太乐品牌形象的树立，为企业赢利目标的实现提供了有利契机。

**渠道整合营销——售点细分的定位策略①**

在选择有效的营销策略时，太太乐紧紧抓住渠道做文章。主要通过调味品消费渠道细分、定位策略，把太太乐做成全国知名品牌。

对于调味品来说，餐饮和零售是最主要的两个终端渠道。太太乐通过分析不同售点消费者的消费特点，对不同消费渠道的产品进行细分，用定位来突出品牌在渠道中的优势，吸引和刺激消费者购买。再根据各渠道特点和售点定位，进行营销策略组合。无论促销活动还是公关、广告宣传策略等，都以各渠道售点定位为核心，加强在各渠道消费者心中的品牌定位，借此影响消费者的购买决策。

太太乐售点客户细分的定位策略，是以渠道为载体，整合企业品牌资源、渠道资源、产品资源以及消费者资源的渠道整合策略，策略的有效利用使得太太乐在调味品市场的份额不断增加。同时，这种市场定位策略的成功，也为其他调味品企业的品牌建设、产品策略以及渠道策略提供了崭新的模式和拓展的空间。

① 上海太太乐调味品有限公司售点营销策略研究［OL］. http：//guide. ppsj. com. cn/art/2007/20072.

## 资料链接

我国调味品产业的增长率每年都在20%以上，2006年已冲破千亿元大关，是食品行业中增幅最快的门类之一。[①] 目前市场有3万多家调味食品企业，产品种类也日益丰富，从传统酱、醋分类，衍生出调味汁、调味料、调味粉、调味膏、调味酱，从单一调味到复合调味。中国调味品的生产地主要集中在北京、天津、山西、河北、四川、广东以及江浙一带，近年来山东地区也迅速崛起。

我国调味品市场经历了以下几个发展阶段：

• 小作坊为主，国家实施引导时期。中华人民共和国成立初期，全国绝大部分调味品生产是以小作坊为主的手工作业，这些作坊在供不应求的市场环境下，为满足城乡消费者调味品需求起到重要的作用。但作坊规模小、技术落后、资金薄弱等不利因素，影响了当时我国调味品市场的发展。为此国民经济恢复时期，国家对调味品生产提出“加强领导，统一管理，提高质量，保证供应”[②] 的方针，实行公私合营的政策，逐渐把旧企业、旧作坊引向健康发展的道路。至此，我国调味品行业才形成了较为独立的商办调味品工业产销体系。

• 调味品行业转折期。1975年，商业部在青岛召开了全国调味品工作会议，提出“就地生产，就地供应，提高质量，讲究卫生，不断满足人民生活需要”[③]的产销工作方针。这次会议是调味品生产走向机械化的开端，也是我国几千年来传统的调味品加工业的一次历史性的转折。会议后，在全国范围内建立了东北、华北、西北、华东、中南和西南6个调味品技术协作区，进行技术交流和协作，有力地促进了行业的发展和人才的培养。紧接着1978年颁布的《酱油、食醋、酱类质量标准和卫生标准》，实现了我国调味品行业质量管理标准化，促进调味品生产技术的进一步改进和提高。

• 调味品行业走向成熟。党的十一届三中全会以后，国家把发展调味品生产摆上了重要地位，确定调味品工业必须有一个较快的发展，以适应人民生活水平日益提高的需要。

此后，食品工业和餐饮业的不断发展，促进了调味品行业的兴旺，调味品市场一度出现“百花齐放、百家争鸣”的局面。随着外资企业的加入，我国调味品产品产量持续增长、生产技艺不断改进、行业环境进一步改善，并形成了一批知名品牌，调味品行业正逐步走向成熟。

（执笔：孔清溪　孔　超）

---

① 史尧尧．调味品市场 期盼资本的杠杆撬动［N］．证券日报－创业周刊．

②③ 中国调味品市场研究简报［J］．明略周刊，2004-11-11．

# 第五章 服装服饰类

## 行业综述

中国是世界上最大的服装制造和出口国，近年来一直保持高速而稳定的发展态势。2007年1—11月，服装产量为1 796 759万件，实现13.44%的产量增速，高于2006年全年11.86%的增速。服装鞋帽行业毛利率为14.19%，利润率为4.32%，实现了657.87亿元固定资产投资，同比增长了39.8%，继续大幅高于全国投资增速。①

**出口减速，转向内销**

据中国海关统计数据显示，2007年服装出口金额是1 150.74亿美元，同比增长20.89%。②但是受到人民币增值、全国CPI增长、次贷危机和反倾销政策的影响，服装进出口贸易顺差增速有所回落。内需增长、消费升级同样分流出口。众多服装企业通过结构升级、内销渠道建设转移出口压力。

**产业升级，行业悄然洗牌**

目前服装行业劳动力紧缩严重、能源和原材料价格上涨，加大了运营成本。为提高生产效率，技术改造、设备更新蔚然成风。服装行业的资金投入由东部沿海城市逐渐注入内陆，形成梯度转移格局。国际知名品牌积极进军中国市场，力争市场一杯羹；国内企业立足于本土，不断壮大成熟，也更加努力“走出去”。

**市场细分、品牌建设成热点**

服装市场上品牌数量急剧增加，更迭周期减短，为一些传统中小企业带来生存挑战。以服装风格和消费群体为基础的市场细分大行其道，以期塑造品牌差异化。在品牌建设上，经营模式创新成为服装企业突围市场红海的法宝。

**假名牌充斥市场，“中国制造”面临挑战**

服装市场仿冒现象仍屡禁不止，不仅扰乱市场秩序，损害被仿品牌溢价能力，更导致中国服装知识产权危机。2007年“中国制造”危机，为敏感的服装行业敲响警钟。如何赢回国际尊重，加强服装自主品牌建设，优化产品设计和营销推广，寻求国际市场突破口，是中国服装行业发展的首要任务。

---

① 中国发展门户网。

② 柳恩见. 2007年我国纺织品服装出口1 756.16亿美元［OL］. 中国纺织经济信息网.

# 第一节　男士西服

## 一、男士西服品牌十强数据

男士西服品牌十强数据见表 3—5—1、表 3—5—2、表 3—5—3。

表 3—5—1　男士西服品牌家庭消费者十强

| 排　序 | 常用品牌 | | 预购品牌 | | 理想品牌 | |
|---|---|---|---|---|---|---|
| | 名　称 | 提及％ | 名　称 | 提及％ | 名　称 | 提及％ |
| 1 | 七匹狼 | 17.0 | 七匹狼 | 19.3 | 雅戈尔 | 17.7 |
| 2 | 雅戈尔 | 12.1 | 雅戈尔 | 12.9 | 七匹狼 | 16.6 |
| 3 | 报喜鸟 | 10.0 | 报喜鸟 | 7.7 | Armani | 10.2 |
| 4 | 罗蒙 | 8.4 | 罗蒙 | 7.1 | 报喜鸟 | 6.6 |
| 5 | 杉杉 | 6.5 | 柒牌 | 5.7 | 罗蒙 | 6.6 |
| 6 | 九牧王 | 5.3 | 杉杉 | 5.6 | 杉杉 | 5.3 |
| 7 | 利郎 | 4.7 | 九牧王 | 5.3 | 柒牌 | 5.2 |
| 8 | 劲霸 | 3.8 | 劲霸 | 4.1 | 利郎 | 4.8 |
| 9 | 柒牌 | 3.8 | 利郎 | 4.0 | 九牧王 | 4.7 |
| 10 | 才子 | 3.4 | Armani | 3.7 | 劲霸 | 3.8 |

表 3—5—2　男士西服品牌潜力消费者十强

| 排　序 | 常用品牌 | | 预购品牌 | | 理想品牌 | |
|---|---|---|---|---|---|---|
| | 名　称 | 提及％ | 名　称 | 提及％ | 名　称 | 提及％ |
| 1 | 七匹狼 | 21.0 | 七匹狼 | 20.9 | 七匹狼 | 18.3 |
| 2 | 报喜鸟 | 11.5 | 雅戈尔 | 13.6 | Armani | 17.8 |
| 3 | 雅戈尔 | 9.6 | 劲霸 | 7.0 | 雅戈尔 | 14.7 |
| 4 | 才子 | 8.9 | 罗蒙 | 5.8 | 劲霸 | 7.3 |
| 5 | 罗蒙 | 5.8 | Armani | 5.7 | 利郎 | 4.5 |
| 6 | Armani | 4.5 | 柒牌 | 5.7 | 才子 | 4.3 |
| 7 | 劲霸 | 3.8 | 报喜鸟 | 5.4 | 新郎希努尔 | 4.2 |
| 8 | 利郎 | 3.7 | 才子 | 5.3 | 柒牌 | 4.2 |
| 9 | 柒牌 | 3.7 | 杉杉 | 3.8 | 九牧王 | 4.0 |
| 10 | 杉杉 | 3.5 | 九牧王 | 3.5 | 罗蒙 | 4.0 |

表 3—5—3　男士西服品牌两类消费者加权十强

| 排　序 | 常用品牌 | | 预购品牌 | | 理想品牌 | |
|---|---|---|---|---|---|---|
| | 名　称 | 提及％ | 名　称 | 提及％ | 名　称 | 提及％ |
| 1 | 七匹狼 | 17.8 | 七匹狼 | 19.6 | 雅戈尔 | 17.1 |
| 2 | 雅戈尔 | 11.6 | 雅戈尔 | 13.1 | 七匹狼 | 16.9 |
| 3 | 报喜鸟 | 10.3 | 报喜鸟 | 7.3 | Armani | 11.7 |
| 4 | 罗蒙 | 7.8 | 罗蒙 | 6.8 | 罗蒙 | 6.1 |
| 5 | 杉杉 | 5.9 | 柒牌 | 5.7 | 报喜鸟 | 6.1 |
| 6 | 九牧王 | 4.7 | 杉杉 | 5.2 | 柒牌 | 5.0 |
| 7 | 利郎 | 4.5 | 九牧王 | 5.0 | 杉杉 | 4.8 |
| 8 | 才子 | 4.5 | 劲霸 | 4.7 | 利郎 | 4.8 |
| 9 | 劲霸 | 3.8 | Armani | 4.1 | 九牧王 | 4.5 |
| 10 | 柒牌 | 3.7 | 利郎 | 3.8 | 劲霸 | 4.5 |

## 二、男士西服品牌的竞争格局解析

### （一）男士西服品牌竞争概况

1. 男装行业形成三大产业集群

在整个行业的逐步发展过程中，由于一些地缘优势和地域文化的影响，我国的男装行业形成了较为集中的产业集群——浙江集群、福建集群和广东集群三大派系，占据了男装市场85%以上的市场份额，除此之外，北京和山东等地也存在着小部分的市场力量。①

浙江派系以温州和宁波为主要集中地，温州商人最早将西服生产线引入中国并迅速占领市场，但是之后却采取了相对保守的发展路线——有的企业转型专攻加工，有的则与国外品牌合资，一边给大品牌做贴牌，学习他人先进的工艺和思路，一边发展自己的品牌。

相比之下，福建派系的企业表现出了更强的创新性和务实性。在浙江集群扎根于传统正装市场时，福建军团大力倡导"商务休闲"男装的概念并由此开拓了一片新的市场领域。与浙江派系主打一线城市的高端品牌发展道路不同的是，福建派系扎根并崛起于二、三线城市，并以此为基础向一线城市突破。

广东派系主要从为他人代工起家，他们凭借地理优势能够接触到海外先进的工艺和一流的款式，在吸收了足够的资源之后才开始起步创业。这一派系的品牌受国外品牌影响，往往以类似洋品牌的名称出现，目前看似还没有令人耳熟能详的品牌，但已经迅速地赢得了一线城市的中高端市场。

2. 各价位品牌分布合理，消费者选购余地较大

从全国范围来看，目前我国市场上的西服品牌较多，既有Armani、Huge Boss、D&G等售价上万元的国际一线品牌，又有雅戈尔、利郎等一批价位适中的本土品牌，一些以年轻人为目标消费群体的低价位西服品牌也同时存在。各种不同定位的品牌极大地丰富了男装市场，满足了消费者的各种需求。从我们进行的调查中可以印证这一点：此次进入消费者心智的男士西服品牌共有82个，其中常用品牌70个，预购品牌和理想品牌分别有53个和64个。

3. 品牌市场集中程度不高

在男士西服市场中，品牌的消费者集中度百分比为47.5%，属于中等水平，市场相对而言自由化程度较高。造成这一市场现状的原因主要是消费者对男装的需求比较多样化，既有消费正装的需要，又有购买休闲式西服的意愿；同时西服是一种化零为整的产品，上衣、西裤和衬衣也都有其各自的市场，整个市场被很大程度地进行了细分，各个品牌都有自己的专属领域，因此没有出现能够占领大多数消费者心智的强势品牌。

4. 品牌推广模式化

我国的男士西服还处在品牌发展的初级阶段，西服品牌以"工业品牌"② 为主，部分品牌正在向"商业品牌"③ 迈进，但还缺乏像世界顶级品牌那样有巨大吸引力和溢价能力的"设计师品牌"④。目前整个行业的品牌推广模式主要以"广告+代言人"为主，以"奋斗"、"成功"和"品质生活"等作为品牌诉求，以"事业伙伴"的姿态和定位进入男性消费者的心智。

七匹狼以齐秦作为自己的品牌代言人，对品牌进行了成功的拓展。齐秦冷峻不羁、孤独沧桑的

---

① 同黎娜．政策放开本土男装市场如何变？[N]．中国服饰报，2007-02-27.

② 又称加工品牌，即单纯以加工生产或OEM代工为主营业务的品牌。

③ 又称零售品牌，即整合了加工及零售双重业务，不仅负责生产，同时也把握着市场和终端的品牌。

④ 指品牌的创立与其创始人相关或直接以创始人的名字来命名的品牌，是设计师为了将自己的产品与其他设计师的产品进行区别而标上的记号。

形象充分诠释了“七匹狼”的品牌形象，同时其成名作《狼》也与该品牌有较高的联想度，品牌与代言人的互动良好。罗蒙和利郎分别选用了濮存昕和陈道明来代言自己的品牌，塑造成功、儒雅和智慧的品牌形象，从“细节中见真章”和“简约而不简单”的广告语中都能透露出该品牌低调和注重生活品质的品牌形象。

此外，也有一些品牌坚定地走硬朗路线，如才子“赢天下”、劲霸“奋斗成就男人”和柒牌“男人就应该对自己狠一点”，这些品牌都选择了刚毅十足的男星作为品牌代言人，走坚强、硬朗的成功男性的品牌路线。

**（二）男士西服品牌竞争格局**

1. 品牌分布呈长尾状

在常用提及率前10名的品牌中，各品牌的提及率呈折线状下滑的趋势，其中七匹狼的优势较明显，提及率为17.8%，雅戈尔、报喜鸟和罗蒙的实力相当，提及率由11.6%到7.8%递减，其他品牌的提及率差异不大。在前10名之外，有众多品牌被消费者所提起，但是提及率都不足3%。在男士西服行业，各品牌已经呈现出了明显的长尾状的分布趋势，只有少数品牌在消费者心智中占据了一定的地位，在竞争中处于优势，其他多数品牌的差异不大，还有必要进一步强化和提升自己的品牌。

2. 品牌发展整体缺乏后劲，外资品牌实力始现

从品牌后续发展的角度看，男士西服品牌整体缺乏后劲。短期发展潜力最大的品牌柒牌，其潜力百分比为2%；潜力百分比大于1%的品牌只有4个，分别为柒牌、七匹狼、雅戈尔和Armani，其他众多品牌的潜力百分比都不足1%，有的品牌的这一指标甚至表现为负值。来自大连的品牌创世和烟台品牌新郎希努尔也表现出比较大的市场发展潜力，它们打破了市场上唯浙系和闽系品牌独尊的局面，在市场潜力品牌中占据了一席之地。

在长远的品牌理想晋级方面，外资品牌表现出强大的实力，Armani和Huge Boss分别在晋级品牌中排名第一和第四，Armani的理想晋级百分比达到9%，高出第二名雅戈尔和第三名柒牌各3.5和7.8个百分点。见图3－5－1。

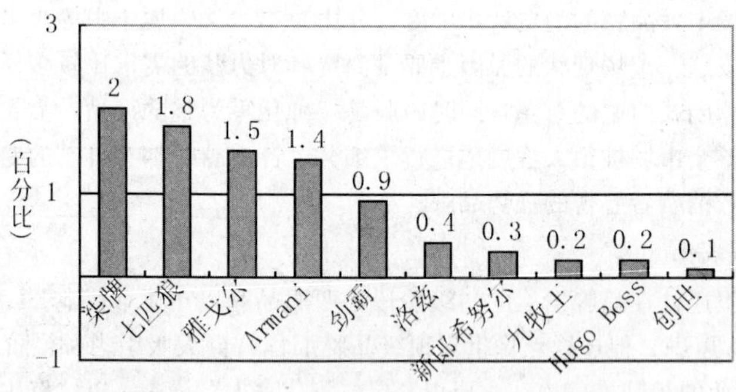


**图3－5－1 男士西服品牌发展潜力指标前十**

3. 两大产业集群的优势显著

在西服产业的三大集群中，由于浙江派系和福建派系较早地开始发展自有品牌，其在市场上已经具有了一定的领先优势。在消费者常用品牌提及率前十名中，有6个品牌都属于福建派系，它们分别是七匹狼、九牧王、利郎、才子、劲霸和柒牌，浙江派系的品牌只占四成，但却占据了前十名中第二至第五的席位。

在总的提及率方面，福建派系的品牌后来居上，七匹狼、九牧王、利郎、才子、劲霸和柒牌6个品牌的积累提及率为39%，略高于雅戈尔、报喜鸟、罗蒙和杉杉4个品牌的总提及率3.4个百分点，但是浙江派系总体实力依然不容忽略。福建和浙江这两个产业集群中的品牌相比其他品牌有更加显著的优势。先行一步，使得它们拥有比其他品牌更加丰富的市场和品牌建设经验，并积蓄了充足的资本进行再发展。见图3－5－2。

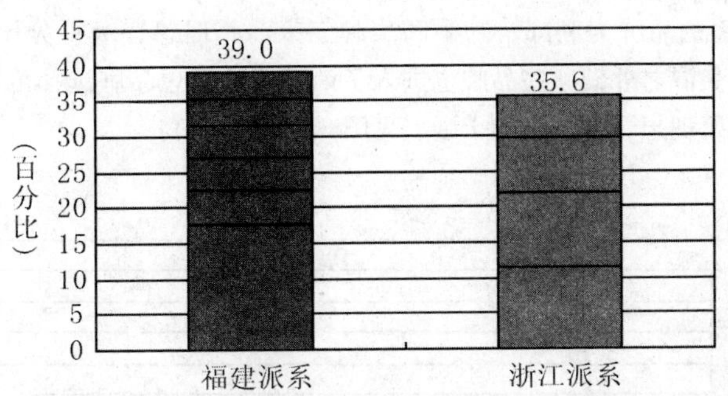


**图3－5－2　男士西服不同派系品牌的积累品牌提及率**

同时，在不同派系品牌的跨地域影响力表现方面，浙江和福建两大产业集群的品牌也有着比较显著的优势。在现用品牌中，浙江和福建派系的品牌影响力分别辐射到了13和19个城市，两大派系之外的其他品牌基本只能对本地市场产生影响，如红领和新郎希努尔这两个山东品牌各自在青岛和济南占据了提及率第一的席位，培罗蒙也只在上海和乌鲁木齐的提及率领先。预购品牌中，福建派系的品牌跨地域影响力较大，在25个城市中提及率均第一；而浙江派系则在理想品牌中具有在较多城市的提及率领先的优势。从短期的品牌发展角度看，福建派系较浙江派系品牌的赢利能力更强，而浙江派系的品牌与福建派系品牌相比，在长远发展潜力方面的表现更佳。见图3－5－3。

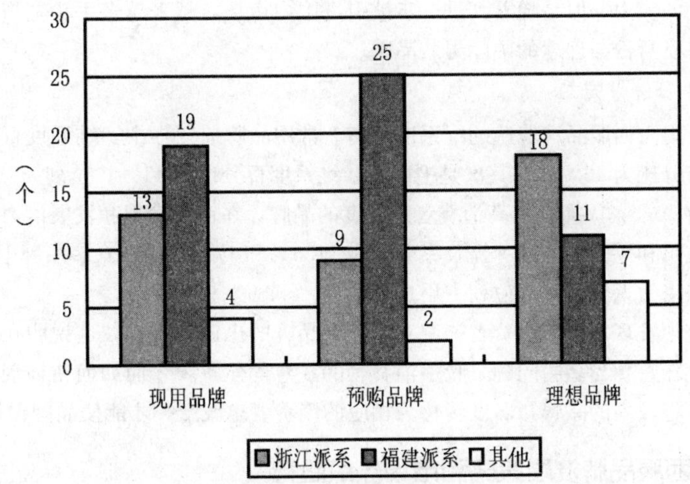


**图3－5－3　男士西服不同派系品牌的跨地域影响力**

4. 三股力量的较量日趋明显

从现阶段的品牌表现看，浙江派系和福建派系品牌的优势较为明显，但是从长远发展的角度看，老牌集群地品牌、新生本土品牌和外资品牌三股力量的较量正在日益明显地表现出来，男装市场将面临着一场重新洗牌，现有的品牌格局或许将被打破。

总体而言，在品牌理想晋级指标排名的前十名中，以 Armani 为首的国际一线男装品牌拥有强大的理想晋级能力；来自浙江派系的品牌虽然只有雅戈尔一个，但其理想晋级百分比较高，达到了5.5%；福建派系的品牌为利郎、劲霸和柒牌三家，其理想晋级百分比在0.3%到1.2%之间；传统的三大产业集群之外的一些品牌也进入了消费者的理想品牌选择范围，新郎希努尔、培罗蒙和圣凯诺都进入了理想晋级指标的十强。见图3－5－4。

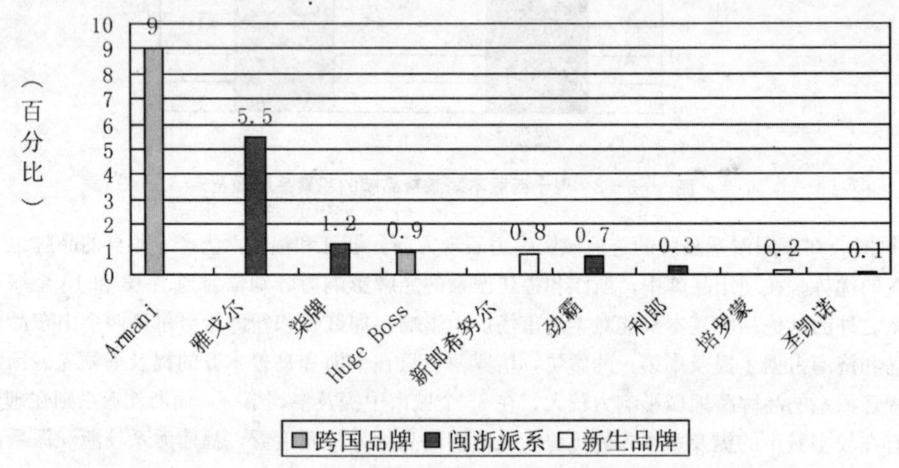


**图3－5－4　男士西服品牌理想晋级指标**

目前，由于人们整体消费水平和市场开放程度等因素的限制，国际品牌在中国男装市场上还没有表现出强劲的实力，但是随着其进一步被引进国内市场，越来越多手头宽裕起来的消费者会选择更能彰显自己身份与理念的国际男装品牌。

5. 得消费者心者得天下

调查显示，男士西服品牌普遍的维系度不高。常用品牌前三强中，维系度百分比最高的品牌是雅戈尔，其百分比为43.7%；其次是七匹狼，维系度百分比为41%；位列第三的报喜鸟的维系度百分比则只有30.5%。拥有较高消费者忠诚度的品牌，在市场表现和发展潜力方面比其他品牌更具优势：雅戈尔和七匹狼的品牌提及率分别为11.6%和17.8%，在众多品牌中稳居前两位；其各自的品牌发展潜力百分比也都位列三甲。

从此次调查中发现，目前消费者普遍对于西服品牌的忠诚度不高，这说明在现阶段各企业的品牌发展中还存在着相当多的问题，吸引消费者的注意固然重要，而如何留住现有消费者则更是重中之重，只有将较高的品牌知名度转化为相应的消费者忠诚度，才能使品牌保持良性发展。

## 三、男士西服品牌发展策略和市场热点趋势

### （一）国际品牌大举进入

以前一些国际一线的大品牌或是独具个性的“设计师品牌”在中国基本不开设业务，或者只是小范围、尝试性地采取与国内商家合资或有限代理的方式进入国内市场。自从加入 WTO 以来，

中国经济持续高走，人民可支配收入不断提高，许多外资的男装品牌纷纷试水中国市场，Armani、D&G、范思哲、宝姿和 Huge Boss 等都陆续地在国内开设了男装业务，其业务发展速度从 2005 年开始突然加快。据预测，更多的法国、意大利高级男装品牌和个性的"设计师品牌"将陆续登陆中国市场，男装西服市场这块大蛋糕将面临着实力强劲的外来对手的分割，本土品牌面临着巨大挑战。

**（二）新正装渐成主流**

随着时代的发展，西服已经不再是少数贵族的消费品，也不再只是出席隆重宴会时的装扮，越来越多的男性喜欢西服这种能够表现他们的风度和自信的服装，并将其应用到工作和休闲等其他场合。在这样的环境下，正装西服板正的样式和单调的颜色已经不再能满足市场的需要，一种新的正装——休闲西服应运而生。使用更加多元化的面料和剪裁方式，对服装颜色进行深度开发，新正装一改传统西服的古板形象，以更加新颖的形式出现在消费者面前，为其提供了更多的选择。"休闲西服"既舒适休闲又不失正统和庄重，这个概念一经开发出来就迅速地占领了消费者的心智并成为市场新宠，引领了男装市场发展的新方向。

**（三）品牌产品线由单一化向整体性调整**

在现有的男装品牌中，许多品牌在最初并不是做西服成衣的：劲霸男装因夹克而闻名，九牧王以西裤生意起家并发展壮大，杉杉最早在市场上借以立足的是其拳头产品衬衫。在市场发展的成熟阶段，"一招鲜吃遍天"的做法已经不足以稳定现有市场，众多品牌纷纷采取丰富产品线的方法，由单一产品向整体的男装市场延伸，在保证现有优势的前提下谋求更大的市场空间。

**（四）成衣定制的平民化走向**

目前我国男装市场上的西服生产主要走工业化大规模生产的路线，只有少数大品牌的 VIP 客户才能享受量体裁衣的待遇，传统的成衣定制和手工制衣在工业化的规模生产模式面前败北。但是近两年来，基于个性化营销的成衣定制又有抬头趋势，一些品牌以低价位的手工定制西服为诉求开始进行小规模的品牌推广，试图将这种真正以顾客为导向的生产方式重新带回市场，令贵族消费平民化，但是利润空间过于狭小始终是这种个性化营销的一大限制因素。此外，如何进行渠道和终端的拓展，如何使成衣定制实现规模化发展，如何导入现代品牌营销理念，这些都是成衣定制在平民化的过程中所不得不面对的现实性课题。

**（五）无店铺经营冲击现有渠道**

在男士西服行业，产业利润已经开始呈现出三角形发展趋势，即利润由上游的原材料和中游的加工环节向产业链下游的渠道环节流动，男士西服业进入了渠道为王的时期。当杉杉深陷在渠道改革中不能自拔的时候，新兴品牌如 VANCL 和 PPG 已经在网络营销的道路上迈进了一大步。

PPG 将自己定位于"全球领先的消费品直销商"，它不是传统意义上的服装企业，而是以渠道商的形象出现在市场中。通过呼叫中心和互联网接受订单，PPG 能够准确地预测一周之内的生产规模并组织生产，真正地做到了以顾客为导向，且最大程度地减少了令众商家最为头疼的库存。目前 PPG 主要投身于男士衬衫市场，据悉其每天能售出约一万件衬衫，而作为男装第一品牌的雅戈尔，其衬衫的日销量也不过只有一万三千多件。这种无店铺经营模式已经对传统企业的市场构成了一定的冲击，这种冲击将会随着消费者消费习惯的变迁以及新品牌的逐步壮大而更加明显。

## 专案解析

### 七匹狼：用系统化的思维运作品牌

七匹狼作为福建集群中的佼佼者，从公司成立伊始就注重品牌的培育经营，以狼的精神和文化自喻，演绎成功男人的故事，着力倡导男士族群新文化。在七匹狼一路发展的过程中，有几个举措对其品牌建设起到了至关重要的作用。

**选择合适的品牌代言人①**

代言人是企业广告中最常用的一个方法，多数企业只是将目光锁定在代言人的名气和影响力上，忽略了代言人与品牌形象的契合度和其对品牌所能够产生的长期影响力。“合适”一直是七匹狼在选择代言人时所遵循的准则。2002 年七匹狼找到齐秦出任其品牌代言人，这成为其品牌传播的一个亮点。齐秦的成名作《狼》与七匹狼品牌具有较高的联想度；他的长发、眼神和不羁的外形都透露出野性的魅力；同时，齐秦坎坷的成名之路也为品牌加入了“奋斗与拼搏”的注解。

**跨界联合，强强出击**

2006 年世界杯期间，所有的品牌都力争央视的广告资源，七匹狼却另辟蹊径，与家电业的老大海尔联合，从终端促销和广告资源方面展开互动，重点耕耘终端市场。海尔在店内赠送由七匹狼提供的酬宾券，七匹狼则在多家网点推出“买七匹狼 T 恤，得海尔彩电，品国足精神”的刮奖活动。七匹狼与海尔将各自的网点全面铺开，在对方的品牌中嫁接己方的品牌精神，这种强强互动在很大程度上推动了双方品牌的良性发展，既增加了产品的含金量，又共享了客户资源，对产品的销售也起到了很好的联动作用。

**利用契机营造口碑**

2002 年 2 月，美国总统布什访华期间，七匹狼休闲服被外交部作为国宾礼品赠送给布什；在 2003 年皇马的中国之旅中，七匹狼又成为其唯一指定的服装赞助商，并在 2005 年展开二度合作。通过两次涉外活动，七匹狼的品牌形象得到了空前的提高和加强，并奠定了口碑传播的基础。

**对品牌进行二次塑造**

在男装行业，几乎所有品牌都以男性的事业心和成就作为品牌诉求，消费者的视野被太多类似的广告所充斥。此时七匹狼却另外开辟了一条新的广告方向，深入挖掘铁骨男性在生活中所扮演的多重角色，使七匹狼这个品牌的形象变得更加丰富和有韧性。这种对品牌的再塑造更贴近男性真实的内心世界，同时也对品牌进行了差异化定位，使其与其他品牌得以区分。

品牌塑造并非一蹴而就，而是一个长期的、日积月累的传播和渗透过程。企业在建设品牌的过程中不应该抱着急功近利的态度，渴望通过一个代言人或是一次赞助活动就改善品牌处境是不现实的，只有制定长期、系统和适度灵活的品牌建设方案并予以贯彻，才能达到塑造成熟品牌的目的。

（执笔：吕艳丹　曹祎楠）

## 第二节　皮鞋

### 一、皮鞋品牌十强数据

皮鞋品牌十强数据见表 3－5－4、表 3－5－5、表 3－5－6。

---

① 郑新安．“七匹狼”挟“世界杯”死磕终端［OL］．［2005-04-04］．http：//www.globrand.com/2005/9115-2.shtml. 马超．今天你要秀哪一面？——看七匹狼新 TVC 谈男装品牌再飞跃［OL］．［2007-05-29］．http：//www.globrand.com/2007/72401.shtml.

表 3—5—4　皮鞋品牌家庭消费者十强

| 排　序 | 常用品牌 | | 预购品牌 | | 理想品牌 | |
|---|---|---|---|---|---|---|
| | 名　称 | 提及% | 名　称 | 提及% | 名　称 | 提及% |
| 1 | 达芙妮 | 11.4 | 红蜻蜓 | 9.4 | 百丽 | 11.0 |
| 2 | 红蜻蜓 | 10.9 | 百丽 | 8.8 | 鳄鱼 | 9.3 |
| 3 | 奥康 | 9.8 | 达芙妮 | 8.6 | 皮尔·卡丹 | 9.0 |
| 4 | 百丽 | 9.2 | 老人头 | 7.4 | 老人头 | 8.8 |
| 5 | 老人头 | 6.6 | 鳄鱼 | 7.3 | 红蜻蜓 | 8.4 |
| 6 | 鳄鱼 | 6.5 | 花花公子 | 6.9 | 达芙妮 | 8.2 |
| 7 | 富贵鸟 | 5.5 | 奥康 | 6.2 | 花花公子 | 6.2 |
| 8 | 花花公子 | 5.2 | 皮尔·卡丹 | 5.3 | 奥康 | 5.7 |
| 9 | 森达 | 5.1 | 富贵鸟 | 5.1 | 森达 | 4.5 |
| 10 | 康奈 | 3.4 | 森达 | 4.9 | 富贵鸟 | 3.9 |

表 3—5—5　皮鞋品牌潜力消费者十强

| 排　序 | 常用品牌 | | 预购品牌 | | 理想品牌 | |
|---|---|---|---|---|---|---|
| | 名　称 | 提及% | 名　称 | 提及% | 名　称 | 提及% |
| 1 | 达芙妮 | 19.9 | 达芙妮 | 16.4 | 达芙妮 | 13.6 |
| 2 | 红蜻蜓 | 9.9 | 红蜻蜓 | 9.1 | 皮尔·卡丹 | 10.7 |
| 3 | 奥康 | 8.7 | 百丽 | 7.9 | 百丽 | 9.6 |
| 4 | 鳄鱼 | 6.7 | 鳄鱼 | 7.3 | 鳄鱼 | 8.3 |
| 5 | 百丽 | 5.4 | 花花公子 | 7.1 | 路易威登 | 7.8 |
| 6 | 花花公子 | 5.4 | 皮尔·卡丹 | 6.8 | 红蜻蜓 | 7.5 |
| 7 | 老人头 | 4.6 | 天美意 | 5.1 | 老人头 | 7.1 |
| 8 | 天美意 | 4.4 | 老人头 | 4.8 | 花花公子 | 7.0 |
| 9 | 富贵鸟 | 3.6 | 奥康 | 4.3 | 天美意 | 4.4 |
| 10 | 皮尔·卡丹 | 3.1 | 千百度 | 3.8 | 奥康 | 4.3 |

表 3—5—6　皮鞋品牌两类消费者加权十强

| 排　序 | 常用品牌 | | 预购品牌 | | 理想品牌 | |
|---|---|---|---|---|---|---|
| | 名　称 | 提及% | 名　称 | 提及% | 名　称 | 提及% |
| 1 | 达芙妮 | 13.1 | 达芙妮 | 10.2 | 百丽 | 10.7 |
| 2 | 红蜻蜓 | 10.7 | 红蜻蜓 | 9.3 | 皮尔·卡丹 | 9.4 |
| 3 | 奥康 | 9.6 | 百丽 | 8.7 | 达芙妮 | 9.3 |
| 4 | 百丽 | 8.4 | 鳄鱼 | 7.3 | 鳄鱼 | 9.1 |
| 5 | 鳄鱼 | 6.5 | 花花公子 | 6.9 | 老人头 | 8.4 |
| 6 | 老人头 | 6.2 | 老人头 | 6.9 | 红蜻蜓 | 8.2 |
| 7 | 花花公子 | 5.3 | 奥康 | 5.8 | 花花公子 | 6.4 |
| 8 | 富贵鸟 | 5.1 | 皮尔·卡丹 | 5.6 | 奥康 | 5.4 |
| 9 | 森达 | 4.6 | 富贵鸟 | 4.8 | 路易威登 | 4.3 |
| 10 | 康奈 | 3.2 | 森达 | 4.3 | 森达 | 3.9 |

## 二、皮鞋品牌竞争格局解析

### (一) 品牌竞争惨烈，行业领导者缺失

皮鞋常用品牌提及率十强显示，品牌之间的提及率差距较小。常用品牌和预购品牌的领先指标中，达芙妮仅仅以 2.4%和 0.8%微弱优势胜出，理想品牌中百丽的领先优势也只有 1.4%。其

他相邻两个品牌的提及百分比基本都相差无几，整个品牌提及情况比较平均，没有优势明显的领军者。

同样，在品牌宽度指标中，常用品牌、预购品牌、理想品牌数量基本持平，说明市场上品牌竞争激烈，消费者品牌选择范围广泛。在常用三强品牌维系度上，达芙妮、红蜻蜓、奥康只达到40.0%、36.3%和34.1%，表明在选择品牌时，消费者游离在定位相似的品牌之间，没有强烈的品牌忠诚度。在品牌集中度指标中，41.8%的中集中度比率同样表现出皮鞋品牌竞争力量分散的特征。

这种局面的形成，和市场上产品同质化严重、品牌定位模糊不无关系。在常用十强品牌中，百丽、达芙妮是专营女鞋的品牌，其他品牌产品线广泛，均覆盖男女皮鞋、休闲鞋、正装鞋等。在广告宣传上手法单一，明星代言百试不爽，红蜻蜓先选用女子十二乐坊代言，又力邀莫文蔚；达芙妮代言人是S.H.E和刘若英；作为奥运会皮具供应商的奥康更是巨资聘用刘翔为其代言。目前市场已经进入成熟期，基本上达到饱和，由于各品牌在定位上差别不大，没有强势的品牌联想，导致独树一帜的品牌领导者缺失。

**（二）国际品牌 vs 国产品牌**

1. 国际品牌进占高端市场，奢侈品牌打动人心

中国皮鞋市场不断地被国外品牌侵蚀，不乏品牌内涵丰富、款式新颖、做工一流的国际知名品牌涌入中国皮鞋高端市场，给本土品牌带来不小的冲击。早在21世纪初，就有上亿双意大利皮鞋出口至中国市场。目前国外品牌已逐渐本土化经营，他们研究中国人的脚型和穿鞋习惯，根据中国人的审美观念设计开发产品，并加强渠道建设，甚至将工厂直接设在中国。

这些国外品牌鲜明的品牌文化、一流的设计工艺、高昂的价格是国产品牌难以超越和模仿的。在品牌晋级指标中，国外高端品牌皮尔·卡丹、路易威登以6.3% 和3.5%的晋级百分比分列一、二名。值得庆幸的是，香港名牌鳄鱼以2.6%的晋级百分比挤进三强，这和其优秀的品牌文化以及多年的品牌积累不无关系。其他荣登晋级十强的国外品牌还有老人头、暇步士、花花公子、梦特娇、ecco、骆驼。

皮尔·卡丹于1950年在时尚之都巴黎诞生，一度是几代中国人心目中的高档品牌，具有较高的品质认知度和品牌忠诚度。路易威登更是中国消费者梦寐以求的奢华大牌，1854年在巴黎开创，至今已经有154年的历史。目前中国只有10个城市设立路易威登专卖店，假货充斥市场，即便如此，路易威登仍然保持较高的品牌美誉度。这些奢侈品牌均不是制造皮鞋起家，但都是时装界的巨鳄，深远的品牌影响力让他们在皮鞋领域同样打动人心。

2. 国产品牌粗放性经营暴露弊端

中国虽然是制鞋大国，却并非皮鞋品牌大国，市场上品牌庞杂，品质良莠不齐。众多中小企业处于产业供应链的末端，靠生产贴牌产品生存，赢利能力极其有限。同时，在设计、质量、材料和品牌营销上都与国外品牌存在一定的差距。国产品牌始终生存在国外品牌的阴影之下，从品牌名称、标识到产品设计风格都有不同程度的模仿现象，导致国产品牌对国外品牌没有明显竞争优势。

面对国外品牌的侵袭，国产品牌显得有些无力，只能在有限的市场争夺中各自为政，相互倾轧，整体国产品牌势单力薄、缺乏合力，劣势明显。尤其是大量的中小品牌市场拓展滞后、缺乏科学的市场研发和品牌资产的打造。低价竞销等粗放型经营方式大张旗鼓，价格体系不稳定。消费者在购买某品牌鞋后发现，过一段时间，刚买的鞋已经打折出售，消费者对此品牌的好感度便会下降。

利润空间在此类恶性竞争中逐渐紧缩，道路越走越窄。很多品牌恶意降低成本导致产品质量

跟不上，容易出现断根、开胶、掉底等问题，被消费者深恶痛绝，品牌一蹶不振，许多不堪重负的小品牌已经销声匿迹。

**（三）皮鞋品牌地域性特征**

1. 地域性品牌生产格局

国产品牌地域性格局明显，目前国内皮鞋品牌主要集中在上海、广东、福建、浙江等南方或沿海省市。几大地区制鞋工业基本上覆盖了全国的知名品牌。其中，浙江省的温州市素以制皮鞋闻名，号称“中国鞋都”。2006 年，由中国皮革协会评定的 39 个中国真皮领先鞋王、中国真皮鞋王、中国真皮名鞋中，温州皮鞋大牌夺得 21 个席位。2007 年，由中国皮革协会评定全国 307 个“真皮标志”皮鞋品牌中，温州占了 178 个。[①] 温州已经成为中国品牌皮鞋最多的制鞋城市。经历了漫长的发展历史，温州皮鞋品牌呈现出两极分化的局面，即优秀品牌与劣质产品并存，如图 3—5—5 所示，温州品牌占十强品牌比重的 19.1%，红蜻蜓和康奈成为温州优秀皮鞋品牌的代表。

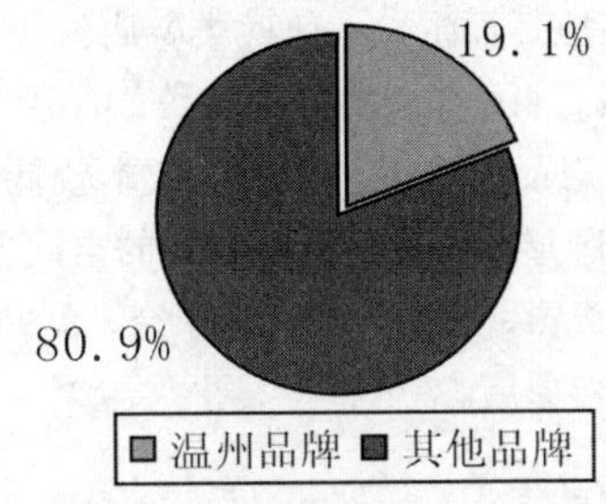


**图 3—5—5 皮鞋常用品牌十强中温州皮鞋品牌比例**

“东鞋西移”的战略已经逐步形成，主要中低档皮鞋生产力由东南沿海伸向西部地区，中高档留在东部。山东的双星，江苏的森达，浙江的富邦、杰毫、惠特、长森等企业或直接在四川、重庆、甘肃、内蒙古等地投资设厂，或与西部企业建立了技术合作关系，或重点加强了在西部市场的营销力度。

2. 地域性品牌偏好明显

在品牌城市跨度影响力指标中，可以看到，常用品牌红蜻蜓和达芙妮均在 12 个城市获得消费者第一提及率，理想品牌中百丽有 6 个城市消费者认可获得第一。说明各城市消费者对皮鞋品牌的偏好比较分散。见表 3—5—7。

**表 3—5—7 各城市常用第一皮鞋品牌**

| 品 牌 | 城 市 |
|---|---|
| 达芙妮 | 长春、大连、福州、广州、哈尔滨、呼和浩特、拉萨、南宁、青岛、上海、天津、重庆 |
| 百 丽 | 北京、杭州、昆明、深圳、西安、厦门 |
| 红蜻蜓 | 长沙、贵阳、海口、合肥、兰州、南昌、南京、石家庄、太原、乌鲁木齐、武汉、西宁 |
| 奥 康 | 成都、济南、宁波、银川、郑州 |
| 富贵鸟 | 沈阳 |

消费者地域性的偏好，一方面说明皮鞋生产企业分布的地域性特点，以及各皮鞋品牌分销渠道的不同侧重区域；另一方面也说明消费者对皮鞋品牌的选择带有随意性，没有高度的忠诚，受广告宣传

① 一把大火烧出“中国鞋都”[OL]. [2007-07-25]. http：//www.ncwbw.cn/rd/2007725112147.htm.

和区域终端影响较大。以上因素都可以成为皮鞋品牌区域建设的突破口，可以先将品牌打造成区域内的强势品牌，再逐步向全国市场扩张。

## 三、皮鞋品牌发展策略和市场热点趋势

**（一）皮鞋市场“终端为王”**

皮鞋产品的终端类型主要有大型百货商场、专业皮鞋经营店、品牌专营店等。终端的定位直接影响消费者对品牌的品质感知，“终端为王”的概念在皮鞋市场被演绎得淋漓尽致。

（1）百货商场。目前国内大型百货商场林林总总，国际知名品牌与国产品牌争相占领高端卖场里的一席之地，利用高端百货商场为品牌增加溢价机会。随着卖场的建设档次不断升级，皮鞋品牌的终端之争也随之升级。

（2）皮鞋卖场。消费者选择皮鞋时往往考虑款式、舒适、颜色、风格等多个指标，同时有多个品牌备选方案。专业皮鞋经营店应运而生，一般此类鞋店汇集众多中低档品牌，样式齐全，为消费选择提供便利，如大台北鞋城、百信鞋业等，自成终端品牌，拉动销售。

（3）品牌专营店。品牌专营店对品牌来说持续卷入成本较低，不受卖场和其他形式店铺的限制，渠道铺设更加自由，对打造品牌形象、进行终端建设的空间也更加广阔，同时易于统一管理、统一定价、统一进行促销活动等。奥康、百丽、亨达、康奈、红蜻蜓、森达、达芙妮等品牌均在全国中心城市开设了自己的专卖店、形象店。

**（二）潜力消费者待开发**

如图 3－5－6 所示，潜力消费者虽然在皮鞋常用品牌填答率上比家庭消费者少了 20.3 个百分点，但他们已经显示出较高的品牌敏感度，对皮鞋品牌有了一定的认知，在预购品牌和理想品牌的填答率上与家庭消费者差距不大。

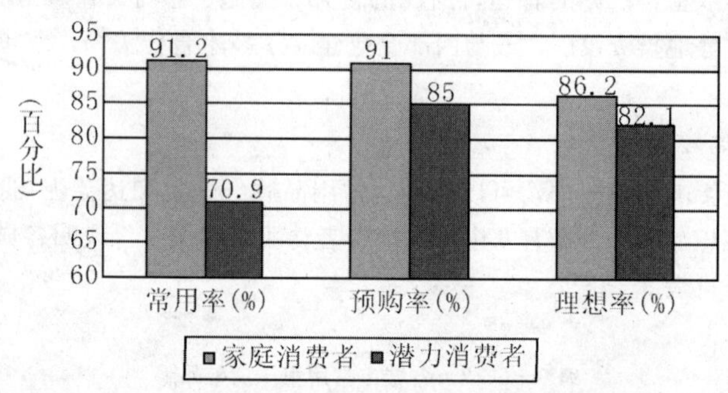


**图 3－5－6 皮鞋品牌家庭消费者和潜力消费者填答率比较**

这部分消费群体虽然目前仍是尚未毕业的大四学生，缺乏消费经验，受到父母或其他长辈的影响较大，然而，他们即将走向社会，皮鞋可以说是他们进入职场的一个重要标志，开发这一市场会使他们将来在购买皮鞋时有一定的品牌好感度的积累，进而直接选择熟悉的皮鞋品牌，降低品牌转换。

**（三）品牌营销策略创新**

1. 加强母子品牌建设，提升竞争力

目前，市场上品牌竞争已经不局限于单一领域，许多品牌利用子品牌分食不同档次的市场。众品牌归属于同一家公司的现象，在皮鞋行业也屡见不鲜。这正是因为市场中品牌差异化不明

显，品牌若撒大网则会顾此失彼，落得没个性而趋同于其他品牌的下场。

百丽旗下品牌各有专攻，在市场上差异化经营，力争在销售业绩上四处开花。百丽“因为百变，所以美丽”以优秀的设计打动都市女性；天美意“强调创造力，强调个性化”鼓励年轻人展示自我；他她（TATA）寓意生活快节奏和轻松的好心情；真美诗为追求时尚人士和行政人员精心打造；妙丽则专功白领女性市场；百思图则以紫色为创意色调，搭配简洁具有高识别性；思加图强调舒适的感受及合理的价位，主要满足年轻消费者需求；森达皮鞋则偏成熟、职业，以高质量取胜市场。

在本次调查的十强品牌和潜力晋级品牌中，百丽集团是最大赢家，旗下品牌百丽获得理想品牌第一名，森达为常用品牌第九名，天美意位居潜力品牌第五名。母子品牌均获得消费者的认可，可见百丽打造“皮鞋航母”的路线潜力巨大。

2. 经营模式创新被看好

在服装行业，虚拟经营最成功的当属耐克，它立足于产品的设计开发，将工厂设立在劳动力充足、成本低廉的地区，其他环节可通过外部采购、远程合作等方式进行外包，避免了厂房、设备等实物资产的折旧，同时专业分工也提高了生产及销售的效率。国内七匹狼鞋业（皮具）有限公司在生产七匹狼皮鞋时，便借鉴了耐克的虚拟经营模式，在广东、福建、浙江、江苏、四川、辽宁等地设下加工基地，企业统一研发设计产品，又采取特许加盟的方式组建连锁店铺。在品牌宣传上整齐划一，大大降低了产品生产成本和品牌推广成本，让七匹狼时装皮鞋在问世后的几个月里就扩张到全国500家专卖店。

3. 细分市场寻蓝海

目前皮鞋行业已经进入成熟期，品牌竞争激烈，品牌格局相对稳定，并且上升的空间不大。塑造差异化显得尤为重要，很多品牌在皮鞋功能上大做文章，比如呼吸鞋、增高鞋、保健鞋等。红蜻蜓便于2007年11月推出运动皮鞋，将减震、缓冲、能量保持等科技成果运用于皮鞋的设计与制作之中。

细分市场最重要的是品牌内涵的创新。目前市场上品牌定位混乱，区分不明显，宣传诉求点还停留在产品款式等产品属性方面，品牌影响的购买拉力还比较微弱。企业需要认清消费者是差异化的源泉，找到其他品牌满足不了的消费者需求，往往就找到了市场蓝海。

4. 区域突破厚积薄发

市场上众多皮鞋品牌的销售渠道十分松散，大面积的覆盖在追求市场占有率的同时也为企业带来不少的风险，使每个区域的竞争力分散、表现平平，

事实上，皮鞋品牌有着明显的区域特征。一方面，品牌具有与生俱来的地域优势，主要品牌集中在东南沿海城市，在当地市场拥有得天独厚的资源；另一方面，消费者的地域性差异也很明显，各地区的脚型不同（比如北方人脚型相对宽大），对皮鞋的品位存在差异（受不同流行时尚文化影响），对皮鞋类型需求要有所不同（北方冬季需要皮棉鞋，南方则对皮凉鞋需求大）。上述差异都为品牌在特定区域的率先突破奠定了基础。

品牌需要根据区域性消费特征进行深耕细作、厚积薄发，在立足区域的基础上向全国突破，这在市场竞争白热化的今天不失为品牌运营的一剂良药。

## 专案解析

### 奥康——借力奥运延续梦想

奥康集团成立于1988年，已经拥有三大鞋业生产基地、五大鞋业子品牌，是全国最大的民营制鞋企业。奥康一度以“梦想，是走出来的”作为品牌广告口号，这个怀揣希望的国产品牌，在20年的市场磨炼中，已经逐渐接近最初的梦想——成为国际知名品牌。面对北京奥运会这个百年不遇的营销契机，奥康成为奥运会皮具产品供应商，力争抓住机遇，借力奥运为梦想插上翅膀。

奥康的北京奥运营销主要分为以下3个阶段：

**挖掘奥运情节**

奥康品牌在注册时曾有意注册“奥林”品牌，因为和“奥林匹克”的冲突所以换名奥康。但奥康对奥运的情节却从未消失。2000年悉尼奥运会上，奥康赞助一万双皮鞋，在世人面前展示了中国品牌的风采。2004年雅典奥运会上，奥康成立“奥康助威团”奔赴雅典为祖国健儿加油。

**“圆梦计划”让奥运牵手公益**

奥康奥运营销的鲜明特色就是加入公益元素，提出“公益奥运”的概念。2007年5月奥康“圆梦计划”活动正式启动。邀请前世界冠军担当奥运大使，把“公益奥运”和奥康的品牌形象推广到全国各地。其中，奥康集团将会投入马燕红“退役体操运动员脊椎矫正康复计划”、高敏“北京体育大学高敏奖学金”、钱红“公开水域救助工程”、王军霞“西部万人健康跑计划”、杨凌“奥运之光——白内障儿童康复计划”、田亮“田亮爱心病房——先天性心脏病儿童康复项目”等，帮助这些奥运冠军实现公益梦想。

**奥运宣传扩大影响力**

奥康的公益奥运活动在民间引起良好的反响，但是整个品牌形象还没有一个完整的架构和广泛的曝光。奥康投资拍摄奥运公益音乐电影《风雨同行》，通过电视将奥康的奥运梦想传递给千家万户。并于2007年11月22日签约奥运会炙手可热的明星刘翔为奥康“奥运大使”。刘翔帮助奥康拍摄广告并被纳入“圆梦计划”。届此，奥康奥运营销的影响力全面升级。

在本次调查中，奥康的表现平平，品牌十强中常用品牌提及位居第三名，但是预购和理想分列七、八名。奥康视北京奥运为营销契机，将奥运和公益紧密联系在一起，力图提升消费者对品牌的好感度。奥康的奥运营销后续结果如何，能否改变目前消费者对品牌的认知状态，答案将随着奥运的推进逐渐公布于世。

## 资料链接

目前国内规模以上皮鞋加工企业近3 000家，规模以上企业年产值达到2 102亿元。近两年来由于受反倾销、出口退税及材料、工资上涨、人民币升值等因素的影响，行业企业赢利能力呈下降趋势。2007年中国皮鞋产量达到33亿双，同比增长仅为9.09%，自2002年以来其增长率首次在10%以下，皮鞋行业毛利率仅为13.49%。①

（执笔：周忠亮）

① 2008年中国皮鞋行业市场研究咨询报告［OL］.［2008-02］. http：//www.askci.com/reports/2008/02/2008217132751.html.

# 第三节　运动休闲服饰

## 一、运动休闲服饰品牌十强数据

运动休闲服饰品牌十强数据见表 3－5－8、表 3－5－9、表 3－5－10。

**表 3－5－8　运动休闲服饰品牌家庭消费者十强**

| 排　序 | 常用品牌 | | 预购品牌 | | 理想品牌 | |
|---|---|---|---|---|---|---|
| | 名　称 | 提及% | 名　称 | 提及% | 名　称 | 提及% |
| 1 | 李宁 | 16.4 | 耐克 | 17.4 | 耐克 | 25.7 |
| 2 | 阿迪达斯 | 15.7 | 阿迪达斯 | 16.2 | 阿迪达斯 | 22.6 |
| 3 | 耐克 | 12.5 | 李宁 | 14.8 | 李宁 | 14.4 |
| 4 | 安踏 | 7.6 | 安踏 | 5.7 | 佐丹奴 | 4.8 |
| 5 | 双星 | 6.2 | 双星 | 5.1 | 乔丹 | 4.8 |
| 6 | 361° | 4.9 | Kappa | 4.7 | 双星 | 3.6 |
| 7 | 美特斯邦威 | 4.1 | 乔丹 | 4.2 | 安踏 | 3.4 |
| 8 | 佐丹奴 | 4.1 | 佐丹奴 | 3.9 | Kappa | 3.1 |
| 9 | Kappa | 3.9 | 361° | 3.4 | 美特斯邦威 | 2.3 |
| 10 | 乔丹 | 3.9 | 美特斯邦威 | 3.0 | 彪马 | 2.1 |

**表 3－5－9　运动休闲服饰品牌潜力消费者十强**

| 排　序 | 常用品牌 | | 预购品牌 | | 理想品牌 | |
|---|---|---|---|---|---|---|
| | 名　称 | 提及% | 名　称 | 提及% | 名　称 | 提及% |
| 1 | 美特斯邦威 | 11.5 | 阿迪达斯 | 14.2 | 耐克 | 25.7 |
| 2 | 李宁 | 11.2 | 耐克 | 13.6 | 阿迪达斯 | 21.2 |
| 3 | 耐克 | 10.3 | 李宁 | 10.8 | 李宁 | 10.8 |
| 4 | 阿迪达斯 | 9.6 | Kappa | 6.8 | Kappa | 5.5 |
| 5 | 安踏 | 8.4 | 安踏 | 6.4 | 美特斯邦威 | 5.3 |
| 6 | 361° | 7.5 | 美特斯邦威 | 6.4 | 佐丹奴 | 4.1 |
| 7 | 真维斯 | 4.6 | 匡威 | 4.5 | 安踏 | 3.8 |
| 8 | 森马 | 4.0 | 真维斯 | 4.0 | 匡威 | 2.8 |
| 9 | Kappa | 3.8 | 佐丹奴 | 3.6 | 森马 | 2.5 |
| 10 | 匡威 | 3.6 | 361° | 3.5 | 乔丹 | 2.4 |

**表 3－5－10　运动休闲服饰品牌两类消费者加权十强**

| 排　序 | 常用品牌 | | 预购品牌 | | 理想品牌 | |
|---|---|---|---|---|---|---|
| | 名　称 | 提及% | 名　称 | 提及% | 名　称 | 提及% |
| 1 | 李宁 | 15.4 | 耐克 | 16.7 | 耐克 | 25.7 |
| 2 | 阿迪达斯 | 14.5 | 阿迪达斯 | 15.8 | 阿迪达斯 | 22.3 |
| 3 | 耐克 | 12.1 | 李宁 | 14.0 | 李宁 | 13.7 |
| 4 | 安踏 | 7.8 | 安踏 | 5.8 | 佐丹奴 | 4.7 |
| 5 | 双星 | 5.7 | Kappa | 5.1 | 乔丹 | 4.3 |
| 6 | 美特斯邦威 | 5.5 | 双星 | 4.5 | Kappa | 3.6 |
| 7 | 361° | 5.4 | 乔丹 | 4.1 | 安踏 | 3.4 |
| 8 | Kappa | 3.9 | 佐丹奴 | 3.8 | 双星 | 3.1 |
| 9 | 佐丹奴 | 3.8 | 美特斯邦威 | 3.7 | 美特斯邦威 | 2.9 |
| 10 | 乔丹 | 3.5 | 361° | 3.4 | 彪马 | 2.1 |

## 二、运动休闲服饰品牌的竞争格局解析

### （一）运动休闲服饰品牌竞争概况

1. 诸品牌齐聚一堂

我国市场上的运动休闲服饰品牌众多，从耐克、阿迪达斯、ZARA 等国际化品牌到美特斯邦威、安踏这样的本土力量，运动休闲服饰市场呈现出一派欣欣向荣的景象。在我国浙江、福建和广东一带的沿海地区，业已形成了颇具规模的运动休闲品牌生产集散地。从此次调查中了解到，目前已经有近百个运动休闲服饰品牌进入了消费者心智，其中消费者对常用品牌的提及个数多达 81 个，预购品牌和理想品牌数也分别达到 68 个和 69 个。在跨国品牌以高端姿态挺进市场的同时，本土品牌也纷纷以草根态度走亲民化路线，两股力量在一段时间之内各得其所，共享市场繁荣。

2. 市场集中度不高，品牌仍有发展空间

虽然运动休闲服饰市场上品牌众多，但是总体的消费者集中化程度并不高，该行业的品牌消费者集中度指标百分比为 49.8%，即李宁、耐克、阿迪达斯和安踏 4 个品牌占据了近一半的消费者心智。其原因在于运动休闲行业中的品牌两级分化，国际品牌的高端定位只能锁定具有一定消费能力的消费者，还有一部分消费者由于可支配收入有限，其需求必然要由其他低端品牌来补充。集中度不高也使得各个品牌都能拥有相对较为自由的市场延伸性和发展空间，各品牌都存在着谋求新的市场份额的可能性。

### （二）运动休闲服饰品牌竞争格局

1. 常用品牌呈现阶梯状发展，竞争层级化

在运动休闲服饰品类中，各品牌呈现出阶梯状的分布趋势。李宁、阿迪达斯和耐克 3 个品牌均以高于 10%的常用品牌提及率位列于第一品牌梯队；安踏、双星、美特斯邦威和 361°的提及率介于 5%到 10%之间，形成了第二品牌梯队；Kappa、佐丹奴和乔丹等众多品牌徘徊于第三阵营。

在三个梯队中，第一梯队品牌的领先优势较大，不易被后面梯队的品牌赶超，只在该梯队的阵营内部存在着品牌彼此间的竞争关系。二、三梯队间的差距较小，后者赶超前者的难度不是很大。目前的品牌格局极有可能被第三梯队中某品牌的突然发力所打破，因此，竞争不只存在于集团内部的品牌之间，也同时存在于不同梯队的品牌之间。

2. 领先集团内部实力不均

目前，李宁、阿迪达斯和耐克这三大行业领跑者间的竞争日趋白热化。1990 年成立的李宁公司选择了亚运会这个契机，将自己的品牌推向运动热情正日益高涨的国人，首先占据了消费者的心智；加之其品牌最有力的代言人——体操冠军李宁家喻户晓，使得“李宁”这一品牌在相当长的一段时间内都在国内运动休闲市场上占据着当仁不让的领先地位。但是从我们此次调查中发现，常用品牌提及率第一名的李宁只比排名第二的阿迪达斯的提及率高 0.9 个百分点，品牌优势非常微弱；而在消费者所提及的预购品牌和理想品牌中，李宁都屈居于耐克和阿迪达斯之后。

从品牌的预期市场表现和作为理想品牌的晋级前景来看，耐克和阿迪达斯的市场潜力百分比分别为 4.6%和 1.3%，其各自的理想晋级百分比也分别达到了 13.6%和 7.9%，而李宁这两项指标的百分比各为－1.4%和－1.6%。对第一阵营的 3 个品牌进行比较，可以发现各个品牌的发展潜力大有不同，耐克无论是短期市场表现或作为理想品牌的晋级能力都是最强的，而李宁的市场潜力指标和理想晋级指标均为负值，有迫切进行品牌强化和提升的必要。见图 3－5－7。

虽然李宁拥有最早进入消费者心智的品牌优势，但其短期的赢利能力和长远的发展潜力都相对较弱，目前已经受到了耐克和阿迪达斯等国际大牌的强烈冲击。随着国人生活水平的提高，当价格

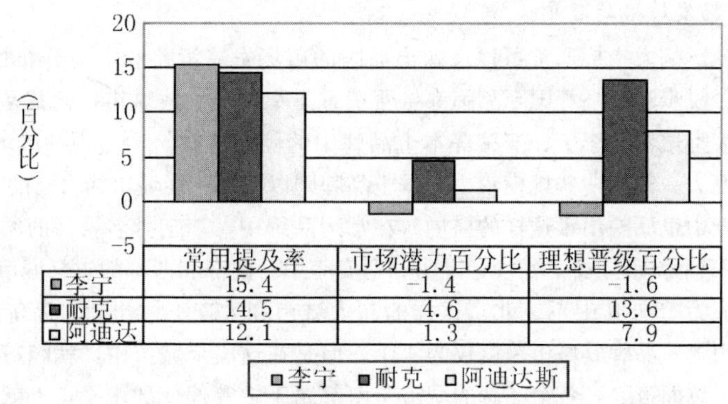


| | 常用提及率 | 市场潜力百分比 | 理想晋级百分比 |
|---|---|---|---|
| 李宁 | 15.4 | -1.4 | -1.6 |
| 耐克 | 14.5 | 4.6 | 13.6 |
| 阿迪达 | 12.1 | 1.3 | 7.9 |

**图 3—5—7 运动体闲服饰常用品牌三强各指标百分比对比**

不再成为人们消费选择的制约因素时，消费者就会优先选择自己心目中的理想品牌，李宁作为常用品牌提及率第一的地位将面临严峻的挑战，运动休闲市场品牌的第一阶梯面临着势力的重新洗牌。

*3. 本土品牌缺乏后劲，跨国品牌蓄势待发*

在我国的运动休闲市场上，跨国品牌一般多将自己定位于专业化的运动品牌，采取“金字塔式”下传模式的品牌推广策略，即以专业运动员为着手点，通过其强大的影响力逐步将品牌通过专业运动员——业余运动员——体育爱好者——普通大众消费者的途径进行传播；本土品牌则多走“草根路线”的上传模式，注重基层消费者的培养，许多品牌与娱乐进行嫁接，从满足大众消费者，特别是青少年的需求开始进行品牌普及。

就现阶段的市场状况而言，草根路线取得了一定的效果：在常用品牌前十名中，只有阿迪达斯、耐克和 Kappa3 个跨国品牌；但是从长远的理想品牌晋级能力来看，除前面所述的 3 个品牌外，锐步、New Balance 和美津浓也进入了品牌理想晋级排名的前十，跨国品牌数达到 6 个；在消费者的预购品牌前十名中，跨国品牌则占据了八成的席位。匡威、锐步和彪马等著名的国际品牌都表现出强大的市场潜力，在中国市场上蓄势待发，准备进一步侵吞中国市场，而本土品牌还没有找到能够帮助自己建立长期品牌效应的方法，集体呈现出后劲不足的疲软态势。与跨国品牌相比，本土品牌缺乏雄厚的资金实力、企业规模过小、专业设计和研发能力落后、市场运作模式不健全等都将成为制约其市场表现的瓶颈。见图 3—5—8。

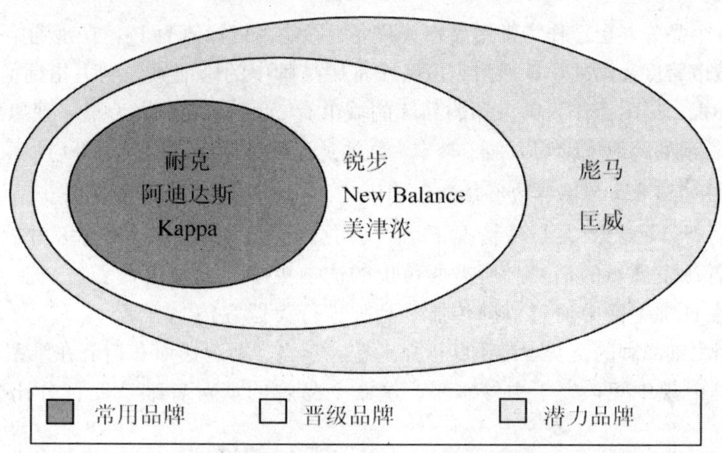


**图 3—5—8 运动休闲服饰常用、潜力和晋级品牌十强中的跨国品牌**

4．各品牌市场发展格局迥异

品牌的跨地域影响力指标通常可以反映出品牌的市场发展策略和实力分布格局。一般而言，阿迪达斯、耐克、锐步和彪马等国际品牌都将营销重点集中于一线城市，尤其是北京、上海、广州这种规模的超大型城市；李宁、安踏等本土品牌中的佼佼者在努力实现一线城市覆盖的同时，谋求二线城市的发力；其他一些规模较小的本土品牌则以二、三线城市为自己的主战场。

在我们的调查中也反映出了这样的格局，在常用品牌中，李宁排名第一的城市跨度为17个，属于低跨度，这17个城市主要是长沙、昆明和西安等中、南部和西部的省会城市；阿迪达斯的跨地域影响力指标值为13，其中不乏北京这样的超大城市和大连、杭州和青岛等东部经济发达城市；耐克作为常用第一品牌其城市跨度仅为4个，但是在这4个城市中，就涵盖了上海和广州两个一线超大城市。总而言之，各个品牌的城市跨度都属于中等偏低的水平，也就是说运动休闲服饰业的品牌区域格局较为分散，呈现出层级化状态，目前还没有影响力覆盖全国的品牌出现。见图3－5－9。

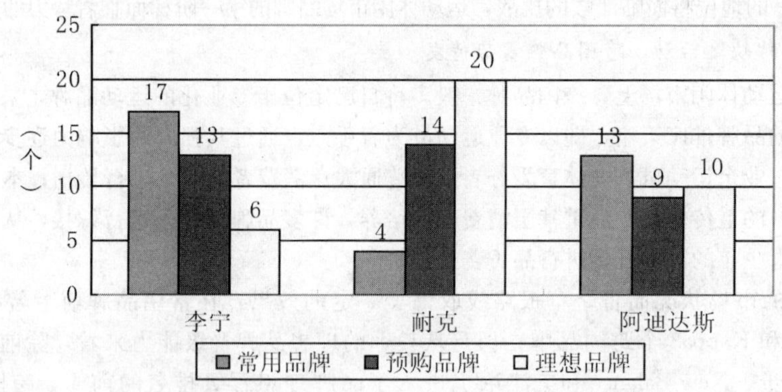


图3－5－9　运动休闲服饰常用品牌前三名的跨地域影响力

但是这样的格局极有可能随着耐克和阿迪达斯向二、三线城市扩张的举措而被改写。截至2006年底，耐克拥有1 200家专卖店，并以每周10家的速度快速扩张；阿迪达斯在全国250个城市拥有1 300家门店，其目标是截至2008年底使店铺数达到4 000家；而李宁拥有2 500家门店，并计划增加1 500家。①

单独研究各个品牌，李宁作为常用品牌其跨地域影响力指标值为17，在预购第一品牌和理想第一品牌中的城市跨度逐渐减小；而耐克虽然在常用品牌中的跨地域影响力指标值只有4，其发展潜力却不可小视，以耐克作为第一预购品牌的城市有14个，将其作为第一理想品牌的城市则有20个。耐克长远的跨地域影响力强于李宁，阿迪达斯的整体表现则较为平均。

5．本土品牌的消费者维系能力有待强化

品牌维系消费者的能力在某种情况下可以转化为其强有力的市场竞争力。对企业而言，维系忠诚消费者比发展新的消费者所需要付出的成本更小，忠诚消费者对企业营业额的贡献更大，且其会在日常生活中通过口碑传播对品牌进行无偿宣传。

从运动休闲服饰品牌的消费者维系度指标来看，李宁、阿迪达斯和耐克在维系消费者方面的表现都只能算是中规中矩，处于中等水平。这3个品牌的消费者维系度百分比分别为：李宁

① 倪云华．中国体育用品市场分析［OL］．［2007-02-07］．http：//www.cnshu.cn/info/scfx/95760.shtml.

41.1%，阿迪达斯44.4%，耐克51.4%，这可能与消费者在选购此类商品时，会受到品牌外的一些其他因素如款式、功能和面料的影响有关。通过横向比较可以看出，在常用品牌排名前三的品牌中，跨国品牌耐克和阿迪达斯的消费者维系度百分比均高于李宁，其中耐克比李宁高了近10个百分点，显示出跨国品牌在维系忠诚消费者方面的能力要强于本土品牌，因此其市场潜力和竞争力也更高。本土品牌必须采取更加积极和有效的措施强化品牌形象，提高消费者的忠诚度，以应对跨国品牌的挑战。

6. 福建产业集群两极分化

福建产业集群是在谈及我国体育产业发展中所不能避开的一个话题。1990年初晋江奇迹般地衍生出了2 000多家生产运动鞋的企业，它们最初没有自己的品牌，由为国外大品牌加工外销鞋而起家，在亚洲金融危机时受到严重影响，自此这些企业转而发展自己的品牌，将目光投向国内市场。1999年安踏由孔令辉担任代言人，创下业界以代言人进行品牌宣传的第一，并迅速地升级为国内运动鞋品牌的第一。福建集群中的众品牌纷纷以此为模板，启用大批体育明星和演艺明星出任品牌形象代言人，不惜重金在央视体育频道上大量投放广告，在全国迅速提高了品牌知名度。

在近十年的时间里，安踏、匹克、特步等品牌成功地在市场上取得了一席之地，另一些品牌则逐渐退出了市场，整个产业群呈现出强烈的两极分化趋势。考察成功品牌的案例，其做法彼此相异，但在思路上却大体相同：即跳出了简单地用代言人广告来宣传品牌的圈子，对品牌进行了深入的塑造。安踏通过体育营销和事件营销为品牌注入了浓厚的民族性；匹克和特步选择较小的细分市场，通过对品牌进行定位，在专业的篮球运动和主打青春及娱乐的休闲运动这两个细分市场上赢得了进一步发展的空间；鸿星尔克则视产品为品牌的根基，利用领先技术和产品研发在产品同质化严重的市场上走出了自己的道路。

## 三、运动休闲服饰品牌发展策略和市场热点趋势

**（一）新品牌加入，市场竞争日趋激烈**

服装行业的市场准入门槛不高，也不存在过大的技术壁垒。随着体育产业的迅猛发展，在可以预见到的将来，会有越来越多的品牌将产品线延伸到运动休闲服饰这一市场上来分一杯羹，波司登、七匹狼、梦特娇等品牌都已经正式进军运动休闲领域。本次调查结果也显现出消费者对这一市场中新晋品牌的认可，传统男装品牌花花公子在运动休闲服饰中作为常用品牌和预购品牌也都被消费者所提及。随着更多新品牌的加入，整个市场的竞争将日趋激烈。

**（二）跨界合作，以品牌拉动市场**

在国际服装界，运动与时尚的“跨界合作”已经发展了近十年之久。阿迪达斯与山本耀司（Yohji Yammanoto）合作创立的时尚运动品牌Y3成为全球时尚达人的基础装备；锐步与夏奈尔和Paul Smith的合作在运动与时尚之间获得双赢；耐克与多位设计师、街头艺术家和涂鸦大师共同创造的波鞋文化在一次又一次地刷新着人们的眼球。以品牌联合来强化运动品牌的市场竞争力，利用优势资源拉动市场，跨国品牌的这种做法为本土品牌提供了借鉴。2005年4月9日，作为本土运动品牌领军者的李宁就与全球著名的水晶制造商施华洛世奇建立了合作伙伴关系，共同生产镶有施华洛世奇水晶的网球服、健身服和健身鞋，在高端时尚化平台上与市场对话。

**（三）重新定位，在品牌中注入新的内涵**

目前，我国本土运动休闲品牌主要走运动加娱乐的路线，这种做法被众多品牌毫无规划地滥用，一定程度上对运动休闲服饰品牌的成长起到了反作用。如何赋予品牌更丰富、更深入、更新鲜的内涵，如何从众多品牌的陈辞滥调中脱颖而出？这将是一段时期里诸多有觉悟的品牌需重点

考虑的问题。

在这一点上，安踏已然先行一步，摆脱大众娱乐的形象，在全国篮球和排球联赛遇到发展瓶颈之际主动提供支持，雪中送炭，从以赢利为目的的商业品牌形象转为默默支持中国体育事业发展的民族品牌角色。安踏借此对品牌进行了重新定位，为品牌植入更多的文化和民族精神的内涵，从情感上与消费者进行沟通，拉近了与消费者的距离。

## 专案解析

### 耐克：消费者主导，文化先行

在一次对于体育品牌形象的消费者调查中，耐克被描述成一个年轻的、具有动感的运动员形象，在运动休闲品牌的主要目标消费者——青年消费者中其好感度最高。消费者这种品牌认知的形成与耐克长期以来所坚持的“以消费者为中心、文化先行”的品牌策略密不可分。

**从消费者需求出发调整产品结构**

2006年中期，耐克对全球品牌战略进行重新部署和调整，针对不同的产品线定义各自新的品牌表现形式。其中，在女子健身方面加大了“女性化”的品牌传播力度：一方面从女性与男性消费者迥异的生理结构出发，对女性运动产品进行了更加符合人体力学的再设计；另一方面将服饰搭配、生活写意与时尚运动进行了完美的结合，通过对瑜珈、拉丁舞、街舞等前卫健身方式的整合，传播“魅力3S”式的健康女性文化，在女性消费者中形成了良好的口碑效应。

**扛起数字互动营销的大旗**

在数字化的时代大背景下，耐克对数字互动营销领域的探索远远走在其他品牌之前。德国世界杯期间，耐克与Google创建了世界首家球迷社区joga. com，供40多个国家的球迷写博客、评论赛事、下载视频；此外，耐克还与新浪体育频道结盟成立“Nike竞技风暴场”，设立“同城约战”、“我为鞋狂”、“星迷会”及“无限俱乐部”等社区，供体育爱好者做任何与体育相关的事。

耐克首创性地使用一个只有头、躯干和四肢的虚拟二维黑棍小人“Stickman”作为街球广告代言人，鼓励青少年消费者勇于挑战，创造属于自己的玩球风格，在运动中体验“Just do it”的乐趣。在许多消费者的眼中，Stickman不仅仅是一个广告代言人，他已经上升为耐克的品牌形象代言人，通过简单的形象传递出丰富的品牌内涵，用更新颖和更易被接受的方式与消费者沟通，以敢想敢做、自由个性的青年文化来打动消费者。

**创造性的跨界合作**

在品牌的跨界合作方面，耐克也展现出了巨大的创造性。与多位时尚界怪才设计师和街头涂鸦达人的合作将“波鞋”引入消费者的视线，同时也带来了Freestyle式的耐克青年文化。2006年耐克与在时尚设计领域享有盛名的Apple公司合作，打造具有创新性的Nike＋Ipod运动装备，将与Ipod Nano相连的传感器置入跑鞋鞋垫下，跑步时Ipod会记录运动的距离、步频和消耗的热量，同时还会根据携带者的节奏播放不同的音乐。耐克又一次走在了时尚潮流界的浪尖，让音乐与运动和谐共鸣。

人们已经熟悉了耐克极富创意的广告和它所带给我们的文化及生活方式，却永远都不知道它下一步将如何出牌。耐克以与消费者双向沟通为出发点，凭借其创造性的变式思维一次又一次寻找到了市场的蓝海地带，将消费者的固有思维模式不断地刷新和再造。在耐克的品牌整合传播时代，“以消费者为主导，文化先行”并不仅仅只是一个简单的口头承诺。

（执笔：曹祎楠）

# 第四节　羽绒服

## 一、羽绒服品牌十强数据

羽绒服品牌十强数据见表 3—5—11、表 3—5—12、表 3—5—13。

**表 3—5—11　羽绒服品牌家庭消费者十强**

| 排　序 | 常用品牌 | | 预购品牌 | | 理想品牌 | |
|---|---|---|---|---|---|---|
| | 名　称 | 提及% | 名　称 | 提及% | 名　称 | 提及% |
| 1 | 波司登 | 50.8 | 波司登 | 43.4 | 波司登 | 54.0 |
| 2 | 北极绒 | 8.8 | 南极人 | 9.9 | 鸭鸭 | 8.8 |
| 3 | 鸭鸭 | 7.7 | 雪中飞 | 9.9 | 南极人 | 8.6 |
| 4 | 雪中飞 | 7.5 | 鸭鸭 | 8.7 | 北极绒 | 7.8 |
| 5 | 南极人 | 7.3 | 北极绒 | 8.7 | 雪中飞 | 7.4 |
| 6 | 雅鹿 | 5.6 | 雅鹿 | 6.4 | 雅鹿 | 7.1 |
| 7 | 寒思 | 2.1 | 寒思 | 2.3 | 寒思 | 1.8 |
| 8 | 康博 | 2.0 | 康博 | 2.2 | 康博 | 1.3 |
| 9 | 龙达飞 | 0.8 | 龙达飞 | 1.4 | 龙达飞 | 0.9 |
| 10 | 苹果/威鹏/耐克 | 0.1 | ONLY/阿迪达斯 | 0.2 | 艾莱依/阿迪达斯 | 0.2 |

**表 3—5—12　羽绒服品牌潜力消费者十强**

| 排　序 | 常用品牌 | | 预购品牌 | | 理想品牌 | |
|---|---|---|---|---|---|---|
| | 名　称 | 提及% | 名　称 | 提及% | 名　称 | 提及% |
| 1 | 波司登 | 48.9 | 波司登 | 45.4 | 波司登 | 57.0 |
| 2 | 北极绒 | 9.8 | 南极人 | 11.3 | 南极人 | 10.2 |
| 3 | 雪中飞 | 7.6 | 北极绒 | 9.8 | 北极绒 | 9.3 |
| 4 | 南极人 | 7.0 | 雪中飞 | 9.2 | 雪中飞 | 7.0 |
| 5 | 雅鹿 | 6.3 | 雅鹿 | 6.8 | 雅鹿 | 6.7 |
| 6 | 鸭鸭 | 5.4 | 鸭鸭 | 5.1 | 鸭鸭 | 4.0 |
| 7 | 康博 | 2.4 | 寒思 | 2.1 | 寒思 | 1.7 |
| 8 | 寒思 | 1.5 | 康博 | 1.9 | 康博 | 1.1 |
| 9 | 龙达飞 | 1.4 | 龙达飞 | 1.6 | 龙达飞 | 1.0 |
| 10 | 苹果 | 0.2 | 苹果 | 0.2 | 艾格 | 0.2 |

**表 3—5—13　羽绒服品牌两类消费者加权十强**

| 排　序 | 常用品牌 | | 预购品牌 | | 理想品牌 | |
|---|---|---|---|---|---|---|
| | 名　称 | 提及% | 名　称 | 提及% | 名　称 | 提及% |
| 1 | 波司登 | 50.4 | 波司登 | 43.8 | 波司登 | 54.6 |
| 2 | 北极绒 | 9.0 | 南极人 | 10.2 | 南极人 | 8.9 |
| 3 | 雪中飞 | 7.5 | 雪中飞 | 9.7 | 北极绒 | 8.1 |
| 4 | 南极人 | 7.2 | 北极绒 | 8.9 | 鸭鸭 | 7.9 |
| 5 | 鸭鸭 | 7.2 | 鸭鸭 | 8.0 | 雪中飞 | 7.4 |
| 6 | 雅鹿 | 5.7 | 雅鹿 | 6.5 | 雅鹿 | 7.0 |
| 7 | 康博 | 2.1 | 寒思 | 2.2 | 寒思 | 1.8 |
| 8 | 寒思 | 2.0 | 康博 | 2.2 | 康博 | 1.2 |
| 9 | 龙达飞 | 0.9 | 龙达飞 | 1.4 | 龙达飞 | 0.9 |
| 10 | 苹果 | 0.2 | ONLY | 0.2 | adidas | 0.2 |

## 二、羽绒服品牌竞争格局解析

### （一）市场集中度高，中小品牌散布长尾

我国生产羽绒服及制品企业达 3 500 家左右，其中成规模的羽绒服专业生产企业有 600 多家。[①] 虽然品牌数量庞大，但是市场占有率还是被少数几个品牌牢牢把握，有关数据显示，2006 年 11 月羽绒服市场市场占有率前 6 名的品牌已经瓜分 64.5%的市场。[②] 本次调查的品牌消费者集中度指标中，羽绒服品类的 CR4 值高达 74.1%，属于高集中度。常用品牌十强中，第十名苹果品牌只达到 0.2%的提及率，十强品牌已基本分蚀市场，和各品牌市场表现不谋而合，同时与常用品牌宽度指标显示的 87 个提及品牌形成鲜明对比。可见，在市场中其他众多品牌的生存状态将是何等的艰难。

如图 3－5－10 所示，羽绒服品牌的竞争格局呈现出 3 个明显层级，分别为：波司登独占鳌头；五大品牌二线争夺；其他品牌散布长尾。

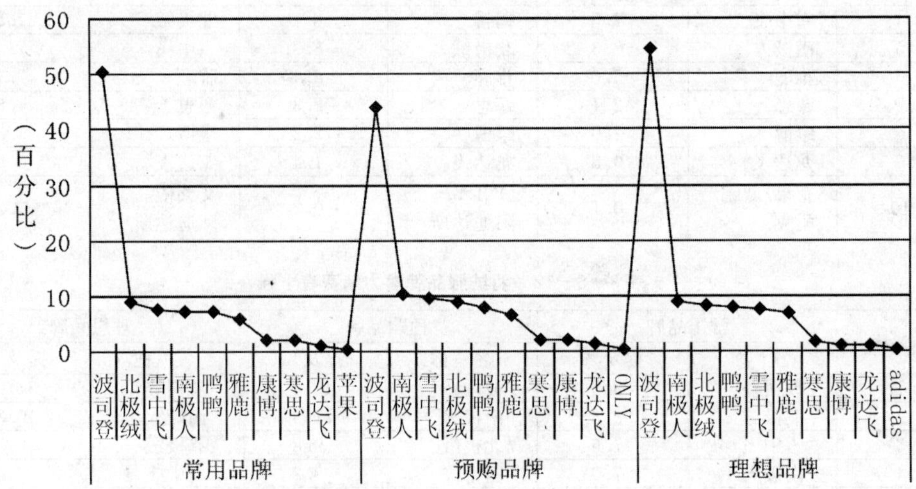


**图 3－5－10 羽绒服消费者常用、预购、理想品牌十强走势**

1. 波司登独占鳌头

在本次消费者调查中，波司登的各项指标都有出色的表现，足以奠定其品牌在消费者心目中不可取代的位置，彰显无人能及的品牌资产。

首先，波司登以平均 49.6% 的提及率分别斩获常用品牌、预购品牌及理想品牌冠军，并分别以绝对优势领先第二名品牌。品牌的品牌知名度和品质认知度极高，这与波司登多年来的品牌运作不无关系。

其次，在跨地域指标中，波司登获得了消费者的一致认可，在 36 个中心城市羽绒服品类中品牌提及率均达到第一，显示出波司登分销渠道和终端建设的覆盖范围之广，以及品牌的影响力之大。

最后，56.6%的品牌维系度，揭示了消费者对波司登的品牌忠诚度。这使得企业能够用少量

① 中国羽绒服产业大势速览［OL］.［2007-11-14］. http://www.efu.com.cn/data/2006/2006-12-09/176910.shtml.

② 1－11 月羽绒服销售：波司登雪中飞雅鹿三足鼎立［OL］.［2007-01-23］. http://www.fzengine.com/info/view/2007/1/231003957.html.

投资便留住既有消费者，降低了营销成本，巩固了市场。高忠诚度的消费者自身又能充当品牌的口碑传播者，为品牌进一步吸引新消费者打下坚实的基础。同时，高忠诚度的消费者对于品牌保持持续的满意，具有购买惯性，更易于尝试新产品，这也有助于波司登的新品开发、细分市场等市场战略的实施。

2. 五大品牌二线争夺

北极绒、雪中飞、南极人、鸭鸭及雅鹿成为二线层级的有力竞争者。这五大品牌都是国内优秀的羽绒服品牌，在市场中也有不错的表现。

其中，老品牌有鸭鸭和雅鹿。二者均成立于1972年，在羽绒服行业摸爬滚打30多年，拥有强大的生产规模和营销网络，积累了一定的忠实消费者。但是在近几年的市场占有率上均不敌波司登。

新进品牌有北极绒、雪中飞和南极人，大约都成立于20世纪末，正值羽绒服迅猛发展的时代。北极绒聘请笑星赵本山为代言人，以一句“地球人都知道”的广告语让其品牌家喻户晓。雪中飞是波司登旗下品牌，以波司登为后盾，拥有成熟的营销体系，主要定位于运动和休闲。南极人主营内衣，羽绒服并非品牌核心产品，却也受到消费者关注。

3. 其他中小品牌散布长尾

市场已经被以上品牌瓜分得所剩无几，却还聚集着众多的中小品牌，生存空间狭窄，竞争异常激烈。由于主流城市市场份额受限，这些品牌主要进占二、三级或者四、五级市场。低廉的价格是它们求生的法宝，很多品牌为了降低成本，在原材料质量和做工上缩水，如含绒量、充绒量不合标准，以次充好，为市场带来恶劣的影响。

### （二）品牌地域集中，北需 vs 南产

纵观市场上的羽绒服品牌，原产地在江苏、上海等城市的品牌居多，华东地区也成为主要的羽绒服生产聚集地。消费者常用品牌十强中，专业羽绒服品牌（苹果除外）原产地情况如表3—5—14。

**表3—5—14 羽绒服常用品牌原产地**

| 排序 | 常用品牌 | | |
|---|---|---|---|
| | 名称 | 提及% | 品牌原产地 |
| 1 | 波司登 | 50.4 | 江苏常熟 |
| 2 | 北极绒 | 9.0 | 上海 |
| 3 | 雪中飞 | 7.5 | 江苏常熟 |
| 4 | 南极人 | 7.2 | 上海 |
| 5 | 鸭鸭 | 7.2 | 江西共青城 |
| 6 | 雅鹿 | 5.7 | 江苏太仓 |
| 7 | 康博 | 2.1 | 江苏常熟 |
| 8 | 寒思 | 2.0 | 山东威海 |
| 9 | 龙达飞 | 0.9 | 江苏常熟 |

由表3—5—14中常用品牌原产地可见，除了寒思品牌所属公司山东华羽集团在威海属于北方城市之外，其他优秀羽绒服品牌原产地都在南方城市或地区。江苏省品牌占有5家，包括波司登、雪中飞、雅鹿、康博、龙达飞；上海有北极绒、南极人两家；江西有一家鸭鸭。这种品牌地域上的集中格局有赖于原材料的地域性分布及服装制造业的产业集群传统。

如此，在“千里冰封，万里雪飘”的北国，本地羽绒服品牌明显处于劣势。由于北方城市冬

季寒冷、低温降雪，对羽绒服的需求量更大，于是形成了“南羽北输”的特色。

**（三）品牌细分，分战不同市场**

在羽绒服品牌中，多个品牌同属一家企业的现象很常见，通过多个子品牌以不同定位进占各细分市场。在本次调查中，也不乏母子品牌同时被消费者提名的情况。如波司登及旗下品牌雪中飞、康博共同进入十强品牌。雪中飞以 2.2%的潜力指标，赢得了潜力品牌第二名，而波司登却榜上无名。可见，建设科学的品牌体系，并根据价格、消费者需求、服装类型等不同维度进行定位，有利于细分市场，获得消费者认可。

然而，包括市场领先的优秀品牌，目前众多羽绒服品牌在子品牌定位上还是存在很多问题。比如：

（1）定位重复。如波司登旗下的雪中飞和康博同样定位于“优质、运动型”；项羽和上羽定位同一概念“休闲”。

（2）定位模糊。雅鹿及旗下羽绒服品牌多达 14 个，同质化严重。很多品牌定位都很模糊、牵强附会，如蓝冰“动感都市”和自由自在的“都市时尚”异曲同工。品牌名称本身也存在模糊混淆的现象，如金绒飞、银绒飞、冰绒飞。

（3）定位缺失。雅鹿旗下子品牌银绒飞、冰绒飞、羽浩、施奇没有形成明确定位，自身风格不明显。

这些品牌细分和定位上的弊病，不仅浪费了企业建设品牌的资金成本、人力成本和时间成本，在市场上也有“搬起石头砸自己脚”的嫌疑，不利于品牌的长久发展。见表 3—5—15。

**表 3—5—15 波司登、雅鹿、寒思子品牌定位情况**

| 母品牌 | 子品牌 | 定位 |
| --- | --- | --- |
| 波司登 | 雪中飞 | 优质、运动型男女 |
| | 康博 | 优质、运动型男女 |
| | 冰洁 | 青春新潮男女（女装为主） |
| | 项羽 | 休闲男女 |
| | 上羽 | 休闲男女 |
| 雅 鹿 | 蓝冰 | 动感都市 |
| | 自由自在 | 都市时尚 |
| | 米立其 | 童装羽绒 |
| | 金绒飞 | 民族风格 |
| | 银绒飞 | （不详） |
| | 纯彩地带 | 年轻活力、求新求异 |
| | 双韵 | 古典浪漫 |
| | 乡村树 | 自然乡土 |
| | 冰枫 | 热情奔放 |
| | 冰绒飞 | （不详） |
| | 金太利 | 工作休闲 |
| | 羽浩 | （不详） |
| | 施奇 | （不详） |
| 山东华羽集团（寒思） | 寒思 | 青春、活力、时尚 |
| | 普汉斯 | 都市休闲 |
| | 华迪尔 | 运动时尚 |

**（四）其他服装品类品牌入侵，步步逼近**

专业羽绒服品牌面临着其他服装品类品牌的入侵，竞争日益激烈。比如皮尔·卡丹、梦特娇、鳄鱼、华伦天奴等国际高档名牌都推出了羽绒服，凭借其积累的品牌忠诚和美誉度，虽然在价格上远远高出普通羽绒服，但仍有一定市场。在运动休闲服装品牌方面，only、艾格、vero moda、佐丹奴、levi’s、jack jones、nike、adidas 等，在冬季来临之际都试图在羽绒服市场分得一杯羹。

在这次调查中，并没有涉及非羽绒服专业品牌，消费者却自发提及了很多其他服装品类的品牌。它们虽然在市场表现上不能撼动专业品牌，但表现出强大的市场潜力。从这些非专业羽绒服品牌的类型也能窥探出消费者的需求趋势，显示出羽绒服市场的发展空间：

(1) 时装型。消费者对 only 、艾格品牌的提及，正是时装型羽绒服需求增长的最好印证。时下，消费者正奋力摆脱冬天臃肿的形象，他们同样需要在冬天打扮得亮丽、轻松、时尚。设计精美、新潮流行的时装型羽绒服发展空间巨大。

(2) 运动型。adidas、nike 受到消费者的认可，揭示了热爱运动人士对运动型服装的一贯需求。即使是在严寒冬季，也要求羽绒服迎合经常运动人士的需求，设计得更加轻便、活力，富有运动感。

(3) 专业户外型。The north face 代表着专业的户外装备，在防寒服方面以其科技领先的面料设计获得消费者青睐。其科技含量极高的研发与剪裁，让防寒服不再厚重不堪，也让品牌获得了高端市场的价格优势。这些都激发了羽绒服企业引入现代高科技，进行面料研发和产品制造。

此外，在低端市场，羽绒服翻新、定制市场也如雨后春笋般发展壮大，主要依靠低廉的价格和“量体裁衣”的特色服务分流市场。但是这些企业在款式设计上模仿大品牌，对被模仿品牌带来了损害。

**(五) 营销手段单一，明星代言成风**

羽绒服品牌众多，但营销手段却较为单一，尤以明星代言居多。明星代言虽然能够将明星的影响力转嫁到品牌身上，但是成本较高，受代言明星的个人影响具有一定风险，且当太多的品牌都使用这同一招数的话，品牌形象未免会有混淆。

能够通过代言人打开市场、提升品牌的寥寥无几。一些中小品牌重金聘请代言人，在市场业绩上仍然没有突破，比如雪马、凯诗依、爱博尔等。明星代言只是一种效果有限的营销手段，明星代言风的盛行，揭示了很多品牌的盲从心理，并没有综合地审视品牌的优劣势，寻找最优的营销方案。

相反，北极绒品牌打破找俊男靓女明星代言的惯例，启用笑星赵本山，可谓独树一帜，打开了品牌知名度和认知度。特别是得到了冬季寒冷的东北地区的广大消费者的巨大关注。见表 3—5—16。

**表 3—5—16 羽绒服部分品牌代言人**

| 品 牌 | 代言人 | 品 牌 | 代言人 |
|---|---|---|---|
| 康博 | 吴奇隆 | 庄驰 | 蒋勤勤、陈建斌 |
| 冰洁 | 张娜拉 | 七彩马 | 林依伦 |
| 上羽 | 李小璐 | 蒙娜世家 | 范冰冰 |
| 北极绒 | 赵本山 | 红豆 | 孙俪 |
| 雅鹿 | 赵薇、陈坤 | 太阳谷 | 范玮琪 |
| 蓝冰 | 关之琳 | 苹果王 | 毛宁 |
| 龙达飞 | 黎明 | 北天鹅 | 倪萍 |
| 雪伦 | 莫文蔚 | 雪之韵 | 周迅 |
| 鸭宝宝 | 蔡依林 | 雪马 | 陈德容 |
| 艾莱依 | 夏雨、袁泉 | 凯诗依 | 蒋雯丽 |
| 杰奥 | 张铁林 | 爱博尔 | 林心如 |

## 三、羽绒服品牌发展策略和市场热点趋势

**（一）“反季促销”重视消费者沟通**

羽绒服是典型的季节性商品，针对这种特殊的属性，反季促销成为品牌惯用的方法。这主要是为了减轻库存压力、增加现金流动，保持企业发展动力。但是目前市场上的反季折扣很大，价格跳水严重，定价200～300元的羽绒服在反季促销中可能只卖到50～60元。这严重影响了品牌使用者的心理感受，使其产生不愉快，进而对品牌的好感度下降，品牌忠诚度也随之减弱，对品牌发展不利。

针对这种弊端，羽绒服品牌在反季促销时越来越注重和消费者沟通，强化“感恩回报”等概念，力图将对消费者的价格心理伤害降至最低。同时增加互动体验，在促销之外大力宣传品牌，让良好的品牌形象深入人心，减轻消费者因品牌低价倾货而对产品品质产生的不信任感。

**（二）“天有不测风云”引发行业拐点**

天气温度变化直接影响羽绒服市场的需求量，从而影响品牌的盈亏。2005年冬天温度大幅下降，刺激了羽绒服的销售，市场一片繁荣。很多中小企业看到了巨大的利润空间，2006年开始纷纷进入羽绒服市场，期待着大赚一笔。然而“天有不测风云”，2006年我国气温持续升高，是自1951年以来最暖的一年。“暖冬”持续到2007年，两年的“高温”洗礼，让众多抗风险能力较差的中小品牌吃尽了苦头，甚至一蹶不振。行业拐点从此引发。

“暖冬”危机，引发了羽绒服市场的“滑铁卢”，许多品牌从此开始审视市场的变革和消费者的需求趋势。消费者关注的羽绒服已经从“保暖”这一功能诉求向“轻、薄、短、美观、时尚”的设计转变，时装型羽绒服市场潜力巨大。另外，诸如羽绒内衣、羊毛内衣等保暖服装的发展，也让羽绒服的保暖功能变得不再那么至关重要。时装型羽绒服能够保持保暖优势，并融入时装性的设计，从而大大提升了产品的吸引力，丰富了品牌的内涵。正如羽绒服取代棉衣、棉袄一样，时装型羽绒服取代传统羽绒服也是大势所趋。

**（三）专业科技引领行业向精深化发展**

往往是拥有自身技术优势的品牌才能经得起风吹雨打，长久地立足于市场。因此，防寒功能及面料技术的开发革新，是羽绒服科技研发的焦点。2004年9月，波司登推出抗菌绒、防钻绒内衬、纳米“三拒”面料，对传统羽绒服带来冲击。2006年，波司登与中国科学院化学研究所合作，推出“四效合一”健康羽绒服。2007年，雅鹿推出数码伴侣羽绒服，运用特种纤维织物面料制作，具有高效抗菌、防静电等功能，并有可装入数码产品的十多个口袋的人性化设计。各品牌在科技概念上的拼杀，把行业的发展引向了更加精深化的专业领域。

## 专案解析

### 波司登——“三十而立”正当时

波司登的历史可以追述到1975年，前身是江苏常熟山泾村缝纫组，如今已经发展成为中国生产羽绒服的龙头企业。在国内，波司登市场占有率无人能及，并极力开拓海外市场，正在向打造中国的世界名牌服饰努力。一步步的坎坷曲折，创新尝试和品牌运营的不断摸索进步，让波司登步入成熟，硕果累累。

波司登高标准的品牌战略，贯彻于品牌运营的各个方面，一直是其不断进取壮大的利器。

**品质保证是根基**

良好的羽绒服品质很大程度上取决于羽绒原材料的品质、设计剪裁、细节处理、渠道选择

等。高品质是波司登立足于市场的根基，恪守至善至美的品质，通过不断的科技创新，保持与时代比肩的品质要求。自1995年首次登上国内市场销量第一的宝座至今，波司登已经连续13年在全国销量遥遥领先。

**“以市场换市场”，搭建海外销售渠道**

波司登要走出国门，面对的问题之一就是国外销售渠道的开拓，由于非本土作战，对国外市场的把握成为难题。波司登积极与美国杜邦、日本伊藤忠、法国雅克·贝纳等世界品牌强强联合，借助合作伙伴在海外的品牌影响力和营销网络推广产品。采用这种借力用力、以市场换市场的方式，加速了波司登的海外拓展征程。

**体育赞助提升品牌形象**

波司登对体育赛事的关注由来已久，通过对国家级和世界级大型体育赛事的赞助，扩大了波司登的品牌影响力，提升了品牌形象。

1998年春，中国登山队和斯洛伐克山岳联盟共同组队攀登珠峰，受国家体委委托，波司登集团为中国登山队制作登山服。1998年7月，波司登羽绒服随中国北极科考队远征北极，见证极地科考历程；1999年11月，波司登羽绒服伴随“雪龙号”科考船深入南极，再战极地高寒，成为国内唯一登上“世界三极”的防寒服品牌。2004年，波司登成为短道速滑世界杯首个全球羽绒服赞助品牌。2006年2月23日，波司登赞助的中国运动员韩晓鹏，在第20届都灵冬季奥运会自由式滑雪男子空中技巧比赛中，以惊人一跃荣获世界冠军，实现了中国雪上冬奥会金牌零的突破。

高标准严要求的品牌管理，让波司登“创世界名牌，扬民族志气”这一目标逐渐付诸实践。波司登经历了国内市场的争霸、自主品牌的提升，到如今进发国际市场，30年的品牌历程，让波司登成功“立世”。在本次调查中，消费者对波司登给予了厚爱，波司登已经问鼎消费者理想品牌。品牌的本土强势越发明显，国际征程在脚下不断延伸，波司登挑起了民族服装品牌的大旗。

（执笔：周忠亮）

## 第五节　毛纺织品

### 一、毛纺织品品牌十强数据

毛纺织品品牌十强数据见表3—5—17、表3—5—18、表3—5—19。

**表3—5—17　毛纺织品品牌家庭消费者十强**

| 排序 | 常用品牌 | | 预购品牌 | | 理想品牌 | |
|---|---|---|---|---|---|---|
| | 名称 | 提及% | 名称 | 提及% | 名称 | 提及% |
| 1 | 鄂尔多斯 | 35.3 | 恒源祥 | 33.9 | 鄂尔多斯 | 43.6 |
| 2 | 恒源祥 | 35.0 | 鄂尔多斯 | 32.3 | 恒源祥 | 34.4 |
| 3 | 海尔曼斯 | 3.9 | 海尔曼斯 | 6.1 | 雪莲 | 4.9 |
| 4 | 鹿王 | 3.7 | 鹿王 | 4.7 | 海尔曼斯 | 3.8 |
| 5 | 灰鼠 | 3.6 | 圣雪绒 | 3.9 | 圣雪绒 | 3.5 |
| 6 | 雪莲 | 3.6 | 雪莲 | 3.8 | 鹿王 | 3.4 |
| 7 | 圣雪绒 | 2.7 | 灰鼠 | 3.8 | 灰鼠 | 2.3 |
| 8 | 兔皇 | 1.0 | 兔皇 | 1.9 | 兔皇 | 1.9 |
| 9 | 维信 | 0.6 | 维信 | 1.0 | 维信 | 1.2 |
| 10 | 春竹 | 0.1 | 春竹/梦特娇 | 0.1 | 春竹/梦特娇 | 0.1 |

表 3－5－18　毛纺织品品牌潜力消费者十强

| 排　序 | 常用品牌 | | 预购品牌 | | 理想品牌 | |
|---|---|---|---|---|---|---|
| | 名　称 | 提及% | 名　称 | 提及% | 名　称 | 提及% |
| 1 | 恒源祥 | 32.4 | 恒源祥 | 31.1 | 鄂尔多斯 | 39.8 |
| 2 | 鄂尔多斯 | 26.9 | 鄂尔多斯 | 29.5 | 恒源祥 | 34.5 |
| 3 | 灰鼠 | 6.9 | 灰鼠 | 5.6 | 雪莲 | 5.5 |
| 4 | 海尔曼斯 | 4.3 | 海尔曼斯 | 5.4 | 圣雪绒 | 4.6 |
| 5 | 鹿王 | 4.2 | 鹿王 | 4.9 | 灰鼠 | 4.0 |
| 6 | 圣雪绒 | 3.1 | 圣雪绒 | 4.9 | 海尔曼斯 | 3.8 |
| 7 | 雪莲 | 2.9 | 雪莲 | 3.7 | 鹿王 | 3.7 |
| 8 | 兔皇 | 1.1 | 兔皇 | 2.1 | 兔皇 | 2.2 |
| 9 | 维信 | 1.1 | 维信 | 1.3 | 维信 | 1.4 |
| 10 | 天山/梦特娇 | 0.1 | 梦特娇 | 0.1 | 天山 | 0.1 |

表 3－5－19　毛纺织品品牌两类消费者加权十强

| 排　序 | 常用品牌 | | 预购品牌 | | 理想品牌 | |
|---|---|---|---|---|---|---|
| | 名　称 | 提及% | 名　称 | 提及% | 名　称 | 提及% |
| 1 | 恒源祥 | 34.5 | 恒源祥 | 33.4 | 鄂尔多斯 | 42.8 |
| 2 | 鄂尔多斯 | 33.6 | 鄂尔多斯 | 31.8 | 恒源祥 | 34.4 |
| 3 | 灰鼠 | 4.3 | 海尔曼斯 | 5.9 | 雪莲 | 5.0 |
| 4 | 海尔曼斯 | 4.0 | 鹿王 | 4.7 | 海尔曼斯 | 3.8 |
| 5 | 鹿王 | 3.8 | 灰鼠 | 4.1 | 圣雪绒 | 3.7 |
| 6 | 雪莲 | 3.5 | 圣雪绒 | 4.1 | 鹿王 | 3.5 |
| 7 | 圣雪绒 | 2.8 | 雪莲 | 3.8 | 灰鼠 | 2.6 |
| 8 | 兔皇 | 1.0 | 兔皇 | 1.9 | 兔皇 | 2.0 |
| 9 | 维信 | 0.7 | 维信 | 1.0 | 维信 | 1.2 |
| 10 | 春竹 | 0.1 | 梦特娇 | 0.1 | 天山 | 0.1 |

## 二、毛纺织品品牌的竞争格局解析

### （一）毛纺织品品牌竞争概况

1. 整个行业处于品牌发展的初级阶段

从我们此次的调查中发现，在毛纺织品市场中，被消费者提起的品牌共有 69 个，其中常用品牌 57 个，预购品牌 44 个，理想品牌只有 40 个。这里面既有恒源祥、鄂尔多斯和春竹这样的老牌毛纺织品牌，又有灰鼠等新生力量，同时还存在着大量小规模的杂牌产品。

虽然进入消费者心智的品牌较多，但是具有一定的影响规模、提及率大于 1%的品牌只有恒源祥、鄂尔多斯、灰鼠、海尔曼斯、鹿王、雪莲、圣雪绒和兔皇 8 个，在所有被提及的品牌中所占的比例略大于 1/9；提及率大于 0.1%的品牌也只有 13 个，还不及所有品牌的 1/5。绝大多数的毛纺织品品牌都无法在消费者心中占据一席之地，这与这个行业长期以来都是以生产和产品为导向，不够重视品牌建设有关。目前只有以鄂尔多斯为代表的少数几个企业将经营品牌视为企业发展的重点，整个行业的品牌意识还处于萌芽状态，将品牌建设提上议程已经成为各毛纺织企业发展的迫切需要。

2. 品牌市场集中度较高

在毛纺织品行业中，由于产业化发展的起步较晚，企业的品牌经营还不够成熟，市场集中程度相对较高，市场份额主要集中在恒源祥和鄂尔多斯等几个起步较早的品牌中，从此次调查涉及的品牌消费者集中度指标上也能看出一些端倪。消费者对毛纺织品品牌的认知相对有限，选恒源祥、鄂尔多斯、灰鼠和海尔曼斯这四强品牌作为自己的常用品牌的消费者占总体的76.4%，其中单是集中在恒源祥和鄂尔多斯两个品牌上的消费者就达到了68.1%，毛纺织品市场存在着少数品牌不完全垄断市场的趋势。见图3－5－11。

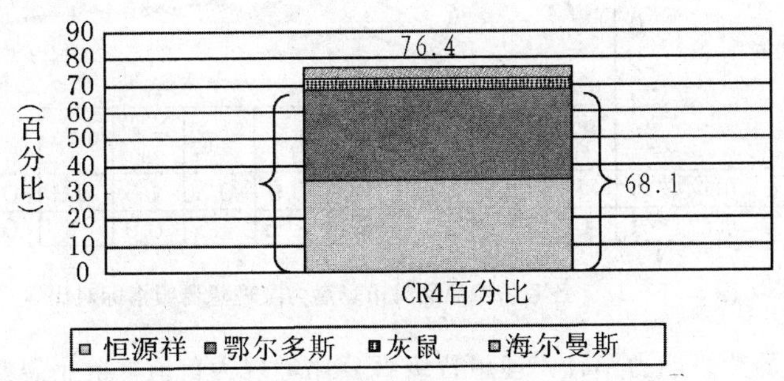


**图3－5－11　毛纺织品品牌的消费者集中度百分比**

### （二）毛纺织品品牌竞争格局

1. 本土品牌一枝独秀

从中外品牌力量的对比关系来看，目前本土品牌的优势比较明显，呈现出一枝独秀的局面。在消费者所填答的常用、预购和理想品牌中表现良好的几乎都是本土品牌，外国品牌中只有梦特娇在预购品牌中排名第十，本土品牌则包揽了常用品牌、理想品牌的十强及预购品牌的前九位。

造成这种局面的原因，一方面是由于外国品牌对中国毛纺织品市场的开发还不够，只有为数不多的一些外国毛纺织品品牌进入了中国市场；另一方面则归功于我国毛纺织业具有悠久的发展历史，目前的产销能力完全能够自给自足。但是本土品牌绝不能因为暂时的优势而沾沾自喜、故步自封，在全球纺织业的后配额时代，摆在毛纺织品企业面前的将是更广阔的全球市场和来自其他国家品牌的强大压力，因此需要尽快地制定品牌战略、强化品牌资产，以应对更多的挑战。

2. 品牌二八法则对比明显

在品牌强弱势力的对比关系上，毛纺织品市场中的"二八法则"表现得比较明显。消费者提及率前两名的品牌，即恒源祥和鄂尔多斯的提及率几乎相当，各为34.5%和33.6%，第三名及以后的品牌其提及率都低于5%，恒源祥和鄂尔多斯领先其后的品牌近30个百分点。整个毛纺织品行业的优势主要集中在恒源祥和鄂尔多斯这两个品牌上，剩下的60多个品牌则共同瓜分仅有的30%的市场，在一片红海中展开激烈的竞争。这样的市场分布在图中表现为明显的阶梯状，两个集团间呈现出陡坡状差距，第二集团的品牌要想进入第一集团或将其超越困难重重。

3. 老品牌呈现颓势，新进品牌表现欠佳

考察品牌的市场潜力指标可以发现，恒源祥和鄂尔多斯的市场潜力都呈现出负增长的趋势，其市场潜力百分比分别为－1.1%和－1.8%，短期可能会出现市场份额小幅下降和收益减少等问题。但是同时新进品牌的潜力也不被看好，市场潜力百分比最高的两个品牌为海尔曼斯和圣雪绒，二者的市场潜力百分比均不足2%，其他品牌的市场潜力则都小于1%。由此可以看出，虽然恒源祥和鄂尔多斯两个老品牌可能会出现短期低迷，但是由于新进品牌的市场潜力较弱，整个毛纺织品市场的格局在短期内将不会发生太大的变化。见图3－5－12。

从理想晋级指标来看，鄂尔多斯的晋级百分比达到了9.2%，该品牌在未来的表现值得关注；而恒源祥的长期市场发展与目前基本保持持平；海尔曼斯和鹿王虽然在短期的市场上尚有潜

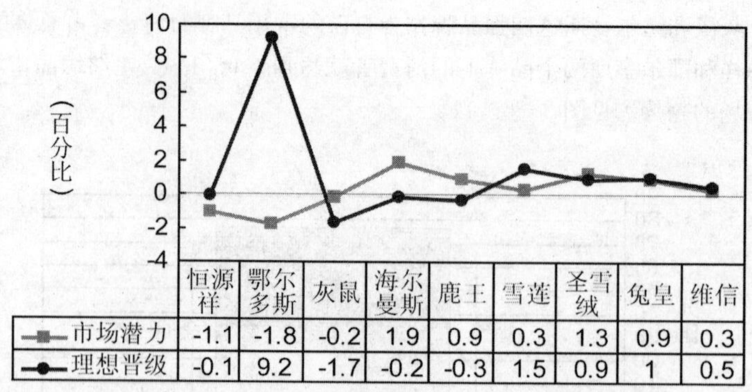


|  | 恒源祥 | 鄂尔多斯 | 灰鼠 | 海尔曼斯 | 鹿王 | 雪莲 | 圣雪绒 | 兔皇 | 维信 |
|---|---|---|---|---|---|---|---|---|---|
| 市场潜力 | -1.1 | -1.8 | -0.2 | 1.9 | 0.9 | 0.3 | 1.3 | 0.9 | 0.3 |
| 理想晋级 | -0.1 | 9.2 | -1.7 | -0.2 | -0.3 | 1.5 | 0.9 | 1 | 0.5 |

图 3－5－12　**各毛纺织品品牌市场潜力及理想晋级指标对比**

力可挖掘，但品牌的晋级能力不佳，理想晋级百分比呈现为负值，企业需要加大品牌的培育力度。

4. 南北两大品牌垄断市场

在品牌的跨地域影响力方面，恒源祥、鄂尔多斯在常用第一品牌、预购第一品牌和理想第一品牌 3 项中的城市跨度都囊括了此次调查所涉及的 36 个城市，即 36 个城市的消费者都以恒源祥或鄂尔多斯作为目前消费或即将消费的毛纺织产品第一品牌，非此即彼，这也从另一个角度证明了这两个老品牌在市场上的垄断地位。

分开来看，鄂尔多斯在常用第一品牌中的城市跨度是 20，恒源祥为 16，预购第一品牌中二者的品牌跨度分别为 15 和 21，在这两项指标上两个品牌的实力基本相当；但是在理想第一品牌的比较中鄂尔多斯则占了上风，品牌跨度达到了 24，是恒源祥的两倍。在影响的城市方面，鄂尔多斯在北方城市中的影响力较大，而恒源祥则在南方城市消费者中的感召力更强。这与品牌原产地的归属有很大的关系：鄂尔多斯这个品牌起源于内蒙古，其品牌中所渗透出的大气、豪迈的文化与北方文化一脉相承，因此更容易在北方城市的消费者中形成沟通、引起共鸣；而恒源祥是上海的老字号品牌，因此品牌在南方城市中的影响和被追随度更高。见图 3－5－13。

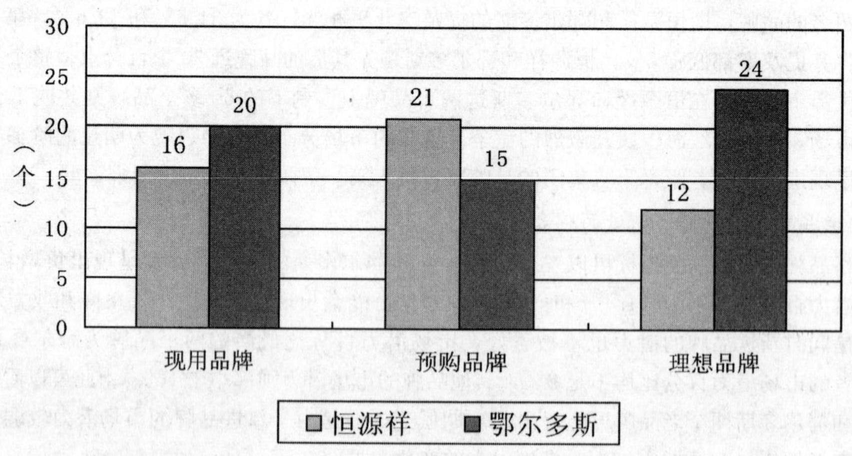


图 3－5－13　**恒源祥与鄂尔多斯品牌跨地域影响力对比**

5. 消费者维系度体现品牌的竞争力

对于久经市场考验的品牌，消费者表现出比较强的品牌忠诚，恒源祥和鄂尔多斯的消费者维系度百分比分别为57.8%和54%，这两个品牌在维系消费者方面占有一定的优势，能够在相当长的一段时期内保持市场的稳定性和品牌的竞争力；新生品牌灰鼠的消费者维系度百分比只有32.3%，其他品牌的消费者维系度都低于30%，这些品牌维系消费者的能力有限，很容易因为其他品牌的积极举措而造成消费者的流失，因此，这些品牌还需要再加强与消费者的沟通和改善品牌传播策略，用品质和感情留住消费者。

6. 品牌传播需找准方法

2008年初恒源祥投放的一条电视广告在社会上引发了巨大的争议。在长达1分钟的广告中，由北京奥运会会徽和恒源祥商标所组成的画面在电视中静止不动，画外音从“恒源祥，北京奥运赞助商，鼠鼠鼠”一直念到“恒源祥，北京奥运赞助商，猪猪猪”，将简单的话语重复了12次，十二生肖一个不落地被念了一遍。

恒源祥错误地把较高的品牌曝光率和信息重复率与品牌建设的最终效果等同了起来，希望通过不断地强调品牌和其奥运赞助商的身份使品牌形象有质的飞跃。然而除了知名度外，消费者对品牌的喜爱程度、信任度和忠诚度以及其对品牌内涵的感知和认同对品牌的塑造起着更为关键的作用。

在毛纺织品行业，目前最为常用的宣传方法是由明星为企业代言，利用终端的售点资源进行推广。但如前文所述，毛纺织品行业的品牌发展还非常不成熟，品牌意识尚处于萌芽状态，简单的售点广告并不能满足其品牌推广所需要达到的广度和量的累积，需要对其他的资源进行开发利用。该行业中利用广告特别是电视广告进行宣传的企业还为数不多，与其他行业相比其广告投放量还没有形成规模，在操作方式上也还显得比较稚嫩。毛纺织品行业在进行品牌化发展的初期就应该找准方法，通过长期的宣传渗透帮助品牌树立形象，过于草率的手段则会对品牌造成伤害。

## 三、毛纺织品市场发展策略和市场热点趋势

### (一) 呼唤天然和环保，毛纺织品将重夺市场

羊毛制品曾经是华贵而安全的象征，在20世纪80年代初到90年代初的时间里都曾令消费者向往和追求，但此后各种价格低廉、花色繁多的人造原料在很长一段时间内占据了服装市场的主流地位。

近年来，随着社会环保意识的回归，消费者厌倦了人造材料，羊毛制品将再次成为时尚界的主角。瑞士制造商Schoeller开发出一种可以贴近皮肤穿的超级耐洗羊毛拉伸面料；高端的休闲装和运动装中开始大量应用羊毛和羊绒面料；男式正装主要使用含毛量在95%以上的羊毛面料。在世界范围内，毛纺织品利用高科技成功“变身”，一改消费者对其“厚重、有刺痒感且难于洗涤”的印象，正在重新夺回失去的市场。这股趋势将最终波及中国市场，中国的毛纺织企业应该充分意识到新的市场需求，采取积极的应对措施以抓住市场机会，而不是将市场拱手让给外国品牌。在高科技的带动下，我国毛纺织产业已经开始了从劳动密集型产业向集约型产业的转化。

### (二) 高科技主导市场

如今是新材料丛生的时代，也是高科技主导市场的时代，在全世界范围内，高科技生产厂家的数量每年以8%～15%的速度增长，各种新材料不断涌现。中国的毛纺企业也在积极地以科技推进发展，在各种毛纺的相关技术及应用方面不断投入科研力量，用先进的技术支持生产，在许多方面几乎已经达到了世界发达国家的先进水平。比如，在羊绒原料的处理方面，我国拥有自己的专利技术——羊绒梳理技术，这一技术经过了雪莲和鄂尔多斯公司的两重创新，已经成为世界

先进水平的代表。在羊毛的防缩、防皱和防蛀等关键技术上，我国的企业不仅仅满足于使用发达国家的技术，而是在此基础上进行创新，成功研制了拥有自主知识产权的新技术，降低了生产成本。目前，欧洲最有影响力的休闲服装品牌都将目光锁定在中国生产的精毛纺产品上。

**（三）强化设计，为品牌注入新生命**

在今后的几年，我国毛纺织企业还必须解决样式老化所带来的问题。在全球经济一体化的环境下，人们的消费观念和审美意识都较以前有了很大的改变，在注重服装面料的同时，款式、色彩和时尚感也是消费者在选择时所参考的重要依据。环顾毛纺织品市场可以发现，目前市场上的大多数产品特别是羊毛衫严重地存在着样式老化的问题，款式一成不变，数年如一日，颜色也多为深色系。注重设计、强化设计师的作用已经成为行业发展的迫切需要，只有为产品注入时尚的因素，使其符合消费者与日俱增的审美，才能保持品牌的生命力。

**（四）着眼环境问题，关注可持续发展**

如前文所提到的，环境问题成为影响全球纺织品行业发展的重要因素。目前我国已经有部分企业在应对企业与环境的协调和可持续发展上做出了表率，鄂尔多斯羊绒产品通过了国际生态产品检测，雄亚、雪柔、鹿王和金瓜等毛绒系列产品获得了国家环保局颁发的“生态纺织品中国环境标志产品认证”证书；此外还有一些企业率先加入了“CSC 9000T 中国纺织企业社会责任管理体系认证”，或是大力推进毛纺织品行业标准的确立，这些企业都在以积极的姿态应对市场的挑战，为企业的进一步发展蓄足了力量。

## 专案解析

### 鄂尔多斯：用经营文化的思路经营品牌[①]

“鄂尔多斯，温暖全世界”，这句简单的广告语已经传遍了全球 40 多个国家和地区，作为品牌核心价值的体现，它引导和见证着鄂尔多斯这个品牌一次又一次的改变和坚持。

20 世纪 90 年代初，鄂尔多斯作为一家经营毛纺织品出口业务的公司就已经在美国、英国、日本、新加坡、法国、瑞士等 40 多个国家和香港地区注册了鄂尔多斯商标，并在世界主要的市场建立了自己的销售公司和零售公司，走国际化的发展路线，“鄂尔多斯，温暖全世界”这一品牌理念也是在这一段时期逐步确立起来的。在这之后的两次大动作为鄂尔多斯品牌的发展赢得了机会。

**公司运营和机构设置都围绕品牌展开**

鄂尔多斯首先将原本纯粹的出口业务转变为出口和国内销售并举的业务模式，并且在新的模式下继续强化品牌的核心竞争力和核心价值——“力求为人们提供温暖的服务，给消费者、股东、员工和整个社会都带来温暖”。为了贯彻实施这一品牌战略，公司内部专门设立了知识产权部、广告公司、24 小时危机管理系统和法律部门等相关机构，以负责品牌的开发、塑造、维护和应对突发的品牌危机。这样的优势在于公司内部由上至下的各个环节对品牌容易形成较为统一和完整的认识，关于品牌建设的思路比较一致，能够更有效地并以最小的偏差落实品牌的执行措施。由此，品牌向外界公众所传达的信息和形象是完整和一致的，在消费者对品牌的认识方面容易取得较好的效果。

**适度进行品牌延伸**

鄂尔多斯品牌在主营业务地位稳固、市场培育过程基本完成和品牌已足够强大、充分占据了

---

① 企业管理：鄂尔多斯的品牌战略［OL］．［2007-06-22］．http：//www.ccw.com.cn/work2/corp/luntan/htm2007/20070622_276246.htm.

消费者心智的前提下，适时和适度地进行了品牌延伸。在这方面，其战略主要是充分利用社会资源，利用自身的品牌优势与同样经验丰富的合作者合资，但同时又坚持“有所为，有所不为”的原则：始终把握合资公司的控股权，在品牌形象和产品质量方面严格把关，做到在保证延伸品牌与主品牌的核心内涵一致的前提下各有所长，在此基础上延伸出了“S’ FAVORI”和“ERUOS男装”两个市场发展重点。目前，鄂尔多斯已经发展成为涵盖男装、女装、羊毛衫、内衣、皮衣和羽绒服 6 个版块的母品牌，但由于品牌延伸策略运用得当，品牌之间协调发展，其主业毛纺织品依然占据着整个集团发展的重头地位，保持着 90%的发展比重。

在对诸多延伸品牌的维护方面，鄂尔多斯所采取的措施有二：一是与加盟商结成战略发展伙伴的关系，通过提升其经营理念、归属感和素质，间接地借助加盟商的努力维护品牌；二是采取了一系列深入调查研究以了解市场动态，发现消费者的需求，不断开发出符合市场需要的新产品，通过持续地强化品牌核心价值与保持品牌的新鲜感与消费者建立联系，保持其对品牌的喜爱度和忠诚度。

在品牌发展的过程中坚守原则，用一个核心思路统筹所有的品牌，并适度放权，为子品牌提供一定的自由度，有所为有所不为，这个尺度是最难拿捏的，但它同时也是品牌发展或延伸时的重中之重。

### 资料链接

2006 年我国毛纺行业的生产和销售保持增长的势头，产销结构配置合理，经济效益进一步提高。2006 年，全国中等规模以上的毛纺行业实现工业总产值 903.36 亿元，同比增长 14.95%；实现销售收入 880.11 亿元，同比增长 14.52%；完成利润总额 40.51 亿元，同比增长 26.81%，毛纺织工业的发展维持在一个较好的状态。在 2006 年发展的基础上，2007 年上半年毛纺织行业总体运营稳定，毛纺织行业和毛针织行业经济效益平衡增长，而毛制品行业效益则呈现出小幅下滑。①

作为我国对外贸易的一个重要组成部分，毛纺织产品外贸形势良好。中国海关的统计数据显示，我国 2007 年 1—6 月毛制纺织品及服装出口总额为 27.6 亿美元，占纺织品及服装出口总额的 3.66%。②

（执笔：曹祎楠）

## 第六节　内衣

### 一、内衣品牌十强数据

内衣品牌十强数据见表 3—5—20、表 3—5—21、表 3—5—22。

① 2008 年中国毛纺织业分析及投资咨询报告［OL］．http：//www.dragonraja.com.cn/200712/120071212327.html.

② 07 年上半年我国毛纺织品进出口简况［OL］．［2007-08-16］．http：//www.yidanr.cn/news.php? id=47.

表 3－5－20　内衣品牌家庭消费者十强

| 排序 | 常用品牌 | | 预购品牌 | | 理想品牌 | |
|---|---|---|---|---|---|---|
| | 名称 | 提及% | 名称 | 提及% | 名称 | 提及% |
| 1 | 三枪 | 20.1 | 三枪 | 18.4 | 三枪 | 17.8 |
| 2 | 红豆 | 13.3 | 红豆 | 9.7 | 宜而爽 | 10.1 |
| 3 | 宜而爽 | 9.2 | 恒源祥 | 9.5 | 黛安芬 | 10.0 |
| 4 | 黛安芬 | 8.0 | 宜而爽 | 9.4 | 红豆 | 9.9 |
| 5 | 恒源祥 | 7.4 | 黛安芬 | 8.0 | 恒源祥 | 9.7 |
| 6 | 爱慕 | 4.2 | CK | 3.9 | CK | 7.2 |
| 7 | CK | 3.4 | 婷美 | 3.7 | 梦特娇 | 5.5 |
| 8 | 浪莎 | 3.0 | 爱慕 | 3.5 | 爱慕 | 3.9 |
| 9 | 古今 | 2.7 | 浪莎 | 3.3 | 婷美 | 3.8 |
| 10 | 安莉芳 | 2.6 | 纤丝鸟 | 3.1 | 纤丝鸟 | 3.1 |

表 3－5－21　内衣品牌潜力消费者十强

| 排序 | 常用品牌 | | 预购品牌 | | 理想品牌 | |
|---|---|---|---|---|---|---|
| | 名称 | 提及% | 名称 | 提及% | 名称 | 提及% |
| 1 | 三枪 | 13.7 | 三枪 | 11.9 | CK | 14.1 |
| 2 | 红豆 | 13.4 | 红豆 | 11.2 | 红豆 | 11.8 |
| 3 | 黛安芬 | 8.3 | 黛安芬 | 9.3 | 黛安芬 | 11.3 |
| 4 | CK | 5.7 | CK | 6.5 | 三枪 | 11.0 |
| 5 | 宜而爽 | 5.4 | 恒源祥 | 6.5 | 恒源祥 | 6.6 |
| 6 | 古今 | 4.5 | 宜而爽 | 5.0 | 宜而爽 | 5.2 |
| 7 | 恒源祥 | 4.4 | 婷美 | 4.4 | 婷美 | 5.2 |
| 8 | 浪莎 | 3.9 | 古今 | 4.3 | 古今 | 5.1 |
| 9 | 爱慕 | 3.2 | 爱慕 | 4.0 | 爱慕 | 3.6 |
| 10 | 安莉芳 | 2.3 | 浪莎 | 4.0 | 梦特娇 | 3.4 |

表 3－5－22　内衣品牌两类消费者加权十强

| 排序 | 常用品牌 | | 预购品牌 | | 理想品牌 | |
|---|---|---|---|---|---|---|
| | 名称 | 提及% | 名称 | 提及% | 名称 | 提及% |
| 1 | 三枪 | 18.8 | 三枪 | 17.1 | 三枪 | 16.4 |
| 2 | 红豆 | 13.4 | 红豆 | 10.0 | 红豆 | 10.3 |
| 3 | 宜而爽 | 8.5 | 恒源祥 | 8.9 | 黛安芬 | 10.3 |
| 4 | 黛安芬 | 8.0 | 宜而爽 | 8.5 | 宜而爽 | 9.1 |
| 5 | 恒源祥 | 6.8 | 黛安芬 | 8.2 | 恒源祥 | 9.1 |
| 6 | 爱慕 | 4.0 | CK | 4.4 | CK | 8.6 |
| 7 | CK | 3.9 | 婷美 | 3.8 | 梦特娇 | 5.1 |
| 8 | 浪莎 | 3.2 | 爱慕 | 3.6 | 婷美 | 4.1 |
| 9 | 古今 | 3.0 | 浪莎 | 3.5 | 爱慕 | 3.9 |
| 10 | 安莉芳 | 2.6 | 纤丝鸟 | 2.9 | 古今 | 3.1 |

## 二、内衣品牌竞争格局解析

### （一）整体情况：品牌虽多，名牌少

内衣市场品牌繁多，仅在中国内衣网登记的品牌数目就达 659 个，真实市场容量更加庞大。

在本次调查中，消费者提及的品牌宽度只有 37 个，并且集中度表现为中级，CR4 为 48.7%。可见被消费者认可的全国性知名品牌比例微弱，长尾堆积明显，呈现出名牌短缺、产品过剩的格局。

在常用品牌中，提及率超过 10%的第一梯队包括三枪和红豆，其中三枪以 5.5%的优势领先红豆，占据第一的位置。提及率超过 5%的第二梯队包括宜而爽、黛安芬和恒源祥。提及率低于 5%的第三梯队包括爱慕、ck、浪莎、古今等品牌，竞争环境比较激烈。

内衣品牌纷繁复杂，其中传统内衣品牌包括三枪、宜而爽、ck、爱慕、古今等。由于内衣行业在服装行业中运营成本相对低廉，吸引了很多并非专业的内衣制造商。一部分是来自服装行业其他品类品牌拓宽生产线，投入内衣市场，比如恒源祥、红豆、浪莎、康奈等；另一部分则来自跨界品牌，如化妆品品牌名门闺秀及百事可乐等。调查结果表明，消费者对品牌出身并不敏感，3 个梯队中均涉及不同类型的品牌。强大的利润趋力，让市场上的品牌数量不断浮动，新进品牌不断冲击市场，但是第一、二梯队优势显著，格局相对稳定。

**（二）国内外两大阵营角力市场**

1. 国内外品牌各有专攻

内衣市场上，国际品牌和自主品牌各有专攻，一个定位高端，一个走中低端亲民路线，自成两大阵营。

众多国际内衣品牌的品牌建设已进入成熟阶段，具有较高的知名度和美誉度，主要入驻高档百货中心。目标消费群体虽然有限，但表现出高度的品牌忠诚。黛安芬具有百年品牌历史，于 20 世纪 90 年代进入中国市场，凭借专业品牌运作迅速占领高端市场，一度成为高端女士内衣主导品牌。2005 年 7 月，美国品牌维多利亚的秘密宣布正式进入中国内衣市场。2007 年西班牙品牌 LITTLE KISS 欲卷土重来，重新布局中国市场。美国 VS 在杭州成立合作销售总部，对国内市场虎视眈眈。

自主品牌主要立足常规基础内衣和功能性内衣市场。以三枪、宜而爽、红豆、古今等为代表的主导品牌始终跟随技术发展，铺设广泛销售网络，建设商场、超市、连锁店等多类型终端，追求市场占有率。中小品牌数量众多，竞争力不强，主要采用价格战、促销活动等低层次营销手段。还有一些品牌，积极开发细分市场，塑造差异化。比如，猫人主打时尚内衣概念，抢占市场；曼妮芬定位奔放活力，在高端市场表现不俗；爱慕运用文化营销建立品牌美誉。

2. 本土品牌是消费者优选

从消费者提及内衣品牌前十强中可以看到，本土老牌三枪当仁不让地以 5%以上的领先指标稳居常用品牌、预购品牌和理想品牌之首，红豆、宜而爽紧随其后，反映了中国消费者对本土品牌的偏好。

在常用和预购十强品牌中，包括三枪、红豆、宜而爽、恒源祥、浪莎、古今、纤丝鸟、婷美八大本土内衣品牌主要生产常规基础内衣、功能性内衣，获得消费者较高的提及率，说明常规内衣、功能性内衣仍然是市场主导。另外，本土品牌爱慕、安利芳凭借其出色的品牌运作在高端时装型内衣市场获得消费者的青睐。

在国外品牌的提及上，仅仅有 20 世纪 90 年代就进入中国市场并且拥有坚实拥护者的黛安芬、美国时尚大牌 ck 及法国老牌梦特娇。国外品牌的高端定位和相对奢侈的价格，让普通中国百姓望而却步。然而，在潜力、晋级指标中，维多利亚的秘密加入国外品牌阵营，榜上有名，ck、梦特娇分列晋级冠亚军。这说明国外品牌拥有大批潜在消费者，极具品牌吸引力。见图 3－5－14。

从走势上来看，本土品牌从常用、预购到理想有略微的下滑趋势，而国外品牌则有上扬

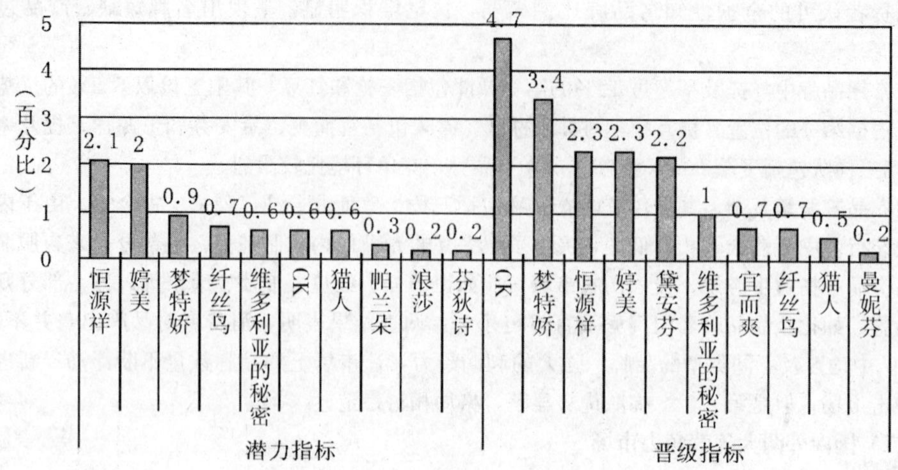


**图 3－5－14　内衣品牌潜力指标、晋级指标十强**

的潜力，但总体上来看，本土品牌提及率仍以绝对的优势领先国外品牌。这是因为本土品牌的分销网络搭建，终端分布更加广泛，品牌推广上更符合大多数消费者的消费观念和消费习惯。见图 3－5－15。

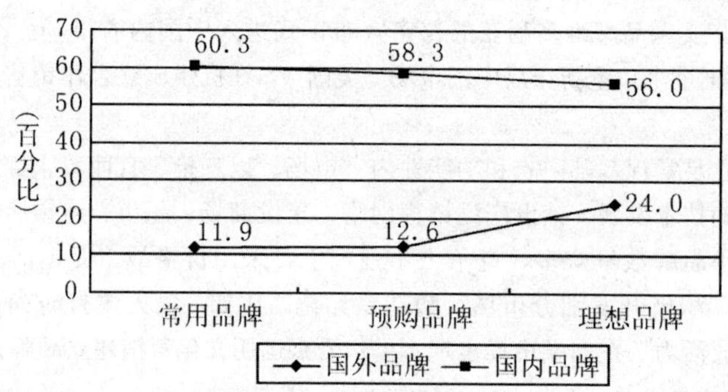


**图 3－5－15　国内外两大内衣品牌阵营消费者提及十强比例对照**

3. 品牌命名雷同现象严重

在本次调查中，被提及的常用品牌 95 个、预购品牌 82 个、理想品牌 71 个，整体表现内衣品牌宽度较长。被提及品牌名称雷同现象严重，比如戴安芬、雪妮芬、欧迪芬、曼尼芬、芬怡、芬狄诗、富妮来、奇丽尔、茜维尔、思维尔、暖贝尔、安尔利等。

国外品牌名称由于音译原因保留现有品牌名称，但在国内品牌命名中，则有明显的模仿和品牌依附嫌疑，通过混淆消费者对品牌发源地的认知吸引购买。很多国内企业希望通过异域风格的品牌名称来塑造国际化形象和自身品牌文化，但却忽视了中国文化的力量，没有深层次地发掘本土文化优势，打造真正的国产品牌形象。在中国市场，我们希望看到更多中国文化特色的内衣品牌的出现，而不是越来越多的“假洋品牌”。

**（三）地域布局：南北消费习惯差异**

在第一品牌的城市跨度上，三枪常用品牌、预购品牌、理想品牌的跨度分别占到 21 个、23

个、16个，囊括了全国各地区的城市。城市跨度比较大的品牌还有红豆，其常用品牌、预购品牌、理想品牌跨度分别占到11个、5个、7个。这主要是由于常规、功能内衣属于普遍性需求，地域上差别不明显。

但是在时装型内衣品牌的城市跨度上，则以南方城市居多，表现出更强的地域性品牌偏好。比如，黛安芬的常用品牌、预购品牌、理想品牌跨度局限在南方及沿海城市，包括广州、海口、昆明、武汉等。这说明，时装型内衣品牌在南方及沿海城市更加深入人心，能够成为消费者的首选方案，而在北方城市，消费者选择偏好仍然是常规内衣和功能内衣。一方面体现了时装型内衣品牌在区域战略上的倾斜，如黛安芬在江苏盐城投放生产、梦特娇代理商在香港、欧迪芬品牌来自台湾；另一方面也体现出南北方内衣消费习惯上的差异，主要是受气候、地域经济发展程度、消费观念等因素的影响。

## 三、内衣品牌发展策略和热点趋势

### (一) 产品开发焦点变迁

1. 昔日热点降温

一度成为市场热点的彩棉内衣和保暖内衣转向沉静。许多彩棉内衣品牌开始着手开发非彩棉产品来满足市场需求，而许多其他内衣品牌也将彩棉引入到自身的产品线。保暖内衣受到季节影响很大，并且很难发掘新鲜概念，产品同质化严重，营销策略上也从利用大众传媒宣传概念、炒作卖点转向渠道建设、终端促销。价格优势持续下降，导致没有利润爆发点，整个保暖内衣子市场趋于疲软。

2. 时装型内衣、家居服潜力巨大

常规内衣、功能性内衣的发展已经接近平缓，对品牌来说没有大动作可为，时装型内衣成为新的市场热点。在品牌市场潜力、晋级两个指标的前十名的品牌中，时装型内衣品牌占据半壁江山，包括维多利亚的秘密、梦特娇、ck、黛安芬、曼妮芬5个品牌，且排名靠前。国内众多优秀内衣品牌致力于时装型内衣高端市场，同众多国际内衣品牌展开竞争，但在价格上仍处于明显劣势。

此外，家居服在市场上持续走俏，各大品牌纷纷拓展生产线，投放家居服市场。很多家居服新锐品牌脱颖而出，成为行业黑马，如深圳凯迪旗下的新世家族、派邦奴，以及汕头的芬腾、安之伴和广州的芷菲等品牌，都取得了很好的市场业绩。

时装型内衣、家居服的发展提高了对设计工艺的要求，目前国内设计人才缺乏，创新意识不强，成为品牌发展之软肋。

### (二) 品牌差异化经营成为行业发展的关键

1. 功能细分推进品牌发展

在功能细分上，各内衣品牌大打概念战，纵向细分越来越深。婷美主打“美体塑型”概念，制造产品新卖点，从此开创塑型内衣市场，而今市场上“局部塑身”、“热瘦”、“收腹”等概念指标运用层出不穷。俞兆林内衣开创保暖内衣先河，随后南极人、北极绒等品牌迅速跟上，直到中科暖卡研发“发热纤维”，进一步细化保暖内衣市场。

2. 品牌营销急需差异化

目前内衣市场还存在产品主导倾向，没有形成以品牌影响力为主的竞争体系。在现有品牌中，品牌识别模糊、同质化，许多品牌的定位都相同或者相似，比如“活力”和“时尚”，在品牌视觉表现上不够突出，无法令消费者作出有效的区分和理解。

同时，品牌文化缺失问题显著。大多数中国消费者还是保守的，他们认为内衣是日常生活用品，并没有更深层次的含义，所以企业要打造和品牌相契合的文化，并将其进行宣传推广，形成独特的品牌张力。

此外，品牌运作缺乏系统性，容易产生技术跟风而弱化品牌内涵。内衣市场经常出现一窝蜂现象，很多企业为追求短期利润而忽视品牌的长期建设，从而偏离品牌发展方向。

3. 连锁渠道被看好

近两年来，内衣行业连锁店渠道模式备受重视，一度成为行业热点。很多内衣品牌建立了多元化的产品系列，拥有自成体系的产品结构，它们渴望摆脱百货、超市束缚，铺设专业分销渠道，打造独特风格的销售终端。这样有利于品牌的推广，也有利于提升终端的赢利能力。但是受到行业规模限制，以及利润率等市场指标难有保证，内衣行业的连锁渠道建设还没有迈出坚实的一步。

## 专案解析

### “爱慕”巧打文化牌

1993年3月8日，“爱慕”诞生于北京，营销网络遍布全国主要大中型商场，销售业绩位居同行业前列。爱慕注重产品研发，构筑内衣文化研究室等5个研发机构。爱慕的营销重点并非放在“打广告”上，而是组织各种类型的公关活动，着力体现公益性的社会责任感，获得媒体好评。但最具特色的还是爱慕营销中的“文化牌”。

**文化内核充实品牌内涵**

内衣作为个人贴身的服装品类，丰富的文化内涵成为其与生俱来的属性。爱慕精心发掘内衣文化，填充品牌内涵。爱慕通过一系列的公关活动在文化上大做文章，增加品牌的软实力，形成独树一帜的文化风格。2003年，爱慕举办“禁锢与释放之间”百年内衣文化展览，以直观方式普及内衣文化历史知识；2006年开展“爱慕·美丽中国行”活动，宣传内衣文化、收集各地内衣文物。通过这些活动，爱慕树立起“内衣文化使者”的形象，提升了在消费者心中的品牌好感度。

**文化名义驱动流行**

爱慕品牌的新品发布同样运用文化作为核心主题，让每一次的流行发布活动都异彩纷呈。早在2002年，“爱慕·敦煌”流行趋势发布会的举行，让爱慕的品牌内涵与敦煌文化联系在一起。2003年赞助“爱慕首届中国体育之星”评选活动，2004年借势体育文化推出男士内衣系列。2005－2008年，爱慕先后以“北京”、“东方神话”、“和谐”、“梦幻”为文化主题举办内衣展，打造流行盛会。不同的文化撞击形成了爱慕品牌文化的多元性和深刻性，提升了品牌的价值。

**结缘电影提升品牌**

爱慕通过与电影结缘，进一步展现其原创设计和文化内涵，提升品牌形象，扩大影响力。爱慕牵手《满城尽带黄金甲》，经过古代文化考究，打造女性宫廷服饰，成为热门话题。2007年戛纳电影节期间，爱慕为巩俐量身打造黑色蕾丝吊衣，让爱慕在国际舞台上斩露头角。

爱慕的文化营销能够做到融会贯通，灵活运用。在爱慕品牌活动的各个层面都包裹着文化的外衣，从而不断为品牌注入新的生命力，使其历久弥新。

（执笔：吕艳丹　周忠亮）

# 第六章　制药行业

## 一、制药企业品牌十强数据

制药企业品牌十强数据见表3—6—1、表3—6—2、表3—6—3。

表3—6—1　制药企业品牌家庭消费者十强

| 排序 | 常用品牌 | | 理想品牌 | |
|---|---|---|---|---|
| | 名　称 | 提及% | 名　称 | 提及% |
| 1 | 同仁堂 | 20.4 | 同仁堂 | 34.6 |
| 2- | 白云山 | 15.7 | 哈药 | 12.7 |
| 3 | 哈药 | 14.8 | 白云山 | 9.9 |
| 4 | 金嗓子 | 7.3 | 养生堂 | 6.3 |
| 5 | 三九 | 6.0 | 三九 | 5.9 |
| 6 | 九芝堂 | 3.4 | 九芝堂 | 4.6 |
| 7 | 民生 | 2.8 | 金嗓子 | 4.3 |
| 8 | 江中 | 2.7 | 修正 | 3.0 |
| 9 | 修正 | 2.7 | 民生 | 2.5 |
| 10 | 养生堂 | 2.7 | 江中 | 2.2 |

表3—6—2　制药企业品牌潜力消费者十强

| 排序 | 常用品牌 | | 理想品牌 | |
|---|---|---|---|---|
| | 名　称 | 提及% | 名　称 | 提及% |
| 1 | 同仁堂 | 17.7 | 同仁堂 | 33.3 |
| 2 | 哈药 | 15.7 | 哈药 | 12.4 |
| 3 | 白云山 | 13.5 | 白云山 | 9.5 |
| 4 | 金嗓子 | 8.3 | 养生堂 | 8.6 |
| 5 | 三九 | 5.6 | 九芝堂 | 5.4 |
| 6 | 养生堂 | 3.8 | 三九 | 4.8 |
| 7 | 江中 | 3.5 | 金嗓子 | 3.8 |
| 8 | 修正 | 3.3 | 修正 | 3.7 |
| 9 | 民生 | 3.2 | 民生 | 3.6 |
| 10 | 九芝堂 | 2.9 | 江中 | 2.0 |

表3—6—3　制药企业品牌两类消费者加权十强

| 排序 | 常用品牌 | | 理想品牌 | |
|---|---|---|---|---|
| | 名　称 | 提及% | 名　称 | 提及% |
| 1 | 同仁堂 | 19.8 | 同仁堂 | 34.4 |
| 2 | 白云山 | 15.3 | 哈药 | 12.7 |
| 3 | 哈药 | 14.9 | 白云山 | 9.8 |
| 4 | 金嗓子 | 7.5 | 养生堂 | 6.8 |
| 5 | 三九 | 5.9 | 三九 | 5.6 |
| 6 | 九芝堂 | 3.3 | 九芝堂 | 4.8 |
| 7 | 养生堂 | 2.9 | 金嗓子 | 4.2 |
| 8 | 江中 | 2.9 | 修正 | 3.1 |
| 9 | 民生 | 2.9 | 民生 | 2.7 |
| 10 | 修正 | 2.8 | 江中 | 2.2 |

## 二、制药企业品牌的竞争格局解析

### （一）制药企业品牌阵营格局

1. 第一阵营：同仁堂、白云山、哈药

同仁堂、白云山和哈药三大制药企业品牌目前在消费者心目中认知度高，品牌形象清晰。此次大调查中这三大制药企业品牌的提及率遥遥领先。

（1）北京同仁堂：老字号制药企业品牌的坚挺标杆

同仁堂名列常用和理想品牌第一名，它的消费者理想品牌提及率高达 34.4%，几乎是第二名品牌提及率的两倍；理想品牌领先百分比高达 21.7%。同仁堂是我国老字号的制药企业品牌，有着三百多年的历史，大多数消费者想到要买中成药时，首选品牌就是同仁堂。

（2）白云山、哈药：优质传统制药企业品牌

白云山在本次调查中获得了消费者常用品牌第二名，理想品牌第三名的成绩。白云山与同仁堂一南一北遥相呼应，虽然没有同仁堂悠久的品牌历史，但也是我国较早树立起的制药企业品牌。在常用品牌选择上白云山与同仁堂的差距仅为 4.5%，但在理想品牌的选择上差距显著，其理想品牌提及率提及率不到同仁堂的 1/3。哈药名列理想品牌第二名和常用品牌第三名，是 20 世纪 90 年代以来通过强大的广告宣传打造出的制药企业品牌。

2. 第二阵营：其他常用和理想十强品牌

除了同仁堂、白云山和哈药之外，其他上榜常用和理想品牌前十名的制药企业品牌总体而言处于竞争胶着的状态，常用和理想提及率在 5%～10%之间的均只有两个品牌，分别是常用品牌金嗓子、三九和理想品牌养生堂、三九，其他品牌的常用和理想提及率均在 2%～5%之间。

九芝堂的消费者理想提及率接近 5%，但是常用提及率只有 3.3%。江中、民生和修正聚集第二阵营的底端，常用和理想提及率都为 2%～3%。

### （二）潜力巨大的制药企业品牌和潜在市场进入品牌

1. 同仁堂、养生堂、九芝堂潜力巨大

本次调查中，同仁堂、养生堂和九芝堂的晋级指标最高。同仁堂表现出无与伦比的品牌优势，不仅位于常用和理想品牌第一名，还显示出未来发展的领跑优势。养生堂和九芝堂紧随其后，是第二阵营中发展潜力最好的两个品牌。

2. 其他潜力较大的制药企业品牌及潜在市场进入品牌

汇仁、修正和株洲千金的晋级指标均进入前十名，这 3 个制药企业品牌在消费者心目中知名度和美誉度都较高。

中脉科技、交大昂立和安利 3 个保健品企业品牌也被消费者选入本次调查的制药企业品牌之中，并且晋级指标均名列前十名。这一方面反映了目前消费者对药品和保健品模糊的认知现状，另一方面也提醒了这些保健品企业品牌具有向制药企业品牌进行延伸的潜在优势。见图 3－6－1。

### （三）药企品牌区域格局

同仁堂、白云山和哈药三大领先品牌覆盖全国各地，占据了主要的市场位置。几个区域性品牌则在当地消费者心目中拥有不可替代的位置。例如贵州益佰是贵阳消费者心目中的常用和理想品牌第一名；九芝堂是长沙消费者心目中的常用和理想品牌第一名；民生和养生堂则分别是杭州消费者心目中的常用品牌第一名和理想品牌第一名。一方面区域性品牌在本地市场上大量投放广告，开展各种公关、营销活动；另一方面由于地缘的亲切感，区域性制药企业品牌代表着更高的安全性和服务能力，使消费者能更放心地选择。

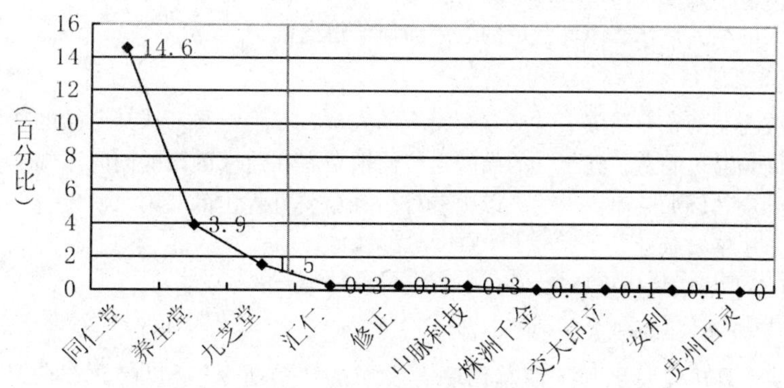


图 3－6－1 药企晋级指标前十名

## 三、制药企业品牌发展策略和市场热点趋势

### （一）制药企业的品牌发展策略

1. 挖掘和创造品牌文化内涵

好的制药企业品牌在消费者心目中有着很强的文化附加价值。“炮制虽繁必不敢省人工，品味虽贵必不敢减物力”是同仁堂的传统古训，更是同仁堂三百年文化内涵至今灿灿生辉的写照。同仁堂将文化作为自己品牌的核心竞争力，借助老字号丰富的文化和历史底蕴，铸造了我国制药企业的第一块金字招牌。此外，白云山制药的神农草堂也是通过创造文化附加价值来推动品牌发展的典范。

2. 品牌的植入式传播

制药企业品牌的植入式传播常常采用影视剧植入和热门娱乐节目植入的形式。影视剧植入中经典的例子有讲述同仁堂故事的《大宅门》和《大清药王》，以及九芝堂的《宋莲生坐堂》；热门娱乐节目植入式营销的成功范例有：仁和赞助湖南卫视“仁和闪亮新主播”、修正冠名中央电视台“开心辞典”和“魅力新搭档”主持人选拔等。植入式营销能利用生动的品牌故事，创造时尚和健康的品牌联想，在潜移默化中俘虏消费者的芳心。

3. 塑造品牌良好的公民形象

白云山是制药企业品牌中塑造良好公民形象的榜样品牌。它连续 4 年长期执行“家庭过期药品免费回收”，使消费者在购买白云山制药企业品牌的产品时感受到比其他制药企业的产品更高级别的质量保证。另外，白云山发布医药行业首份《企业全面社会责任报告》，凸显出品牌对行业责任和良好公民形象的追求。

4. 广告和明星代言提高品牌知名度

多年前哈药以“大范围、高密度、地毯式”的轰炸性广告建立了品牌知名度，其产品“严迪”、“盖中盖”、“泻痢停”、“朴欣”在广告的扶持下获得了骄人成绩。如今大范围的广告仍然是众多制药企业品牌广泛使用的传播营销手段，但是明星代言的广告形式越来越受到政策限制。2007 年底国家食品药品监督管理局表示，禁止和取缔以公众人物、专家名义证明疗效的药品广告。政策的限制使得制药企业品牌很难再通过大量明星代言的方式提高知名度。

5. 品牌的体育营销

金嗓子多年以来利用体育营销推广品牌，从“足球妈妈”到广西金嗓子足球学校；从罗纳尔多到卡卡，金嗓子一直坚持以足球为突破点赢得消费者。但是金嗓子的主要产品喉宝的产品特性与足球并无很大的相关性，其体育营销的效果如何值得商榷。

6. 品牌的概念营销

养生堂被称为制药企业品牌中“概念营销”的大师，养生堂并未从其产品的功能属性上与对手进行区隔，而是通过制造“健康”的品牌定位使消费者在追求健康的同时不知不觉地建立对养生堂品牌的好感度，例如朵而提出的“以内养外”和龟鳖丸提出的“第二次发育”等概念为这些产品的热卖奠定了坚实基础。

**（二）制药企业的市场热点趋势**

1. 广告监管力度不断加大

从 2006 年 7 月广电总局和工商总局联合发布的“禁播令”，暂停介绍药品、医疗器械、丰胸、减肥、增高五类产品的电视购物节目，到后来新闻出版总署联合工商总局发出暂停牛皮癣、艾滋病等内容的 12 类广告，再到国家药监部门对药品的广告审查制度的进一步规范和严格，贯彻其中的主要精神就是针对制药企业的广告监管不断升级①。监管的目的是为了整治虚假违法医药广告，是对消费者的用药安全和生命健康的负责。广告监管加大力度，必然对中小型制药企业的发展造成限制，但是也为实力雄厚的制药企业提供了很好的品牌建设机会。认真研究国家监管政策，选择新的品牌传播方式，是品牌建设的有效途径。

2007 年 5 月 1 日我国开始执行新修订的《药品广告审查办法》和《药品广告审查发布标准》，这使得药品广告的发布越来越受到政策的指导和规范。2007 年下半年我国又相继出台《关于集中整治药品、保健食品和医疗广告的通知》和《药品、医疗器械、保健食品广告发布企业信用管理办法》，希望能够通过强化行业自律，用“信用管理”的方式创造更健康的药品广告环境②。

2. 中小制药企业面临生存压力

一方面制药企业面临着材料和能源价格普遍上涨的压力。此外，GMP 改造需要大量的固定资产投入，市场的快速变化又使销售费用和管理费用不断增加。另一方面为了缓解医患矛盾，国家发展改革委主导了我国医药市场的 24 次药品宏观性降价。成本上涨和药品降价给很多中小制药企业的生存带来双重压力，有些企业虽然拥有药品批号却不敢安排生产，害怕出现生产越多亏损越多的情况。

3. 品牌的传播模式从单一化走向多元化

以往的制药企业品牌广告通常传播某一产品的特性，而现在很多制药企业品牌在传播中都将企业品牌和产品品牌或者企业活动很好地结合起来。除了广告以外，制药企业品牌也越来越注重公关、口碑等其他营销要素的整合，越来越多地从企业的社会责任而非企业品牌单一利益上寻求传播诉求的落点。传播模式从单一化转向多元化，使制药企业品牌更加贴近消费者。

（执笔：朱宁迪）

## 专案解析

### 哈药品牌绿化之路

当很多人还在抨击哈药有品牌知名度无品牌美誉度、忠诚度，其广告在全国媒体的垃圾时段

① 2007 医药市场九大关键词［OL］.［2007-12-04］. http://news.pharmnet.com.cn/news/2007/12/04/215552.html.
② 年度广告现象三批判［OL］.［2007-11-27］. http://news.pharmnet.com.cn/news/2007/11/27/214747.html.

泛滥时，他们却不得不承认这样的现实：2008年中国理想品牌大调查结果显示，在家庭消费者和潜力消费者中，哈药品牌已仅次于同仁堂，和白云山并驾齐驱，稳居药企理想品牌前三，其OTC（非处方药，后文简称OTC）销售额连续两年位居全国第三名。

目前，哈药集团已拥有"哈药"、"三精"、"世一堂"、"盖中盖"4件中国驰名商标，居全国医药行业和东北三省首位，并入选中国标志性品牌。这些意味着哈药集团品牌在充分竞争的制药行业有较高的市场占有率，在消费者心中有很高的知名度和美誉度，具备一定的科技创新能力、赢利能力和纳税额，并有多于30%的销售收入来源于海外市场。经过近十年以品牌建设为中心的广告、渠道营销，哈药品牌日趋完善，并正向绿色品牌之路迈进。

**构建合理的核心业务群是品牌建设的保障**

有观点认为哈药品牌弱的原因之一在于缺乏核心竞争力，然而何谓中国医药企业的核心竞争力？是研发？没错，但事实是由于没有足够的研发投入、难以进入医保目录的销售渠道、专利政策保护期短，我国医药企业生产的大部分药品没有专利权，业务主要集中于非专利药品领域，研发对象主要针对国际专利到期的药品。如果把药品研发界定为医药企业核心竞争力的一大标准，那么我国的医药企业几乎没有可以达标的。应该得出的结论是中国药企的集体无品牌核心竞争力，而不仅仅是哈药品牌。怎样得出核心竞争力？我国从2000年开始实施对药品的分类管理，Rx（处方药，后文简称Rx）的营销渠道以医疗机构为主，不允许在大众媒介发布广告，OTC的营销渠道主要为药店，可以在大众媒体发布广告。哈药的产品群分布比较均匀，涵盖以上两大类药品，电视广告中的产品仅是所有产品中的一少部分，还不足以代表整个企业的产品群，更不能据此一点管中窥其核心竞争力。具备核心竞争力的企业占有绝对优势了吗？在国内近2 000亿元规模的医药市场上，分散着包括合资企业、国有企业、民营企业等各种不同经济类型的4 000多家药品生产企业，市场被哈药、广药、上药等主要药业集团割据，90%为中小企业，跨国企业占据高端领域，但至今尚未有任何一家企业能够控制市场的相当比重。[①] 因此，目前还没有哪家医药企业凭借核心竞争力能够鹤立鸡群。

哈药集团拥有七块成熟业务群，主营抗生素、化学药、OTC及保健品，是品牌建设集中部分。2000年后自建医药流通渠道已经承担起重要的营销任务，成为品牌延伸、扩展的支持终端。在哈药原有优质产品基础上，根据目前保健品市场需求、医疗卫生改革进程中对专业类药品的预期和未来结束仿制药进入自主研发的趋势构建核心产品群作为品牌基础，这种有层次、有计划的品牌规划比较合理。由此，企业的业绩逐年增长：2006年哈药集团全年实现销售收入101.05亿元，同比增长11.86%，2007年首次突破120亿元大关，达122.8亿元，同比增长22%。

**大广告＋渠道＋多元经营的营销模式打造国内OTC市场的旗舰品牌**

• 从广告的沙漠到绿洲显现

就企业本身而言，医疗卫生制度改革直接推动药品供应保障体系发展，市场需求增加直接刺激生产扩大。中国医药市场现以16%的年增长率位居全球医药市场第9位，未来将继续保持两位数的增长速度，上海、北京、广州占中国医药市场规模的21%，二级城市的市场增速将更为显著。然而，我国医药产业的产值只占国民生产总值的4%，仅列到国民经济的18～20位，"九五"到"十五"期间保持了较高的发展速度，年均增长率分别为17%和19.2%。但由于1997年到2006年国家对药品已经连续21次降价416亿元、招标采购再降价、能源原料提价、产业结构不合理导致的无序竞争等政策因素，行业经济效益不断下降，全国医药行业销售利润率已连续几年

① http://www.hayao.com，全文哈药相关数据均来源于此。

徘徊在5‰～6‰有半数以上的企业处于亏损状态，微利时代自2005年开始了。① 于是，药企“战国时代”促使品牌寻求突破，多数制药企业纷纷采用广告密集投放战略促进销售。

对于消费者来说，没有医生的直接指导，自行购买药品必须根据经验广泛搜集产品信息，作出比较后付诸购买行动。通常选择OTC药品时，与其自行研究艰深的医药信息不如买放心的名牌药品，而名牌药品的表现就是知名度高的医药企业生产的、能给健康以承诺的、妇孺皆知的药品。OTC市场是典型的品牌消费，医药企业需要利用品牌来占领OTC市场，大规模的电视广告投放是必不可少的建立品牌知名度、企业与消费者沟通的有效途径，更是迅速创造现金流的手段。

• 打响产品知名度，开创补钙市场先河

随着2000年我国开始实施药品分类管理及医疗保险制度，OTC市场开始成形。哈药这一企业品牌首先由盖中盖、葡萄糖酸钙利用名人效应开创了消费者补钙的观念。短短几年，中国钙剂市场从5亿元上升至30亿元，哈药三精、哈药六占15亿元以上，② 哈药广告的反复提示功不可没，它拉动了人们的补钙需求。哈药这一企业品牌得到广泛传播，显示了企业的实力，建立了消费者心中的信赖感，但也暴露出品牌结构缺乏整合和对市场风险估计不足的问题。入市阶段决定了广告重点在打响产品知名度，因此对从消费者需要出发的品牌力关注不足，说教的创意容易引起抵触。

• 塑造品牌公益形象，扭转负面评价

在被质疑地毯式轰炸不能建立品牌美誉度后，哈药从2001年开始着力在电视广告中塑造优质的公益形象。明星保健品三精葡萄糖酸钙口服液开始针对品牌购买决策者家长和主要参与者、使用者孩子采用感性诉求，通过明星代言《好爸爸篇》、《好妈妈篇》等系列广告，营造温暖的亲情关怀，有效扭转了对品牌的负面评价。哈药六品牌投入约占全年广告费的一半的数亿资金在省市级电视台全天候播出系列公益广告，每月一个主题，每天播量2～5分钟，广告主题以积极健康的亲情、爱心、爱国、民族精神为主。这一阶段的转变是必要的，但公益主题与品牌的关联不够紧密。

• 注入品牌概念，形成竞争差异

高同质化的药品市场中广告战已经打响，概念先行为品牌注入个性已经成为很多企业广告的创意出发点。补钙产品与快速消费品有很多共同点，如竞争产品间很难从功能、效果上形成差异，三精葡萄糖酸钙依托品牌识别系统改革，用“蓝瓶”不同的包装、口感做文章，暗示出这是一种升级产品，突破了竞争产品的重围，销售业绩优异。然而这种概念过于简单空泛，确定独特的品牌概念阐释内涵才不易被模仿，才能长久不败。概念先行的品牌建设方法已经为很多保健品所使用，如黄金搭档提倡“添加矿物质的复合维生素”的健康概念、天士力集团打出“大健康”的概念等。这都源于人民生活水平大幅度提高后更为关注健康的社会背景，医药保健品的品牌内涵也要体现全球“大健康产业”趋势的时代特征，这样才有助于品牌杀出依靠重复的广告红海。

**终端接触点有助建立品牌忠诚**

哈药集团从1998年开始建立终端零售连锁店和物流配送系统，仅人民同泰医药连锁店就在黑龙江省内拥有连锁门店1 230家和新药特药等4家大型药品批发企业销售网络，各品牌独立发展的代理渠道也覆盖全国。截至2005年全国县以上医药零售企业7 695家，连锁店65 000家，人民同泰连锁位列第八。三精和药六品牌还分别自建全国代理连锁渠道。覆盖全国的终端降低了销

① 倪伟龄．我国医药产业如何又好又快发展？——全国人大代表哈药集团总经理姜林奎对行业现状与未来的战略思考[OL]．[2008-03-13]．http：//www.ce.cn．

② 邓羊格．哈药变革：从营销到产权[OL]．[2003-11-10]．http：//www.emkt.com.cn.

售成本，保证了销售量，打破了医院渠道的限制，使线上线下互动，建立了品牌与消费者的沟通平台。终端就是重要的品牌接触点，对象化营销对于有效留住消费者有极大帮助。

*多元化境营增加品牌联想*

2004年以来，哈药集团依托已建立的销售终端，先后创办哈药数码、哈药干洗、哈药航服、哈药摄影器材城和哈药国际摄影展馆，以“利民、便民、惠民”的形象得到广大哈尔滨市民的认可，使得哈药品牌成为百姓生活好邻居的典范。另外，哈药冠名女篮，三精开展工业旅游项目、成立三精女子医院、组建三精乒乓球俱乐部，丰富了品牌为健康奉献力量的形象内涵。这些围绕与身心健康紧密相关产业的多元经营活动有力地丰富了品牌内涵，使消费者的品牌联想更为积极，摆脱了对制药业污染环境、刻板沉重的传统印象。

综上，哈药集团在线上投放高频次、大范围的强势电视广告来建立并维系品牌知名度，在线下通过自主连锁店铺货提高上架率、降低物流成本、开展多种经营，在原有产品线基础上推出相关领域产品以扩展品牌，这种营销模式被业界称为哈药模式。它具有提高品牌知名度、拓展销售区域、缩短市场周期、降低人员费用等优点。然而，品牌建设与管理的路是任重而道远的，随着我国医药体制的改革，市场有逐步分化的趋势，品牌的认知应从不同的消费者需求出发，品牌是属于企业的，也是属于消费者的，但归根结底是属于消费者的，品牌的核心内涵是要传递给消费者的核心利益，这也是摆在哈药品牌面前的课题。

（执笔：黑龙江大学新闻传播学院广告系　马荣桢）

# 第七章　IT、数码及相关产品行业

## 行业概述

从宏观角度来讲，IT（信息技术，Information Technolocy）行业主要包括计算机及外设、电信网络、互联网及电子商务、软件及IT服务、电子及消费电子、行业信息化、行业IT应用等领域。作为一项新兴的高科技产业，信息产业被称为朝阳产业，目前已发展成为国民经济第一支柱产业。2003年我国IT全行业实现销售收入1.88万亿元，完成工业增加值4 000亿元，利税总额1 000亿元，IT产品出口额1 421亿美元。IT产业占全国工业比重达到12.3%，占GDP的9.1%。[①] 2004年IT市场规模已经达到2 865亿元，预计2008年其规模将达6 308亿元。[②]

我国政府高度重视电子信息制造业，并将其列入“十一五”规划。信息产业部提出：未来的发展重点是要根据数字化、网络化、智能化总体趋势，大力发展集成电路、软件和新型元器件等核心产业，重点培育光电通信、无线通信、高性能计算机及网络设备等信息产业群，建设软件、微电子、光电子等产业基地，推动形成光电子产业链，通过开发信息产业关键技术，增强创新能力和竞争力，延伸产业链[③]。

信息技术与信息产业的迅猛发展不仅为国家GDP贡献了力量，还为亿万家庭带来了方便快捷、多姿多彩的数字体验，提升了生活品质。本次调查涉及的品类均和普通消费者的生活息息相关，主要有家用电脑、数码相机、MP3，以及与这一行业密不可分的电池产品。

## 第一节　个人电脑

### 一、个人电脑品牌十强数据

个人电脑品牌十强数据见表3－7－1、表3－7－2、表3－7－3。

---

① 渐行渐近的IT行业［OL］．［2007-07-30］．http：//article.zhaopin.com/pub/print.jsp? id=81490．

② 七大行业高端人才需求预测［OL］．［2006-02-16］．http：//news.sohu.com/20060216/n241860399.shtml．

③ 中华人民共和国国民经济和社会发展第十一个五年规划纲要［OL］．［2006-03-16］．http：//news.xinhuanet.com/misc/2006/03/16/content_4309517.htm．

表3—7—1 个人电脑品牌家庭消费者十强

| 排序 | 常用品牌 | | 预购品牌 | | 理想品牌 | |
|---|---|---|---|---|---|---|
| | 名称 | 提及% | 名称 | 提及% | 名称 | 提及% |
| 1 | 联想 | 22.4 | 联想 | 20.5 | 联想 | 20.8 |
| 2 | 惠普 | 6.2 | IBM | 10.6 | IBM | 15.8 |
| 3 | IBM | 5.9 | 索尼 | 8.1 | 苹果 | 10.1 |
| 4 | 戴尔 | 5.7 | 惠普 | 7.8 | 索尼 | 9.9 |
| 5 | 三星 | 5.6 | 戴尔 | 6.7 | 惠普 | 7.4 |
| 6 | 方正 | 5.4 | 三星 | 6.6 | 三星 | 6.6 |
| 7 | 华硕 | 4.2 | 苹果 | 5.7 | 戴尔 | 5.9 |
| 8 | 索尼 | 3.1 | 华硕 | 4.7 | 华硕 | 3.5 |
| 9 | 东芝 | 2.5 | 方正 | 3.7 | 方正 | 3.1 |
| 10 | 苹果 | 2.4 | 东芝 | 3.0 | 东芝 | 3.0 |

表3—7—2 个人电脑品牌潜力消费者十强

| 排序 | 常用品牌 | | 预购品牌 | | 理想品牌 | |
|---|---|---|---|---|---|---|
| | 名称 | 提及% | 名称 | 提及% | 名称 | 提及% |
| 1 | 联想 | 15.1 | IBM | 15.1 | IBM | 22.0 |
| 2 | 惠普 | 8.0 | 联想 | 11.8 | 苹果 | 18.7 |
| 3 | 华硕 | 7.3 | 惠普 | 9.5 | 联想 | 10.6 |
| 4 | 戴尔 | 5.6 | 索尼 | 9.1 | 索尼 | 9.3 |
| 5 | IBM | 5.0 | 苹果 | 9.1 | 惠普 | 6.7 |
| 6 | 三星 | 4.9 | 戴尔 | 7.9 | 戴尔 | 6.5 |
| 7 | 方正 | 3.5 | 华硕 | 7.1 | 三星 | 5.4 |
| 8 | 明基 | 3.5 | 三星 | 6.5 | 华硕 | 5.0 |
| 9 | 索尼 | 3.2 | 东芝 | 3.2 | 东芝 | 2.3 |
| 10 | 宏基 | 3.1 | 明基 | 2.7 | 明基 | 2.0 |

表3—7—3 个人电脑品牌两类消费者加权十强

| 排序 | 常用品牌 | | 预购品牌 | | 理想品牌 | |
|---|---|---|---|---|---|---|
| | 名称 | 提及% | 名称 | 提及% | 名称 | 提及% |
| 1 | 联想 | 20.9 | 联想 | 18.7 | 联想 | 18.8 |
| 2 | 惠普 | 6.5 | IBM | 11.5 | IBM | 17.1 |
| 3 | IBM | 5.8 | 索尼 | 8.3 | 苹果 | 11.8 |
| 4 | 戴尔 | 5.7 | 惠普 | 8.1 | 索尼 | 9.8 |
| 5 | 三星 | 5.5 | 戴尔 | 7.0 | 惠普 | 7.3 |
| 6 | 方正 | 5.0 | 三星 | 6.5 | 三星 | 6.4 |
| 7 | 华硕 | 4.8 | 苹果 | 6.4 | 戴尔 | 6.0 |
| 8 | 索尼 | 3.1 | 华硕 | 5.2 | 华硕 | 3.8 |
| 9 | 明基 | 2.6 | 方正 | 3.3 | 东芝 | 2.8 |
| 10 | 苹果 | 2.5 | 东芝 | 3.1 | 方正 | 2.7 |

## 二、个人电脑品牌竞争格局解析

### （一）三大阵营品牌消费者提及走势解析

中国个人电脑市场品牌按照品牌发源地可分为中国品牌、欧美品牌以及日韩品牌，三大阵营独具特色，分踞天下。在本次调查中，被消费者提及的中国品牌主要有联想、方正、明基、华硕、宏基、同方、神舟、长城、TCL、七喜、夏新、海信、海尔等；欧美品牌主要有IBM、惠普、戴尔、苹果、康柏等；日韩品牌包括三星、索尼、东芝、LG、富士通等。其中，IBM的个人电脑业务和康柏已经分别被联想和惠普收购，但是在消费者心目中仍具有较好的品牌认知，保持较高的品牌影响力。

1. 中国品牌常用提及率领先

从消费者提及状况来看，中国品牌在“常用品牌”的表现优势十分明显，43.7%的消费者表明，目前是中国品牌个人电脑的使用者。中国品牌可谓占据市场的天时、地利、人和。

“天时”主要是因为中国品牌扎根于中国市场，对市场发展的反应更加迅速。身处国内消费者对个人电脑需求的增长期，国产品牌善于审时度势，作出有效的市场决策，适时展开情报搜集、降价、节庆促销等。如神舟看到市场成长期的巨大利润空间，主打低价牌主攻低端市场。

“地利”在于国产品牌对国内渠道打造和终端铺设上的本土化优势。2007年华硕提出了“重点深入三级市场，并继续优化一、二级城市渠道”的市场策略，加强与神州数码的合作，新增翰林汇为全国总代理，并强化与3C卖场的合作，以及行业客户的开发。

“人和”主要包括两个方面，一是中国品牌更容易获得利好倾向的国家政策；二是在与消费者沟通上“民族文化”成为良好的润滑剂。方正集团打出“中国的方正，我们的方正”的口号，在产品开发上融入“生肖”等传统文化元素，在2008年推出“鼠”主题笔记本。联想“奥运千县行”活动将“奥运”和“公益”捆绑，宣扬了联想的社会责任，为打开中国三、四、五级市场奠定基础。

中国品牌常用率以绝对的优势领先，但是“低价”、“实惠”、“实用”的定位也不是品牌发展的长久之计，消费者提及的理想品牌中，中国品牌便势头下降，不敌欧美品牌。见图3－7－1。

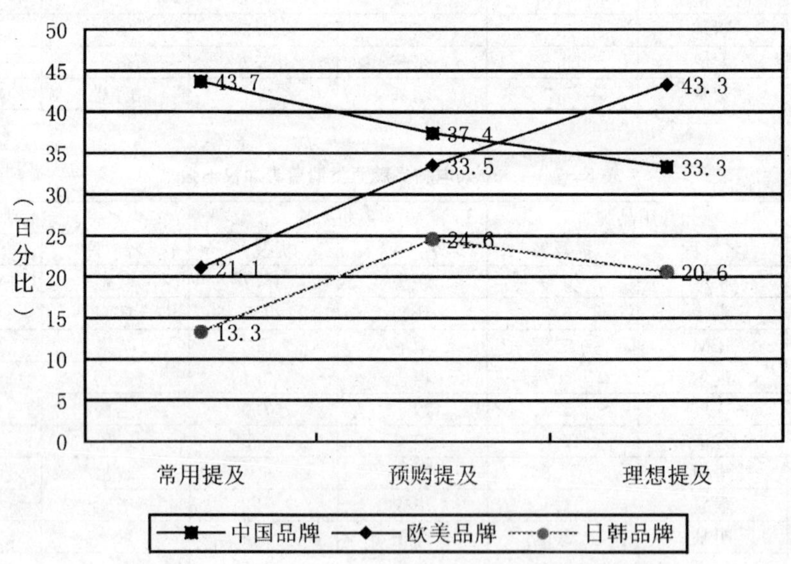


**图3－7－1 个人电脑品牌三大阵营消费者提及率走势**

2. 欧美品牌预购、理想走势乐观

欧美品牌大多是历史上“个人电脑先驱”。凭借着多年来的品牌累积效应，无论是在技术创新、市场营销，还是品牌影响力上，都领先于本土品牌。IBM是世界上个人电脑的鼻祖；苹果电脑同样是声名显赫的创意大牌；戴尔的直销模式已成为营销界的典范；惠普继2006年之后，从戴尔手中接过接力棒，成为全球市场占有率第一名的个人电脑品牌，实力不可小觑。

除了拥有先天优势之外，欧美品牌为了在中国市场更好地生存也作出了种种努力。戴尔一改商务风格，将绚丽颜色引入设计，同时放弃单一直销模式，进驻零售市场。2007 年上半年，戴尔在中国投资建设的服务渠道已经能覆盖超过 2 100 个城市，其中具有 4 小时上门快修能力就有几百个城市，已基本覆盖一级到三级城市，以及超过一半的四级城市。惠普展开“个性化、本土化”的营销模式，彰显“个性”进军年轻人主力市场。2007 年，惠普在中国 20 年首次开展暑期促销，低价产品伸向四至六级市场。2007 年 10 月，惠普开展“网吧战略”在北京开网吧，以全新销售渠道开发新市场。

欧美品牌运用本土化策略成功打开了中国市场，在消费者心中显示出较大的品牌影响力。调查显示，欧美品牌在消费者理想品牌提及中表现强势，并在晋级指标中表现出强大的晋级潜力。见图 3—7—2。

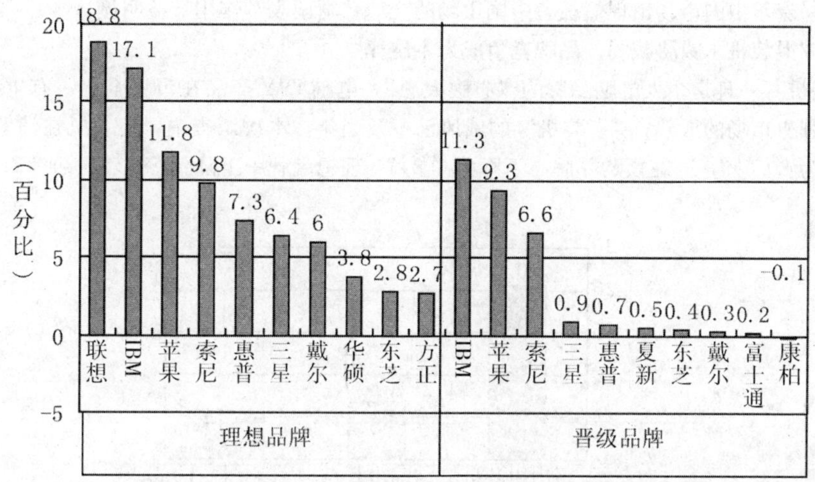


**图 3—7—2　个人电脑理想品牌及晋级指标十强**

3. 日韩品牌曲折生存

日本品牌索尼、东芝及韩国品牌三星、LG 是这个阵营的领军品牌，它们都是消费类 IT 数码强势品牌，产品线覆盖广泛。日韩品牌一贯以细节打造、精美设计和品质保证获得消费者的认可，在中高端市场一度具有强劲的竞争力。但是在市场策略上，并未专注于个人电脑市场，对市场变化感知迟钝。价格定位居高不下，性价比表现平庸，在中国市场处于“高处不胜寒”的境地。在价格持续走低、渠道触角广泛化的中国市场，日韩品牌显然表现疲软，“曲高和寡”的市场策略让其竞争力逐渐萎缩。如图 3—7—1 所示，日韩品牌的常用率为 13.3%、预购率为 24.6%、理想率为 20.6%，都不及中国品牌和欧美品牌两大阵营，并且走势曲线出现大幅波动，继续走低趋势明显，理想晋级力微弱。日韩品牌曲折生存，前景堪忧。

**（二）“中国市场”是品牌全球战略要地**

中国经济的快速发展，已经让其逐渐成为全球最具潜力和吸引力的市场，国外个人电脑品牌对中国市场虎视眈眈，“赢中国者赢天下”成为品牌全球扩张的“箴言”。

联想自全面收购 IBM 电脑业务以后，位居惠普和戴尔之后，跻身全球个人电脑品牌三强。联想的海外扩张并没有呈现大幅的进展，其强大的市场占有率绝大部分得益于中国市场的领先地位。联想在中国市场几乎没有死角，本次调查显示，联想占据 36 个被调查城市的常用品牌第一名，并以 14.4%的优势领先第二名惠普。而被联想集团收购的 IBM 表现依然出色，并未呈现负面影响，在本次调查中，IBM以5.8%提及率位居常用品牌第三名，并分别以11.5%、17.1%的提及率获得预购品牌及理想品牌第二名。

惠普作为全球第一个人电脑品牌，同样不能忽视中国市场的力量。获得消费者常用品牌第二名的成绩，为其全球市场占有率添加砝码。戴尔以微弱劣势不敌惠普，在消费者常用品牌提及中，惠普为6.5%而戴尔为5.7%。比起惠普中国本土化的积极尝试，戴尔稍显逊色，策略调整不够果断，于2006年在全球市场被惠普赶超，痛失多年冠军宝座。

作为全球第四大个人电脑品牌之一的宏基，比起整个亚太地区的业绩，在中国本土的表现差强人意，不敌联想，本土市场的缺失也让其失去一大竞争砝码。相比之下，联想的本土优势为其全球排名立下汗马功劳。2008年北京奥运会之后，宏基将接过联想"奥运top赞助商"的接力棒，两大中国品牌的争夺将更加激烈。

消费者提及的常用品牌情况为联想一枝独秀遥遥领先（IBM归属于联想集团），惠普、戴尔紧追不舍，宏基中国市场出现短板。中国市场的全球"晴雨表"作用日益明显。

**（三）"组装机"威胁减弱，品牌竞争成为主旋律**

"组装机"一直是个人电脑品牌的"心腹大患"，电脑DIY产品在市场上仍占有重要的地位，但随着品牌机市场的成熟，"组装机"的威风已不及当年。本次调查中，组装机在消费者常用品牌提及率为20.5%，而在预购品牌中下降为6.8%，理想品牌中下降到5.6%。见图3－7－3。

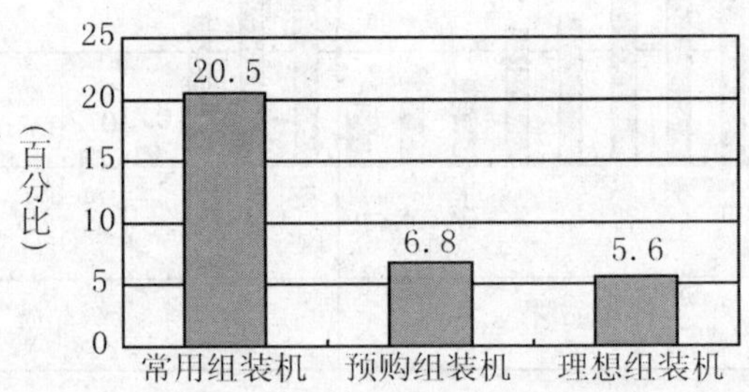


**图3－7－3　个人电脑组装机提及率对比**

究其原因，主要有以下几方面：

1. 笔记本市场增长，分流"组装机"份额

消费者对便携式电脑的需求日益增强，而"笔记本DIY"还没有形成规模化，"组装机"市场被分流。

2. 品牌机价格跳水，性价比直逼"组装机"

组装机最大的竞争优势莫过于"低价高配置"，这一优势面对各品牌的低价围剿已经逐渐丧失。如神舟、七喜等国产二线品牌，性价比堪比"组装机"。

3. 品牌售后保障是"组装机"的软肋

品牌机的售后服务，不仅仅能够解决消费者使用电脑时遇到的实际难题，更重要的是在服务的过程中能够提升品牌的专业形象，这是"组装机"不能企及的。

4. "组装机"品牌内涵的缺失无法弥补

品牌内涵是"组装机"始终缺失的。联想的"奥运"情节、IBM的商务形象、苹果的个性张扬、索尼的时尚品位都搭建了与消费者深度沟通的桥梁，而这些独到的品牌形象也将撬动销售杠杆，促成更多的购买交易。

"组装机"的威胁减弱，为电脑品牌预留出一块市场空间，"品牌竞争"从"产品混战"中脱颖而出，逐渐成为市场竞争的主旋律。这一预留空间，将成为这些品牌竞相分食的“奶酪”。

## 三、个人电脑品牌发展策略和市场热点趋势

### （一）台式机“增肥”VS笔记本“瘦身”

台式机和笔记本电脑是个人电脑市场两大子品类，近些年，笔记本电脑的发展迅猛，成为品牌的主要利润发力点，同时也是市场热点。

表3－7－4　2007年上半年中国市场台式机和笔记本电脑销售对比①

| 产品类型 | 销量（万台） | 同比增长（%） | 销售额（亿元） | 同比增长（%） |
|---|---|---|---|---|
| 台式机 | 973.6 | 13.6 | 403.1 | 3.6 |
| 笔记本电脑 | 253.6 | 38.8 | 214.8 | 24.9 |

两大子品类的发展趋势不尽相同，但殊途同归，都需要满足消费者“数字娱乐”综合需求。具体表现出台式机“增肥”，而笔记本“瘦身”。

1. 台式机“增肥”

台式机在商务和家庭两大市场中，比重越来越倾向于家庭消费者，电脑在家庭生活中的地位已经开始从数据处理向“多媒体娱乐”平台转身。从屏幕发展上看，从17寸到19寸，22寸逐渐成为主流；从普通屏到液晶屏；光驱从cd－rom到dv d－rom，再到刻录功能的普及；同时内存、硬盘的容量不断扩大的更迭速度更是频繁。2007年，在面向家庭客户的台式产品中，同方将以主流技术的快速普及为主要卖点，并将在现有产品线中加大22英寸宽屏产品推广力度。苹果电脑一直致力于打造家庭数字娱乐中心，将日常生活审美化，推出“cinema display”系列显示器，让消费者可以在高分辨率30英寸平面液晶显示器上大饱眼福，欣赏超过400万像素的清晰画面。

2. 笔记本“瘦身”

2007年末，麻省理工学院教授尼克拉斯·尼葛洛庞帝主导的“100美元电脑”（OLPC）计划付诸实施。各大品牌也开始围绕笔记本电脑得天独厚的可便携性优势大做文章，超便携笔记本、儿童电脑、超薄电脑应运而生。2007年末推出Eee－PC超便携电脑，采用7英寸屏幕、windows xp系统、4g闪存、英特尔移动cpu，能够满足消费者上网、影音、文字处理等功能，零售价每台仅为2 999元，在台湾地区创造了6秒钟销售一台的神话。方正、微星、技嘉、惠普都计划在超便携领域有所作为。苹果电脑2008年1月15日发布超薄笔记本“book air”，外观设计最薄处0.4cm，最厚处1.94cm，13.3英寸屏幕，重量仅为1 360g，为了达到至轻至薄，甚至没有设置光驱和网线接口，极具概念化。

### （二）安全PC势不可挡

“信息安全”已经成为信息时代关注的话题，病毒、黑客攻击、垃圾邮件、系统漏洞、网络窃密、虚假有害信息和网络违法犯罪等层出不穷。安全隐患为个人电脑用户带来焦虑，各品牌也尝试用“安全”这一概念塑造差异化路线。

2006年，同方推出自主研发的TST平台，宣布“安全”是其核心市场战略。联想扬天系列采用128位加密技术加密的U盘，解决多用户共用一台电脑的信息安全问题。同时，还开发我国发行的第二代身份证读卡器，对用户进行安全识别。海尔电脑博越系列商用产品采用自主创新开

① 文芳．中国笔记本电脑市场上半年销量超过250万台［OL］．［2008-08-08］．http：//www.ccidconsulting.com/about/channel/Detail.asp? Content_id=13461.

发的双平台杀毒功能，避免了因为操作系统漏洞问题而造成的死机问题。安全PC已经越来越受到消费者的关注，逐渐成为市场主旋律，品牌在做产品的同时，提供人性化的安全问题解决方案，是一种有诚意的附加性服务，不仅可以占据细分市场，更能够彰显品牌以人为本、贴近消费者需求的形象。

**（三）“低价、低端”换市场**

个人电脑已经渐渐揭开“高科技”的面纱，走进千家万户，成为人们日常工作、生活的重要工具。在产品的价格表征上，也有所体现，从过去的万元机器演变到如今的低价主流。如今台式机普遍关注度最高的价位每台在4 000～6 000元，而笔记本电脑每台在6 000元以下。适逢春节、学生寒暑假期，各品牌均会打出促销牌，大打价格战或捆绑赠品销售。以TCL电脑寒假促销为例，其配置的促销品与产品的比例达到了罕见的1∶1，据称促销品的总价值也超过1亿元，不仅包括网聊套装（耳机＋摄像头）、入耳式HiFi高级重低音耳塞、双遥杆震动式力反馈游戏手柄，甚至还有纯银首饰，可谓下足了血本。

低价攻占低端，成为各品牌的主要策略之一。中国市场的潜力空间巨大，特别是农村市场，拥有强大的市场容量。众多PC豪门品牌不惜舍弃尊贵的光环，纷纷涌入低端市场。联想志在拥有中国第一市场占有率，“千县行”将网络直插低端市场。2007年3月以后，惠普提出“全面进军四、五级市场、2007年年底前在2 000个城市建立销售渠道”的目标，扩大惠普渠道的覆盖面。“低价、低端”换市场的策略，成为个人电脑品牌发展的一大趋势。

**（四）上游技术是市场“催化剂”**

在PC行业，拥有核心技术往往就拥有话语权，不论是硬件还是软件，均是如此。上游技术的适时革新，对产品换代和市场格局变革起到“催化”作用。

在硬件方面，核心技术拥有者英特尔、AMD处于产业链的上游，并且从目前来看无人能够撼动。与上游厂商保持良好的合作关系，能够掌握市场先机，预估下一步的市场动向。2008年1月8日，英特尔刚刚发布首批用在基于英特尔迅驰处理器技术笔记本上的45纳米处理器，同方电脑便在当天发布了3款基于最新迅驰处理器技术的笔记本电脑——锋锐S200、锋锐X310A和锋锐X410A。如此迅捷的响应不仅表明同方电脑是英特尔在华的核心伙伴，更重要的是让外界看到了同方电脑拥有领先发展的可靠动力。

在软件方面，微软无疑是行业领导者。2006年底发布vista操作系统，2007年预装vista系统的电脑便问世。vista的发展日趋成熟，终会取代上一代的xp系统，而vista的下一代系统windows7也已经初露端倪。软件系统的新陈代谢，同样成为个人电脑品牌发展的一大驱动力。

## 专案解析

### 联想：收购IBM三年

新联想是全球性科技公司，由原联想和IBM个人电脑事业部组成。总部设在美国罗利，在全球66个国家拥有分支机构，在166个国家开展业务，在全球拥有超过25 000名员工，年营业额达146亿美元，并建立了以中国北京、日本东京和美国罗利三大研发基地为支点的全球研发架构。

2005年5月1日，联想集团有限公司以12.5亿美元完成对IBM全球PC业务的收购，联想一跃成为全球第三大个人电脑企业，并成功跃进全球企业五百强。这是我国迄今为止最大的一笔海外投资。

**“双品牌”战略**

联想收购IBM之后，开始有条不紊地采取“先稳定再融合”的战略，保持联想和“THINK”两大品牌并驾齐驱。联想品牌在中国市场有着良好的消费者基础，连续十年中国市场占有率第一。进城下乡，在中国市场几乎没有死角。收购事件大大提升了联想品牌的形象，在中国消费者心目中，联想是不折不扣的民族骄傲。同时借助全球平台的搭建，在国际市场也取得不错的成绩。联想投入巨大资源为THINK保驾护航。赞助“第53届高尔夫世界杯”，开展主题为“思想推动中国——联想ThinkPad中国思想力人物评选”活动。2007年第二季度ThinkPad在高端市场，以38.17%的绝对优势继续保持领导地位；第三季度ThinkPad在政府采购中所占比例达39.39%，比上年同比增长7.59%。在大型、超大型企业用户市场上，ThinkPad的平均市场占有率达28.5%，继续保持市场领先地位。在小型企业用户市场上的占有率已经突破性地达到12.6%，取得市场广泛认可。①

**IBM认知度不减当年**

本次调查显示，个人电脑常用品牌第一名是联想，第二名是惠普，IBM获得第三；在预购品牌及理想品牌中，联想和IBM分获一、二名。喜人的成绩说明联想品牌的大众路线及IBM的高端路线分别赢得了消费者的认同。但是在代表短期市场走势的潜力指标中，IBM拔得头筹，联想潜力值显现疲软；在代表长期市场价值及消费者心目中理想认知程度的晋级指标中，IBM获得冠军，联想品牌同样名落孙山。

消费者对联想和IBM品牌区分得泾渭分明，IBM的品牌影响力仍然高于联想。然而，联想五年“THINK”品牌的使用权大限将至，这部分依然高度忠诚于IBM的消费者何去何从成为联想遇到的难题。

**奥运契机**

2008奥运会成为联想扩大品牌国际影响力的有力契机。联想已全面启动奥运营销战略，火炬手选拔、奥运千县行、广告宣传和“奥运倒计时”节目等都在如火如荼地进行。2006年成功支持都灵冬奥会，以“零故障”的表现赢得国际奥委会全面的肯定和高度的赞誉，提升了联想品牌的知名度和美誉度。2008年，北京奥运会运营的各个层面，从计时计分系统、赛场成绩系统、评论员信息系统，到信息分发系统；从比赛管理系统，人员安排和调度系统、审查系统，到认证制证系统；从交通系统，到组委会信息系统等，都将在联想的设备上运行。而冬奥会的宝贵经验为联想服务北京奥运打下了基础。

联想收购IBM三年，在巩固中国市场的同时，加快全球扩张的步伐。奥运机遇能否战胜IBM品牌消化的难题，时间会给出答案。

## 资料链接

我国个人电脑市场一直保持着稳健的增长速度，2007年中国微型电子计算机产量为1 2073.4万台，同比增长29.3%。② 2007年上半年，中国市场台式电脑销售量达到973.6万台，同比增长13.6%；销售额达403.1亿元，同比增长3.6%。笔记本电脑销售量达253.6万台，同比增长38.3%；销售额达214.8亿元，同比增长24.9%。③。预计2008年个人电脑市场的销售额有望突

---

① 思考向前 ThinkPad举行15周年庆典［OL］.［2007-12-21］. http://www.it.com.cn/f/notebook/0712/21/525663.htm.

② 中华人民共和国国家统计局. 2007年国民经济和社会发展统计公报［OL］.［2008-02-28］. http://www.stats.gov.cn/tjgb/ndtjgb/qgndtjgb/t20080228_402464933.htm.

③ 文芳. 中国笔记本电脑市场上半年销量超过250万台［OL］.［2008-08-08］. http://www.ccidconsulting.com/about/channel/Detail.asp?Content_id=13461.

破 1 704 亿元，2012 年将达到 2638 亿元。①

我国个人电脑的发展经历了以下几个阶段：

• 学习型电脑（1992－1998 年）。这一时期，电脑对百姓来说还是一种高科技“奢侈品”。在中国，拥有个人电脑的消费者可谓凤毛麟角，而电脑的主要用途也停留在文字处理及一些数据计算。1998 年，中国 PC 市场增长率为 66%，市场保持了 42.8%的高速增长，而海外品牌机首次出现负增长。1998 年首届中关村电脑节“十大知名品牌电脑”依次为方正、联想、四通、清华同方、科海、柏安、恒基、科电、爱必得、国合。到目前为止，除了联想、方正、清华同方、恒基等品牌之外，其他的品牌都已经从中关村市场上消声匿迹，不复存在了。

• 网络及多媒体电脑（1999－2001 年）。这个时期恰是中国网络高速发展的时期，电脑作为上网的终端产品，也借着这阵东风迅速发展，进入繁荣阶段。消费者对于电脑的使用从学习型转为以娱乐为导向，品牌开始大力开发网络及多媒体功能。联想天禧因特网电脑提供一键上网的服务，培育了众多网络使用家庭。

• 家庭数字生活电脑（2002－2007 年）。电脑已经不仅仅是个人生活用品，而且带动了整个家庭数字生活的发展。大屏、宽屏显示器，便携性笔记本的流行，反映了电脑综合性数字服务功能的日益凸显。伴随着电脑品牌的繁荣，优胜劣汰持续上演，整个品牌格局开始趋于稳定。在中国市场大概有几十个品牌仍然活跃，它们正致力于开发更人性化、更能满足消费者日常娱乐生活的产品。

（执笔：吕艳丹　周忠亮）

## 第二节　数码相机

### 一、数码相机品牌十强数据

数码相机品牌十强数据见表 3－7－5、表 3－7－6、表 3－7－7。

**表 3－7－5　数码相机品牌家庭消费者十强**

| 排　序 | 常用品牌 | | 预购品牌 | | 理想品牌 | |
|---|---|---|---|---|---|---|
| | 名　称 | 提及% | 名　称 | 提及% | 名　称 | 提及% |
| 1 | 佳能 | 21.4 | 佳能 | 23.3 | 索尼 | 26.5 |
| 2 | 索尼 | 18.1 | 索尼 | 20.6 | 佳能 | 23.5 |
| 3 | 三星 | 11.1 | 三星 | 9.9 | 三星 | 8.7 |
| 4 | 奥林巴斯 | 9.1 | 尼康 | 7.6 | 尼康 | 8.2 |
| 5 | 尼康 | 6.0 | 奥林巴斯 | 7.2 | 奥林巴斯 | 7.2 |
| 6 | 爱国者 | 4.9 | 松下 | 6.0 | 松下 | 5.6 |
| 7 | 松下 | 4.7 | 爱国者 | 3.3 | 爱国者 | 3.1 |
| 8 | 富士 | 4.0 | 东芝 | 2.7 | 柯达 | 2.8 |
| 9 | 柯达 | 3.2 | 联想 | 2.7 | 东芝 | 2.3 |
| 10 | 东芝 | 3.0 | 卡西欧 | 2.2 | 富士 | 1.9 |

① 中国计算机行业协会．中国个人电脑市场 2008 年将达 1 700 亿［OL］．［2008-03-07］．http：//www.chinaccia.org.cn/xxjl/jl－358.htm

表 3－7－6 数码相机品牌潜力消费者十强

| 排 序 | 常用品牌 | | 预购品牌 | | 理想品牌 | |
|---|---|---|---|---|---|---|
| | 名 称 | 提及％ | 名 称 | 提及％ | 名 称 | 提及％ |
| 1 | 佳能 | 22.2 | 佳能 | 22.3 | 索尼 | 27.0 |
| 2 | 索尼 | 17.9 | 索尼 | 21.3 | 佳能 | 24.2 |
| 3 | 三星 | 11.2 | 三星 | 11.5 | 三星 | 9.5 |
| 4 | 爱国者 | 9.0 | 尼康 | 7.6 | 尼康 | 8.8 |
| 5 | 奥林巴斯 | 8.1 | 奥林巴斯 | 7.3 | 奥林巴斯 | 6.9 |
| 6 | 尼康 | 5.6 | 爱国者 | 5.9 | 爱国者 | 5.6 |
| 7 | 松下 | 4.3 | 松下 | 5.4 | 松下 | 4.6 |
| 8 | 柯达 | 3.4 | 联想 | 2.5 | 联想 | 2.1 |
| 9 | 富士 | 2.9 | 卡西欧 | 2.0 | 卡西欧 | 1.8 |
| 10 | 联想 | 2.5 | 惠普 | 2.0 | 柯达 | 1.6 |

表 3－7－7 数码相机品牌两类消费者加权十强

| 排 序 | 常用品牌 | | 预购品牌 | | 理想品牌 | |
|---|---|---|---|---|---|---|
| | 名 称 | 提及％ | 名 称 | 提及％ | 名 称 | 提及％ |
| 1 | 佳能 | 21.6 | 佳能 | 23.1 | 索尼 | 26.6 |
| 2 | 索尼 | 18.0 | 索尼 | 20.8 | 佳能 | 23.6 |
| 3 | 三星 | 11.1 | 三星 | 10.2 | 三星 | 8.8 |
| 4 | 奥林巴斯 | 8.9 | 尼康 | 7.6 | 尼康 | 8.4 |
| 5 | 尼康 | 6.0 | 奥林巴斯 | 7.3 | 奥林巴斯 | 7.2 |
| 6 | 爱国者 | 5.7 | 松下 | 5.8 | 松下 | 5.4 |
| 7 | 松下 | 4.6 | 爱国者 | 3.8 | 爱国者 | 3.6 |
| 8 | 富士 | 3.8 | 联想 | 2.7 | 柯达 | 2.5 |
| 9 | 柯达 | 3.3 | 东芝 | 2.5 | 东芝 | 2.0 |
| 10 | 东芝 | 2.7 | 卡西欧 | 2.2 | 联想 | 1.9 |

## 二、数码相机品牌竞争格局解析

目前，中国数码相机市场的供求仍保持旺盛，品牌推出新品的速度加快。高像素的不断演进，外观设计的精益求精都推动着市场发展。产品价格持续走低，数码相机的普及率递增。品牌的竞争格局十分明朗并已基本稳定，形成日系、韩系、中系和美系四大品牌阵营。其中，日系品牌众多，佳能、索尼、奥林巴斯、尼康等品牌成为佼佼者；韩系品牌仅有三星孤军奋战，成为能够抗衡日系的中坚力量；中系品牌中爱国者成为领军品牌；美系柯达协同惠普纷纷步入迟暮。见图 3－7－4。

**（一）日系品牌难以撼动**

如图 3－7－5 所示，消费者提及的所有日系品牌在常用品牌、预购品牌和理想品牌都取得了极高的提及率，并呈现出逐步提升的趋势。

日系品牌的全线胜出，得益于其世界领先的技术和精美的工艺设计。日系品牌一直领导着行业的发展，高像素的率先推出、屏幕技术的研发、功能上的革新、人性化的使用结构都遥遥领先。在本次调查中，被提及的日系品牌主要有佳能、索尼、尼康、奥林巴斯、东芝、富士、理光、松下、柯尼卡美能达、卡西欧、宾得、三洋等品牌。其中索尼、佳能、尼康 3 个品牌是日系品牌乃至整个数码相机市场的领导者。

1．索尼、佳能不分伯仲

日系品牌索尼和佳能之间的竞争异常激烈，不分伯仲。在常用及预购品牌榜单中，佳能胜

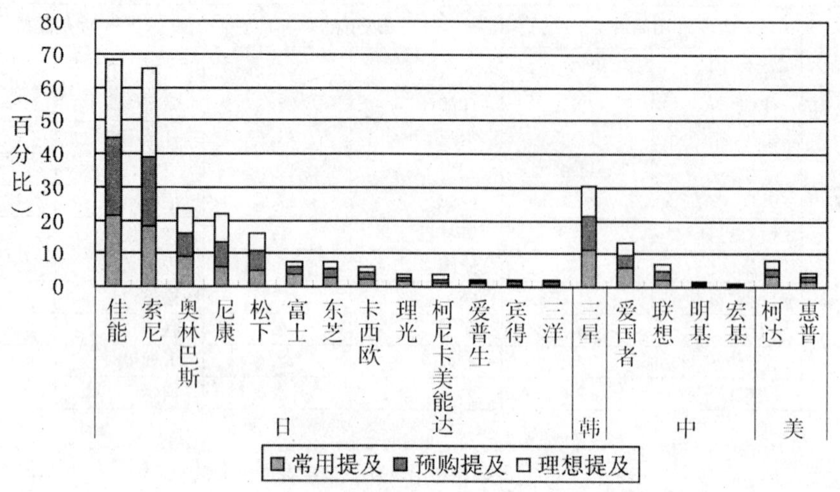


图 3－7－4　日、韩、中、美四国数码相机品牌内部格局

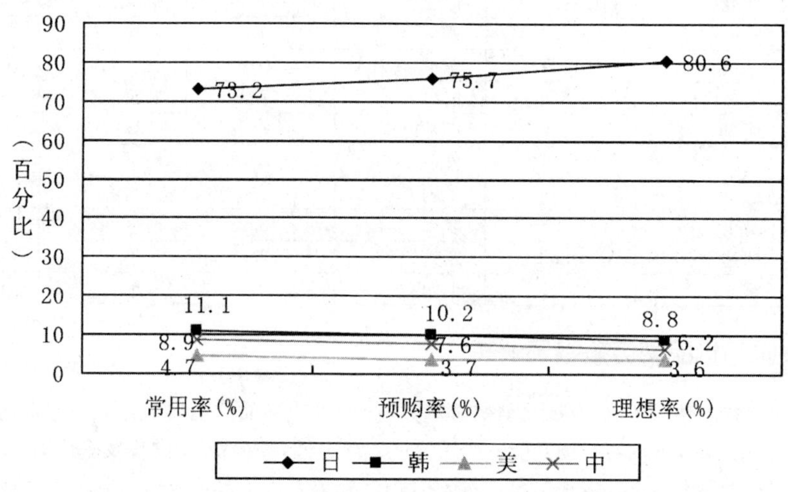


图 3－7－5　日、韩、美、中四国所有被提及数码相机品牌比较

出。佳能以“delighting you always”为品牌口号，产品线涉及数码照相机、数码摄像机、打印机、传真机、扫描仪、投影仪等。兼顾消费类数码相机和单反相机市场，均取得了不错的成绩。佳能以稳定的性能、专业的形象以及较高的性价比赢得市场。而索尼是 IT 界中的弄潮儿，在数码相机方面致力于光学技术上的改进，同德国卡尔·蔡司镜头合作，收购柯尼卡美能达的数码单反技术。在市场细分上，分为 cyber－shot 家用相机系列和数码单反系列，家用数码相机又下设时尚型、准专业型、实用型、经济型四大类。凭借在功能开发、造型设计、概念植入上的独特表现，索尼在数码相机领域逐渐形成了较强的品牌竞争力，在本次调查中以 26.6％的提及率超越佳能，赢得消费者心目中理想品牌第一名的桂冠。

2. 奥林巴斯、尼康——现实与理想的博弈

奥林巴斯凭借出色的广告宣传和营销战略部署打开中国市场，获得了较高的知名度。在常用

品牌榜单中，奥林巴斯超过尼康以8.9%的提及率位居日系品牌第三名。而尼康作为专业品牌的代表，有着近百年的悠久历史。虽然在中国市场中消费数码相机领域的表现并不突出，但尼康品牌在单反数码相机领域居于绝对的领先地位。尼康自1959年生产第一台单反相机，一直巩固着专业相机市场的领先地位，尼康的数码单反无论在镜头技术还是人体工学的机身设计上都赢得消费者的赞誉和信赖。凭借单反的优势，尼康在预购品牌和理想品牌中反超奥林巴斯，分别以7.6%和8.4%的提及率位居日系品牌第三名。

3. 其他日系品牌——伺机而动

其他日系品牌虽然面临上述四大品牌的强压，但因为日系相机的整体优势，在数码相机市场上，它们仍具较强的品牌认知度、竞争力和晋升空间。其中松下、富士、卡西欧、理光等品牌紧追不放；柯卡尼美能达、爱普生、宾得、三洋等差强人意。见表3—7—8。

**表3—7—8 数码相机品牌领先指标**

| 品牌类型 | 第一品牌 | | 第二品牌 | | 领先% |
|---|---|---|---|---|---|
| | 品　牌 | 提及% | 品　牌 | 提及% | |
| 常用品牌 | 佳能 | 21.6 | 索尼 | 18.0 | 3.6 |
| 预购品牌 | 佳能 | 23.1 | 索尼 | 20.8 | 2.3 |
| 理想品牌 | 索尼 | 26.6 | 佳能 | 23.6 | 3.0 |

**（二）韩系仅存三星独撑大局**

面对日系品牌的挤压，韩系品牌仅有三星能够突围，如图3—7—5所示，三星常用提及率为11.1%、预购提及率为10.2%、理想提及率为8.8%，分别名列常用品牌、预购品牌、理想品牌第三名。但其逐渐走低的曲线表现出市场潜力和晋级能力的不足，巩固市场是品牌首要任务。

由于在技术层面上缺乏足够的竞争优势，三星品牌营销的精耕细作就成为其主要竞争策略。

（1）在市场细分上：一方面，针对不同消费需求建立产品系列架构，S系列抢攻重视价格的消费群；NV系列走精品路线；i与L系列则是锁定年轻消费群。另一方面，重点攻占卡片机市场，并以相对低廉的价格体系站稳中低端市场，在此基础上于2006年联合日本宾得，发布数码单反相机，以谋求高端市场空间。

（2）在渠道铺设上：整合旗下多产品类别的资源，广泛涉足家电卖场、IT专营店、品牌专营店等多种渠道，让三星数码相机获得畅通的分销通路及广阔的终端覆盖。

（3）在品牌建设上：以中国本土化营销和体育营销助推品牌发展。三星标榜“做中国人民喜爱的企业，贡献于中国社会的企业”，开展“一心一村”等社会公益事业。2008年北京奥运来临之际，三星获得选拔1 500名火炬手以及火炬接力标志使用权，大力促进了品牌推广和品牌价值的提升。

**（三）美系品牌一蹶不振**

美系品牌仅获得4.7%的常用提及率、3.7%的预购提及率和3.6%的理想提及率，在竞争中处于弱势，并有继续走低的趋势。在本次调查中，被提及的美系品牌仅有柯达和已经退出中国数码相机市场的惠普。

进入21世纪，数码影像技术以超乎想象的速度普及全球，传统相机和胶片市场极度萎缩，柯达对这场数字革命并未给予足够的重视。一度以富士为最大竞争对手的柯达，转眼间必须面对诸如索尼、佳能、尼康、奥林巴斯等日系品牌的挑战。对柯达来说，过去传统业务从优势突然转变成危机和累赘，庞大的身躯一时难以转身，而同时数码相机市场正日新月异地发展。时至如今，柯达的创伤仍难以愈合。在本次调查中，柯达在常用品牌十强中以 3.3%的提及率获得第九名，而在预购品牌和理想品牌十强中名落孙山。

2007 年 10 月，考虑到要适应市场环境和顾客的消费习惯，新的战略要求催生新的市场战术，柯达宣布将于北京奥运会之后退出“TOP”奥运全球合作计划。2007 年 11 月，柯达 4 600 万美元转让股权全面退出中国胶卷乐凯。中国数码相机市场中唯一美系品牌柯达可谓命运多舛，前景堪忧。

**(四) 国产品牌节节败退**

本次调查中消费者提及的国产品牌包括爱国者、联想、明基和宏基。共获得 8.9%的常用提及率、7.6%的预购提及率和 6.2%的理想提及率。

2002 年—2003 年是中国数码相机市场的品牌爆发年，国产品牌纷纷涌入市场掘金，主要定位低端，价格战和像素战是主要的竞争形态。然而经历了几年的摸爬滚打，国产品牌却没能取得胜利，反而节节败退。2004 年，北大方正和清华紫光暂停新品上市，全面收缩数码相机业务；2007 年 12 月，随着联想宣布退出数码相机市场，市场上的国产数码相机品牌仅存爱国者、明基、TCL 三家。

其中，爱国者成为国产品牌旗帜，分别以 5.7%、3.8%和 3.6%的提及率挤进常用品牌、预购品牌、理想品牌十强。爱国者的所有者华旗资讯只是一家中型企业，资本、技术和管理等各方面实力均较为有限。在日系品牌高压下，爱国者的低端之路同样充满艰难险阻，利润空间和拓展空间日益狭窄，2005 年和 2006 年，爱国者数码相机业务共亏损 7 000 万元。① 2007 年，爱国者宣布数码相机事业部将会被拆分至 A 股上市，2008 年将推出数码单反高端产品。爱国者的发展前景值得关注，它的去留将在一定程度上影响着国产数码相机的未来。

## 三、数码相机品牌发展策略和市场热点趋势

**(一) 产品开发热点**

1. “数码单反”成为高利润市场竞争焦点

随着数码相机高科技外衣逐渐被剥离，专业数码单反相机开始走进普通消费者的生活，成为市场发展新的需求趋势。数码单反相机相对较高的价格，也使其成为各品牌为了摆脱数码相机利润低下的梦魇，而努力寻求新的利润增长点，尤其是三星、爱国者、柯达等技术不占上风的品牌更是对“数码单反”市场频频发力。针对单反数码相机对消费者可能存在的认知盲点，各品牌相继开发入门级数码单反相机，并注重培育市场的目标消费者，如索尼成立单反相机俱乐部，在各大城市开设专业摄影课程，传授拍摄技巧。

2. 时尚机型成为市场宠儿

中国数码相机市场产品整体呈现出时尚化的倾向，色彩鲜明、大屏幕、轻巧超薄的机型成为品牌争夺市场的利器，索尼 T 系列、佳能 IXUS 系列、三星 i 系列、尼康 coolpix 系列、奥林巴斯 u 系列、卡西欧 EX 系列等都属于这个领域。这是由于：一方面，消费者对日常生活影像记录的热情日益增高，数码相机成为随身携带的物品，时尚个性的外观设计也成为消费者考量的重要元素；另一方面，良好的设计工艺配合时尚概念的植入，增强了品牌联想和识别，有利于产品溢价，形成独特的销售张力。

① 十二年惊变 细看中国数码相机市场发展［OL］.［2007-11-28］. http：//tech.163.com/digi/07/1128/18/3UDGNNO5001624J2_10.html.

### （二）品牌竞争趋势

1．家庭消费成主流，市场容量将继续扩张

随着数码相机市场的成熟，目标消费群体构成更加多元化，从专业个人消费者为主导逐渐向普通家庭消费者为主导转变。传统相机的普及率很广，主体市场是家庭消费者，他们应用相机于家庭聚会、游玩、为孩子拍照留念等。数码技术为生活带来方便快捷和更多的娱乐功能，家庭消费者开始将传统相机替换成数码相机。另外，数码打印机的普遍及数码冲印服务行业的快速发展，对家庭消费者的购买产生积极的影响。大众化将是数码相机发展的方向，家庭消费者也逐渐成为数码相机市场的主流消费者。

在泛娱乐化时代背景下，数码相机的市场容量还将继续扩张。家庭消费者和潜力消费者的使用率均不高，但是预购率、理想率均逐级递增，其中家庭消费者理想率比使用率高出 5.9%，这个差值在潜力消费者中更是达到 17.8%。理想率和使用率的差距，反映了消费者购买欲望强烈，对于理想品牌的认知相对明确，表明整个市场容量还未饱和，并且拥有很大的扩张空间。见图3－7－6。

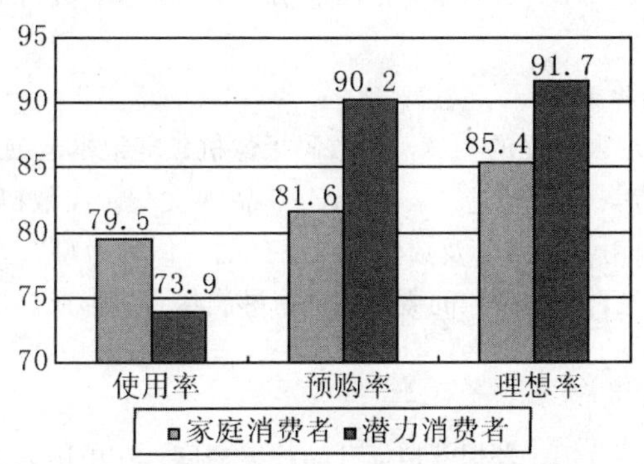


图 3－7－6　数码相机消费者品牌填答率

2．利润摊薄，价格透明

由于数码相机市场结构进一步升级，产品的技术日益提高，推出新品、主流配置的频率增快，产品淘汰更迭的周期越来越短。在市场上，高像素低价位的产品对消费者产生极大吸引力。短期的利润追求导致整个市场的价格持续走低，利润摊薄，保证销量、避免库存成为各品牌首要解决的问题。

产品利润逐渐透明，各品牌同等规格的产品定价逐渐趋同。尼康作为单反数码相机的领导者在高利润的驱使下，于 2005 年末数码相机市场降价成风之时，逆市涨价，使得经销商叫苦连天，销量大幅度锐减。利润透明化已经是事实，涨价毫无疑问是最坏的选择。

3．季节性成交减弱

季节性的集中购买是数码相机市场一大特色，每年的“五一”以及“十一”的前两个月都是销售旺季；另外，各品牌对学生阶层这一重要的目标消费群的促销宣传也带来寒暑假销量的攀升。但是近两年来，这种季节性的购买成交明显减弱。一方面，数码相机市场的渠道争夺、终端的竞争消耗大量成本，品牌季节性的促销推广力度有所减弱；另一方面，消费者对数码相机已形成较成熟的购买决策体系，对厂家季节性促销已经很难心动，日常购买和季节性购买差异缩小。

## 专案解析

### 索尼——尖端科技注入品牌文化

索尼公司的前身是日本东京通讯工业株式会社，1958年由创始人盛田昭夫、井深大改名为索尼，于1996年10月在北京设立全资子公司——索尼（中国）有限公司。索尼公司的产品业务包括家用视听产品、数码照相机、数码摄像机、个人电脑、个人音频产品、专业产品、电子零部件等，同时还涉足游戏产业和娱乐内容产业。

索尼的数码相机开发从1988年开始，于1995年设计生产了第一台“cyber－shot”数码相机，并于1996年10月上市。多年来，索尼作为日系品牌重要一员，在中国数码相机市场上保持领先地位。

**核心技术为品牌保驾护航**

核心技术上的领先地位是品牌成功的根基。索尼掌握数码相机核心技术CCD①，并且具有大量对外供应的能力，几乎所有的数码相机在消费类数码相机的生产中都应用索尼的技术。同时，在光学劣势面前，索尼加紧技术升级，采用德国卡尔·蔡司镜头，并且购买柯卡尼美能达的数码单反技术，弥补不足。

**塑造“sony style”品牌文化**

索尼数码相机作为索尼大家庭的一员，与数码摄像机、笔记本电脑、MP3、psp等各品类产品在营销上互相渗透依存，合力塑造“sony style”品牌文化。在数码相机领域，索尼分别用“cyber－shot”系列的“自由我主张”及数码单反系列的“你的力量”为口号，塑造时尚个性的品牌形象，将“精湛工艺融合高科技”的概念演绎得淋漓尽致，形成高端的品牌感知，获得消费者青睐。

**社会营销赢美誉**

索尼公司善于利用公益营销、环保营销提升品牌美誉度。在中国大力开展“爱心助学工程”、“索尼足球乐园”、索尼奖学金、索尼大学生电子设计竞赛、“索尼绿色成长计划”等。通过这些活动的开展，索尼获得了大量的媒体曝光，在消费者心目中树立起有社会责任感的品牌形象。

尖端科技注入了独特的品牌文化，让索尼在众多数码相机品牌中脱颖而出，在本次调查中，索尼获得消费者最理想的数码相机品牌。

## 资料链接

2006年我国数码相机销量达到640万台②，2007年上半年销售额达75.6亿元，同比增长10%③。数码相机开始走进千万家庭，但还没有达到传统相机当年的普及程度，中国数码相机市场还有很大的上升空间。

回顾发展历程，中国数码相机市场可划分为以下几个发展阶段④：

- 品牌初创期（1996－1999年）。数码相机于1996年进入中国，日本品牌卡西欧率先出现在

---

① Charge Coupled Device电荷耦合器件，是一种半导体装置，能够把光学影像转化为数字信号。

② 2007年中国数码相机消费者满意度调研介绍［OL］．［2007-12-06］．http：//tech. sina. com. cn/it/2007/12/06/16091897411. shtml.

③ 韦玉怀．2007上半年中国消费电子市场综述［OL］．［2007-08-06］．http：//www. ccidconsulting. com/news/channel/news_detail. asp? Content_id=13426.

④ 十二年惊变 细看中国数码相机市场发展［OL］．［2007-11-28］．http：//www. der8. cn/article/56/62/2007/2007112812766. shtml.

中国消费者面前，随即美国柯达和德国爱克发进入市场。当时数码相机品牌寥寥无几，在技术上也处于初创时期，150 万像素成为领先指标。市场表现最为出色的是相机老牌柯达，1999 年市场份额达到 34%。国内企业中，海鸥开发生产的数码相机于 1998 年 8 月投放市场，是中国数码相机品牌先行者；北大方正和清华紫光代理国外数码相机品牌，积累了一定的品牌经验。1999 年中国数码相机的出货量达到 7 万台，与 1998 年的 4 万台相比，增幅达 75%。

• 群雄争霸期（2000－2003 年）。2000 年是中国数码相机市场品牌爆发的临界点，2000 年到 2003 年，市场品牌空前繁荣，竞争之势渐起。国外方面，索尼、佳能、尼康、三星、富士、奥林巴斯等相继进入中国市场。国内方面，清华紫光、北大方正、联想、朝华科技、华旗资讯、凤凰、TCL、先科等相继投放生产数码相机，与国外品牌抗衡。根据 IDC 发布的 2002 年第四季度中国数码相机市场报告，第四季度国内共售出数码相机 25.9 万部，市场占有率前十名的品牌依次是：索尼（14.5%）、佳能（13.1%）、联想（11.8%）、奥林巴斯（11.5%）、富士（11.4%）、方正（8.6%）、柯达（6.7%）、尼康（5.1%）、紫光（4.5%）和美能达(3.4%)。

• 优胜劣汰期（2004－2005 年）。在这个时期，品牌之间大打价格战和像素战，竞争恶化。京瓷、东芝相继宣布全面停止数码相机方面的业务，奥林巴斯和柯达财报亏损，惠普退出亚太地区市场，定位中低端的国产品牌联想、清华紫光、方正和 TCL 也相继紧缩生产。恶性竞争导致各品牌业绩全面下滑，但能够抵抗震荡的优秀品牌仍坚守市场阵地，谋求进一步发展。

• 稳定上升期（2006－2007 年）。各品牌在一场混战之后，终于迎来了业界的平稳期，经过优胜劣汰的过程后，竞争格局也逐渐分明。国内数码相机市场表现出几大国外品牌占主导、国产及中小品牌分争微小市场份额的局面。总体来看，市场显现出一定的上升趋势，中国信息产业部主要产品产量统计数据显示：2007 年1－9月中国数码相机产量为 4 753.4 万台，上年同期产量为 4 060.8 万台，同比增长了 17.1%。

（执笔：吕艳丹　周忠亮）

# 第三节　MP3

## 一、MP3 品牌十强数据

MP3 品牌十强数据见表 3－7－9、表 3－7－10、表 3－7－11。

**表 3－7－9　MP3 品牌家庭消费者十强**

| 排　序 | 常用品牌 | | 预购品牌 | | 理想品牌 | |
|---|---|---|---|---|---|---|
| | 名　称 | 提及% | 名　称 | 提及% | 名　称 | 提及% |
| 1 | 爱国者 | 16.4 | 苹果 iPod | 21.7 | 苹果 iPod | 27.9 |
| 2 | 纽曼 | 12.3 | 索尼 | 13.7 | 索尼 | 16.4 |
| 3 | 苹果 iPod | 11.8 | 爱国者 | 11.4 | 爱国者 | 10.8 |
| 4 | 三星 | 9.6 | 三星 | 10.8 | 三星 | 9.5 |
| 5 | 索尼 | 7.4 | OPPO | 7.8 | OPPO | 9.1 |
| 6 | OPPO | 6.7 | 纽曼 | 6.9 | 纽曼 | 6.9 |
| 7 | 清华同方 | 5.4 | 联想 | 4.1 | 联想 | 4.2 |
| 8 | 联想 | 5.4 | 魅族 | 3.9 | 魅族 | 2.8 |
| 9 | 魅族 | 4.6 | 清华同方 | 3.9 | 清华同方 | 2.7 |
| 10 | 优百特 | 3.0 | 蓝魔 | 2.0 | 优百特 | 1.9 |

表 3－7－10 MP3 品牌潜力消费者十强

| 排 序 | 常用品牌 | | 预购品牌 | | 理想品牌 | |
|---|---|---|---|---|---|---|
| | 名 称 | 提及% | 名 称 | 提及% | 名 称 | 提及% |
| 1 | 纽曼 | 14.2 | 苹果 iPod | 29.3 | 苹果 iPod | 38.5 |
| 2 | 苹果 iPod | 12.2 | OPPO | 10.9 | 索尼 | 12.0 |
| 3 | 爱国者 | 11.6 | 爱国者 | 10.3 | OPPO | 11.8 |
| 4 | 魅族 | 10.3 | 索尼 | 9.9 | 爱国者 | 8.4 |
| 5 | OPPO | 8.7 | 魅族 | 9.4 | 三星 | 6.3 |
| 6 | 索尼 | 5.9 | 三星 | 7.5 | 魅族 | 5.2 |
| 7 | 三星 | 5.5 | 纽曼 | 6.4 | 纽曼 | 5.1 |
| 8 | 优百特 | 5.3 | 清华同方 | 2.6 | 艾利和 | 2.1 |
| 9 | 清华同方 | 4.8 | 蓝魔 | 2.4 | 蓝魔 | 2.1 |
| 10 | 蓝魔 | 4.0 | 艾利和 | 2.2 | 清华同方 | 1.5 |

表 3－7－11 MP3 品牌两类消费者加权十强

| 排 序 | 常用品牌 | | 预购品牌 | | 理想品牌 | |
|---|---|---|---|---|---|---|
| | 名 称 | 提及% | 名 称 | 提及% | 名 称 | 提及% |
| 1 | 爱国者 | 15.4 | 苹果 iPod | 23.2 | 苹果 iPod | 30.0 |
| 2 | 纽曼 | 12.7 | 索尼 | 12.9 | 索尼 | 15.5 |
| 3 | 苹果 iPod | 11.9 | 爱国者 | 11.2 | 爱国者 | 10.4 |
| 4 | 三星 | 8.8 | 三星 | 10.1 | OPPO | 9.7 |
| 5 | OPPO | 7.1 | OPPO | 8.5 | 三星 | 8.9 |
| 6 | 索尼 | 7.1 | 纽曼 | 6.8 | 纽曼 | 6.5 |
| 7 | 魅族 | 5.7 | 魅族 | 5.0 | 联想 | 3.6 |
| 8 | 清华同方 | 5.3 | 联想 | 3.6 | 魅族 | 3.3 |
| 9 | 联想 | 4.7 | 清华同方 | 3.6 | 清华同方 | 2.4 |
| 10 | 优百特 | 3.5 | 蓝魔 | 2.1 | 优百特 | 1.8 |

## 二、MP3 品牌竞争格局解析

### （一）品牌庞杂，良莠不齐

由于 MP3 的生产成本、技术门槛都相对较低，风险也比较低，导致国内市场上品牌众多，庞杂之极。据太平洋电脑网统计，总品牌数达到 300 个以上。本次调查中，消费者提及的品牌总宽度达 90 个，此外市场上还有很多没有品牌的产品，数量更是无从统计。

按照生产企业性质，可以将 MP3 品牌分为几大来源类型。第一，以专业生产 MP3 产品起家的品牌，如蓝魔、oppo、iriver 等；第二，由移动存储品牌延伸至 MP3 领域的品牌，如朗科、优百特等；第三，以家电生产为主业的品牌，如长虹、步步高等；第四，消费数码品牌，如索尼、爱国者等；第五，通讯设备品牌，如夏新、摩托罗拉等；第六，电脑及配件品牌，如苹果的 ipod、联想、七喜、微星等；第七，一些跨界较大的品牌，如 nike、Hello Kitty、Disney 等。见图 3－7－7。

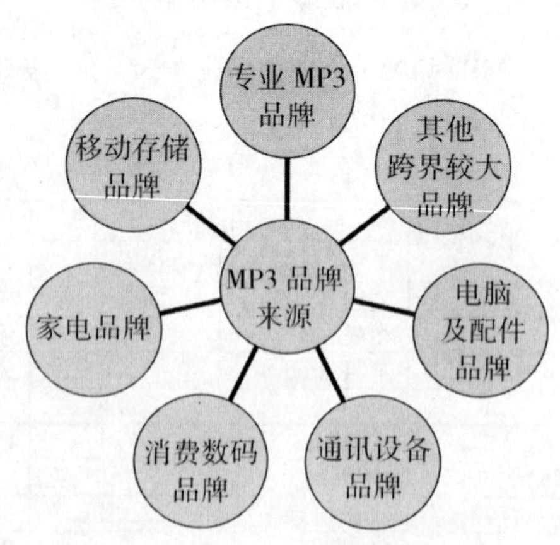


图 3－7－7 MP3 品牌来源类型图

同时，市场上也充斥着很多“杂牌子”，这些品牌以短期利益为目标，产品、服务等各方面缺乏保障，更勿论持久的品牌战略。良莠不齐的国产品牌让市场异常混乱、行业畸形发展，低端产品价格倾轧严重。2006年，上海市质量技术监督局在抽查MP3市场时发现，有七成MP3没有获得3C认证，大部分MP3容量比标示的少，市场亟待进一步规范。

**（二）国内品牌vs国外品牌**

1. 现实与理想，各选其优

（1）国产品牌常用领先

在常用品牌提及十强中，国产品牌占据了7个席位。爱国者和纽曼分别以15.4%和12.7%的提及率名列第一、二名，oppo、魅族、清华同方、联想、优百特也占有一定比例。如图3－7－8所示，所有被提及的国外品牌常用率累计达31.2%，而国产品牌则为63.2%，优势明显。

这主要有两个方面的原因：一方面，从消费者消费能力上来看，国产品牌的价格对消费者具有一定吸引力。虽然国外品牌也纷纷进入中低端市场，但是功能上没有国产品牌全面，且价格普遍高于同等级别的国产品牌。另一方面，从消费者的消费观念来看，国产品牌实用性优势大于国外品牌的附加价值。国内外品牌在产品功能开发上已基本达到同一水平线，核心技术也基本同质化，国外品牌更高的溢价能力主要表现在产品细致的做工和精美的外观设计以及较高的品牌资产，而这三方面对于消费者来说都不是实用性价值。因此，消费能力有限的消费者通常选择性价比较高的国产品牌。

（2）国外品牌更为理想

虽然在消费者常用品牌的争夺中大幅落后，但是国外品牌的走势上扬，预购率已经险胜国产品牌，并在理想率的比较中，国外品牌领先国产品牌15个百分点。这是由于，国外品牌大都定位高端，虽然大部分消费者限于消费能力，现有品牌以价格较低的国产品牌为主，但对国外品牌有丰富的品牌联想和较高的美誉度，在下一次购买时往往会考虑这些品牌，并将其视为理想品牌。

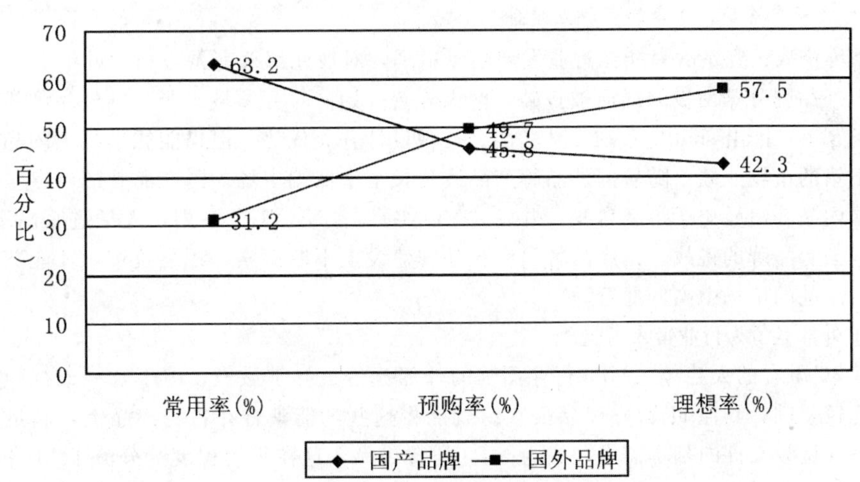


**图3－7－8 国内外MP3品牌常用、预购、理想提及率走势**

在众多国外品牌中，ipod可谓一枝独秀，凭借23.2%的预购率和30%的理想率成为MP3品牌领导者。ipod拥有前卫的品牌文化和精湛的工业设计，主产品周边配件和iTunes软件及音乐内容产品共同为消费者打造精品数码生活。韩系MP3包括三星、iriver、mpio、iaudio 、LG、现代等品牌，依靠良好的音质和工艺赢得消费者的口碑。在本次调查中，韩系代表三星榜上有名，分别以8.8%和10.1%的提及率名列常用品牌和预购品牌榜第四名，在理想品牌榜中，以8.9%的提及率跌至第五名。日系大牌索尼在预购品牌和理想品牌排名中，分别以12.9%和15.5%的提及率名列第2名，并以8.4%的晋级指标位居晋级排名亚军，表现出强劲的晋级力，这与其身后强大消费数码帝国所带来的雄厚品牌资产不无关系。

2. 音频与视频，分占市场

如图3－7－9所示，在纯音频MP3和视频MP3两大市场中，国内外两大品牌阵营各有专攻，分别领先对手。纯音频MP3经历了长时间的发展，竞争异常激烈，国外品牌具有较高的溢价能力，占据高端市场，国产品牌无奈只能在中低端市场相互争夺。视频MP3市场的开放给众多国产品牌带来机遇，国产品牌反应迅速、集体发力，以其相对低廉的价格先入为主。2006年至2007上半年，国产品牌纽曼、魅族、优百特、长虹、DEC中恒占据该市场43.9%的份额①。

| | | |
|---|---|---|
| 纯音频MP3 | | √领先<br>代表品牌：<br>iriver、三星、<br>mpio 、iaudio、<br>索尼、ipod |
| 视频MP3 | √领先<br>代表品牌：魅族、<br>纽曼、爱国者、<br>oppo、明基、<br>蓝魔 | |
| | 国产品牌 | 国外品牌 |

**图3－7－9 国内外MP3品牌领先优势对比**

3. 打破原有格局，竞争触角相互延伸

单靠价格战、容量战只能让行业发展趋于扁平，对彼此都百害无一利。近年来，MP3市场中国内外品牌分踞两极的局面被打破，两大阵营开始向对方领域扩张。国外品牌纷纷侵占低端市场，ipod推出shuffle系列，其功能、外观设计并无优势，但仍能凭借强大的品牌影响力获得不错的市场业绩。随着国外品牌产品线延长至中低端市场，国产品牌的生存空间更加有限。国内品牌纽曼勇于挑战自我，开发“MOMO”、“NUNU”系列，大举进军高端市场。面对跨国强势品牌的挑战，国产品牌只有在品牌建设上不断探索，积累资产，才能获得竞争优势，在混乱的市场中高低通行。

**（三）外部竞争为行业带来考验**

面对3C融合的大趋势，MP3行业面临的外部竞争也异常激烈。由于音频或视频播放技术相对比较基础，其他IT数码产品很容易就能将这些功能整合在自身产品上，满足消费者欣赏音频、视频文件的基本需求，成为MP3的替代品，这在很大程度上分流了MP3品牌的市场份额。

如图3－7－10所示，在主要的七大类别替代品中，音乐手机对MP3的威胁最为强大；其他消费类数码产品如数码相机、数码伴侣、掌上游戏机、PDA、DMB终端等，以其日新月异的技术不断冲击MP3市场；2007年末，超便携电脑华硕Eee－pc横空出世，引爆新的竞争力量。

① 2007年上半年中国视频MP3国产品牌领先机［OL］． ［2007-09-19］． http：//data. chinabyte. com/mfbgjd/447/3055447. shtml.

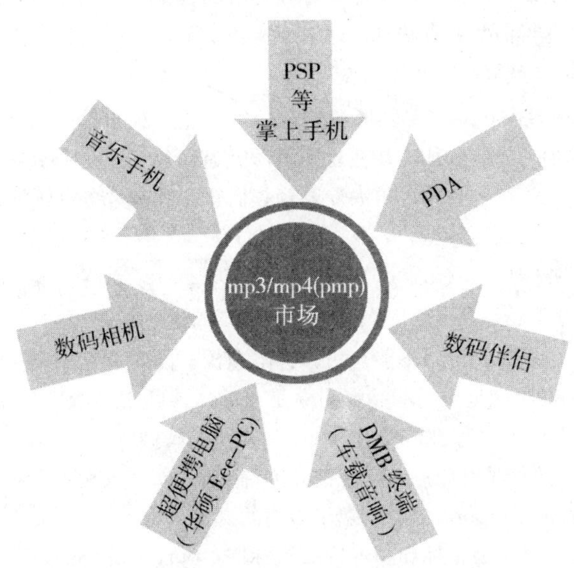


图 3—7—10　MP3 替代品竞争情况

## 三、MP3 品牌发展策略和市场热点趋势

### （一）产品革新推动市场发展

1. 纯音频 MP3 市场下滑，视频 MP3 增长迅猛

市场上纯音频 MP3 的销量持续下滑。比较 2007 年上半年中国市场纯 MP3 及视频 MP3 业绩可见，2007 年上半年纯音频 MP3 销量达 119.3 万台，同比下降 52.0%；销售额达 6.2 亿元，同比下降 58.9%。而视频 MP3 增长迅猛，2007 上半年视频 MP3 销量 326.3 万台，同比增长 289.4%；销售额 15.5 亿元，同比增长 216.3%。① 在价格持续走低的市场环境下，纯音频 MP3 开始逐渐被消费者淘汰，取而代之的是功能更加强大的视频 MP3。一方面，是因为消费者需求的升级，他们要求体验科技变革带来的快乐，满足更丰富的日常娱乐需求；另一方面，国产品牌大力发开视频 MP3，以较低的价格打开市场，带动整个视频 MP3 市场的迅速发展。

表 3—7—12　2007 年上半年中国市场纯音频 MP3 及视频 MP3 业绩比较

| | 销量（万台） | 同比增长（%） | 销售额（亿元） | 同比增长（%） |
|---|---|---|---|---|
| 纯音频 MP3 | 119.3 | －52.0 | 6.2 | －58.9 |
| 视频 MP3 | 326.3 | 289.4 | 15.5 | 216.3 |

2. “音质”回归备受关注

市场整体价格持续走低，消费者的耳朵却越来越挑剔。MP3 音质在“乱花渐欲迷人眼”的市场环境下重新回归消费者考量标准，且地位越来越重要。

国内中小品牌大多采用 OEM 方式生产，虽然价格低廉但音质难以保证且故障率也较高，消

① 2007 年中国上半年纯音频 MP3 播放机市场大幅下滑［OL］．［2007-09-19］．http：//data.chinabyte.com/mfbgjd/449/3055449.shtml.

费者满意度差强人意。反观一些国外高端品牌，如韩国品牌 iriver，不惜重金搭配森海塞尔专业耳机，以达到理想音质，获得消费者青睐。

3. 一机多能，向随身数码娱乐中心转型

MP3 功能相对单一，面对 3C 产品不断分流，一机多能有利于抵抗其他数码产品的侵袭。但也要注意，如果因为附加功能的添加，却在音频品质上有所缺失，势必失去竞争优势，和其他产品趋于同质化。品牌要权衡竞争利弊，扩大专业音频优势，并对劣势有所补偿，从而让 MP3 完成向个人随身数码娱乐中心的成功转型。

**（二）品牌建设突围红海**

1. 国产高端路可行

国产品牌在中低端市场的泥沼中不能自拔，愈陷愈深。随着利润空间持续紧缩，发力高端不失为一则良方。oppo 的诞生就是以高端品牌为立足点的，伴随着高频度的 15 秒广告席卷各地电视台，“我的音乐梦想”广告口号被消费者熟知。在广告中竭力营造韩剧氛围，一度让消费者误以为 oppo 是韩国品牌，这种品牌原产地联想把 oppo 高端印象植入消费者脑中，同时在市场上配合定高端定价。这些都淡化了 oppo 出身广东步步高的真实身份。

本次调查显示，在市场潜力指标和品牌晋级指标中，oppo 的表现可圈可点，分别有 1.3%和 2.5%的提及比率，列在苹果 ipod 和索尼两大世界顶尖品牌之后，名列第三名，成为调查中国产品牌的佼佼者。oppo 的高端探索，让国产品牌看到了突围低价红海的希望，国产高端路可行。

2. 锁定年轻消费者

MP3 市场的目标消费群里有明显的年龄断代，年轻消费者是主要生力军。家庭消费者的使用率、预购率、理想率都很低，仅有 67.4%、68.9%和 71.2%；而潜力消费者则大相径庭，使用率、预购率、理想率分别高达 90.9%、92.0%和 94.3%。见图 3－7－11。

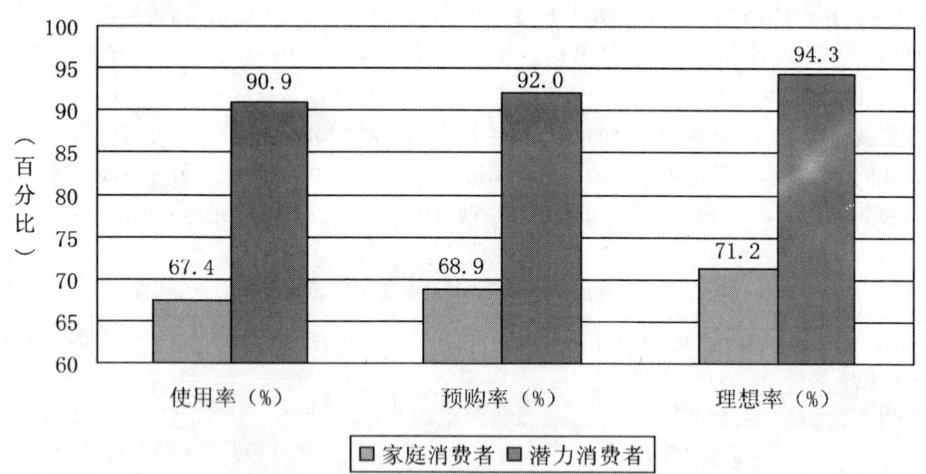


**图 3－7－11　MP3 品牌消费者填答率指标比较**

为更好地锁定年轻消费群体，需要注意以下几个方面：首先，在品牌定位上要突出年轻人易于接受的概念，达到与消费者的深度交流；其次，在外观上，新潮、时尚、精湛的设计往往更加深得人心；最后，在渠道及终端拓展上，要善于捕捉年轻消费者消费规律和购买习惯，比如注重在 IT 卖场、品牌专营店或网络商城的推广活动，线下促销、广告宣传、店面设计等也要注意迎合年轻消费者的喜好。

**（三）品牌宽度紧缩，马太效应明显**

如图 3—7—12 所示，消费者所提及的品牌宽度为 90 个，而实际上市场现存品牌数量超过 300 个。在消费者预购品牌宽度和理想品牌宽度中，品牌数更急剧紧缩为 30 个左右。

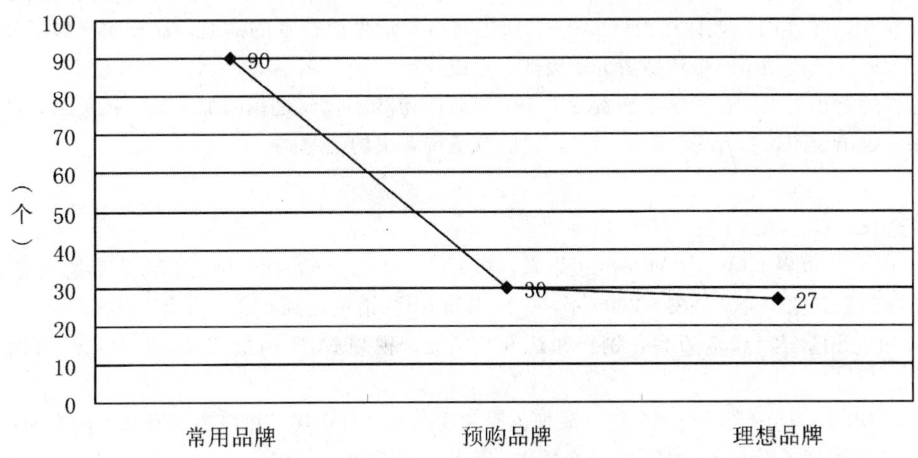


图 3—7—12　MP3 三大消费状态品牌宽度落差

理想品牌趋于集中是 IT 及数码行业的特色，但像 MP3 这样大跨度的品牌数量缩减还是少见。首先，MP3 的投产经营成本相对低廉，各种类型品牌纷纷投入市场，而大部分中小品牌仅依靠价格战获取利润，产品质量、创新意识、品牌营销表现差强人意，投机嫌疑严重。其次，相对其他品类而言，消费者转换品牌的成本相对较低，更换品牌频率较高，预购品牌和理想品牌相对清晰。

MP3 品牌宽度的强大落差，说明目前市场上品牌过剩，真正得到消费者认可的又少之又少。除了中小品牌之间的自身倾轧之外，强势品牌也不愿错过低端市场的争夺，利润逐渐成为市场短板。由此，强势品牌越来越集中，弱势品牌逐渐被淘汰，马太效应凸显。

## 专案解析

### 魅族：看准校园这片沃土

珠海市魅族电子科技有限公司是一家专注多媒体终端研发与生产的高科技企业，成立于 2003 年 3 月，2007 年产值已经达到数亿元人民币，在国内多媒体播放器市场以及日韩欧美等海外市场均取得了不错的成绩。

**丰富多彩的校园营销**

魅族在制定品牌营销策略时，首先锁定学生消费者。2006 年魅族开展“第二届魅族全国音乐校园行”活动，足迹遍布祖国众多高校。在校园赞助学生晚会等活动，开展有奖调查，举办企业家论坛、产品展示等精彩纷呈的活动。2007 年，“寻找断点、魅力行动”魅族第三届全国音乐校园行举办，通过歌唱比赛选秀活动，选出校园“魅力星”。

校园作为一种特殊的消费者社区，有着传播精准、互动性强、反馈及时等特点，校园舆论领袖的作用十分明显。这使得品牌校园营销的传播效果增强，对建立品牌知名度、美誉度都有帮助。

**从校园到网络社区**

魅族将营销社区从校园搬上网络，对活动的后续展示、评论都在“魅族论坛”上开展。魅族论坛建立于2003年3月26日，最高在线人数达7 077人。如此高的浏览量得益于校园活动的积累。魅族大力开发网络营销，以论坛为大本营，配合系列产品music card的宣传，面对大学生开展“魅族Music Card主题面板设计大赛”。通过网络对学生消费者的沟通，让校园突破了地域界限，更大程度上调动了学生消费者的积极性，形成互动。

魅族的营销工夫下在了学生消费者上，但魅族的市场不仅仅是校园那么大。接下来，如何继承成果，走出校园，打开更广阔的市场，是魅族亟待解决的问题。

## 资料链接

自1998年世界上第一台MP3问世以来，短短的不到十年的时间，中国MP3市场发展迅速，技术不断革新，竞争异常激烈。2005年，中国市场MP3销量达到616.1万台①，2007年上半年，纯音频MP3销量达119.3万台，销售额达6.2亿元；视频MP3销量326.3万台，销售额15.5亿元②。

中国MP3市场中产品类型多样，品牌也异常庞杂。划分市场的维度主要有几下四方面：

• 价格维度。涵盖高、中、低3个档次：高端价位基本超过1 000元，主要是三星、iriver、ipod、索尼等国外电子数码品牌；中端价位主要在500～1 000元之间，以爱国者、纽曼、魅族等国产优势品牌为主；低端价位不足500元，这个区间聚集了众多中小品牌。③

• 储存容量维度。容量是MP3产品被消费者感知最为敏感的纬度。一般情况下，容量大小对价格也产生直接的影响。MP3经历了最初64m、128m、256m、512m的发展，随着存储技术的发展，相继出现闪存MP3、微硬盘（1.5 g）MP3、硬盘MP3。目前市场主流容量已经在2g以上，并且呈现不断扩大的发展趋势。微软zune系列已经推出80g硬盘MP3，苹果ipod classic推出160g容量产品。

• “影像支持”维度。是否支持视频播放成为MP3产品类型新的划分标准。为满足消费者新的需求，获取更多利润，各品牌目前都争相开发视频MP3或mp4（pmp）产品，纯音频MP3的市场相应有所萎缩。

（执笔：周忠亮）

# 第四节　电池

## 一、电池品牌十强数据

电池品牌十强数据见表3－7－13、表3－7－14、表3－7－15。

---

① 2005年中国MP3市场研究及2006－2010年市场预测报告［OL］.［2007-02-05］. http://market.ccidnet.com/pub/report/show_8594.html.

② 2007年中国上半年纯音频MP3播放机市场大幅下滑［OL］.［2007-09-19］. http://data.chinabyte.com/mfbgjd/449/3055449.shtml.

③ 2007年上半年中国视频MP3国产品牌领先机［OL］.［2007-09-19］. http://data.chinabyte.com/mfbgjd/447/3055447.shtml.

表 3—7—13　电池品牌家庭消费者十强

| 排　序 | 常用品牌 | | 预购品牌 | | 理想品牌 | |
|---|---|---|---|---|---|---|
| | 名　称 | 提及% | 名　称 | 提及% | 名　称 | 提及% |
| 1 | 南孚 | 51.4 | 南孚 | 48.8 | 南孚 | 51.5 |
| 2 | 金霸王 | 9.8 | 金霸王 | 11.0 | 金霸王 | 10.9 |
| 3 | 双鹿 | 6.1 | 双鹿 | 5.5 | 索尼 | 6.6 |
| 4 | GP 超霸 | 5.7 | GP 超霸 | 5.0 | GP 超霸 | 4.4 |
| 5 | 白象 | 5.2 | 劲量 | 4.6 | 双鹿 | 4.4 |
| 6 | 555 | 4.5 | 索尼 | 3.8 | 松下 | 4.1 |
| 7 | 劲量 | 3.3 | 松下 | 3.2 | 劲量 | 3.7 |
| 8 | 东芝 | 2.7 | 东芝 | 3.1 | 飞利浦 | 3.5 |
| 9 | 飞利浦 | 2.3 | 飞利浦 | 3.0 | 东芝 | 2.8 |
| 10 | 索尼 | 2.0 | 555 | 3.0 | 白象 | 2.2 |

表 3—7—14　电池品牌潜力消费者十强

| 排　序 | 常用品牌 | | 预购品牌 | | 理想品牌 | |
|---|---|---|---|---|---|---|
| | 名　称 | 提及% | 名　称 | 提及% | 名　称 | 提及% |
| 1 | 南孚 | 49.4 | 南孚 | 47.6 | 南孚 | 49.9 |
| 2 | 金霸王 | 8.1 | 金霸王 | 8.7 | 金霸王 | 9.4 |
| 3 | 双鹿 | 7.1 | GP 超霸 | 6.5 | 索尼 | 8.6 |
| 4 | 555 | 6.4 | 双鹿 | 6.1 | GP 超霸 | 5.8 |
| 5 | GP 超霸 | 5.5 | 索尼 | 4.8 | 松下 | 4.3 |
| 6 | 白象 | 4.0 | 松下 | 4.0 | 飞利浦 | 4.2 |
| 7 | 飞利浦 | 3.2 | 飞利浦 | 3.8 | 双鹿 | 3.7 |
| 8 | 索尼 | 2.6 | 劲量 | 3.2 | 劲量 | 3.0 |
| 9 | 东芝 | 2.5 | 东芝 | 3.1 | 东芝 | 2.6 |
| 10 | 劲量 | 2.3 | 555 | 2.9 | 555 | 2.4 |

表 3—7—15　电池品牌两类消费者加权十强

| 排　序 | 常用品牌 | | 预购品牌 | | 理想品牌 | |
|---|---|---|---|---|---|---|
| | 名　称 | 提及% | 名　称 | 提及% | 名　称 | 提及% |
| 1 | 南孚 | 51.0 | 南孚 | 48.5 | 南孚 | 51.2 |
| 2 | 金霸王 | 9.5 | 金霸王 | 10.5 | 金霸王 | 10.6 |
| 3 | 双鹿 | 6.3 | 双鹿 | 5.6 | 索尼 | 7.0 |
| 4 | GP 超霸 | 5.7 | GP 超霸 | 5.3 | GP 超霸 | 4.7 |
| 5 | 白象 | 5.0 | 劲量 | 4.3 | 双鹿 | 4.3 |
| 6 | 555 | 4.9 | 索尼 | 4.0 | 松下 | 4.1 |
| 7 | 劲量 | 3.1 | 松下 | 3.4 | 飞利浦 | 3.6 |
| 8 | 东芝 | 2.7 | 飞利浦 | 3.2 | 劲量 | 3.6 |
| 9 | 飞利浦 | 2.5 | 东芝 | 3.1 | 东芝 | 2.7 |
| 10 | 索尼 | 2.1 | 555 | 3.0 | 555 | 2.2 |

## 二、电池品牌竞争格局解析

### （一）三大类型品牌竞争，呈现“1>2”的局面

1. 电池品牌三大竞争力量

（1）电器延伸品牌

很多国际知名电器品牌也生产电池，如索尼、东芝、飞利浦、三菱、三洋、松下等。虽然电池市场和整个电器市场比起来微乎其微，这些电器品牌对电池的开发和营销成本也只占其整体市场成本很少的一部分，但是这些企业仍然不会放弃电池市场的投入。这主要是因为：一方面可以保持与电器产品的配套性，增加竞争壁垒；另一方面，能够凭借在电器行业的品牌资产积累，在消费者心目中继承一定的品牌美誉度和既有忠诚度，从而获得较高的溢价。各电器延伸品牌之间相差无几，获得3%以下的提及率，表现平平。

（2）国外专业电池品牌

国外电池品牌的进入，让国内电池市场掀起波澜。1993年金霸王进入中国市场，电视上开始出现了金霸王的卡通代言人"金霸王兔子"，立刻受到广大消费者的喜爱。金霸王以9.5%的提及率领先其他国外专业电池品牌。劲量电池的品牌形象"劲量小子"同样深入人心，获得3.1%的常用提及率。日本maxell公司专业生产电池和数码存储产品，旗下万胜电池在市场上表现不俗。这些外资品牌专业的技术、精致的包装、出色的营销体系给国内电池企业带来了较大的冲击。

（3）国产电池品牌

国产电池品牌一般历史都比较悠久，且往往有大型国有工业企业的背景。如厦门三圈电池有限公司是一家具有80年以上电池生产历史的国家级大型工业企业，是国家重点电池生产及出口基地之一。上海白象天鹅电池有限公司也度过了80个春秋。555电池所属企业广州市虎头电池集团有限公司的历史可以追述到1928年。南孚电池始于1954年。GP超霸电池隶属金山工业（集团）有限公司，该公司1964年在香港成立。此外也有一些新品牌诞生，如惠州德赛、深圳高思耐、上海劲力达等。

2. 国产品牌优势显著，力压电器、国外专业品牌

在本次调查中，南孚一支独大，常用品牌提及达到51.0%，预购品牌提及48.5%，理想品牌提及51.2%，带动了整个国产品牌的走势，成为国产品牌的领头羊。以金霸王和劲量为首的国外专业电池品牌，凭借出色的品牌运营共占一席之地。而索尼、飞利浦、三菱、三洋、松下等电器延伸品牌处于落后状态。

总体来看，国产品牌优势显著。在消费者提及的所有常用的电池品牌中，国产品牌以累计75.3%的显著优势力压电器延伸品牌（10.4%）及国外专业品牌（12.9%），呈现出"1>2"的竞争格局。见图3—7—13。

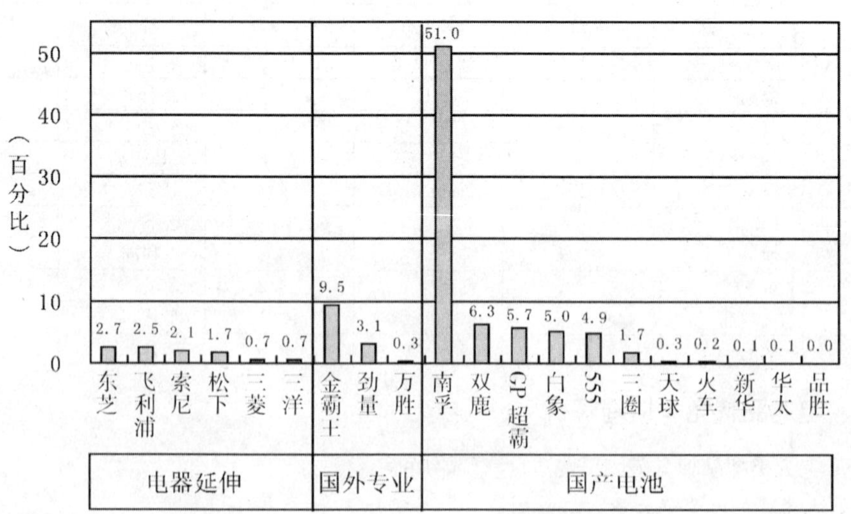


图3—7—13 三大类型电池消费者常用品牌内部格局

3. 电器品牌攻势凶猛，冲击传统电池品牌

在品牌潜力指标和品牌理想指标的排名中，电器品牌势头猛劲，超越传统电池品牌。其中，索尼和松下分别以1.9%和1.6%的提及率名列品牌潜力指标前两名。而在品牌晋级指标排名中，索尼、松下、飞利浦分别获得4.9%、2.4%、1.2%的提及率，力压群雄占据三甲，三洋、三菱、东芝也挤进十强。从消费者的认知来看，电器品牌已经成为传统电池品牌的最大竞争对手。

这是因为，随着数码或电子产品的创新开发，要求电池产品始终与之保持高度配合，配套的电器品牌电池给消费者更合适、更专业、更有效的印象，这大大提升了消费者对电器品牌电池的好感度。另外，电器品牌涉猎的产品类别更加广泛，电池只是细分产业之一，品牌在其他领域的强势认知可以几乎毫无损失地转移到电池这个细分品类上来。这种品牌资产的综合优势成为电器品牌威胁传统电池品牌的有力武器。

**（二）资本竞争活跃，品牌并购频发**

中国市场的资本竞争活跃。外资力量的进入，对民族老品牌构成威胁；国产品牌之间也存在着“大鱼吃小鱼”现象。被国家大力扶持的宁波豹王电池有限公司，于2004年被美国雷奥瓦克公司收购85%的股权。1983年成立的德赛集团于2007年收购了中国历史上最早的电池品牌——武汉大公电池。连续八年赞助中国八一篮球队的宁波双鹿品牌，于2002归于香港金山工业（集团）有限公司旗下。广州市天球电池以“缔造时尚电池品牌”为口号，同时与日本三菱、星索组成战略合作，全面代理这两个品牌的生产和销售。

南孚被外资控股事件更是一波三折。1999年，南孚大胆融资，找到金霸王所属公司摩根斯坦利作为投资方。中方占有51%股份，而外资占49%。新南孚股东香港百孚公司巨额亏损，将部分股份出售给摩根斯坦利，最终外资企业摩根斯坦利以72%的股份掌管南孚，南孚从此丢失了国产品牌的身份。2003年摩根斯坦利以1亿美元的价格卖给了美国吉列集团，2005年吉列被宝洁收购。南孚正式归于宝洁名下。

资本竞争让电池品牌在产品开发、渠道搭建上借力合作者资源，并且容易形成规模经济效应，凭借雄厚的资本实力将品牌做大做强。然而，资本的频繁组合也使得一些电池品牌的身世扑朔迷离，引起诸多纷争。

**（三）市场趋于集中，中小品牌生存窘困**

电池行业的科技壁垒较低，投入生产成本不高，导致市面上电池品牌不胜枚举，电池生产企业数以千记。但在调查中，消费者提及的品牌总宽度仅有44个，消费者集中度达到72.5%，属于高集中度范畴。

除了国外专业电池品牌、电器品牌、国内电池老品牌和部分新兴品牌表现良好、具有一定的规模之外，剩下的众多中小品牌，在低价低利润的泥淖中难以脱身。在市面上，同样规格的一节碱性5号电池，某小品牌可以定价到0.50元，甚至更低。相比之下，南孚电池定价则要多出4至5倍。面对小品牌的价格持续跳水，市场上价格大战越演越烈，利润空间已开发殆尽。调查中，消费者提及的常用品牌为42个，预购和理想品牌均为31个，显现继续缩减之势，进一步说明了电池市场逐渐趋于集中，中小品牌的生存如履薄冰。

高科技、高性能、高创新产品成为品牌寻求高利润的秘方，市场上很多新兴品牌的起步都不约而同地瞄准了应用于手机、数码相机等的锂电池领域。如飞毛腿，开创于1997年，目前已经成为国内为移动数码产品提供全面电池解决方案的明星品牌。

## 三、电池品牌发展策略和市场热点趋势

**（一）3C 产品[①]发展新要求**

电池产品的特点是服务于使用电池的各种电子产品，为其提供电能，这就决定了电池的发展具有强烈的依附性。目前 3C 发展迅猛，带动电池市场的迅猛变革。传统电池已经不能满足日益革新的需求，新技术、新型号、新原料的开发应用层出不穷，诸如手机电池、数码产品电池、太阳能蓄电池等成为市场新宠。依据 3C 的发展趋势，对电池提出以下几个方面的要求：

（1）外观上：轻、薄、小。3C 发展越来越掌中化、便携性、微观化。对电池的要求同样如此，并且更显得重要。品牌想要发展必须时刻保持技术上和工艺上的先进性，产品开发上注意迎合趋势，不断创新，才能保证品牌进一步巩固市场、开发市场的基础。

（2）性能上：大容量，持续时间长。3C 融合趋势要求数码电子产品一机多能，对电池的性能提出更高的要求。大容量和持续时间长，才能保证数码电子产品的待机时间，对诸如电视直播、掌上影院和电子游戏等功能的发挥作出最基本的能源保证。

（3）品牌上：全能并专业。“术业有专攻”虽没错，但是专攻某一细分市场，不意味着产品线要随之紧缩。电池行业的成本和利润都是比较低的，打开市场的战略远比拘泥于一个市场更利于品牌的长久发展。突出优势产品，兼顾其他细分市场的份额，才能让品牌拥有充足的资本储备，不断发展壮大。

**（二）环保不容忽视**

电池产品由一些含剧毒的有色重金属制成，对环境和人体都存在危害。随着人们环保意识的加强，以及世界经济高速发展对环保建设要求的不断提升，电池成为环保人士关注的焦点问题，也一度被认为是环保危机的病灶之一。

在技术革新上，解决环保问题是一个发展趋势，比如无汞碱性电池的开发等。在原料使用上，环保也是创新点之一，比如太阳能电池的运用。在品牌宣传定位上，绿色电池、环保电池概念应运而生，一方面为消费者提供更多选择空间，另一方面也树立了企业的高度社会责任感。在电池的环保知识普及上，电池品牌更是义不容辞。如消费者对回收电池的做法还存在很多误区，目前市面上普通电池已经达到低汞和无汞的行业标准，无需回收，若电池被回收之后放在一起，可能产生化学作用，如外壳破损，对环境危害更大。

环保这一环节的缺失，是电池品牌发展大忌。在电池品牌建设运作上，走好环保这步棋能够为品牌加分不少。

**（三）采用创新营销方式，打破低层次品牌竞争**

电池作为日常消费品，消费者购买周期较短、卷入度低。在产品同质化严重、品牌数量庞杂的市场上，性价比是消费者主要考量的指标，品牌忠诚度比较弱。品牌之间的竞争大多还是停留在价格战、终端资源争夺战的层面，竞争层次不高，建立鲜明的品牌内涵、与消费者深度沟通等品牌建设策略还没有得到广泛的运用。可借鉴的营销方式有：①把握领先科技，在产品开发和品牌定位上满足消费者的最新需求。②生产环节在市场同质化严重的今天不是重点，可以采用 OEM 的方式。③在广告和公关活动上，要以大品牌概念为重，整合线下接触点的特征，把整体的品牌形象推向消费者，让消费者形成品牌偏好。④根据产品性质进行差异化营销。在销售渠道的铺设和终端搭建上，低端电池产品可以走日化用品道路，渗透性更强；而高端专业电池则适合紧紧跟随 IT 和数码产品市场，更具专业性。此外，专业电池品牌可以拓展生产线，开发其他相

---

① 3C 产品是指通讯产品（Communication）、电脑产品（Computer）、消费类电子产品（Consumer）三类产品的简称。

关品类产品（如充电器、耳机、磁盘等基础性的电子产品），提高品牌的赢利能力，向更高层次的品牌建设进发。

**（四）迎合消费者认知心理进行品牌形象建设**

作为专业性较强的产品品类，电池品牌在形象塑造上越来越注意贴近消费者，形成差异化的品牌认知。

外资电池品牌的成功运作便是如此。金霸王的“bunny兔”和劲量的“劲量小子”，分别成为两大品牌的代言人。“bunny兔”拥有时尚的造型，乐观向上的生活态度，热爱音乐和运动，有时还很幽默淘气，上窜下跳仿佛有用不完的力气。“劲量小子”充满自信和力量，乐于助人，勇敢好斗，充沛的体力让其总是活力四射、永不止步。两大品牌凭借人性化、差异化的形象，获得了消费者的认知和好感。

而国内一些品牌在广告诉求方面更多的是针对目前市场上流行的电子产品作专门功能性的介绍，如南孚针对MP3、数码相机耗电量大推出的广告等。虽然引入了情感诉求或理性诉求，但是品牌整体形象及个性没有一个清晰的呈现。同时在产品命名上，品牌应该避免化学名称对消费者产生技术壁垒，而从功能上宣传，如南孚的“数码发动机”、“聚能环”、“充电聚能”、“耐能”；而555牌在产品分类上，还依然沿用化学名词，如无汞碱性电池系列、无汞高容量印朔电池、五号氢镍充电池等。总体看来，国产电池品牌已经逐渐开始以品牌为基础、为消费者提供心理价值，但在手法和创意还处于初级阶段，和国外品牌的成熟运作还有一定的差距。

## 专案解析

### 南孚——“量体裁衣”的有效营销

福建南平南孚电池有限公司成立于1988年，是中国电池行业中拥有国际先进水平装备和雄厚科技力量的企业，市场占有率多年来保持第一。经历一波三折的资本流动，南孚三次易主，目前是美国宝洁旗下的品牌。

南孚在中国市场的成功，归功于其善于审时度势、注重消费者体验，制定了一系列“量体裁衣”的营销策略 。

**“电视广告”精准定位细分市场**

近年来，南孚的电视广告投放并不多，消费者印象深刻的主要有《MP3耗电篇》、《数码聚能篇》。这两则电视广告主要是针对MP3电池、数码相机电池细分市场的宣传。通过开辟新的产品划分概念，吸引使用MP3和数码相机的消费者的偏好，从而拉动产品的销售，给品牌带来新的利润增长点。这两则广告可谓是针对市场的“量体裁衣”。

**“公关活动”小成本大回响**

受到电池行业本身资本规模的限制，加之南孚电池品牌已经进入成熟期，大成本的宣传投资也不会加速品牌发展。相反，针对品牌成熟期的恰到好处的公关活动，更有巩固市场、维持消费者的作用。

2004年，南孚推出“我有能量 您有梦想”活动，即揭开产品包装密码参与兑奖活动，消费者有机会实现学习梦（包括培训、购书等）、健康梦（包括健身、美容等）、休闲梦（包括旅游、度假等）、保险梦（包括平安保险、健康保险等）。2005年，南孚与中央电视台《非常6+1》合作，开展“心动之旅”活动，消费者购买南孚电池有机会获得1 000元差旅费前往央视参加节目录制。2006年，南孚“中国能量、梦想中国”活动为南孚幸运消费者提供1 000元差旅费，成为央视《梦想中国》观众。2007年，南孚和腾讯QQ合作举办的“6倍南孚聚能，6倍游戏积分”

活动，开展置入营销，参与人次达21万之多。

南孚的公关活动大多成本投入较少，为消费者提供较易满足的消费回报（如完成梦想和千元差旅费），但是能够依附强势媒体（央视及腾讯），最终达到小成本投入而又有大回响的效果。这些公关活动是对消费者的"量体裁衣"。

在本次调查中，南孚电池在消费者常用品牌、预购品牌和理想品牌中均斩获冠军，并且遥遥领先其他品牌。无论是产品质量、价格体系，还是品牌认知度、好感度、忠诚度，南孚都有良好的市场表现。南孚"量体裁衣"式的品牌运营最终直击消费者内心，达到有效的品牌传播效果。

## 资料链接

伴随着电子设备、数码产品及其他需要电能供给的品类的革新进步，近年来我国电池行业不断发展，截止到2006年12月底，全行业规模以上企业达895家，电池制造、销售和出口量逐年递增。2006年全年中国全部电池制造企业实现累计工业总产值122 141 847千元，比2005年同期增长29.82%；全年实现累计产品销售收入118 282 914千元，比2005年同期增长30.16%，销售收入的增长率比工业总产值增长率高0.34个百分点；全年实现累计利润总额6 177 359千元，比2005年同期增长32.23%。①

（执笔：吕艳丹　周忠亮）

① 2007年中国电池行业分析及投资咨询报告［OL］.［2007-06］. http://www.ocn.com.cn/reports/2006267dianchi.htm.

# 第八章　通信产品及服务类

## 行业综述

2007年，中国通信产品及服务行业，保持了持续健康的发展势头，据《全国通信业发展统计公报》统计，全年累计完成通信业务总产值达19 360.5亿元，同比增长26.4%，电信综合价格水平同比下降了13.6%。全国电话用户新增8 389.1万户，达到91 273.4万户。移动电话用户在电话用户总数中所占的比重达到60.0%，移动电话用户与固定电话用户的差距扩大18 183.8万户。全国网民数新增7 300万人，达到2.1亿人，居世界第二位，互联网普及率达到16.0%，互联网宽带接入用户新增1 561.1万户，达到6 646.4万户。到2007年底，全国共有增值电信企业约2.2万家。2007年，基础电信企业实现增值电信业务收入1 536.2亿元，同比增长34.0%，占总收入的比重从上年底的16.8%上升到21.1%。①

**3G带来行业机会**

3G是英文3rd Generation的缩写，指第三代移动通信技术。相对于第一代模拟制式手机（1G）和第二代GSM、TDMA等数字手机（2G），第三代手机一般是指将无线通信与国际互联网等多媒体通信结合的新一代移动通信系统。它能够处理图像、音乐、视频等多种媒体形式，提供包括网页浏览、电话会议、电子商务等多种信息服务。

技术上的革新，必然导致市场的新一轮变局。随着3G牌照发放临近，手机行业和电信服务运营商同时面临着挑战和机遇，需要利用3G技术提供更快捷、更安全、更经济的移动通信业务和丰富多彩的互动式移动交流服务，以及新的娱乐消遣方式，满足人们日益增长的电信需求，提高大众生活质量。此外，还将促进电信产业结构优化升级，扩大经济规模，提高经济效益，提升中国电信运营企业、电信设备制造企业，乃至整个信息产业的国际竞争力。

**电信服务运营商再度重组**

随着国家产业政策的调整以及技术的进步，我国通信服务业逐渐成为具有一定竞争性的寡头垄断市场，但行业自身的规模经济性和范围经济性决定了这种竞争仍然有限。目前，我国主要有中国电信、中国移动、中国网通、中国联通、中国铁通和中国卫星通信公司6家基础电信企业。其中，固定电话业务由中国电信、中国网通、中国联通、中国铁通4家经营，移动通信运营商只有中国移动和中国联通2家。目前，中国电信市场面临严重的竞争格局失衡问题，中国移动一家独大，固网运营商增长较为困难。为了减少重复建设，降低恶性竞争，均衡市场格局，2008年5月，电信业公布了重组方案，原有的6家运营商将变成4家，即中国联通的CDMA网与GSM网将被拆分，前者并入中国电信，组建为新电信，后者吸纳中国网通成立新联通；铁通则并入中国

---

① 2007通信业公报：移动电话用户占用户总数60%［OL］．［2008-02-20］．http://tech.qq.com/a/20080220/000371.htm.

移动，组成新移动；原有的中国卫通保持不变。由此，重组后将形成新电信、新联通、新移动加上原有的卫通，也就是“3＋1”的格局。[①] 新的业务布局将影响电信业品牌竞争格局中的力量分配。

# 第一节　手机

## 一、手机品牌十强数据

手机品牌十强数据见表3－8－1、表3－8－2、表3－8－3。

表3－8－1　手机品牌家庭消费者十强

| 排　序 | 常用品牌 | | 预购品牌 | | 理想品牌 | |
|---|---|---|---|---|---|---|
| | 名　称 | 提及％ | 名　称 | 提及％ | 名　称 | 提及％ |
| 1 | 诺基亚 | 37.8 | 诺基亚 | 47.2 | 诺基亚 | 52.9 |
| 2 | 摩托罗拉 | 15.6 | 三星 | 16.3 | 三星 | 14.7 |
| 3 | 三星 | 15.5 | 摩托罗拉 | 11.0 | 摩托罗拉 | 10.8 |
| 4 | 索爱 | 5.4 | 索爱 | 6.7 | 索爱 | 5.4 |
| 5 | 联想 | 3.1 | 飞利浦 | 2.0 | 苹果i-Phone | 2.7 |
| 6 | LG | 2.9 | 苹果i-Phone | 2.0 | 飞利浦 | 2.2 |
| 7 | 波导 | 2.4 | 联想 | 1.4 | 松下 | 1.5 |
| 8 | TCL | 1.9 | LG | 1.4 | 联想 | 1.4 |
| 9 | 飞利浦 | 1.9 | 多普达 | 1.4 | 多普达 | 1.3 |
| 10 | 夏新 | 1.7 | 海尔 | 1.1 | LG | 1.1 |

表3－8－2　手机品牌潜力消费者十强

| 排　序 | 常用品牌 | | 预购品牌 | | 理想品牌 | |
|---|---|---|---|---|---|---|
| | 名　称 | 提及％ | 名　称 | 提及％ | 名　称 | 提及％ |
| 1 | 诺基亚 | 40.6 | 诺基亚 | 52.1 | 诺基亚 | 57.1 |
| 2 | 摩托罗拉 | 12.5 | 三星 | 14.0 | 三星 | 13.2 |
| 3 | 三星 | 11.9 | 索爱 | 9.7 | 索爱 | 7.3 |
| 4 | 索爱 | 8.3 | 摩托罗拉 | 6.6 | 摩托罗拉 | 7.1 |
| 5 | LG | 4.5 | 苹果i-Phone | 3.0 | 苹果i-Phone | 3.7 |
| 6 | 联想 | 3.1 | LG | 2.0 | LG | 1.7 |
| 7 | 波导 | 2.5 | 多普达 | 1.8 | 多普达 | 1.4 |
| 8 | 夏新 | 1.8 | 联想 | 1.2 | 松下 | 1.3 |
| 9 | 飞利浦 | 1.5 | 夏普 | 1.1 | 夏普 | 0.9 |
| 10 | NEC | 1.5 | 飞利浦 | 1.0 | 飞利浦 | 0.8 |

① 第三次电信重组拉开帷幕 铁通并入移动［OL］．［2008-05-23］．http：//www.cs.com.cn/xwzx/03/200805/t20080523_1469381.htm.

表 3—8—3 手机品牌两类消费者加权十强

| 排序 | 常用品牌 | | 预购品牌 | | 理想品牌 | |
|---|---|---|---|---|---|---|
| | 名称 | 提及% | 名称 | 提及% | 名称 | 提及% |
| 1 | 诺基亚 | 38.4 | 诺基亚 | 48.2 | 诺基亚 | 53.7 |
| 2 | 摩托罗拉 | 15.0 | 三星 | 15.9 | 三星 | 14.4 |
| 3 | 三星 | 14.8 | 摩托罗拉 | 10.2 | 摩托罗拉 | 10.1 |
| 4 | 索尼爱立信 | 5.9 | 索尼爱立信 | 7.3 | 索尼爱立信 | 5.8 |
| 5 | LG | 3.3 | 苹果 i—Phone | 2.2 | 苹果 i—Phone | 2.9 |
| 6 | 联想 | 3.1 | 飞利浦 | 1.8 | 飞利浦 | 1.9 |
| 7 | 波导 | 2.4 | LG | 1.5 | 松下 | 1.4 |
| 8 | 飞利浦 | 1.8 | 多普达 | 1.5 | 多普达 | 1.3 |
| 9 | TCL | 1.8 | 联想 | 1.4 | 联想 | 1.3 |
| 10 | 夏新 | 1.7 | 海尔 | 1.0 | LG | 1.3 |

## 二、手机品牌竞争格局解析

手机品牌在市场上显现出寡头竞争格局。诺基亚、三星、摩托罗拉等少数国外品牌在消费者常用品牌、预购品牌和理想品牌中均获得极高的提及率，并且大幅度领先其他品牌。品牌消费者集中度指标表明，CR4 达到 74.1%，呈现高集中度。如图 3—8—1 所示，手机品牌晋级指标前 10 名仅有 6 个品牌得到正值比例，其他品牌晋级指标呈现负数。

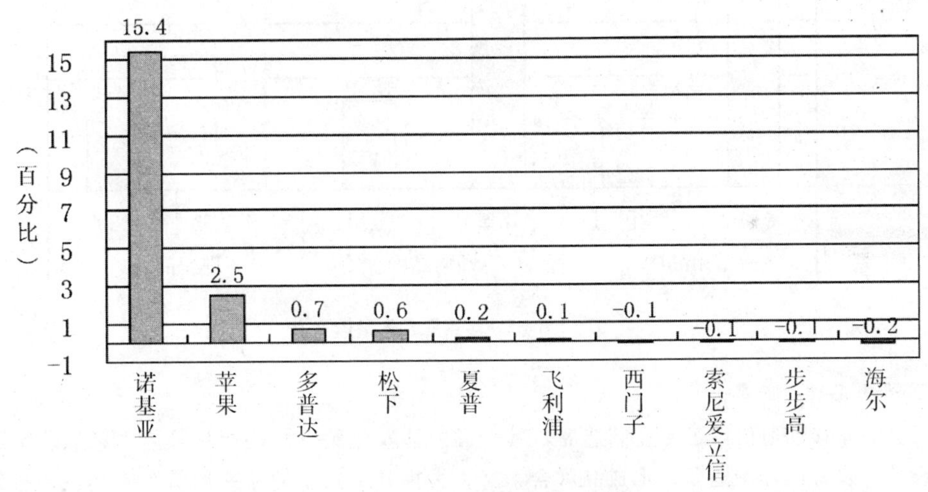


图 3—8—1 手机品牌晋级指标十强

这表明，在消费者心目中，理想品牌更加集中化，甚至垄断化。手机市场将会形成几大寡头手机品牌之间相互竞争的局面，而小的手机品牌会不堪竞争压力，越来越少。各手机品牌趋向于延长产品线，以规模经济来降低生产成本，增强自身的竞争优势，提高市场占有率，为品牌的进一步发展创造条件。

从消费者常用品牌的分布可以看出，国外品牌和国产品牌的市场博弈持续升温，成为实力明显的两大阵营。

**（一）国外品牌更受青睐**

十强品牌中，消费者认同的手机品牌基本上被诺基亚、三星、摩托罗拉这三大国外品牌霸占。

1. 领先品牌：诺基亚

在众多国外品牌中，诺基亚的领先优势十分显著。2007 年诺基亚全球市场占有率达到 40%，在中国的市场份额连续 4 年保持第一。诺基亚全球 13%的销售额来自中国市场，2007 年在中国（含香港地区和台湾地区）手机销量达 7 070 万部，年增长率为 38.6%。①

在本次调查中，在消费者常用品牌、预购品牌、理想品牌的提及率上，诺基亚分别以 38.4%、48.2%、53.7%的比例位居第一，分别领先第二名高达 23.4%、32.3%和 39.3%，并且同样是消费者心目中最具晋级潜力的品牌（如图 3－8－2 所示）。在品牌维系度上，下一次购买仍愿意选择诺基亚手机的消费者占到 64.2%。

诺基亚在中国市场的出色表现，归功于成熟的品牌运作。诺基亚拥有丰富的产品系列划分。精准的市场细分、过硬的产品质量，深受各个阶层中国消费者的青睐。对于主打系列机型的宣传推广，诺基亚会不遗余力地展开系统有效的营销活动。2007 年，诺基亚 7500 发起“角度至上——城市，艺术家，时尚创意展”，深度整合产品特征和品牌内涵。配合音乐手机 5310、5700 的推广，诺基亚发起“音乐让我说”音乐创意大赛。

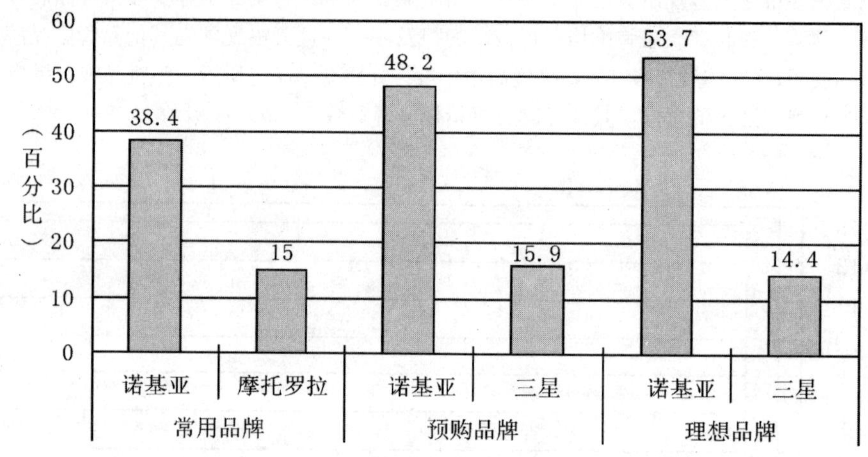


图 3－8－2 诺基亚领先指标

2. 晋升品牌：三星

三星并非移动通信设备专业制造商，其产品线涉及电脑、数码产品等诸多领域。精致的产品设计、良好的品牌运营，形成品牌合力，大大提升了三星的品牌价值，使其在手机领域同样呈现上升势头，深得消费者的认同和喜爱。在本次调查中，三星在预购品牌和理想品牌中屈于诺基亚之后牢牢占据第二的位置。2007 年，三星已经赶超摩托罗拉跃居第二大全球手机品牌。

3. 新进品牌：苹果 i－phone

2007 年 1 月 9 日，苹果公司 i－phone 上市，创全能个人化手机先河。苹果公司首席执行官史蒂夫·乔布斯说：“手指是我们与生俱来的终极定点设备，而 i－Phone 利用它们创造了自鼠标以来最具创新意义的用户界面。”② 虽然 i－phone 还没有正式进入中国市场，但是，在消费者中已

① 诺基亚中国 2007 年销量增 38.6% [OL]. [2008-02-23]. http://tech.sina.com.cn/t/2008/02/23/06552037911.shtml.

② 苹果公司推出 i－Phone 引发电话全新变革 [OL]. [2007-01-22]. http://news.ciw.com.cn/news/20070122093439.shtml.

经聚集了极高的人气，在本次调查中，i－phone没有进入常用十强，但是，在潜力指标和晋级指标中有出色的表现，分别以 1.8%、2.5%的比率获得第二名。

4. 衰退品牌：摩托罗拉

曾经一度领先的摩托罗拉已经呈现出衰退的态势。在本次调查中，摩托罗拉常用比例仅以 0.2%的微弱优势领先三星，位居第二，但是在预购品牌排名和理想品牌排名中已落后于三星，在品牌消费者维系度上也仅占 30%的比例。摩托罗拉在产品线分布、品牌定位、广告诉求等方面接连出现战略失误，直接导致业绩下滑，2007 年，摩托罗拉移动终端事业部门的销售额为 190 亿美元，比 2006 年低 33%；亏损额为 12 亿美元。[①] 2008 年 3 月 26 日，摩托罗拉宣布拆分为两家上市公司，一家专注于手机业务，另一家则专注于宽带和手机解决方案业务，企图借此扭转品牌颓势。

5. 消亡品牌：NEC、东芝、三菱、夏普、松下

日系品牌集体败北，几乎在市场上蒸发。在调查中，NEC、东芝、三菱、夏普、松下等品牌提及率平均不到 1%，呈现颓势。究其原因，在技术上，日系品牌相对保守，核心技术外流现象严重；在经营管理上，日系品牌没有融入中国本土市场，在人力资源以及与消费者沟通上都表现出傲慢的态度，不加变通；在市场上，日系品牌推新速度缓慢，对市场反应失灵，重技术轻设计，导致被日趋多元化的市场环境所淘汰。

**（二）国产品牌生存窘困**

国产品牌一度衰落，在消费者心目中，有知名度但缺乏美誉度。在本次调查中，国产手机进入十强的仅有联想、波导、TCL、多普达等为数不多的几个品牌，而在预购品牌和理想品牌中，国产手机的份额更是少之又少。众多国产品牌仍聚集在长尾上，生存窘困。至 2007 年 9 月 30 日，国产品牌波导净亏损 5 亿元，夏新净亏损 4.6 亿元。[②] 波导和夏新是我国手机行业现状的缩影，几乎所有国产手机制造商都陷入利润下滑，甚至亏损的境地。

国产品牌衰落的原因主要有以下几个方面：

1. 品牌构成良莠不齐

由于 2007 年 10 月 12 日国家取消手机核准制，手机生产门槛完全开放，大批中小品牌涌入市场，"黑手机"借此"漂白"。同时，其他行业跨界进入手机市场的热情持续高涨，如纽曼开辟手机生产链，试水手机市场。这使得国产手机品牌的构成更加复杂。而原有的老国产品牌，如 TCL、康佳、波导、夏新等，迫于库存冗余、渠道压货，纷纷以短期利润为导向，大打价格战，扰乱市场秩序，导致市场恶性竞争，引发信任危机。

2. 陷于中低端市场不能自拔

国产手机品牌由于缺乏核心技术优势，以及系统科学的品牌建设，主要定位于二、三级市场，在成本和渠道方面与国外品牌抗衡。然而如今国外品牌也争相杀入中低端市场，国产品牌的价格优势荡然无存，份额锐减。一些品牌试图打入手机高端市场，比如 TCL 子品牌蒙宝欧、波导子品牌多易随、康佳子品牌雪山飞狐等，但都在大浪淘沙中被淹没。

3. 营销方式单薄

许多国产手机没有立足于品牌长期建设，营销方式创新性不强，同质化现象严重。各企业大多依靠简单的明星代言方式，如金立力邀刘德华代言、长虹携手林志玲、深圳高科聘请范冰冰

---

① 摩托罗拉公布 2007 年第四季度及全年销售额和利润［OL］.［2008-01］. http：//www.motorola.com.cn/news/2008/01/080123_01.asp.

② 刘姝威 . 波导夏新 VS 诺基亚：国产手机业危机毕露［OL］.［2008-04-03］. http：//www.wx800.com/msg/2008/04/03/d153332.php.

等。对于中小品牌来说此举虽然能够迅速提高知名度，打开市场，但这种单薄的营销方式只能是表面功夫，产品品质和品牌管理上的缺失终将导致品牌失去消费者。

## 三、手机品牌发展策略和市场热点趋势

### （一）3G技术引领行业发展

目前，市场上手机产品多数是2G或2.5G水平，随着3G时代的到来，3G手机也必将成为新的市场竞争焦点。具有自主知识产权的TD－SCDMA3G通信系统在国内已经具有一定的优势，并且在国内很多发达地区开始建立试点网络，但是没有在全国范围内普及，所以对于3G手机的需求还存在很大的市场缺口。

3G技术对手机产品及服务也提出新的要求，比如电池待机时间、屏幕技术、软件开发、内容产业等。面对新的市场机会，国外品牌和国内品牌都已经跃跃欲试，打提前战，手机市场新一轮的品牌争夺战一触即发。诺基亚已认定互联网将是手机行业新蓝海，转型为以增值和服务为主的全新互联网公司。

### （二）市场竞争催生蓝海

1. 全能个人化成趋势

从品牌潜力和晋级指标中可以看出，以生产智能手机著称的多普达品牌和苹果公司i－phone，具有强大的市场潜力和晋级潜力，这正是迎合了目前手机市场的发展趋势，即智能化、个性化、制定化。一方面，手机功能更加人性化。多媒体影音处理、即时通讯、邮件收发、GPS导航服务、网络浏览、电视广播接收等，手机作为“自媒体”要更充分发挥所有功能，成为人们生活中越来越重要的一部分。另一方面，手机外观装饰化。手机已经成为消费者日常生活中的身份名片，装饰化的属性越来越被重视。手机美容、手机装饰品借此东风，焕发生机。注重外观设计的品牌将受到消费者喜爱。

2. 市场持续细分，品牌寻机发展

市场细分更加专业化、纵深化，继彩屏、音乐、拍照、智能、超薄、滑盖手机之后，2007年，手机市场上众多品牌不约而同发力GPS应用，使得GPS导航手机开始成为最热门的概念，如联想乐途、金立L9等。另外，原有细分概念的技术深度发展也成为部分品牌竞争的发力点，拍照手机大有取代数码相机之势，如诺基亚的卡尔·蔡司镜头、索爱的Cyber－Shot系列、LG的施耐德镜头，而三星则推出500万像素手机。

### （三）消费者品牌观念变迁

过去，由于消费者对新兴的手机技术有陌生感，于是寻求知名品牌的保障，具有“大品牌、好质量”的消费心理。而现在，市场同质化严重，手机功能上的拼杀空间狭小、品牌定位的差异化也并不明显，几乎每个品牌都有功能类似、定位相同的手机产品，消费者更换手机的周期缩短，品牌的更换率也随之上升。在选择手机品牌时，人们更注重自主性，遵循自己的喜爱偏好，理性消费心理的主导程度越来越有限。一些手机品牌开始贩卖概念来讨好消费者，比如LG的“巧克力”和诺基亚的“角度至上”系列等。

## 专案解析

## 摩托罗拉：战略失误导致业绩下滑

摩托罗拉公司创立于1928年，世界财富百强企业之一，是全球芯片制造、电子通讯的领导者。于1987年进入中国市场，为客户提供无缝移动通信产品和解决方案，业务范围涵盖宽带通

信、嵌入式系统和无线网络等领域。

摩托罗拉一度是手机行业的领先者，然而如今第二名的位置正面临三星、索爱等品牌的威胁。摩托罗拉的失误在于忽视了竞争对手，1987年开始计划“铱星系统”，建造全球覆盖网络，当开始正式使用时，GSM网已经成为手机市场的主流。摩托罗拉手机最初定位商务、高端。当竞争对手用时尚定位打出亲民策略并获得成功时，摩托罗拉开始转型，用“hello moto”演绎时尚概念。但没有改变其产品线上的缺陷，未能扭转败局。摩托罗拉没有注重消费者的体验，缺乏与消费者的感性沟通，特别是青少年消费者群体，导致潜力消费者流失。在全力打造时尚、前卫的自我定位时，摩托罗拉又陷入怪圈，一味追求“轻、薄”设计概念，忽略技术革新，产品更新换代没有突破。另外，摩托罗拉的价格体系十分不稳定，产品价格跳水过快，这样就大大降低了品牌的感知质量。

本次调查显示，摩托罗拉品牌维系度低于诺基亚和三星，仅为30.8%。在品牌潜力和晋级指标中，没有进入十强。

## 资料链接

中国信息产业部最新统计显示：截至2007年12月，中国手机用户数达5.472 86亿户，手机普及率为41.6%。手机短信发送量达到5 921亿条，同比增长37.8%。① 2007年，我国手机产量达5.49亿部，增长14.3%②。

纵观中国手机市场的发展，国外品牌和国产品牌之争贯穿始终，资本并购重组活跃，品牌更迭迅速。③

• 国外品牌独大时期（20世纪90年代中期－2000年）。早在1994年，摩托罗拉率先进入中国市场，占据市场份额80%以上，以“专业、高科技”形象定位行业标准。1996－2000年，诺基亚、摩托罗拉、爱立信三大品牌霸占80%以上的市场份额，其他国外品牌，如飞利浦、西门子、阿尔卡特、索尼等多个品牌只能瓜分不到20%的市场份额。

• 国产品牌发力时期（2000－2003年）。1998年开始，国产手机兴起，但力量甚微。2000年涌现众多国产品牌，通过明星代言、大规模广告投放塑造了国产品牌的整体形象。各手机厂商结合自身特点采取了不同的市场战略，如TCL的宝石手机策略、夏新的精品手机策略、波导的自建通路策略等。2002年国产品牌取得30%市场份额的成绩。2003年，国产手机上涨势头猛进，终于取得市场半壁江山，市场占有率达55.28%，同国外品牌形成对峙的竞争格局。

• 国产品牌衰落时期（2004－2005年）。市场上“黑手机”猖獗，价格更低，抢占二、三级市场，2004年，全国“黑手机”达到1 200万台，销量约占全国手机销量的1/3以上。在物美价廉的国外品牌和具有价格优势的“黑手机”的夹击下，国产手机品牌市场份额持续下滑，于2006年底跌破25% 。

• 争夺细分市场时期（2006年至今）。2006年，众多手机品牌开始争夺手机学习机、音乐手机、影视手机、智能手机、信息安全手机等细分市场。如诺基亚5系列、索尼爱立信、步步高主打音乐手机；诺亚舟、好记星开发学习手机；恒基伟业做隐私手机。国外品牌和国产品牌借功能、性别、年龄等属性创造独特的概念，打开差异化市场，两大阵营竞争激烈。

（执笔：吕艳丹　周忠亮）

---

① 去年中国手机用户数达5.47亿户 普及率为42%［OL］.　［2008-01-28］. http://it.sohu.com/20080128/n254928547.shtml.

② 2007年我国手机产量达5.49亿部 增长14.3%［OL］.　［2008-02-19］. http://news.163.com/08/0219/15/452UFN6F000120GU.html.

③ 中国手机品牌发展报告［OL］.［2006-12-27］. http://www.cmca.org.cn/mobile_show.asp?id=35.

# 第二节 移动运营商

## 一、移动运营商十强数据

移动运营商十强数据见表 3—8—4、表 3—8—5、表 3—8—6。

**表 3—8—4 移动运营商家庭消费者十强**

| 排 序 | 常用品牌 | | 理想品牌 | |
|---|---|---|---|---|
| | 名 称 | 提及% | 名 称 | 提及% |
| 1 | 中国移动 | 76.4 | 中国移动 | 84.1 |
| 2 | 中国联通 | 23.0 | 中国联通 | 15.8 |

**表 3—8—5 移动运营商潜力消费者十强**

| 排 序 | 常用品牌 | | 理想品牌 | |
|---|---|---|---|---|
| | 名 称 | 提及% | 名 称 | 提及% |
| 1 | 中国移动 | 83.8 | 中国移动 | 86.6 |
| 2 | 中国联通 | 15.8 | 中国联通 | 13.2 |

**表 3—8—6 移动运营商两类消费者加权十强**

| 排 序 | 常用品牌 | | 理想品牌 | |
|---|---|---|---|---|
| | 名 称 | 提及% | 名 称 | 提及% |
| 1 | 中国移动 | 77.9 | 中国移动 | 84.6 |
| 2 | 中国联通 | 21.5 | 中国联通 | 15.3 |

## 二、移动运营商品牌竞争格局解析

中国目前的移动运营商只有两家，即中国移动和中国联通。二者基本情况见表 3—8—7。

**表 3—8—7 中国移动、联通基本情况比较**

| | 中 国 移 动 | 中 国 联 通 |
|---|---|---|
| logo | 中国移动通信 CHINA MOBILE 北京2008年奥运会合作伙伴 | China unicom中国联通 |
| 出 身 | 中国电信拆分 | 单独成立 |
| 成立时间 | 2000 年 4 月 | 1994 年 7 月 |
| 业务范围 | 移动通信业务 | 全业务 |
| 移动技术标准 | GSM | GSM、CDMA |
| 用户量（万户）① | 38 660 | 16 249 |
| 用户量全球排名② | 1 | 3 |
| 品牌口号 | 科技奥运，自在移动 | 让一切自由连通 |

① 信息产业部发布 2007 年全国通信业发展统计公报［OL］．［2008-02-05］．http：//www.gov.cn/gzdt/2008/02/05/content_883563.htm.

② 陈未喻．中国移动电话用户数已超 4.87 亿 位居全球第一［OL］．［2007-08-20］．http：//tech.tom.com/2007/08/20/06MP/07022020.html.

### （一）中国移动一枝独大

在中国移动和中国联通的博弈中，移动的优势明显，大有垄断之势。其常用品牌提及率领先联通56.4%，理想品牌提及的领先率更是达到了69.3%，可以看出消费者对中国移动的认同度远远高于中国联通。此外，中国移动以6.7%的晋级指标表现出其持续晋级能力；而中国联通－6.2%的晋级指标同时反映出其颓势非但没有好转，而且将会继续低靡。

1. 品牌定位的精准与模糊

曾几何时，两大运营商的竞争还停留在价格战、资源战的层面上。如今，现代品牌运营理念的引入，让竞争格局更加明晰化。

中国移动的三大子品牌定位精准，并且针对三大子品牌进行差异化营销，如与凤凰卫视合作举办"全球通凤凰大讲堂"活动，为VIP客户奉献思想碰撞的盛宴；动感地带赞助"以舞会友 动感地带2007全国街舞电视挑战赛"吸引时下年轻人关注；神州行主打优惠政策，联手餐饮公司提供"电子优惠券"。而联通虽然拥有数量众多的子品牌，但是模糊的定位及粗放式的营销活动让其很难在市场中突围，赢得消费者清晰的品牌感知。见表3－8－8。

表3－8－8 中国移动、联通子品牌定位比较

| | 子品牌名称 | logo | 子品牌口号 | 目标消费者 | 代言人 |
|---|---|---|---|---|---|
| 中国移动 | 全球通 | 全球通 GoTone | 我能！ | 商务人士 | |
| | 动感地带 | M-ZONE | 我的地盘，听我的 | 年轻人 | 周杰伦、SHE、潘玮柏 |
| | 神州行 | | 轻松有我，神州行 | 老百姓 | 葛优 |
| 中国联通 | 世界风 | 世界风 | 世界风，时刻连通 | 商务人士 | 姚明 |
| | 新势力 | 新势力 | 新势力，由我连通 | 年轻人 | 卡通形象"优帕" |
| | 如意通 | 如意通 | 如意通，大家连通 | 老百姓 | 中国乒乓球队 |
| | 新时空 | 联通新时空 | 新时空，专业连通 | | 集团市场姚明 |
| | 联通无限 | 联通无限 | 联通无限，专业连通 | 所有用户 | |
| | 联通商务 | 联通商务 | 联通商务，一网连通 | 企业客户 | |
| | 联通10010 | 10010 | 联通10010，真诚联通 | 所有用户 | |

本次调查显示，潜力消费者对移动运营商品牌的感知度高于家庭消费者。其中，潜力消费者常用率和理想率分别为98.7%和93.1%，而家庭消费者则为96.5%和90.9%。在潜力消费者群体的把握上，中国移动更胜一筹。他们率先发力年轻消费群体市场，打造"我的地盘，听我的"自主通信王国，从周杰伦代言发挥偶像魅力，到普通"m－zone"人的精彩广告演绎，再到现在的明星群体代言，动感地带的广告策略在年轻消费者的"圈地战役"中取得成功。当这群"m－zone"人脱离校园，走向人生社会舞台时，他们的品牌忠诚度能够在其选择移动运营商的决策中

起到举足轻重的作用。相比之下，联通以高端市场为发力点，请姚明代言“世界风”，并且主打业务功能牌，在品牌传播上缺乏感性诉求。当联通意识到年轻消费者不可忽视，启动“up 新势力”时，已经错失市场先机。

2. 业务拓展的专与全

电信运营商之间的竞争在市场上最直观的表现就是业务服务，两大移动运营商一前一后，不断开拓新业务来吸引消费者，在市场上短兵相接，火药味长弥不散。中国移动通信集团公司主要经营移动话音、数据、IP 电话和多媒体业务，具有计算机互联网络国际联网单位经营权。中国联通拥有移动电话（包括 GSM 和 CDMA）、长途电话、本地电话、数据通信（包括因特网业务和 IP 电话）、电信增值业务，以及与主营业务有关的其他业务，是目前中国唯一能够经营所有电信业务的运营商。所以在业务侧重点上，移动在于“专”，联通在于“全”。见表 3－8－9。

**表 3－8－9 中国移动、中国联通主要业务比较**

| | 中国移动 | 中国联通 |
|---|---|---|
| 移动数据业务（主推） | 飞信、无线音乐、手机报、号簿专家、blackberry、手机证券、手机邮箱等 | 掌上股市、掌中宽带、超级炫铃、手机音乐、手机报、导航业务、互动视界、神奇宝典、彩 e、定位之星、视讯新干线、丽音街等 |
| 数据固定互联网业务 | | 数据传送业务、话音通信业务、互联网业务、视讯通信业务、国际通信业务、固网增值业务 |

中国联通除了在“移动数据业务”方面推出众多业务之外，还以其独有的“全业务”资格，大力开发“数据固定互联网业务”，然而，却并未形成强大的“以业务带业务”的竞争拉力。在同一业务范围内，竞争优势仍被中国移动牢牢把握，比如在短信业务领域，中国移动完成业务量是中国联通的 5.5 倍。见表 3－8－10。

**表 3－8－10 2007 年中国移动、联通短信业务对比①**

| 移动运营商 | 计费短信量（亿条） | 计费短信量同比增长（%） |
|---|---|---|
| 中国移动 | 5027.0 | 42.3 |
| 中国联通 | 914.6 | 19.8 |
| 倍　数 | 5.5 | 2.1 |

3. 营销服务渠道上的精与粗

中国移动与中国联通都不遗余力地搭建各种营销渠道与消费者进行沟通、拓展业务，力图为消费者提供方便快捷、高质量的人性化服务，在其心中建立起品牌好感度。两大移动运营商品牌均采用营业厅、客户热线服务、短信营业厅及网上营业厅 4 种渠道，全方位包围消费者，并分别以“金牌服务 满意 100”及“联通 100010”为服务品牌理念统领各营销渠道的建设。

在服务热线和短信营业厅中，中国移动始终贯彻使用统一号码 10086，将服务内容整合于单一平台，提高了 10086 的认知度，一方面为客户带来了极大的方便，另一方面也更易于服务的推广。中国联通则不然，服务热线及短信营业厅接入号码繁杂难记，为消费者设置不必要的服务

① 信息产业部发布 2007 年全国通信业发展统计公报［OL］．［2008-02-05］．http：//www.gov.cn/gzdt/2008/02/05/content_883563.htm.

屏障。

在网上营业厅方面，中国移动精耕细作，针对不同子品牌业务重点的差异，设立了全球通、动感地带、神州行三大网上营业厅，不仅有利于提供细致的网络服务，而且加强了子品牌建设的凝聚力。而中国联通则表现出粗放式的网络服务，运用统一网络营业厅，服务的针对性不强，弱化了子品牌的定位。见表 3－8－11。

**表 3－8－11　中国移动、中国联通营销渠道比较**

| 服务渠道 | 中 国 移 动 | 中 国 联 通 |
| --- | --- | --- |
| 服务品牌 | 金牌服务 | 10010 |
| 营业厅 | 沟通 100，动感地带营业厅 | 统一标准营业厅，新势力营业厅 |
| 服务热线 | 10086（接受人工、自动语音、短信、传真、E－mail） | 10010 客户服务热线、<br>10011 话费查询专线、13010199999 国际漫游客户（境外）服务热线、<br>10109696 SP 服务监督热线 |
| 短信营业厅 | 接入号码：10086 | 接入号码：1065581234 |
| 网上营业厅 | 全球通、动感地带、神州行区别服务 | 不分子品牌统一服务 |

**（二）品牌宽度误差暴露隐患**

在本次调查中，消费者对移动运营商的品牌认知存在误差。部分消费者误认为小灵通、中国网通、中国电信为移动运营商。事实上，中国电信行业中，仅有中国移动及中国联通两家移动运营商。见表 3－8－12。

**表 3－8－12　移动运营商品牌宽度指标**

| 品牌类型 | 品牌宽度 |
| --- | --- |
| 常用品牌 | 5 个 |
| 理想品牌 | 6 个 |

其中，“小灵通”无线市话（Personal access System）简称 PAS，由中国电信开发，将用户端（即无线市话手机）以无线的方式接入本地电话网，使传统意义上的固定电话不再固定在某个位置，可在无线网络覆盖范围内自由移动使用。小灵通业务是固话网络的延伸，所以，采用固话费率、单向收费，比起移动业务来价格低廉，另外电磁辐射较少，更加健康环保。这两大优点使得小灵通成为侵蚀移动通信市场的一股力量。

虽然小灵通由于信号不稳定、业务范围有限等问题，普及程度远远不如移动通信，但是也暴露出移动运营商的隐患。一方面，移动运营商的市场垄断地位使其拥有强大的溢价能力，如果没有国家的宏观调控，百姓将很难得到实惠；另一方面，环保健康问题也越来越受到消费者的关注，有朝一日终会影响人们的品牌选择。

## 三、移动运营商品牌发展策略和市场热点趋势

**（一）政策倾向旨在平衡**

近年来，中国政府不断加强对移动通信行业的宏观调控，不断发布实施各种政策，以促进电信行业的健康发展，让中国百姓更好地享受信息服务。在移动和联通之间，政府政策的宗旨就是

平衡两者，避免一方垄断。在中国移动快速增长的前提下，政策始终倾向于中国联通，1994 年中国联通成立，就被赋予了牵制中国电信独大的使命。另外，国家支持联通发展 CDMA，在资金和政策上给予优惠。2008 年 5 月，电信业再度进行重组，同样也是基于制衡原则，避免移动一家独大。

**（二）3G 牌照关乎存亡**

全球移动通讯行业已经步入 3G 时代，中国 3G 牌照迟迟未发，主要是考虑到目前中国市场需求未达到 3G 水平，过早的进入 3G 容易制造行业泡沫。但是，信息产业部已明确表示，中国将在 2008 年奥运会以前提供 3G 应用。3G 牌照的发放关乎着运营商的存亡，面临行业拐点，不仅移动和联通，包括电信、网通在内的固话运营商同样摩拳擦掌，跃跃欲试。

**（三）内容产业引发业务变革**

移动运营商增值服务的收入占总体总运营收入的比重越来越大，增长速度也在不断提高。“内容产业”成为行业竞争的蓝海，“无线娱乐”被视为必争之地。

2005 年中国移动与新闻集团维亚康姆以及 NBA 合作，寻找内容产业的机会。2006 年，中国移动联合索尼 BMG、百代、环球音乐、华纳音乐等唱片公司推出无线音乐服务。2006 年 6 月，中国移动以 1.66 亿美元的价格购买凤凰卫视 19.9%的股份，成为凤凰卫视的第二大股东，以便更便捷地从凤凰卫视手中获得新闻内容。

中国联通也于 2005 年提出“TIME”的转型战略：以通信通道服务（Telecom）为基础，向信息（Information）、传媒（Media）、娱乐（Entertainment）产业扩张，力求实现横向一体化的多产业合作，由传统电信运营商向跨行业综合信息服务运营商转型。

## 专案解析

### 中国移动——大型国企插上现代营销的翅膀

中国移动通信集团公司于 2000 年 4 月 20 日成立，注册资本为 518 亿元，资产规模超过 4 000 亿元。全资拥有中国移动（香港）集团有限公司，由其控股的中国移动有限公司在国内 31 个省份设立全资子公司。目前，中国移动有限公司是 2008 年北京奥运会的合作伙伴，已经成为全球市值最大的电信运营公司。

作为国家所有的支柱企业，中国移动并未禁锢在国有企业的套子下，而是主动引用现代品牌管理观念，成功地将资源优势转化为品牌优势，深受消费者青睐。

**品牌资本运营**

中国移动通信分别在香港和纽约挂牌上市，收购境外移动运营公司，成功进入国际资本市场，良好的经营业绩和巨大的发展潜力吸引了众多国际投资。资本运营作为企业坚强后盾，使品牌在国际市场尽显中国风采，中国移动连年被美国《财富》杂志评为世界五百强，2007 年排名第 180 位。

**品牌技术革新**

在移动通讯这块高科技领域，技术革新引领整个行业的发展。面临 3G 革命性时代到来，中国移动始终走在行业前列，联合互相网率先开启移动互联即时通讯业务“飞信”，让中国移动“永不掉线”的梦想成真。此外，大力发展内容产业，努力做好增值服务，谋求行业变革，成为行业先锋。

**品牌建设领先**

中国移动根据市场需求细分为三大子品牌，包括面向高端用户的“全球通”，针对低端用户的“神州行”，锁定年轻用户的“动感地带”，通过差异化竞争，逐个击破细分市场。在品牌传播上，由技术导向转为服务至上，做到人性化、感性化。贴心的服务态度大力拉近了品牌和消费者之间的距离，击破消费者对科技产生陌生感的壁垒，赢得尊重。

## 资料链接

2007 年，中国累计完成移动通信网业务收入 3 702.7 亿元，同比增长 17.8%，占电信业务收入的比重为 50.9%。2007 年是移动电话用户增长最多的一年，全国新增 8 622.8 万户，达到 54 728.6万户，移动电话普及率达到 41.6 部/百人。移动本地电话通话时长累计达到 21 482.3 亿分钟，同比增长 35.3%。移动长途电话通话时长 1 573.6 亿分钟，增长 59.6%。移动短信业务量 5 921.0 亿条，同比增长 37.8%。①

中国移动通信的发展经过了如下几个阶段②：

• 移动通信初创期（1987—1999 年）。自 1987 年 11 月 18 日第一个 TACS 模拟蜂窝移动电话系统在广东省建成并投入商用开始，中国移动通信进入初创期。这个时期主要是技术上的探索、全国网络的建设、移动业务的开发和产业的整合。

1994 年 7 月 19 日，全国性国有大型电信企业中国联合通信有限公司成立。1995 年 4 月，全国 15 个省份相继建网，GSM 数字移动电话网正式开通。1996 年移动电话实现全国漫游，并开始提供国际漫游服务。1997 年 7 月 17 日，中国第 1 000 万个移动电话客户在江苏诞生。10 月 22 日、23 日中国电信（香港）有限公司〔后更名为中国移动（香港）有限公司〕，分别在纽约和中国香港挂牌上市。1998 年 8 月 18 日，中国移动电话客户突破 2 000 万户，仅用一年发展时间就增加 1 000 万用户，速度惊人。1999 年 4 月底，根据国务院批复的《中国电信重组方案》，移动通信分营工作启动。

• 联通、移动两强争霸时期（2000—2002 年）。2000 年 4 月 20 日中国移动通信集团公司正式成立，标志着中国移动运营商增至两家，揭开两强竞争时期的序幕。在资本运营方面，2000 年 6 月 21、22 日中国联通分别在中国香港、纽约成功上市。在网络建设上，2000 年 10 月，中国联通宣布启动 CDMA 网络建设。2001 年 7 月 9 日，中国移动通信 GPRS（2.5G）系统投入试运行。2002 年 3 月 5 日，中国移动通信率先实现 GSM—CDMA 两种制式之间的自动漫游。4 月 8 日，联通新时空 CDMA 网络正式运行。在业务发展上，2001 年 11 月 26 日，中国移动通信集团公司的第 1 亿个客户代表在北京产生，标志着中国移动通信已成为全球客户规模最大的移动通信运营商。

•联通、移动两强竞合时期（2002 年至今）。为了促进均衡发展、形成良性竞争，联通和移动两家公司开始由竞争走向竞合。在网络建设上，2003 年 1 月 28 日，上海联通率先开通 CDMA1X 网络，标志着中国联通的 CDMA 移动通信全面进入了真正的 2.5G。在业务拓展上，2002 年 5 月，中国移动、中国联通实现短信互通互发，标志强度竞合的深入。2002 年 5 月 17 日，中国移动通信 GPRS 业务正式投入商用。10 月 1 日，中国移动通信彩信（MMS）业务正式商用。10 月，CDMA 全国用户数达到 400 万户。随着电信业的新一轮重组，移动运营商的竞争格局也将进入一个新时期，各大运营商更需要加强在竞争中的合作与合作中的竞争。

（执笔：周忠亮）

---

① 信息产业部发布 2007 年全国通信业发展统计公报［OL］.［2008-02-05］. http：//www.gov.cn/gzdt/2008/02/05/content_883563.htm.

② 我国移动电话发展历程回顾［OL］.［2004-11-05］. http：//www.soft6.com/news/0/7422.html.

# 第三节　固话运营商

## 一、固话运营商品牌十强数据

固话运营商品牌十强数据见表 3－8－13、表 3－8－14、表 3－4－15。

表 3－8－13　固话运营商家庭消费者十强

| 排　序 | 常用品牌 | | 理想品牌 | |
|---|---|---|---|---|
| | 名　称 | 提及％ | 名　称 | 提及％ |
| 1 | 中国电信 | 66.7 | 中国电信 | 67.7 |
| 2 | 中国网通 | 26.1 | 中国网通 | 25.2 |
| 3 | 中国铁通 | 6.2 | 中国铁通 | 7.1 |

表 3－8－14　固话运营商潜力消费者十强

| 排　序 | 常用品牌 | | 理想品牌 | |
|---|---|---|---|---|
| | 名　称 | 提及％ | 名　称 | 提及％ |
| 1 | 中国电信 | 64.6 | 中国电信 | 68.9 |
| 2 | 中国网通 | 25.5 | 中国网通 | 23.1 |
| 3 | 中国铁通 | 8.5 | 中国铁通 | 8.0 |

表 3－8－15　固话运营商两类消费者加权十强

| 排　序 | 常用品牌 | | 理想品牌 | |
|---|---|---|---|---|
| | 名　称 | 提及％ | 名　称 | 提及％ |
| 1 | 中国电信 | 66.3 | 中国电信 | 68.0 |
| 2 | 中国网通 | 25.9 | 中国网通 | 24.8 |
| 3 | 中国铁通 | 6.6 | 中国铁通 | 7.3 |

## 二、固话运营商品牌竞争格局解析

我国固话运营商的前身是中国邮电电信总局。中国电信自 1998 年开始，从邮政业务分离出来，专注于电信运营。1999 年，寻呼、卫星和移动业务被剥离，正式成为固话运营商。2000 年 12 月，铁道通信信息有限责任公司成立。2001 年，中国电信被拆分为中国电信和中国网通两家运营商。至此，中国市场上提供固话服务的固话运营商共有中国电信、中国网通和中国铁通三家。

中国电信、中国网通及中国铁通这三大竞争力量在激烈的市场角逐中，基本形成了电信领先、网通平平、铁通困窘三大梯度。其中，电信和网通成为竞争的主角，常用品牌提及率分别为 66.3％和 25.9％，而铁通由于其产品和服务有限，不超过 10％的提及率难以和前两者抗衡。

### （一）电信、网通主导市场

1. 政策指向引导竞争

2001 年，为了牵制中国电信一枝独大，国家拆分电信，成立网通，将竞争机制引入行业。国家相关政策对电信和网通的倾斜十分明显。2005 年，网络电话兴起，三大固话运营商竞相争夺这块处女地，信息产业部严控网络电话，仅限电信、网通开通此类业务，铁通无奈出局。政策的引导性对品牌的竞争格局产生了不可忽视的影响。

经过 7 年的发展，网通在一定程度上牵制了电信的扩张，但是，总体变现仍然平平。调查数据表明，网通在常用品牌和理想品牌的提及率上均比电信低40%左右。

2. 电信网通分据南北

在地域区隔上，电信和网通分别占据南、北两方，开展主营业务，逐渐形成了地域性很强的品牌竞争格局。在本次调查中，呈现出消费者南选电信、北选网通的现象。在参加调查的36个城市消费者中，分别有25个城市的消费者选择中国电信为最常用品牌、26个城市选其为最理想品牌，而大部分都是南方城市。有11个城市则把最常用品牌选票投向中国网通，10个城市选其为最理想品牌，且为北京、长春、哈尔滨、沈阳、天津、郑州、青岛、石家庄、太原、大连这几大北方城市。

电信、网通两大运营商也并未局限于“南北分治”，而是在全国范围争夺市场。双方在市场上的相互渗透，致使某些城市会出现电信和网通两强分据的情况。这一现象反映在本次调查中就是，大连消费者最常用品牌为网通，最理想品牌则变为电信。

3. 共谱固话“七步诗”

“煮豆燃豆萁，豆在釜中泣。本是同根生，相煎何太急!”魏晋时期曹植的《七步诗》，正是当今固话运营商的真实写照。中国电信和网通本是一家，面对移动大有取代固话之势，又“相煎何太急”呢？自家兄弟如今再相争不断，必会两败俱伤。

面对移动大敌压顶，电信网通达成共识，于2007年2月末签署《中国电信集团公司与中国网络通信集团公司合作协议》，规定2007年3月1日起至2007年12月31日，双方停止在非主导区域的所有项目投资、停止在对方领域发展新的公众用户、停止在对方区域发展竞争性客户，由单纯竞争转向竞合。然而在2007年10月，南方网通便宣布2008年不再同中国电信续签该协议，并对南方21省份的业务拓展进行部署。“合作协议”的签署实属双方无奈之举，出于对利益的激烈争夺，这样的“君子协议”也很难贯彻执行。面对3G逼近，似乎唯有电信重组能为固话衰退局势在一定程度上提供解决方案。

**(二) 铁通拥有微弱的晋级优势**

调查数据显示，铁通品牌晋级指标为0.7%，成上扬趋势，打败网通。铁通和网通之间的竞争焦点落在了传统固话业务。2007年，中国网通固定电话用户减少261.8万户，而铁通的固定电话用户净增259万户。面对行业领先的两位前辈的激烈争夺，铁通审视自身竞争优势，在价格上大做文章，为消费者提供价格低廉，稳定优质的固话服务。因为固话业务面临移动通讯的冲击，服务上又基本完全同质化，价格成为消费者敏感地带，消费者不愿再多花1元钱去购买固话服务。铁通的低价策略成功分流了网通的客户，在固话客户呈现负增长的情况下，取得净增的成绩，实属不易，铁通在消费者心目中有晋级的可能。见图3-8-3。

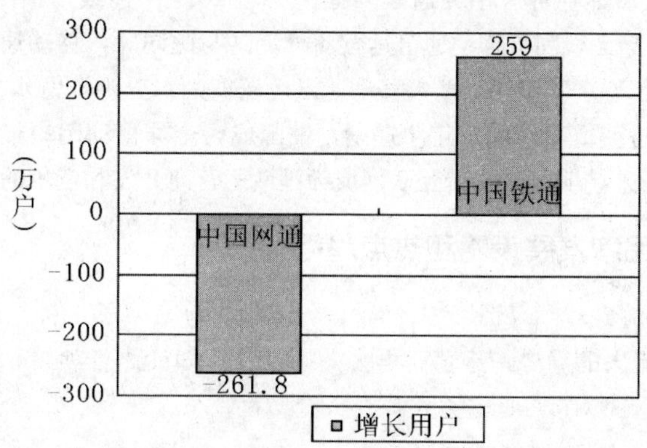


图3-8-3　2007年中国网通、铁通固话用户增长情况比较图

**（三）竞争机制被引入，品牌经营理念有待提高**

随着我国电信行业逐步引入竞争机制，固话运营商的品牌经营意识不断增强。中国电信进入系统的品牌竞争时代，全力打造“商务领航”、“我的e家”、“互联星空”等多个子品牌。中国网通大力发展个人用户、商业用户和国际服务，随着企业夺得“2008北京奥运会合作伙伴”资格，开始逐步将奥运元素引入品牌竞争，但尚未将各种产品服务提升至品牌。铁通目前仅开发了“一号通”、“全视通”等特色业务，还不具规模化。

可以看到，虽然固话运营商已经有了一定的品牌意识，但品牌经营理念和能力仍有待进一步提高，除了能够给消费者质量上的感知外，缺乏对品牌文化和内涵的深度推广。如图3－8－4所示，在市场表现上，电信、网通、铁通的用户占有率梯度递减。

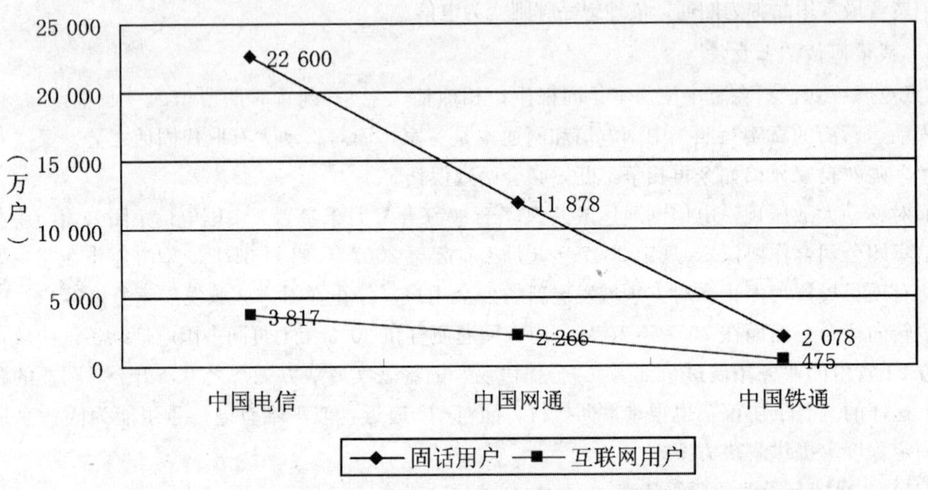


图3－8－4　2007年三大固话运营商用户统计

**（四）固话品牌外患严重**

固话运营商的竞争压力，除了来自同业品牌，更重要的是来自移动运营商。本次调查显示，固话运营商的常用率比较高，家庭消费者和潜力消费者分别有94.3%和95.1%，而理想率有所下滑，分别达到88.6%和88.4%。

理想率低，一方面说明了部分消费者认为没有理想的固话运营商品牌，另一方面也说明行业的不景气日益明显，消费者开始弃“固”从“动”。尤其在语音业务方面，越来越多的消费者撤销家里的电话，或者弃用无线市话业务“小灵通”，数据显示，2007年无线市话用户减少量多达608.5万户①。这一部分用户，毫无疑问被移动通讯运营商分流。与此同时，移动通讯运营商不断提升服务质量，降低资费，截至2007年中期，两大移动通讯运营商的每分钟资费水平已不足0.20元，并于2008年下调漫游费。这使得移动用户年年递增，中国成为全球移动用户最多的国家。固话运营商语音业务的缺失将会越来越明显，宽带互联网成为固话运营商开发和竞争的热点。

## 三、固话运营商品牌发展策略和热点趋势

**（一）增值服务有望突破**

面临语音业务不断流失的局势，运营商再去大规模投资固话语音项目，必将得不偿失。中国

①信息产业部发布2007年全国通信业发展统计公报［OL］．［2008-02-05］．http：//www.gov.cn/gzdt/2008/02/05/content_883563.htm.

固话运营商选择宽带网络及其增值服务为突破口。中国电信已于2006年决定不再大规模投资小灵通，扩大与广电部门的合作，提供互联网多媒体业务。中国网通也在2006年上半年缩减了小灵通40%的投入，开始向“宽带通信和多媒体服务提供商”转型。

此外，运营商开始注重打造特色增值服务品牌，以代替产品与消费者形成互动。中国电信在过去的114查号台基础上整合更多信息资源，配合建设口碑型网站，打造综合性信息服务品牌“号码百事通”。另外，推出“商务领航”品牌，为商业客户提供专业的电信级网络服务，以有效控制企业管理成本，加速企业信息化进程，2007年该服务用户已经达到194万户。①

**（二）业务捆绑低价推广**

由于网络基础设施的限制，固话运营商的业务开发潜能有限。现有业务的开发已经投入了相当大的成本，经过捆绑整合现有业务、推出“套餐”业务，是固话运营商创新的另一个趋势。中国电信的“我的e家”便将固定电话、宽带和小灵通等多种语音和数据业务整合，让家庭享受信息新生活，2007年用户数量已达到1 060万户②。中国网通将固话、小灵通、adsl宽带业务捆绑升级为“亲情1+”，在资费上有所下调，同时为用户提供了更多灵活的选择。

业务捆绑配合低价推广，虽然能够打开一部分新市场，但降低了单独业务的赢利能力，是运营商面临生存压力的无奈之举。以客户需求为出发点，竭尽全力挽留家庭用户、企业用户两大群体，延长现有业务生命线，同时开发新的业务需求，是固话运营商求生之道。

**（三）产业重组暂缓危局**

在3G技术领域，互连网和移动网络两大资源举足轻重。占据互联网资源优势的固话运营商能够凭借3G为自己增添竞争的砝码，因此将3G牌照视为“救命稻草”。然而国家为了避免形成某个运营商的垄断格局，保证国家电信业健康稳定的发展，不会轻易将3G牌照单独发放给一家移动或固话运营商。

2007年，是中国入世5年期限，按照承诺，中国电信业对国外开放，国外电信商对中国电信这块沃土早已虎视眈眈。国家新的电信战略部署势必考虑到本土电信业的存亡和发展。产业重组不可避免，国家会以重组后的新格局为参照，考虑3G牌照发放问题。力量权衡之后，固话运营商也会被重新带回竞争的同一起跑线。

## 专案解析

### 中国电信——“互联媒体”转型进行时

中国电信集团公司是特大型国有通信企业，中国最大的综合信息服务提供商，拥有全球最大固话网络和中文信息网，在全国范围内经营电信业务，提供电话业务、互联网接入及应用、数据通信、视讯服务、国际及港澳台通信等多种类综合信息服务。

**转型决策势在必行**

面对竞争日益激烈的电信市场，中国电信作出转型决策，向更大范围、更广领域、更高层次发展。其中包括，大力实施品牌经营，促进各类客户群规模发展，针对行业客户、中小企业客户、聚类客户、家庭客户等需求，提供差异化的优质信息服务；积极拓展农村市场，推进“号码百事通”和“商务领航”两大优势品牌；加大海外市场拓展力度，探索适应海外市场的中文信息内容产品；加快互联网与增值业务发展，做大“互联网媒体价值”。2008年是中国电信业重要的

①② 信息产业部发布2007年全国通信业发展统计公报［OL］.［2008-02-05］. http://www.gov.cn/gzdt/2008/02/05/content_883563.htm.

攻坚时期，面临中国电信业的3G发展、奥运大背景及相关经济环境，中国电信业的转型势在必行。

*用人性化服务与消费者沟通*

消费者更希望看到多样化、个性化、便捷化的信息服务。中国电信的服务已经不仅仅局限于通信设施的装备、通信技术的推广，同时包含了更多人性化的创新。企业从单纯做网站基础设施和终端传输设备，转向大举进军内容产业，直接为消费者提供互动体验，并整合既有家庭用户、商务用户资源，将内容信息产品服务进行有效地推广。旗下“互连星空”与新浪合作，搭乘web2.0和3G快车，建设用户视频娱乐分享平台。人性化服务使得中国电信业更好地与消费者沟通，为战略转型打下基础。

中国电信业的转型，是其在行业前景堪忧的大环境下的自救行为，寄托了品牌驶向竞争蓝海的希望。

## 资料链接

2007年，全国固定电话用户减少233.7万户，达到36 544.8万户，自1968年以来，首次出现年度负增长。其中，城市电话用户减少273.5万户，达到24 859.4万户；农村电话用户增加39.9万户，达到11 685.5万户。固定电话普及率达到27.8部/百人。

在固定电话用户中，传统固定电话用户新增374.8万户，达到28 090.4万户；无线市话用户减少608.5万户，达到8 454.4万户。无线市话用户在固定电话用户中所占的比重从上年底的24.6%下降到23.1%。

公用电话用户、办公电话用户发展较快，所占比重也逐年上升。2007年底，我国每千人所拥有的公用电话数已经达到22.6部。住宅电话用户虽然仍是我国固定电话用户的主体，但其所占比重逐年下降。①

（执笔：周忠亮）

---

① 信息产业部发布2007年全国通信业发展统计公报［OL］．［2008-02-05］．http：//www.gov.cn/gzdt/2008/02/05/content_883563.htm.

# 第九章　家电行业

## 行业综述

近年来，我国家电业在经历了快速发展之后逐渐步入成熟，发展速度趋缓，整个行业的规模和影响力与日俱增。“国家统计局规模以上企业统计数据显示，2006 年，中国家用电器行业共完成工业总产值 4 797 亿元，同比增长 20.1%，产销率 96.8%；对外贸易保持较稳定的增长，进出口总额达 269 亿美元，同比增长 19.0%。此外，各种家电产品产量也都有不同程度的增长。”①

2007 年，各家电品类业绩分化逐渐明显，白电持续景气而黑电亟待调整，“白强黑弱”成为行业格局的新特点。同时，小家电市场的巨额利润和潜在市场空间吸引了各路家电厂商的眼光，市场竞争也日益激烈。在政策频出、渠道争雄、标准博弈、产品创新、内外资抗衡等一系列事件中，我们不难看出家电行业各方利益的争夺正愈加激烈和精彩。

## 第一节　电视机

### 一、电视机品牌十强数据

电视机品牌十强数据见表 3—9—1、表 3—9—2、表 3—9—3。

表 3—9—1　电视机品牌家庭消费者十强

| 排　序 | 常用品牌 | | 预购品牌 | | 理想品牌 | |
|---|---|---|---|---|---|---|
| | 名　称 | 提及% | 名　称 | 提及% | 名　称 | 提及% |
| 1 | 长虹 | 16.9 | 索尼 | 11.2 | 索尼 | 14.8 |
| 2 | TCL | 12.3 | 长虹 | 11.0 | 海尔 | 11.1 |
| 3 | 康佳 | 8.7 | 海尔 | 10.3 | 长虹 | 10.6 |
| 4 | 海尔 | 8.0 | 海信 | 7.8 | 松下 | 8.2 |
| 5 | 创维 | 7.9 | TCL | 7.3 | TCL | 7.5 |
| 6 | 海信 | 7.6 | 松下 | 6.8 | 海信 | 6.8 |
| 7 | LG | 6.2 | 创维 | 6.8 | 三星 | 6.0 |
| 8 | 松下 | 5.9 | 三星 | 6.2 | 东芝 | 5.8 |
| 9 | 索尼 | 5.7 | LG | 5.4 | 创维 | 5.5 |
| 10 | 东芝 | 3.7 | 东芝 | 5.2 | LG | 4.7 |

① 2006 年中国家电业稳健发展利润略升［OL］．［2006-06-27］．http：//www.cnxjd.com/new/detail.asp？id=22646．

表 3－9－2 电视机品牌潜力消费者十强

| 排序 | 常用品牌 | | 预购品牌 | | 理想品牌 | |
|---|---|---|---|---|---|---|
| | 名 称 | 提及% | 名 称 | 提及% | 名 称 | 提及% |
| 1 | 长虹 | 16.4 | TCL | 10.5 | 索尼 | 14.2 |
| 2 | TCL | 14.5 | 索尼 | 10.1 | 海尔 | 10.0 |
| 3 | LG | 9.0 | 海尔 | 8.6 | TCL | 9.4 |
| 4 | 康佳 | 8.7 | LG | 8.5 | 三星 | 9.0 |
| 5 | 创维 | 7.6 | 三星 | 7.8 | 长虹 | 8.2 |
| 6 | 海信 | 6.7 | 长虹 | 7.7 | LG | 7.4 |
| 7 | 海尔 | 6.2 | 海信 | 6.5 | 松下 | 6.7 |
| 8 | 松下 | 5.6 | 创维 | 6.5 | 创维 | 4.8 |
| 9 | 索尼 | 5.3 | 松下 | 6.0 | 飞利浦 | 4.7 |
| 10 | 三星 | 3.0 | 康佳 | 4.3 | 海信 | 4.7 |

表 3－9－3 电视机品牌两类消费者加权十强

| 排序 | 常用品牌 | | 预购品牌 | | 理想品牌 | |
|---|---|---|---|---|---|---|
| | 名 称 | 提及% | 名 称 | 提及% | 名 称 | 提及% |
| 1 | 长虹 | 16.8 | 索尼 | 11.0 | 索尼 | 14.7 |
| 2 | TCL | 12.7 | 长虹 | 10.3 | 海尔 | 10.9 |
| 3 | 康佳 | 8.7 | 海尔 | 10.0 | 长虹 | 10.1 |
| 4 | 创维 | 7.9 | TCL | 7.9 | 松下 | 7.9 |
| 5 | 海尔 | 7.7 | 海信 | 7.5 | TCL | 7.9 |
| 6 | 海信 | 7.4 | 创维 | 6.7 | 三星 | 6.6 |
| 7 | LG | 6.8 | 松下 | 6.7 | 海信 | 6.4 |
| 8 | 松下 | 5.8 | 三星 | 6.5 | 东芝 | 5.5 |
| 9 | 索尼 | 5.6 | LG | 6.0 | 创维 | 5.3 |
| 10 | 东芝 | 3.5 | 东芝 | 4.9 | LG | 5.3 |

## 二、电视机品牌竞争格局解析

目前，我国电视机行业正逐渐步入成熟，新技术、新产品和不断降低的价格刺激着电视机的市场需求。CRT（显像管）电视的生存空间越来越小，以 PDP（等离子）、LCD（液晶）为代表的平板电视增长迅速，上游面板企业和下游生产商不断推陈出新，产品向低价、融合发展。伴随着平板机的兴起，电视机行业一直以来呈现的“本土主导，外资从属”的品牌格局也悄然发生变化，内、外资品牌之间掀起了新一轮的竞争。

### （一）市场整体竞争布局

*1. 一线品牌垄断市场，其余中小品牌长尾分散*

由于电视机行业具有较高的技术及资金壁垒，小品牌在进入这一领域后由于技术的缺失和资金的匮乏，很难与大品牌相抗衡，因此，目前的电视机市场基本上由一些大品牌把持。

本次调查也显示，消费者对于常用、预购以及理想品牌前十名的累积提及率分别为 82.9%、77.6%和 80.7%，反映出目前电视机市场一线品牌的领先优势。

*2. 一线品牌内部上演群雄逐鹿，缺乏绝对领先品牌*

目前，中国电视机市场处于一种“群雄逐鹿”的竞争局面，一线品牌为稳住阵脚、提升品牌市场地位都在不断寻求突破口，增强自身竞争力。

本次调查的数据显示，中国电视机市场一线品牌内部缺乏具有绝对优势的领导者。即使是长虹、索尼这样的强势品牌，由于与第二品牌阵营差距不大，依然面临威胁，存在被赶超的可能。

见图 3－9－1。

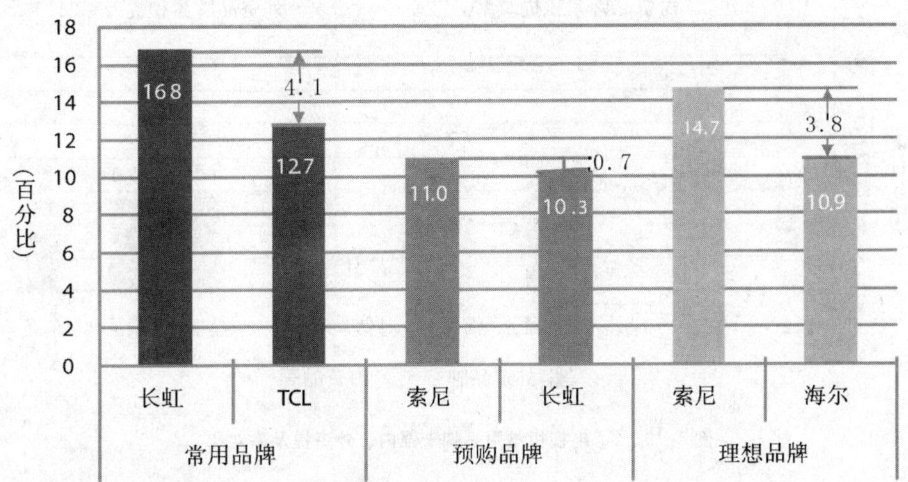


图 3－9－1 **电视机常用、预购、理想品牌领先指标**

调查同时显示，电视机品牌的消费者集中度（CR4＝46.1）在整个家电行业中相对较低，反映消费者对于电视机品牌的消费选择比较分散。此外，对比整个家电行业，电视机品类常用品牌三强——长虹、TCL、康佳的消费者维系度分别为 34.2％、33.3％、29.7％，其普遍偏低，一方面说明了消费者对于电视机品牌的忠诚度不高，另一方面也反映出可供消费者选择的同等实力的品牌较多，消费者品牌选择的范围相对更大。这些都进一步说明了当前电视机市场绝对领导品牌缺失的现状。

**（二）内、外资品牌竞争态势**

1. 内资、外资阵营对峙，本土品牌主导电视机市场

目前，我国电视机市场上，内、外资两大阵营的分野相当明显。调查显示，国内电视机六大品牌长虹、TCL、康佳、创维、海尔、海信占据绝对优势地位，其提及率均进入六甲，累积超过 60％，显示出民族品牌在现有市场上的强大实力。相对而言，一些国际品牌，如韩国三星和 LG，日本松下、索尼、东芝等只占据了中国市场的一小部分。究其原因，外资品牌一贯倡导的高端路线在提升产品品质的同时，亦带来价格的居高不下，对于普通消费者而言，消费高价位的外资品牌无疑会增加经济上的负担。见图 3－9－2。

2. 外资品牌发展潜力不可小觑，本土品牌普遍后劲不足

虽然在现有市场上，外资品牌的市场份额小于本土品牌，但从整体来看，它们在未来的市场中具有较大的发展潜力。近年来，外资品牌在感受到内资品牌压力的同时，为发挥出更大的市场潜力，在电视机市场上也开始有所作为，不但投身价格战，甚至调整以往的高端战略，大力开发二、三级市场，与本土品牌抢占市场。

正如数据显示：一是外资品牌在预购和理想品牌十强中的排名较常用品牌十强中的排名明显有所提升，特别是索尼，凭借其卓尔不群的实力，以提及率 11.0％、14.7％成为预购品牌和理想品牌的"双料头名"；二是外资品牌在市场潜力排名和理想晋级排名中所占的席位和数值都明显多于和优于国产品牌，对比常用品牌第一名的长虹潜力为－6.5％、晋级为－6.7％，即两项指标都是负值的情况，外资品牌的发展潜力可见一斑。这意味着，在消费者心目中，多数外资品牌品

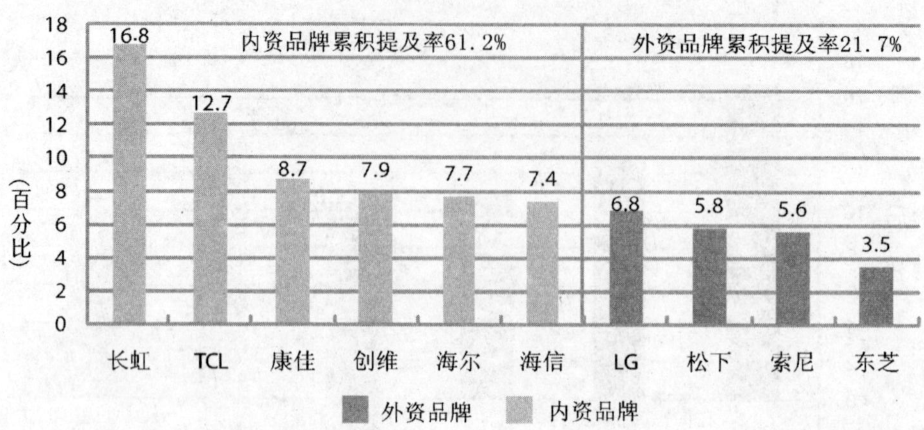


**图 3－9－2　电视机常用品牌十强内、外资提及率对比**

质较高，能够代表电视机行业的顶级标准，具有较高的品牌溢价能力。消费者的这种认知为本土企业的发展敲响了警钟，如何提升品牌和产品质量，从而在消费者心目中占据更为重要的地位，成为本土企业应该认真考虑的问题之一。见图 3－9－3。

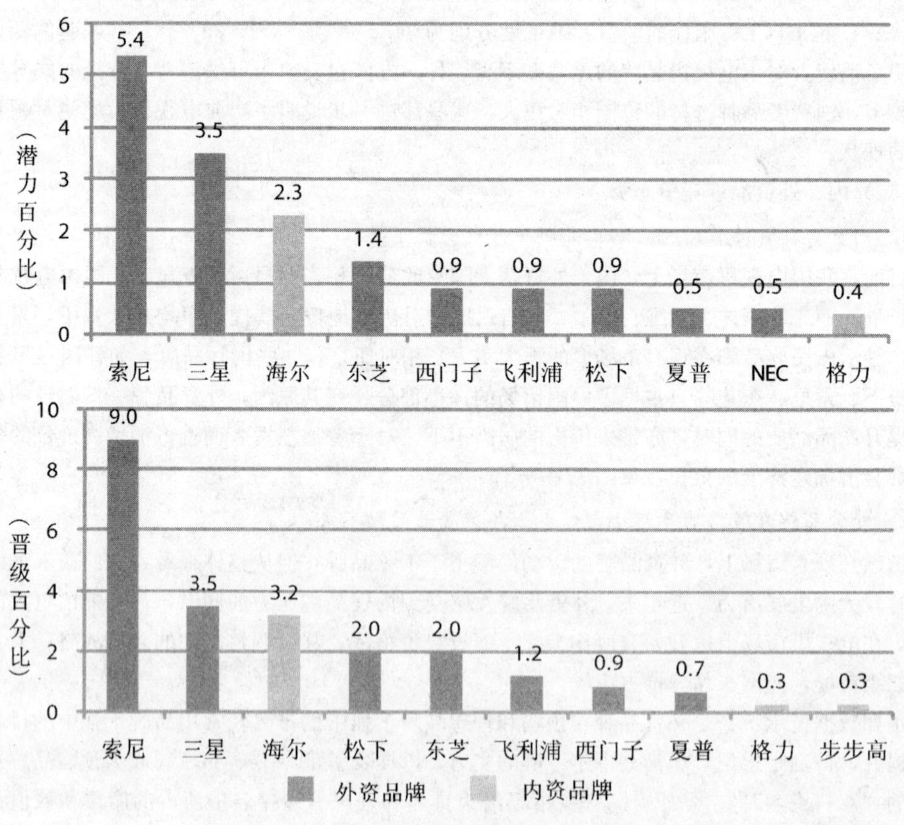


**图 3－9－3　电视机潜力、晋级指标十强内、外资力量对比**

纵观2007年的电视机市场，外资凭借价格策略、产品聚焦战略，以及领先的技术、丰富的上游资源、高端的品牌形象占据了绝对优势。“根据赛诺公布的数据，2006年第四季度，内、外资的比例大概是内资60%，外资40%。到2007年，特别是国庆节期间，由于外资大幅降价，市场份额来了一个逆转，内资占40%，外资占60%”①，首次颠覆了本土品牌的领先地位。虽然业界认为此数据只是一线城市主要渠道的统计数据，而除了一线市场外，二、三线甚至四、五线城市的市场也不可小视，因此统计结果可能和实际的情况存在一定出入，但也反映出中心城市外资品牌迅速崛起的不争事实。

大部分本土品牌则表现得后劲不足，只有海尔和格力跻身潜力前十名，理想晋级指标也只有海尔、格力和步步高能在前十强中与外资品牌相抗衡。第一常用品牌长虹，甚至出现了两个指标均为负值的局面。加之外资品牌在电视机领域已经开始应用，此前内资品牌赖以制胜的法宝——价格战，内、外资品牌的市场份额逐渐发生改变，本土品牌的未来更是不容乐观。在被逼到墙角之时，本土品牌不得不上演一场绝地反击之战，毕竟价格战不是长久之计，提升价值才能使本土品牌真正具备对抗外资的实力，并成为本土品牌最终步入成功的基石。

## 三、电视机品牌发展策略和市场热点趋势

### （一）新兴平板机市场期待内资品牌重拾昔日辉煌

电视机行业是一个不断更替、升级的行业，以CRT（显像管）机唱主角的时代已经渐渐远去，平板机趋势日渐明朗，新一轮的竞争刚刚开始。在CRT时代，对CRT核心技术的掌握，使民族企业打了一个翻身仗，在世界上处于领先地位。如今，我们期待这样的辉煌能在平板机市场重现。这其中除了需要国家加大对平板显示产业的扶持力度外，从政策上、资金上对产业配套资金和产业链完善外，最为关键的还是本土企业必须力求在上游面板制造、核心模块供应方面有所作为，使生产平板电视所需要的面板和模块全部实现内地生产、内地供应，这样其竞争力才有望实现质的飞跃。

同时也要看到，从CRT到PDP（等离子）、LCD（液晶），正如从黑白电视机到彩色电视机一样，属于正常的技术升级，从这个层面来说，平板电视并不是新品牌成长的机会，只是技术升级、产品更新的机会，消费者仍然会倾向选择强势品牌。因此，之前所提到的品牌格局的改变，仅限于知名品牌之间的较量，新品牌依靠平板电视进入电视机市场的机会并不大。

### （二）传统CRT市场受益国家政策，发展空间依然存在

传统的CRT市场也并非毫无亮点可言，由于“家电下乡”政策的拉动，打通了农村二级市场，无疑拓宽了产品的销售渠道，给各家电品牌提供了新的机遇，整个品牌经销渠道将呈现多元化趋势。

### （三）彩电业技术升级频发，品牌集中度将进一步提升

每次重大的技术革命都会带来行业洗牌的现象，即所谓的“品牌减少规律”，随着数字电视、高清电视技术的逐步发展和成熟，已然成型的技术壁垒将会使未来几年中国彩电品牌逐步减少。“而剩下的少数企业将最终构成一个寡头垄断市场，即由若干势均力敌的品牌占有全部市场的格局，根据西方经济学原理，这种格局是一种势力均衡和比较稳定的市场格局。”②

---

① 资深专家刘步尘：国产平板是戴着脚镣的舞者［OL］．［2007-11-08］．http：//digi.it.sohu.com/20071108/n253138053.shtml.

② 王玉．上广电全面转型 中国彩电市场趋于寡头垄断［OL］．［2007-03-19］．http：//www.hea.cn/news/105440.shtml.

**（四）奥运带来新商机，加速产品更新换代**

2008年奥运会的到来，将对中国电视机市场产生巨大的拉力，总体规模有望获得高增长。“据了解，2008年奥运会之前，所有城市都要接通数字信号，要想看到原汁原味的奥运会节目，只有使用全高清彩电才能做到，而目前全高清彩电只占到彩电市场的20%，这就会带来彩电业的更新换代商机，预计凭借奥运会全高清彩电的份额将能占到整个彩电市场的60%”①。

## 专案解析

### 索尼：品牌策略引人注目，产品瑕多亦会掩玉

索尼公司的前身东京通信工业株式会社成立于1946年5月。1958年，公司名称改为索尼。索尼于1978年开始开展中国业务，20世纪80年代中期开始在厦门和江西省的OEM工厂生产电视机。在中国彩电市场，索尼曾多年稳坐销售额和利润老大的宝座，并曾创下50万台索尼彩电利润超过长虹500万台彩电利润的奇迹。

**索尼电视机的品牌策略**

在本次调查中，索尼电视机在消费者心目中占据了绝对的高品质地位，在预购、理想、潜力、晋级等多项指标中拔得头筹。这与其独特的品牌营销战略是分不开的，在电视机领域，最为引人注目的是它的品牌联盟、品牌聚焦以及品牌延伸战略。②

**品牌联盟策略**

索尼电视机品牌联盟有其自身鲜明的特点，主要体现在能够与激烈的竞争对手进行合作。如今，平板电视市场迅速启动，等离子电视、液晶电视成为消费主流。在等离子领域，索尼与富士通合作推出等离子电视；液晶领域，索尼又与韩国三星共同打造液晶屏生产线。加上自身的OLED最新薄型技术和LCD背投电视的传统优势，索尼几乎涉足了所有高端彩电产品类型。

**品牌聚焦策略**

随着等离子市场份额逐年下滑，索尼聪明地选择了退出，放弃等离子和CRT业务，将产品聚焦到液晶电视上。在做液晶的时候又主攻大尺寸液晶电视市场，把有限的精力集中在最具实力和潜力的产品上。

**品牌延伸策略**

索尼的品牌延伸策略体现在其对低端市场的介入。一直以来，索尼电视专注于高端市场，对中国市场利润的执著超过了对份额的追求，销量由此受到影响。如今，三星、LG等韩系企业对中国市场重视有加，索尼也调整了自己的策略，开始借助价格攻势发力低端市场，扩大市场份额。2004年6月8日，索尼在全中国范围内推出价位在2 000元以下的AR29英寸贵翔彩电即是如此。

**索尼电视机的品牌思考**

索尼电视机的品牌之路也并非一帆风顺，2006年2月9日，索尼中国在其官方网站和《中国消费报》上刊发公告披露，索尼2005年下半年在全球推出的5款液晶电视中的部分产品，在机器软件中存在一个计时错误，可能导致不能正常开关机。索尼（中国）公司随后只是表示，为了弥补给消费者造成的不便，索尼全球均提供免费软件升级服务。此事件发生时，正值索尼的多事之

---

① 李作虎，王洪全，官明超.2008年全球彩电行业流行趋势是什么？［OL］.［2008-01-24］. http://www.hotce.com.cn/count/ArticleCount.aspx?id=31926&c_id=.

② 胡纲.狡猾的索尼，“品牌意识+营销文化”保中国战略［OL］.［2007-03-06］. www.em－cn.com/Article/200702/135831.html 11K.

秋，各种问题频发，也不禁让我们开始对索尼这个品牌帝国产生思考。

强势品牌无疑会给企业带来巨额利润，而像索尼这样的品牌帝国早已位居行业前列，广受业界和大众的关注。这时，品牌的任何动作都不再是单纯的商业行为，而更多地被赋予了一种社会责任。在这种责任之下，非朝夕而成之的品牌美誉度和忠诚度都可能因为企业一次不当的言行而受到不可挽回的伤害，消费者对单个产品的不满也可能波及对整个品牌的不信任，最终千里之堤溃于蚁穴。对于索尼，我们赞叹，我们反思，我们也祝福。

## 资料链接

我国电视机行业经历了以下几个发展阶段①：

• 起步期（20 世纪 50 至 70 年代）：黑白电视、彩色电视在我国诞生。1958 年 3 月 18 日，我国第一台黑白电视机诞生，当时全国只有大约 20 台黑白电视机。1970 年 12 月 26 日，我国生产出第一台彩色电视机，1978 年，国家批准引进第一条彩电生产线。今天的上广电是当时国内第一家生产彩电的品牌。至此，我国彩电生产正式拉开序幕。但是，由于当时经济条件等方面的限制，这个时期我国电视机行业的发展仍然缓慢。

• 成长期（20 世纪 80 年代）：国产品牌涌现，电视机进入品牌竞争时代。国内品牌开始引进彩电生产线并开始大规模生产，1982－1985 年，我国电视机的年产量仅次于日本，达到世界第二。这期间涌现出了长虹、熊猫、金星、牡丹、飞跃等一大批国产品牌，国内彩电开始进入品牌竞争时代。同时，外资品牌也开始大批量引入中国，日本彩电品牌凭借其品牌优势和技术优势在此时期的国内市场确立了优势地位。

• 成熟期（20 世纪 90 年代至今）：国产品牌发起价格战，内、外资品牌全面竞争。长虹自 1989 年发起彩电史上第一轮价格战后，1996 年 3 月又向全国发布了第一次大规模的降价宣言。从此，彩色电视机的价格战便正式展开并一直延续下来，长虹、康佳、TCL 等经受住价格战成为国内彩电行业的主导品牌。同时许多企业开始衰落，2000 年以来，高路华、乐华、嘉华、熊猫、西湖、赛博等重量级品牌陆续退场。

通过技术等方面的积累，国产彩电企业除了继续保持在低端市场的优势，部分企业也开始在高端市场同洋品牌一争高下。从 2002 年开始，国内的长虹、TCL、海尔等企业掀起了一股平板电视普及风潮，而一直占据高端市场的外资电视品牌也被拖进价格战。电视机行业进入内、外资品牌全面竞争的时期。

（执笔：吕艳丹　张晓丹）

# 第二节　空调

## 一、空调品牌十强数据

空调品牌十强数据见表 3－9－4、表 3－9－5、表 3－9－6。

① 风雨 50 年 中国电视工业发展历程回顾［OL］.［2007-09-10］. http：//tech.sina.com.cn/e/2007/09/10/0929419445.shtml.

表 3－9－4　空调品牌家庭消费者十强

| 排　序 | 常用品牌 | | 预购品牌 | | 理想品牌 | |
|---|---|---|---|---|---|---|
| | 名　称 | 提及％ | 名　称 | 提及％ | 名　称 | 提及％ |
| 1 | 格力 | 20.0 | 格力 | 20.7 | 格力 | 22.0 |
| 2 | 海尔 | 17.8 | 海尔 | 19.1 | 海尔 | 20.8 |
| 3 | 美的 | 10.4 | 美的 | 9.4 | 美的 | 9.1 |
| 4 | 春兰 | 6.0 | 三菱 | 5.3 | 三菱 | 6.1 |
| 5 | 奥克斯 | 5.2 | 春兰 | 4.7 | 松下 | 4.9 |
| 6 | 三菱 | 4.9 | 松下 | 4.3 | 春兰 | 4.6 |
| 7 | 海信 | 3.4 | 奥克斯 | 3.4 | 奥克斯 | 3.2 |
| 8 | 松下 | 3.3 | LG | 3.0 | LG | 2.6 |
| 9 | LG | 3.0 | 澳柯玛 | 2.7 | 澳柯玛 | 2.5 |
| 10 | 澳柯玛 | 2.8 | 海信 | 2.6 | 海信 | 2.5 |

表 3－9－5　空调品牌潜力消费者十强

| 排　序 | 常用品牌 | | 预购品牌 | | 理想品牌 | |
|---|---|---|---|---|---|---|
| | 名　称 | 提及％ | 名　称 | 提及％ | 名　称 | 提及％ |
| 1 | 海尔 | 18.4 | 海尔 | 19.9 | 海尔 | 22.5 |
| 2 | 格力 | 17.9 | 格力 | 18.8 | 格力 | 19.8 |
| 3 | 美的 | 12.1 | 美的 | 12.8 | 美的 | 11.6 |
| 4 | 奥克斯 | 4.7 | 春兰 | 4.5 | 松下 | 4.2 |
| 5 | 春兰 | 4.6 | LG | 4.2 | LG | 4.1 |
| 6 | LG | 4.2 | 松下 | 4.1 | 春兰 | 3.8 |
| 7 | 松下 | 3.8 | 奥克斯 | 3.3 | 奥克斯 | 3.3 |
| 8 | 澳柯玛 | 3.7 | 澳柯玛 | 2.7 | 三菱 | 3.3 |
| 9 | 三菱 | 3.0 | 三菱 | 2.4 | 澳柯玛 | 3.2 |
| 10 | 海信 | 2.9 | 海信 | 2.2 | 三星 | 2.1 |

表 3－9－6　空调品牌两类消费者加权十强

| 排　序 | 常用品牌 | | 预购品牌 | | 理想品牌 | |
|---|---|---|---|---|---|---|
| | 名　称 | 提及％ | 名　称 | 提及％ | 名　称 | 提及％ |
| 1 | 格力 | 19.5 | 格力 | 20.3 | 格力 | 21.6 |
| 2 | 海尔 | 17.9 | 海尔 | 19.2 | 海尔 | 21.2 |
| 3 | 美的 | 10.7 | 美的 | 10.1 | 美的 | 9.6 |
| 4 | 春兰 | 5.7 | 三菱 | 4.7 | 三菱 | 5.6 |
| 5 | 奥克斯 | 5.1 | 春兰 | 4.7 | 松下 | 4.8 |
| 6 | 三菱 | 4.5 | 松下 | 4.3 | 春兰 | 4.5 |
| 7 | 松下 | 3.4 | 奥克斯 | 3.4 | 奥克斯 | 3.2 |
| 8 | 海信 | 3.3 | LG | 3.2 | LG | 2.9 |
| 9 | LG | 3.2 | 澳柯玛 | 2.7 | 澳柯玛 | 2.6 |
| 10 | 澳柯玛 | 3.0 | 海信 | 2.5 | 海信 | 2.4 |

## 二、空调品牌竞争格局解析

近年来，我国空调行业各品牌之间的竞争已初见脉络，行业格局基本成型，竞争由价格战转向价值战。提升经营质量成为现有品牌的共识，不断推出新品成为品牌发展的动力，改善服务成为品牌突破的方向。经过洗牌整合之后，目前行业内形成了格力、海尔、美的等一线品牌领跑行业，奥克斯、志高等二线品牌紧跟其后的品牌格局。

**（一）品牌竞争格局总体分析**

1. *竞争格局稳固，品牌集中度倾向强势企业*

随着我国一、二级城市空调消费进入更新换代阶段，三、四级市场流通渠道与生产企业自营渠道逐步得到开拓，2007年空调行业在新水平上实现复苏，品牌竞争更趋激烈，强势品牌市场份额更加集中。在本次调查中，十强品牌的常用、预购、潜力累积提及率分别为76.6%、75.2%、78.3%，说明在消费者的认知中，品牌的高位集中态势比较明显。

调查数据显示，位居常用十强的品牌，同时也是预购和理想品牌的十强。也就是说，格力、海尔、美的、春兰、奥克斯、三菱、松下、海信、LG、澳柯玛这10个品牌在消费者的现用、预购、理想三种消费状态中均处于优势地位。其中，格力、海尔、美的在3种消费状态排名中均位居前三名，且顺序相同，领先优势明显，属第一梯队；后7个品牌集中于第二梯队，在三榜中胶着上升，势均力敌。这说明现有空调市场竞争格局已经十分稳固，品牌集中度倾向强势企业。见图3－9－4。

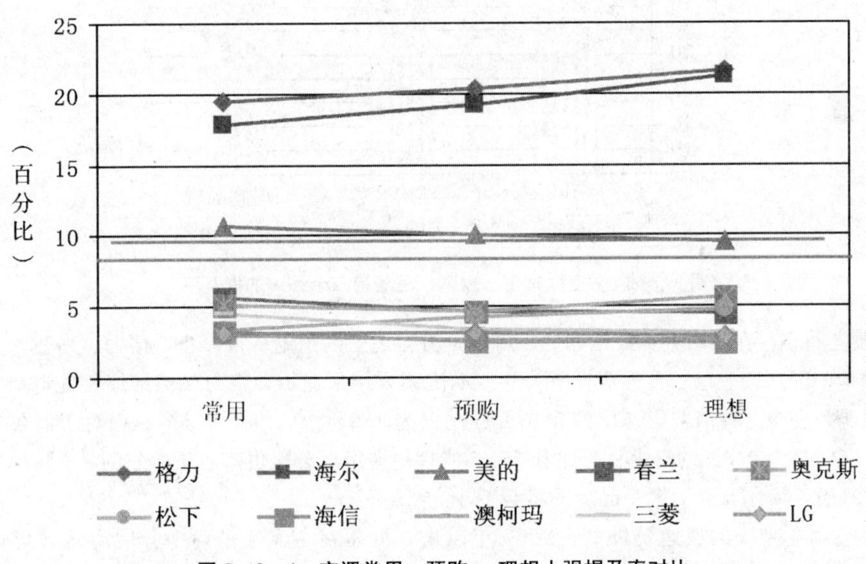


**图3－9－4 空调常用、预购、理想十强提及率对比**

2. *总体格局的成因分析*

我国空调行业在经过20多年发展之后步入成熟期，经过价格战的洗礼，现已进入价值战的良性竞争阶段。此前的价格战不仅使整个行业趋于微利，也使品牌竞争呈现出混乱的局面。随着上游成本的增加，利润稀薄的空调行业不得不通过提高产品售价来改善经营，以减少长期价格战对整个行业所造成的伤害。他们采取了调整产品供应结构、向市场投放更多价格略高的新品、减少或严格控制低价机的入市比例等多种措施，新的价格体系由此得以巩固和完善。

在行业逐渐由价格战向价值战转轨的过程中，各品牌纷纷调整市场战略，转战高端，寻求差异化营销。同时，企业对品质、渠道、服务、品牌等综合素质的提高也更为重视，各空调巨头争打“品质牌”，产品品质改革成为各品牌的战略关键点。伴随行业洗牌加剧，品牌集中程度进一步提高，品牌格局日趋稳定。

同时，近年来，国内一线品牌通过加大产能、提升产品品质和研发力度、加强渠道建设、开拓海外市场等确立了行业领先优势，并利用这种优势积极参与行业标准的制定。国家能效标准、噪声限值、维修明码标价，以及安装质量检验规范等一系列行业规则得以陆续推出和实施，空调行业至此走上标准化之路，龙头企业的行业主导、规范作用得以凸显。在新的竞争条件和竞争方式下，国内空调市场集中度明显向强势品牌倾斜。

**（二）品牌竞争格局集团细分**

1. “老三家”对垒“新势力”：品牌各具优势，较量甚嚣尘上

(1)“老三家”全面领跑，三大品牌争夺“行业一哥”

近年来，格力、海尔、美的三大品牌一直领跑中国空调业，在“马太效应”的推动下，三者的领先地位日渐稳固。从本次调查结果来看，格力、海尔、美的三大强势品牌还是牢牢占据着三甲的优势地位，三者的常用、预购、理想品牌累积提及率都在50%左右，成为行业内当之无愧的一线品牌。见图3－9－5。

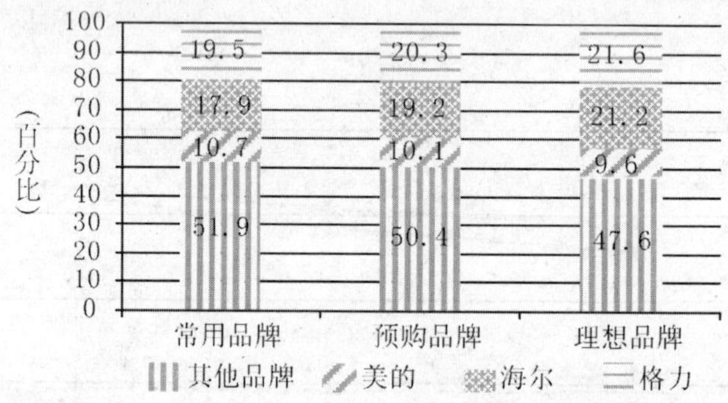


**图3－9－5 空调常用、预购、理想前三个品牌的提及率**

三强之间亦存在激烈竞争，正如虎、狮谁是万兽之王的争论从未停止，格力、海尔、美的谁将最终领跑中国空调业也一直为业界所关注。本次调查结果显示，格力虽然继续领先群雄，但在常用、预购、理想3种消费形态中的领先百分比仅为1.6%、1.1%、0.4%，相对于海尔优势并不明显；同时格力0.8%的潜力百分比和2.1%的理想晋级百分比也落后于海尔的1.3%和3.3%。照此情况来看，海尔跃升为第一品牌的机会不小。

作为空调业唯一的奥运赞助商，2007年以来，海尔在主流经销商中开展海尔“奥运空调锦标赛”，通过打造“奥运标准”的产品和服务，努力实现消费者、经销商及企业的三赢。利用奥运契机，借力赞助商身份展开奥运营销，无疑会使海尔在品牌建设、产品销售上更上一层楼。

(2)“新势力”动作颇多，众品牌各显身手缩小差距

随着国家节能降耗标准的提出、房地产升温，以及农村市场的拓展，空调业发展空间大增，每一方空间对于品牌来说都是一个突破口。虽然一些二线品牌目前所占据的市场份额无法与格力、海尔、美的同日而语，但是面对发展契机，这些品牌或拥有自身独特的增长方式，或倚靠强大的经济后盾，或执著于对空调的专注，依托深入而广大的渠道网络，加快前进步伐，以期缩小与“老三家”之间的差距。

如海信一直以来致力于变频空调的研发，随着节能概念不断深入人心，变频逐渐成为海信的一张王牌，加之与科龙进行了品牌整合，二者的品牌号召和渠道互补，使得海信的品牌实力不断提升。又如长虹在“代理＋直营”的营销基础上，加大了直营运作力度，2007年全力推行渠道扁平化管理，扩大基层经销商数量，以更贴近市场的渠道开拓来提升销量。

本次调查的数据也显示：二线品牌在自身不断努力之下已经在消费者心目中占据了一席之地，虽然它们单个品牌的提及率也许无法与三强相抗衡，但常用、预购和理想品牌的累积百分比均达到50％左右，它们会进而分食三强的市场，从高端、从三、四级市场，从任何一个它们有可能进入的空间去和“老三家”争食。见图3－9－6。

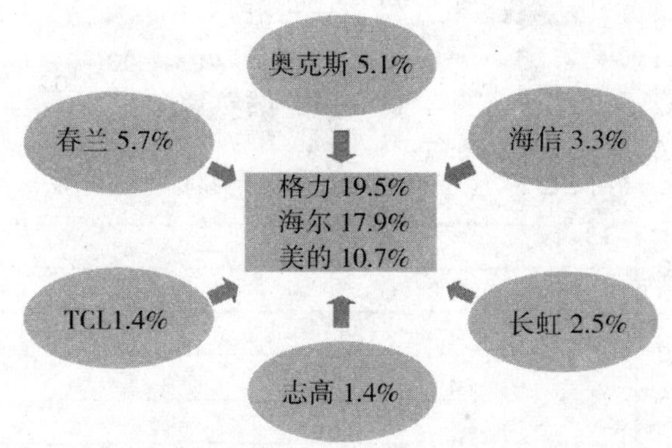


**图3－9－6　空调常用品牌排名中“老三家”与“新势力”对峙图**

2. 内资对阵外资：内资品牌胜出，空调市场进入“中国时代”

（1）内资：品牌优势显著

由于在技术创新、质量监控、营销生产等方面稳扎稳打，以格力、海尔、美的等为代表的本土空调品牌，在国内外产销量大幅提升，继续稳居全球空调品牌产销前列，占据了全球空调市场压倒性的份额。国内空调企业在核心配套和技术创新等多个方面并不逊色于国外同行，从供应链的上游开始，本土空调就拥有深厚的根基。后期进入空调业的品牌，在发展上也是后劲十足，例如格兰仕在中山空调基地投产后，自有的压缩机研制能力、空调核心技术的自主创新能力也逐渐达到国际领先水平，业内甚至评价其光波空调将空调行业从“温调时代”推进到真正的“空调时代”。

本次调查的结果显示：常用、预购、理想品牌中的三强格力、海尔、美的均为内资品牌；常用排名十强中内资品牌也占据了7个席位，说明内资品牌的优势得以凸显，空调市场基本进入了“中国时代”。

（2）外资：品牌潜力尚存

虽然空调市场中内资品牌优势显著，但是外资依然占据着一定的市场份额。特别是在高端市场，外资的优势仍然存在。

从调查结果来看，只有三菱、松下、LG3个外资品牌跻身十强，但是，我们也应该看到，外资品牌的潜力和理想晋级指标相对国内品牌而言仍具有一定的优势。在潜力排名十强中，外资品牌占据了6个席位，而在晋级排名中，外资品牌紧随海尔和格力之后包揽了第三至第十的座次。外资企业一直依托高端市场，保持现状，积蓄实力，以发起再次冲击。见图3－9－7。

## 三、空调品牌发展策略和市场热点趋势

### （一）寡头垄断短期内很难成型，动态对抗将持续存在

国内空调业正处于高速发展期，相关技术的成熟和对技术的全面把握铸就了国内品牌的强势地位。虽然品牌集中趋势在加强，但是短期内很难形成寡头垄断的局面，一线品牌势均力敌，实力相当，今后市场方向将是企业保持动态对抗与博弈的走势，各大品牌之间的竞争将更为激烈。

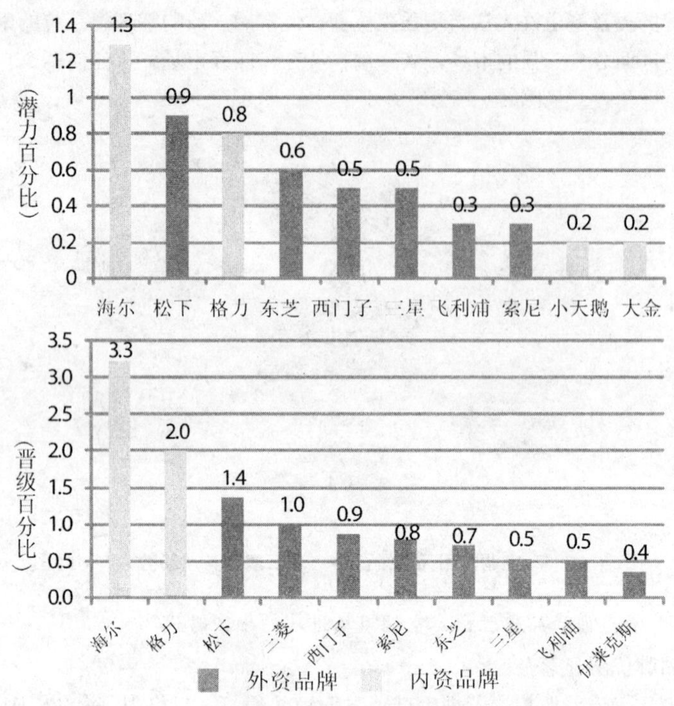


图 3－9－7 空调潜力、晋级指标十强内、外资力量对比

**（二）空调能效门槛拟再次提高，技术升级或将引发市场洗牌**

国家发展改革委等相关部门正在酝酿从 2009 年 3 月起，将空调能效的入市门槛由现行的 5 级提高到 2 级。

自 2005 年空调能效标识开始强制实施以来，近一半的高耗能空调生产企业已经被逐出市场。如果能效门槛再次提高，行业内部还将进行一场大规模的洗牌，行业的集中度也会再次增强，有助于行业良性、快速的发展。但同时，对于市场而言，门槛提高将使企业的生产成本上涨，空调的价格也会继续提升。

**（三）企业转打“科技牌”，以“健康、环保、节能”为品牌诉求点**

面临激烈的竞争，空调企业变得更加理性，并没有将价格战持续下去，而是转向打“科技牌”。市场的快速洗牌也为各大空调品牌带来不断创新的动力。

2008 冷冻年伊始，就有不少空调品牌力推新品，在健康、环保、节能等方面大做文章，以产品的差异化争夺市场。格力借力“个性化睡眠模式”推出新品卧室空调“睡梦宝”；美的则推出“超静星”空调，对消费者头痛的噪音问题进行了着重处理；志高的“北奥之光”凭借开机运行能效和待机能耗功率双低，成为中国首台“双节能”空调。

## 专案解析

### 格力：专业化产品够专业，简单化营销不简单

格力集团成立于 1985 年 3 月，1991 年集团组建珠海格力电器股份有限公司，目前已是全球生产规模最大的大型专业化空调企业，拥有珠海、重庆、合肥、巴西四大生产基地，具备家用空

调 2 000 万台、商用空调 50 亿元的年产能。

**简单化、专一化的营销策略**

格力在其发展过程中始终坚持“简单化、专一化”的营销策略——简单往往大气，专一方感实在。格力电器依赖单一产品空调实现了由小而大、由弱而强的辉煌，并因此获得了“单打冠军”的雅号。功能简约、技术实用、质量可靠——格力产品和服务中透出的这份简单和实在使格力空调逐渐坐稳行业内头把交椅。在空调行业成本上涨、洗牌力度加大的情况下，格力的销量、销售额、利润和市场占有率均保持着优势地位。

**独特的渠道销售模式**

格力的销售渠道也备受瞩目。1997 年以来，格力独创了“以经销商大户为中心”的核心销售体制，在各地推出“区域性销售公司”模式，被推崇者称之为“21 世纪全新营销模式”。股份制销售公司是格力特有的市场模式，是建立在厂商之间的营销联盟，形成利益共同体。

2004 年，格力公开叫板流通巨头国美——由于国美单方面降价，格力方面采取了在全国范围内撤出国美的做法。

舆论曾对“格力模式”提出不少的质疑，甚至有专家称“渠道模式陈旧，格力空调将输掉未来”、“格力离开国美，必将死路一条”。其实，格力、国美之争，说到底是传统代理商销售和新兴连锁销售两种分销体制的矛盾和冲突，最终的判断还是应该交给市场检验。

格力集团老总朱江洪曾就此事件说：“中国有句古话，叫‘秋后算账’。谁真正为消费者服务，谁真正有利于中国民族产业的发展，不用过多久，就会有结论。”勇气的背后是谋略，更是实力。4 年过去，看看本次调查中格力所显示出的王者地位，“秋后算账”似乎已让格力成为无可争议的赢家。但毕竟，厂与商之间的关系，对决并非长久之策。家电连锁在一、二线城市的强大是不争的事实——决胜终端的时代，得渠道者得天下。

## 资料链接

我国是最大的空调出口国，家用空调的销量已跃居世界第一。“2007 冷冻年中国向国际市场出口家用空调超过 3 000 万台，年增长速度超过 10%。”① 同时，国内重点城市空调零售市场也逐渐从 2006 年消费疲软的状态中恢复。“2006 年 8 月至 2007 年 7 月，国内零售市场空调销售量达到 2 630 万台，与去年同期相比，销售量同比增长 10.04%，销售额同比增长 16.85%。”②

在我国家电产业中，空调相对于电视机、电冰箱等行业，起步较晚。当时正值计划经济向市场经济的转轨期，行业在发展之初就走上了市场经济之路。20 多年来，我国空调行业经历了以下几个发展阶段③：

• 萌芽阶段（20 世纪 80 年代中期）：集团消费为主，日资品牌主导市场。这一时期我国空调以进口为主，技术水平较低，窗机成为主要产品类型。消费集中于集团消费，如实验室、图书馆等，个人消费极少。一些日资品牌，如松下、日立、三菱重工等成为这一时期空调市场的主导者。

---

① 2008 年中国空调行业研究咨询报告［OL］．［2007-11-09］．http：//www.51report.com/research/detail/115617193.html.

② 2007 年第三季度中国空调市场分析报告［OL］．［2007-11-05］．http：//tech.sina.com.cn/e/2007/11/05/0707476520.shtml.

③ 中国空调产业二十年的六个里程碑式发展阶段［OL］．［2008-03-28］．http：//www.ce.cn/cysc/zgjd/kx/200803/28/t20080328_14989554.shtml.

•引进阶段（20世纪80年代末期）：个人消费兴起，本土品牌发展迅速。由于空调制造技术门槛比较低，国内很多轻工、家电制造企业在购买了国外生产线后很快投入生产。这一时期本土空调品牌发展非常迅速，但是规模都比较小，代表品牌有江苏春兰、沈阳华丽、江苏迎燕、广东美的、深圳蓝波等。产品依旧以窗机为主，自此，消费者对空调的消费热情开始高涨。

•成长阶段（20世纪90年代）：外资品牌依然活跃，本土品牌优胜劣汰。早期进入空调行业的部分本土品牌由于不适应市场竞争，陆续退出。而春兰、格力、华宝、美的、科龙等品牌在进行了技术、产品升级后，开始生产壁挂式分体空调。这一时期，在市场上最为活跃的是松下、日立、三菱电机、三菱重工、夏普、三洋等日资品牌，以及依莱克斯等欧美品牌。

•成熟阶段（2000年至今）：本土品牌崛起，行业洗牌加速。这一时期本土空调品牌在逐步引进技术扩大产能的基础之上，开始主动做市场，市场规模开始超越外资品牌。国内市场品牌云集，竞争激烈，行业洗牌随之加速。其中格力、海尔、美的、志高、奥克斯、格兰仕等凭借不懈的努力脱颖而出，而乐华、迎燕、威力、万家乐、东洋电机等则中途落马。经历洗牌之后，整个行业的品牌格局日趋稳固。

（执笔：吕艳丹　张晓丹）

# 第三节　电冰箱

## 一、电冰箱品牌十强数据

电冰箱品牌十强数据见表3－9－7、表3－9－8、表3－9－9。

**表3－9－7　电冰箱品牌家庭消费者十强**

| 排序 | 常用品牌 | | 预购品牌 | | 理想品牌 | |
|---|---|---|---|---|---|---|
| | 名　称 | 提及% | 名　称 | 提及% | 名　称 | 提及% |
| 1 | 海尔 | 33.3 | 海尔 | 34.0 | 海尔 | 37.7 |
| 2 | 容声 | 8.9 | 西门子 | 11.2 | 西门子 | 11.7 |
| 3 | 西门子 | 7.6 | 容声 | 6.1 | 容声 | 6.3 |
| 4 | 美菱 | 5.3 | 美菱 | 3.6 | 美的 | 3.7 |
| 5 | 新飞 | 3.7 | 美的 | 3.5 | 伊莱克斯 | 3.5 |
| 6 | 美的 | 3.5 | 伊莱克斯 | 3.5 | 松下 | 3.1 |
| 7 | 伊莱克斯 | 3.4 | LG | 2.9 | 美菱 | 3.1 |
| 8 | 澳柯玛 | 3.0 | 松下 | 2.8 | LG | 2.8 |
| 9 | 松下 | 2.5 | 三星 | 2.7 | 三星 | 2.6 |
| 10 | LG | 2.4 | 新飞 | 2.5 | 新飞 | 2.5 |

表 3—9—8 电冰箱品牌潜力消费者十强

| 排 序 | 常用品牌 | | 预购品牌 | | 理想品牌 | |
|---|---|---|---|---|---|---|
| | 名 称 | 提及% | 名 称 | 提及% | 名 称 | 提及% |
| 1 | 海尔 | 33.3 | 海尔 | 35.5 | 海尔 | 39.5 |
| 2 | 西门子 | 5.9 | 西门子 | 9.1 | 西门子 | 10.5 |
| 3 | 容声 | 5.3 | 美的 | 4.9 | 美的 | 4.9 |
| 4 | 新飞 | 5.0 | LG | 3.8 | LG | 3.9 |
| 5 | 美的 | 4.9 | 新飞 | 3.5 | 容声 | 3.6 |
| 6 | 澳柯玛 | 4.2 | 容声 | 3.2 | 新飞 | 3.1 |
| 7 | 美菱 | 3.8 | 松下 | 2.9 | 伊莱克斯 | 3.1 |
| 8 | LG | 3.0 | 伊莱克斯 | 2.9 | 松下 | 3.0 |
| 9 | 松下 | 2.8 | 美菱 | 2.8 | 澳柯玛 | 2.4 |
| 10 | 长虹 | 2.2 | 澳柯玛 | 2.7 | 三星 | 2.4 |

表 3—9—9 电冰箱品牌两类消费者加权十强

| 排 序 | 常用品牌 | | 预购品牌 | | 理想品牌 | |
|---|---|---|---|---|---|---|
| | 名 称 | 提及% | 名 称 | 提及% | 名 称 | 提及% |
| 1 | 海尔 | 33.3 | 海尔 | 34.3 | 海尔 | 38.1 |
| 2 | 容声 | 8.1 | 西门子 | 10.8 | 西门子 | 11.5 |
| 3 | 西门子 | 7.3 | 容声 | 5.5 | 容声 | 5.8 |
| 4 | 美菱 | 5.0 | 美的 | 3.8 | 美的 | 3.9 |
| 5 | 新飞 | 4.0 | 美菱 | 3.5 | 伊莱克斯 | 3.4 |
| 6 | 美的 | 3.8 | 伊莱克斯 | 3.3 | 松下 | 3.1 |
| 7 | 澳柯玛 | 3.3 | LG | 3.1 | LG | 3.0 |
| 8 | 伊莱克斯 | 3.1 | 松下 | 2.8 | 美菱 | 2.9 |
| 9 | 松下 | 2.5 | 新飞 | 2.7 | 新飞 | 2.6 |
| 10 | LG | 2.5 | 三星 | 2.6 | 三星 | 2.6 |

## 二、电冰箱品牌竞争格局解析

### (一) 品牌竞争总体布局：三分天下，对决在所难免

目前，我国的电冰箱市场形成了由海尔、容声、美菱、新飞构成的传统“四大家族”，以海信、美的、长虹为代表的新兴“整合势力”和以西门子、伊莱克斯、LG为主的“外资品牌”三分天下的局面。三方对决，风起云涌之下，一场行业争夺战正在酝酿。

“四大家族”不会坐以待毙，均致力于提高产品科技含量，开发优质高价的高端产品。除“四大家族”之外，新兴的“整合势力”也是动作颇多——利用整合优势快速提升产品销量，借助进军上游产业链保证供应。“外资品牌”更是伺机而动，以技术优势继续向高端市场发起新一轮冲击。见图 3—9—8。

### (二) 三大势力剖析

1. 传统“四大家族”：品牌格局稳固

(1)“四大家族”位次井然

海尔、容声、美菱、新飞，这四大品牌一直被视作空调行业的“四大家族”，牢牢把握着市场，领跑的座次也一直“井然有序”：白电业巨头海尔略胜一筹，其他三强不分伯仲。业内很习惯地将“四大家族”的稳定与否作为衡量中国冰箱市场格局现状的标尺。

本次调查再次显现这一市场态势，在常用十强中，依旧是这“四大家族”占据了国产品牌的

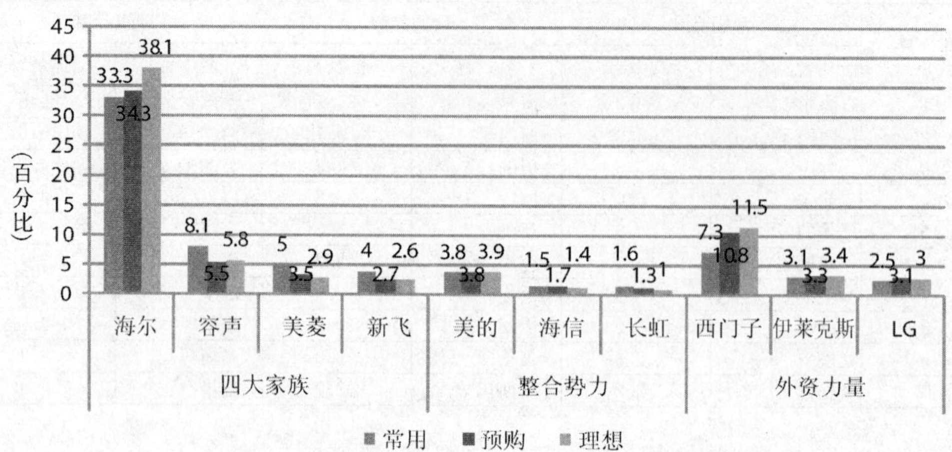


图 3－9－8 电冰箱三大势力代表品牌常用、预购、理想提及率对比

头四序列，且位次井然。其中，海尔以 33.3％的较大优势位列第一，容声（8.1％）、美菱（5.0％）、新飞（4.0％）分别位列第二、四、五位。

战局当前，面对其他品牌的觊觎，“四大家族”绝不坐等视之，为巩固市场地位动作不断。新飞启动稳中求变的品牌战略，奉行“同等功能在价格上有优势，同等价位在功能上有优势，永远要比别人快一步”的品牌差异化战略，加速开拓高端市场；美菱在和长虹黑白连横之后，凭借长虹的营销网络和服务网络以及强大的品牌、客户资源等优势，在冰箱营销和服务品质方面也得到了迅速提升。

（2）海尔行业优势无可争议

家电巨头海尔在其传统的冰箱领域优势无可匹敌，实力明显优于其他三大家族。面对原材料上涨、长期价格战带来的成本压力，海尔又依托雄厚的实力率先寻求产业突围——在高端市场上布局重量级产品，有效地拉动了其他价位产品的销售，并为其品牌形象展示作出了贡献，从而进一步巩固了品牌的优势地位。

从本次调查的结果来看，海尔在各项指标上都取得了不俗的成绩：在常用、预购、理想 3 种消费形态中都位居第一，领先第二品牌比率均超过 20％；理想晋级百分比排名第一，达到 4.8％，潜力指标紧随两个外资品牌之后；跨地域影响力更是无可争议，在常用、预购、理想品牌中分别以 35、33、32 的城市跨度登顶，成为电冰箱行业当之无愧的龙头。见图 3－9－9。

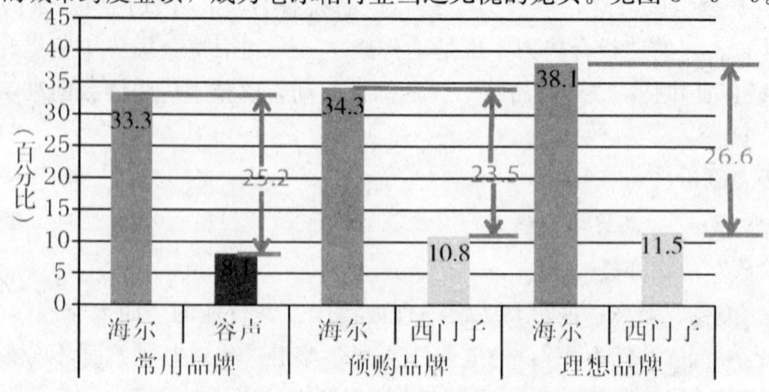


图 3－9－9 海尔在常用、预购、理想品牌中的领先指标

2. 新兴整合势力：品牌快速挺进，整合效应骤显

(1) 新兴整合势力的品牌联合现状

如今，冰箱产业的竞争越来越多地在集团与集团之间展开，产能扩充、产品线多元化扩张等成为各大品牌的发力点。行业目光也逐渐由单一品牌转向联合品牌，市场份额正向整合后的白电品牌集中。至此，业界的整合效应已经充分凸显，并反过来促使这种协同关系愈发密切。

随着2007年底海信收购科龙、美的完成同业整合，这些依托品牌联合进入白色家电领域的冰箱新军，对“四大家族”的市场优势地位可谓虎视眈眈。像长虹、海信等黑电强手，在分别通过入主美菱、抱得科龙归，顺利实现“黑白通吃”之后，不单将产品线成功延伸至白电领域，还借助美菱、科龙的品牌效应，快速在电冰箱行业占据一席之地。这种“黑白不分”的无间格局将有利于两个品牌在整个家电业的地位提升。见图 3－9－10。

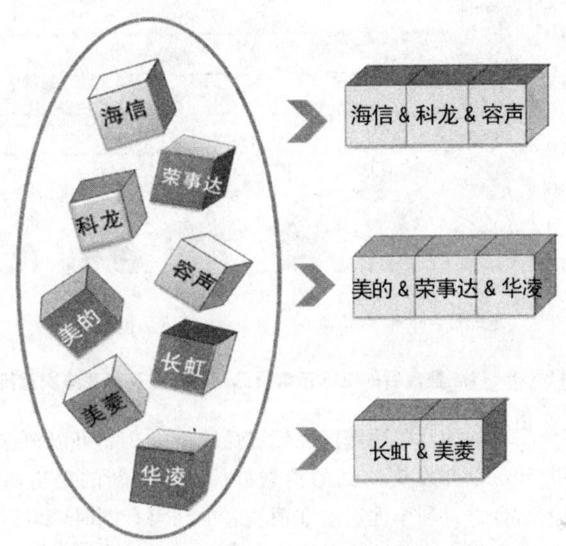


图 3－9－10 电冰箱行业的品牌联合

在冰箱市场的多股整合力量中，海信和科龙、容声的整合可谓成功典范，3个品牌的强强联手已不仅仅反映在市场份额的增长。容声在渠道和消费基础上有天然的优势，加之海信冰箱颇具特色的矢量变频技术、容声冰箱的节能技术和原生态保鲜技术，这一集团的技术优势和渠道优势得以凸显。而美的与荣事达、华凌的联合对冰箱格局的影响力度则稍弱一些，集团内部此消彼长的状况依然存在，技术特点也不甚明显，因此，整合后在行业内的座次调整相对较小。

本次调查显示：海信 & 科龙 & 容声、美的 & 荣事达 & 华凌、长虹 & 美菱在消费者心目中的整体份额已经显现出整合后所期待的效应。将它们作为一个整体之后再观冰箱市场格局，呈现在眼前的是另一番景象。在常用品牌中，海信由整合前的第14位跃升至第2位，长虹从第13位上升至第4位，美的在整合后与新飞互换座次，由第6位前进至第5位。这些经由品牌联合而形成的强大集团，显然已经具备了改写传统品牌格局的实力，并很可能在未来与海尔相抗衡。见图 3－9－11。

(2) 新兴整合势力的品牌联合策略

一个已经存在的品牌，可以通过与其他公司的品牌相联系获得品牌联想的杠杆作用，进而以某种方式共同销售产品。电冰箱行业大规模的整合风潮正是这种策略的经典演绎，而本次调查的事实也证明，品牌联合所获得的整合效应显著。

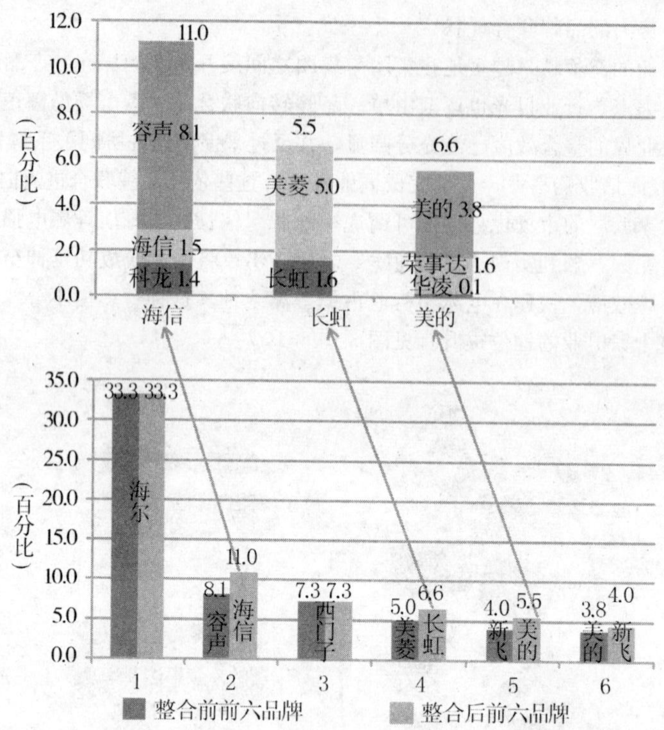


**图 3－9－11　整合后的电冰箱常用品牌联合提及率及座次重排**

品牌联合之后，多个品牌均涉及电冰箱产品，各品牌下的产品可以根据自己所依托的品牌进行独特定位，寻求产品差异，以开发更广泛的消费群体，打开新的渠道，增加产品销售量。另外，两个知名品牌形象的结合，有利于促进潜在消费者的认可，同时，可以使在电冰箱领域并不占优势的品牌迅速进入这一市场。当然，在品牌联合作战的过程中，如何整合各品牌的资源，如何使多品牌协同运作，以扩大整合效应，也是各品牌应注意的重要问题。

*3. 外资力量：品牌伺机而上，占尽技术之利*

如今的冰箱市场，制造成本和产品品质成为各品牌竞争的焦点，而外资品牌与内资品牌相比的一大优势在于拥有强大的产品研发意识和能力。近年来，以西门子、伊莱克斯和三星为代表的洋品牌利用技术优势，瞄准高端市场，增产增量，重新快速崛起，对抗“四大家族”。在技术主导冰箱品牌格局的今天，外资品牌的技术优势将赋予品牌伺机而上的巨大力量。

如西门子于 2002 年率先推出了“零度保鲜冰箱”，随后又对零度保鲜技术进行了一系列的改进和提高，实现了冰箱保鲜领域内质的飞跃。也正是这款冰箱使西门子迅速提升了品牌形象，从而带动其销量的增长。

数据显示：在常用品牌榜中，西门子横亘在海尔、容声与美菱、新飞“四大家族”之间，并在预购和理想十强中仅次于海尔位居第二，加上潜力百分比（3.5%）第一和晋级百分比（4.2%）第二的双高助力，似有冲破“四大家族”之势。其他外资品牌同样不甘示弱，在潜力和晋级指标中都取得了较前的排名和席位。特别是在晋级排名十强中，除海尔之外，其余均被外资品牌包揽。见图 3－9－12。

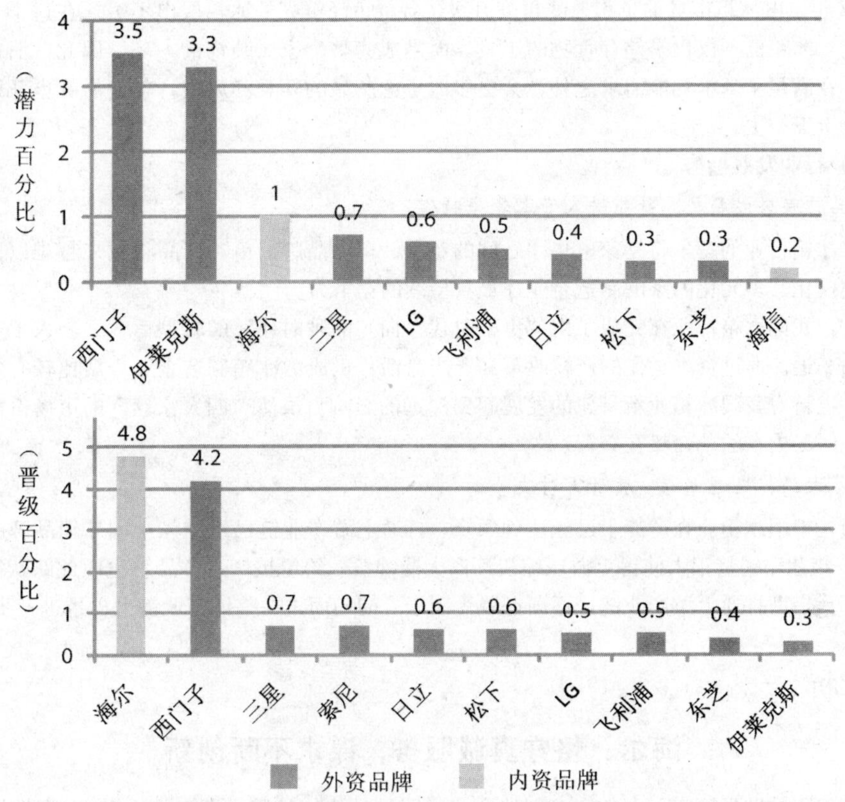


图 3—9—12 电冰箱潜力、晋级指标十强内、外资力量对比

## 三、电冰箱品牌发展策略及市场热点趋势

### (一) 产品消费热点

1. 保鲜度成为最大的消费热点

随着生活水平的提高，在储藏食物过程中如何保持食物的新鲜，减少营养成分的流失，已经成为消费者最为关心的要素。为适应消费者对冰箱保鲜的要求，几乎所有冰箱厂家都推出了与保鲜技术有关的新品，如海尔的“光波增鲜”、美菱的“TOP 鲜＋＋”、容声的“原生态保鲜”、美的的“原味保鲜”、小天鹅的“锁鲜”、TCL 的“原生态保鲜”等。

而未来冰箱消费的另一大特点，就是“以温度精确分区保鲜”的冰箱将备受推崇。具有不同卖点的各品牌保鲜冰箱，将会随着企业的技术升级和深入挖掘而不断地被推向市场。

2. 大容量、节能环保型冰箱受消费者追捧

随着消费水平的不断提高，人们趋向于选择多温区冰箱，以满足更高的储物需求，对冰箱容量的要求也越来越大，大冰箱市场随之趋热。

此外，近年来节能环保日益成为人们选择冰箱的重要考虑因素。国家也采取了价格改革、税收制度的研究和改革等一系列重要措施，并出台了多项能效标准来强制推动节能产品的普及，淘汰技术水平落后、能耗大的产品。

3. 外观时尚、彩板豪华冰箱备受垂青

2007年，电冰箱市场的色彩风暴再度升级，各种色泽鲜亮的冰箱层出不穷。在这个个性化消费的年代，冰箱已不仅仅是储存食物的工具，而是成为整个家居装饰的一环。因此，消费者选购产品时，在满足了基本功能需求之外，会更多地考虑产品的外观和风格，各大品牌也开始在产品外观设计上下工夫。

**（二）行业发展趋势**

1. 品牌联合成趋势，行业进入资本竞争时代

未来冰箱行业的竞争将是家电集团之间的竞争。单一品牌、单一产品将越来越难以支撑行业竞争，规模化、多元化的家电制造企业才最具持续的竞争力。

如此，我国冰箱行业在完成了由“价格时代”向“品牌时代”的转型后，又驶入了“资本竞争”的快车道。通过资本运作的产权改革和资产盘活，正成为冰箱制造企业今后比较有效和务实的出路，也将对我国冰箱业新一轮的发展起到深远的影响。虽然“四大家族”的市场份额保持稳定，但是一场内在的革命势在必行。

2. 各大品牌挺进上游，展开再对决

目前，中国冰箱业在产能上已经达到颠峰，打通上游产业链已经纳入中国冰箱品牌的行动范畴。2007年冰箱销量很大使得上游压缩机厂商大受裨益，纷纷扩产，各品牌也因此跃跃欲试，向上游进军，借助打通上游产业链，逐渐摆脱受制于人的局面，在整体产业链上再迈进一步。

## 专案解析

### 海尔：恪守真诚服务，谋求不断创新

海尔集团是世界第四大白色家电制造商、中国最具价值品牌。海尔在全球30多个国家建立本土化的设计中心、制造基地和贸易公司，全球员工总数超过5万人，已发展成为大规模的跨国企业集团，2007年海尔集团实现全球营业额1 180亿元。

**真诚到永远的服务灵魂**

海尔将服务作为品牌战略实施的重要内容。在此过程中，其“真诚到永远”的品牌口号起到了不可估量的作用。它可以说是海尔品牌形象的代言者，不仅对海尔的品牌战略观点作出了经典的概括，同时将郑重的承诺植入消费者内心。

第一个提出保修概念，第一个提出五星级服务方式，加大力度建立完善的分销网络和服务中心……海尔对服务的重视给消费者带来更加方便和快捷的服务，也使海尔“真诚到永远”的品牌理念不断在实践中得以推广和完善。

**不断提升的品牌战略**

海尔冰箱先是根据“成为中国第一”的目标制定了名牌战略；进而在7年之后向多元化战略转型，目的在于扩大规模进行全球拓展；随后，海尔冰箱又从多元化战略转向国际化战略，开始了对出口创牌之路的探索。如今，在全球16个国家和地区建立三位一体的本土运营模式的海尔冰箱，已经进入全球化品牌战略阶段。通过不断的战略转型，海尔冰箱实现了产品覆盖全球160多个国家和地区的品牌版图。

**日益强大的资源整合能力**

在实施战略转型，不断扩张品牌版图的过程中，海尔获取了越来越多的新资源，迫切需要对全球资源进行优化、分配。随着全球范围内的不断实践，海尔整合与转化资源的能力也逐步提升。

在国际市场上，2007年，海尔印度工厂顺利通过欧洲CE认证后，将北美、欧洲、中国等研发中心的优势资源进行了重新整合与配置，成功获得来自欧洲客户的万台冰箱订单。国内市场中，海尔在与日本三洋成立合资公司后，很快就组建了联合研发的团队，为中国消费者研发高端六门冰箱。其人性化的设计和精湛的工艺使之在上市后成为高端消费者的首选。以上这些都是海尔冰箱整合全球资源的结果。

海尔，这个响彻全球的中国品牌，秉承真诚服务的理念和不断创新的原则，正在以自己不断加速的全球化运营步伐将“中国制造”推向全世界。以海尔冰箱研发、制造、营销三位一体的本土化模式为代表，海尔品牌终以全球化品牌之姿态承载民族品牌振兴的梦想。

## 资料链接

电冰箱是我国最早实现国产化的制冷电器之一，从20世纪80年代初起步到现在，经过20多年的发展，中国电冰箱市场已经进入成熟期，市场运行相对稳定。具体来说可分为以下几个阶段[①]：

• 起步期（20世纪70年代末期至20世纪80年代前期）：外资品牌启动市场。改革开放使中国经济出现了高速增长的势头，人们收入水平明显提高，对家用电器的需求逐渐增加，中国冰箱市场在这个时期开始逐步启动。当时，中国的冰箱生产几乎为零，外资品牌在这一阶段成为市场的启动者，消费者在当时所能接受的也只是一些低档的冰箱。

• 扩张期（20世纪80年代中、后期）：国内品牌鱼龙混杂。中国冰箱市场经过近6年的发展以后，到1984年进入了迅速扩张时期，这一时期可谓中国冰箱市场的鼎盛时期。国内各品牌纷纷从国外引进生产线，生产能力剧增，随之而来的是品牌混杂、生产秩序混乱现象严重。这一时期的市场开始出现一些知名本土品牌，如万宝、中意、扬子、香雪海、双鹿等。

• 竞争期（20世纪90年代至21世纪初）：品牌集中程度提升。1988年以后中国冰箱市场连续两年出现了大幅度萎缩，大批品牌被迫退出市场。之后，随着市场的回升，国内冰箱行业的淘汰赛也拉开帷幕，万宝、中意、扬子、香雪海、双鹿等原来强势的品牌开始走向衰落。同时，容声、美菱、海尔等品牌迅速发展壮大，电冰箱消费逐渐向主导品牌集中。一些跨国品牌也开始密切关注中国电冰箱市场，并着手以合作、合资、合并收购等形式进入中国市场。

• 整合期（2001年至今）：品牌联合力度加大。2000年以后，冰箱品牌产权改革、引进战略投资者和品牌战略重组，逐渐呈现加速发展的趋势。格林柯尔于2001年和2003年分别收购科龙和美菱，标志着冰箱行业整合的大幕正式拉开。近年来，这种趋势愈发明显，海信&科龙&容声、美的&荣事达&华凌、长虹&美菱先后组成了颇具实力的品牌联合体。

（执笔：吕艳丹　张晓丹）

# 第四节　洗衣机

## 一、洗衣机品牌十强数据

洗衣机品牌十强数据见表3—9—10、表3—9—11、表3—9—12。

---

① 冰箱市场的现状分析［OL］.［2005-12-16］. http://www.fx120.net/nrsj/cycl/scyx/20051216115220653O.htm.

**表 3－9－10 洗衣机品牌家庭消费者十强**

| 排 序 | 常用品牌 | | 预购品牌 | | 理想品牌 | |
|---|---|---|---|---|---|---|
| | 名 称 | 提及% | 名 称 | 提及% | 名 称 | 提及% |
| 1 | 海尔 | 31.0 | 海尔 | 33.5 | 海尔 | 35.7 |
| 2 | 小天鹅 | 24.4 | 小天鹅 | 20.1 | 小天鹅 | 20.3 |
| 3 | 荣事达 | 6.8 | 西门子 | 8.4 | 西门子 | 8.8 |
| 4 | 西门子 | 4.6 | 荣事达 | 4.6 | 荣事达 | 4.6 |
| 5 | 松下 | 3.6 | 松下 | 3.8 | 松下 | 4.4 |
| 6 | LG | 2.5 | LG | 1.9 | 东芝 | 2.3 |
| 7 | 春兰 | 1.6 | 东芝 | 1.9 | LG | 2.1 |
| 8 | 东芝 | 1.6 | 三星 | 1.5 | 三星 | 1.6 |
| 9 | 美的 | 1.5 | 美的 | 1.5 | 美的 | 1.3 |
| 10 | 三星 | 1.4 | 飞利浦 | 1.3 | 日立 | 1.3 |

**表 3－9－11 洗衣机品牌潜力消费者十强**

| 排 序 | 常用品牌 | | 预购品牌 | | 理想品牌 | |
|---|---|---|---|---|---|---|
| | 名 称 | 提及% | 名 称 | 提及% | 名 称 | 提及% |
| 1 | 海尔 | 32.7 | 海尔 | 37.0 | 海尔 | 41.3 |
| 2 | 小天鹅 | 21.6 | 小天鹅 | 17.2 | 小天鹅 | 16.5 |
| 3 | 荣事达 | 5.1 | 西门子 | 6.9 | 西门子 | 7.4 |
| 4 | 西门子 | 4.2 | 荣事达 | 3.3 | 松下 | 3.3 |
| 5 | 松下 | 3.2 | 松下 | 3.0 | 荣事达 | 3.2 |
| 6 | 美的 | 2.7 | 美的 | 2.5 | 美的 | 2.4 |
| 7 | LG | 1.7 | LG | 1.8 | LG | 2.1 |
| 8 | TCL | 1.6 | 三星 | 1.8 | 三星 | 1.7 |
| 9 | 美菱 | 1.6 | 飞利浦 | 1.6 | 东芝 | 1.5 |
| 10 | 澳柯玛 | 1.4 | 海信 | 1.5 | 澳柯玛 | 1.3 |

**表 3－9－12 洗衣机品牌两类消费者加权十强**

| 排 序 | 常用品牌 | | 预购品牌 | | 理想品牌 | |
|---|---|---|---|---|---|---|
| | 名 称 | 提及% | 名 称 | 提及% | 名 称 | 提及% |
| 1 | 海尔 | 31.4 | 海尔 | 34.2 | 海尔 | 36.8 |
| 2 | 小天鹅 | 23.9 | 小天鹅 | 19.5 | 小天鹅 | 19.5 |
| 3 | 荣事达 | 6.4 | 西门子 | 8.1 | 西门子 | 8.5 |
| 4 | 西门子 | 4.6 | 荣事达 | 4.3 | 荣事达 | 4.3 |
| 5 | 松下 | 3.5 | 松下 | 3.6 | 松下 | 4.2 |
| 6 | LG | 2.3 | LG | 1.9 | 东芝 | 2.2 |
| 7 | 美的 | 1.7 | 东芝 | 1.7 | LG | 2.1 |
| 8 | 春兰 | 1.6 | 美的 | 1.7 | 三星 | 1.6 |
| 9 | 东芝 | 1.5 | 三星 | 1.6 | 美的 | 1.5 |
| 10 | 三星 | 1.3 | 飞利浦 | 1.4 | 飞利浦 | 1.2 |

## 二、电冰箱品牌竞争格局解析

### （一）市场整体竞争布局

1. 资本竞争愈演愈烈，大品牌格局效应骤显

近年来，随着资本市场的日益成熟，行业竞争也开始走向资本竞争阶段——整合、收购、并

购渐成趋势。在竞争日益激烈的市场环境中，由于开发新产品线的成本压力巨大，市场前景难以预料，使得一些颇具资本实力、产品又相对单一的行业翘楚开始诉诸资本运作，收购其他已经成熟的产品生产线及销售渠道，以此迅速延伸产品线、扩大自身的市场份额。

• 代表品牌：美的

以小家电起家的美的，继收购荣事达、华凌之后，又于 2008 年 2 月成功将小天鹅揽入怀中。此前，美的已确立了以白色大家电为主营业务的发展战略，此次收购，完善了其白色大家电的业务布局，目的在于提升业务规模，降低运营成本，增强品牌竞争力。频繁进行的资本运作使得美的成功进军白色家电业，并迅速在白色家电业显示出巨大的竞争实力。

本次调查结果显示，美的集团旗下的三大品牌小天鹅、荣事达、美的均顺利进入常用、理想、预购品牌十强。虽然海尔一枝独秀，无人能敌，3 项提及指标及领先指标都和第二名远远拉开距离，但是累积美的集团三品牌的提及率，我们发现，美的集团的常用提及率为 32%、预购提及率为 25.5%、理想提及率为 25.3%，完全具备和海尔一争高低的实力。由此看来，未来洗衣机市场格局可能会有所改变。见图 3－9－13。

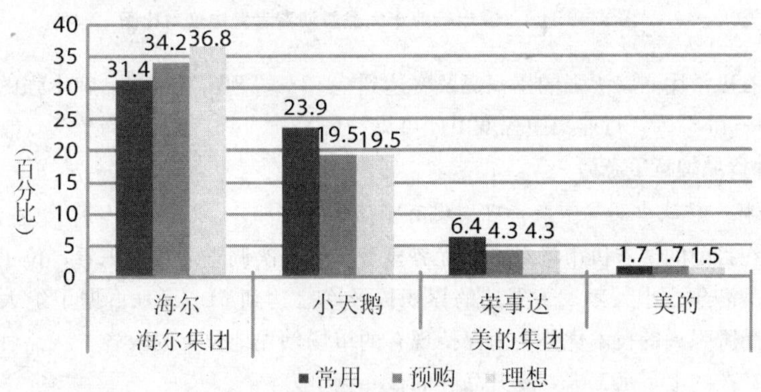


**图 3－9－13　海尔、美的集团常用、预购、理想提及率对比**

*2. 规模化竞争加剧，品牌集中度提升*

近年来，洗衣机行业一直保持着比较稳定的小幅增长态势，吸引了众多品牌的进入，随着竞争的加剧，现仍然活跃在市场上的主流品牌并不多。“国家信息中心发布的《2007 年度洗衣机国内市场白皮书》揭示，2007 年洗衣机市场共有 38 个品牌消失，占 2007 年全部品牌的 40.86%，品牌淘汰率居 2007 年四大家电产品（冰箱、空调、洗衣机、电视）之首，也是该行业从 2000 年至今品牌淘汰率最高的年度。”①

这主要由于，一方面，国内洗衣机行业已进入规模化竞争阶段，原材料及上游零部件价格上涨，加上技术升级、产品的不断更新换代所带来的成本增加，以及经销渠道费用的不断上升，企业的生产及经营成本逐年提高。部分小品牌的市场份额逐年萎缩，直至消失。另一方面，原来在二、三级市场发展的一些中小品牌，凭借一定价格和区域的优势得以生存，但随着技术壁垒的提升以及主流品牌向二、三级甚至农村市场的延伸，这些品牌的生存空间越来越小，最终被挤出市场。

而本次调查结果也证明，消费者品牌意识正在逐渐增强，品牌关注度迅速集中。数据显示，

---

① 2007 年我国有 38 个洗衣机品牌出局 淘汰率超四成［OL］.［2008-02-29］. http://home.nanjing.soufun.com/news/2008/02/29/1542737.html.

洗衣机行业的消费者集中度为 66.3%，荣登家电行业所属各品类集中度榜首，成为高集中度行业。见图 3—9—14。

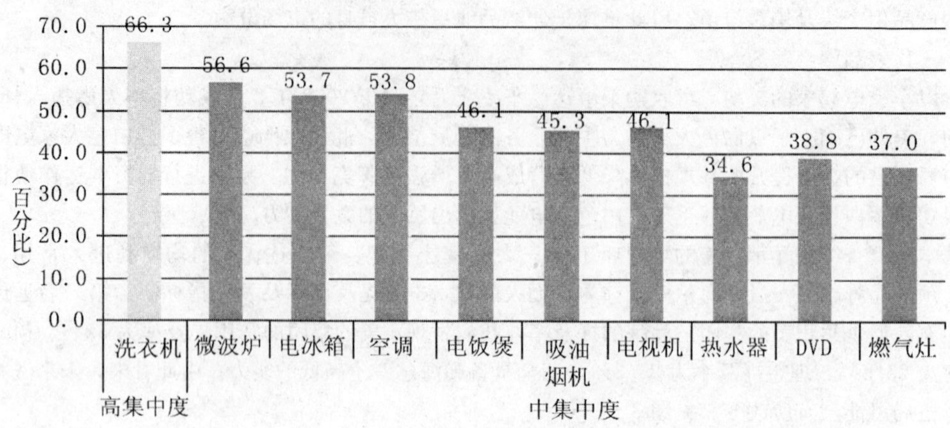


**图 3—9—14　家电行业十大品类消费者集中度对比图**

另外，洗衣机常用品牌十强的累积提及率达到 78.2%，预购及理想品牌十强的累积提及率也分别达到了 78%和 82%，行业集中程度由此可见一斑。

**（二）内外资品牌竞争态势**

1. 内资品牌：转战中高端市场，巩固现有市场优势

内资品牌在目前的洗衣机市场上可谓优势显著。从本次调查的数据来看，位于常用品牌榜前三名的本土品牌海尔、小天鹅、荣事达的累积提及率已达到 61.7%，占据了绝大部分份额。但是，面对外资品牌强大的技术优势，为保持现有的市场领先地位，国内各一线品牌纷纷转战中高端市场，通过在技术上下足工夫，提升品牌的核心竞争力。

• 代表品牌：海尔

在以奥运营销为核心的营销策略下，海尔洗衣机进行了产品结构的优化升级，品牌的高端定位凸显。继 2006 年"双动力"波轮洗衣机和"阳光丽人"系列大卖之后，2007 年海尔更是推出了"净界"波轮洗衣机和"Luxurii"滚筒洗衣机两大高端产品系列，进一步抢占高端市场。

2. 外资品牌：站稳中高端市场，发展潜力不容小觑

一直以来，外资品牌在洗衣机的高端市场中处于领先地位。"特别是进入 2007 年，外资品牌在高端市场份额有明显增长，其销售量、销售额的市场占有率均在 70%左右，短期内在高端产品领域出现垄断性优势。"①

本次调查结果也显示：外资品牌在预购十强、理想十强以及晋级十强中都占有半数以上席位，特别是在晋级十强中，外资品牌以压倒性优势占据了 8 个名额，这与其一贯的高端路线和技术研发能力是分不开的。虽然短时间内本土品牌主导市场的格局不会改变，但由于近年洗衣机市场的高端化趋势日渐明朗，外资品牌的优势将进一步凸显。见图 3—9—15。

• 代表品牌：三星

三星自始至终都致力于高端产品的推广，而今三星正试图通过"套餐促销"来实现销量的进一步上升。三星包括洗衣机、冰箱、空调在内的各种家电产品均定位高端，设计时尚，在风格趋

① 洗衣机行业马太效应凸显［OL］．［2007-10-26］．http：//www.nanfangdaily.com.cn/southnews/tszk/nfdsb/jdzk/200710260426.asp.

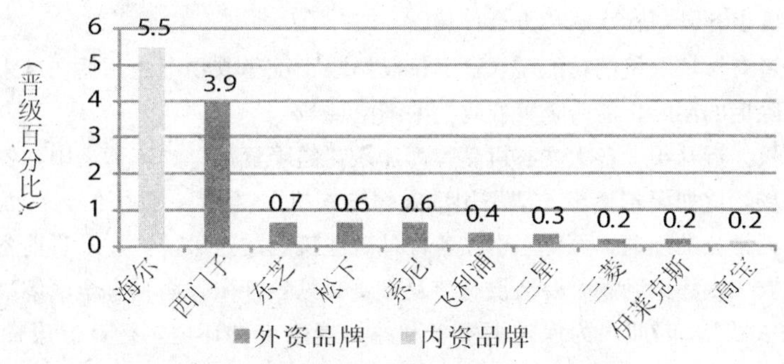


**图 3－9－15　洗衣机晋级指标十强内、外资力量对比**

于一致的同时，卖场摆放也相对集中，便于消费者感知“套餐”的和谐之美，诠释品牌的整体形象。

## 三、洗衣机品牌发展策略及市场热点趋势

### （一）洗衣机的市场消费需求

1. 波轮机长势喜人，滚筒市场份额下滑

高端的滚筒洗衣机由于技术含量高、外观新颖，一直是厂家大力推广的产品，但 2007 年滚筒洗衣机的销售数量却并不乐观。“2007 年滚筒洗衣机国内市场全年销量为 205.8 万台，比 2006 年的 198.7 万台仅仅增长了 7 万台，增速仅为 3.5%；市场份额为 17.2%，比 2006 年的 19%，下降了近 2 个百分点。反观波轮洗衣机，全年销量达到 1 913.7 万台，尽管基数较大，增速仍达到 28%。”①

究其原因，除了滚筒洗衣机价格较高导致销售不畅之外，技术成为又一关键因素，目前市场上掌握滚筒洗衣机核心技术的国内品牌较少，这在一定程度上制约了滚筒洗衣机的市场表现。

2. “无缠绕”成为市场新需求

洗衣机在洗涤过程中难免会因衣物缠绕而引起褶皱、磨损等问题，特别是随着生活水平的不断提高，消费者穿戴真丝、羊绒等高档纺织品的比重也在不断增加，为保护这些高档衣物，“无缠绕”遂成为继节能、省水、洗净等功能之后，消费者对于洗衣机新的功能需求。

针对消费者的这一新需求，许多企业将无缠绕、防磨损技术作为新的研发重点。一方面对容易引起缠绕和磨损的波轮式洗衣机进行技术改造，另一方面继续提升缠绕性小的滚筒式洗衣机的防皱功能。这些技术的产品化将会引领新一轮的“无缠绕”消费热潮。

3. “节水”、“洗净”双重需求合二为一

作为家庭生活用水的高消耗者，洗衣机的节水功能是否强大，一直是消费者在选购产品时考虑的重要因素之一。为此，各洗衣机品牌争相开发节水技术。但是，问题也接踵而至。目前，中国洗衣机行业的节水技术不够成熟，大部分是以牺牲洗净率为代价来成全高节水量，“节水”只是宣传噱头，消费者的实质性需求根本没有得到满足。

消费者真正需要的，是在发挥好洗衣机基本的洁净功能基础上，亦能达到节水效果的产品。可以预见，未来市场，“节水＋洗净”这一领域将成为各大企业争夺的热点，技术的研发甚为关键。

---

① 内需市场明显启动 洗衣机行业集中度进一步上升［OL］．［2008-02-20］．http：//info. china. alibaba. com/news/detail/v13－d1001565858. html.

4. “健康”需求升级，标准亟待出台

目前，消费者对于洗衣机的功能需求已不仅仅局限于洗净衣物上的污垢，越来越多的消费者开始关注产品在除垢的同时，能否杀灭衣物上的细菌。

需求即是商机。近几年，各大洗衣机品牌都加入“健康营销”的阵营之中，各种健康概念的产品频频现身市场，比如海尔推出的“不用洗衣粉洗衣机”。但是，据了解，市面上多数的健康功能往往只能杀灭常见的细菌，而对于引发各种过敏性疾病的过敏源，以及目前备受关注的桶内滋生霉菌引发洗衣二次污染问题，要么没有涉及，要么见效甚微，而只有全面解决这些问题，才可称为“健康洗衣机”。因此，为保护消费者利益，规范市场环境，行业健康标准的出台势在必行。

**（二）洗衣机行业品牌发展趋势**

1. 品牌定位趋于高端

目前，国内洗衣机品牌的整体发展趋于高端，主要表现在：产品结构得到进一步调整，中高端产品比例上升。

这主要是由于，人们消费水平逐步提高，高端产品的消费比重提升。尤其是当前城市居民对洗衣机的消费已进入更新换代阶段，滚筒等高端产品省水、对衣物磨损小、外观时尚等特点迎合了消费者的需要，市场需求量较大。加之，洗衣机市场的利润主要来源于滚筒洗衣机等高端产品。基于此，国内各大品牌纷纷转战中高端市场，频频推出高端新品，创新功能和技术。

2. 品牌淘汰进程加速

目前，国内洗衣机行业已经进入品牌规模化竞争阶段，资本、产能、核心技术研发能力、产品配套能力、终端服务能力、营销推广能力将成为未来几年品牌竞争的基本内容，不具备规模经营的品牌将很难在未来立足。

由于市场的各种压力，以及消费者品牌意识的不断增强，一些中小品牌的产品难以进入主流的销售渠道，最终将难逃被合并、依赖 OEM 订单维持生产或完全退出市场的尴尬结局。品牌淘汰将成为最近两年伴随洗衣机行业发展的一个不可回避的现象，且有进一步加速的趋势。

3. 能效标识启动，促进品牌提升竞争力

从 2007 年 3 月 1 日起，市场上销售的洗衣机的能效标识需贴在产品正面的右上方。能效标识将成为消费者选购洗衣机时的重要参考，同时也会促成洗衣机的价格分级。对于品牌而言，如何利用能效标识参与市场竞争成为关键。

## 专案解析

### 美的：并购提升竞合能力，多品牌整合成为关键

美的集团始创于 1968 年，1980 年进军家电业，1981 年开始使用“美的”这一品牌。随着 2006 年 11 月底在广州推出自主品牌洗衣机，美的在白色家电领域的布局宣告完成。

品牌联合提升竞争实力

美的起家于小家电，发家于空调，后通过控股、收购等方式向冰箱、洗衣机领域扩张。2004 年 6 月，美的在收购美菱失败之后，北上将老牌家电企业荣事达集团的主要资产并入囊中；2008 年 3 月，在经过多方较量后又如愿以偿将小天鹅纳入旗下。时至今日，美的旗下已拥有美的、华凌、荣事达、小天鹅众多知名品牌，横跨整个白色家电领域。多品牌强强联手，实力大增，美的集团一跃成为洗衣机行业仅次于海尔的第二大巨头，白色家电巨头排位赛拉开帷幕。

目前，美的集团在国内外均建有生产基地，并设立了13个海外机构，成为中国颇具规模的白色家电生产基地和出口基地。“2006年，美的集团整体实现销售收入达570亿元，同比增长25%，其中出口额22亿美元，同比增长25%。在‘2006年中国最有价值品牌’的评定中，美的品牌价值跃升到311.90亿元，位居全国最有价值品牌第七位。”①

*品牌整合成为发展关键*

在美的陆续将各大品牌收入囊中，通过资本并购迅速做大冰洗产业的同时，如何将各子品牌进行有效地整合成为随之而来的问题。当集团旗下多个品牌都生产同一产品时，各品牌在设计、功能以及定价上的差异化，成为各自做大做强的关键所在。目前，能否让各品牌之间形成良性的同业竞争，减少业务重叠，并在此基础上整合优势资源，将决定集团在未来洗衣机市场的成败。

的确，在行业整合力度不断加剧、寡头竞争格局初现倪端的今天，具有广泛品牌影响力及强大渠道优势的品牌强强联手，无疑增加了联合方在较短时间内扩大业务范围、占领市场制高点的成功几率。规模和技术的联姻将在未来进一步提升洗衣机行业的集中度，推动洗衣机行业乃至整个白色家电行业的重组与整合。

### 资料链接

20世纪70年代末，随着第一台洗衣机的问世，我国洗衣机行业开始起步。自80年代起进入快速增长时期，这一时期品牌之间的竞争更多的是生产数量的简单竞争。80年代末90年代初，我国的洗衣机行业在曲折中迂回前进，伴随产品品质的提高和消费市场的进一步成熟，品牌间的竞争由产量竞争转为质量竞争。从20世纪90年代末开始，在竞争激烈的家电行业中，洗衣机市场相对稳定，一直保持着一种不温不火的增长态势。随着各品牌自身的发展，以及消费群体素质的提高和销售市场的成熟，市场上的品牌经过几度优胜劣汰，大都走上规模化、集团化经营之路。

2007年我国洗衣机产量达3 428.9万台，比2006年的3 011.7万台增长了13.85%。但销量的增速则明显高于产量，全年销量增长20%。其中受益于国内市场消费升级，国内销售量为2 119.5万台，增速达到25%，内需市场启动十分明显；出口量为1 337.2万台，增速为11%。②

（执笔：张晓丹）

## 第五节　DVD

### 一、DVD品牌十强数据

DVD品牌十强数据见表3－9－13、表3－9－14、表3－9－15。

---

① 数据来源：美的官方网站。

② 2007年洗衣机产量增长13%［OL］.［2008-02-14］. http：//www.mysteel.com/gc/cjzh/jiadhy/2008/02/14/091117,1722479.html.

表 3－9－13　DVD 品牌家庭消费者十强

| 排 序 | 常用品牌 | | 预购品牌 | | 理想品牌 | |
|---|---|---|---|---|---|---|
| | 名 称 | 提及% | 名 称 | 提及% | 名 称 | 提及% |
| 1 | 步步高 | 16.1 | 步步高 | 14.1 | 步步高 | 15.0 |
| 2 | 新科 | 8.5 | 飞利浦 | 7.5 | 索尼 | 9.3 |
| 3 | 飞利浦 | 7.6 | 万利达 | 7.3 | 飞利浦 | 7.7 |
| 4 | 万利达 | 7.2 | 索尼 | 7.2 | 万利达 | 7.5 |
| 5 | 夏新 | 5.1 | 新科 | 6.0 | 松下 | 6.8 |
| 6 | 金正 | 4.4 | 松下 | 6.0 | 新科 | 5.8 |
| 7 | 索尼 | 3.9 | 夏新 | 3.6 | 夏新 | 3.9 |
| 8 | 奇声 | 3.8 | 金正 | 3.3 | 金正 | 3.8 |
| 9 | 松下 | 3.6 | 奇声 | 3.1 | 海尔 | 3.3 |
| 10 | TCL | 2.4 | 东芝 | 2.8 | 三星 | 3.0 |

表 3－9－14　DVD 品牌潜力消费者十强

| 排 序 | 常用品牌 | | 预购品牌 | | 理想品牌 | |
|---|---|---|---|---|---|---|
| | 名 称 | 提及% | 名 称 | 提及% | 名 称 | 提及% |
| 1 | 步步高 | 15.2 | 步步高 | 12.4 | 索尼 | 15.4 |
| 2 | 飞利浦 | 8.1 | 索尼 | 11.5 | 步步高 | 13.0 |
| 3 | 索尼 | 7.0 | 飞利浦 | 8.6 | 飞利浦 | 9.3 |
| 4 | 新科 | 6.9 | 松下 | 6.3 | 松下 | 7.2 |
| 5 | 万利达 | 6.0 | 三星 | 5.0 | 三星 | 5.6 |
| 6 | 松下 | 4.7 | 万利达 | 4.3 | 万利达 | 4.4 |
| 7 | TCL | 4.2 | 新科 | 4.3 | 新科 | 3.8 |
| 8 | 三星 | 3.6 | 海尔 | 3.2 | 海尔 | 3.6 |
| 9 | 奇声 | 3.5 | 东芝 | 2.6 | LG | 2.7 |
| 10 | 夏新 | 3.2 | TCL | 2.5 | TCL | 2.6 |

表 3－9－15　DVD 品牌两类消费者加权十强

| 排 序 | 常用品牌 | | 预购品牌 | | 理想品牌 | |
|---|---|---|---|---|---|---|
| | 名 称 | 提及% | 名 称 | 提及% | 名 称 | 提及% |
| 1 | 步步高 | 15.9 | 步步高 | 13.8 | 步步高 | 14.6 |
| 2 | 新科 | 8.2 | 索尼 | 8.0 | 索尼 | 10.5 |
| 3 | 飞利浦 | 7.7 | 飞利浦 | 7.7 | 飞利浦 | 8.1 |
| 4 | 万利达 | 7.0 | 万利达 | 6.7 | 松下 | 6.9 |
| 5 | 夏新 | 4.7 | 松下 | 6.0 | 万利达 | 6.8 |
| 6 | 索尼 | 4.5 | 新科 | 5.6 | 新科 | 5.4 |
| 7 | 金正 | 4.1 | 夏新 | 3.3 | 金正 | 3.5 |
| 8 | 松下 | 3.8 | 金正 | 3.1 | 三星 | 3.5 |
| 9 | 奇声 | 3.7 | 三星 | 3.0 | 夏新 | 3.5 |
| 10 | TCL | 2.8 | 奇声 | 2.9 | 海尔 | 3.4 |

## 二、DVD 影碟机品牌竞争格局解析

### （一）品牌竞争的总体布局

目前，国内 DVD 影碟机市场进入成熟期，内、外资一线品牌阵营明晰。

内资品牌分为由生产 VCD 转型而来的专业品牌，以及多元化经营的家电品牌。由生产 VCD 转型而来的专业品牌可以说是目前市场上的主导者，无论从专业品质上还是价格上都具有相当优势，在消费者心目中形成了一定认知，从本次调查结果来看，这些专业品牌的提及率在常用、预购、理想 3 种消费形态中均占据了相当份额。

而依靠多元化经营进入 DVD 行业的其他家电品牌，凭借本身的品牌知名度和渠道优势打拼出一方天下，成为 DVD 影碟机行业里不可忽视的一支力量，虽然在本次调查中这类品牌的实力不如专业品牌强劲，但依旧占据了一定的份额。

外资品牌的技术实力自不必说，产业化发展也相对成熟，虽然目前这些品牌因价格原因在市场上的普及程度不如内资品牌，但是品牌品质依旧为消费者所看好，数据显示，外资品牌的发展潜力较大，具有相当的上升空间。见图 3－9－16。

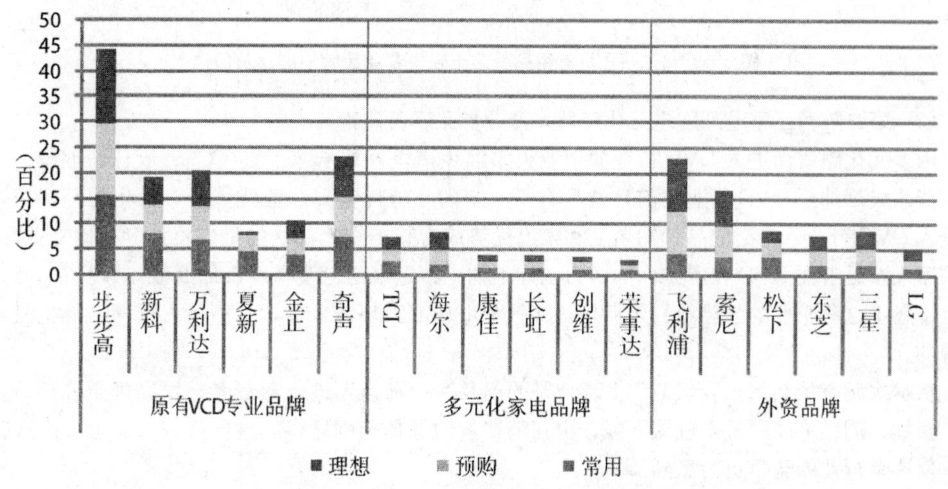


图 3－9－16　DVD 品牌三大阵营格局图

需要注意的是，目前市场竞争格局依旧存在变数，“标准”是不可忽视的一大影响因素，在一定程度上决定着品牌格局的形成。谁掌握了标准，谁就能成为市场中的主导力量。目前，高清 DVD 的标准之争全面展开。

外资品牌间正在上演国际标准之争，主要围绕 BD 蓝光技术和 HD－DVD 技术谁将成为行业标准而展开。2008 年初，随着蓝光技术成为赢家，基于蓝光技术的索尼等品牌成为行业无可争议的领导者。在 HD－DVD 败北国际标准大战之后，国内自有的 EVD 技术和基于 HD－DVD 技术开发的 CH－DVD 技术遭遇两难，一些品牌阵前游移，国内 DVD 行业该去向何方成为大家关注的焦点。

**（二）品牌阵营细分**

1. *内资品牌*

（1）第一阵营：原有 VCD 品牌转型，专业优势显著

诸如新科、步步高、金正等品牌在 VCD 时代专心做影碟机，并且因此获得了相当的市场占有率，培育了良好的品牌知名度。进入 DVD 时代后，凭借当年的品牌优势进行迅速扩展，是影碟机制造业里的重要力量。

在本次调查中，这些专业制造者取得了不俗的成绩，在消费者常用十强中占据六席，累积百分比达 43.6%。除步步高拔得常用、预购、理想品牌的头筹之外，诸如新科、金正、万利达等品

牌也都占据了不错的名次序列。见图 3－9－17。

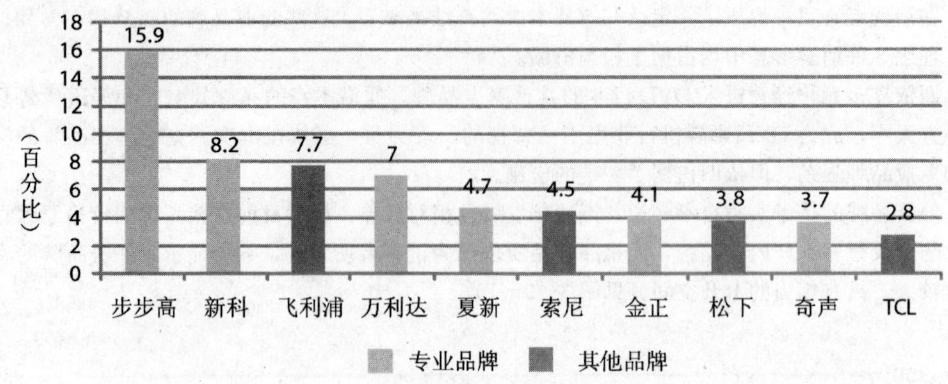


图 3－9－17　DVD 常用品牌前十强中专业品牌的座次及席位

（2）第二阵营：家电品牌多元化经营，产业扩张不可忽视

因多元化路线而进入 DVD 行业的企业大多以生产电视机起家。如 TCL、康佳、创维、长虹等在产品线延伸至 DVD 行业之前，就具有了一定的品牌优势和产业优势。多元化的经营战略使其进入 DVD 行业，广泛的品牌知名度和渠道优势成为其扩充产品线的最优资源。相比专业品牌，这些后来涉足者在 DVD 技术方面的实力也许不如一路走来的专业生产者那么雄厚，况且 DVD 本身也不属于这些企业的强势项目，但是，从整个市场的大环境来看，它们所占据的份额也是不可忽视的。

从本次调查的结果来看，TCL 以 2.8％的提及率一马当先进入消费者常用品牌十强序列，海尔、长虹、创维等品牌虽未进入十强，也在消费者的选择范围之内，这些品牌产品触角的成功延伸，使这个行业的竞争更为激烈。

（3）内资品牌的技术之争：“蓝”、“红”抗衡，中国 DVD 出路何在

一直以来，国内 DVD 市场的角逐，主要表现在以红光技术为基础的 EVD 阵营和基于 HD－DVD 蓝光技术的后起 CH－DVD 阵营之间展开。

采用红光技术的 EVD 拥有中国自主知识产权，是中国数字光盘领域目前的行业推荐标准，最大的短板是存储容量小。2006 年 10 月 15 日，新科、上广电、TCL、创维、万利达等碟机品牌和内容商，以及国美电器等 40 多家企业成立了中国 EVD 产业联盟筹委会。后 EVD 厂商阵营扩展到新科、上广电、TCL、夏新、万利达、创维、奇声、海尔、海信等 12 个品牌。

CH－DVD 则是基于中国自主知识产权，对目前国际上的 HD－DVD 标准进行了改动而推出的中国版 HD－DVD，能使中国制造企业向国际 HD－DVD 授权组织缴纳的专利费明显减少。2007 年 9 月 7 日，中国高清光盘产业联盟在北京正式成立，包括 TCL、海尔、步步高、清华同方等 19 家中方发起参与者，以及微软、东芝、美国华纳等 12 家外方发起参与者。

新科、TCL 等这些曾高调加入 EVD 产业联盟的 DVD 品牌阵前倒戈，使 EVD 的发展受阻，而 HD－DVD 在国际标准大战中的落败，又使得中国版 CH－DVD 的前景黯淡。从本次调查的结果来看，进入前十强的诸多国内一线品牌均是 CH－DVD 的支持者，但由于专利费的困扰和行业前景并不明朗，包括步步高在内的国内诸多品牌依旧以生产 EVD 为主而对 CH－DVD 持观望态度，品牌格局在不久的将来还会有较大的变数。

2. 外资品牌

（1）外资品牌技术优势显著

外资品牌的技术优势在DVD行业表现得尤为明显，在传统DVD时代，内资品牌可谓完全受制于外资品牌的技术垄断，随着我国研发的EVD、CH－DVD标准诞生，内资品牌才拥有了一定的话语权。除了技术之外，外资品牌在产业化生产方面也比较成熟，无论是上游的核心零部件，还是一些内容资源都很丰富。但同时高端的价位也使得一部分消费者望而却步。

从本次调查的结果来看，进入常用、预购、理想品牌十强的外资品牌数对比内资品牌稍逊一筹，但差距不大。但是，外资品牌在潜力指数和晋级指数上都有绝对优势，有7个品牌进入十强，其中索尼、松下、三星、西门子、夏普等牢牢把持着前几名的席位。

（2）外资品牌的技术之争："蓝"、"蓝"相争，BD大胜HD－DVD成定局

BD蓝光（Blu－ray）与HD－DVD已同为高清光盘标准，在技术上两者相当接近，均基于最新的蓝光技术，在一张光盘上，以5～10倍的容量呈现约数倍于DVD质量的高清画面，而且在软件与游戏领域也有利于承载更大的数据容量。见图3－9－18。

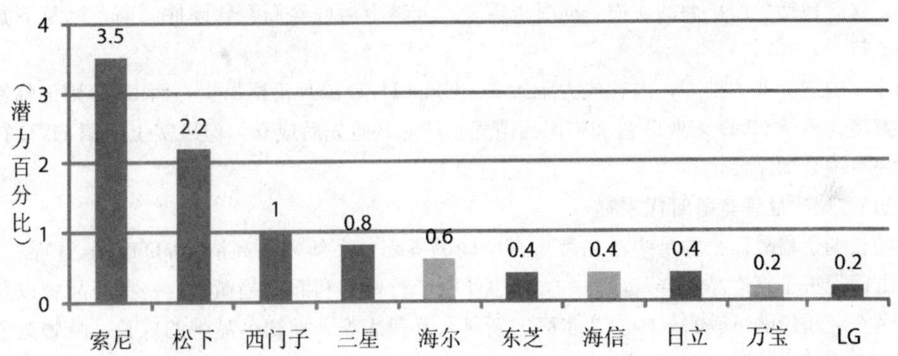


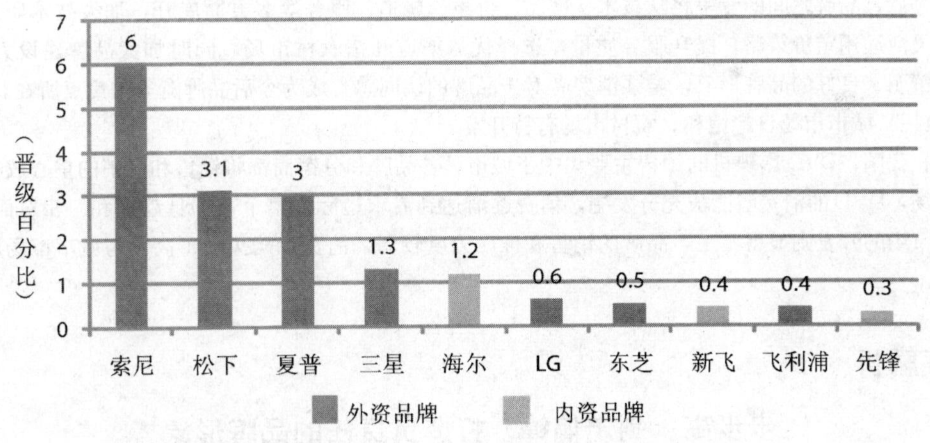


**图3－9－18　DVD潜力、晋级指标十强内、外资力量对比**

在DVD高清国际标准的争夺战中，以索尼主导的"蓝光DVD"阵营，一直与以东芝为轴心的"HD－DVD"军团相抗衡。而好莱坞七大电影公司，一直以来也分化成两大派系，分别支持两种标准。2008年1月以来，支持HD－DVD的美国华纳兄弟公司"倒戈"、派拉蒙"变节"和微软公司表态称，将尊重消费者的选择，以及沃尔玛、百思买等零售巨头宣布不再销售HD－DVD产品，HD－DVD标准的主导厂商东芝只得宣布工厂全面停产，店面存货继续清仓，2008

年6月前全面撤出市场。至此，围绕下一代高清影碟标准的格式之争正式结束，蓝光阵营成为无可争议的胜者。

在中国市场上，蓝光DVD的高价曾令消费者乍舌，但由于其拥有索尼、松下、飞利浦、三星等众多品牌加盟，相对于东芝、LG相依为命力撑HD－DVD，蓝光阵营无论是在技术上还是在市场份额上，都占据着绝对优势。

从本次调查的结果来看，进入常用、预购、理想品牌十强的外资品牌如索尼、飞利浦、松下、三星等都是蓝光技术的支持者，其潜力和晋级指标也都排在前列；而东芝和LG除在潜力和理想指标上能跻身前十以外，在其他指标中并无大的作为。

### 三、DVD影碟机品牌发展策略和市场热点趋势

#### （一）产业化成为未来行业发展的关键

技术是行业发展的决定性力量，但是，国内DVD行业要想取得突破性进展，产业化同样不可忽视，这既包括生产厂商的支撑，同时也需要产业链上游内容商、软硬件厂商，以及下游生产厂商的支持。

如今，中国标准的推广，内容成为瓶颈——CH－DVD碟片价格昂贵，而EVD则面临着无碟可看的窘境。虽然EVD产业联盟和中国高清光盘产业联盟先后成立，但事实上中国DVD行业的产业化还有很长的路要走。

#### （二）多层次品牌竞争时代来临

伴随长期价格战而来的是中小品牌生存空间的萎缩，在新兴的高清DVD市场，产品一再降价，一方面促进了新产品的普及，另一方面也使整个行业的利润日趋微薄，一些小品牌以及一些加工组装企业纷纷败下阵来。随着步步高、新科、万利达等一批知名品牌的成长，品牌竞争的趋势也在不断提速。

今后，品牌之间的竞争将从技术、产品、价格、渠道、服务等多方面展开，加大技术研发力度，灵活运用定价策略，提升服务质量，选择优势渠道开拓农村市场，同时加大品牌建设力度，树立鲜明、良好的品牌形象，增强消费者对于品牌的认同感，成为今后品牌竞争的焦点所在。

#### （三）城市市场日趋饱和，农村市场有待开发

在我国，DVD影碟机的销售主要集中于城市，各品牌和分销商都将销售和促销的重心放在城市市场，DVD的消费潜能被充分发掘，消费逐渐达到需求边际，整个市场日趋饱和。相对而言，农村市场的开发则显得不足，品牌的销售和推广力度较弱，消费者购买率不高，与城市市场严重脱节。

## 专案解析

### 步步高：剑走偏锋，打造负责任的品牌形象

广东步步高电子工业有限公司于1995年9月18日在东莞市长安成立，下设3家专业公司，形成了以数字视听产品、通信设备、教育电子产品三大事业体系。其中，步步高视听电子有限公司原身为步步高AV厂，始建于1997年6月，一直致力于VCD、超级VCD、DVD、便携式DVD、功率放大器及迷你组合音响、家庭影院等数字视听产品的研究、开发与生产。

**以鲜明、突出的品牌形象后发制人**

在影碟机由卖方市场逐步过渡到买方市场，竞争日趋激烈的情况下，步步高才进入影碟机行业，此前，新科、万利达等通过频繁的广告投放，已经形成了一定的品牌知名度，对于较晚进入

这个行业的步步高来说，技术上并不先进，品牌方面也不具备优势。

但是，正如品牌的名称一样，步步高凭借敢为人后的魄力一步步向前挺进。在认识到打造突出的品牌形象对于品牌知名度的形成以及消费者的购买决策具有实际意义之后，步步高以幽默、亲和、高度记忆的广告创意吸引了消费者的眼球，加上有策略的媒体投放，步步高后来居上，建立起广泛的品牌知名度。如今，步步高在影碟机行业的地位已经毋庸置疑。

**以差异化支撑品牌，倡导社会责任营销**

在国内外技术、标准之战不断升级的今天，步步高跳出鏖战，将眼光投向与消费者需求更加契合的内容领域。如今，K歌已经成为备受推崇的娱乐方式，步步高抓住时机推出双清歌霸DVD，一上市就在很短的时间内风靡全国，“让中国人都唱起来”成为步步高的追求。2007年9月，步步高又携手环球、华纳、百代、中唱四大唱片公司推出以“我爱原唱”为宣传主题的步步高原唱歌霸DVD。这一次，步步高打起了企业社会责任大旗，紧密贴合近年我国政府、媒体，以及公众对知识产权问题日益关注的趋势，联手四大唱片公司，号召人们畅享原唱音乐，尊重知识产权，引发了社会公众的广泛关注。

通过技术与内容的完美结合，步步高在竞争激烈、产品趋同的DVD市场中成功突围，抢滩蓝海，并引领了消费者追捧原唱K歌的新潮流。这种以内容和责任为卖点的营销策略，对受制于技术、标准的国内DVD市场来说，不啻为一个新的亮点。

（执笔：张晓丹）

# 第六节　电饭煲

## 一、电饭煲品牌十强数据

电饭煲品牌十强数据见表3—9—16、表3—9—17、表3—9—18。

**表3—9—16　电饭煲品牌家庭消费者十强**

| 排　序 | 常用品牌 | | 预购品牌 | | 理想品牌 | |
|---|---|---|---|---|---|---|
| | 名　称 | 提及% | 名　称 | 提及% | 名　称 | 提及% |
| 1 | 美的 | 26.0 | 美的 | 23.1 | 美的 | 25.1 |
| 2 | 苏泊尔 | 10.9 | 苏泊尔 | 12.7 | 苏泊尔 | 13.9 |
| 3 | 格兰仕 | 6.2 | 格兰仕 | 6.1 | 格兰仕 | 6.8 |
| 4 | 美菱 | 4.4 | 美菱 | 4.5 | 美菱 | 4.4 |
| 5 | 三角 | 2.8 | 海尔 | 3.3 | 松下 | 4.1 |
| 6 | 松下 | 2.6 | 松下 | 3.2 | 海尔 | 3.6 |
| 7 | LG | 2.3 | 方太 | 2.8 | 方太 | 2.8 |
| 8 | 方太 | 2.3 | LG | 2.2 | 万家乐 | 2.1 |
| 9 | 海尔 | 2.1 | 华帝 | 2.1 | 华帝 | 2.1 |
| 10 | 华宝 | 2.1 | 万家乐 | 2.0 | LG | 2.0 |

表 3－9－17　电饭煲品牌潜力消费者十强

| 排　序 | 常用品牌 | | 预购品牌 | | 理想品牌 | |
|---|---|---|---|---|---|---|
| | 名　称 | 提及％ | 名　称 | 提及％ | 名　称 | 提及％ |
| 1 | 美的 | 19.2 | 美的 | 17.6 | 美的 | 19.4 |
| 2 | 苏泊尔 | 8.9 | 苏泊尔 | 10.7 | 苏泊尔 | 12.3 |
| 3 | 格兰仕 | 7.0 | 格兰仕 | 7.5 | 格兰仕 | 7.8 |
| 4 | 美菱 | 4.8 | 美菱 | 5.0 | 美菱 | 5.5 |
| 5 | LG | 3.9 | 海尔 | 3.2 | 海尔 | 4.1 |
| 6 | 方太 | 2.7 | LG | 3.2 | 方太 | 3.8 |
| 7 | 华帝 | 2.4 | 方太 | 3.2 | 松下 | 3.6 |
| 8 | 松下 | 2.3 | 华帝 | 2.9 | 华帝 | 3.1 |
| 9 | A.O.史密斯 | 2.2 | 松下 | 2.8 | 澳柯玛 | 3.0 |
| 10 | 澳柯玛 | 2.0 | 飞利浦 | 2.4 | 飞利浦 | 2.9 |

表 3－9－18　电饭煲品牌两类消费者加权十强

| 排　序 | 常用品牌 | | 预购品牌 | | 理想品牌 | |
|---|---|---|---|---|---|---|
| | 名　称 | 提及％ | 名　称 | 提及％ | 名　称 | 提及％ |
| 1 | 美的 | 24.7 | 美的 | 22.0 | 美的 | 24.0 |
| 2 | 苏泊尔 | 10.5 | 苏泊尔 | 12.3 | 苏泊尔 | 13.6 |
| 3 | 格兰仕 | 6.4 | 格兰仕 | 6.4 | 格兰仕 | 7.0 |
| 4 | 美菱 | 4.5 | 美菱 | 4.6 | 美菱 | 4.6 |
| 5 | LG | 2.6 | 海尔 | 3.3 | 松下 | 4.0 |
| 6 | 松下 | 2.5 | 松下 | 3.1 | 海尔 | 3.7 |
| 7 | 三角 | 2.4 | 方太 | 2.9 | 方太 | 3.0 |
| 8 | 方太 | 2.4 | LG | 2.4 | 华帝 | 2.3 |
| 9 | 华宝 | 2.1 | 华帝 | 2.3 | LG | 2.2 |
| 10 | 海尔 | 2.0 | 万家乐 | 1.8 | 西门子 | 2.1 |

## 二、电饭煲品牌竞争格局解析

### （一）电饭煲行业的总体格局

目前，电饭煲市场已进入成熟阶段，品牌竞争格局相对稳固，领导品牌、挑战品牌、追随品牌和补缺品牌构筑了整个市场。

美的作为行业龙头，当之无愧地成为市场的领导品牌，在本次调查中，各项指标都有上佳表现；苏泊尔、海尔、格兰仕、TCL等衍生军团依靠品牌拓展成为追随者跟进，并在此次的调查中显示出强大的赶超之势；挑战品牌阵营由松下、三洋、日立、LG、西门子等外资品牌组成，它们在本次调查中显示出较大的发展潜力，凭借领先的技术挑战美的的领先地位；除此之外，一些定位低端的中小企业在有效补充二、三线市场之后成为整个行业的补缺品牌。见图 3－9－19、图3－9－20。

### （二）电饭煲行业的阵营细分

1. 领导品牌：市场“巨无霸”，品牌优势无可争议

美的作为小家电行业的领导者，产品线相对完整，对各档次的市场投入也相对均衡，占据了电饭煲市场的头把交椅。在产品销售方面，无论内销还是出口，美的也都一直处在行业领先位置。

纵观本次调查的细分指标，美的成为电饭煲行业毫无争议的领跑者。常用、预购、理想品牌

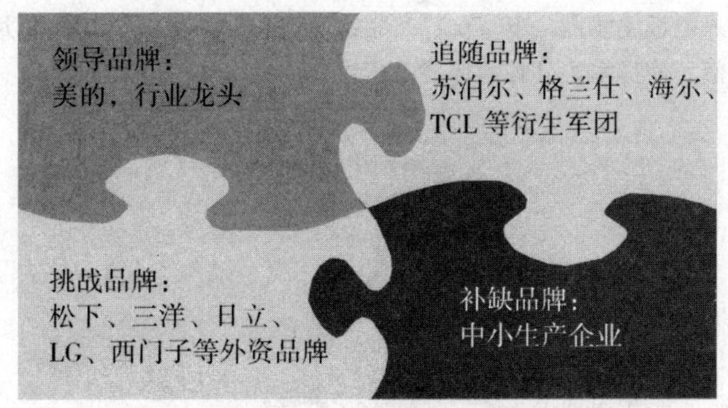


图 3—9—19 电饭煲四大阵营的竞争格局

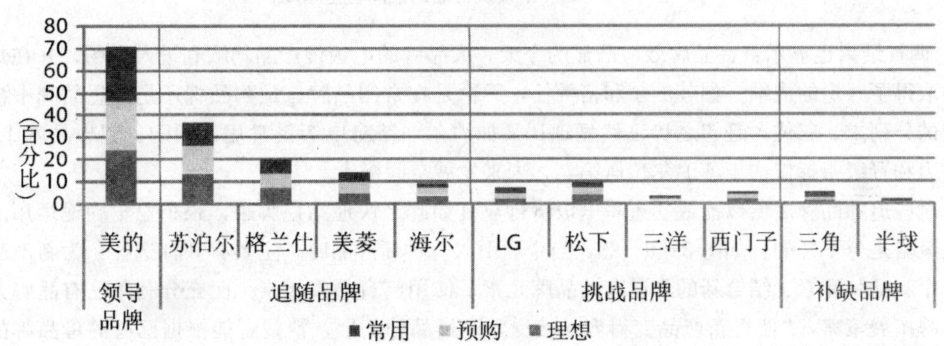


图 3—9—20 电饭煲四大阵营在常用、预购、理想三种消费形态中的实力对比

“三冠王”的成绩自不必说，10%左右的领先百分比再次证明了其绝对的优势地位，而高于 25 的城市跨度也表明了其跨地域影响的广泛程度，其他品牌无不望其项背。见图 3—9—21。

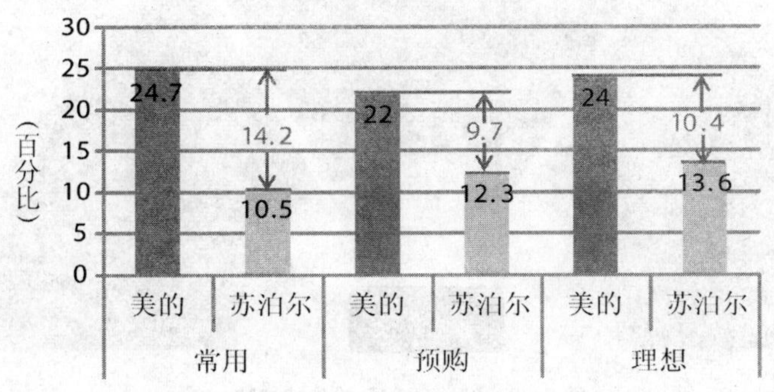


图 3—9—21 美的的领先指标

2. 追随品牌：产品“衍生派”，产业扩张丰富多元

“小家电、大市场”。的确，近年来，家电行业利润持续走低、市场空间日趋饱和，小家电成为一支产业新军，突出重围，抢滩市场。巨大的行业前景吸引着诸多一线品牌挺进小家电领域，希望淘到行业最后一桶金。而电饭煲作为小家电市场中的一个大利润蛋糕，也吸引着越来越多的品牌涉足。近年来，无论是海尔、格力这些白色家电巨头，还是 TCL 这样的黑色家电强手，抑或是格兰

仕、苏泊尔、老板这样的小家电领导者，都开始利用自身品牌的影响力以及渠道优势进行多元化产业扩张，瞄准机会进入电饭煲领域，丰富自身产品线。这些“衍生派”与行业龙头美的一起占据了国内大部分的市场份额，使得本土品牌的优势不断增强。见图3－9－22。

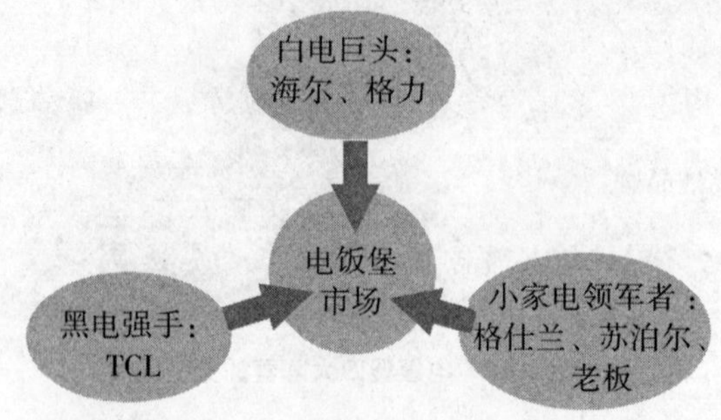


图3－9－22　电饭煲市场的品牌衍生格局

调查结果也显示：在品牌效应凸显的今天，大品牌的电饭煲产品均顺利进入市场，并在短时间内取得了一定的成绩。如苏泊尔和格兰仕，无论是在常用品牌、预购品牌还是理想品牌中都紧随美的分列二、三位，赶超之势已然显现；又如海尔，跻身电饭煲常用、预购、理想品牌十强，其潜力和晋级指标仅次于苏泊尔位居第二，未来发展空间极大。

这些追随品牌之所以能成功进军电饭煲行业且如此之快地站稳脚跟，跟企业正确地运用品牌拓展策略是分不开的。如图3－9－23，当企业引入一种新产品时，主要有3种选择：为新产品开发一个新品牌元素、结合新的和已有的品牌元素、使用已有品牌元素。而充分利用已有品牌元素的品牌拓展策略，“使得新产品变得容易接受，通过品牌拓展，消费者能根据已有的母品牌的影响作推论，并形成预期。而正面的预期也有助于降低新产品的风险”①。以海尔为代表的衍生军团正是依托企业在家电行业的规模优势和市场影响力来进攻电饭煲市场。

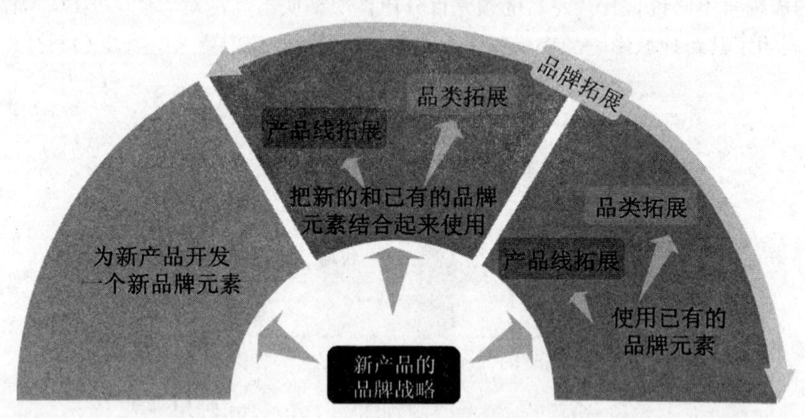


图3－9－23　新产品的品牌战略

3. 挑战品牌：技术“高精尖”，发力前沿领跑高端

如果说美的产品依靠“走量”胜出，一些外资老牌企业如松下、日立、三洋、西门子等则诉诸技术跟进。它们所推出的新品均走在技术前沿，所取得的成绩有目共睹。如一些日系品牌，由

---

① 菲利浦·科特勒．营销管理［M］．上海：上海人民出版社，2006：331.

于长期以来以饭团、寿司等作为主食，日本是一个对米饭烹饪要求非常高的国家，电磁感应加热方式、真空压力煮饭、纯碳锅等日系技术，一直推动着电饭煲行业的前进。2007 年 7 月，松下就推出了一款采用电磁感应加热方式的电饭煲，使锅里的水蒸气分布更加均匀，更易于将热量传送到米的核心部位，隔热性能、蓄热效果均得到改善。

在本次调查中，虽然这些外资品牌在常用、预购、理想品牌中的席位以及座次不如国产品牌，但是在理想和晋级指标上，以松下、西门子为代表的外资品牌的表现却可圈可点，排位紧随苏泊尔和海尔之后，具有相当的发展潜力和晋级实力。随着整个国内市场平移高端，相信这些外资品牌在未来会有更大作为。见图 3—9—24。

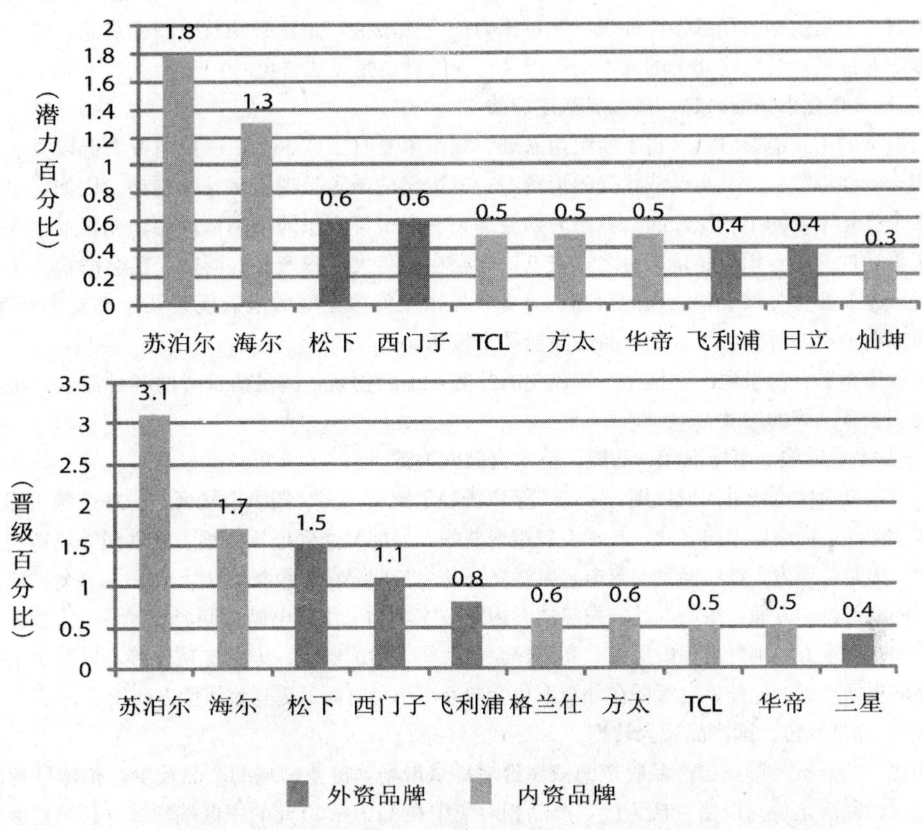


图 3—9—24　潜力、晋级指数十强内、外资力量对比

4. 补缺品牌：上游“杂牌军”，思路灵活瞄准机会

在一线品牌已经占据半壁江山、品牌集中度较高的今天，一些小品牌显然只能在夹缝中求生存。由于一线品牌均将目光瞄向利润较高的中高端市场，对三、四级市场更多的是走量以及清库存般的倾销，小企业依然还能找到自己的一方空间。在巨大的产业链效益带动下，顺德、中山、廉江这些地方分布了众多中小型的 OEM 厂。其中不乏一些经营思路比较灵活的厂家，瞄准市场机会，逐渐推出自有品牌。但是，随着一、二线品牌凭借其强大的渠道网络加速向三、四级市场渗透后，小企业的生存将愈发艰难。

本次调查结果显示，电饭煲的品牌总宽度为95，这在一定程度上反映出市场上存在的品牌数量并不少。很多小企业避开技术短板，定位低端、立足三、四线市场，针对这些细分市场的消费者对电饭煲在整体性价比上的需求来抢占市场份额，成为市场的补缺者。

## 三、电饭煲品牌发展策略和市场热点趋势

**（一）能效标识即将出台，环保节能大势所趋**

据悉，由于微波炉、电风扇、电饭煲这三类产品使用广泛，保有量大，国家将首先为这三类小家电产品制定强制性能效标准，并且在2008年年内完成制定、修订工作，2009年实施。能效标准的出台将使制造企业一直以来忽视产品质量、偏重产品原材料的节约和忽视产品节能指标、忽略消费者使用成本的现状得以改观。面对压力的突然增加，企业必须及时转变观念，提升节能技术以应对标准，当然这其中的成本增加以及行业洗牌也是无法避免的。

**（二）个性化市场渐兴起，蓝海战略遂启动**

电饭煲的主要消费力量来自于新组建家庭、城市单身打工族、更新换代消费人群以及农村消费群体，不同年龄层、不同经济状况的消费者对电饭煲的需求呈现出多元化趋势。比如，单身白领追求个性化十足的小容积产品；新婚夫妇会购买一个中等容积的中高档产品；孤寡退休人员则会购买普通性的小容积产品；三口之家或五口之家在购买大容积产品的同时，还会添置一个小容量饭煲，主要迎合小孩子和老人的口味。又如，城市中许多家庭的电饭煲近几年都要更新换代，他们在二次消费的时候会更注重产品的品质和个性化。①

电饭煲市场日益呈现出个性化、特色化的趋势，不断创新，满足消费者的各种需求，决战蓝海成为未来各品牌的发展方向。

**（三）产业成熟、市场饱和，功能、技术突破成关键**

目前的电饭煲市场进入成熟期：一、二级市场趋于饱和，三、四级市场又被一些杂牌占据；行业内部，产品生命周期走向老化，技术突破遭遇瓶颈，外部又受到电压力锅、紫砂锅等较新型产品的侵袭；但是，作为一种功能型的家电，电饭煲还是会长期存在于市场，接下来，寻求突破成为行业发展的关键。一方面，革新温控与发热体、内胆技术，如采用微电脑控制温度；另一方面，创新功能，如在煮饭方面细分出保鲜保温、高温保温等功能，增加煲汤、蒸蛋糕功能等，以满足消费者多样化的生活需求。此外，电饭煲在外观上也会向着更小巧时尚、更具流线型方向发展。

**（四）高端缺位，国产品牌大转型**

相比一些外资品牌，国产品牌依旧依靠价格拼杀市场，覆盖高端的产品较少，整体呈现出一种中低端的品牌定位。以格兰氏为例，产品相对集中在110～200元的中低端领域，其销售额的占有率低于销量占有率。相比之下，松下却以400～600元的产品均价，集中于中高端产品的生产。因此，尽管格兰仕的市场份额从2005年的8月开始超过了松下，但松下的销售额比重在此时期却比格兰仕高得多。②

国产品牌这种高端产品上的缺位，已经引起国内厂商的重视。美的于2007年喊出“高性价、高品质、高投入、高毛利、高回报”的“五高”口号；格兰仕也开始进军高端领域，加大高端投入，减产中低端产品。这种转型虽然会带动整个电饭煲市场的价格上扬，但却也是国产品牌发展的必经之路。

---

① 电饭煲产品变化及市场多元化需求分析［OL］．［2005-05-08］．http：//www.jiaoyitong.com/news/news_show.php? id=170059.

② 电饭煲产业稳步发展 技术创新为核心动力［OL］．［2007-05-22］．http：//www.mysteel.com/gc/cjzh/jiadhy/2007/05/22/112203，1599417.html.

## 专案解析

### 美的：吹响高端号角，维持市场领先地位

自20世纪90年代中期涉足电饭煲领域以来，美的一直奉行“物美价廉”的产品路线，成为消费者购买时的首选，一直稳居电饭煲行业老大的位置。

**价廉物美造就品牌优势**

从产品定位来看，美的电饭煲覆盖了高、中、低3个档次，但是在市场上，销售得最好的一直是100多元的产品，物美价廉一直为消费者所称道。低价，却又不失品质，美的在电饭煲行业的地位可谓节节攀升，市场迅速打开，销量也是一路走高。

**低价路线阻碍品牌发展**

但是当品牌发展到一定程度以后，长期的低价走量路线也阻碍了美的的进一步发展。随着经营环境的变化，电饭煲市场的逐渐饱和，以往美的电饭煲的低成本优势正在丧失。树立高端形象对于美的而言，显得尤为紧迫。

**转战高端提升品牌形象**

为继续保持行业优势地位，2007年美的生活事业部提出了从“低成本、低价格、低投入、低毛利、低品质”到“高性价、高品质、高投入、高毛利、高回报”的“五高”战略转型口号。美的电饭煲随之开始向高端转型，由以前的规模最大化导向变为技术领先导向。坚持“一年一改进，两年一换代”的产品推进策略，2007年，包括改进型号在内，美的已经推出约70款新品。①

发力高端，拼杀的还是技术。在市场竞争日益激烈的今天，要拉开差距，保持领先优势唯有通过技术来界定，就连电饭煲这样使用功能单一的产品也逐渐走向功能多元化，在高端对决。对厂商来说，产品升级换代是市场唯一的出路，毕竟，品牌要维系，产品需更新，都要通过技术输送新鲜血液。

## 资料链接

电饭煲是家电中普及率极高的产品之一，“其社会拥有量有3亿台，城市拥有率已超过90%，生产企业800余家，年产量2 000万台，销售总额在20亿元以上，电饭煲更新换代的淘汰周期为3－5年，平均利润12%～15%”②。总体来说，我国电饭煲行业经历了以下几个发展阶段：

• 起步期（20世纪80年代前）：品牌初长成。20世纪60年代，电饭煲传入中国，至1980年已出现了广州电饭煲厂（三角牌）、湛江家电总厂（三角牌）、广州家用电器一厂（钻石牌）等品牌。当时电饭煲年产量不足20万台，全部为传统鼓型锅。

• 成长期（1980－1989年）：品牌效应初显。由于市场需求量增大，各地有不少电饭煲厂相继上马，甚至出现了4家国内大型的电饭煲厂先后使用三角牌，同时争创部优、国优的局面。各品牌加大技术投入，不断从国外引进关键生产设备，生产技术、产品质量迅速提高，开始接近日本的产品水平。

• 发展期（1990－1996年）：品牌发展迅猛。这一时期是电饭煲行业的黄金时期，中国电饭煲产量超过日本成为第一生产大国。个别外资品牌如夏普、乐声开始进入中国电饭煲市场，但由于成本高、价格贵，国内销量始终上不去。

---

① 2007年电饭煲企业“高”招迭出［OL］.［2007-08-16］. http://tech.sina.com.cn/e/2007/08/16/10171679999.shtml.
② 2008年中国电饭煲行业研究咨询报告［OL］. http://www.chinairn.com/doc/50150/235922.html.

•竞争期（1997－2000年）：品牌竞争激烈。亚洲金融风暴后，我国电饭煲行业开始出现供过于求的局面。原有的电饭煲四巨头举步维艰——乐宝破产，半球裂变，爱德、容声转制。从这些品牌流出的专业人才纷纷组建经营灵活、售价便宜的小品牌，对各大品牌造成很大冲击。有两大品牌在这一动荡状态中突围成功：一是美的，依靠品牌及销售网络的优势，迅速在国内市场崛起；一是怡达，通过质量优势在出口领域闯出了一片新天地。

•调整期（2001年至今）：品牌格局趋稳。经过20世纪末的激烈竞争，电饭煲市场出现了新格局——作坊式生产企业开始退出市场，各大家电品牌进入小家电行业，OEM生产电饭煲兴起，品牌格局日渐稳固。美的依靠原本在小家电行业的优势，除了自行生产个别档次较高的规格产品外，大量委托周边小企业OEM生产美的电饭煲，一跃成为行业的领头羊。

（执笔：吕艳丹　张晓丹）

# 第七节　微波炉

## 一、微波炉品牌十强数据

微波炉品牌十强数据见表3－9－19、表3－9－20、表3－9－21。

表3－9－19　微波炉品牌家庭消费者十强

| 排　序 | 常用品牌 | | 预购品牌 | | 理想品牌 | |
|---|---|---|---|---|---|---|
| | 名　称 | 提及% | 名　称 | 提及% | 名　称 | 提及% |
| 1 | 格兰仕 | 40.0 | 格兰仕 | 36.4 | 格兰仕 | 39.8 |
| 2 | 美的 | 10.2 | 美的 | 9.8 | 美的 | 10.1 |
| 3 | LG | 4.8 | 海尔 | 4.6 | 松下 | 4.9 |
| 4 | 松下 | 3.9 | 松下 | 4.0 | 海尔 | 4.7 |
| 5 | 海尔 | 3.5 | 苏泊尔 | 3.9 | 苏泊尔 | 4.2 |
| 6 | 苏泊尔 | 3.5 | LG | 3.6 | LG | 3.5 |
| 7 | 格力 | 2.3 | 方太 | 2.5 | 西门子 | 2.8 |
| 8 | 方太 | 2.0 | 格力 | 2.4 | 方太 | 2.4 |
| 9 | 美菱 | 1.9 | 西门子 | 2.3 | 格力 | 2.0 |
| 10 | 澳柯玛 | 1.6 | 美菱 | 2.0 | 美菱 | 1.9 |

表3－9－20　微波炉品牌潜力消费者十强

| 排　序 | 常用品牌 | | 预购品牌 | | 理想品牌 | |
|---|---|---|---|---|---|---|
| | 名　称 | 提及% | 名　称 | 提及% | 名　称 | 提及% |
| 1 | 格兰仕 | 32.9 | 格兰仕 | 28.5 | 格兰仕 | 32.1 |
| 2 | 美的 | 9.4 | 美的 | 9.1 | 美的 | 9.8 |
| 3 | 澳柯玛 | 3.3 | 苏泊尔 | 4.2 | 苏泊尔 | 4.7 |
| 4 | 美菱 | 3.2 | 海尔 | 3.5 | 海尔 | 4.0 |
| 5 | 苏泊尔 | 3.2 | 美菱 | 3.0 | 松下 | 4.0 |
| 6 | 海尔 | 3.0 | 松下 | 3.0 | 西门子 | 4.0 |
| 7 | 方太 | 2.9 | 澳柯玛 | 3.0 | 澳柯玛 | 3.5 |
| 8 | LG | 2.8 | LG | 2.8 | 方太 | 3.3 |
| 9 | 松下 | 2.6 | 方太 | 2.8 | LG | 3.1 |
| 10 | 华帝 | 2.1 | 西门子 | 2.7 | 美菱 | 3.0 |

表 3—9—21 微波炉品牌两类消费者加权十强

| 排 序 | 常用品牌 | | 预购品牌 | | 理想品牌 | |
|---|---|---|---|---|---|---|
| | 名 称 | 提及% | 名 称 | 提及% | 名 称 | 提及% |
| 1 | 格兰仕 | 38.5 | 格兰仕 | 34.8 | 格兰仕 | 38.3 |
| 2 | 美的 | 10.0 | 美的 | 9.7 | 美的 | 10.0 |
| 3 | LG | 4.4 | 海尔 | 4.4 | 松下 | 4.7 |
| 4 | 松下 | 3.7 | 苏泊尔 | 4.0 | 海尔 | 4.5 |
| 5 | 苏泊尔 | 3.4 | 松下 | 3.8 | 苏泊尔 | 4.3 |
| 6 | 海尔 | 3.4 | LG | 3.5 | LG | 3.4 |
| 7 | 方太 | 2.2 | 方太 | 2.6 | 西门子 | 3.1 |
| 8 | 美菱 | 2.2 | 西门子 | 2.4 | 方太 | 2.6 |
| 9 | 格力 | 2.1 | 格力 | 2.3 | 美菱 | 2.1 |
| 10 | 澳柯玛 | 2.0 | 美菱 | 2.2 | 格力 | 2.0 |

## 二、微波炉品牌竞争格局解析

### （一）双寡头竞争格局成型，微波炉行业步入垄断期

继三星、LG 全面退出中国市场之后，国内家电巨头海尔也于 2007 年下半年步其后尘，宣布放弃微波炉自有品牌业务。至此，国内微波炉市场仅剩下格兰仕、美的、松下、三洋等为数不多的品牌，几年前竞争激烈的局面已不复存在。特别是格兰仕和美的，凭借强劲的实力占据了行业绝对优势，微波炉行业双寡头垄断的局面由此成型。

在本次调查中，格兰仕、美的在常用、预购、理想品牌榜中的累积提及率均接近 50%，行业主导地位显著，整个微波炉行业的消费者集中度为 56.6%。见图 3—9—25。

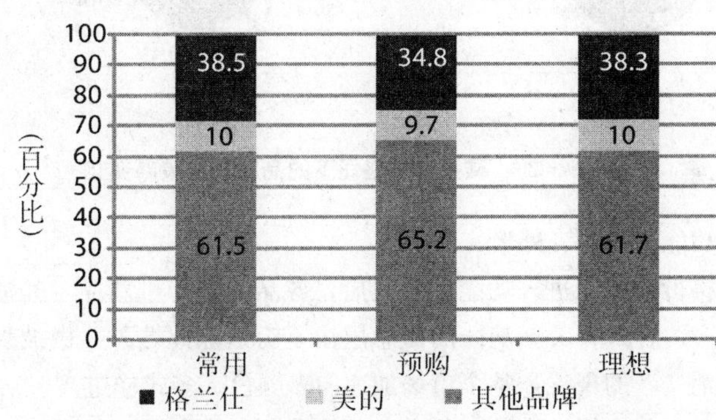


图 3—9—25 格兰仕、美的在常用、预购、理想品牌中的提及份额

#### 1. 格兰仕：行业优势无可争议

格兰仕自从进入微波炉行业以来，以低价策略迅速占领市场，掌握了市场的主导权，因此被冠以“价格屠夫”的称号。在微波炉行业长期的价格战中，格兰仕凭借成本和规模优势吞噬了越来越多的市场份额，许多品牌因为微利而导致连年亏损，不得不退出市场，而新的投资者面对格兰仕价格利剑筑起的壁垒也只能望而却步。在通过低价筑就一人独大的局面之后，格兰仕开始加大品牌培育力度，将行业优势进一步延伸。

调查数据显示，格兰仕在各项指标中都占据绝对优势，一家独揽常用、预购、理想品牌排名三冠王，且以高于 25%的领先优势将第二名甩在身后；消费者维系度在常用三强品牌中夺魁；地域影响力更是无可匹敌，在所调查的 36 个城市中，格兰仕在常用、预购、理想品牌中的提及率均为第一，大满贯成绩斐然。

2. 美的：蚕食者步步跟进

市场这杯羹不会始终让格兰仕独享。在一些大品牌相继退场之后，自2006年下半年开始，美的微波炉花费大量资源和精力，在产品开发、营销策略、渠道、终端等各方面进行了大刀阔斧的改革，通过一年多的努力，获得了良好的效果，销量明显提升，虽与格兰仕还存在一段距离，但差距亦在不断缩小。

数据也显示，美的在常用、预购、理想品牌榜中的排名仅次于格兰仕，并以一定优势与后几位拉开距离。美的成为二线品牌中唯一能与格兰仕相抗衡的品牌，其市场份额的快速增长将行业带入双寡头竞争的格局之中。可以预见，美的微波炉势必在未来和格兰仕一争高下，这也无疑将成为微波炉行业的看点之一。

3. 寡头竞争下的品牌策略嬗变：价格战导向价值战

多年的价格战已使微波炉市场的利润变得微薄，同时，许多品牌忽略了对消费者的培养和引导，也在一定程度上限制了消费者的购买。

随着格兰仕、美的双寡头垄断格局的成型，两大品牌形成的定价默契使价格战失去意义。近年来，拼技术、搏功能、比外形，微波炉行业的竞争从价格转向了产品本身、行业标准以及品牌美誉度上的竞争，整个行业的竞争由此步入价值战的绿色竞争轨道。见图3－9－26。

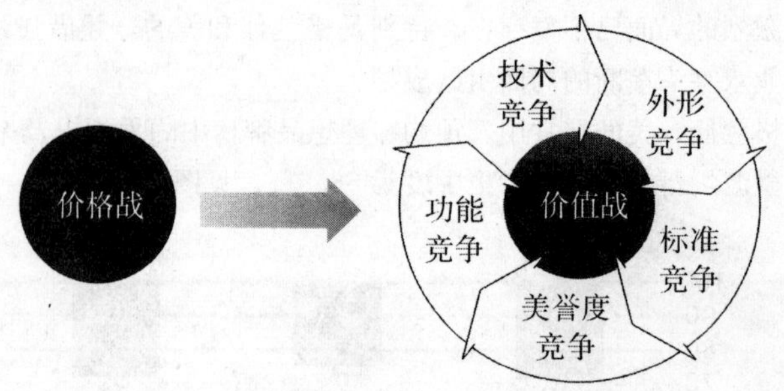


**图3－9－26　寡头竞争格局下的品牌竞争策略变化**

(1) 产品竞争（功能、技术、外形）

当整个行业由价格诉求转而进入功能诉求之后，各品牌均力推新品。光波技术、紫外线技术等先后应用于产品生产，各种有关新功能的概念层出不穷。除此之外，微波炉时尚的外观、多变的造型也逐渐吸引了消费者的视线，整个市场加速向多颜色、多式样过渡。

因此，各大品牌在产品功能、技术、外形方面的竞争如火如荼。如美的，正通过积极开发多功能、适应中餐饮食习惯的微波炉，突破行业瓶颈，夺取更大市场份额。

(2) 标准竞争

2004年起，各大厂家大力开发微波炉“蒸”功能，“蒸”功能遂成为行业发展趋势，“蒸”标准之争也由此开始。2007年4月，美的开发的蒸功能成为“企业标准”。而格兰仕则积极向“国际标准”靠拢，以“烹饪、消毒、保鲜、烘烤”等系列概念示人并率先实践国际标准。

“蒸”标准之争使得行业标准的出台势在必行。无论行业标准何时出台，美的、格兰仕等在标准化方面的努力均有助于中国微波炉行业的健康发展——至少，整个行业跳出了产品同质化阶段的“价格战”、“促销战”圈圈，全面回归价值战，从而找到了前进的动力，找对了发展的方向。

(3) 品牌美誉度竞争

在品牌大行其道的当下，知名度仅仅只是评价一个品牌是否为消费者所认知的浅层标准，而更为深入的是，一个品牌应在建立高知名度的同时在消费者心目中形成广泛的品牌美誉度。

格兰仕的转变有目共睹，这个昔日并不被称道的“价格屠夫”正在多方面提升品牌的道路上阔步前行，“微波炉专家”的品牌形象逐渐清晰。从“屠夫”到“专家”，格兰仕的品牌美誉度呈现完美蜕变。

**（二）其余品牌长尾分散，势均力敌分割余下市场**

在双寡头占据半壁江山的同时，以LG、松下为代表的外资品牌和以海尔、苏泊尔为代表的内资品牌作为二线阵营分割余下市场。这些品牌分别凭借高端的技术、广泛的品牌影响力、强大的渠道优势和多元的产品线拓展拥有各自的消费群，占据了一部分市场份额，品牌的分合之势呈现出一定的特点——分食态势势均力敌，合力抗衡双寡头品牌。

从本次调查的结果来看，在常用、预购、理想3种消费形态中，除格兰仕、美的以外的其他品牌，其提及率均集中在5%以下，所占份额较低，彼此之间差距不大；而综合它们的提及率，60%以上的份额足以形成一个强大的第三方集团，与双寡头相抗衡。

**（三）高端乏力，外资品牌呈追随之势**

微波炉行业和其他行业相比有它的特殊性，虽说是舶来品，但在经过国产品牌的创新改革之后，以格兰仕为代表的国产微波炉品牌掌握了微波炉磁控管的核心技术，在成本控制、产能、规模上都拥有绝对优势。相对内资品牌来说，外资品牌的优势却不复存在，其尴尬局面有目共睹。

1993年，当格兰仕进军微波炉行业时，以蚬华和惠而浦为首的外资微波炉品牌牢牢占据着市场，格兰仕先后通过9次大降价，导致夏普、日立、三星等外资品牌出局。而其他以技术领先和高端品质著称的外资品牌在遭遇格兰仕、美的等国产强手之后，也只能不断开发中国元素，作为追随者紧跟其后。见图3—9—27。

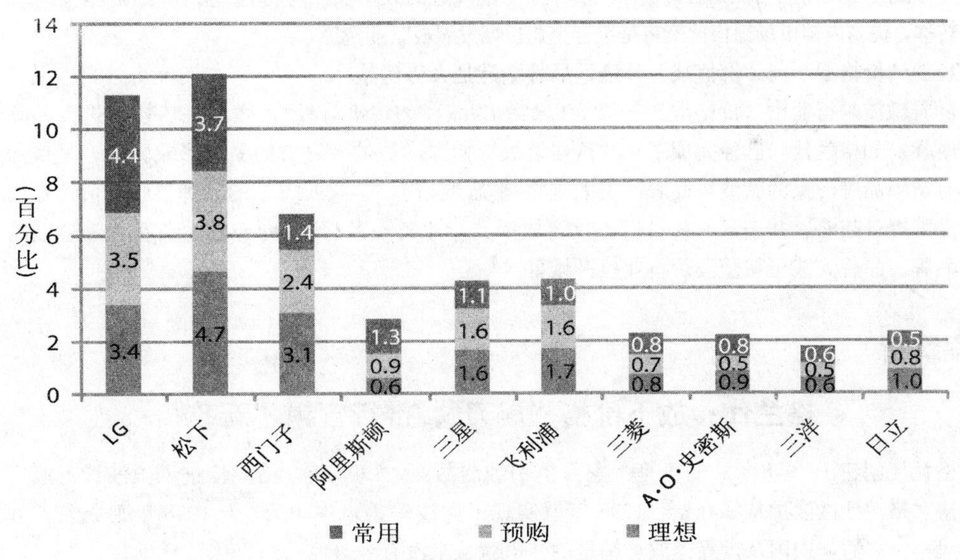


**图3—9—27　微波炉外资品牌的常用、预购、理想提及率**

1. 退出微波炉市场的外资品牌：三星、LG

2003年，备受价格战打压的三星宣布退出微波炉市场；2006年，曾与格兰仕、美的构筑三足鼎立之势的LG也黯然撤出；2007年11月，三洋一款微波炉因配件铅含量超标30倍告别北京市场。

虽然从本次调查的数据中可以看出，这些品牌在消费者心目中依旧占据着一席之地，如LG，以4.4％的提及率位于常用第三，在预购品牌和理想品牌中，分别以3.5％和3.4％的提及率位列第六。但是，竞争是残酷的，也是现实的，外资品牌的水土不服影响了它们中国之路的远行。

2. 在消费者心目中具有相当晋级潜力的外资品牌：松下、西门子、飞利浦

在整体市场境况不如内资品牌的情况下，个别外资品牌还是能凭借技术优势和研发实力在市场中占有一席之地，并在消费者心目中继续保持高端的品牌形象。这也预示着，在未来这些品牌仍然具有改变现有状况、提升市场份额的可能。

在本次调查中，松下以3.7％、3.8％、4.7％的提及率分别位于常用品牌第四、预购品牌第五和理想品牌第三，且以1.0％的晋级指标夺得晋级品牌第三；而西门子和飞利浦也在潜力和晋级指标上有上佳表现，西门子囊括了潜力和晋级品牌头名；飞利浦则凭借0.6％和0.7％的指标夺得潜力品牌第三和晋级品牌第五。

## 三、微波炉品牌发展策略和市场热点趋势

### （一）“外强内弱”局面生变，扩大内销成趋势

一直以来，微波炉行业都是在“外强内弱”的局面下生存和发展，国外的销售情况远比国内的要好，连格兰仕这样的行业巨头也是在成为世界微波炉霸主之后才转而关注国内市场。2007年，随着我国微波炉行业对外贸易的进一步扩大，国际压力也日趋加码。“中国制造”引发了全球性的信任危机，宏观经济环境不容乐观。

在这种大背景之下，国内市场的重要性便日益凸显：国内微波炉市场环境逐渐成熟，消费者对微波炉的使用价值有了重新认识，长期培养的消费习惯开始呈现结果，三、四级市场消费潜能巨大，奥运年新家庭增加促使消费……这些都会使“外强内弱”的局面得到改善。

鉴于此，国内市场自然是各微波炉品牌厂家不能放过的大蛋糕，它们的部分注意力也渐渐向国内市场转移，提高内销市场销售比例将是符合企业长期发展战略的选择。

### （二）“价格战”向“价值战”升级，品牌塑造是大势所趋

随着微波炉行业由“价格战”升级为以品牌为载体的“价值战”，微波炉市场将进入品牌塑造的时代。如格兰仕，已经完成了从“价格屠夫”向“微波炉专家”的品牌形象转变，是目前唯一具有清晰品牌形象的微波炉品牌。美的则将围绕“食尚，享我所想”的品牌核心价值，开展全面的品牌提升战略，并表示，其目标不仅要成为“行业第一品牌”，更要成为消费者最忠诚的微波炉品牌。品牌大战正在微波炉行业拉开帷幕。

## 专案解析

### 格兰仕：放下价格“屠刀”，推行营销“新政”

格兰仕创建于1978年，前身是一家乡镇羽绒制品厂，1992年，格兰仕进入微波炉行业。几经拼搏，格兰仕微波炉从零开始，1995年就实现了微波炉销量中国第一，1998年则成为了世界销售冠军，之后，中国及世界微波炉销量的桂冠就从来没有旁落他人。

**昔日：诉诸价格战清理对手**

低价策略可以说是格兰仕一直以来立足之根本。大规模的价格战让竞争对手防不胜防，纷纷败下阵来，格兰仕也因此被冠以“价格屠夫”的称号。价格战对于品牌来说，在其进入一个行业之初是必要的。正如美国战略理论家迈克尔·波特所指，企业竞争的基本战略包括总成本领先战略、差异化战略和集中化战略，而格兰仕可谓将总成本领先战略和集中化战略演绎得淋漓尽致。“借助总成本领先战略，格兰仕依托强大的规模和成本控制能力来保持对竞争对手的成本优势，

随即成本优势被转化为价格战资本”①。在格兰仕价格战风暴之下，“微波炉行业俨然成为了中国乃至世界上集中度、集约度、集群化程度最高的行业之一”②。

虽说低价策略并不意味着低级策略，但是长期的价格战并不利于品牌本身乃至整个行业的发展：一方面低价会使品牌定位趋于低端，长此以往对品牌形象大不利；另一方面，若不将产品层面的价格战转向以技术、功能、服务为核心的价值战，行业的发展也会受阻。

**现今：调整营销思路谋转型**

在品牌的竞争生态中，一家独大的局面不可能长期存在。格兰仕在依靠价格战奠定行业霸主地位的同时，来自各方面的生存压力也不断加码，如利润的大幅缩减、竞争对手的觊觎、上下游的夹击……事实也证明，LG败走麦城之后，美的又以黑马之姿跃然而出，凭借不断上升的市场份额试与格兰仕一决高下。

营销思路的转型在这个时候显得尤为必要，格兰仕开始致力于营销策略的创新，在产品经营、内部管理、客户服务方面努力营造自己的竞争优势——通过做大、做强核心业务，提升品牌的特色和价值；通过技术创新不断推出新品，打造高端的品牌形象；通过强化服务网络，顺应服务时代的来临。

自2006年以来，格兰仕进行了名为“格兰仕新政”的内部组织结构变革及经营思路调整，后在2007年9月又部分回归到原有轨道，由此可以看出，之前的“新政”并未达到预期效果；2007年，格兰仕提出打造“百年企业，世界名牌”的口号，并声称到2009年将格兰仕打造成为销售收入突破500亿元的国际化消费类电器制造国际化企业集团——不断变革的营销策略，日渐明晰的品牌定位，格兰仕依然在前行中不断探索。

（执笔：张晓丹）

# 第八节 吸油烟机、燃气灶

## 一、品牌十强数据

### （一）吸油烟机品牌十强数据

吸油烟机品牌十强数据见表3—9—22、表3—9—23、表3—9—24。

表3—9—22 吸油烟机品牌家庭消费者十强

| 排序 | 常用品牌 | | 预购品牌 | | 理想品牌 | |
|---|---|---|---|---|---|---|
| | 名称 | 提及% | 名称 | 提及% | 名称 | 提及% |
| 1 | 方太 | 20.4 | 方太 | 21.2 | 方太 | 23.1 |
| 2 | 帅康 | 11.6 | 老板 | 11.3 | 老板 | 12.0 |
| 3 | 老板 | 11.0 | 帅康 | 9.5 | 帅康 | 10.1 |
| 4 | 华帝 | 4.6 | 美的 | 5.1 | 樱花 | 5.5 |
| 5 | 美的 | 4.5 | 华帝 | 4.8 | 华帝 | 5.3 |
| 6 | 樱花 | 4.3 | 樱花 | 4.7 | 美的 | 5.0 |
| 7 | 海尔 | 3.2 | 海尔 | 3.9 | 海尔 | 4.5 |
| 8 | 格兰仕 | 2.2 | 西门子 | 2.6 | 西门子 | 3.2 |
| 9 | 西门子 | 2.0 | 格兰仕 | 2.2 | 格兰仕 | 2.6 |
| 10 | 万家乐 | 1.8 | 格力 | 1.8 | 松下 | 2.2 |

①② 格兰仕：屠夫变凤凰［OL］.［2007-09-14］. http：//www.jrj.com.

**表 3－9－23　吸油烟机品牌潜力消费者十强**

| 排序 | 常用品牌 | | 预购品牌 | | 理想品牌 | |
|---|---|---|---|---|---|---|
| | 名称 | 提及% | 名称 | 提及% | 名称 | 提及% |
| 1 | 方太 | 17.4 | 方太 | 18.1 | 方太 | 22.1 |
| 2 | 老板 | 7.9 | 老板 | 7.3 | 老板 | 7.2 |
| 3 | 美的 | 6.1 | 美的 | 6.8 | 美的 | 6.3 |
| 4 | 帅康 | 5.1 | 海尔 | 4.5 | 海尔 | 5.6 |
| 5 | 樱花 | 3.4 | 帅康 | 4.3 | 帅康 | 5.1 |
| 6 | 海尔 | 3.2 | 西门子 | 3.5 | 樱花 | 4.2 |
| 7 | 华帝 | 3.1 | 格兰仕 | 3.3 | 西门子 | 3.8 |
| 8 | 格兰仕 | 2.9 | 樱花 | 3.3 | 格兰仕 | 3.5 |
| 9 | 美菱 | 2.5 | 华帝 | 2.9 | 华帝 | 3.3 |
| 10 | 澳柯玛 | 2.3 | 苏泊尔 | 2.3 | 松下 | 2.7 |

**表 3－9－24　吸油烟机品牌两类消费者加权十强**

| 排序 | 常用品牌 | | 预购品牌 | | 理想品牌 | |
|---|---|---|---|---|---|---|
| | 名称 | 提及% | 名称 | 提及% | 名称 | 提及% |
| 1 | 方太 | 19.8 | 方太 | 20.6 | 方太 | 22.9 |
| 2 | 老板 | 10.4 | 老板 | 10.5 | 老板 | 11.0 |
| 3 | 帅康 | 10.3 | 帅康 | 8.4 | 帅康 | 9.1 |
| 4 | 美的 | 4.8 | 美的 | 5.4 | 美的 | 5.3 |
| 5 | 华帝 | 4.3 | 樱花 | 4.4 | 樱花 | 5.2 |
| 6 | 樱花 | 4.2 | 华帝 | 4.4 | 华帝 | 4.9 |
| 7 | 海尔 | 3.2 | 海尔 | 4.0 | 海尔 | 4.8 |
| 8 | 格兰仕 | 2.4 | 西门子 | 2.7 | 西门子 | 3.3 |
| 9 | 西门子 | 2.0 | 格兰仕 | 2.5 | 格兰仕 | 2.8 |
| 10 | 万家乐 | 1.7 | 格力 | 1.7 | 松下 | 2.3 |

### （二）燃气灶品牌十强数据

燃气灶品牌十强数据见表 3－9－25、表 3－9－36、表 3－9－27。

**表 3－9－25　燃气灶品牌家庭消费者十强**

| 排序 | 常用品牌 | | 预购品牌 | | 理想品牌 | |
|---|---|---|---|---|---|---|
| | 名称 | 提及% | 名称 | 提及% | 名称 | 提及% |
| 1 | 方太 | 16.3 | 方太 | 16.6 | 方太 | 19.1 |
| 2 | 华帝 | 10.5 | 华帝 | 9.8 | 华帝 | 10.4 |
| 3 | 老板 | 6.4 | 老板 | 7.5 | 老板 | 8.1 |
| 4 | 帅康 | 6.1 | 帅康 | 5.5 | 帅康 | 5.9 |
| 5 | 美的 | 4.5 | 海尔 | 4.4 | 海尔 | 5.6 |
| 6 | 海尔 | 3.9 | 美的 | 4.2 | 美的 | 4.8 |
| 7 | 樱花 | 3.8 | 格兰仕 | 3.7 | 樱花 | 4.6 |
| 8 | 格兰仕 | 3.4 | 樱花 | 3.7 | 格兰仕 | 3.8 |
| 9 | 万家乐 | 3.3 | 万家乐 | 2.8 | 万家乐 | 3.3 |
| 10 | 飞利浦 | 1.9 | 西门子 | 2.6 | 西门子 | 3.2 |

表 3—9—26 燃气灶品牌潜力消费者十强

| 排 序 | 常用品牌 | | 预购品牌 | | 理想品牌 | |
|---|---|---|---|---|---|---|
| | 名 称 | 提及% | 名 称 | 提及% | 名 称 | 提及% |
| 1 | 方太 | 13.6 | 方太 | 14.3 | 方太 | 15.8 |
| 2 | 华帝 | 6.8 | 华帝 | 5.7 | 华帝 | 7.1 |
| 3 | 美的 | 4.7 | 格兰仕 | 5.2 | 格兰仕 | 6.3 |
| 4 | 格兰仕 | 4.3 | 美的 | 4.7 | 美的 | 5.7 |
| 5 | 老板 | 4.2 | 老板 | 4.4 | 海尔 | 5.3 |
| 6 | 樱花 | 3.2 | 海尔 | 4.1 | 老板 | 4.9 |
| 7 | 飞利浦 | 3.1 | 西门子 | 3.3 | 西门子 | 4.1 |
| 8 | 帅康 | 3.0 | 帅康 | 3.2 | 苏泊尔 | 3.9 |
| 9 | 苏泊尔 | 2.8 | 苏泊尔 | 3.1 | 飞利浦 | 3.5 |
| 10 | 海尔 | 2.5 | 飞利浦 | 3.0 | 帅康 | 3.2 |

表 3—9—27 燃气灶品牌两类消费者加权十强

| 排 序 | 常用品牌 | | 预购品牌 | | 理想品牌 | |
|---|---|---|---|---|---|---|
| | 名 称 | 提及% | 名 称 | 提及% | 名 称 | 提及% |
| 1 | 方太 | 15.7 | 方太 | 16.1 | 方太 | 18.4 |
| 2 | 华帝 | 9.8 | 华帝 | 9.0 | 华帝 | 9.7 |
| 3 | 老板 | 6.0 | 老板 | 6.9 | 老板 | 7.5 |
| 4 | 帅康 | 5.5 | 帅康 | 5.1 | 海尔 | 5.5 |
| 5 | 美的 | 4.6 | 海尔 | 4.3 | 帅康 | 5.4 |
| 6 | 樱花 | 3.6 | 美的 | 4.3 | 美的 | 5.0 |
| 7 | 海尔 | 3.6 | 格兰仕 | 4.0 | 格兰仕 | 4.3 |
| 8 | 格兰仕 | 3.5 | 樱花 | 3.4 | 樱花 | 4.2 |
| 9 | 万家乐 | 3.0 | 西门子 | 2.7 | 西门子 | 3.3 |
| 10 | 飞利浦 | 2.1 | 万家乐 | 2.7 | 万家乐 | 3.2 |

## 二、吸油烟机、燃气灶品牌竞争格局解析

### (一) 品牌整体格局分析：品牌混战，无绝对领先企业

吸油烟机和燃气灶行业需求旺盛，进入行业的技术门槛相对较低，生产成本不高，行业平均利润较大等特点吸引了众多的品牌进入该行业。目前，国内吸油烟机市场呈现一派品牌混战的局面，品牌数量虽然很多但大多数品牌规模较小，一些杂牌也混在其中，从而使整个市场的品牌分布显得十分杂乱，品牌的分布区域主要集中在浙江和广东。

从本次调查的数据来看，吸油烟机和燃气灶的品牌宽度高达 121 和 144 个，常用、预购、理想品牌前十的提及率均不高，实力大体相当，整个行业呈现出品牌繁杂的局面。

目前，一线品牌在混战的行业形势下显得相对稳固，可以归纳为四大阵营，即专业厨具品牌、综合家电品牌、其他厨具品牌以及外资品牌，竞争主要集中于专业厨具品牌和综合家电品牌之间。见图 3—9—28。

### (二) 品牌阵营细分

1. 第一阵营：专业厨具品牌，专业优势构筑行业领先地位

吸油烟机和燃气灶的产地主要集中在广东和浙江，这一领域的许多专业品牌都分布于此，特别是方太、华帝这样的强势品牌，现已成为行业当之无愧的领导者。它们凭借专业的技术、强大的市场营销网络和巨大的品牌拉力占据了大部分的市场份额，在消费者心目中地位显赫。

本次调查的结果也应证了这一现状，无论是在吸油烟机领域还是燃气灶领域，方太、老板、

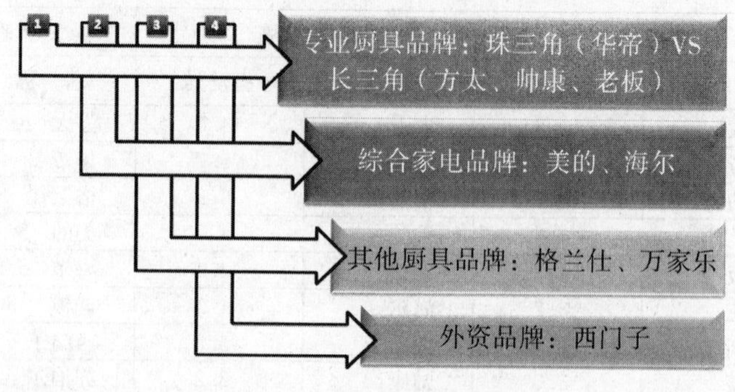


**图 3－9－28　四大阵营竞争格局图**

帅康、华帝在常用、预购、理想品牌中的提及率都处于领先地位，累积提及率在40%左右，专业品质受到消费者肯定。

这些专业品牌集中于长江三角洲地带和珠江三角洲地带，两个地域的品牌对垒由来已久。

(1) 珠三角品牌：起步早、杂牌多、产业后劲不足

广东可以说是家电产销重地，产业嗅觉较灵敏，对新事物的接受能力较强，上下游产业链完善，产业密集程度高。华帝是这一地区的代表品牌。但是，从总体上看，粤区像华帝这样的知名品牌并不多，在中山、顺德、深圳三地密集地散布着一些拼装厂、杂牌厂，产品同质化现象严重，品牌塑造意识匮乏。由于缺乏大品牌有效的产业带动及合理的行业引导，这一地区吸油烟机和燃气灶产业的发展显得有些后劲不足。

• 代表品牌：华帝

2007 年 10 月 27 日，华帝在中山总部举行了盛大的新标发布仪式，新标体现了品牌坚持以用户需求为导向，以积极进取的心态为用户提供优质产品和服务，其表现的核心理念是真挚、创新、责任和共赢。华帝已经成为北京奥运会燃气具独家供应商，此次宣布更改标识，为华帝完成 2008 年奥运营销做了前期的铺垫工作，并为其品牌建设的国际化铺路。

在本次调查中，华帝作为珠三角品牌的典型代表，与长三角品牌展开排位赛，在吸油烟机领域取得了常用、预购、理想品牌排名第四的成绩；在燃气灶领域也获得了 3 种消费形态中的季军头衔。

(2) 长三角品牌：起步晚、崛起快、品牌效应凸显

浙区的吸油烟机及燃气灶行业相对粤区而言起步较晚，曾一度为广东品牌提供相关的家电配件。但是浙江地区产业发展可谓后发制人，崛起了诸如方太、帅康、老板等一批专业知名品牌。这些品牌很早就在中央电视台以及各地方电视台投放广告，它们对产品研发和品牌塑造的重视使得这一地区的专业品牌后来居上。在它们“精工制造”金字招牌的有力带动下，浙区的吸油烟机和燃气灶生产形成了一定的品牌效应。

• 代表品牌：方太、老板、帅康

一直以来，方太大都以构筑顶级品牌形象为己任，誓做中国人自己的厨房高端品牌，倾力打造的厨房专家形象深入人心。为了维护这一品牌形象，方太始终秉承“绝不打价格战”的原则。

而老板在厨卫行业的产品定位比较中高端一点，目标消费者锁定中高端人群，并将厨电事业瞄准国际市场、国际品牌，视西门子等国际家电巨头为竞争对手，不断以国际品牌的标准来要求自己。

帅康则提出了打造精致家电、精彩家电和精湛家电的“三精计划”，塑造帅康“厨卫电气专

家”的品牌形象，从而在产品的质量、技术含量和时尚感上实现新的飞跃。

在本次调查中，方太、老板、帅康可谓实力超群，在消费者心目中占据了极其重要的地位。除方太摘得多项桂冠之外，老板和帅康也有上佳表现，分别在吸油烟机领域排名第二、第三，在燃气灶领域稳居第三、第四。

(3) 珠三角对阵长三角，长三角略胜一筹

从本次调查的结果来看，在消费者心目中，珠三角和长三角的PK，前者稍逊而后者略胜。特别是吸油烟机，常用、预购、理想榜的前三名均被方太、老板、帅康等浙江品牌包揽，而来自广东的品牌华帝只能与国内大牌家电生产商美的、海尔、格兰仕等一起屈居二线。而在燃气灶领域，两地品牌的排名则不分伯仲，但进入前十的仍然是江浙品牌居多，因而其实力还是略胜一筹。见图3－9－29、表3－9－30。

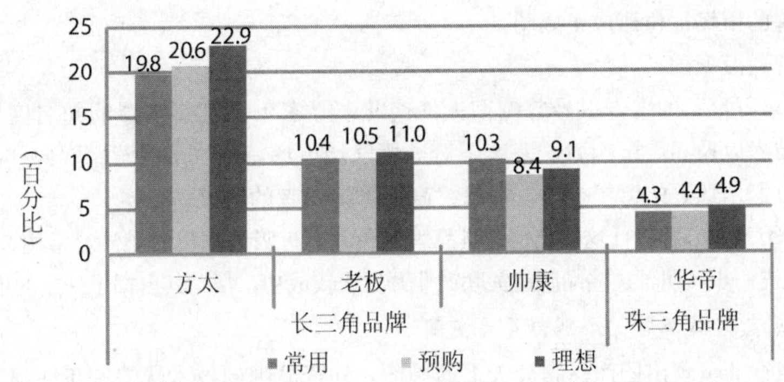


图 3－9－29 吸油烟机常用、预购、理想十强中长三角品牌和珠三角品牌提及率对比

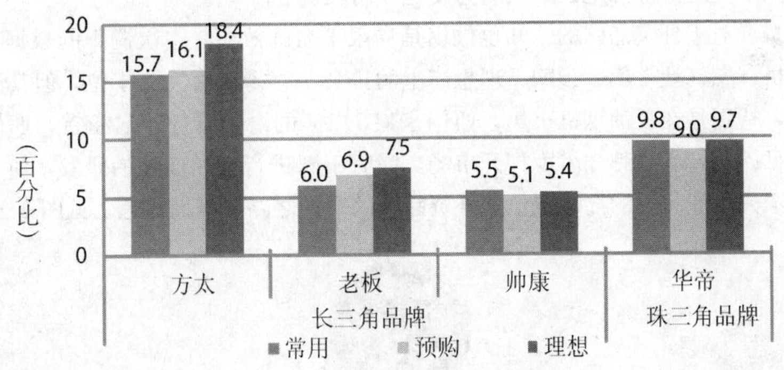


图 3－9－30 燃气灶常用、预购、理想十强中长三角品牌和珠三角品牌提及率对比

2. 第二阵营：综合家电品牌，延伸产品线发展增速

在粤、浙两派激烈争夺市场份额的同时，海尔、美的等一些综合家电品牌由于黑、白家电利润持续低迷，也开始瞄准机会延伸其产品线，试图在多层次产品领域获得更大的市场份额和产品利润。这使得厨卫市场变得更为热闹，精彩纷呈。吸油烟机和燃气灶陆续走进它们的视野，特别是吸油烟机，曾被业界视为厨卫行业最后一块蛋糕，丰厚的利润吸引了家电巨头的眼球。得益于自身常年积聚的品牌影响力和渠道优势，这些综合家电商在进军吸油烟机和燃气灶领域之后迅速占领了一席之地。

•代表品牌：美的

在认识到自己在厨电领域的专业性不强，在消费者心目中的品牌认知度和美誉度也略显不足的情况下，美的开始以情为诉求，打破同质化僵局，创办“清新厨房生活创意大赛”，以“母爱·亲情·回报”为主诉求打动消费者，提升美的厨电的品牌形象。

本次调查的结果也显示，以海尔、美的为代表的家电巨擘均跻身吸油烟机及燃气灶常用、预购、理想品牌前十队列，在潜力指标和晋级指标上也有上佳表现。如海尔在吸油烟机领域的潜力指标（0.8%）、晋级指标（1.5%）均紧随方太位居第二；而在燃气灶领域，海尔的潜力指标（0.7%）和晋级指标（1.5%）也分列二、三位。

3. *第三阵营：其他厨具品牌，开发关联产业威力见长*

国内一些原来生产其他厨具产品的品牌如格兰仕、万家乐等考虑到与吸油烟机及燃气灶产品的关联性，也相继进入了这两个行业。这些品牌借助于已有的品牌知名度和家电产品经营的经验，对专业品牌的市场地位形成了威胁。

•代表品牌：万家乐

“万家乐，乐万家”的广告口号曾响彻大江南北，万家乐燃气热水器的知名度早已成型。凭借强大的燃气技术以及品牌影响力，万家乐挺进燃气灶市场，从“产品营销”向“品牌营销”转变，以此指导万家乐灶具的营销推广，并最终赢得了消费者的认可。

数据显示，万家乐、格兰仕这些其他厨具品牌都顺利挺进吸油烟机和燃气灶常用、预购、潜力榜前十行列，这也进一步证明了这些品牌的关联产业开发比较成功，帮助其占据了一定的市场地位。

4. *第四阵营：外资品牌，个别力量寻突围*

目前，厨卫行业呈现出国产品牌分天下的局面，外资品牌的技术优势并不明显。在松下等外资品牌退出该领域之后，目前只有西门子、伊莱克斯等个别品牌还在国货垄断的中国市场寻求突围。在国内市场，外资品牌对于渠道和市场战略的选择还在探索之中，目前主要是从沿海城市等一、二级市场入手，对西部等地区的投放力度还相对较弱。

而目前消费者对于外资品牌的认知也仅仅是局限于名牌效应，本次调查的数据显示，虽然西门子在吸油烟机、燃气灶常用、预购、理想榜中的排名一直徘徊在九、十位，但其潜力和晋级指标却相对靠前，特别是在吸油烟机市场，西门子以1.1%的潜力指标位居榜首，西门子品牌的市场潜力由此可见一斑。以品牌知名度打开市场，同时不断进行产品性能的研发，使其既适合中国烹饪需求，又不失欧洲品牌的高端定位，外资品牌的突围之路任重而道远。见图3－9－31。

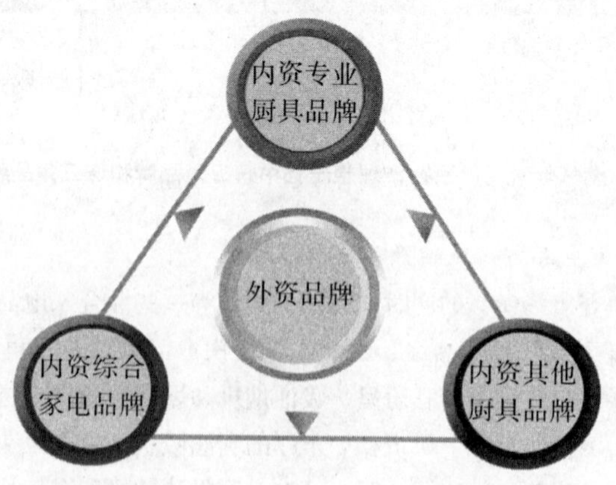


**图3－9－31 外资品牌的突围之路**

• 代表品牌：西门子

西门子的品牌影响力自不必说，强大的国际化背景、多年的中国市场经验以及雄厚的技术力量，使西门子拥有更多机会。西门子方面曾表示，在其家电全球销售额中，厨具产品占据将近30%的份额。而2006年3月总投资额9 900万美元的西门子南京家电产业园的正式开业，也意味着西门子家电欲在中国厨卫家电领域制造神话的"野心"。

5. 厨卫专业品牌对垒综合家电品牌，一、二阵营成竞争主角

从四大阵营出发进行分析发现，主要的竞争还是存在于专业厨卫品牌和综合家电品牌两大阵营之间。二者同样都具有规模优势，但又各有短长。专业厨卫品牌凭借专业的制造技术、强大的营销网络，但整体实力有限。综合家电品牌的资金实力及品牌的整合拉力强于前者，且惯于通过规模制造获取价格优势，但由于缺乏专业技术，大多以OEM形式完成产品制造。①

从调查结果上来看，虽然第一阵营目前占据优势，但第二阵营的潜力和晋级指数都有居上之势。如海尔，其在吸油烟机和燃气灶领域的两项指标均超过了第一阵营的诸多品牌，紧随方太之后，其所具备的赶超之势不可小觑。

**（三）品牌地域影响力分析**

1. 方太的综合优势无可比拟

在本次调查中，方太显示出无可比拟的影响力，无论是吸油烟机还是燃气灶，方太在常用、预购、理想品牌中均以25个左右的城市跨度位居榜首。方太将东部沿海城市作为重点销售地区，并将主要精力集中于一、二线城市，地域分布比较广泛，这也说明方太作为全国性品牌的影响力正与日俱增。

2. 燃气灶领域：浙派地域优势显著，专业生产商受消费者青睐

由于燃气灶的安全性是消费者购买时所考虑的重要因素，消费者更倾向于选择比较专业的品牌。因此，方太、帅康、老板这种专业生产商成为各城市消费者心目中的首选。

方太、帅康、老板这3个来自浙江的品牌三分天下，瓜分了36个城市的燃气灶提及率第一席位，这使得浙派企业在燃气灶领域的优势骤显。其中，方太垄断了大多数城市的提及率第一，帅康和老板的城市分布则偏重于西北部。此外，三者同为浙江企业，本土的杭州消费者更中意帅康，而邻近城市如上海、南京的消费者则更偏爱老板。

3. 吸油烟机领域：各路英雄各有倚重

在吸油烟机领域，则可以明显感觉到各城市消费者品牌选择的多样性。吸油烟机领域，拔得城市头筹的品牌较多，第一阵营、第二阵营的品牌均榜上有名。浙派中的方太堪称强手中的强手，帅康稳守上海，老板银川称雄；粤派代表华帝在南部沿海和西北城市受到消费者青睐；海尔、美的、格兰仕等第二、三阵营的品牌也分得一杯羹；迅达作为湖南本土品牌将本地市场牢牢掌控手中。

由此看来，不同于燃气灶市场，吸油烟机领域依然群雄逐鹿——各路英雄显身手，试看天下几家分。

## 三、吸油烟机、燃气灶品牌发展策略和市场热点趋势

**（一）燃气灶标准提高，促使品牌优胜劣汰**

1996年，国家就发布了燃气灶具国家标准，经过4年多的修订，新版家用燃气灶具标准终于

① 吸油烟机：厨卫电器的最后一块蛋糕？[OL]. [2005-06-20]. http://news.abi.com.cn/readnews.asp? News_ID=9724.

在2007年6月21日获准发布，并于2008年5月1日起正式施行。在新版标准中，灶具产品的部分安全及技术参数较之前的标准均有大幅度提高，部分修订后的参数甚至高于灶具业发达的欧美国家标准。

新版家用燃气灶具标准的制定顺应了中国人以爆炒和煮为主的烹饪习惯，促进国内灶具行业技术的更新换代，但工艺、技术及设备的变更和改造均需花费大笔经费，这在很大程度上增加了企业的生产成本。从另一个角度看，这也有助于提升行业门槛，淘汰一些资金、技术实力较弱的中小品牌。目前，国内只有主要的几家灶具企业有足够的能力达到标准要求。

**（二）整体式厨房催生捆绑式销售，品牌联合营销盛行**

由于居民生活水平和住房条件的改善，设计精美、功能齐全的厨房设施受到消费者青睐，整体式厨房随之应运而生。整体厨房家电的市场需求，给一些厨卫电器带来了做大市场的机会。它们围绕整体式厨房展开了包括吸油烟机、燃气灶在内的多种产品集合式套装促销活动，通过风格统一、功能和谐的成套厨房电器为消费者营造和谐的厨房氛围，联合营销的价格优惠也吸引了越来越多的消费者。众品牌捆绑式销售使吸油烟机、燃气灶这对一上一下的“战友”将亲密关系延续到了销售领域。

## 专案解析

### 方太：厨房专家演绎经典厨房文化[①]

宁波方太厨具有限公司成立于1996年，专门从事厨房电器、集成厨房技术与产品的研究、开发、生产与销售，产品线涉及集成厨房、吸油烟机、燃气灶具、电磁灶具、消毒碗柜、燃气热水器等几个领域。在品牌培育方面，方太可以说进行了全方位的构思，从产品、技术、渠道、管理、文化等多方面击破，目前已成为中国厨房领域的著名品牌，并已进军全球厨房市场。

**生产优质产品支撑品牌高端定位**

方太以“专业化、中高档、精品化”定位产品，把自身对厨房生活及文化的理解融入产品的设计研发中，产品外观设计与国际时尚潮流接轨，使用功能则顺应国人的烹饪习惯，二者的完美结合将方太的高端路线推崇到了极致。

方太一直秉承着“独特、高档、领先”的产品研发方针，不断研发出厨房领域的先进技术和一流产品。早在2000年，方太便率先提出“集成厨房”的全新理念，推动中国厨房实现了“厨柜——整体厨房——集成厨房”的产业升级。立足科技和理念的创新，方太长时间在同行业中保持领先地位。

**完善销售体系助力品牌全国扩张**

在培育品牌的过程中，之前的代销制陷入窘境。方太随即对销售体系进行革新，除保留少部分业绩良好的代销商外，对大部分代销商进行召回，成立销售分公司取而代之。目前，公司采用代销制和销售分公司两种销售制度并行的销售体系，方太在全国除西藏外的每一个省份都设有销售机构，共设有46个分公司、办事处，近2 500个销售网点。

**实行创新管理提升品牌核心价值**

而在管理方面，方太家族企业和现代企业对接的管理模式曾一度为业界所津津乐道，其成功

---

① 企业战略管理：方太厨具案例［OL］．［2006-08-16］．http：//www. examda. com/pm/Case/20060816/094033289-5. html. 方太品牌战略打造新牌［OL］．［2005-11-04］．http：//www. shxb. net/html/20051104/20051104＿10451. shtml.

开创的现代家族制管理体制成为业界关注和赞誉的焦点，为民营企业的管理创新提供了借鉴。除此之外，方太的企业文化也处于不断创新之中，方太制定了自己的使命、愿景、“产品、企品、人品”三品合一的价值观，这些丰富的经营管理理念使品牌的发展更上一层楼。

*打造厨房文化培育品牌专家形象*

方太的品牌理念在于为每一个家庭提供科技、领先、人性的家庭生活环境及专业厨房解决方案，为人类提供更新、更好的厨房（住宅）文化与生活方式，让千家万户家庭享受更加幸福的生活。从“方太厨具”到“方太厨房专家”，从“让家的感觉更好”到“设计领先的厨房专家”，方太倡导的厨房文化正引领品着方太品牌迈向更高的境界。

## 资料链接

我国吸油烟机行业的发展历程如下①：

• 酝酿期（20世纪70年代末至20世纪80年代初期）：无品牌涉足。在20世纪70年代末期，我国五金行业内的科技情报工作者根据掌握的国外信息提出了在我国开发吸油烟机的建议。限于当时各方面条件的制约，国内无一厂家开发这种产品。

• 起步期（20世纪80年代中、末期）：各品牌争相试制并投产。1984年7月，上海桅灯厂根据掌握的实物情报试制成功了我国第一台外排式吸油烟机。随后，杭州铰链厂、上海航海仪器厂、哈尔滨不锈钢制品厂等企业也开始试制吸油烟机，部分厂家开始投产。

• 发展期（20世纪90年代）：专业品牌涌现，产量猛增。吸油烟机的生产企业逐渐增多，产量一路飙升。方太、华帝等一批专业品牌现身市场之后，开始带动整个行业向专业化方向发展。

• 竞争期（2000年至今）：品牌相互抗衡。随着整个行业逐渐发展，大小品牌的竞争日益激烈，方太、帅康、老板、华帝等品牌脱颖而出，成为市场领导者。一些综合家电品牌也涉足吸油烟机市场，行业品牌集中程度不高。

我国燃气灶行业的发展历程如下②：

• 快速成长期（1992—1995年）：品牌大量涌现。这一阶段是燃气灶行业的快速成长期，由于大批提炼厂的相继投产使得液化气的成本相对较低，燃气灶行业几百家品牌涌现。

• 起伏较大期（1996—1999年）：品牌发展曲折。这一时期燃气灶行业发展起伏较大，1998年国际金融危机影响了灶具业的发展，各品牌可谓艰难前行；但1998年之后的公房分房政策又使燃气灶行业重获生机，租住公房的居民拥有了自己的新房后开始大规模抢购燃气灶，燃气灶品牌迎来了一次发展高峰。

• 相对稳定期（2000年至今）：品牌竞争激烈。由于大量杂牌的介入，燃气灶行业进入了恶性循环的价格战，偷工减料与假冒伪劣产品严重影响了广大消费者的消费需求，也直接威胁到华帝、海尔、万家乐等行业巨头的精品路线。随着行业的进一步发展，整个市场逐渐走向成熟，品牌格局趋于稳定。

（执笔：吕艳丹　张晓丹）

① 我国吸油烟机行业发展的回顾［OL］. http：//www.jrj.com.cn/NewsRead/Detail.asp? NewsID=918684.

② 灶具大王掀起达标运动［OL］.［2002-10-15］. http：//app.icxo.com/htmlnews/2002/10/15/140702.htm.

# 第九节 热水器

## 一、热水器品牌十强数据

热水器品牌十强数据见表3－9－28、表3－9－29、表3－9－30。

表3－9－28 热水器品牌家庭消费者十强

| 排序 | 常用品牌 | | 预购品牌 | | 理想品牌 | |
|---|---|---|---|---|---|---|
| | 名称 | 提及％ | 名称 | 提及％ | 名称 | 提及％ |
| 1 | 海尔 | 16.0 | 海尔 | 16.8 | 海尔 | 18.2 |
| 2 | A.O.史密斯 | 7.4 | A.O.史密斯 | 9.2 | A.O.史密斯 | 10.4 |
| 3 | 万家乐 | 7.1 | 万家乐 | 6.1 | 万家乐 | 6.6 |
| 4 | 阿里斯顿 | 5.3 | 阿里斯顿 | 5.0 | 皇明 | 5.6 |
| 5 | 皇明 | 4.9 | 皇明 | 4.9 | 阿里斯顿 | 5.4 |
| 6 | 美的 | 4.4 | 美的 | 4.2 | 美的 | 4.7 |
| 7 | 樱花 | 3.9 | 樱花 | 3.9 | 樱花 | 4.0 |
| 8 | 华帝 | 3.1 | 华帝 | 3.2 | 华帝 | 3.3 |
| 9 | 格力 | 3.1 | 格力 | 2.5 | 西门子 | 2.6 |
| 10 | 帅康 | 2.0 | 西门子 | 2.1 | 松下 | 2.3 |

表3－9－29 热水器品牌潜力消费者十强

| 排序 | 常用品牌 | | 预购品牌 | | 理想品牌 | |
|---|---|---|---|---|---|---|
| | 名称 | 提及％ | 名称 | 提及％ | 名称 | 提及％ |
| 1 | 海尔 | 15.6 | 海尔 | 15.3 | 海尔 | 18.0 |
| 2 | 皇明 | 7.5 | 皇明 | 7.7 | 皇明 | 8.4 |
| 3 | A.O.史密斯 | 4.8 | A.O.史密斯 | 6.5 | A.O.史密斯 | 7.7 |
| 4 | 格力 | 4.1 | 美的 | 4.4 | 美的 | 4.9 |
| 5 | 樱花 | 4.1 | 格力 | 3.2 | 西门子 | 4.5 |
| 6 | 美的 | 3.9 | 西门子 | 3.2 | 樱花 | 3.4 |
| 7 | 万家乐 | 3.4 | 樱花 | 3.0 | 格力 | 3.3 |
| 8 | 华帝 | 2.7 | 万家乐 | 2.8 | 万家乐 | 3.1 |
| 9 | 阿里斯顿 | 2.3 | 格兰仕 | 2.6 | 格兰仕 | 2.6 |
| 10 | 格兰仕 | 2.3 | 华帝 | 2.4 | 松下 | 2.6 |

表3－9－30 热水器品牌两类消费者加权十强

| 排序 | 常用品牌 | | 预购品牌 | | 理想品牌 | |
|---|---|---|---|---|---|---|
| | 名称 | 提及％ | 名称 | 提及％ | 名称 | 提及％ |
| 1 | 海尔 | 15.9 | 海尔 | 16.5 | 海尔 | 18.2 |
| 2 | A.O.史密斯 | 6.9 | A.O.史密斯 | 8.7 | A.O.史密斯 | 9.8 |
| 3 | 万家乐 | 6.4 | 皇明 | 5.4 | 皇明 | 6.2 |
| 4 | 皇明 | 5.4 | 万家乐 | 5.4 | 万家乐 | 5.9 |
| 5 | 阿里斯顿 | 4.7 | 阿里斯顿 | 4.5 | 阿里斯顿 | 4.8 |
| 6 | 美的 | 4.3 | 美的 | 4.3 | 美的 | 4.7 |
| 7 | 樱花 | 3.9 | 樱花 | 3.7 | 樱花 | 3.9 |
| 8 | 格力 | 3.3 | 华帝 | 3.1 | 华帝 | 3.1 |
| 9 | 华帝 | 3.0 | 格力 | 2.7 | 西门子 | 3.0 |
| 10 | 格兰仕 | 1.9 | 西门子 | 2.3 | 松下 | 2.4 |

## 二、热水器品牌竞争格局解析

### （一）内、外资品牌格局分析：主流品牌国产、外资实力相当，国产品牌略占优势

目前，在热水器的主流品牌中，国产品牌和外资品牌可谓平分秋色。以海尔为代表的国产品牌在技术研发、产品升级上下足工夫，而以 A.O. 史密斯、阿里斯顿为代表的外资品牌则继续领跑高端，并将全新的产品理念引入中国。二者在热水器市场上的博弈将继续上演，新国标引发的争议正是这种博弈的体现。

对于海尔的防电墙技术是否入选"新国标"，国产、外资品牌曾存在巨大争议——外资品牌坚持其产品符合 IEC 国际标准的，都能保证消费者的洗浴安全；而海尔、帅康等则成为防电墙的支持者。由于此标准并非强制性标准，在防电墙被确定为国标之后，A.O. 史密斯、阿里斯顿依然没有采用此技术，而海尔、帅康等几家企业已经在卖场公开以防电墙做为卖点之一。

此次调查结果显示，国产品牌和外资品牌在消费者提及率排名上不分伯仲。从入围前十名的品牌数量上来看，国产品牌在量上还是占有一定优势。其中，国产品牌在常用十强中占八席，预购十强中占七强，理想十强中占六个。而外资品牌在潜力指标和理想晋级指标上则领先于国产品牌。见图 3－9－32。

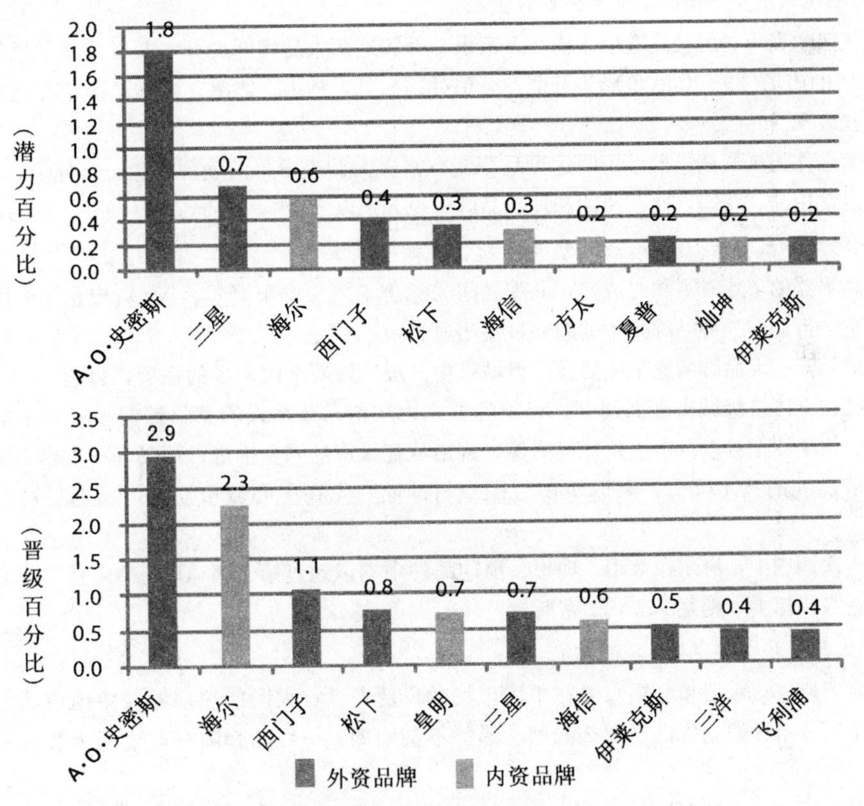


图 3－9－32　热水器潜力、晋级指标十强内、外资力量对比

### （二）细分市场的品牌格局分析：热水器各细分市场品牌格局稳定

目前，中国热水器行业内的品牌按能源类型细分的现象十分明显，各细分热水器市场——燃气热水器市场、电热水器市场、太阳能热水器市场都各自有品牌主导，格局相对稳定。如万家

乐、万和牢牢把持着燃气热水器市场，海尔、A.O. 史密斯、阿里斯顿等占据着电热水器的大部分市场份额，皇明则专守太阳能热水器阵地。见图3—9—33。

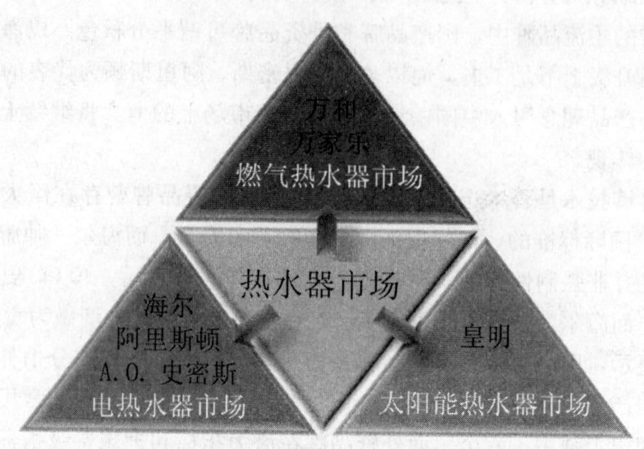


图3—9—33 热水器各细分市场的优势品牌

1. 燃气热水器市场：万家乐、万和争先

燃气热水器市场的一线竞争主要在万家乐、万和这两大品牌间展开，两者分享了燃气热水器市场30%的市场份额①，竞争形势可谓不分伯仲。另外，林内、能率、海尔、樱花等在这一领域也有上佳表现。

万家乐作为燃气热水器市场的优势品牌，在本次大调查中可谓表现突出——凭借6.4%的提及率夺得常用品牌季军，而在预购和理想品牌中也分别以5.4%和5.9%的提及率占据第四席位。

2. 电热水器市场：海尔、A.O. 史密斯、阿里斯顿领衔

电热水器的市场发展相对成熟，品牌之间的竞争主要集中于海尔、A.O. 史密斯、阿里斯顿之间，整个行业向强势品牌集中的趋势日益明显。

前两年，三大品牌的竞争主要在一级城市中开展。随着全国市场的拓展，目前，三者之间的竞争已经在全国各级城市全面铺开，竞争的方式也从跑马圈地式的竞争转向了终端上的短兵相接。海尔的集团优势以及本土化优势明显，营销从各级市场同步推进；而A.O. 史密斯、阿里斯顿则凭借过硬的技术实力，采取城市包围农村战略，先在中心城市立足，再向二、三级市场渗透。

在本次调查中，海尔在常用、理想、预购品牌中均以超过第二名7%的绝对优势夺魁，而在潜力和晋级指标上，则是A.O. 史密斯封王。

3. 太阳能热水器市场：皇明占优

相对于燃气热水器和电热水器在中国市场的广泛普及，太阳能热水器在中国市场的发展稍弱。这个细分市场的竞争也不那么激烈，形势不甚明朗，一线品牌随时可能因为各种政策发生变化。

目前在该市场比较有代表性的品牌是皇明，其专注于太阳能热水器的生产，在本次调查中也是唯一一个凭借单一产品冲入常用、预购、理想榜前十强的品牌，以5.4%的提及率位于常用品牌第四、预购品牌第三，以6.2%的提及率稳居理想品牌第三。

---

① 行业：2007年热水器市场与技术白皮书［OL］.［2007-11-23］. http://kitchen.ea3w.com/2007/1123/120036.shtml.

**(三) 综合型品牌对垒专业型品牌：综合型品牌优势明显**

在各细分市场都有发展前景的情况下，各大品牌开始扩充自身产品线，以求获得全方位的发展，品牌战略显现出综合化趋势。

如"海尔已经开始涉足燃气热水器、太阳能热水器；A.O. 史密斯在电热水器市场取得了稳固的市场地位后，也加紧在中国市场整体热水系统的布局，燃气热水器在国内最知名的企业中贴牌上市的同时，自有生产线也在加快建设；阿里斯顿同样加大了燃气热水器的投入力度，同时在大功率商用热水器市场的步伐也不断加强，在中国推出热水及供暖全系列产品是阿里斯顿的战略重点；以燃气热水器为主的万和、万家乐，电热水器产品早在几年前就推向市场"①，这些都足以显现各大品牌综合开发产品的战略动向。

对本次调查中常用品牌榜十强的企业进行产品线分析发现，除皇明专攻太阳能热水器之外，其他品牌并不拘泥于单一产品的研发和生产，其产品触角已延伸到各种热水器领域。这些综合性的品牌在本次调查中成绩斐然。见图 3－9－34。

| 排序 | 品　牌 | 热水器产品线 |
|---|---|---|
| 1 | 海尔 | 燃气热水器、电热水器、太阳能热水器 |
| 2 | A.O. 史密斯 | 燃气热水器、电热水器 |
| 3 | 万家乐 | 燃气热水器、电热水器、太阳能热水器 |
| 4 | 皇明 | 太阳能热水器 |
| 5 | 阿里斯顿 | 燃气热水器、电热水器、太阳能热水器 |
| 6 | 美的 | 燃气热水器、电热水器、太阳能热水器 |
| 7 | 樱花 | 燃气热水器、电热水器 |
| 8 | 格力 | 燃气热水器、电热水器 |
| 9 | 华帝 | 燃气热水器、电热水器、太阳能热水器 |
| 10 | 格兰仕 | 电热水器、太阳能热水器 |

**图 3－9－34　常用品牌十强产品线**

相比之下，诸如康泉、大拇指等专业的电热水器品牌在本次调查中排名靠后，但是它们因为具有丰富的专业经验和一定的渠道优势，所以还有一定的竞争实力。不过可以肯定的是，随着市场竞争程度的加剧，对企业的综合实力要求也逐步提高，海尔等在生产、研发、营销推广等各方面整体实力较强的企业表现出了更强的竞争力。

## 三、热水器品牌发展策略和市场热点趋势

**(一) 安全、节能、大容积热水器成消费热点**

由于特殊的使用环境，热水器的安全问题成为困扰热水器行业发展的难点之一。质量问题频出使得消费者在选购产品时将安全作为首要的考虑因素，各大厂商也在技术上下足工夫，争相开发安全性能较高的产品，如海尔的"防电墙"技术就是一项可以保证电热水器洗浴安全的技术。

此外，节能作为全社会关注的热点，也成为家电生产的标准。早在前几年，节能空调、冰箱率先进入消费者的视野，随后节能热水器也登上了消费舞台。近年来，各大热水器品牌争相开发节能技术，太阳能热水器、热泵热水器等节能性能较高的新型热水器逐渐被消费者所关注，销量

① 行业：2007 年热水器市场与技术白皮书［OL］.［2007-11-23］. http://kitchen.ea3w.com/2007/11/23/120036.shtml.

持续走高，销售形势良好。

随着消费者居住条件的改善及生活质量的提高，消费者在装修新居的过程中，纷纷构建“家庭热水中心”，将热水管道引到厨房、主次卫生间甚至阳台，洗澡、洗碗、洗手都能随时用到热水。因此，购买大容积热水器便成了共同的选择。

**（二）热水器行业品牌集中度偏低，蕴藏提升趋势**

热水器行业的技术门槛较低，各企业争相涌入使得行业的集中程度不高，竞争无序。本次调查的数据也显示，目前，热水器仍属低集中度行业，其消费者集中度为 34.6%，在整个家电行业中偏低。随着各种标准的颁布、消费者消费需求的提升以及行业竞争的升级，整个家电行业逐渐由价格战转入价值战的竞争轨道，热水器行业也在向以技术和创新为核心的竞争模式转换。

在 A.O. 史密斯、阿里斯顿等外资品牌以及海尔等国内主流品牌注重研发和创新投入的带动下，热水器市场的技术进步将成为必然趋势，由此生成的新一轮的竞争将不可避免，市场的品牌集中度将有提高的趋势，行业混战的局面也会有所好转。

**（三）专业连锁和房产配套成为热水器销售新渠道**

热水器的传统销售渠道是各级代理商以及煤气公司，但现在，热水器的销售渠道向多元化方向发展。专业连锁包括家电连锁和家具建材连锁成为重要的零售渠道。此外，房产配套也正成为热水器销售的另一渠道。虽然房地产精装修大规模采用热水器的时代还没有到来，但是在一些房地产小区已开始尝试采用，通过房产配套达成的销量在主流品牌自身销售结构中所占的比例也逐渐加大。这个渠道一旦打通，热水器将直接通过房产配套进入消费者家庭。

## 专案解析

### A.O. 史密斯：口碑、广告双管齐下，本土化之路顺利延伸①

A.O. 史密斯公司 1874 年在美国成立，至今已有 130 多年历史。1936 年，A.O. 史密斯公司进入热水器生产领域。1998 年，公司进军中国，在南京独资成立 A.O. 史密斯（中国）热水器有限公司，建立了完善的研发、生产、销售及服务一体化的现代化管理体系，为中国消费者带来了国际品质的热水器产品和专业服务。

**中国市场的曲折品牌路**

A.O. 史密斯的中国之路并非一帆风顺。自 1998 年进军中国之后的 3 年内，公司一直处于亏损状态，相比美国市场上的热销，A.O. 史密斯的中国之行在一开局便遭遇瓶颈。在美国，A.O. 史密斯的产品一般通过批发销售，走的是房产配套渠道，而在中国主要是依靠零售分销。此外，两国消费者对于产品外观的重视程度不一，相比之下，中国消费者更看重外观的设计和造型。加上粗放式的营销管理，A.O. 史密斯的销售业绩一直很不理想。

**口碑营销释放品牌魅力**

经过几年的蛰伏和适应，A.O. 史密斯在近几年终于杀出重围，成为国内市场上的一匹黑马，一再创造营销奇迹。依靠口碑传播一直是 A.O. 史密斯在全球市场的营销特色之所在，即提倡为客户创造价值最大化，把做广告的钱用在产品质量和服务上。A.O. 史密斯一直笃信产品的力量，他们认为每一台品质优良的产品就是最好的广告，消费者如果对产品质量、外观设计、功能以及销售过程、安装过程、售后过程都非常满意的话，他就会将这种满意传达给其他消费者。

---

① A.O. 史密斯：口碑营销创造奇迹［OL］．［2006-04-10］．http：//finance.sina.com.cn/leadership/case/20060410/16162488567.shtml.

进入中国之后，A. O. 史密斯很好地继承了这种传统，将口碑视作最增值的广告，将消费者的满意看作真正领先对手的地方，中国之行渐入佳境。

*广告战略卓有成效*

通过几年来努力实施口碑营销策略，A. O. 史密斯在中国的销量呈现攀升趋势。但是，广告投入方面的不足，使得品牌知名度的增长与销量的增加不成比例。为了适应中国热水器市场的特点，进一步提高品牌知名度，A. O. 史密斯针对中国市场的情况进行了策略调整，近两年加大了在广告方面的投入。

A. O. 史密斯广告的一大特点是投入虽少，但诉求却很有特色——以130年的悠久历史为主线进行创意，并因此取得了良好的广告效应。除此之外，配合媒介、公关、终端等各种整合营销传播手段，A. O. 史密斯在中国市场成功塑造出了“美国热水专家”的形象。正是这种继承和调整，使公司的本土化之路顺利延伸。

## 资料链接

热水器按加热使用能源的不同，可分为燃气热水器、电热水器、太阳能热水器等。目前，中国已是热水器的生产大国，其产量已占世界热水器产量的1/5①。其品牌发展可分为如下几个阶段②：

• 起步期（1979－1996年）：品牌无序。1979年，中国生产出第一台燃气热水器。在这一阶段，市场上占据主导的是一些燃气热水器品牌。伴随燃气热水器发展的始终是产品的安全性问题。由于热水器行业的进入门槛较低，很多杂乱小品牌进入该领域，生产销售的不合格热水器导致多起恶性安全事故。

• 成长期（1997－2001年）：品牌竞争激烈。随着城镇居民收入的提高，以及国家推行货币分房政策，市场需求急剧扩大，吸引其他行业的品牌进入热水器行业。以海尔为代表的民族家电品牌和一些国际品牌也加入了热水器的竞争阵营，品牌竞争愈发激烈。电热水器在这一时期开始高速发展。

• 成熟期（2001年至今）：品牌快速集中。随着热水器普及率的上升，安全问题也日益突出。安全事故的不断发生，使一些安全性能较差、手工作坊式的小品牌逐步萎缩，市场份额向海尔等强势品牌集中。燃气热水器、电热水器和太阳能热水器都有各自的消费群，气、电竞争比较激烈，各品牌争相开拓自身产品线。

（执笔：张晓丹）

① 2008年中国热水器行业研究咨询报告［OL］. http：//www.hdcmr.com/article/yjbg/03/04/19021.html.

② 中国热水器发展历程［OL］.［2007-04-25］. http：//news.abi.com.cn/readnews.asp? News_ID=52381.

# 第十章　交通运输行业

## 行业综述

我国的交通运输业在经济全球化的背景下，得到迅猛发展，成为国民经济的重要支柱之一。对于该产业的发展，国家也给予了相当的重视，经济、政策和社会发展等大背景都为交通运输业的和谐有序发展提供了良好的平台。

2006年末，我国高速公路里程达到了4.5万公里，高速公路里程突破2 000公里的省份达到6个，公路密度达36公里/百平方公里。全国农村公路里程302.6万公里，农村公路里程超过10万公里的省份达到16个；全国通公路的乡（镇）占全国乡（镇）总数的98.3%。[①] 这些都为交通运输业的发展提供了良好的公共环境。

2006年，我国人均国民总收入达到2 010美元。车价与人均GDP的比值为2或3时，是轿车进入家庭的临界点，我国已有多个地区的车价与人均GDP比值逼近3，进入汽车时代。城镇居民每百户拥有家用汽车由2002年底的0.9辆提高到2006年底的4.3辆，农村居民每百户拥有摩托车由28.1辆提高到44.6辆。[②] 我国消费者消费需求的高涨以及消费能力的飞跃，也正是我国成为“第一大汽车潜在市场”的原因。

国家发展改革委、中国汽车工业协会、中国汽车工业联合会、中国自行车协会等相关部门也致力于维护交通运输业的健康发展。1994年国务院批准《汽车工业产业政策》，国家发展改革委于2006年发出《关于汽车工业结构调整意见的通知》，都旨在促进汽车产业在2010年前发展成为国民经济的支柱产业。

同时，城市污染和城市交通等方面的限制，也在一定程度上对交通运输业的发展提出了考验，在2007年，出口退税下调、人民币升值使得交通运输业深陷内忧外患，这些都是该产业面对的社会现实。

## 第一节　家用汽车

### 一、家用汽车品牌十强数据

家用汽车品牌十强数据见表3—10—1、表3—10—2、表3—10—3。

---

① 我国综合交通运输体系发展综述［OL］.［2007-10-11］. http：//www.51report.com/free/detail/99210.html.

② 中国汽车工业利税增53%，成第三大汽车国［OL］.［2007-10-11］. http：//auto.sohu.com/20071011/n252588706.shtml.

表 3—10—1　家用汽车品牌家庭消费者十强

| 排　序 | 常用品牌 | | 预购品牌 | | 理想品牌 | |
|---|---|---|---|---|---|---|
| | 名　称 | 提及% | 名　称 | 提及% | 名　称 | 提及% |
| 1 | 大众 | 12.3 | 本田 | 11.9 | 宝马 | 26.3 |
| 2 | 本田 | 11.2 | 大众 | 10.0 | 奔驰 | 15.1 |
| 3 | 丰田 | 6.5 | 宝马 | 9.9 | 本田 | 8.7 |
| 4 | 别克 | 5.5 | 奥迪 | 6.8 | 大众 | 7.9 |
| 5 | 现代 | 3.5 | 丰田 | 6.7 | 奥迪 | 6.5 |
| 6 | 奥迪 | 3.4 | 奔驰 | 5.4 | 丰田 | 4.9 |
| 7 | 宝马 | 2.5 | 别克 | 3.5 | 别克 | 2.6 |
| 8 | 桑塔纳 | 2.3 | 现代 | 2.6 | 法拉利 | 2.6 |
| 9 | 奇瑞 | 2.1 | 奇瑞 | 1.9 | 劳斯莱斯 | 2.3 |
| 10 | 奔驰 | 2.1 | 福特 | 1.6 | 保时捷 | 1.6 |

表 3—10—2　家用汽车品牌潜力消费者十强

| 排　序 | 常用品牌 | | 预购品牌 | | 理想品牌 | |
|---|---|---|---|---|---|---|
| | 名　称 | 提及% | 名　称 | 提及% | 名　称 | 提及% |
| 1 | 大众 | 14.0 | 宝马 | 14.4 | 宝马 | 30.0 |
| 2 | 本田 | 9.9 | 本田 | 9.8 | 奔驰 | 17.5 |
| 3 | 丰田 | 6.1 | 奥迪 | 9.2 | 奥迪 | 7.3 |
| 4 | 奥迪 | 5.1 | 大众 | 7.0 | 法拉利 | 5.7 |
| 5 | 别克 | 4.9 | 奔驰 | 6.8 | 本田 | 5.4 |
| 6 | 宝马 | 4.2 | 丰田 | 5.4 | 劳斯莱斯 | 4.1 |
| 7 | 现代 | 3.6 | 别克 | 3.8 | 大众 | 3.7 |
| 8 | 桑塔纳 | 2.2 | 现代 | 3.1 | 丰田 | 2.8 |
| 9 | 尼桑 | 2.2 | 奇瑞 QQ | 2.5 | 保时捷 | 2.8 |
| 10 | 奔驰 | 1.7 | 马自达 | 2.0 | 别克 | 2.0 |

表 3—10—3　家用汽车品牌两类消费者加权十强

| 排　序 | 常用品牌 | | 预购品牌 | | 理想品牌 | |
|---|---|---|---|---|---|---|
| | 名　称 | 提及% | 名　称 | 提及% | 名　称 | 提及% |
| 1 | 大众 | 12.7 | 本田 | 11.5 | 宝马 | 27.0 |
| 2 | 本田 | 11.0 | 宝马 | 10.8 | 奔驰 | 15.6 |
| 3 | 丰田 | 6.5 | 大众 | 9.4 | 本田 | 8.0 |
| 4 | 别克 | 5.4 | 奥迪 | 7.3 | 大众 | 7.1 |
| 5 | 奥迪 | 3.7 | 丰田 | 6.4 | 奥迪 | 6.7 |
| 6 | 现代 | 3.5 | 奔驰 | 5.7 | 丰田 | 4.5 |
| 7 | 宝马 | 2.9 | 别克 | 3.6 | 法拉利 | 3.2 |
| 8 | 桑塔纳 | 2.3 | 现代 | 2.7 | 劳斯莱斯 | 2.7 |
| 9 | 奇瑞 | 2.0 | 奇瑞 | 1.7 | 别克 | 2.5 |
| 10 | 奔驰 | 2.0 | 马自达 | 1.6 | 保时捷 | 1.9 |

## 二、家用汽车品牌的竞争格局解析

### （一）消费者对家用汽车品牌的认知

1. 消费者对汽车的消费与关注均在提升，家用汽车潜力可观

调查结果证实，我国有 41.7%的家庭消费者和 32.2%的潜力消费者已拥有家用汽车。

另外，消费者消费需求的高涨以及消费能力的飞跃，使得汽车的预购率有所抬头，有一半以上的被访者有购买新车的打算。虽然潜力消费者目前对汽车的使用率尚低于家庭消费者，但是其以 63.9%的预购率高出家庭消费者近十个百分点。这都为我国成为“第一大汽车潜在市场”提供了支柱性依据。

在这样的背景下，家用汽车正大踏步地走进消费者的生活，也促使消费者对于汽车品牌的关注愈发凸显。超过六成的消费者对于理想汽车品牌有自己的认知和判断，潜力消费者的理想认知更是接近 70%，消费者对汽车品牌的关注可见一斑。

2. 消费者常用、预购和理想的汽车品牌逐步趋于集中

当前世界汽车品牌众多，消费者提及的常用、预购以及理想品牌的品牌总宽度为 198 个。在众多品牌中，四强品牌的集中度表现出了消费者对该行业的认知集中情况。调查结果显示，常用品牌和预购品牌的 CR4 分别为 35.6%和 39.0%，且这四强各自的提及百分比相差并不悬殊，第一常用和预购品牌的提及率也都在 12%左右。相比之下，理想品牌的 CR4 接近 60%，呈现了趋于集中的态势。特别是排在第一名的宝马以 27%的提及率遥遥领先，提及率几乎是第二名的 2 倍，三、四名的 4 倍，集中趋势愈发明显。见图 3－10－1。

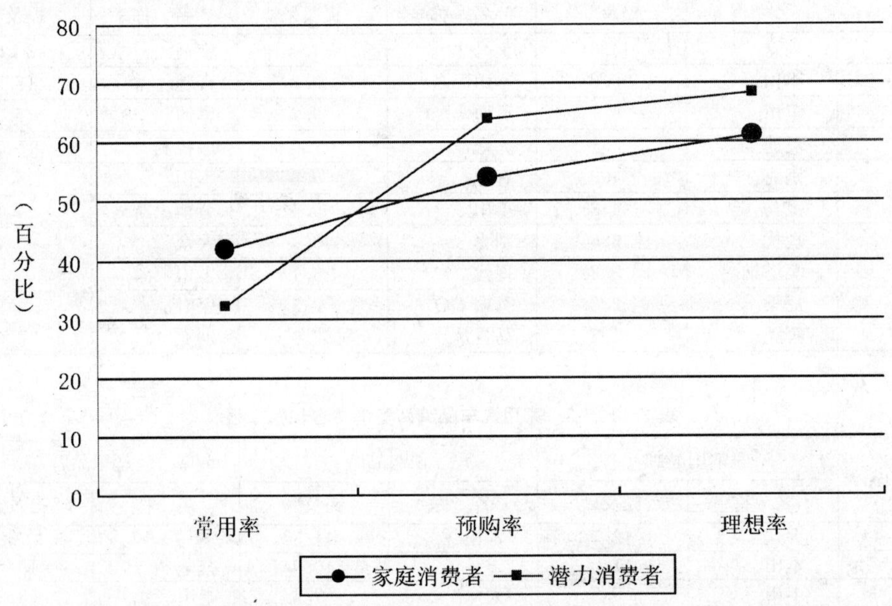


**图 3－10－1　汽车品牌家庭消费者和潜力消费者常用率、预购率和理想率对比**

这一数据向我们揭示了在功能至上、讲究性价比的实际消费中，消费者重点关心产品质量，由于不同品牌间的汽车本身品质差异感不够强，导致各品牌汽车的优劣差距并不明显，所以消费者的品牌提及较为分散，甚至会涉及到细分子品牌；而排除价格因素谈及理想品牌时，更多的消费者一致推举尊贵的代表——宝马，此时，品牌的附加价值则凸显出来，成为选择的出发点和落脚点，集中趋势随即凸显。

3. 消费者对汽车子母品牌的认知

通过对消费者常用、预购和理想汽车品牌的调查，我们可以发现一个现象：消费者提及的“品牌”存在着多种层级。这是汽车品牌组合的结果，也是各品牌汽车不同传播手段的结果。见图 3－10－2、图 3－10－3。

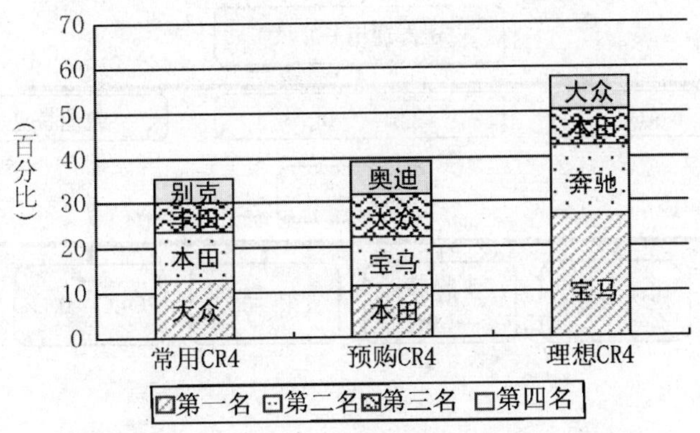


图 3－10－2 消费者常用、预购和理想品牌的集中度对比

一般来说，汽车的品牌层次主要有四级，即集团品牌、企业品牌、车系品牌、产品品牌。例如大众－斯堪尼亚集团的大众的桑塔纳 3000，福特的沃尔沃 S70，通用的绅宝 9－3，等等。

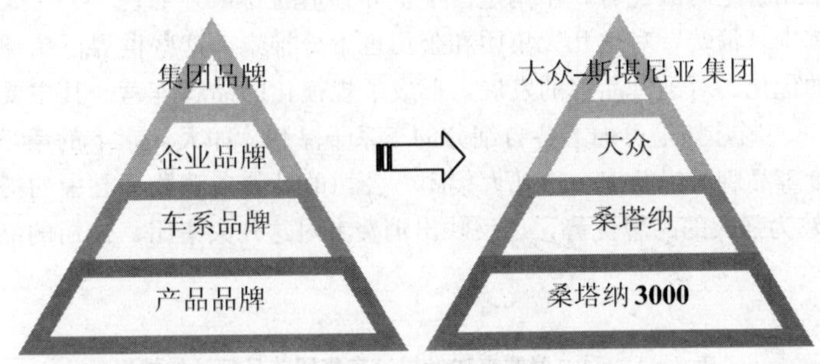


图 3－10－3 汽车品牌层次示意图

正是因为汽车品牌有着这样的布局，消费者对这些不同层次的品牌也就有着不同的认知表现。例如在消费者常用品牌中，有 0.4％的消费者提及“上海通用”，而共同撑起“上海通用”这个大品牌的别克、雪佛兰和凯迪拉克又各自拥有 5.4％、0.7％和 0.1％的提及率。再如大众品牌旗下的车系品牌众多，被认知的品牌也较多，如桑塔纳、捷达、帕萨特等。大众的背书作用为各品牌打下了扎实的后盾基础，而各品牌的出色表现又是对母品牌的提升。见图 3－10－4。

通过调查我们可以看到，消费者对母、子品牌的不同认知程度主要决定于两个因素：一是消费者对汽车消费的卷入程度。会提到子品牌的消费者对汽车消费的卷入程度相对较高，对汽车的品牌更为了解。而尚未有购车经验的消费者则更多地止步于企业品牌的层次之上。二是汽车品牌的不同宣传策略。如大众旗下的子品牌会冠以自有的名称，如桑塔纳、甲壳虫等，而宝马、奥迪等品牌的子品牌则是以字母、数字为代号称呼，其传播效果不如拥有名称的品牌更直接，便于消费者记忆和理解。

**（二）外资汽车集团现状**

汽车行业里曾经一直流行用“6＋3”的格局来描述汽车巨头的分踞方式，即全球汽车格局被 6 个大集团、3 个独立公司垄断。具体是指通用－菲亚特－铃木－富士重工－五十铃集团、福特－马自达－沃尔沃轿车集团、戴姆勒－克莱斯勒－三菱集团、丰田－大发－日野集团、大众－斯堪尼亚集团、雷诺－日产－三星集团，加上相对独立的本田、标致－雪铁龙和宝马 3 家公司。

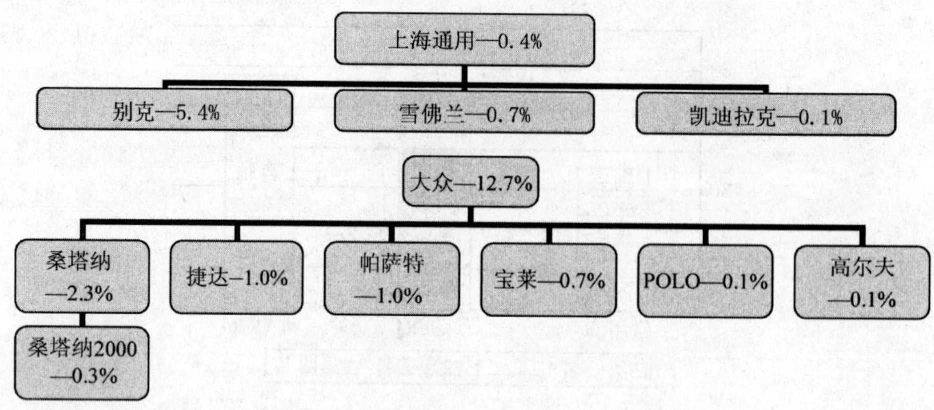


图 3－10－4　消费者对通用品牌、大众品牌层级的常用提及率

然而在日益变化的市场下，这些集团间的合作关系也在发生着重组。截至目前为止，通用、福特各自瘦身，戴一克集团于2008年正式分手，独立为新的公司。但总体看来，这几大集团和公司的汽车依然在世界占据着绝对的优势，年销量占了世界总量的80%左右。

在我们的调查中，消费者对这几大集团和公司也十分推崇，这些世界巨头通过对品牌线的延伸、对家族品牌的优化、对子母品牌的发展，形成了规模化的品牌阵营。其主要品牌的常用累计提及率之和达到53.9%，如果再加上各自细分的车系子品牌，如大众旗下的桑塔纳、捷达，本田旗下的雅阁、飞度等品牌的提及率，这几大集团、公司的品牌在消费者心中的提及比例之和将接近70%，表现出较为强大的品牌优势，也反映出消费者对这几大集团、公司的品牌的认可。见图3－10－4。

表 3－10－4　消费者对世界汽车集团的品牌认知情况

| 集团/公司 | 累计提及% | 消费者提及率在0.1%以上的常用品牌 | | | |
|---|---|---|---|---|---|
| 大众－斯堪尼亚集团 | 16.5 | 大众 12.7% | 奥迪 3.7% | 斯柯达 0.1% | |
| 本田公司 | 11.0 | 本田 11.0% | | | |
| 丰田－大发－日野集团 | 6.8 | 丰田 6.5% | 凌志 0.2%（雷克萨斯 0.1%） | | |
| 通用－菲亚特－铃木－富士重工－五十铃－大宇集团 | 6.6 | 别克 5.4% | 雪佛兰 0.7% | 菲亚特 0.4% | 凯迪拉克 0.1% |

续表 3－10－4

| 集团/公司 | 累计提及％ | 消费者提及率在 0.1％以上的常用品牌 | | | |
|---|---|---|---|---|---|
| 福特－马自达－沃尔沃轿车集团 | 3.2 | 马自达 2.0％ | 福特 1.0％ | 林肯 0.1％ | 沃尔沃 0.1％ |
| 宝马公司 | 3.1 | 宝马 2.9％ | Mini 宝马 0.1％ | 劳斯莱斯 0.1％ | |
| 戴姆勒－克莱斯勒－三菱集团（现已解除合作关系，形成独立公司） | 2.9 | 奔驰 2.0％ | 三菱 0.9％ | | |
| 标致－雪铁龙公司 | 2.0 | 雪铁龙 1.3％ | 标致 0.7％ | | |
| 雷诺－日产－三星集团 | 1.8 | 尼桑 1.7％ | 雷诺 0.1％ | | |

调查可知，这几大集团、公司的品牌在消费者心中的认知地位不均。其中，大众集团以其出色的“亲民性”，携大众、奥迪两大品牌群俘获了最多的消费者的心，累计提及率达到 16.5％。本田和丰田的品牌较为集中，凭借单品牌、重点车型聚焦出击的策略有了较好的表现，累计提及率分居二、三位。相对于本田和丰田的简单化风格，通用和福特则拥有较丰富的品牌集群，消费者主要提及到的品牌各有 4 个。宝马和戴－克旗下分别以宝马品牌和奔驰品牌撑起门面，通过高端渗透的方式各获取了 3％左右的消费者提及率。

综合看来，基于对中国市场良好的预期，国际几大汽车巨头都已经在中国开展了广泛的合资合作，进行品牌传播，已初步完成了中国战略部署。而消费者对这些品牌的感知正是检验其品牌传播效果的最佳试金石。

### （三）我国汽车集团现状

从当前市场格局来看，中国汽车产业已经演变为一个国内汽车集团、国际汽车巨头相互渗透、相互影响，既合作又竞争的格局。

#### 1.“3＋X”格局的形成

长期以来人们对中国汽车行业的批评，主要集中在“散乱差小”的格局上，管理当局用“有形的手”推动兼并重组的想法由来已久。近些年，国家通过一系列优惠政策的实施，譬如债转股、进口配额的使用，目录和公告的倾斜等，使得一些小公司不得不投入到与大的集团合作之中。特别是在中国加入 WTO 之后，外资集团的大量渗透，使得国内轿车产业的格局不断演变。国际市场“6＋3”的格局奠定了中国市场“3＋X”的产业格局基础，中国轿车领域已形成了以一汽、东风、上汽三大集团为主导，以广州本田、重庆长安、南京菲亚特、安徽奇瑞、浙江吉利、哈飞集团、昌河集团、华晨汽车、北京现代等为重要组成部分的“3＋X”的崭新格局。这一格局的形成表明中国汽车已经告别“散乱差小”的时代，一批初具国际竞争力的汽车集团正在崛起。

在我国汽车业繁华的背后，“3＋X”折射出太多跨国汽车巨头“6＋3”的身影。因为在中国，“6＋3”的合资公司控制了95%以上的市场，几乎所有的核心技术都掌握在它们的手中，事实上，由跨国汽车巨头主导中国汽车市场的格局早已形成。

2. 三大集团的合作发展及消费者对其认知现状

一汽、上汽和东风汽车三大集团在我国汽车领域遥遥领先，据2007年香港《文汇报》报道，这3家企业集团实现销售收入占行业总销售收入的34.8%，利润总额占行业利润总额的52.2%。业内人士预期，5年以内，很难有企业会超过三大集团。

这种现象的产生，一方面是由于企业本身对汽车工业、汽车品牌的苦心钻研和精心运作；另一方面，来自国家的政策支持也为这3个集团的发展提供了后盾。在文件中，政府明确表示支持一汽、东风、上汽三家企业集团做大做强，扶持措施集中在鼓励几大企业兼并、重组并吸收社会资本向产权多元化发展等。此外，国家还对其简化项目审批程序，其上报的中长期发展总体规划，经国家批准后，具体建设项目实施由企业自行决定，报国家备案。见表3－10－5。

**表3－10－5　三大集团与外资品牌合作示意图及消费者认知程度**

| 三大集团 | 合作品牌 | 消费者认知 | | | 点评① |
|---|---|---|---|---|---|
| | | 常用提及% | 预购提及% | 理想提及% | |
| 中国第一汽车集团公司 | 一汽大众 | 0.3 | 0.2 | 0.3 | 中国汽车工业摇篮 |
| | 一汽丰田 | | | | |
| | 一汽马自达 | | | | |
| 上海汽车工业（集团）总公司 | 上海通用 | 0.4 | 0.3 | 0.4 | 只嫁一家的模范跨国公司 |
| | 上海大众 | —— | —— | —— | 中国最早的轿车合资企业 |
| 东风汽车公司 | 东风日产 | 0.6 | 0.3 | 0.1 | 中国最大的汽车合资企业 |
| | 东风雪铁龙 | —— | —— | —— | |
| | 东风标致 | | | | |
| | 东风悦达起亚 | —— | —— | —— | 因千里马而知起亚 |
| | 东风本田 | —— | —— | —— | |

三大集团主要的核心发展依然来自与外资企业的合作，如一汽与大众、奥迪、丰田和马自达，上汽和通用、大众，等等。而在品牌传播过程中，这些合资的“结晶”也会在广告、标识中有所体现，正如我们会在捷达的车尾处看见“一汽大众”的名字，在别克的车尾处看见“上海通用”的字样。这种传播策略也影响了一部分消费者的认知。在调查中，“一汽”、“上海通用”和“东风日产”作为品牌，在消费者常用、预购和理想品牌中均有提及，这些集团性质的“大品牌”在消费者心中的地位，影响和推动着旗下子品牌的知名度和美誉度，同时，子品牌的发展又反哺

① 中国轿车五十年［N］. 南方周末，2008-04-17.

这些大品牌，两者形成良性互动。

**（四）五大车系品牌的较量**

目前，我国主要有五大车系：欧系、日系、美系、韩系以及我国本土的车系。对于汽车这种卷入度较高的消费品，其产品本身的内在属性很难在短时间内得到检验，且消费者多半缺少实际消费经验，所以，汽车的外在属性成了重要的评判参照，而“来源国因素”便是消费者对汽车品质判断的重要依据之一。

相比之下，来源于不同国家的汽车，各具特点，在市场上的表现也不尽相同，“欧日强劲，美系稳定，自主品牌崛起，韩系衰落”这一论断正是对消费者车系品牌认知的最好描述。通过对调查数据的整理，挑选出消费者常用、预购或理想品牌中任一提及率在1.0%以上的品牌进行归纳汇总，也很明显地看出上一论断的合理性。见图3—10—5。

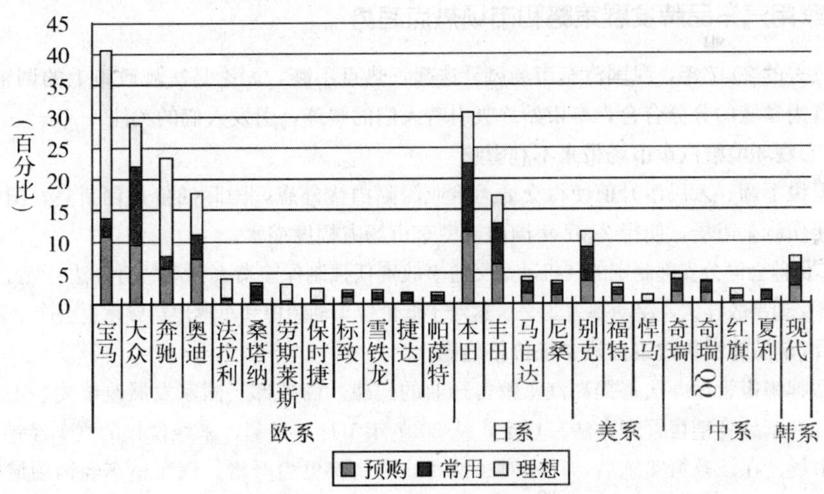


**图3—10—5　消费者对各车系品牌的认知对比**

1. 欧日强劲

欧洲轿车留给消费者的印象主要是安全系数高，乘坐舒适，且注重传统风格，车型设计富有艺术韵味。同时，以宝马、奔驰、奥迪等为代表的欧系车俨然成了豪华车的代名词。我们可以看到，消费者的理想轿车品牌也主要集中在欧系汽车中，欧系豪华车的“贵族血统”对消费者的品牌认知有着很大的影响。

日本轿车的特点是轻巧美观，造型新颖，车身容积较小，耗油低经济性好，使用效率高。这样的特点使日系车更符合中国百姓的生活需求，而日系的主要代表——丰田和本田的突出表现也证实了这一点。此外，日系车在豪华车市场也不甘示弱，通过对市场的细分，把目光瞄准了新一代的新锐富豪，使得日系豪华车在消费者理想品牌排名中的表现可圈可点。

2. 美系稳定

美国车马力大，加速性能较好，尤其是宽敞的车厢是美国车的一大特色。然而国人对这一点似乎越来越不买账，使得原本以福特、通用为代表的美系车称霸中国市场的局面有所扭转。调查显示，除了别克、福特等美系主打品牌榜上有名外，其他品牌难与欧日车系抗衡。

3. 自主品牌崛起

目前，位于金字塔底部的经济型国民用车仍是市场上最大的一块“蛋糕”。合资企业和外资品牌难以在利润薄、规模大的该领域形成对自主品牌的威胁。借助市场的有利趋势和国家政策的利好，本土汽车品牌具有一定的竞争优势。奇瑞、夏利等品牌依然有着较广泛的消费认可，但是以长远眼光来看，其预购和理想提及率逐渐下滑，这也是本土品牌的一大软肋。汽车市场已经进入“品牌竞争”的时代，而中国汽车品牌不是一朝一夕可以成就的，需要一个过程。在这一点上，红旗轿车凭借其老品牌、国字号的独特优势，在理想晋级中成绩可嘉，也为本土品牌树立了榜样。

4. 韩系衰落

韩系车起步较晚，基本上都是在20世纪60年代开始起步的。中规中矩是韩国车的设计理念，价格低廉是其杀手锏，配置齐全是其重要卖点。北京现代成立初期，就是靠着齐全的配置迅速占领国内市场的一席之地。但是，韩系车在消费者的认知中表现平平，仅有“现代”一个品牌成绩较好，但常用、预购和理想的比例逐渐下降，呈衰退趋势。可见仅靠低价格很难在汽车市场长久立足。

## 三、家用汽车品牌发展策略和市场热点趋势

纵观过去的2007年，我国汽车市场风云迭起，热点不断，无论是法规政策上的调整与冲击，还是市场营销领域的分分合合，车市始终吸引着人们的眼球，引发人们的关注。

### （一）宏观环境给汽车市场带来不利影响

出口退税下调、人民币升值使得交通运输业深陷内忧外患。国际油价再创新高，国内油价居高不下，挫伤汽车市场，使得2007年国内微型车市场大幅度缩水。

此外，保监会同公安部制定的《机动车交通事故责任强制保险费率浮动暂行办法》规定，交强险费率与道路交通事故挂钩，浮动率为30%。这对于低价位车辆销售和车辆出行频率也会产生影响。

### （二）汽车品牌销售政策促进市场价格趋稳

汽车品牌销售管理办法将提高汽车销售行业的门槛。商务部、国家发展改革委、工商总局联合发布的《汽车品牌销售管理办法》规定，从2007年1月1日起，未经授权的汽车经销商将退出汽车销售市场。在该政策实施后，厂家对经销商的控制将更为严格，汽车整车经销领域将会产生更多的优胜劣汰和经销集团。对于消费者而言，“品牌经营”政策将帮助厂家进一步控制经销商的车价优惠幅度，激烈的市场价格战或将逐渐趋于平缓。

### （三）汽车企业合作加速

本土车企和跨国企业间展开进一步合作。法国标致－雪铁龙PSA与哈飞签署了组建合资公司的理解备忘录，将共同出资20亿元，各持股50%，生产及销售10座以下的商务车。戴姆勒－克莱斯勒集团正式宣布分手，间接促成了奔驰与福建汽车的合资，克莱斯勒与奇瑞的合作，也使北京奔驰面临内部划分难题。

本土企业之间的合作也不断展开。上汽南汽“将相和”，上汽股份所属的上汽集团、南汽集团所属的跃进集团共同签署了合作意向书，双方宣布有意进行资产重组，并进行全面合作。

### （四）自主汽车品牌取得进一步发展

我国自主汽车品牌的生产呈现增长势头。2007年8月22日，国内自主品牌的领导企业——奇瑞传来喜讯，其第100万辆汽车奇瑞A3在安徽芜湖奇瑞汽车第三总装厂正式下线。这不仅是奇瑞汽车第100万辆汽车下线的日子，更是中国自主品牌企业迎来的第一个100万辆，在中国汽车工业史上有着里程碑式的意义。

2007年自主品牌海外扩张，华晨、奇瑞、力帆、吉利等自主品牌厂家纷纷加速海外生产基地的开拓步伐，并在朝鲜、伊朗、俄罗斯、乌克兰等国设立海外工厂。国家也对自主品牌国际化提供了政策支持。商务部、国家发展改革委、海关总署、质检总局、国家认监委统一通知决定对汽车整车产品实行出口许可证管理。该政策规范了企业出口整车产品的操作规程，在出口合法性、

出口产品品质和品牌形象等方面提供了保障，维护了国内汽车品牌在国际市场的声誉。

**（五）豪华车成为新的竞争热点**

豪华车领域竞争加剧。奥迪以 08 款 A6L、A4 等新车揭开了新一轮的竞争序幕；宝马推出奥迪、奔驰换宝马促销活动后，旋即推出宝马 3 系新车，直接打压奥迪 A4 市场；奔驰也不甘落后，从国产 E280 到引进奔驰新 C 级，来势汹汹。

## 专案解析

### 宝马：神圣的殿堂是如何搭建的①

宝马 BMW 是巴伐利亚发动机制造厂（Bayerische Motoren Werke）德文名的缩写，公司创始于 1916 年。1923 年，第一部宝马摩托车问世。1928 年，宝马收购了埃森那赫汽车厂，开始生产汽车。之后，宝马将许多汽车制造史上的杰作推向市场，这些产品不断激发出消费者强烈的向往和渴望。

在众多人心中，宝马品牌所带来的自我实现与社会认同感超出了一般的汽车品牌，我们的调查也显示，宝马凭借 27.0%的理想提及率荣登消费者最理想的汽车品牌宝座，并拥有绝对的领先优势。宝马之所以能取得如此高的理想认知，与其自身的品牌建设密不可分。宝马品牌打出“驾乘乐趣，创新极限”的广告口号，除了在产品设计上充分展现汽车自身的豪华、精湛的内在特质外，还不遗余力地利用各种传播手段维护品牌的核心价值。

**立体广告攻势策略**

为了成功地把潜在顾客变为顾客，宝马运用立体营销策略——广告、直销、活动或事件策划以及公关等——传达宝马品牌理念。在广告策略上，宝马通过统一的广告手法树立完整而统一的品牌形象，不论在哪一个市场，宝马广告计划基本都围绕着整体品牌形象展开，即全球性地推广和定位品牌。

**体育营销**

宝马通过多方面的体育营销来强化品牌的情感力。宝马只赞助高端的体育赛事，主要有 F1 赛车、高尔夫和帆船比赛。在高端品牌这一目标下，不同的体育营销演绎了宝马的品牌诉求，如体现速度的 F1。今天 F1 已经成为宝马的标志性体育赛事，现在，BMW Sauber F1 车队已拥有 600 名员工组成的强大团队。

**电影营销**

宝马公司在品牌传播上擅长的另一策略就是置入式营销。1996 年，宝马将 Z3 推向市场时，让 Z3 成为 007 电影系列《黄金眼》中詹姆斯·邦德的座驾，虽然 Z3 的出场时间只有 90 秒，却引发了极大的关注。2003 年，宝马北美分公司不惜巨资请来 8 位国际级导演，拍摄 8 部超炫的网路广告短片，组成《宝马广告 HIRE 网络电影精选》。BMW 不仅用内容来强调娱乐效果，连整体行销方式也完全比照电影公司的手法，不但每部网路电影都有预告片，这 8 部电影的拍摄过程还被分别拍成两支幕后记录的影片，并将这些网路电影集结起来制作成 DVD，送给 BMW 的顾客。然而宝马也有马失前蹄的时候，例如 2004 年宝马曾花了不菲的价格赞助《天下无贼》，却换来了一句经典的嘲笑：“开好车的就一定是好人吗？”

**公益营销**

正如华辰宝马汽车有限公司总裁兼首席执行官所言，BMW 切实关心中国社会发展，坚持在

① 丁家永. 尊贵的路面之王——宝马品牌的成长之路［OL］.［2007-12-27］. http://www.aliqq.com.cn/brand/ppjinwei/134650.html.

教育支持、文化促进、环境保护、宝马车主爱心活动和企业文化塑造五大方面作出贡献，与此同时，更期待能够积极带动更广泛的社会力量参与到社会贡献的实际行动中。在2007年，宝马的公益营销做得有声有色，例如旨在通过寓教于乐的方式，帮助儿童学习基础交通安全知识，提高交通安全意识和自我保护能力的"宝马儿童交通安全训练营项目"，宝马与首都博物馆开展"共享同一片蓝天"活动，以及"BMW优秀教师奖励计划"，等等。

品牌延伸

宝马不仅在广告中紧扣品牌核心价值，而且创造性地通过品牌延伸推广新产品以降低成本来传播品牌精髓。近几年，宝马加大了对服饰的推广力度，北京东方广场、首都机场、重庆机场等豪华场所都开设了宝马生活方式专卖店。因为宝马不仅象征着非凡的制车技术与工艺，还意味着"潇洒、优雅、时尚、悠闲、轻松"的生活方式。宝马延伸到服饰不仅能获得服饰的利润，更重要的是通过涉足服饰领域向更多的消费者推广宝马生活方式与宝马这个品牌。毕竟，人们空闲时很少到汽车展示厅闲逛，而去商业中心成为都市消费者的一种休闲方式，因此宝马希望通过宝马生活方式店的服饰向人们直接展示宝马精良的品质和完美的细节，从而将人们培育成为宝马汽车的潜在消费者。

正因为宝马用核心价值统帅一切营销传播，成功地把"驾乘乐趣，创新极限"的品牌精髓刻在了消费者的大脑深处，使宝马成为"成功的新象征"，全力吸引新一代有实力、有地位、有品位的人士，也成为大众心中的理想之选。

## 资料链接

目前，中国已成为世界第一大汽车潜在市场、第二大汽车消费大国、第三大汽车生产国。2006年中国汽车产量728万辆，汽车工业总产值15 556.2亿元①。2007年，汽车行业继续呈现产销两旺的较好发展态势。其中汽车生产888.24万辆，同比增长22.02%，；销售879.15万辆，同比增长21.84%，比上年净增157.60万辆。②

新中国成立以来，中国的汽车工业、品牌发展大致经历了以下4个阶段③：

• 奠定中国汽车工业基础阶段（1953－1978年）。在该阶段，初步形成了以中型载货汽车为主的汽车工业和关联产业的生产体系。1953年，第一汽车制造厂的兴建标志着中国汽车工业开始起步。北京、上海、南京、济南等地的一些汽车修配厂也发展为仿制汽车的汽车制造厂。"文化大革命"时期，重点建设了第二汽车制造厂，成为2.5吨和5吨载货汽车生产基地，还建成了陕西汽车制造厂和四川汽车制造厂等一批汽车厂。

• 汽车工业快速发展阶段（1979－1993年）。汽车工业开展对外交流和合作，大力引进外资和技术。1987年，国务院确定了加快发展轿车工业的发展战略，并确定"三大"、"三小"轿车生产基地④。此后，又确定了两个微型车生产基地。以桑塔纳、捷达、标致等为代表的早期产品，结束了国内不能大批量生产轿车的历史。该阶段汽车生产规模迅速扩大，产量增长较快，产品结构明显改善，汽车工业整体技术水平得到提高。

• 汽车工业开始步入稳定发展阶段（1994－20世纪末）。1994年7月国务院正式颁布《汽车工业产业政策》，对指导、规范中国汽车工业发展具有重要意义。产品结构进一步得到改善，汽

---

① 汽车工业总产值15 556.2亿［OL］.［2007-10-12］. http：//www.mopeiwang.com/Html/xxnews/200710/2007101295722.html.

② 汽车协会行业信息部［OL］.［2008-01-15］. http：//caam.org.cn/caam/caam.web/Detail.asp？id=2388.

③ 我国的汽车发展阶段［OL］.［2008-01-15］. http：//bbs.chinacars.com/space/viewspacepost.aspx？postid=13831.

④ 根据中国的产业扶持政策，政府重点扶持的"三大三小"，是指一汽、东风、上汽三大轿车基地和北京吉普、天汽、广州3个小型轿车基地。

车消费市场结构发生重大变化，汽车企业竞争的重点开始转向产品水平、性能和质量的竞争，并开始实行以分期付款购车为核心的汽车消费信贷制度。以上海通用、广州本田等为代表的国际品牌的进入，极大地推动了中国轿车业的发展。更为重要的是，由于国民经济的持续稳定增长，国民收入的不断提高，积蓄了强大的个人购买能力，私人购车的比例不断提升，特别是对轿车的需求迅速膨胀，展现出巨大的市场潜力。而别克、雅阁、帕萨特等国际同步车型的推出，不但大大缩短了中国轿车工业与世界同行业的距离，而且以通用、本田为代表的国际企业对于品牌、市场的一系列推广运作，尤其是美国通用一贯的大手笔，不但刺激了德国大众公司的神经，更使得消费者迅速从封闭走向开放，从幼稚走向成熟，中国轿车市场从此迈入了真正的品牌时代，并迅速完成了从产品名称、产品品牌到企业品牌、社会品牌的飞跃。

• 汽车工业进入全球化发展阶段（20世纪末至今）。进入21世纪，中国汽车工业在中国加入WTO后，进入了一个市场规模、生产规模迅速扩大的阶段，全面融入世界汽车工业体系。该阶段以国内品牌成熟壮大、国际品牌本土化为主要特征。随着“轿车进入家庭”被写入国家“十五”规划，中国轿车工业进入到一个全新的发展阶段。2003年，我国轿车的销量更是达到突破历史的197.16万多辆，比号称轿车井喷年的2002年还要增长了75.28%，其中私人购车146万多辆，占了近3/4①。国外品牌在中国市场的运作愈发成熟，而国内自主品牌也在崛起，表现出越来越强劲的发展势头。

（执笔：李瑞雪）

## 第二节　摩托车

### 一、摩托车品牌十强数据

摩托车品牌十强数据见表3—10—6、表3—10—7、3—10—8。

**表3—10—6　摩托车品牌家庭消费者十强**

| 排序 | 常用品牌 | | 预购品牌 | | 理想品牌 | |
|---|---|---|---|---|---|---|
| | 名称 | 提及% | 名称 | 提及% | 名称 | 提及% |
| 1 | 本田 | 30.5 | 本田 | 25.8 | 本田 | 30.8 |
| 2 | 嘉陵 | 14.9 | 雅马哈 | 18.1 | 雅马哈 | 21.6 |
| 3 | 铃木 | 12.4 | 铃木 | 14.2 | 铃木 | 11.5 |
| 4 | 雅马哈 | 11.4 | 嘉陵 | 9.8 | 嘉陵 | 9.5 |
| 5 | 豪爵 | 5.7 | 豪爵 | 5.9 | 哈雷 | 7.2 |
| 6 | 大阳 | 4.9 | 大阳 | 5.2 | 豪爵 | 5.2 |
| 7 | 宗申 | 3.7 | 哈雷 | 3.7 | 宗申 | 4.5 |
| 8 | 力帆 | 3.4 | 宗申 | 3.5 | 大阳 | 4.4 |
| 9 | 建设 | 2.7 | 力帆 | 3.0 | 力帆 | 2.5 |
| 10 | 哈雷 | 1.8 | 建设 | 2.3 | 建设 | 1.7 |

① 彭涛. 国内轿车品牌的格局与发展［OL］.［2008-01-15］. http://www.emkt.com.cn/article/142/14251.html.

表 3—10—7　摩托车品牌潜力消费者十强

| 排　序 | 常用品牌 | | 预购品牌 | | 理想品牌 | |
|---|---|---|---|---|---|---|
| | 名　称 | 提及％ | 名　称 | 提及％ | 名　称 | 提及％ |
| 1 | 本田 | 28.1 | 本田 | 25.7 | 本田 | 31.1 |
| 2 | 嘉陵 | 13.9 | 雅马哈 | 16.7 | 雅马哈 | 18.1 |
| 3 | 铃木 | 12.2 | 铃木 | 13.4 | 哈雷 | 12.0 |
| 4 | 豪爵 | 10.4 | 豪爵 | 9.6 | 铃木 | 10.5 |
| 5 | 雅马哈 | 10.1 | 嘉陵 | 8.1 | 豪爵 | 7.3 |
| 6 | 大阳 | 5.0 | 哈雷 | 6.1 | 嘉陵 | 7.1 |
| 7 | 宗申 | 4.3 | 大阳 | 4.9 | 宗申 | 4.8 |
| 8 | 力帆 | 4.0 | 宗申 | 3.7 | 力帆 | 3.8 |
| 9 | 建设 | 2.7 | 力帆 | 3.4 | 大阳 | 3.6 |
| 10 | 哈雷 | 2.6 | 建设 | 1.5 | 建设 | 1.3 |

表 3—10—8　摩托车品牌两类消费者加权十强

| 排　序 | 常用品牌 | | 预购品牌 | | 理想品牌 | |
|---|---|---|---|---|---|---|
| | 名　称 | 提及％ | 名　称 | 提及％ | 名　称 | 提及％ |
| 1 | 本田 | 30.0 | 本田 | 25.8 | 本田 | 30.9 |
| 2 | 嘉陵 | 14.7 | 雅马哈 | 17.8 | 雅马哈 | 20.9 |
| 3 | 铃木 | 12.4 | 铃木 | 14.1 | 铃木 | 11.3 |
| 4 | 雅马哈 | 11.1 | 嘉陵 | 9.5 | 嘉陵 | 9.0 |
| 5 | 豪爵 | 6.6 | 豪爵 | 6.6 | 哈雷 | 8.2 |
| 6 | 大阳 | 4.9 | 大阳 | 5.2 | 豪爵 | 5.6 |
| 7 | 宗申 | 3.8 | 哈雷 | 4.2 | 宗申 | 4.6 |
| 8 | 力帆 | 3.5 | 宗申 | 3.5 | 大阳 | 4.2 |
| 9 | 建设 | 2.7 | 力帆 | 3.1 | 力帆 | 2.8 |
| 10 | 哈雷 | 2.0 | 建设 | 2.1 | 建设 | 1.6 |

## 二、摩托车品牌的竞争格局解析

### （一）摩托车品牌竞争环境

据力帆集团老总尹明善分析："当一个国家的人均 GDP 是 400 美元到 1 200 美元的时候，是摩托车的黄金时代；1 200 美元之后，摩托车的销量就开始下降，被家用轿车取代。"中国现在大概是 1 000 美元，可见，摩托车尚未走到末路，然而不容忽视的是，随着我国经济、社会的发展，汽车和电动车行业已经分解了数以百万计的潜在顾客，给摩托车产业造成极具威胁的外部竞争环境。见图 3—10—6。

从市场需求方面看，随着国民经济持续向好，居民消费热情不断膨胀，特别是农村居民收入水平提高，农村市场进一步活跃，对摩托车的需求不断上升。随着摩托车企业生产规模不断扩大，以及受国内大中城市"禁摩"、"限摩"等因素的制约，我国摩托车行业存在严重的产能过剩问题。摩托车企业为了谋求更大发展，努力拓展国外市场，我国摩托车出口份额逐年上升，有力地带动了行业产销的增长。因此，我国摩托车的主要消费市场在农村和城乡结合部以及海外市场。

### （二）摩托车品牌阵营格局

1. 十强品牌优势集中度较高

据中国汽车工程学会摩托车分会介绍，我国现有摩托车企业 150 多家，摩托车产品品牌 400

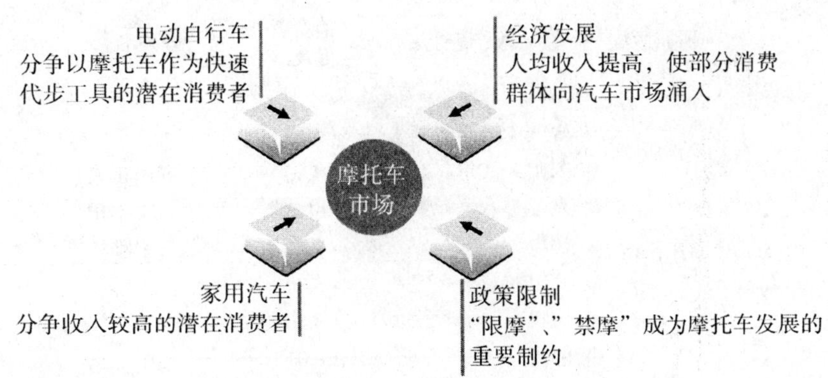


**图 3－10－6 摩托车市场竞争环境分析图**

个。通过我们的调查显示，进入消费者生活和心智的摩托车品牌仅有 45 个，其中常用品牌 43 个，而能达到消费者理想的摩托车品牌则进一步缩小到 27 个。可见，在几百个摩托车品牌中，只有少数的品牌能够具有真正的品牌价值，从而在消费者心中占据一席之地。

在消费者提及的四十几个品牌中，十强的品牌又具有明显的集中优势，提及率总和达到 91.8%，四强的品牌集中度也超过半壁江山，为 68.2%。而市场现状与我们的调查结果也正相符，在 2007 年 1－11 月，累计销量前 13 名的企业共销售完成 1 528 万辆，占总量的比例达到 74.2%。与此同时，2007 年前三季度，排名前 10 位的企业利润总额共计 16.4 亿元，约占行业利润总额的 78.8%①。可见，摩托车的品牌集中度凸显，优势企业的实力不断增强，占据着主要的销售市场，也占据着消费者的心。

2. 国产优势品牌的板块格局

中国传统的摩托车企业主要有三大板块：重庆板块、广东板块和江浙板块。随着市场的发展，这三大板块在发生着倾斜和改变。其中，以嘉陵、建设、力帆、宗申、隆鑫五大巨头为代表的重庆板块势头最为迅猛；广东板块只剩下大长江一枝独秀；而江浙板块则基本只有金城、钱江在苦苦支撑这个昔日强大板块的门面。

我们的调查结果也正印证了这种板块的变化。在消费者最常用的十强品牌中，重庆板块中有四大品牌榜上有名，其中嘉陵以 14.7%的提及率位居第二；广东板块中的豪爵摩托车则以 6.6%的提及率位列第五，表现不错；而相比之下，江浙板块的金城、钱江摩托则无缘十强，虽然分列第 11、12 名，但是提及率则大幅度下降，依次仅有 0.24%和 0.20%。可见，重庆板块中的摩企品牌在稳稳占据着中国摩托车市场的主导地位，而广东板块寡不敌众，江浙板块更是表现出衰退趋势，原有的"三大板块"格局已经愈发不能代表国内的摩托车市场格局了。

与此同时，以大阳、轻骑为代表的鲁豫板块得到发展。洛阳北方易初摩托车有限公司的大阳摩托发展势头良好，大阳摩托正随着代言人巩俐那句"心随我动，大阳摩托"的广告语，日渐深入民心，在此次调查中，大阳品牌的提及率为 4.9%。目前，大阳摩托、嘉陵摩托、建设摩托以及济南轻骑集团的轻骑摩托都隶属于中国兵器装备集团公司，使得这一中央直接管理的国有重要骨干企业成为世界最大的摩托车生产集团。见图 3－10－7。

---

① 《摩托车趋势》评选 2007 年度行业十大新闻［OL］.［2008-01-18］. http：//www.mtuo.com/rdnew/detail.asp? id=387.

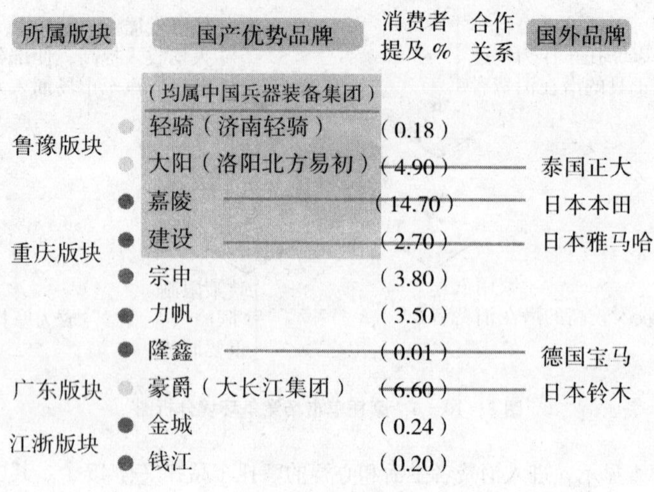


图 3－10－7　国产优势品牌的板块格局情况

3. 外资品牌的扩张

在中国的摩托车市场上，还有一股巨大的力量，即外资品牌，其中又以日本品牌发展最为迅猛。2004 年，本田、铃木、雅马哈等日系品牌的强势介入及整合，改变着中国摩托车市场，也改变着消费者对摩托车品牌的认知。在消费者常用的品牌排名中，三大品牌均有提及，分列第一、三、四名，而在预购和理想品牌中，日本品牌则包揽了前三名的席位。可见，日本摩托品牌在消费者心中认同度较高，成为高品质、高技术的代表，这也为国产品牌的发展指明了核心方向。

目前，本田在中国的合资公司主要有新大洲本田、五羊－本田以及嘉陵－本田发动机有限公司；日本铃木最主要、最亲密的合作伙伴则是大长江集团豪爵摩托；雅马哈在中国的唯一合作伙伴是建设集团的建设摩托。另外，同处合资摩企阵营的还有泰国正大、德国宝马等企业在中国大陆的合资公司。

除此之外，有 100 多年历史的美国著名摩托车品牌哈雷戴维森，也不遗余力地在中国推广品牌。继 2006 年在北京指定第一家授权经销商之后，华东地区的首家授权经销店于 2007 年 11 月 3 日落户上海，与更多的中国消费者分享哈雷戴维森的激情、乐趣和独特的生活方式。哈雷摩托的文化象征价值对中国消费者，特别是潜力消费者，产生了一定的影响。其在潜力消费者理想品牌排名中，以 12.0%的提及率仅次于本田、雅马哈，摘得探花。

## （三）摩托车品牌发展动态

1. 本田摩托领先优势明显

在诸多摩托车品牌中，本田摩托以较高的提及率囊括了消费者常用、预购和理想品牌的三项冠军，其领先百分比也较高，特别是在常用品牌中，比第二名嘉陵摩托高出 15.3 个百分点，可见其在消费者心中领先优势比较明显。整体看来，除第一名与后续品牌拉开较大差距外，常用品牌中第二、三、四名间提及率较为相近，形成竞争集团，并与后几名拉开一定距离；随后的五至十名比较相近，形成第二竞争集团。在理想品牌排名中，本田和雅马哈的优势较明显，提及率均高出下一名次 10 个百分点。

2. 个性、时尚为品牌发展加足马力

在未来市场的发展中，有两个品牌的上升势头不容忽视，分别是雅马哈和哈雷，二者在潜力排名和晋级排名中分别获得第二、三名。其中，“时尚、活力、多元化”的雅马哈预购潜力优势较大，虽然使用者占 11.1%，但是预购的消费者达到了 17.8%，市场提升空间最大；而来自美国的哈雷摩托的理想晋级指标为 6.2%，也印证了在日益国际化的背景和碎片化消费群体追逐个性品牌的趋势下，其已成为消费者心中文化与精神的代表。

## 三、摩托车品牌发展策略和市场热点趋势

在过去的 2007 年，摩托车行业内波诡云谲，政策调整、资源重组、融资加快、消费市场的转变，都使得整个行业机遇和挑战并存①。总体看来，行业升级转型形势迫切，核心技术是发展的重中之重，高技术、高性能、高附加值、低油耗、低排放、低污染的产品开发是各品牌发展的主要策略和趋势。

### （一）政策经济热点与趋势

1. 宏观政策：“十一五”规划促使摩托车产业转型升级

按照国家提出的《摩托车“十一五”专项规划》的目标和要求，到 2010 年，我国摩托车产量应在 2 000 万辆左右，工业总产值应达到 1 200 亿～1 300 亿元。而目前，全行业产量已提前 4 年实现了目标，2006 年产量为 2 144.35 万辆，而工业总产值仅达 2/3，尚差 1/3。这种总产量猛增与总产值“落伍”的巨大反差，与摩托车行业长期以来管理不到位、自主创新能力弱、产品同质化严重、技术含量不高、附加值低等因素有关。政策要求摩托车行业转型升级在即，实施差异化经营，提高产业自主创新能力，提高产品技术含量和产品附加值，全面提升经济运营质量和效率，走既好又快的产业发展之路。

2. 宏观政策：国家颁布摩托车污染物排放国Ⅲ新标准

2007 年 3 月初，环保总局批准《摩托车污染物排放限值及测量方法（工况法，中国第Ⅲ阶段）》等三项国家污染物排放标准，要求自 2008 年 7 月 1 日起实施。新标准不仅大幅度提高了对摩托车和轻便摩托车污染物排放控制水平的要求，而且首次提出了控制燃油蒸发的要求，并规定了排放限值。该标准的实施将大幅提升我国摩托车制造业的污染防治技术水平，对于节约能源、实践环保有重要意义，需要产品技术的提升作为支撑。不容置疑的是，新排放标准的实施，预示着市场将向着具有技术基础和制造实力的优势企业进一步集中，必将促进我国摩托车制造业的技术进步和产业结构优化，也势必会令大批企业倒闭或退出。

3. 金融政策：出口退税降低、人民币汇率提高，使摩托车行业出口面临更大挑战

2007 年 7 月 1 日起，《财政部、国家税务总局关于调低部分商品出口退税率的通知》正式生效，摩托车出口退税由 13%调整为 9%，这使摩企的利润减少，仅以重庆摩企为例，2007 年下半年出口净利润至少减少 2 100 万美元。另外，人民币汇率升值，也给出口规模大的摩企带来了不小的利润损失。面对此状，摩托车行业要扩大出口、提高全球市场占有份额，不能寄希望于国家政策庇护，而是应该尽快提高产品的技术水平、提升品牌的核心竞争力。

4. 行业政策：“禁摩”、“限摩”愈演愈烈

全国又有一些城市，如广州、深圳、郑州、东莞等，加入到“禁摩运动”的大军中来。“禁摩”“限摩”仍旧是制约中国摩托车发展的一大“劲敌”。同时，行业“反禁摩”的呼声仍然存在，要达到双赢、和谐的市场状态还需要长时间的博弈。

---

① 《摩托车趋势》评选 2007 年度行业十大新闻［OL］．［2008-01-18］．http：//www. mtuo. com/rdnew/detail. asp? id=387.

**（二）资源市场热点与趋势**

1. 中国兵器装备集团重组

2007年对于中国摩托车行业来说，是行业资源整合更加深入的一年。而在这一过程中，兵装集团的频频出手无疑起到了推波助澜的作用。先是收编济南轻骑，实现了其在摩托车行业资源的扩充，接着注资嘉陵，再到嘉陵、建设、济南轻骑的换帅，动作之大，令业界瞩目。目前嘉陵、建设、北方集团、轻骑都属于兵装集团，其中嘉陵、建设、济南轻骑均已上市。中国摩托车行业“兵装系”已经浮出水面。

2. 大长江、铃木投资20亿元建世界级生产基地，掀起新一轮的合资热潮

2007年11月27日，位居世界五百强的日本铃木株式会社与中国企业五百强的大长江集团共同投资20.8亿元组建的常州豪爵铃木摩托车有限公司正式启动，拉开全行业重组高潮的序幕。另外，轻骑－标致、宗申－比亚乔、钱江－Benelli、隆鑫－宝马等的合资也都标志着中国摩托车行业进入了新一轮的合资热潮。

3. 日本三大品牌纷纷调整中国市场战略，重拳频频出招

2007年，本田在中国市场的战略调整初露端倪。新大洲本田对3个工厂（上海、天津、海南）进行整合，将整车生产集中到上海和天津两个工厂，而将海南工厂辟为专门从事零部件生产加工。铃木公司在年底和大长江集团签署合资建厂协议，为2007年的整个行业变局添上了浓墨重彩的一笔。雅马哈继续强化着外部动作，雅马哈工厂在2007年整体搬进了重庆九龙工业园区占地440余亩的“新家”，雅马哈的“YES！ YAMAHA”营销推广活动收到成效，市场反应强烈，雅马哈的品牌影响力也随着市场拉动进一步提升。

## 专案解析

### 雅马哈：掀起“YES！ YAMAHA”营销风暴

源自日本的雅马哈进入中国，采取了集中整合的形式。2004年，建设集团成功地收购株洲南方雅马哈的中方股权后，成为雅马哈在中国的唯一合作伙伴。

起初，雅马哈在市场上的表现始终不温不火，在感到市场保有量的压力以及与其他合资品牌越来越大的销售量差距后，雅马哈于2006年重整旗鼓，开始发力。2006年5月14日，雅马哈在上海商城的波特曼大酒店举行新闻发布会，推出了集技术、产品、销售、服务为一体的品牌理念“YES！ YAMAHA”，目的在于希望当经销商和用户问“未来中国摩托车行业和市场的主角是谁?”时，可以骄傲地回答“YES！ YAMAHA”。

这一理念主要整合强化了以下几个方面①：第一，雅马哈为兼顾各层次消费者对时尚运动型、高级豪华型、经济实用型等各类摩托车的不同需求，在秉承了高技术、高品质的前提下，对产品进行了多样化、多元化开发。现有产品已涵盖跨式车、踏板车、弯梁车、太子车以及电动车等各大领域，以满足各阶层、各类型消费者的喜好和需要。第二，在现有全国3 000家雅马哈经销商网络基础上，大力推进符合雅马哈全球标准的专卖店铺形象改造。根据店铺规模，分为雅马哈城、雅马哈广场、雅马哈店这三大类雅马哈专卖店，为消费者提供更专业、更值得信赖的购车环境。第三，通过全国3 000家雅马哈认证维修站的规范化售后服务标准，雅马哈摩托车用户将能享受到及时、安心、专业的维修及维护。

---

① 徐勉振. 雅马哈，能否让中国说“YES!”? [OL]. [2006-09-06]. http://www.51cmc.com/article/analyse/200609/20060906112500620404.shtml.

在促销活动方面，雅马哈更是做得精益求精，例如全国巡回展、丝绸之路拉力赛、全国趣味试骑锦标赛等。其中，丝绸之路拉力赛旨在通过赛车运动彰显雅马哈的挑战精神。继2003年的拉萨—珠峰大本营天剑越野拉力赛和2005年的拉萨—乌鲁木齐激情穿越之后，在2006年和2007年提炼出“安乐·信赖·感动”三大理念，将“YES! YAMAHA激情穿越之旅”活动升级延续。

同时，配合广告宣传，雅马哈重金邀请王力宏和蔡依林两位巨星担当企业代言人，通过电视广告、杂志广告、报纸广告、户外广告等打造企业形象。中国面孔，健康表情，选定两个年轻人心中的偶像作为产品代言，除了热闹，从某种程度上也许可以窥见雅马哈在中国的主攻消费群体和营销群体的最终落脚点。

“YES! YAMAHA”这一营销风暴使雅马哈自身获得了一定的利益。经过几年的品牌沉淀，雅马哈在消费者心中的地位有所提升，通过我们的调查可以看出，雅马哈这一摩托车品牌在消费者心中表现出的市场潜力以及理想晋级力不容小觑。而这一营销活动更是为这个动荡的行业注入一剂精神强化剂，由此产生的摩托巨头之间的营销战，客观上将为摩托车行业留住更多的顾客。

## 资料链接

据中国汽车工业协会最新统计的数据显示：2007年11月，全行业产销摩托车分别为234.21万辆和226.22万辆，分别比上年同期增长19.44%和17.07%。2007年1—11月，摩托车行业累计产销完成2 288.09万辆和2 284.10万辆，同比增长16.28%和17.32%。其中，累计摩托车整车出口达到720.07万辆，接近总销量的1/3，同比增长22.84%①。

回顾我国摩托车行业的发展历程，是由1951年8月正式开始自行试制、生产摩托车。当时的中国人民解放军北京汽车制配六厂完成了5辆重型军用摩托车的试制任务，并由中央军委命名为井冈山牌，这标志着我国摩托车工业开辟了新纪元。

进入20世纪80年代，我国摩托车工业发展速度更快。从产品产量上看，年产从1980年的4.9万辆发展到1990年的97万辆，直至今天的1 000多万辆，我国一跃成为世界摩托车生产量最大的国家，摩托车已成为我国国民经济支柱产业——汽车工业中的重要组成部分。自80年代起，摩托车行业经历了以下4个阶段②：

- 国有企业专营，垄断性质的卖方市场。
- 民营企业进入市场，拥有多个竞争者的不完全竞争市场。
- 混乱无序竞争，某种意义上的完全竞争市场。
- 七大巨头主导，半垄断性质的不完全竞争市场。

（执笔：孔清溪　李瑞雪）

# 第三节　自行车

## 一、自行车品牌十强数据

自行车品牌十强数据见表3—10—9、表3—10—10、表3—10—11。

① 摩托车行业实现好又快发展的对策分析［OL］.［2008-01-08］. http://www.ocn.com.cn/free/2006jt228.htm.
② 寡头竞争摩托车行业新格局［OL］.［2006-08-26］. http://www.chinairn.com/doc/50180/78505.html.

表 3－10－9　自行车品牌家庭消费者十强

| 排　序 | 常用品牌 | | 预购品牌 | | 理想品牌 | |
|---|---|---|---|---|---|---|
| | 名　称 | 提及% | 名　称 | 提及% | 名　称 | 提及% |
| 1 | 凤凰 | 33.8 | 捷安特 | 39.0 | 捷安特 | 37.9 |
| 2 | 捷安特 | 27.3 | 凤凰 | 23.4 | 永久 | 25.2 |
| 3 | 永久 | 23.4 | 永久 | 20.3 | 凤凰 | 24.5 |
| 4 | 邦德·富士达 | 4.1 | 邦德·富士达 | 4.8 | 邦德·富士达 | 4.8 |
| 5 | 和平 | 1.9 | 英克莱 | 3.5 | 英克莱 | 3.8 |
| 6 | 英克莱 | 1.7 | 和平 | 3.1 | 和平 | 2.1 |
| 7 | 飞鸽 | 0.9 | 飞鸽 | 0.4 | 飞鸽 | 0.3 |
| 8 | 阿米尼 | 0.3 | 阿米尼 | 0.2 | 阿米尼 | 0.1 |
| 9 | 金狮 | 0.1 | 金鹿 | 0.1 | 宝马 | 0.1 |
| 10 | 金鹿 | 0.1 | 宝马 | 0.1 | 美利达 | 0.1 |

表 3－10－10　自行车品牌潜力消费者十强

| 排　序 | 常用品牌 | | 预购品牌 | | 理想品牌 | |
|---|---|---|---|---|---|---|
| | 名　称 | 提及% | 名　称 | 提及% | 名　称 | 提及% |
| 1 | 凤凰 | 32.9 | 捷安特 | 44.3 | 捷安特 | 46.8 |
| 2 | 捷安特 | 31.6 | 凤凰 | 20.1 | 凤凰 | 21.9 |
| 3 | 永久 | 15.0 | 永久 | 12.3 | 永久 | 13.5 |
| 4 | 邦德·富士达 | 5.1 | 邦德·富士达 | 8.1 | 邦德·富士达 | 9.1 |
| 5 | 和平 | 3.5 | 英克莱 | 5.4 | 英克莱 | 5.4 |
| 6 | 英克莱 | 2.3 | 和平 | 3.6 | 和平 | 2.1 |
| 7 | 飞鸽 | 0.4 | 阿米尼 | 0.2 | 阿米尼 | 0.2 |
| 8 | 阿米尼 | 0.4 | 飞鸽 | 0.1 | 飞鸽 | 0.1 |
| 9 | 三枪 | 0.2 | 宝马 | 0.1 | 三枪 | 0.1 |
| 10 | 美利达 | 0.2 | 美利达 | 0.1 | 宝马 | 0.1 |

表 3－10－11　自行车品牌两类消费者加权十强

| 排　序 | 常用品牌 | | 预购品牌 | | 理想品牌 | |
|---|---|---|---|---|---|---|
| | 名　称 | 提及% | 名　称 | 提及% | 名　称 | 提及% |
| 1 | 凤凰 | 33.6 | 捷安特 | 40.1 | 捷安特 | 39.6 |
| 2 | 捷安特 | 28.2 | 凤凰 | 22.8 | 凤凰 | 24.0 |
| 3 | 永久 | 21.7 | 永久 | 18.7 | 永久 | 22.9 |
| 4 | 邦德·富士达 | 4.3 | 邦德·富士达 | 5.5 | 邦德·富士达 | 5.7 |
| 5 | 和平 | 2.3 | 英克莱 | 3.9 | 英克莱 | 4.1 |
| 6 | 英克莱 | 1.9 | 和平 | 3.2 | 和平 | 2.1 |
| 7 | 飞鸽 | 0.8 | 飞鸽 | 0.3 | 飞鸽 | 0.3 |
| 8 | 阿米尼 | 0.3 | 阿米尼 | 0.2 | 阿米尼 | 0.1 |
| 9 | 美利达 | 0.1 | 金鹿 | 0.1 | 宝马 | 0.1 |
| 10 | 金狮 | 0.1 | 宝马 | 0.1 | 美利达 | 0.1 |

## 二、自行车品牌的竞争格局解析

### （一）自行车市场的竞争环境和发展压力

自行车的发展也是在曲折中前进，机遇与挑战始终并存。特别是 2007 年，不断变化的宏观经济形势和国内外市场环境给自行车行业带来了多方面的压力，主要表现在以下五点①：

1. 人民币升值对自行车产业的压力

2006年1月份的汇率为8.07元，截至2007年底，人民币汇率已经突破7.4，按照2006年自行车出口总量的预算，整个行业的损失已经达到了10亿元。

2. 出口退税下调对自行车产业的压力

财政部从2007年7月起，取消了“高耗能、高污染、资源性”产品的出口退税，降低了容易引起贸易摩擦的商品的出口退税率。一些自行车出口企业都是靠出口退税赚取利润，有的还会贴进一些成本，出口退税率下降4%以后，对企业的经济效益产生了较大的压力。

3. 欧盟反倾销产生的压力

我国自行车对欧出口从2005年开始就呈现下降趋势：2004年中国出口欧盟自行车312.21万辆，2005年出口241.68万辆，2006年出口155万辆，2007年1至9月份出口108万辆。欧盟需求都是中高档的产品，对我国自行车行业出口利润的提升有着重要意义，其反倾销政策给我国自行车行业造成了很大损失。

4. 原材料涨价对自行车产业的压力

目前，国际和国内的钢材价格都出现了上涨，钢材涨价对自行车材料成本影响很大，如果以24寸自行车计算，一吨钢材涨价400元，每辆车将增加6元的材料成本。自行车制造业的利润已被挤压，所剩空间不多，而且越是低端的自行车产品，利润越低。

5. 劳动力成本上升对自行车产业的压力

近两年来，国内的劳动力价格增加非常明显，对生产企业来说，劳动力成本增长仅仅是平均工资，还不包括社保基金、医疗基金，这一块如果再增长的话，势必会对自行车企业低薄的利润率造成很大的挤压。

### （二）消费者对自行车品牌的使用和认知

对于传统的中国消费者来讲，自行车依然是重要出行工具，有近80%的消费者将自行车作为主要的交通工具之一。但是，随着人民生活水平的提高，公共交通条件的不断完善，自行车行业的发展也受到了前所未有的威胁，从自行车预购率的下降可以看出，自行车已经表现出衰弱的迹象，原本属于自行车的份额正在被其他替代品蚕食；另外，由于当前自行车丢失率很高，导致人们在购买时对品牌的要求淡化，这些都给自行车行业的健康发展埋下隐患。

### （三）自行车的品牌地图

当前，我国品牌自行车的发源和生产基地正逐渐形成行业集群现象，在全国形成天津、上海、江苏、广东、山东等几大自行车生产板块，集中了众多较为强势的自行车品牌。综合我们的调查结果，常用、预购和理想的自行车十强品牌中，共提及12个品牌，除去发源于德国的宝马之外，其他品牌均出自中国，又主要分布在上述几大板块之中。见图3－10－8。

上海和天津同为两大老自行车生产基地，在自行车生产上有着良好的历史积淀，来自天津的飞鸽和来自上海的凤凰、永久都是自行车老品牌，有着几十年的发展历程，在消费者心中树立了值得信赖的形象。随着电动自行车的兴起，这些品牌也与时俱进，凤凰、永久都相继推出电动车产品，飞鸽旗下也有电动车的产品线，并推出万达品牌，专做电动自行车。此外，同样出身于天津的邦德·富士达品牌也赢得了大批消费者的关注，在常用、预购和理想排名中稳居第四，并在市场潜力和理想晋级榜单中囊括两个季军，表现出不俗的发展前景。

① 余世光. 2007年中国自行车产业现状与发展趋势［OL］. ［2007-11-30］. http://www.gd.xinhuanet.com/newscenter/ztbd/2007/11/30/content_11816339.htm.

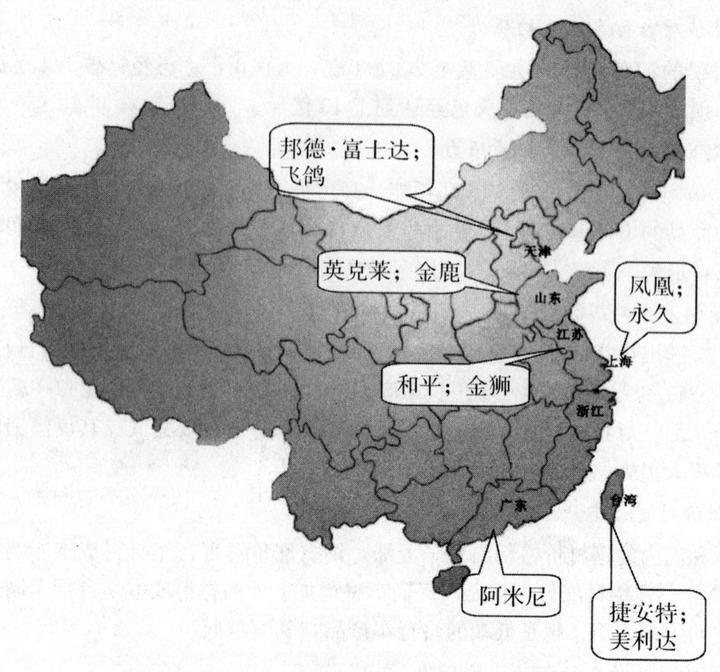


图 3－10－8　我国主要自行车品牌的地理分布

近两年，江苏在电动自行车领域发展非常迅猛，形成了苏州、无锡、常州、南通、泰州等几大电动车生产集中地，成为“豪华款”发展的集中区域。常州的金狮及苏州的和平也表现不凡，金狮荣列常用品牌第十位，和平则在常用、预购和理想榜单中均跻身六强。

山东和广东近年电动车生产企业数量也在急剧增加，其代表品牌英克莱、金鹿和阿米尼等在消费者认知排名上成绩斐然，特别是英克莱，在市场潜力和理想晋级中均勇夺第二名的成绩，并成为青岛市消费者心中最为理想的自行车品牌，其品牌在消费者心中的认知和好感可见一斑。

另外，自行车品牌中的霸主——捷安特，源自宝岛台湾，在祖国大陆的基地也选择了东部沿海的江苏。捷安特在自行车和电动自行车领域都取得了不俗的成绩，时尚、专业的品牌形象高踞消费者的认知域，牢牢抓住了消费者的心，成为预购和理想品牌的双料冠军。

从我国自行车品牌地图的分布可以看出，目前自行车的主要基地在东部沿海一线，一方面是由于这些地区经济发展较早、较快，对自行车的生产和品牌的开发比较有经验；另一方面出口贸易在自行车行业中所占比重很大，所以这些地区的地理、交通优势为其良好发展提供了支持。长远来看，自行车行业在这些东部沿海地区竞争将更加激烈；同时，生产基地会向原材料丰富、生产成本低、劳动力较为廉价的内陆地区转移。

**（四）自行车与电动自行车品牌的竞合**

自行车是大众普遍使用的代步和健身工具，随着行业的车轮滚滚向前，自行车品牌也在曲折前进中寻找转型，一方面推出小型、轻便、折叠自行车等多种时尚款式；另一方面顺应潮流发展，向电动自行车转型。

目前，专心致力生产自行车的品牌有来自台湾地区的美利达等。美利达是台湾地区美利达工业股份有限公司在祖国大陆独资的子公司，专注于高级自行车的研发与生产，所生产的高品质系列山地车、公主车、仿山地车、跑车等产品行销全球 30 多个国家和地区。其出色的专业表现也助力品牌在消费者心中占据一席之地，荣登十强之列。

还有一批企业搭电动自行车之风，迅速崛起，在电动车领域做出了一定的成绩，例如山东的英克莱、江苏的和平和广东的阿米尼，这些品牌均“以电取胜”。

另外，原本出身于自行车领域的企业，顺应时代的脚步，加入到电动车的阵营，维持自行车和电动车两条产品线，双线齐进。如凤凰、永久、邦德·富士达等均在发展自行车品牌的基础上，推出电动车产品，争夺新的市场份额。

以发展的眼光来看，自行车和电动车二者需要携手维护自行车市场的规模，不断丰富产品线，满足不同用户的不同需求，抵御来自摩托车等其他市场的威胁。另外，自行车受到电动车的挑战，向电动车转型的趋势不可避免，但这个过程还很漫长，二者在相当长的时期内依旧处于竞争、合作的态势。同时，无论是自行车还是电动车，都对科技含量和政策规范提出了较高的要求。技术方面，开发、选用轻质材料，提高自行车的品质和性能，满足人们对自行车产品的多样化需求成为品牌发展核心。特别是对电动自行车来讲，降低重量对电池的消耗就会减小，相应就可以延长蓄电池一次充电后的行驶里程。因此进行材料革命，实施自行车产品结构调整势在必行。政策方面，自行车丢失问题对自行车品牌的发展极为不利，对于自行车的实名制问题依旧炒得沸沸扬扬，各地“限电”、“禁电”之风也屡吹不止，政策方面的诸多不确定因素亟待完善，以保证整个行业的有序发展。

**(五) 自行车强势品牌的三足鼎立**

通过分析消费者对各自行车品牌的认知现状，可以看到，自行车品牌呈现出高集中度的现状，捷安特、凤凰、永久和邦德·富士达这四强品牌的提及率之和已经达到了87.8%，其中，捷安特、凤凰和永久以较高的提及率和较大的领先率高居前三甲，形成三足鼎立的局势。见图3－10－9。

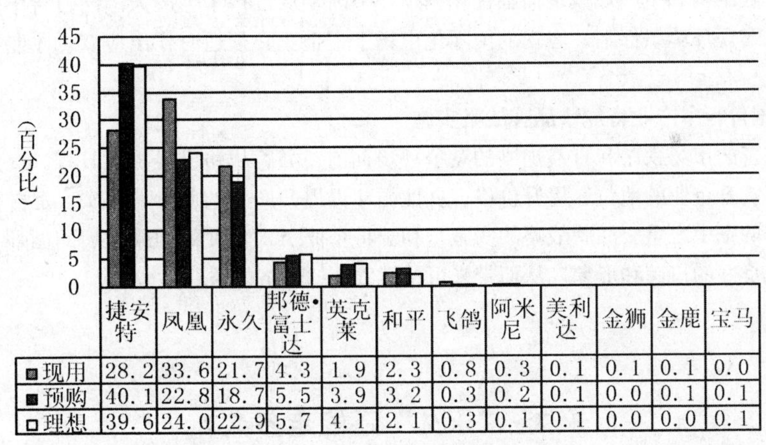


| | 捷安特 | 凤凰 | 永久 | 邦德·富士达 | 英克莱 | 和平 | 飞鸽 | 阿米尼 | 美利达 | 金狮 | 金鹿 | 宝马 |
|---|---|---|---|---|---|---|---|---|---|---|---|---|
| 现用 | 28.2 | 33.6 | 21.7 | 4.3 | 1.9 | 2.3 | 0.8 | 0.3 | 0.1 | 0.1 | 0.1 | 0.0 |
| 预购 | 40.1 | 22.8 | 18.7 | 5.5 | 3.9 | 3.2 | 0.3 | 0.2 | 0.1 | 0.0 | 0.1 | 0.1 |
| 理想 | 39.6 | 24.0 | 22.9 | 5.7 | 4.1 | 2.1 | 0.3 | 0.1 | 0.1 | 0.0 | 0.0 | 0.1 |

**图3－10－9 消费者对各品牌的认知现状**

*1. 凤凰、永久——老树期待发新芽*

凤凰和永久同为上海的老品牌，历史的沉淀为其品牌的发展奠定了良好的市场基础。目前，分别有1/3和1/5的消费者最常使用的是凤凰牌和永久牌自行车。但是，时代的进步给这两个老品牌的发展带来冲击，与消费者常用品牌提及率相比，其预购选择均有下降，很难维持当年的强势，品牌老化日益明显。同时，其理想提及率又有所回升，可见其品牌积淀下的品质保证依然令很多消费者记忆犹新。如何利用已形成的品牌好感在新时期重塑品牌形象，为品牌的健康持久发展注入新的动力，成为这两个老品牌面临的挑战。

2. 捷安特——引领品牌之风

来自台湾地区的捷安特一出生便意气风发，打破了祖国大陆消费者传统的自行车品牌概念，重新树立了新时代的时尚品牌标杆，其在自行车款式、材料等方面的创新和尝试，引领了自行车的发展潮流，也是其品牌成功的保证。调查显示，有40％左右的消费者在下次购买时愿意选择捷安特这个品牌，认为捷安特堪称理想的代表。无论是现有市场的表现，还是潜在的发展空间和晋级力度，捷安特都表现优异，与凤凰、永久等老品牌一起，遥遥领先，走在自行车行业的前端。

## 三、自行车品牌发展策略和市场热点趋势

通观当前的自行车行业经营的情况，在内外夹击的市场环境下，自行车行业正处在一个大转折、大洗牌、大转移的时期，主要有以下几大发展趋势①：

**（一）中国自行车产销量保持在现有水平并会有增长**

在不断变化的宏观经济形势和国内外市场环境下，全球自行车每年的需求量仍在1.1亿辆以上，全球尚未出现能与中国自行车生产规模相抗衡的国家或地区，所以虽然面对种种压力，但中国的产销量基本不会收到重挫。正常合理的价格变化，并不会影响自行车的出口数量。此外，我国自行车出口产品质量有新的提升。随着国内自行车零部件的不断出现，包括镁合金、高级的铝合金车都在生产，实际上对出口的产品质量和价格都有所提升，这也是中国产销量继续保持现有水平并略有增长的理由。

**（二）中国自行车产业将有大的结构调整**

自行车产业布局即将迈入第三次转移，第一次从美国、日本向中国台湾转移；第二次中国台湾向中国大陆的沿海地区转移；现在的第三次转移，是从中国大陆的沿海地区向西部、中部地区转移，究其目的，主要是为了追求更低的固定成本和经营成本。

此外，产业结构和生产规模也面临优化调整，中国要从自行车生产大国向自行车生产强国转变，在现有的宏观环境条件下、客观的国际化市场下，企业必须适时作出应变，才能更好适应日后的发展。

**（三）中国自行车产业将加快品牌战略实施**

在逐步完善的市场秩序和日益加剧的竞争环境面前，品牌战略已经提上日程。提升品牌、提升企业形象、提升企业的地位、提升价格、良性循环再提升产品的质量、档次，是自行车生产企业下一步工作的重中之重。品牌战略的实施，利于将企业引入良性的健康发展的循环，在国内外市场都会形成良好的口碑和形象，从而带来可持续发展的经济效益。

## 专案解析

### 永久："永久"还能走多久？

提到"永久"，很多消费者都会知道这个来自上海的自行车老品牌，其前身是昌和制作所，这是上海第一家自行车生产厂，成立于1940年，它是中国最早的自行车整车制造厂家之一。1949年底，永久牌自行车诞生了；到1952年，永久牌自行车年产已达到28 767辆，占全国自行车产量的1/3以上；1956年末，标定车正式在上海永久大批量投产，中国第一辆标定型自行车问世……"永久"曾经的风光无限在很多消费者心中树立了良好的、固有的品牌形象。这个曾经创造过无数令人鼓舞的业绩、成为中国民族工业一面旗帜的品牌，在进入市场经济以后，受众多因

① 余世光．2007年中国自行车产业现状与发展趋势［OL］．［2007-11-30］．http：//www.gd.xinhuanet.com/newscenter/ztbd/2007/11/30/content_11816339.htm.

素的影响，从高峰之颠跌落到低谷。虽然经过多次重组，并在1999年11月和2000年1月，上海永久（A股）和永久B股分别上市，但市场表现不佳，公司股价持续走低，企业发展陷入困境。2001年开始，生产保龄设备、塑料田径跑道等系列康体产品群的上海中路集团有限公司入主“永久”，新的“永久”从单一的自行车类产品向绿色、环保型产品延伸，形成了自行车、电动车、LPG助力车、保龄设备等不同名牌系列的康体产品群，但也很难再现当年风采。

“永久”的发展历程，是诸多老品牌从昌盛到萧条的缩影。细究起来，在“永久”的发展中，忽视了两个核心要素：消费者和品牌。

首先，消费者需求应该是产品开发的宝典。随着生活水平的提高，自行车原有的功能已经不再突出，取而代之的是消费者对产品的款式、色彩等追求，“永久”面临日益多样化、多层次的消费者需求而不知所措，错过了与“求”俱进的大好时机。“永久”的产品品种较单一，附加值不高，产业链还不够长，从而无法适应日益分化的消费群体和经济一体化趋势。

其次，品牌建设和宣传成为“永久”的薄弱环节。消费者已经很久没有看到过“永久”的广告和宣传了。随着市场的不断变化，“永久”已经明显不能支撑曾经的那种“上海货、品质有保障”的品牌联想。如果只是倚仗原来老品牌的优势，那结果只能是坐吃山空。“永久”品牌到了该活化的时候了，“永久”要从品牌、品质、品位全方位入手，切实维护多年来精心塑造的永久品牌，这是“永久”可以真的长久发展的保障。

## 资料链接

当前我国自行车产量、出口量均占世界总量60%以上，国内消费量也居世界第一。产品质量和技术含量不断提升，出口数量和价格稳步提高。2007年1—10月，我国规模以上企业共生产自行车5 492万辆，同比增长5.2%，自行车行业出口贸易量占到世界自行车总贸易量的70%。总体看来，自行车产销量稳中有升，电动车产销量增长，但增幅回落①。

我国自行车行业的发展始于中华人民共和国成立初期，当时自行车无疑成为百姓生活出行首选的交通工具，并在新中国成立后的几十年内得到了规模发展。当时上海生产的凤凰、永久和天津的飞鸽等品牌风行一时，延续至今已有60多年的历史，引领了几代国人的自行车消费时尚，开创并演绎了中国自行车行业历史上最辉煌的篇章。

进入20世纪90年代，一批新的自行车品牌涌现市场，以捷安特等品牌为首的新兴企业给自行车行业注入了活力，也带动了自行车行业的不断开拓与发展。

21世纪以来，随着城市的发展，特别是在一些大城市，自行车这种交通工具逐渐被其他出行方式，如公共交通工具、私家车等取代，自行车行业面临前所未有的挑战。国外市场成为主要的开拓空间；在国内，自行车品牌的发展在曲折中寻找转型，一方面加强品牌概念，另一方面推出小型、折叠自行车，或向电动自行车转型，谋求可持续发展。

（执笔：李瑞雪）

① 余世光. 2007年中国自行车产业现状与发展趋势［OL］. ［2007-11-30］. http://www.gd.xinhuanet.com/newscenter/ztbd/2007/11/30/content_11816339.htm.

# 第十一章 房产家装类

## 行业综述

房价成为现阶段最敏感的话题之一，随着房改的全面实施，人们开始为拥有一套称心的房子而奔波。总体来看，2007 年全国房地产市场供求两旺，以住宅为主的房地产开发投资持续快速增长，房价涨幅比 2006 年有所增加，国房景气指数达到近三年来的新高。进入 2007 年 10 月后，宏观经济和政策环境不断变化，在央行持续加息以及第二套房贷限制等政策的影响下，部分城市出现房屋交易量下降、房价环比涨幅回落的现象。但消费需求与房屋市场结构的不平衡仍然成为较大的矛盾，影响着我国房地产市场的发展。

房地产已经成为我国支柱产业之一，房地产行业的兴旺也促进了家装业的发展。木地板作为家装市场的代表品类，也成为本次调查的对象之一。当前我国木地板行业发展良好。根据林产工业协会统计，2007 年，我国木地板产量约为 3.5 亿平方米。未来 3 年，我国林产工业产值预计将达到 1.17 万亿元，国际贸易将达到 570 亿美元。预计我国木地板产量年增幅将保持在 10%以上，到 2010 年时达到 5 亿平方米①。

## 第一节 房地产

### 一、房地产品牌十强数据

房地产品牌十强数据见表 3－11－1、表 3－11－2、表 3－11－3。

表 3－11－1 房地产品牌家庭消费者十强

| 排序 | 常用品牌 | | 预购品牌 | | 理想品牌 | |
|---|---|---|---|---|---|---|
| | 名称 | 提及% | 名称 | 提及% | 名称 | 提及% |
| 1 | 万科 | 6.0 | 万科 | 14.2 | 万科 | 26.6 |
| 2 | 大连万达 | 3.0 | 碧桂园 | 4.9 | 碧桂园 | 8.9 |
| 3 | 恒大实业 | 2.8 | 大连万达 | 4.6 | 大连万达 | 6.3 |
| 4 | 鲁能置业 | 2.2 | 恒大实业 | 3.4 | SOHO | 5.3 |
| 5 | 广厦 | 1.9 | 鲁能置业 | 3.4 | 鲁能置业 | 4.3 |
| 6 | 华润置地 | 1.9 | 华润置地 | 2.8 | 恒大实业 | 4.2 |
| 7 | 碧桂园 | 1.8 | SOHO | 2.5 | 中远房地产 | 3.3 |
| 8 | 万通 | 1.6 | 万通 | 2.3 | 华润置地 | 3.2 |
| 9 | 百仕达 | 1.6 | 中海地产 | 2.3 | 中海地产 | 3.2 |
| 10 | SOHO | 1.5 | 保利房地产 | 2.3 | 保利房地产 | 3.1 |

① 2007 年中国木地板行业研究咨询报告［OL］. http://www.chinairn.com/doc/50150/9610.html.

表 3－11－2　房地产品牌潜力消费者十强

| 排　序 | 常用品牌 | | 预购品牌 | | 理想品牌 | |
|---|---|---|---|---|---|---|
| | 名　称 | 提及％ | 名　称 | 提及％ | 名　称 | 提及％ |
| 1 | 万科 | 3.9 | 万科 | 10.1 | 万科 | 18.3 |
| 2 | SOHO | 3.7 | 碧桂园 | 7.7 | 碧桂园 | 13.8 |
| 3 | 碧桂园 | 2.7 | SOHO | 5.4 | SOHO | 11.0 |
| 4 | 鲁能置业 | 2.1 | 大连万达 | 4.0 | 大连万达 | 5.7 |
| 5 | 恒大实业 | 2.0 | 恒大实业 | 3.3 | 恒大实业 | 5.1 |
| 6 | 大连万达 | 1.9 | 广厦 | 2.9 | 中远房地产 | 4.8 |
| 7 | 广厦 | 1.9 | 鲁能置业 | 2.9 | 鲁能置业 | 3.6 |
| 8 | 万通 | 1.7 | 中远房地产 | 2.7 | 中海地产 | 3.5 |
| 9 | 华润置地 | 1.7 | 中海地产 | 2.4 | 雅居乐 | 3.3 |
| 10 | 百仕达 | 1.6 | 百仕达 | 2.1 | 华润置地 | 3.1 |

表 3－11－3　房地产品牌两类消费者加权十强

| 排　序 | 常用品牌 | | 预购品牌 | | 理想品牌 | |
|---|---|---|---|---|---|---|
| | 名　称 | 提及％ | 名　称 | 提及％ | 名　称 | 提及％ |
| 1 | 万科 | 5.6 | 万科 | 13.4 | 万科 | 24.9 |
| 2 | 大连万达 | 2.8 | 碧桂园 | 5.5 | 碧桂园 | 9.9 |
| 3 | 恒大实业 | 2.7 | 大连万达 | 4.5 | SOHO | 6.4 |
| 4 | 鲁能置业 | 2.2 | 恒大实业 | 3.4 | 大连万达 | 6.2 |
| 5 | SOHO | 1.9 | 鲁能置业 | 3.3 | 恒大实业 | 4.4 |
| 6 | 碧桂园 | 1.9 | SOHO | 3.0 | 鲁能置业 | 4.1 |
| 7 | 广厦 | 1.9 | 华润置地 | 2.6 | 中远房地产 | 3.6 |
| 8 | 华润置地 | 1.9 | 广厦 | 2.4 | 中海地产 | 3.2 |
| 9 | 万通 | 1.6 | 中海地产 | 2.3 | 华润置地 | 3.2 |
| 10 | 百仕达 | 1.6 | 万通 | 2.2 | 保利房地产 | 3.0 |

## 二、房地产品牌的竞争格局解析

### （一）品牌分散，行业垄断程度低

本次调查显示，人们常用房地产品牌的个数多达 266 个，消费者能提及到的所有品牌宽度更高达 307 个。品牌数量众多且非常分散。各地投资者看准我国“房热”的现状，纷纷涌入市场，导致跟风现象严重，中小品牌遍布全国各地。房地产品牌消费者集中度指标显示，房地产的品牌集中度 CR4 仅为 13.3％，是所有调查品类中集中度最低的。由以上数据不难看出，各地品牌诸侯割据，使我国地产行业现阶段呈现出品牌分散杂多、行业垄断程度低的特点。

### （二）品牌集约化程度虽低，但品牌基本格局已呈现

1. 国有、民营、外资三股力量齐上阵

房地产是一个资本密集型产业，它本身的集约化程度非常低，很难形成强有力的全国垄断企业，但存在很强的地域垄断性，而且形成了一定的品牌格局。国有企业、外资企业、私营企业都各自出现了有较大影响力的品牌。在众多品牌中，以万科、SOHO、碧桂园、恒大实业、华润置地、金地、中海地产等为首的地产品牌组成第一大阵营，它们或成为“地王”，或成功上市，不但有大量的资金和土地，而且以一发动千钧之势影响着国民经济的发展。它们与百仕达、万通、凯德置地、新鸿基、吉宝置业、恒基、雅居乐等组成的强势梯队，把持着中国房地产的话语权。见图 3－11－1。

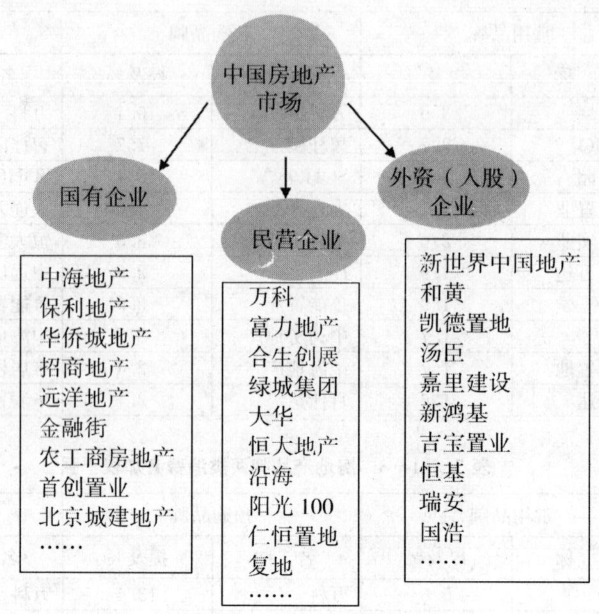


**图 3－11－1　国有、民营、外资房地产品牌分布**

在如此格局下，新品牌要得到突破，除了开发规模上的优势，正确的品牌战略显得尤为重要。尤其是对于不具备大规模开发条件的中小型开发商来说，如何通过差异化的品牌特征在区隔化市场中获得一席之地成为关键。

2. 地域垄断特征明显，进军全国成为必然

房地产业的根本是土地，土地作为不动产又使房地产业的地域性特点突出。这样，在不同的地方往往形成各自不同特点的房地产企业，来适应不同地区消费者的差异性。作为高风险但也高回报的行业，更多的企业为追求利润投入其中，这样就使各地产生许多不同的品牌；又因为地域差异与地方政府保护主义，其他弱小的品牌也很难进入其他地域市场。

跨地域影响力指标显示，在消费者心目中知名度最高的万科，也仅仅在 8 个城市成为消费者的首选。但从预购品牌和理想品牌地域影响力看，万科影响到的主要城市数量已经上升到 14 个和 17 个。2006 年上半年万科调整组织结构，设立了上海、深圳、北京 3 个区域本部，品牌分布向大中城市扩展。随着我国房地产市场需求的不断加大，实力雄厚的企业不断向全国市场进军成为其品牌战略发展的必然。

3. 万科一枝独秀，碧桂园奋起直追

从我们的调查数据中可以看到，万科已经牢牢抓住了消费者的心，不论从房地产品牌消费者提及率排名看，还是在潜力指标与晋级指标中，万科都以第一位的身份出现。虽然现阶段大部分消费者并不是万科的使用者，但万科在未来市场中强大的潜力和晋级力，足以证明万科品牌已经得到广大消费者的认可。同时，54.5%的消费者维系度也给万科在未来市场上的立足奠定了忠实的消费群体基础。

在房地产行业，虽然万科一枝独秀、遥遥领先，但随着国内房地产市场逐渐升温，更多的企业奋起直追，碧桂园便是其中表现突出的企业。从调查中可以清晰看到，常用品牌表现一般的碧桂园，在其他指标中却都位居第二。这说明，碧桂园已经开始被更多的人关注与认可，房地产市场群雄逐鹿之势已不可逆转。见图 3－11－2。

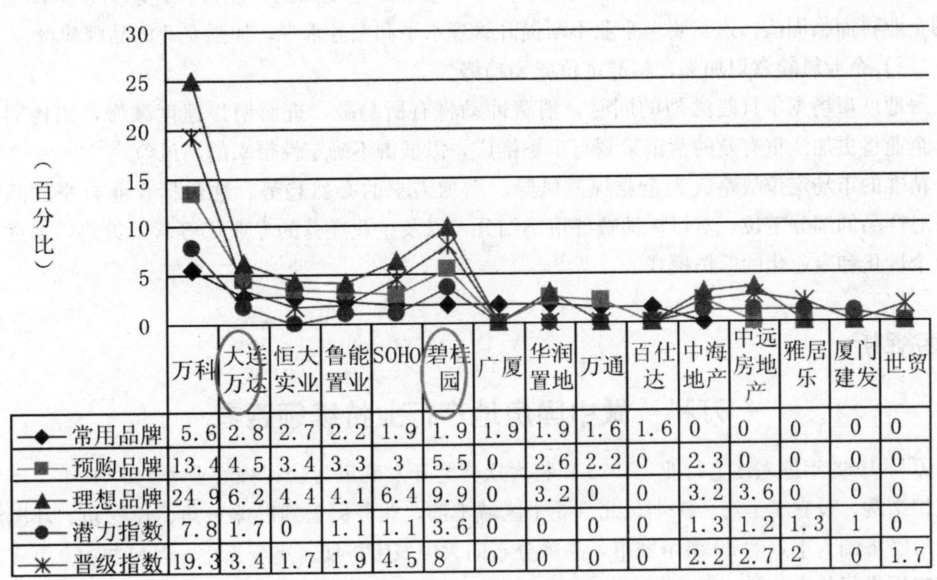


| | 万科 | 大连万达 | 恒大实业 | 鲁能置业 | SOHO | 碧桂园 | 广厦 | 华润置地 | 万通 | 百仕达 | 中海地产 | 中远房地产 | 雅居乐 | 厦门建发 | 世贸 |
|---|---|---|---|---|---|---|---|---|---|---|---|---|---|---|---|
| 常用品牌 | 5.6 | 2.8 | 2.7 | 2.2 | 1.9 | 1.9 | 1.9 | 1.9 | 1.6 | 1.6 | 0 | 0 | 0 | 0 | 0 |
| 预购品牌 | 13.4 | 4.5 | 3.4 | 3.3 | 3 | 5.5 | 0 | 2.6 | 2.2 | 0 | 2.3 | 0 | 0 | 0 | 0 |
| 理想品牌 | 24.9 | 6.2 | 4.4 | 4.1 | 6.4 | 9.9 | 0 | 3.2 | 0 | 0 | 3.2 | 3.6 | 0 | 0 | 0 |
| 潜力指数 | 7.8 | 1.7 | 0 | 1.1 | 1.1 | 3.6 | 0 | 0 | 0 | 0 | 1.3 | 1.2 | 1.3 | 1 | 0 |
| 晋级指数 | 19.3 | 3.4 | 1.7 | 1.9 | 4.5 | 8 | 0 | 0 | 0 | 0 | 2.2 | 2.7 | 2 | 0 | 1.7 |

图 3—11—2　房地产常用品牌、预购品牌和理想品牌提及率对比图

**（三）消费者认可的房地产理想品牌有限**

调查显示，家庭消费者对房地产理想品牌的填答率为53.2%，潜力消费者为56.2%，可以看出虽然房子是大家都在讨论和必须面对的问题，但有相当一部分人对房地产具体品牌的认知有限。并且常用品牌宽度（266个）和预购品牌（103个）、理想品牌（116个）的宽度相差达到150多个，说明在消费者心目中真正有价值的房地产品牌局限于有限的几个知名企业。这与房地产市场的竞争现状有直接关系，众多地方品牌服务质量不佳、信誉极差，造成消费者普遍对地方小品牌印象欠佳，对知名的大企业的品牌忠诚度则有明显体现。

## 三、房地产品牌发展策略和市场热点趋势

**（一）房地产业问题重重，楼盘品质备受关注**

当前我国房地产市场发展还不平衡，在房地产业快速发展过程中出现了一些亟待解决的问题，主要表现在以下几个方面：首先，房地产结构性矛盾突出，结构性供需矛盾加剧，房价虚高。其次，市场监控力度不够，消费需求对投资的拉动作用小，房地产开发投资增幅过大。最后，房地产业发展过快，政府调控作用不明显。此外，房地产市场运行、监管和调控体系不完善，企业资产负债率高，经营风险加大。

房地产企业应该多着力于通过打造适应不同消费者需求的品质楼盘，建立合理的品牌定位，适度的销售价格，不妄求过高的利润，为消费者提供全方位的优质服务，以应对房地产市场异变。

**（二）市场紧缩，行业洗牌加速**

政府在今后一段时间还将加强宏观调控，对土地市场进行整顿和规范，房地产开发的土地资源也将进一步紧缩，这必然要波及到房地产业的发展。金融政策的进一步调紧，将会一定程度上减少房地产过渡投资带来的负面影响。房改制度也将不断改进，以调解房地产结构性供需矛盾，抑制房价快速上涨。

房地产市场的紧缩，将加剧房地产行业的竞争。随着外资开发商、投资者加大力度、加快速

度进入房地产市场，房地产企业并购现象增多，市场洗牌速度加剧，经营管理能力、操作能力不强的企业将面临淘汰。这就要求企业不断提升管理水平和服务水平，加强企业的品牌建设。

**（三）企业风险意识加强，精准定位成为趋势**

房地产市场竞争日趋激烈的同时，消费冲动将有所趋减，进而销售速度减慢，销售周期加长。企业将更加注重有效的营销策划与市场推广，以抵御不确定性带来的高风险。

精准的市场定位战略成为企业规避风险、增加需求的必然趋势。这包括企业自身的品牌定位、对产品的细分定位、对目标消费群市场细分，以及企业经营的专业化等营销策略，形成差异化、个性化和专业化的营销模式。

## 专案解析

### 万科：做中国房地产行业持续领跑者

万科 1988 年进入住宅行业，1993 年将大众住宅开发确定为公司核心业务，2006 年上半年调整组织结构，设立了上海、深圳、北京 3 个区域本部，业务覆盖到以珠三角、长三角、环渤海三大城市经济圈为重点的 20 多个城市，品牌分布向大中城市扩展。迄今为止，万科共为 9 万多户中国家庭提供了住宅。

经过多年努力，万科逐渐确立了在住宅行业的竞争优势：成为行业第一个全国驰名商标，旗下“四季花城”、“城市花园”、“金色家园”等品牌得到各地消费者的接受和喜爱；公司研发的“情景花园洋房”成为中国住宅行业第一个专利产品和第一项发明专利。

万科凭借优质的产品和服务，以及企业带头人的创业精神和对市场的敏锐嗅觉，得到了消费者的认可，成为房地产行业的龙头企业。

**优质产品成就优质品牌**

让每一个与万科有关系的群体都能感受到建筑给予生活的享受。优质的产品和服务是万科在房地产行业独占鳌头的法宝。金色系列、城花系列和四季系列成为万科引以自豪的三大高品质产品体系。

金色系列，揭开了万科在城市中心区的住宅开发的序幕。此系列注重对环境的改善，以符合消费者对城市优雅、高贵品质的心理需求。

城花系列形成鲜明的城市花园特色，同一的产品体系下面筑就不同的特色产品。上海城市花园首先脱颖而出，之后，北京城市花园、天津城市花园以及沈阳城市花园、长春城市花园接踵而出。2001 年成都城市花园和 2003 年武汉城市花园的出现，使城花系列再现高潮。

1999 年深圳四季花城诞生，它是万科“四季花城”系列的第一个项目，它的开发还带动了周边地区的发展。深圳四季花城的成功，催生了武汉四季花城、沈阳四季花城、南昌四季花城以及上海四季花城等项目的诞生。

基于对产品质量的追求，万科于 2003 年正式启动“磐石行动”。“磐石行动”通过对万科十余年来产品质量管理经验的总结分析，以全面质量提升为目标，提出了未来三至五年万科工程管理的发展策略。把理念注入产品，让产品呈现优秀品质，用优质产品成就优秀品牌。

**王石的总裁营销**

为摩托罗拉、中国移动做广告，登顶世界最高峰，近年来，万科的董事长王石不断展现他独有的企业家风采，把企业家的形象塑造成一个成功的品牌。对于万科而言，王石已经不单单是一个领导者，更是万科这个品牌的形象代表，为企业品牌、产品品牌为一体的万科增加了企业家品牌这一重重的筹码。王石的背后不但承载着万科的前途，更代表着中国企业家勇于创新、不断超越自我的精神。

消费者对王石产生认同感，也会被附加到万科身上。这样万科企业品牌与王石个人品牌完美结合在一起，使人们提到王石想到万科，提到万科也会想起王石。所以，王石所代言的广告不仅为其广告主的形象或产品作了传播，同样为万科品牌提高了知名度，成了万科对外传播的有利“媒介”，起到塑造和宣传万科品牌的双赢作用。

值得注意的是，王石的一言一行都不仅仅是个人行为，而会被消费者“移情”为一种企业行为。在“5·12”汶川大地震中，王石因为在博客上发出的不当言论，使万科“受尊敬的企业”的品牌理念陷入窘境。尽管万科此后迅速进行了弥补，但该事件给品牌带来的负面影响仍有可能持续较长一段时间。

## 资料链接

我国房地产行业经历了如下发展阶段①：

• 第一阶段（1978－1991 年）：改革开放，房地产试点起步。经过 1978 年的改革开放，我国房地产市场从无到有。从住房商品化、土地产权等观点的提出，到 1982 年首批房改试点城市开始售房，中国房地产开发市场正式拉开序幕。

• 第二阶段（1992－1995 年）：非理性投资到理性调整期。1992 年房改全面启动，住房公积金制度全面推行。1992 年后，房地产业急遽快速增长，月投资最高增幅曾高达 146.9％。房地产市场在局部地区一度呈现混乱局面，个别地区出现较为明显的房地产泡沫。1993 年底宏观经济调控后，房地产业投资增长率普遍大幅回落，房地产市场进入理性调整时期。

• 第三阶段（1996－2002 年）：相对稳定协调的发展阶段。经过炒作后的冷静，房地产市场终于有所起色，进入稳定发展阶段。1997 年以来，住房制度不断改革，住宅产业成为新的经济增长点，政府加大调整力度，我国城市居民住房消费得到有效提高，房地产市场日趋活跃。

• 第四阶段（2003 年至今）：房价持续上涨，国家加强宏观调控阶段。2003 年以来，房价持续上涨，为了保证房地产市场健康、有序地发展，国家不断出台新政策以适应房产市场的不断变化。2005 年，国务院提出了八条调控措施；2006 年，又针对房地产市场有关问题高调出台了“国六条”政策。2007 年 11 月 19 日颁布的《土地储备管理办法》也再次表明，中国土地市场由多个部门供应“生地”的局面要改变为集中统一供应“净地”和招标、挂牌、拍卖为主。

（执笔：孔　超）

# 第二节　木地板

## 一、木地板品牌十强数据

木地板品牌十强数据见表 3－11－4、表 3－11－5、表 3－11－6。

① 中国房地产市场发展的历史［OL］.［2007-04-18］. http://cfdc.swufe.edu.cn/cn/View.asp?id=65.

表 3－11－4　木地板品牌家庭消费者十强

| 排　序 | 常用品牌 | | 预购品牌 | | 理想品牌 | |
|---|---|---|---|---|---|---|
| | 名　称 | 提及％ | 名　称 | 提及％ | 名　称 | 提及％ |
| 1 | 圣象 | 24.5 | 圣象 | 30.7 | 圣象 | 42.4 |
| 2 | 大自然 | 15.2 | 大自然 | 14.8 | 大自然 | 15.9 |
| 3 | 吉象 | 5.9 | 菲林格尔 | 7.6 | 菲林格尔 | 7.9 |
| 4 | 菲林格尔 | 5.8 | 吉象 | 5.2 | 吉象 | 6.1 |
| 5 | 安信 | 5.5 | 德尔 | 4.6 | 安信 | 5.0 |
| 6 | 德尔 | 4.5 | 安信 | 4.0 | 德尔 | 5.0 |
| 7 | 升达 | 3.4 | 东洋 | 4.0 | 莱茵阳光 | 4.6 |
| 8 | 东洋 | 2.9 | 升达 | 3.9 | 升达 | 4.4 |
| 9 | 莱茵阳光 | 2.6 | 莱茵阳光 | 3.3 | 东洋 | 3.3 |
| 10 | 福人 | 2.0 | 福人 | 2.9 | 福人 | 2.5 |

表 3－11－5　木地板品牌潜力消费者十强

| 排　序 | 常用品牌 | | 预购品牌 | | 理想品牌 | |
|---|---|---|---|---|---|---|
| | 名　称 | 提及％ | 名　称 | 提及％ | 名　称 | 提及％ |
| 1 | 圣象 | 21.1 | 圣象 | 27.2 | 圣象 | 39.8 |
| 2 | 大自然 | 12.6 | 大自然 | 13.6 | 大自然 | 13.8 |
| 3 | 安信 | 7.0 | 莱茵阳光 | 7.2 | 菲林格尔 | 8.6 |
| 4 | 吉象 | 6.2 | 菲林格尔 | 7.0 | 莱茵阳光 | 7.9 |
| 5 | 德尔 | 5.2 | 德尔 | 5.9 | 德尔 | 6.6 |
| 6 | 菲林格尔 | 5.2 | 吉象 | 5.6 | 吉象 | 6.0 |
| 7 | 东洋 | 4.7 | 东洋 | 4.2 | 安信 | 5.2 |
| 8 | 莱茵阳光 | 2.9 | 安信 | 3.8 | 东洋 | 3.8 |
| 9 | 升达 | 1.8 | 福人 | 2.9 | 升达 | 3.1 |
| 10 | 福人 | 1.7 | 升达 | 2.0 | 福人 | 2.8 |

表 3－11－6　木地板品牌两类消费者加权十强

| 排　序 | 常用品牌 | | 预购品牌 | | 理想品牌 | |
|---|---|---|---|---|---|---|
| | 名　称 | 提及％ | 名　称 | 提及％ | 名　称 | 提及％ |
| 1 | 圣象 | 23.8 | 圣象 | 30.0 | 圣象 | 41.9 |
| 2 | 大自然 | 14.7 | 大自然 | 14.6 | 大自然 | 15.5 |
| 3 | 吉象 | 5.9 | 菲林格尔 | 7.4 | 菲林格尔 | 8.0 |
| 4 | 安信 | 5.8 | 吉象 | 5.3 | 吉象 | 6.0 |
| 5 | 菲林格尔 | 5.6 | 德尔 | 4.9 | 德尔 | 5.3 |
| 6 | 德尔 | 4.6 | 东洋 | 4.0 | 莱茵阳光 | 5.3 |
| 7 | 东洋 | 3.2 | 莱茵阳光 | 4.0 | 安信 | 5.1 |
| 8 | 升达 | 3.1 | 安信 | 4.0 | 升达 | 4.1 |
| 9 | 莱茵阳光 | 2.7 | 升达 | 3.5 | 东洋 | 3.4 |
| 10 | 福人 | 1.9 | 福人 | 2.9 | 福人 | 2.6 |

## 二、木地板品牌的竞争格局解析

我国木地板产业虽然起步晚，但发展迅速，在短短 20 多年的时间中不断壮大成熟，不但在种类、规格上有了突破，核心竞争力的关注点也从产品研发、生产、销售发展到特色的服务差异化，形成了一定规模的产业体系。同时，品牌意识的加强，造就了一批国内知名品牌，形成由机会竞争过渡到品牌竞争的新格局。

当前，我国木地板行业品牌竞争格局呈现以下特征：

**(一) 总体呈现低水平、重复竞争局面**

目前，我国木地板市场面临的最大问题是：前景广阔，却很难走出低水平、重复竞争的圈子。面对我国木地板市场的高产值，越来越多的企业和资金加入这个行业队伍，截至2007年，已经有超过3 000家企业置身其中。“明星代言、央视广告、价格战”成了地板市场竞争中的“三大法宝”，单一、重复的营销模式使竞争不但简单、层次低，而且使得市场缺乏活力，影响了整个市场的多元、健康、积极的发展。

许多中小企业只是盲目看到了木地板市场不错的前景，但缺少有效、灵活的经营模式参与竞争，这势必会导致整个行业呈现低水平、重复竞争的局面。党的十七大为中国林产工业的经济发展勾画出崭新的目标和模式，即走可持续发展资源节约型的道路，也给我国木地板企业的发展提供参考和指导。

**(二) 仅有半数品牌得到消费者认可，竞争进一步加剧**

从消费者木地板品牌调查中我们看到，消费者所能提到的木地板品牌能有75个。这说明，木地板市场进入门槛并不高，整个行业的队伍比较庞大，未来市场竞争将不断加剧。

就预购品牌和理想品牌的品牌宽度而言，只有36个和40个，相比总品牌宽度有一半的差距。出现众多消费者向少量知名大品牌一边倒的态势，大量中小品牌无法博得消费者青睐，这些缺乏竞争力的品牌终将被市场淘汰。

中国木材流通协会副理事长高志华表示，在不久的将来，将有50%的强化地板企业被淘汰出局，会出现企业品牌取胜的局面，竞争的结果将是大部分生产规模小的企业更加缺乏竞争力，从而被市场淘汰或者成为大品牌公司的加工工厂。同时，市场上大厂家、大品牌的市场占有率将稳步提升，市场集中化程度将越来越高①。

**(三) 大品牌垄断之势渐成**

在我国木地板品牌杂多，质量参差不齐的情况下，为了寻求生存或更长远的发展，一些企业利用有效的蓝海战略，不断提高自身的竞争力，变机会竞争为实力竞争，建立强势的品牌，用质量、服务和科学的发展观说话。

数据显示，木地板行业50.2%的集中度并不高，还处在自由竞争的状态，品牌总宽度75个也说明了这一点。但整个木地板市场已经趋于垄断，小规模的企业将逐渐遭到淘汰，大品牌有实力的企业将主宰市场。圣象、大自然两大品牌占了将近40%的消费者常用品牌提及率。另外，在预购品牌和理想品牌调查中，两者也占有44.6%和57.4%的提及率，高提及率证明了大企业已经在占领市场的同时，提高了自身的品牌价值。随着竞争激烈程度的加大，这种垄断之势将逐渐加剧。见图3－11－3。

**(四) 国外品牌强势进入，国内品牌引领鳌头**

加入世贸组织，对我国经济是一个大的契机，同时对我国木地板行业也是一个机会。一方面，新技术、新思维使我国木地板行业国际化程度不断加强；另一方面，国外的许多大品牌纷纷进驻我国，比如麦道、环球等品牌企业在我国建立生产基地。市场由纷杂竞争局面进入全面整合阶段，小企业、家庭作坊由于竞争力不够逐渐退出市场，促使一些国内大品牌的崛起。像圣象、

---

① 2008奥运年地板行业遭遇严峻挑战之年［OL］．［2008-03-19］．http：//www.chinafloor.cn/news/detail_newsID-17972.htm.

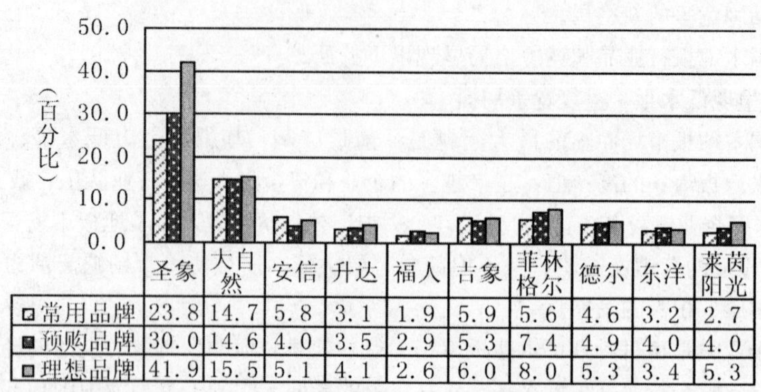


| | 圣象 | 大自然 | 安信 | 升达 | 福人 | 吉象 | 菲林格尔 | 德尔 | 东洋 | 莱茵阳光 |
|---|---|---|---|---|---|---|---|---|---|---|
| 常用品牌 | 23.8 | 14.7 | 5.8 | 3.1 | 1.9 | 5.9 | 5.6 | 4.6 | 3.2 | 2.7 |
| 预购品牌 | 30.0 | 14.6 | 4.0 | 3.5 | 2.9 | 5.3 | 7.4 | 4.9 | 4.0 | 4.0 |
| 理想品牌 | 41.9 | 15.5 | 5.1 | 4.1 | 2.6 | 6.0 | 8.0 | 5.3 | 3.4 | 5.3 |

图 3－11－3　木地板常用、预购和理想品牌提及率

大自然、安信、升达、福人等国内知名品牌，都得到了消费者的认可。

从数据中我们可以看出，在消费者常用品牌、预购品牌和理想品牌前十名排名中，国产品牌有圣象、大自然、安信、升达、福人，进口品牌有吉象、菲林格尔、德尔、东洋、莱茵阳光，出现平分天下的局面。虽然在数量上进口品牌和国产品牌势均力敌，但就消费者的倾向而言，国产品牌还是有着相当大的优势。圣象、大自然在消费者常用、预购和理想品牌提及中，都把守前两名的位置。特别是圣象，在潜力指标和晋级指标上又分别以 6.2%和 18.1%的比例遥遥领先于第二位的竞争对手，其品牌优势凸显。

## 三、木地板品牌发展策略和市场热点趋势

今后，木地板行业的总体发展趋势体现在以下几个方面：

**（一）资源稀缺使生产规模化成为客观要求**

作为资源制约型产业，面对乐观市场前景的同时，地板产业也面临着资源不足的挑战。我国是一个森林资源相对贫乏的国家，森林面积居世界第 5 位，森林蓄积量列第 7 位，但森林覆盖率只有 16.55%，相当于世界森林覆盖率（27%）的 61%。全国人均占有森林面积 0.128 公顷，相当于世界人均占有量（0.6 公顷）的 1/5，人均森林蓄积 9.048 立方米，只有世界人均蓄积（72 立方米）的 1/8①。而依赖天然林木材资源的木地板业会因资源的有限而使其发展受到限制。

受资源制约的压力，木地板企业的生产将形成规模化，为确保企业的可持续发展，企业加大技术开发，发展速生林，提高林木利用率成为生存的关键，众多大企业产业链将进一步向上游发展。

**（二）国际市场竞争加剧，促使品牌集中化、产业健康化**

国际品牌大规模进入，一定程度上提高了行业的技术水平，但另一方面也对国内企业造成了很大的压力。面对此压力，国内企业间的合作和整合成为必然趋势。品牌整合、资本运营、企业联盟更活跃，成为 2007 年国内木地板行业的特征，这些也将成为未来此行业的发展方向。

同时，行业内部的不断整合，又要求一个健康合理的产业环境。为此，质量标准将进一步提高，木地板行业积极实施调度制度，加强企业间竞争的信息透明化，积极探寻行业真实运行情况，对国内国际市场现状和发展走势进行全面搜索，从而降低木地板企业的投资和营销风险。

---

① 中华人民共和国年鉴［OL］. www. gov. cn.

**（三）消费理性化使品牌细分化、服务规范化成为新趋势**

虽然木地板是资源型产品，原材料的开采和使用方面受到很大限制，但生产技术的不断改进提高了原材料的利用率、增加了产品的种类、为市场提供了更多的优质产品，使消费者有了更多的选择余地，消费者也随之进入理性消费阶段。因此，明确目标市场，准确进行产品定位，建立品牌自己的个性，成为取得市场高占有率的必然要求。另外，消费者消费理性的提高也将推动企业加大对售后服务的投入。

## 专案解析

### 圣象地板：一头大象带动一个产业①

圣象公司成立于 1995 年，总部设在中国上海，2002 年 8 月大亚科技股份有限公司成为圣象公司的控股股东。公司旗下拥有圣象系列国际知名品牌，包括圣象、圣象爱家、圣象波瑞、康树、康逸（三层实木复合）、圣象康林、康伦（实木复合）及圣象中高密度板材、圣象壁纸、圣象家具板材、圣象散热器系统等。其圣象品牌更被尊称为中国强化木地板业的“领导品牌”，圣象也无可争议地成为世界范围内颇具竞争力的木业集团。

圣象作为强化木地板行业的领头羊，以优质的产品、创新的科技、贴心的服务赢得了消费者的信赖，带动了整个行业的发展。

**用健康完善品质，用品质打造品牌**

在产品方面，圣象始终强调“环保地板”的概念，以 E0 级地板要求自己（E0 级地板必须符合甲醛释放限量≤0.5mg/L，是一个优于现行国家强制标准 E1 的等级标志），确保每一片地板都符合 E0 级至高健康标准。并在消费市场中掀起了 E0 级健康地板的消费热潮，带动了行业内以“健康”为竞争热点的“绿色竞争浪潮”。

另外，圣象率先在国内大规模开发抗菌强化木地板，让健康更贴近生活，用健康地板打造高品质品牌。

**以创新为核心竞争力**

圣象集团拥有多项同行业独有的产品和加工专利技术，高精度的设备将产品的制造精密度达到了微米级。例如爱心锁扣技术，这一技术目前只有用进口优质的高密度板和高度自动化的世界领先生产设备、生产工艺才能实施，否则在使用中锁扣就会断裂。圣象利用这一技术生产的防潮产品和环保系列产品，在水平和垂直方向的尺寸误差缩小到微米级。

另外，圣象的手雕木纹技术、精纹浮雕技术、足乐龙骨技术、负离子技术等多种创新技术保证了产品的质量、舒适度、美观性、环保型和耐用程度，切实满足了更多消费者的需求。

**一体化贴心的服务为圣象赢得更多消费者**

圣象摆脱传统的营销模式，建立销售、安装、服务一体化的创新模式。为此，圣象建立了负责产品推介和品牌终端推广的专卖店以及专业的客服机构，实行专业化服务，加强与客户的沟通。圣象全面性的服务意识，不但为其节约了消费者维护成本，更为企业开拓新市场提供了有利条件。

调查数据显示，圣象在消费者木地板常用品牌、预购品牌以及理想品牌提及率中遥遥领先，得到大部分消费者的青睐。另外，圣象地板消费者品牌维系度为 60.2%，而提及率排名第二、三位的大自然和吉象地板的消费者品牌维系度仅为 44.4%和 43.8%，远不及圣象。所以，在未来的

① 圣象：一头大象带动一个产业［OL］．［2006-10-11］．http：//www.bmlink.com/news/message/80679.html.

木地板市场中，圣象将会通过强有力的竞争优势赢得更多的市场份额。

## 资料链接

我国经济和社会飞速发展，大规模基础设施、房地产建设以及消费者个人的需求，共同拉动了木地板业的发展。中国林产工业协会地板专业委员会发布的行业统计报告显示：2007 年我国木地板产量总体稳中有升，总产量为 3.61 亿平方米，增幅为 9.4%。强化木地板在各种类地板中仍然占主导地位，产量为 2.2 亿平方米，产量增幅为 10%；实木地板因其原料短缺产量略有下降，为 4 400 万平方米，降幅 2%。实木复合地板处于快速增长中，在各种类地板中产量增长速度最强劲，年产量为 7 500 万平方米，增幅 25%。竹地板产量明显下降，产量为 2 000 万平方米，降幅 20%；竹地板主要由于原材料价格上涨和一些企业压价竞销造成部分企业难以维持等原因造成其产量大幅下降。其他地板产量 200 万平方米。①

我国从一个木地板纯进口国变为一个出口大国，木地板行业经历了转折性的变迁。行业的发展过程大致可分为以下 3 个阶段②：

• 第一阶段（20 世纪 80 年代中期至 90 年代初期）：萌芽阶段。实木地板在 20 世纪 50 年代因国家产业政策禁止使用，改革开放后开始发展，而强化木地板从 1995 年开始从欧洲引进，并得到广泛使用。

• 第二阶段（90 年代初期至 21 世纪初期）：快速成长阶段。从 90 年代中期开始，木地板产销量每年均以 30%以上的速度递增，企业从几百家发展到几千家。

• 第三阶段（21 世纪后）：成熟稳定阶段。木地板外观质量已达到国外先进水平，产销量也跃居世界前列。自 2003 年下半年至今，地板出口数量大幅增长。我国木地板已远销世界各地，并从进口国发展为净出口国。

（执笔：孔　超）

---

① 2007 年我国木地板产量达 3.61 亿平方米增幅 9.4%［OL］.［2008-02-01］. http：//home.focus.cn/news/2008/02/01/96506.html.

② 我国木地板行业步入成熟稳定期［OL］.［2004-06-02］http：//www.cnworld.net/maindoc/news/2004/06/02/news24802.asp.

# 第十二章 服务类

## 行业综述

目前，服务业已经成为衡量社会发展程度高低的重要标志，在经济建设中的作用越来越强，大力发展服务业已成为世界经济发展的普遍趋势。近年来，我国产业结构不断调整、升级，服务业也取得了较快的增长。2006年，中国服务业总产值已由1978年的881.6亿元增加到82 972亿元，占GDP的比重则由改革开放初期的24.2%增加到40%。①

消费服务类行业，包括金融服务、零售、餐饮旅游等行业。我们选取了和人们生活息息相关的银行、保险、航空和家电卖场四大品类作为调查对象，希望通过调查让消费者对这些行业的现状及发展前景有所了解，并对企业发展提出若干指导性建议。

## 第一节 银行

### 一、银行品牌十强数据

银行品牌十强数据见表3—12—1、表3—12—2、表3—12—3。

表3—12—1 银行品牌家庭消费者十强

| 排序 | 常用品牌 | | 预购品牌 | | 理想品牌 | |
|---|---|---|---|---|---|---|
| | 名称 | 提及% | 名称 | 提及% | 名称 | 提及% |
| 1 | 中国工商银行 | 30.5 | 中国工商银行 | 23.0 | 中国工商银行 | 22.6 |
| 2 | 中国建设银行 | 19.4 | 中国建设银行 | 19.3 | 中国建设银行 | 17.1 |
| 3 | 中国农业银行 | 17.9 | 中国农业银行 | 13.5 | 中国银行 | 14.5 |
| 4 | 中国银行 | 9.0 | 招商银行 | 10.6 | 中国农业银行 | 12.2 |
| 5 | 招商银行 | 7.0 | 中国银行 | 10.5 | 招商银行 | 10.9 |
| 6 | 交通银行 | 5.1 | 交通银行 | 5.0 | 交通银行 | 4.5 |
| 7 | 中国民生银行 | 2.0 | 浦东发展银行 | 2.5 | 花旗银行 | 3.0 |
| 8 | 光大银行 | 1.6 | 中国民生银行 | 2.4 | 浦东发展银行 | 2.6 |
| 9 | 浦东发展银行 | 1.4 | 光大银行 | 2.1 | 汇丰银行 | 2.2 |
| 10 | 邮政储蓄 | 0.8 | 汇丰银行 | 1.3 | 中国民生银行 | 2.1 |

① 中国投资指南［OL］. http://www.fdi.gov.cn/pub/FDI/zgjj/hyzk/fwy/default.htm.

表 3－12－2　银行品牌潜力消费者十强

| 排序 | 常用品牌 | | 预购品牌 | | 理想品牌 | |
|---|---|---|---|---|---|---|
| | 名　称 | 提及％ | 名　称 | 提及％ | 名　称 | 提及％ |
| 1 | 中国农业银行 | 26.5 | 中国工商银行 | 22.7 | 中国建设银行 | 19.3 |
| 2 | 中国工商银行 | 26.0 | 中国建设银行 | 20.3 | 中国工商银行 | 19.0 |
| 3 | 中国建设银行 | 22.6 | 中国农业银行 | 14.4 | 中国银行 | 15.7 |
| 4 | 中国银行 | 7.0 | 中国银行 | 10.3 | 中国农业银行 | 11.4 |
| 5 | 招商银行 | 4.6 | 招商银行 | 10.2 | 招商银行 | 9.0 |
| 6 | 交通银行 | 2.5 | 交通银行 | 2.9 | 花旗银行 | 7.0 |
| 7 | 光大银行 | 1.8 | 光大银行 | 2.5 | 汇丰银行 | 3.8 |
| 8 | 中国民生银行 | 1.5 | 浦东发展银行 | 2.4 | 交通银行 | 2.6 |
| 9 | 东亚银行 | 1.1 | 花旗银行 | 2.2 | 浦东发展银行 | 2.2 |
| 10 | 邮政储蓄 | 1.0 | 中国民生银行 | 2.1 | 渣打银行 | 2.0 |

表 3－12－3　银行品牌两类消费者加权十强

| 排序 | 常用品牌 | | 预购品牌 | | 理想品牌 | |
|---|---|---|---|---|---|---|
| | 名　称 | 提及％ | 名　称 | 提及％ | 名　称 | 提及％ |
| 1 | 中国工商银行 | 29.6 | 中国工商银行 | 22.9 | 中国工商银行 | 21.8 |
| 2 | 中国建设银行 | 20.0 | 中国建设银行 | 19.5 | 中国建设银行 | 17.5 |
| 3 | 中国农业银行 | 19.6 | 中国农业银行 | 13.7 | 中国银行 | 14.8 |
| 4 | 中国银行 | 8.6 | 招商银行 | 10.5 | 中国农业银行 | 12.0 |
| 5 | 招商银行 | 6.5 | 中国银行 | 10.5 | 招商银行 | 10.5 |
| 6 | 交通银行 | 4.6 | 交通银行 | 4.6 | 交通银行 | 4.1 |
| 7 | 中国民生银行 | 1.9 | 浦东发展银行 | 2.5 | 花旗银行 | 3.8 |
| 8 | 光大银行 | 1.6 | 中国民生银行 | 2.4 | 汇丰银行 | 2.5 |
| 9 | 浦东发展银行 | 1.3 | 光大银行 | 2.2 | 浦东发展银行 | 2.5 |
| 10 | 邮政储蓄 | 0.8 | 汇丰银行 | 1.4 | 中国民生银行 | 2.0 |

## 二、银行品牌的竞争格局解析

### （一）银行品牌竞争概况

1．行业品牌建设初见成效

2001年底，随着加入WTO组织，我国银行业竞争加剧，银行的品牌意识抬头，各银行通过广告宣传、事件营销和服务营销等多种措施强化品牌。至此，银行业的品牌建设已初见成效：家庭消费者和潜力消费者对银行品牌的使用率和预购率均高于98％，他们对于银行品牌的理想率也分别为91.4％和90.7％，消费者对于银行品牌的感知度非常高，这在很大程度上得益于银行自身的积极努力。

2．行业的市场集中度较高，进入消费者心智的银行品牌有限

通过银监会发布的年报计算，除去政策性银行、信用社和立足于农村的各个银行外，在我国的城市区域共有各种商业银行170余家，但是在本次调查中，能够进入消费者心智的银行品牌总计为49个，占不到我国城市区域银行总数1/3的比重。而在这些被提及的品牌中，消费者集中度高达77.8％，即有近80％的消费者以中国工商银行、中国建设银行、中国农业银行和中国银行这四大国有商业银行作为自己常用的银行。这进一步说明了目前我国银行业中市场和品牌的集中度较高，竞争激烈。

与其他行业相比，消费者对银行品牌的选择相对比较集中，这与四大国有商业银行的历史优

势是分不开的。在各种股份制商业银行和城市商业银行登上历史舞台之前，四大国有商业银行在金融市场上处于垄断地位，它们是当时消费者进行金融消费的唯一选择。随着股份制商业银行和城市商业银行的出现，人们的选择变得多样，但是许多消费者依然会受到传统的消费观念或消费习惯的影响，将四大国有商业银行作为自己消费时的首选。

另外，从77.8%的消费者集中度百分比中也可以看出，国有商业银行从前的绝对垄断地位已经逐步被打破，超过20%的消费者开始接受并使用其他银行的金融服务，这一消费者比重可能会随着股份制商业银行、城市商业银行和外资银行的营销努力而进一步扩大，银行业正在向着自由和良性竞争的方向前进。

3. 银行品牌的消费者维系能力有待强化

虽然消费者对银行品牌的感知度较高，表现为进入消费心智的银行品牌很多，但是银行对消费者的维系能力均处于中等水平。消费者常用前三名的银行品牌的消费者维系度百分比分别是：中国工商银行48.5%，中国建设银行51%，中国农业银行44.7%，常用品牌第二名的中国建设银行在维系消费者方面的能力要高于常用率、预购率和理想率均第一的中国工商银行，即建设银行具有更强的品牌凝聚力。

银行业整体消费者维系度指标不高与我国银行业的特殊性质有关。银行业分属于服务行业，消费者对服务的感知和满意程度会在很大程度上影响到其对品牌的印象和态度，进而影响消费者与品牌的关系和后续走势。在很长一段时间内，我国的银行，特别是四大国有商业银行都扮演着“皇帝女儿不愁嫁”的角色，并不需要在服务上花什么心思；在银行业进行市场化改革之时，诸多银行都将市场重点放在了金融产品的推广上，对服务也相应地作了一些改进，但都只是类似“微笑式服务”的一些浮于表面的改进，并未作出太多深化，这样的服务自然不能打动消费者，无法令其对品牌产生好感和忠诚度。

在现阶段，银行应该在扩大品牌知名度的基础上对品牌进行深化，将服务营销落在实处，切实地满足消费者的需求和利益，更好地维系住消费者，增强消费者对品牌的忠诚度，从而增强品牌在市场上的竞争能力。

**（二）银行品牌竞争形成三大阵营**

1. 三大阵营呈阶梯状分布

在我国银行业中，各银行品牌的分布格局聚合为3个阵营。

第一阵营为四大国有商业银行，即中国工商银行、中国建设银行、中国农业银行和中国银行。这4个银行由于起步较早，初期有国家政策的扶持，因此占据较大的市场发展空间，在银行业的市场化发展阶段，国有商业银行依然占据较大优势。除了中国银行表现稍弱外，第一阵营优势显著，领先百分比达到10个百分点以上。

第二阵营是以交通银行、招商银行为代表的全国性股份制商业银行。调查显示，常用提及的前列品牌中，除了四大国有银行和第十的邮政储蓄，其余均为全国性股份制商业银行。

第三阵营由城市商业银行、外资银行和农村信用社组成。它们现在的市场份额并不高，常用品牌提及率均不及1%，但是它们的目标消费者清晰，在今后客户个性化、多元化的趋势下，将显示出很强的竞争力。调查中，城市商业银行和农村信用社的提及率较低，没有进入前十的行列，而外资银行在预购和理想品牌提及率排名中虽有所表现，但依然处在靠后的位置。

2. 国有商业银行实力强劲，日后发展需更加努力

在常用品牌、预购品牌和理想品牌提及率前十的排名中，除了预购品牌的第四名是招商银行外，其他各类品牌的前四均为国有商业银行，其中以中国工商银行和中国建设银行为最强，它们各自包揽了常用、预购和理想品牌的第一和第二，国有商业银行在现阶段表现出强劲的实力。

然而，在品牌的市场潜力和理想晋级指标排名方面，国有商业银行的表现却不容乐观。国有商业银行中只有中国银行的市场潜力百分比达到1.9%，其他3个银行的该项指标均为负值；银行品牌的理想晋级指标与此类似，中国银行的晋级力较强，理想晋级百分比为6.2%，另外3个银行的晋级百分比皆负。

国有商业银行在现阶段的良好表现大多是受益于其所占据的“国”字头先天优势。银行业的深化改革在推动国有商业银行走向市场的同时，也对这些品牌的自我成长能力提出了新的要求，国有商业银行必须直面市场的竞争和挑战，以积极的态度应对市场变化，找到恰当的营销方法，强化品牌建设和推广的力度，才能跟上银行业市场化的步伐，不至于在日后丧失优势。在这方面，中国银行为其他国有商业银行做出了表率：通过成为2008北京奥运会合作伙伴，中国银行成功地提升了自己的品牌地位，优化了品牌形象，为品牌日后的发展蓄足了力量。

3. 股份制商业银行前景看好

股份制商业银行是近二十年来我国金融市场上的一股新兴力量，多数成立于20世纪80年代中后期，它们在发展初期即赶上了银行业的市场化改革，因此从一开始便以市场化模式进行操作，在有限的市场空隙中求生存。这种市场环境和条件使得股份制商业银行从创业之初就较为重视品牌建设，依靠品牌的声音获得进一步发展。

在常用前十名的品牌中，第五名到第九名都是股份制商业银行，其中招商银行和交通银行当属这一阵营中的佼佼者。招商银行和交通银行的常用品牌提及率分别为6.5%和4.6%，高于其他股份制商业银行3个百分点以上；此外，这两个银行的预购品牌提及率和理想品牌提及率也在股份制商业银行这个阵营中遥遥领先。

从品牌的市场潜力和理想晋级两项指标来看，分别有6个股份制商业银行进入了品牌市场潜力前十名，5个进入品牌理想晋级的前十名。第二阵营的品牌虽然作为常用、预购和理想银行品牌的提及率不算高，但是随着其不断地进行产品创新和品牌推广，它们自身所蕴含的巨大的发展潜力将会日益凸显出来，被消费者接受和认可，在金融市场上占据一席之地。

4. 外资银行蓄势待发

外资银行进入中国金融市场的时间不长，各种业务的全面开放也是近几年的事，它们目前正处于市场的导入期，所取得的市场份额并不高。在短短几年时间中，外资银行已经开始表现出不俗的实力。在预购品牌的排名中，汇丰银行以1.4%的提及率位列第十；花旗银行和汇丰银行则双双进入理想品牌的前十名，分别以3.8%和2.5%的提及率排在第七和第八位。

目前，包括东亚银行、花旗银行、汇丰银行和渣打银行等在内的一批实力强劲的外资银行已经在我国金融市场上展开了角逐，与中资银行相比，它们在发展的资金、技术、人才和营销经验方面都略胜一筹。现阶段，这些外资银行几乎都将全面了解市场、与高端的目标消费者进行沟通和培育品牌作为营销重点，还不急于全面对市场展开争夺。外资银行的发展潜力已经在一步步的深耕细作中逐步体现出来：在品牌市场潜力指标排名中，汇丰银行和花旗银行分别排第四和第五名；而在品牌的理想晋级方面，花旗银行、汇丰银行和渣打银行则占据了第三至第五的位置。随着外资银行的品牌培育过程不断地深入，在不远的将来，当外资品牌的认知度和知名度达到一定的程度，并维系了一批有强大消费能力的忠诚高端消费者后，外资银行将会迅速地对国有商业银行和股份制商业银行发起冲击。见图3－12－1、图3－12－2。

**（三）银行品牌区域竞争态势**

目前，在全国区域实现网点覆盖的主要是处于一、二阵营的银行，第三阵营的银行构成比较复杂，在网点的分布方面各有不同的选择。各银行由于在网点分布方面的策略不同，其品牌对不同区域消费者造成的影响力也不同。总的来说，我国银行业区域格局主要表现为：

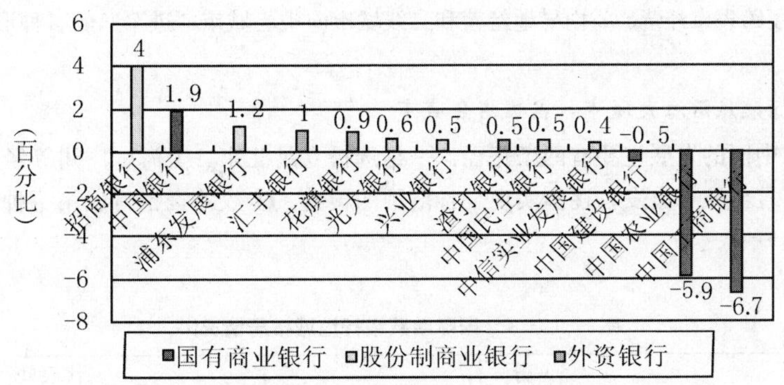


图 3-12-1 银行品牌发展潜力指标

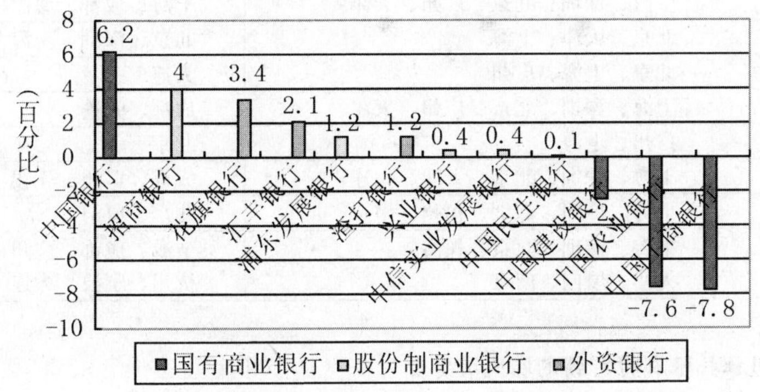


图 3-12-2 银行品牌理想晋级指标

1. 四大国有商业银行覆盖全国

在银行的区域分布上，四大国有银行由于起步早、初期有国家政策扶持等方面的原因实现了全国范围内的覆盖，上至北京、上海、广州等超级大城市，下至二、三线城市，甚至是乡镇地区，都可以看见它们的身影。据品牌地域影响力指标显示，四大国有银行共同包揽了全部 36 个主要城市中消费者第一常用品牌的位置。除了武汉、深圳、南京等少数几个城市的第一预购品牌和第一理想品牌是招商银行外，其他 30 余个城市的第一预购和理想品牌均为四大国有商业银行。

2. 股份制商业银行立足省会城市谋求双向发展

目前市场表现较好的股份制商业银行最初几乎都是在某一特定地区获得发展的机会，并一步步地扩大领地的。如招商银行由深圳起家、兴业银行兴起于福州、浦东发展银行以上海作为大本营，在其各自的发源地，股份制商业银行拥有强大的地缘优势。这些银行在向全国拓展业务的时候，主要采取的策略是在全国主要的经济中心城市站稳脚跟，这些城市大多是各省的省会城市或是沿海一些经济较为发达的城市，在此基础上股份制商业银行再伺机向下线城市扩张或是向北京、上海、广州等大城市的市场进发。这种双向发展的策略可以帮助股份制商业银行在有重点地进行区域覆盖的同时兼顾全国市场，更合理地利用各种资源进行发展。

3. 城市商业银行跨区域发展

前身为城市合作社的城市商业银行，最初只走为地方经济发展服务、为中小企业发展服务的路线。随着金融市场竞争的加剧，这样的业务范围不免显得有些狭窄，银行大力发展个人业务成为必然，但面对四大国有银行和股份制银行的强大攻势，其发展变得步履维艰。本地经营限制了城市商业银行规模和业务的发展，跨地域经营成为扩大赢利规模的新道路。到2007年，城市商业银行跨区域经营达到新的高潮，出现了跨省市经营、省内异地经营和二线城市向中心城市“进军”的多种形式的跨地域经营模式。

4. 外资银行聚焦沿海大城市，占据省会城市

外资银行在中国的发展主要有两条路径：一是选择立足北京、上海、广州等经济发达的超级大城市；二是从省会城市出发，逐步实现全省范围的覆盖。多数外资银行以第一种方式为主。见表3－12－4。

**表3－12－4 国际活跃银行地域布局情况①**

| 国际活跃银行 | 分行 | 代表处 |
|---|---|---|
| 汇丰银行 | 上海、深圳、北京、大连、广州、青岛、天津、武汉、厦门 | 重庆、成都 |
| 花旗银行 | 上海、深圳、北京、广州、天津 | 上海、成都、厦门 |
| 摩根大通银行 | 北京、天津、上海 | 北京、深圳、上海 |
| 美洲银行 | 北京、上海、广州 | 大连 |
| 法国巴黎银行 | 上海、深圳、北京、广州、天津 | 成都、大连 |
| 德意志银行 | 广州、上海 | 北京 |
| 东京三菱银行 | 上海、深圳、北京、天津、大连 | 成都、广州、无锡 |
| 恒生银行 | 上海、广州、深圳、福州、南京 | 北京、厦门 |
| 渣打银行 | 上海、深圳、北京、珠海、天津、厦门、南京 | 上海、成都、广州、青岛、杭州、宁波、大连 |

5. 农村信用社扎根农村，锁定农民消费者

此次调查所涉及的范围是全国36个主要城市，城市消费者成为主要调查对象，所以统计结果中，农村信用合作社并没有成为人们关注的焦点。但是，面对我国庞大的农村人口，农村信用社发挥着重要作用，它作为提供金融服务的农村合作金融机构，主要针对农村市场开展各种存贷业务。目前，农村信用社扎根于农村，担负着农村主要的金融服务业务，成为协助农民管理财产的重要机构。

## 三、银行品牌发展策略和市场热点趋势

2006年12月11日，我国履行加入WTO组织时的承诺，银行业全面对外开放，外资银行大量涌入中国，业务范围也不断放宽。这意味着原本支在本土金融机构头顶的保护伞被收起，本土银行将面临更多的挑战。在这样的市场条件下，我国银行业中逐渐呈现出以下市场热点和发展趋势。

### （一）金融创新主导银行发展，打造子品牌渐成行业主流

银行业与消费品行业最大的区别在于它所提供的产品是服务，这种服务不存在过大的技术壁垒，因此导致了各个银行间的金融产品及服务严重同质化，产品千篇一律不易被消费者识别，彼此的替代性很高。作为消费者一方，其选择银行产品或服务的本质目的是为了保值或赢利，消费者逐渐理性的消费观念使他们对于金融、理财等银行业务的需求比以前更加多样化，要求也更高。产品是品牌的核心，在银行这个高度同质化的行业里，只有根据细分市场的需求进行子品牌的创新，为消费者提供能满足其需求的独一无二的金融产品，品牌才能够获得长久的生命力，才

① [J]. 银行家，2004（5，6）.

能在市场的激烈竞争中胜出。

各个银行顺应市场发展，纷纷推出不同功能的子品牌，极大地丰富了市场。光大银行的“阳光理财”、浦东发展银行的“浦发创富”、招商银行的“一卡通”及“一网通”、工商银行的“金融e通道”和交通银行的“沃德财富”都是近些年银行所推出的较为成功的子品牌。此外，招商银行专门为大学生推出的“Young卡”、民生银行的“女人花卡”等一系列成功的银行卡子品牌，也都成为所属银行的重要标识。

**（二）广告助力品牌形象推广**

根据央视市场研究公司CTR的监测报告显示，2006年金融业是国内广告市场最为活跃的行业之一，其广告投放总额达到27.477 7亿元，同比增长了36.6%；2007年金融广告继续保持了高速增长，其全年广告经营额为39.255 8亿元，增幅高达42.9%。① 在市场全面开放、竞争加剧的市场环境中，银行业已经开始注重广告的力量，借助广告进行产品宣传。

但是观察近两年广告作品不难发现，目前各类银行投放广告的侧重点不尽相同，国有商业银行和股份制商业银行投放的广告主要是金融产品或服务广告，较为务实，而外资银行所投放的广告多为企业形象广告。相比之下，外资银行更懂得借助广告的力量进行银行整体形象的推广，本土银行在品牌形象塑造方面所作的努力还有待进一步提升。

**（三）多种营销手段丰富金融市场**

面对诸多竞争者的加入，我国银行业已经进入品牌竞争的时代，各个银行纷纷开始重视金融营销，采取多种营销手段进行品牌传播。

1. 服务营销

在我国，服务营销的概念是近几年才发展起来的，随着银行对服务本质的越来越重视，服务营销也逐渐得到了重视。上海的银行率先在春节期间照常营业并延长服务时间，为平时无暇跑银行的客户提供方便。各银行都在节假日期间推出了利于消费者的业务：交通银行设计了太平卡“旅行通”，为出门旅游的消费者提供了方便；中国银行增加了贷款额度、延长还款时间并提供给消费者一系列增值服务。

2. 体育营销

招商银行未能成为北京奥运会的合作伙伴，却并未因此而停下步伐，其以“2008和世界一家”为营销主题，先与奥运全球合作伙伴VISA合作推出“招商银行VISA奥运卡”，接着签约成为国家帆船帆板队和国家赛艇队的赞助商，支持青岛政府“千帆竞发2008”人文工程，又携手中国青少年发展基金会成立希望工程——招商银行“我和我的2008”专项慈善基金，巧妙地在政策允许的范围内借力奥运。

3. 事件营销

2003年的“非典”是一次全国范围内的危机事件，却给中国的银行业创造了新的商机。各银行大力普及银行卡知识，宣传用卡消费的好处，提倡刷卡消费的卫生支付方式以减少病毒的传播。招商银行展开了以“安全理财，一网通行”为主题的非常营销；工商银行向各大“抗非”重点医院捐赠了200台最新款的POS机；华夏银行联手电信推出家家E业务，鼓励消费者在家缴费……“非典”期间人们暂留在家，对银行业而言本是一个阶段性的损失，众银行却从中发现商机，避害而得利。

4. 关系营销

关系营销是近几年金融营销领域一个比较热门的话题。外资银行成功地与高端客户建立联

① 2007年中国广告业统计数据报告［J］. 现代广告，2008（4）：34-41.

系，一些本土银行开设针对高端客户的贵宾服务，这样的一些VIP级服务都建立在关系营销的基础上。银行开始设立“首席客户经理”，CRM客户关系管理系统逐渐被纳入银行日常办公的体系中，关系营销开始成为金融营销的一个重要组成部分。

## 专案解析

### 招商银行：敢为行业先

在中国商务广告协会和中国传媒大学发起的“2008中国消费者理想品牌大调查”中，招商银行从众多非国有银行中脱颖而出，在消费者心目中荣登理想品牌第五名，仅次于四大国有商业银行。据世界品牌实验室评估，招商银行的品牌价值已达到381.66亿元。①

招商银行何以在短短20余年的发展中创造出如此巨大的品牌价值？创新性的品牌营销是招商银行生命力的根本所在。以信用卡为例，招商银行拥有各式各样超过40种的信用卡，其中有招商银行自行开发的多款具备不同功能的特色信用卡，如为差旅人士开发的商务卡，以学生为目标客户的Young卡；此外，招商银行还与航空、旅行、酒店、汽车租赁和百货业的各大企业共同开发了各具独特功能的联名信用卡。招商银行在信用卡和其他金融产品的开发上不遗余力，挖掘市场中每一处细微的需求点，成功地通过产品开发实现客户的细分和差异化品牌定位。

在招行的品牌传播策略中，有以下几个关键点：

**明确和形象的品牌识别**

招商银行以“因您而变”作为自己的服务理念，配以盛开的向日葵花作为LOGO。它把自己比作葵花，把客户比作太阳，旨在像“葵花逐日”那样为客户提供最新最好的金融服务。招行的这一自我角色定位生动地表达了银行与客户间紧密相连的关系。银行的任何一个主要营业场所都有葵花的醒目图案，许多金融产品也用向日葵做形象代表，如招行一卡通、金葵花个人理财产品等，其品牌传播也都围绕着“因您而变”和向日葵这个中心展开，形成了整齐统一的品牌形象识别。

**聪明地利用媒体资源**

2004年，招商银行从云集了众多银行的央视黄金时段广告招标会中突围而出成功中标，通过央视这一权威高端媒体的超强传播力来提升自己的品牌形象，并曾创下6天动用百余家报刊、25家电视台、10个网站和25个电台进行全面广告传播的行业记录。银行经营的是金融产品，其本质是经营知名度和美誉度以得到客户的信任，招商银行巧妙地借助了一些强势媒体的权威性和消费者对权威媒体的信任来推广自己的品牌，是对自身品牌形象的一种强化。此外，招商银行还多次与强势媒体合作，利用金融品牌论坛等其他一系列联动活动来辅助广告策略。

**与其他强势品牌强强联合**

2004年5月27日，招商银行与宝马集团和宝马华晨汽车有限公司就提供BMW和MINI品牌汽车金融服务签署合作协议，创造出全新的汽车金融服务模式。这是招商银行在业务上的一个非常大的跨越，不仅代表其业务领域的扩充，也意味着它争取到了以宝马客户为核心的一批新客户。同年，招商银行还与中央电视台跨业结盟，成为首家与中央电视台结成战略合作伙伴关系的营利性商业机构。这是比在央视投放广告意义更加深远的策略性举动，对招商银行来说，与中央电视台的战略结盟意味着在未来的行业竞争中，它将比对手获得更多的品牌传播力，由于双方已不再是简单的利益关系，所以招行可以从更深入的层次抓住央视这一高端媒体的传播优势，更快

---

① 招商银行品牌价值突破381亿元 位居第20位［OL］．［2008-06-16］．http：//news.hexun.com/2008/06/16/106724665.html.

速地抢占消费者和企业客户的心智资源，扩大品牌影响力。[①]

*首先引入品牌代言人，创行业之先*

2006年10月7日，招商银行与世界著名钢琴表演艺术家朗朗在深圳签约，宣布朗朗成为招商银行的形象大使和品牌代言人，这一举措开创了我国银行业的先河。招商银行和朗朗的合作，在某些角度是非常契合的：二者都是各自领域内的后起之秀，形象非常相符；朗朗的演奏对传统的钢琴演奏是一种突破，招商银行也一贯秉持“创新、进取”的品牌个性，二者的精神有极大的相似之处；同时，朗朗的FANS都是一些追求生活品质的高端人士，与招商银行着力服务的“三高”客户群的定位一致。找到朗朗这个与自身品牌契合的代言人，是招商银行在品牌化道路上的关键一步。

在银行业，招商银行一直扮演着“第一个吃螃蟹的人”的角色，它比其他银行在创新和勇于探索的道路上付出了更多，因此也收获了更多。

## 资料链接

2007年，我国银行业金融机构共有法人机构8 877家，营业网点189 921个，从业人员2 696 760人。其中包括政策性银行3家，国有商业银行5家，股份制商业银行12家，城市商业银行124家，城市信用社42家，农村信用社8 348家，农村商业银行17家，农村合作银行113家，村镇银行19家，贷款公司4家，邮政储蓄银行1家，金融资产管理公司4家以及外资法人金融机构29家。截至2007年底，银行业金融机构资产总额达52.6万亿元，比上年增加8.6万亿元，增长19.7%，金融资产持续扩大；同时，金融机构的赢利水平也有所提高，实现税后利润4 467亿元，资本利润率16.7%，资产利润率0.9%，净利息收入、投资收益和手续费成为银行收入结构的3个主要部分，收入结构得到优化。[②]

从1949年新中国成立以来，我国银行业的发展大致可以划分为五大阶段[③]：

• 第一阶段（1949—1979年）：大一统时期。新中国成立初期至改革开放前夕，中国人民银行被赋予了国家银行的职能，承担发行国家货币、经理国家金库、管理国家金融、稳定金融市场、支持经济恢复和国家建设的任务。在这段时间里，我国还没有形成真正意义上的金融市场，中国人民银行是国家银行业中单一的经济实体，既是管理金融的行政机关，又是办理业务的金融组织。

• 第二阶段（1980—1993年）：专业化阶段。这一阶段是中国银行系统的恢复和重建时期，单一的中央银行体制被打破，央行和商业银行分立的政策开始推行，农业银行、工商银行、中国银行和建设银行四大国有银行陆续成立或从其原属部门中独立出来，各自拥有不同的分工。80年代中后期，一些股份制商业银行纷纷创立，作为行业中的新生力量，它们的加入在给行业带来活力的同时也促进了银行彼此间竞争态势的萌发。

• 第三阶段（1994—2001年）：商业化阶段。在这段时期，四大国有银行按照国务院商业化改革的要求开始剥离政策性业务，逐步向商业银行转变。同时，外资银行等金融机构随着外资企业在中国的发展也开始发展起来，银行业国际化的竞争拉开序幕。

• 第四阶段（2002—2004年）：市场化整合营销阶段。2001年中国加入WTO，人们开始把目光

---

① 招商银行：聚力联合营销［OL］．［2005-03-03］．http：//info. news. hc360. com/HTML/001/002/009/104108. htm.

② 中国银行业监督管理委员会2007年年报［OL］．［2008-04-30］．http：//www. cbrc. gov. cn/chinese/home/jsp/docView. jsp? docID=200804300FB630DC553E65ABFF13F202A6743900.

③ 王静．中国金融广告从萌芽到狂欢［J］．现代广告，2007（10）：28-32．银行改革的历史性跨越——中国银行业改革回顾［OL］．［2006-12-04］．http：//gbcode. hktdc. com/gb/info. hktdc. com/report/top/top_061201. htm.

聚焦在本土金融机构如何应对外资冲击上。各个银行开始以一种积极主动的姿态应对挑战：重视金融营销，加强对营销环境的调研和分析，以制定出适合自己的短期或长期战略，以整合营销传播为导向加强自身的品牌塑造和企业形象的宣传，并频频与强势媒体合作从而实施品牌战略。

•第五阶段（2005－2006年）：全面开放的冲刺阶段。2006年年底是对本土银行保护的最后期限，在这两年的时间里，各金融机构尤其是银行业进入了白热化的市场竞争。众银行纷纷斥巨资请专业的公司帮助自己制定品牌战略并加大投放力度，在这一时期，银行业无论是广告投放量或是其投放形式都创下了新高。

（执笔：曹祎楠　孔　超）

## 第二节　保险公司

### 一、保险公司品牌十强数据

保险公司品牌十强数据见表3－12－5、表3－12－6、表3－12－7。

**表3－12－5　保险公司品牌家庭消费者十强**

| 排　序 | 常用品牌 | | 预购品牌 | | 理想品牌 | |
|---|---|---|---|---|---|---|
| | 名　称 | 提及％ | 名　称 | 提及％ | 名　称 | 提及％ |
| 1 | 中国平安保险 | 26.1 | 中国人寿保险 | 26.2 | 中国人寿保险 | 31.5 |
| 2 | 中国人寿保险 | 25.7 | 中国平安保险 | 25.8 | 中国平安保险 | 28.3 |
| 3 | 太平洋保险 | 21.1 | 太平洋保险 | 18.0 | 太平洋保险 | 18.2 |
| 4 | 中国人民保险 | 6.1 | 中国人民保险 | 7.3 | 中国人民保险 | 7.6 |
| 5 | 国泰人寿保险 | 5.2 | 国泰人寿保险 | 3.5 | 国泰人寿保险 | 3.7 |
| 6 | 新华人寿保险 | 1.6 | 友邦保险 | 1.9 | 友邦保险 | 2.3 |
| 7 | 泰康人寿保险 | 1.5 | 新华人寿保险 | 1.9 | 新华人寿保险 | 1.4 |
| 8 | 友邦保险 | 1.5 | 泰康人寿保险 | 1.4 | 泰康人寿保险 | 0.9 |
| 9 | 康泰人寿保险 | 1.3 | 华泰保险 | 1.3 | 天安保险 | 0.9 |
| 10 | 华安保险 | 1.1 | 天安保险 | 1.3 | 信诚人寿保险 | 0.9 |

**表3－12－6　保险公司品牌潜力消费者十强**

| 排　序 | 常用品牌 | | 预购品牌 | | 理想品牌 | |
|---|---|---|---|---|---|---|
| | 名　称 | 提及％ | 名　称 | 提及％ | 名　称 | 提及％ |
| 1 | 中国人寿保险 | 29.1 | 中国人寿保险 | 28.1 | 中国人寿保险 | 35.1 |
| 2 | 太平洋保险 | 23.5 | 太平洋保险 | 21.0 | 太平洋保险 | 23.8 |
| 3 | 中国平安保险 | 16.0 | 中国平安保险 | 17.1 | 中国平安保险 | 18.8 |
| 4 | 国泰人寿保险 | 5.0 | 中国人民保险 | 5.8 | 中国人民保险 | 6.5 |
| 5 | 中国人民保险 | 4.8 | 国泰人寿保险 | 3.4 | 国泰人寿保险 | 4.0 |
| 6 | 友邦保险 | 1.8 | 友邦保险 | 2.6 | 友邦保险 | 3.2 |
| 7 | 华安保险 | 1.6 | 华安保险 | 1.5 | 信诚人寿保险 | 1.4 |
| 8 | 华泰保险 | 1.5 | 天安保险 | 1.5 | 华泰保险 | 1.1 |
| 9 | 康泰人寿保险 | 1.2 | 信诚人寿保险 | 1.3 | 新华人寿保险 | 1.1 |
| 10 | 泰康人寿保险 | 1.1 | 中华联合财产保险 | 1.2 | 中意人寿保险 | 1.0 |

表 3－12－7 保险公司品牌两类消费者加权十强

| 排序 | 常用品牌 | | 预购品牌 | | 理想品牌 | |
|---|---|---|---|---|---|---|
| | 名称 | 提及％ | 名称 | 提及％ | 名称 | 提及％ |
| 1 | 中国人寿保险 | 26.4 | 中国人寿保险 | 26.6 | 中国人寿保险 | 32.2 |
| 2 | 中国平安保险 | 24.1 | 中国平安保险 | 24.1 | 中国平安保险 | 26.4 |
| 3 | 太平洋保险 | 21.6 | 太平洋保险 | 18.6 | 太平洋保险 | 19.3 |
| 4 | 中国人民保险 | 5.8 | 中国人民保险 | 7.0 | 中国人民保险 | 7.4 |
| 5 | 国泰人寿保险 | 5.1 | 国泰人寿保险 | 3.5 | 国泰人寿保险 | 3.8 |
| 6 | 友邦保险 | 1.6 | 友邦保险 | 2.1 | 友邦保险 | 2.5 |
| 7 | 泰康人寿保险 | 1.4 | 新华人寿保险 | 1.7 | 新华人寿保险 | 1.3 |
| 8 | 新华人寿保险 | 1.4 | 泰康人寿保险 | 1.3 | 信诚人寿保险 | 1.0 |
| 9 | 康泰人寿保险 | 1.3 | 天安保险 | 1.3 | 中意人寿保险 | 0.9 |
| 10 | 华安保险 | 1.2 | 华泰保险 | 1.3 | 中华联合财产保险 | 0.9 |

## 二、保险公司品牌的竞争格局解析

### （一）保险公司品牌竞争概况

1. 市场潜力巨大，品牌纷呈

我国保险业目前处于一个高速发展的初期阶段，有巨大的市场潜力可以挖掘；同时国家对保险业的发展政策陆续放宽，保险市场对内对外都充分开放，吸引了众多品牌。在调查中，消费者所提及的保险公司品牌共 36 个，其中常用品牌的品牌宽度达到 33 个，在消费者心目中占据一席之地的保险公司品牌占全国保险公司总数的 1/3，与其他行业相比这一比重非常大。

2. 消费者集中度较高，市场存在着一定程度的垄断

品牌的消费者集中度指标可以在一定程度上反映市场发展的自由程度。保险行业中品牌的消费者集中度指标百分比为 77.9％，属于高集中度行业。在消费者心目中排名靠前的 4 个品牌——中国人寿保险、平安保险、太平洋保险和中国人民保险都成立于 20 世纪 90 年代之前，其中中国人寿和中国人保的历史可以追溯到新中国成立时期，这些品牌具有 20 年以上的发展历史，占得了市场先机和优势，客观上形成了一种对保险市场的不完全垄断。

3. 消费者对保险品牌的感知度较低，市场有待进一步挖掘

从品牌的消费者感知度指标上看，目前消费者对保险公司品牌的感知度普遍偏低，常用、预购和理想率百分比都不足 75％，这主要是由人们的传统消费观念所致。多数家庭仍习惯于将资金放在银行中保值，或是拿到股票等投资市场上获取直接赢利，少有消费者接受“花今天的钱做明天的事”的保险消费观念，主动了解和进行保险消费的消费者在总人口中所占的比重很低，因此对保险公司品牌的认知也有限。保险公司在看到巨大市场机会的同时也应该承担起教育消费者、扭转其消费观念的任务。

### （二）保险公司品牌竞争格局

1. 两阵营实力对比明显

在保险市场上，各品牌依照其提及率自然地聚合成为两个大的阵营。

第一阵营包括中国人寿保险、中国平安保险和太平洋保险。这一阵营中的品牌都已经开始集团化的运作，具有雄厚的资本和实力，常用品牌提及率均超过了 20％，预购率和理想率也都高于 18％。其中中国人寿保险的各项提及率都是最高的，常用率 26.4％，预购率 26.6％，理想率

32.2%；其后是中国平安保险，其常用率和预购率均为24.1%，理想率则是26.6%；太平洋保险的各类提及率均在20%上下徘徊。

第二阵营中的构成比较复杂：既包括中国人保这个中国本土历史最悠久的公司，又包括友邦、国泰人保、信诚人寿和中意人寿等外资或合资保险公司，此外还有大量近十年内新进入市场的本土保险公司。在第二阵营中，根据各品牌不同的实力表现又可细分为两个梯度：处于第一梯度的品牌是中国人民保险和友邦保险，提及率均高于5%；其他品牌的提及率都在2%以下，属于第二梯度。

两个阵营对比来看，第一阵营中的品牌提及率比第二阵营的品牌平均高20个百分点以上，实力悬殊较大，短期内这种品牌的阵营式格局不会发生大的改变。然而在阵营内部，各品牌的提及率相差并不大，第一阵营品牌的提及率彼此相差不到3个百分点；特别是第二阵营的第二梯度内部，各品牌间的提及率相差无几，品牌竞争激烈，排位关系可能会由于某个品牌采取积极的营销和品牌措施而发生改变。

2. 集团化品牌发展稳定，优势显著

在保险业的常用、预购和理想品牌的排序中，几个优势品牌表现出了惊人的一致性：常用、预购和理想品牌的前四名均依次为中国人寿保险、中国平安保险、太平洋保险、中国人民保险。这4个品牌都是集团化品牌，在常用品牌中排名靠前，作为预购和理想品牌时也当仁不让。这些品牌在发展时比较注重均衡性和稳定性，既重视眼前的市场，也不忘与消费者进行良好的沟通，努力进入消费者日后进行保险消费的优先选择域。从品牌的理想晋级指标和消费者维系度指标中均可以印证这一点。

保险业常用品牌前三强的消费者维系度百分比分别为：中国人寿保险61.6%，中国平安保险55.2%，太平洋保险50.6%，各品牌的维系度百分比均高于50%，与调查涉及的服务业其他品类相比，其维系消费者的能力较强。在服务业中，服务的过程会对消费者对品牌的态度和二者之间的关系走势产生重要影响。作为服务业的一支，保险在进行销售时需要销售人员与消费者进行多次走访和深入沟通，这有利于消费者与品牌建立良好的感情。

在保险品牌的理想晋级指标方面，晋级百分比大于1%的品牌分别为中国人寿保险、中国平安保险和中国人民保险，它们均是集团化品牌，其中中国人寿保险的晋级百分比高达5.8%。这些保险公司在发展时并非“只见树木，不见森林”，而是具有全局化的品牌发展意识，在未来的市场中也表现出强劲的竞争优势，因此能够保持显著优势，成为垄断市场的寡头。见图3－12－3。

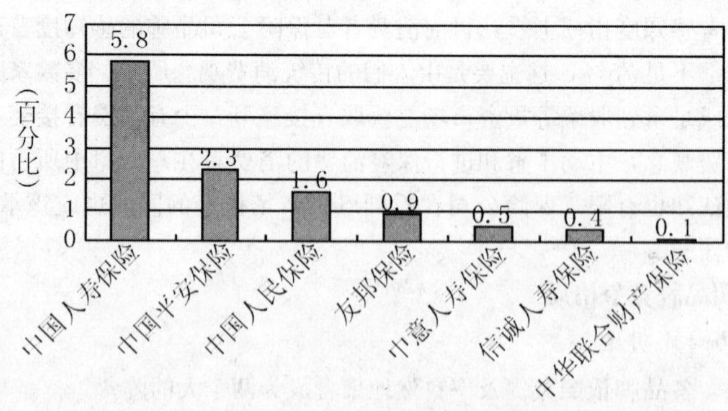


**图3－12－3 保险公司品牌理想晋级指标**

3. 外资（合资）品牌潜力不容小视

1992年，友邦保险在上海设立分公司，成为第一家获许在中国经营保险业务的外资保险公司。随着我国金融业的逐步对外开放，越来越多的外资公司进入我国保险市场，来切分中国市场这块蛋糕，目前全国共有外资保险公司45家。

在这45家外资保险公司中，多数公司是2000年之后才进入中国市场的，发展的时间不长，还不为消费者所熟知，作为常用品牌的提及率不高，目前的市场表现不如本土保险公司。但是这些外资保险公司大多具有雄厚的资金、完善的保险体系和专业人员等优势，品牌具有很大的发展潜力，待与中国的市场和消费者多加磨合，其实力方才显现。在常用和预购品牌十强的排名中，均有两个外资保险公司——友邦保险和国泰人寿保险（台资），分别排第五和第六名；在消费者理想品牌的十强中则增加了两个外资保险公司，一个是中英合资的信诚人寿保险，排名第八；另一个中意合资的中意人寿保险，排名第九。

另外，外资保险公司的短期市场表现和长期品牌发展能力都被看好。在品牌市场潜力指标的前十名排名中，信诚人寿和友邦保险分列第二、三位；而友邦保险、中意人寿和信诚人寿则在品牌理想晋级指标方面排名靠前，占据了第四名至第六名的排位，这3个品牌的长期表现值得期待。

4. 品牌地域影响力不均衡，强势品牌统领全国

从目前中国保险公司的分布来看，大部分保险公司都将业务重点放在东部经济发达的地区。其中，外资保险公司的各分支机构几乎都设置在北京、上海、广州和为数不多的沿海发达城市；中资保险公司的分支机构虽已在内陆普遍设立，但也多集中在人口密集、经济发达的地区和城市，这就造成了保险市场的不均衡性。

据品牌跨地域影响力指标显示，中国人寿保险、中国平安保险和太平洋保险3个第一阵营的品牌共同占据了全国36个城市消费者心目中的常用、预购和理想品牌第一的位置，但是各个品牌的跨地域影响力又互不相同。

从品牌影响的城市数量上看，中国人寿保险的品牌影响力所覆盖的城市约为20个，中国平安保险的城市覆盖量为10个，太平洋保险则能对4～6个城市实现覆盖；从品牌所影响的城市规模上看，中国人寿保险所影响城市的范围虽广，却多是一些以中西部省会城市为主的一、二线城市，而中国平安保险则能对北京、上海和广州这3个一线城市中的翘楚实现全面覆盖和影响，虽然在量上略逊一筹，却在质的方面取得了领先。

## 三、保险公司品牌发展策略和市场热点趋势

### （一）保险公司品牌意识不断提高

我国经济改革的进一步深化，使商业保险更加深入人心，企业与个人在逐步提高保险意识的同时，对保险公司品牌的选择意识也不断增强，投保需求呈现多样化和专门化趋势。

消费者的理性选择，促使保险公司强化自身品牌。好的保险公司不但要提供功能齐全、价格适中、有吸引力的险种，更要提高公司服务质量，加强品牌信誉建设。未来保险市场将成为强势品牌、高信誉品牌的天下。

### （二）根据消费者需求进一步丰富险种

保险根据保险标的的不同可以分为人身保险和财产保险两大类。其中人身保险是以人的寿命和身体为保险标的的保险；而财产保险是以物或其他财产利益为标的的保险，是指包括财产损失保险、责任保险、信用保险、保证保险和农业保险等除人身保险外的其他一切险种。

在过去一段时期内，保险行业曾以寿险为重点，有的公司甚至以“人寿保险”命名，专营寿险；但是随着社会经济的发展，人们的财产安全问题也日益受到重视，经营财险的企业增加，险

种也随着市场和人民的需要而不断丰富。目前，我国保险市场上的险种可细分为保障保险、健康保险、意外保险、养老保险、少儿保险、女性保险、分红保险、家庭财产保险等，涉及现代生活的方方面面，从多角度多层次对人民生命财产进行保障。其中，关系到民生问题的养老和健康保险成为主流趋势。

**（三）综合应用直复营销和关系营销等多种手段**

保险业的对外开放使外资机构大量涌入国内市场，它们在引起激烈竞争的同时也将新的营销观念带入该行业。服务营销作为指导服务业经营发展的重要战术在当前的环境下被重新审视并加以应用，同时直复营销和关系营销也逐渐参与到保险业中。美国约有670万消费者通过国际互联网选购保险产品，在国内，平安保险也已经将直复营销的思路引入了业内，借助互联网和互动技术，指导消费者理财并设立网上门店进行保险销售；而关系营销则逐渐被纳入保险公司的日常工作进行常规操作。

**（四）保险业向着全球化、一体化和金融化方向发展**

社会化大生产使世界各国、各地区在经济的发展中互相信赖，彼此结成一个整体，形成全球统一的大市场。这种经济全球化要求我国保险业在未来的发展中不断参与国际竞争，在保险市场对外开放的同时，实现“走出去”的发展目标。在管理经营上，加强与国际保险市场的技术合作，通过保险的分入分出等方式积极开展国际保险业务。

同时，保险业作为金融业的一部分，与银行、证券等金融业务的分界日益模糊，相互渗透和融合。平安保险股份有限公司脱离了单纯经营保险的思路，以保险作为核心业务，将证券、信托、银行、资产管理等多元的业务融合在一起；汇丰银行也曾看好保险市场，向平安保险注资。继欧美发达国家之后，我国保险业的金融化进程已经拉开了帷幕。

**（五）从业人员素质培养成为品牌发展的关键**

保险业国际化程度的不断提升，国内外竞争的不断加剧，给保险从业人员提出了更高的要求。作为公司形象的代表，一个具有专业素养的业务人员在与客户接触时往往能更好地与其沟通并为其提供服务，从而将企业和品牌形象完整优质地传达给客户。人才将成为企业品牌价值提升的关键，成为企业在未来竞争中取得胜利的关键。认识到了这一点，各保险公司将更加重视对能参与、应对国内国外双重竞争和令消费者满意的专业人才的培养。

## 专案解析

### 中国人寿保险：老品牌焕发生机

品牌价值588.67亿元，居保险行业之首；连续5年入选《财富》“全球五百强”；2007年中国唯一入选“世界品牌五百强”的保险企业；国内唯一一家在纽约、香港和上海三地上市且目前市值全球第一的寿险公司……所有的这些荣誉都属于同一个名字——中国人寿保险。

中国人寿保险公司的前身是成立于1949年的中国人民保险公司和1996年分设的中保人寿保险有限公司及1999年成立的中国人寿保险公司，在经历了2003年的重组改革后，中国人寿这个经历了50余年风雨的公司又焕发出了新的生机，迅速在保险行业中占据了头把交椅。诸多成就的取得缘自于中国人寿在品牌建设上所作的一系列努力。

*优质的服务是打造品牌的基石*

在服务业中企业所提供的核心产品即是服务，保险行业同样如此。提供服务是保险企业的本职，提供优质服务则能助其坚定品牌的基础。“中国人寿员工要把有限的生命投入到无限的为客户服务工作中去”，中国人寿由上至下都以优质服务作为工作的准则。2001年中国人寿创立了自己的95519电话服务中心，2007年又面向全国推出了“国寿N+1”的客户服务，即客户在享受保单服务的同时还能根据自己的需求享受多种附加价值服务。电话服务中心和“N+1”服务都只是中国人寿在服务方面的一个缩影，长期坚持不懈地为客户提供优质的服务才能为品牌建设这座大厦添砖加瓦。

**认清自我，迈开品牌建设的第一步**

俗话说“人贵有自知之明”，对一个企业而言也是如此，只有认清自己、了解自己，才能扬长避短，客观、审慎地走好每一步。2003年11月中国人寿对自己的品牌进行了定性调研，深入地与消费者进行沟通，通过调查分析出不同消费人群对保险的需求和对自己品牌的认知。在此基础上，中国人寿了解了自己的品牌价值和品牌形象，在代理公司的协助下，对品牌定位、识别、传播策略及广告诉求和表现策略都作出了相应的调整，最终确定了“相知多年，值得托付”的广告语并广为传播，在品牌建设方面稳健地迈出了第一步，为日后品牌的做大做强奠定了基础。

**社会责任感为品牌发展提供助力**

中国人寿保险的董事长杨超经常说：“寿险本来就是一个奉献爱心的事业。”作为行业领头羊的中国人寿不仅在业务领域取得了领先，在履行企业社会责任感方面也当仁不让。为了回报社会，将社会责任纳入企业的常规工作，中国人寿推行了企业社会责任建设，对社会责任工作进行统一规划：成立国寿慈善基金会，为社会贡献资金；成立中国人寿志愿者协会，组织公司员工为社会贡献力量。对企业而言，进行常规的公益建设乍看对企业没有切实有效的利益，却对品牌的长期发展有益而无害。具有社会责任感和公益心的企业会对消费者的情感产生潜移默化的影响，拉近消费者与自己的距离，增强品牌的好感度和美誉度，从而对企业的经营产生贡献。

## 资料链接

改革开放以来，中国经济社会的快速发展为保险业提供了强大的增长动力。保险业市场体系日益完善，业务快速增长，服务领域不断拓宽，法律法规体系不断健全，国家监管水平逐步提高，风险得到有效防范。中国保险业呈现健康、有序的发展。

2007年全国保费收入7 035.8亿元，同比增长25%；保险资金实现投资收益2 791.7亿元，投资收益10.9%，达到历史最好水平。同年，全国财产险保费收入1 997.7亿元，同比增长32.6%；寿险保费收入4 463.8亿元，同比增长24.5%；健康险保费收入384.2亿元，增长2.4%；意外险保费收入190.1亿元，同比增长17.4%。① 截至2007年底，我国保险业总资产达3万亿元，实现行业利润360亿元，目前全国共有保险公司107家，中资公司62家，外资公司45家，其中90%以上的公司市场份额低于5%，中小保险公司的市场份额稳步增长，保险市场集中度呈现下降趋势。②

纵观我国保险业的发展历程，基本经历了以下几个阶段：

• 第一阶段（新中国成立后到20世纪70年代初期）。受当时社会体制的影响，我国保险业的发展基本处于停滞阶段。在新中国成立初期曾经成立了中国人民保险公司以满足人们对于保险的需求，但随后我国的社会体制发生了变化，人们对于风险的控制手段由个人自主转向了国家统筹，作为满足个人风险保障的商业保险公司失去了生存的基础。

• 第二阶段（20世纪80年代到20世纪末）。随着改革开放的深入，市场经济成为我国经济的主要

① 2007年全国保费收入超过7 000亿元［OL］. ［2008-01-28］. http://finance.jrj.com.cn/news/2008/01/28/000003236047.html.

② 魏迎宁. 中国保险业总资产突破3万亿元［OL］. http://news.xinhuanet.com/newscenter/2008/01/15/content_7428213.htm.

形式，个人风险控制的主体由国家转移向个人。人民生活水平的不断提高，在令消费者对保险有了一定需求的同时也赋予其一定的满足能力。在这段时间内，一批国有保险公司迅速发展起来，外资保险公司的进入也加速了我国保险业市场化的进程，我国保险业的行业规模得到了日益扩大。

•第三阶段（21世纪初至今）。在第二阶段保险业的市场规模虽然得到了快速扩大，但是由于存在不正当竞争，行业的整体实力并不强。从21世纪开始，整个保险业的总资产和收益快速提升，企业整体水平明显提高，监管体系不断完善，我国保险业进入了法制化、规范化的快速发展阶段。①

（执笔：曹祎楠　孔　超）

# 第三节　航空公司

## 一、航空公司品牌十强数据

航空公司品牌十强数据见表3－12－8、表3－12－9、表3－12－10。

**表3－12－8　航空公司品牌家庭消费者十强**

| 排　序 | 常用品牌 | | 预购品牌 | | 理想品牌 | |
|---|---|---|---|---|---|---|
| | 名　称 | 提及％ | 名　称 | 提及％ | 名　称 | 提及％ |
| 1 | 中国南方航空 | 30.0 | 中国南方航空 | 24.7 | 中国国际航空 | 28.9 |
| 2 | 中国东方航空 | 19.6 | 中国国际航空 | 19.0 | 中国南方航空 | 26.2 |
| 3 | 中国国际航空 | 14.4 | 中国东方航空 | 18.6 | 中国东方航空 | 20.5 |
| 4 | 海南航空 | 8.3 | 海南航空 | 5.2 | 海南航空 | 5.3 |
| 5 | 厦门航空 | 5.7 | 厦门航空 | 5.0 | 厦门航空 | 4.8 |
| 6 | 上海航空 | 4.2 | 上海航空 | 4.6 | 上海航空 | 4.1 |
| 7 | 山东航空 | 3.8 | 深圳航空 | 3.5 | 深圳航空 | 2.9 |
| 8 | 深圳航空 | 3.6 | 四川航空 | 3.0 | 四川航空 | 2.3 |
| 9 | 四川航空 | 3.3 | 山东航空 | 2.6 | 中国新华航空 | 2.0 |
| 10 | 西南航空 | 1.1 | 中国新华航空 | 0.8 | 山东航空 | 1.6 |

**表3－12－9　航空公司品牌潜力消费者十强**

| 排　序 | 常用品牌 | | 预购品牌 | | 理想品牌 | |
|---|---|---|---|---|---|---|
| | 名　称 | 提及％ | 名　称 | 提及％ | 名　称 | 提及％ |
| 1 | 中国南方航空 | 26.8 | 中国南方航空 | 22.7 | 中国国际航空 | 32.4 |
| 2 | 中国东方航空 | 18.8 | 中国国际航空 | 19.2 | 中国南方航空 | 24.3 |
| 3 | 中国国际航空 | 12.6 | 中国东方航空 | 17.3 | 中国东方航空 | 19.8 |
| 4 | 海南航空 | 8.7 | 厦门航空 | 6.2 | 厦门航空 | 4.9 |
| 5 | 厦门航空 | 6.2 | 上海航空 | 5.4 | 上海航空 | 3.9 |
| 6 | 上海航空 | 5.1 | 深圳航空 | 4.5 | 深圳航空 | 3.6 |
| 7 | 四川航空 | 5.0 | 海南航空 | 4.0 | 海南航空 | 3.2 |
| 8 | 深圳航空 | 4.9 | 四川航空 | 3.5 | 四川航空 | 2.5 |
| 9 | 山东航空 | 4.8 | 山东航空 | 3.5 | 中国新华航空 | 2.4 |
| 10 | 中国新华航空 | 0.5 | 中国新华航空 | 1.3 | 山东航空 | 2.0 |

① 我国保险业发展历程的启示［OL］.［2007-11-20］. http：//www.topo100.com/e/DoPrint/？classid=47&id=360.

表 3－12－10　航空公司品牌两类消费者加权十强

| 排　序 | 常用品牌 | | 预购品牌 | | 理想品牌 | |
|---|---|---|---|---|---|---|
| | 名　称 | 提及％ | 名　称 | 提及％ | 名　称 | 提及％ |
| 1 | 中国南方航空 | 29.4 | 中国南方航空 | 24.3 | 中国国际航空 | 29.6 |
| 2 | 中国东方航空 | 19.5 | 中国国际航空 | 19.0 | 中国南方航空 | 25.8 |
| 3 | 中国国际航空 | 14.1 | 中国东方航空 | 18.4 | 中国东方航空 | 20.4 |
| 4 | 海南航空 | 8.4 | 厦门航空 | 5.2 | 海南航空 | 4.9 |
| 5 | 厦门航空 | 5.8 | 海南航空 | 4.9 | 厦门航空 | 4.8 |
| 6 | 上海航空 | 4.4 | 上海航空 | 4.8 | 上海航空 | 4.1 |
| 7 | 山东航空 | 4.0 | 深圳航空 | 3.7 | 深圳航空 | 3.1 |
| 8 | 深圳航空 | 3.8 | 四川航空 | 3.1 | 四川航空 | 2.3 |
| 9 | 四川航空 | 3.6 | 山东航空 | 2.7 | 中国新华航空 | 2.0 |
| 10 | 西南航空 | 1.0 | 中国新华航空 | 0.9 | 山东航空 | 1.7 |

## 二、航空公司品牌的竞争格局解析

### （一）航空品牌的整体竞争布局

1. 航空业竞争加剧，航空品牌三大集团成型

目前，我国航空业的竞争正逐步加剧，本次调查中，消费者共提及了 41 个航空品牌。其中，国有或国有控股公司显示出了强大的品牌优势，中国南方航空、中国东方航空、中国国际航空成为全国市场当之无愧的领导者；一批优秀的民营企业也逐渐开始涉足航空领域，深圳航空、春秋航空等借助各自优势快速在市场中占据一席之地；国外航空公司如维珍、汉莎、荷兰皇家、芬兰航空等看重中国市场旺盛的需求，也纷纷涌入，成为一支不可忽视的新兴力量。见图 3－12－4。

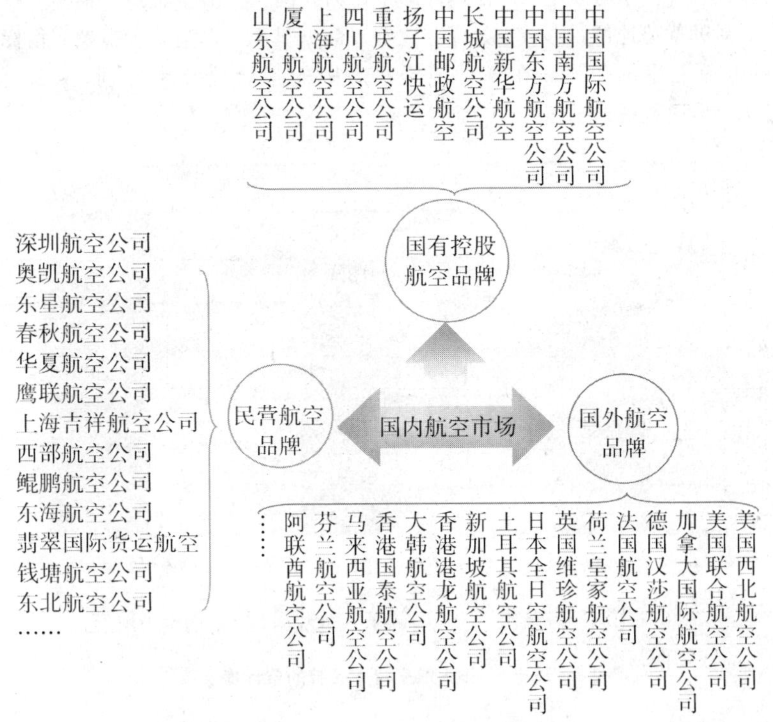


图 3－12－4　航空公司的品牌集团分布

2. 航空业趋于垄断，品牌竞争受制整体环境

作为关系着国计民生的重要行业，航空业的发展一直处于国家的统一规划之中，整个市场为国有航空品牌所掌控。

本次调查显示，航空品牌的消费者集中度为71.4％，行业集中程度较高，这与航空业特殊的行业性质是分不开的。中国的民航市场虽然已对民营资本开放，但是由于航空业投入大、资产负债率高以及政策的偏向性，整个市场并非处在完全市场化的竞争环境之下，品牌之间的竞争也因此受到一些因素的制约。比如政府新投资的资源，大部分是按惯性进行分配的，这使得国有航空公司特别是南航、东航、国航的优势更为集中。同时，航空业的集团化趋势在近几年愈发明显，也反过来促使行业的集中程度进一步趋高。

**（二）航空品牌的集团细分**

1. 国有航空品牌引领市场

国有或国有控股航空品牌在目前的市场中可以说占据了绝对的优势地位，消费者对它们的认可程度较高。这是因为，背倚强大的国家后盾，国有航空品牌无论是在财力、人力以及管理上均占据着绝对优势；同时，这种强大的支持给国有航空品牌在基础设施建设和服务体系完善上也提供了有利的条件；此外，国有航空品牌对航线的垄断也成为它们引领国内航空市场的关键所在。

从本次调查的结果来看，入主常用、预购、理想排名前十的品牌几乎被国有航空品牌所包揽，消费者提及最多的有中国南方航空、中国东方航空、中国国际航空、海南航空、厦门航空、上海航空、山东航空、四川航空等；相比之下，只有深圳航空一家民营品牌突围进入3种消费状态的前十行列。整个国有航空品牌的竞争态势呈现出三大国字头航空品牌领跑全国市场，其余部分品牌区域领衔的局面。

（1）三大骨干品牌垄断全国市场，形成三足鼎立之势

中国南方航空、中国东方航空、中国国际航空作为我国三大航空集团可谓实力雄厚，在我国航空市场处于绝对的优势地位，形成三足鼎立之势。数据显示，在消费者提及率指标中，三大国有航空公司稳坐前三甲的位置，在3种消费状态中的累计提及率分别为63.0％、61.7％、75.8％，品牌优势毋庸置疑。见图3－12－5。

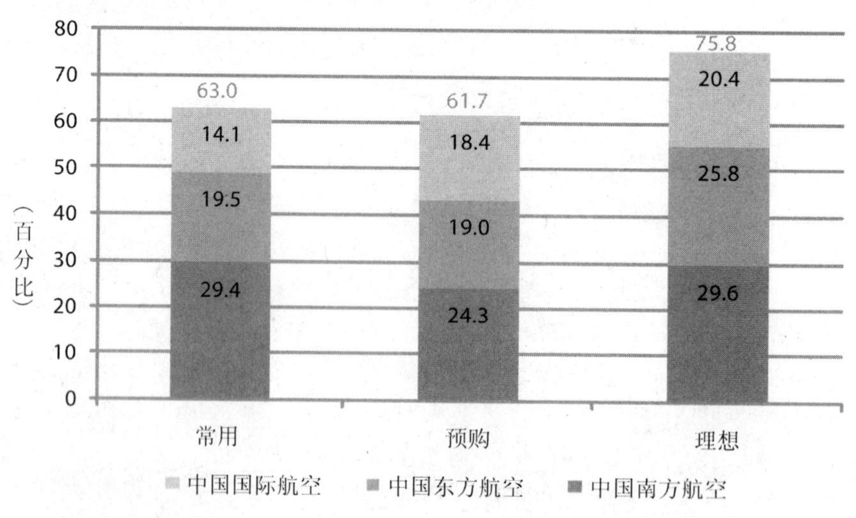


**图3－12－5 三大航空骨干品牌的累计提及率**

其中，国航的表现尤为突出，不单拥有较高的常用、预购、理想提及率，还在消费者心目中

累积了一定的晋级潜力，在此次调查中以4.9%的潜力百分比和15.5%的晋级百分比荣膺潜力、晋级排名的“双冠王”，南航、东航只能望其项背。这与国航一直以来致力于品牌建设是分不开的：服务的内涵从“安全”到“快捷、舒适”的延伸；重视顾客反馈和航站管理；牵手奥运、巡飞“奥运吉祥号”……这些都使得国航的品牌形象深入人心，晋级力和发展潜力也由此得到提升。

在跨地域影响力上，三大骨干品牌也是表现上佳。数据显示，在36个受调查城市中，大部分城市的消费者都把中国南方航空公司、中国国际航空公司和中国东方航空公司作为第一常用、预购以及理想品牌，三者的影响力辐射到全国大部分地区。

进一步分析发现，三大骨干航空品牌的地域影响力与其运营区域相关性极高，各公司往往植根于某一地域进行航线开发，在当地消费者心目中也就拥有更高的认知度、美誉度与忠诚度。见图3－12－6。

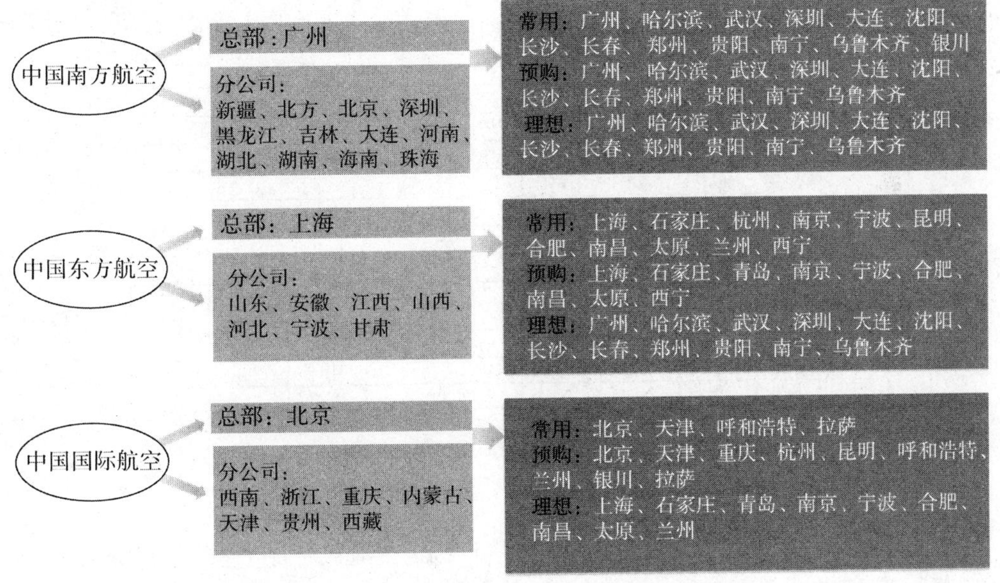


**图3－12－6　三大航空骨干品牌的跨地域影响力分布**

• 安全、服务、航线——品牌建设的利器

安全、服务已成为三大品牌进行品牌建设的共识。南航以“安全第一”为品牌的核心价值观，禀承“客户至上”的理念；东航将“让旅客安全舒适地抵达”作为品牌使命，“满意服务高于一切”成为其企业精神；国航秉承“安全第一、旅客至上”的理念，推出以“放心、顺心、舒心、动心”为内容的“四心”服务工程，以此阐述国航的企业价值观。

此外，丰富的航线资源也是这三大国有航空品牌所拥有的重要优势之一，比如国航就有效地将自身的航线资源转换成了更多的高价值商务客户源、更高的飞机利用小时、更低的燃油成本、更少的吨公里起降费用……这些都对品牌的进一步发展大有裨益。

在本次调查中，这三大航空品牌在常用、预购、理想3种消费形态中均以两位数的提及率遥遥领先于其他品牌，这说明它们在品牌建设上已经取得了一定的成效。

• 差异化——品牌突破的关键点

在以安全、服务为诉求点打造品牌形象的同时，三大航空品牌的自有品牌形象却没有凸显出来。以服务为例，一样大力推崇服务，三大品牌在标准化服务之外的差异化却不甚明朗，品牌定位模糊使消费者往往凭借价格高低挑选航空公司，很难去恪守对品牌的忠诚。

调查数据显示，在常用、预购、理想品牌排名中，三大航空品牌轮流占据着冠、亚、季军位置，且彼此之间的差距并不大。常用、预购、理想品牌的领先指标分别为9.9%、5.3%、3.8%，并未出现具有绝对优势的品牌。此外，南航、东航、国航的品牌维系度分别为57.8%、49.0%、60.0%，差距也并不明显。

因此，遵循差异化的品牌战略，塑造丰富的品牌内涵，强化个性鲜明的品牌形象，将成为三大国有航空品牌获得突破的关键。

(2) 其他国有品牌区域优势明显，占据市场一席之地

在三大骨干品牌形成垄断之势的同时，海南航空、厦门航空、上海航空、山东航空等其他国有品牌也在分食市场。在本次调查中，虽然这些国有品牌的表现相对三大骨干品牌显得稍逊一筹，但也顺利跻身常用、预购、理想品牌的前十行列，作为第二梯队紧随南航、东航、国航之后。见图3－12－7。

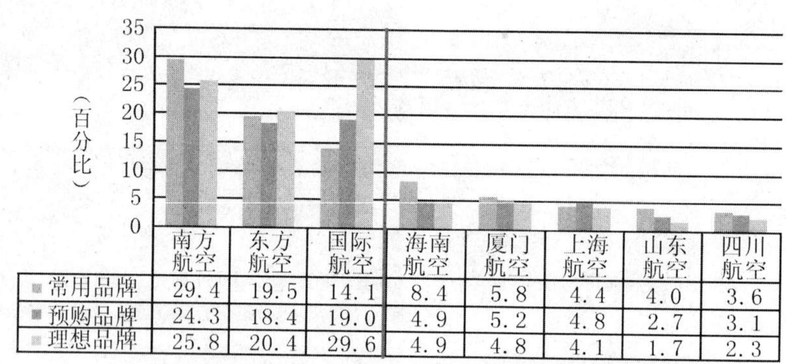


| | 南方航空 | 东方航空 | 国际航空 | 海南航空 | 厦门航空 | 上海航空 | 山东航空 | 四川航空 |
|---|---|---|---|---|---|---|---|---|
| 常用品牌 | 29.4 | 19.5 | 14.1 | 8.4 | 5.8 | 4.4 | 4.0 | 3.6 |
| 预购品牌 | 24.3 | 18.4 | 19.0 | 4.9 | 5.2 | 4.8 | 2.7 | 3.1 |
| 理想品牌 | 25.8 | 20.4 | 29.6 | 4.9 | 4.8 | 4.1 | 1.7 | 2.3 |

**图3－12－7 国有航空品牌的消费者提及率**

• 区域——品牌立足的根基

这些品牌正如其名称一样，发源于某一区域，并立足于该地区向周边进行辐射，在品牌的经营和传播上都呈现出明显的地域特点，在不同地区的影响力也有所不同。品牌跨地域影响力指标显示，厦门航空备受福州、厦门消费者的推崇，四川航空在成都成为消费者首选，西南航空在重庆荣登消费者提及率第一，山东航空在济南、青岛积累了较高的人气，海南航空在海口、西安受到消费者的青睐……结果证明，这些国有品牌基本成为各自地域及其周边消费者首选的航空品牌，地域性特征明显。

• 联合——品牌的发展之路

现行的股份合作，使川航、南航、上航、山航实现了航线联营、航线共飞、代码共享、票价控制、常旅客计划、销售代理的运输销售网络。这些区域品牌之间的、或与全国性品牌的合作将使品牌进一步向全国拓展。

*2. 民营航空品牌初出茅庐*

2005年，中国首家民营航空公司奥凯航空成立，这标志着中国民营航空开始翱翔中国，中国航空业市场化进程加快。紧接着，春秋航空公司、鹰联航空公司、深圳航空公司等相继成立。至此，以往航空公司服务标准统一、品牌无分高下、航线分布集中的格局被打破，民营航空品牌正一步步走进消费者的视野。

但是，油价上涨、资金紧张、人才短缺等问题仍然使刚刚起步的民营航空品牌面临诸多挑战。在本次调查中，民营航空只能说进入了消费者的选择范围之列，但表现并不理想。消费者常用、预购和理想品牌前十位的航空公司中，只有深圳航空一家民营品牌以 3.5%左右的提及率徘徊在第七八名的位置上。在潜力和晋级指标中，也只有春秋航空跻身前十，排名也相对靠后（潜力排名第八，晋级排名第十）。

为此，民营航空品牌不断寻找解决方案。走廉价航空之路获取旅客资源，开发支线迎合中小城市间旺盛的需求，积极上市解决资金困难这一发展瓶颈……民营航空低价、小众的品牌形象渐入人心。

• 低价——品牌的生存之道

低价是短时间内最能抓住消费者注意力的诉求。在本次调查中，作为唯一闯入潜力和晋级排名前十的春秋航空，其低价策略有目共睹。例如被誉为“黄金航线”的京沪广航线一度掌控在国有航空公司手中，随着春秋航空和深圳航空开通广州到上海的航线，民营航空公司开始蚕食这条“黄金航线”，它们利用一贯奉行的低价战略，使国有航空公司陷入不利局面。

• 支线——品牌的蓝海战略

航线资源是航空公司生存的根本，面对国有航空的航线垄断，民营品牌已经开始有所行动，用支线弥补干线，用区域对阵全国，如华夏航空公司专营支线，深航与梅莎合营支线。中小城市间支线需求的旺盛，给区域性优势明显的民营航空带来了机会。2005 年民航总局出台关于促进支线航空运输发展的若干意见，其中明确“航空公司可以自主开辟支线航班”，更是让民营航空喜出望外。

3. 外资航空品牌积极入驻

国内航空市场的开放也给了国外航空品牌进军中国的机会。国外航空品牌凭借其知名的品牌形象、广泛的品牌影响力、大规模的资金支持、标准化的服务以及强大的国际航线资源，成为国内航空品牌在国际航线上强有力的竞争对手，使得国有航空品牌的优势高地——国际航线——失守。

本次调查的结果也显示，外资品牌虽然并未跻身常用、预购、理想的前十行列，但却在晋级指标和潜力指标上有着绝佳表现，港龙航空、维珍航空、汉莎航空、荷兰皇家航空均榜上有名，部分消费者对国外航空公司的认知为其发展提供了广阔的空间。

• 渗透——品牌的入驻之道

国泰联姻国航，南航加入天合联盟，国航、上航纷纷加入星空联盟，海航和深航也早已有了外资的身影——外资航空开始逐步“围攻”国内民航业，中国航空业的竞争不断加剧。

• 高端——品牌的立足之本

以高端的商务人士为目标消费群，外资航空品牌在经营策略上显示出和国内航空品牌的巨大差异。“两舱”（头等舱和公务舱）和“两常”（常旅客和常企业）旅客一直是航空品牌的竞争焦点，其中“两舱”旅客已经是外资航空品牌最重要的利润增长点。这点国内航空公司还难以和国外航空公司形成竞争，仍然以利润较低的“两常”旅客为主。

## 三、航空公司品牌发展策略和市场热点趋势

目前，随着国内航空运输需求的不断增加，航空业从低谷期逐渐迈入高速发展的新时代，新一轮的资源重组初现端倪，人民币的加速升值进一步增加了利润空间。同时，不断走高的油价也产生了相当不利的影响，让该行业受到了前所未有的压力。国内航空集团竞争不断加剧，市场呈现出以下发展趋势：

**（一）竞争与联合成为两大趋势**

国有航空集团目前占据着大部分市场份额，争夺航空运输市场的主要有国有航空公司、国外航空公司和民营航空公司三股力量。但国外航空公司的强大攻势与民营航空公司的崛起，使得竞争白热化程度进一步加剧。面对规模强大的国企和外企，民营航空公司的境遇普遍不容乐观，联合趋势已成定局。一方面与国有航空公司联合开辟新航线，另一方面民营航空之间也在尝试共谋结盟。

**（二）提升消费者的忠诚度成为航空业所面临的重要课题**

航空业本身的高风险性，使得这种交通工具在消费者心目中的忠诚度并不高，加上航班延误这一迟迟不能解决的问题，成为其不能被消费者长期认同的重要原因之一。调查发现，中国南方航空公司、中国东方航空公司和中国国际航空公司的消费者维系度分别为57.8%、49.0%和60.0%。三大国有航空公司是消费者提及排名前三的常用品牌，但在消费者品牌维系上也表现中等，这说明，加强航空公司的品牌维护，提升消费者的忠诚度已经成为国内航空公司所面临的重要课题。这就要求航空公司在经营管理、战略制定以及服务理念上都要以消费者为中心，增强品牌信誉。

**（三）价格策略依然占主导，新航线开辟、提高品牌信誉等成为营销新策略**

虽然现在低价策略仍然是各大航空公司用来吸引顾客的有效手段，尤其是实力较弱的民营航空公司，不得不使用低价来刺激消费者，但低价大战会产生许多不利影响：一方面会导致恶性竞争；另一方面也使消费者成为价格的奴隶，淡化了品牌意识。根据时机需要，适当的价格策略是有效的促销手段，但必须抵制不正当竞争的产生，否则将影响我国航空业健康、有序的发展。

为避免陷入价格战，一些航空公司积极探索新的营销策略。比如，从航线入手逐渐建立中心城市周边的支线航空，满足日趋旺盛的支线市场需求；又如，通过加大机场等基础设施的建设、提高服务质量、提高航班时间的准确率等方面提升航空公司本身品牌信誉和价值。

## 专案解析

### 中国国际航空公司：打破同质化僵局，品牌建设初显成效

中国国际航空公司成立于1988年7月1日，现为中国国际航空集团的核心企业，是目前国内最大的国有航空运输企业之一。公司拥有中国绝大部分国际航线和国内主要干线资源，形成了以北京为中心的国际国内航空运输网络。另外，中国国际航空公司还是中国唯一挂载国旗的航空公司，不但是我国国际、国内客货运输的主要承载者，而且承担着国家领导人的专机任务。

**以安全和服务承载品牌价值**

安全是客户的基本需求，服务是品牌建设的重要基础，国航以“预防为主、完善系统、夯实基础、科学严谨”为安全生产的基本理念，并以“放心、顺心、舒心、动心”的“四心”服务理念打造优质服务，从而进一步提升了国航的品牌价值。

**以枢纽建设推进品牌国际化**

近几年，国航实施了加快枢纽建设、强化运输网络的经营战略——国内航线与国际航线共同推进，干线与主线相辅发展，并由此形成了以国际带动国内、国内支撑国际的良性循环局面，不仅提高了市场占有率，而且能够为旅客提供更加方便、快捷的服务，使国航的品牌进一步国际化。

**以奥运营销提升品牌形象**

国航成为奥运会合作伙伴以来，充分利用奥运平台开展各类营销活动，使企业本身的品牌战略融入奥运，形成奥运精神、品牌文化、产品推广的和谐统一。

以“奥运吉祥号”飞机为载体，以“传播奥运理念，分享奥运精神”为主题，国航在8个城市进行“奥运吉祥号”首飞活动。这一度成为媒体关注的焦点，不但为奥运的宣传作出了贡献，同时也成功地把中国国际航空公司的品牌形象传递出去。

所有这些都使国航的品牌定位日渐清晰，并在讲究标准化的航空业中脱颖而出，成为消费者青睐的品牌。使消费者不再盯住低价机票而将眼光转向品牌本身，是航空品牌发展的方向，我们欣喜地看到，国航已经成功地迈出了第一步，成为行业的表率。

## 资料链接

目前，我国拥有独立航班运营代码的航空集团或公司共24个，其中国营控股公司16个，上市公司6个，中（港）外合资公司5个，民营公司7个。① 2007年，全国各机场共完成旅客吞吐量38 758.6万人次，比上年增长16.8%。其中，国内航线完成34 925.2万人次，比上年增长16.7%；国际航线完成3 833.4万人次，比上年增长17.5%。②

我国航空公司品牌发展历程可分为如下几个阶段③：

• 第一阶段（1949－1978年）：政治色彩浓厚，尚无品牌意识。1949年11月2日，民用航空局成立，受空军指挥，1958年归属交通部，1962年改名为“中国民用航空总局”并由交通部属改为国务院直属局，但其业务工作、党政工作、干部人事工作等均直接由空军负责管理。这一时期，航空业发展受政治、经济影响较大，品牌意识尚未建立。1978年，航空旅客运输量仅为231万人，运输总周转量3亿吨公里。

• 第二阶段（改革开放到1986年）：初步实施企业化管理，品牌概念薄弱。改革开放的步伐不断加快，民航业开始用经济观点管理，实现企业化改制。1980年3月5日，中国政府决定民航脱离军队建制，把中国民航局从隶属于空军改为国务院直属机构，实行企业化管理。这期间中国民航局是政企合一，既是主管民航事务的政府部门，又是以“中国民航”名义直接经营航空运输、通用航空业务的全国性企业。企业建制使得这一时期民航品牌的概念开始萌芽，但依然薄弱。

• 第三阶段（1987－2001年）：引入市场竞争机制，品牌建设受到重视。1987年，中国政府决定对民航业进行以航空公司与机场分设为特征的体制改革。组建了中国国际航空公司、中国东方航空公司、中国南方航空公司、中国西南航空公司、中国西北航空公司、中国北方航空公司6个国家骨干航空公司，实行自主经营、自负盈亏、平等竞争的市场机制。在这种运作机制之下，品牌的力量逐渐凸显出来，各公司开始加大各自的品牌建设，以求在市场竞争中占据一席之地。

• 第四阶段（2002年至今）：市场开放程度加大，品牌竞争日趋激烈。2002年3月，中国政府对中国民航业实行了重要的重组计划，成立了六大集团公司：中国航空集团公司、东方航空集团公司、南方航空集团公司、中国民航信息集团公司、中国航空油料集团公司、中国航空器材进出口集团公司。成立后的集团公司与民航总局脱钩，交由中央管理。随着航空业的逐步开放，民营资本和外资争相进入这一领域，国营、民营、外资品牌依托各自优势展开新一轮角逐，市场竞争更为激烈。

（执笔：张晓丹、孔超）

---

① 中国民航局. 中国民航概括［OL］. http://www.caac.gov.cn/H1/H2/200612/t20061225_947.html.

② 中国民航局. 2007年民航机场生产统计公报［OL］. http://www.caac.gov.cn/I1/K3/200803/t20080306_12722.html.

③ 中国民用航空局. 中国民用航空局行政体制沿革［OL］. http://www.caac.gov.cn/H1/H4/.

# 第四节　家电卖场

## 一、家电卖场品牌十强数据

家电卖场品牌十强数据见表 3－12－11、3－12－12、3－12－13。

表 3－12－11　家电卖场品牌家庭消费者十强

| 排　序 | 常用品牌 | | 预购品牌 | | 理想品牌 | |
|---|---|---|---|---|---|---|
| | 名　称 | 提及% | 名　称 | 提及% | 名　称 | 提及% |
| 1 | 国美电器 | 57.4 | 国美电器 | 41.8 | 国美电器 | 52.3 |
| 2 | 苏宁电器 | 22.0 | 苏宁电器 | 36.5 | 苏宁电器 | 27.6 |
| 3 | 大中电器 | 4.3 | 大中电器 | 4.1 | 永乐家电 | 5.7 |
| 4 | 永乐家电 | 4.2 | 永乐家电 | 4.1 | 大中电器 | 3.8 |
| 5 | 百大电器 | 4.0 | 五星家电 | 3.4 | 百大电器 | 3.6 |
| 6 | 五星家电 | 2.1 | 百大电器 | 3.0 | 五星家电 | 3.0 |
| 7 | 国生电器 | 1.3 | 国生电器 | 1.9 | 国生电器 | 1.3 |
| 8 | 黑天鹅 | 0.5 | 黑天鹅 | 0.4 | 黑天鹅 | 0.4 |
| 9 | 欧亚 | 0.3 | 欧亚 | 0.3 | 欧亚 | 0.2 |
| 10 | 工贸 | 0.2 | 重庆百货 | 0.1 | 三联 | 0.2 |

表 3－12－12　家电卖场品牌潜力消费者十强

| 排　序 | 常用品牌 | | 预购品牌 | | 理想品牌 | |
|---|---|---|---|---|---|---|
| | 名　称 | 提及% | 名　称 | 提及% | 名　称 | 提及% |
| 1 | 国美电器 | 60.3 | 国美电器 | 42.2 | 国美电器 | 54.0 |
| 2 | 苏宁电器 | 23.8 | 苏宁电器 | 39.7 | 苏宁电器 | 30.9 |
| 3 | 永乐家电 | 3.8 | 永乐家电 | 4.3 | 永乐家电 | 5.5 |
| 4 | 百大电器 | 3.1 | 大中电器 | 3.1 | 大中电器 | 2.6 |
| 5 | 大中电器 | 2.9 | 五星家电 | 3.0 | 百大电器 | 2.5 |
| 6 | 五星家电 | 2.1 | 百大电器 | 2.5 | 五星家电 | 2.5 |
| 7 | 国生电器 | 1.3 | 国生电器 | 2.1 | 国生电器 | 1.8 |
| 8 | 三联 | 0.2 | 家乐福 | 0.1 | 工贸 | 0.1 |
| 9 | 信兴 | 0.1 | 工贸 | 0.1 | —— | —— |
| 10 | 顺电 | 0.1 | —— | —— | —— | —— |

表 3－12－13　家电卖场品牌两类消费者加权十强

| 排　序 | 常用品牌 | | 预购品牌 | | 理想品牌 | |
|---|---|---|---|---|---|---|
| | 名　称 | 提及% | 名　称 | 提及% | 名　称 | 提及% |
| 1 | 国美电器 | 58.0 | 国美电器 | 41.9 | 国美电器 | 52.6 |
| 2 | 苏宁电器 | 22.4 | 苏宁电器 | 37.1 | 苏宁电器 | 28.3 |
| 3 | 永乐家电 | 4.1 | 永乐家电 | 4.1 | 永乐家电 | 5.7 |
| 4 | 大中电器 | 4.0 | 大中电器 | 3.9 | 大中电器 | 3.6 |
| 5 | 百大电器 | 3.8 | 五星家电 | 3.3 | 百大电器 | 3.4 |
| 6 | 五星家电 | 2.1 | 百大电器 | 2.9 | 五星家电 | 2.9 |
| 7 | 国生电器 | 1.3 | 国生电器 | 2.0 | 国生电器 | 1.4 |
| 8 | 黑天鹅 | 0.4 | 黑天鹅 | 0.3 | 黑天鹅 | 0.3 |
| 9 | 欧亚 | 0.3 | 欧亚 | 0.3 | 欧亚 | 0.2 |
| 10 | 工贸 | 0.2 | 重庆百货 | 0.1 | 三联 | 0.2 |

## 二、家电卖场品牌竞争格局解析

### （一）全国性品牌："美、苏争霸"上演品牌寡头竞争

*1. 双寡头格局成型，国美、苏宁全面领跑*

在家电行业整体利润下滑的大环境下，规模成为争夺有限资源的不二选择，家电连锁行业内部的品牌洗牌以及整合成为必然。目前，家电连锁行业可谓结束了品牌混战的战国时代，各大品牌纷纷通过并购在全国布局，行业垄断局面成型。伴随着国美收购永乐、大中这些全国性的家电连锁品牌，一线市场的品牌寡头竞争格局随之显现。国美、苏宁两大巨头的博弈愈演愈烈，在全国市场上展开激烈竞争。

本次调查数据显示，在消费者常用、预购、理想品牌中，国美（含永乐、大中）和苏宁占据了90%左右的提及份额，两品牌的强大实力可见一斑。见图3—12—8。

*2. 国美现有实力强劲，苏宁发展潜力十足*

(1) 国美

低价一直是国美奉行的营销策略之一。在国美，低价不同于其他卖场，只是一种偶尔的、吸引顾客的手段。国美的低价可以说是一种常态，是一种经营、营销战略，商品的价格从开始就定得较低，不再大幅降价，这对消费者而言是极具吸引力的。近年来国美更通过频繁收购全国性及区域性品牌布局全国。走规模化销售之路，使得国美进一步增强了其在家电连锁行业的话语权，从而占领更大的市场份额，并反过来为其低价策略铺路。

低价和并购，构筑了国美现有的强劲实力。本次调查的数据显示，国美常用、预购、理想品牌提及率均高于苏宁且具备一定的领先优势，特别是在收购永乐和大中之后，国美在常用、预购、理想3种消费形态中的提及百分比分别为66.1%、49.9%、61.9%，优势更为显著。见图3—12—9。

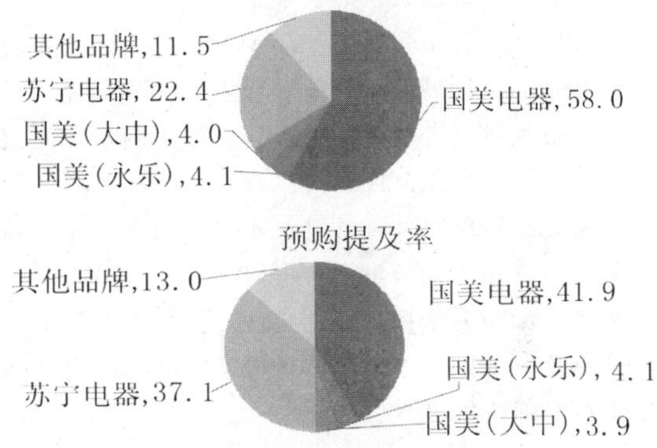


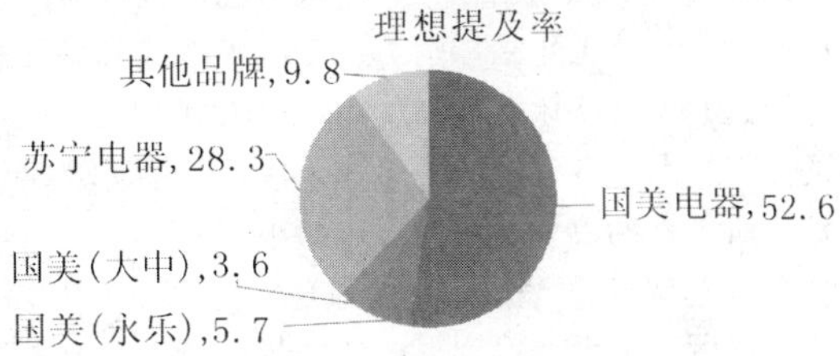


理想提及率
其他品牌,9.8
苏宁电器,28.3
国美电器,52.6
国美(大中),3.6
国美(永乐),5.7

图3—12—8 常用、预购、理想品牌中国美、苏宁的提及份额

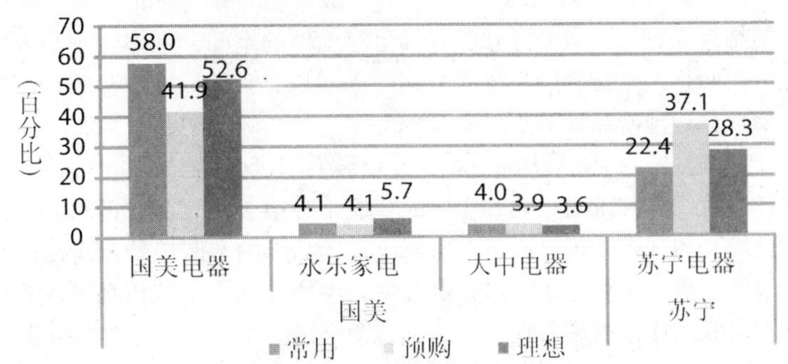


图3—12—9 国美、苏宁在常用、预购、理想品牌中的提及率对比

（2）苏宁

苏宁电器在常用品牌中的表现虽然稍逊国美一筹，但在消费者的预购品牌中却有极大的上升空间。在本次调查中，苏宁则凭借14.7％的潜力百分比和5.9％的晋级百分比位列潜力和晋级指标第一，相比国美的潜力和晋级指标均为负值的情况，苏宁的发展潜力远远胜过国美。除此之外，苏宁的品牌维系度（52.5％）也高于国美的品牌维系度（48.9％）。

这与苏宁大手笔塑造品牌形象是分不开的。换标，以巨资聘请品牌形象代言人，践行“服务是苏宁的唯一产品，顾客满意是苏宁服务的终极目标”的服务理念，在服务、信息和经营上走专业化之路，实行差异化的品牌战略……种种策略使得苏宁的品牌形象渐入人心，在消费者心目中形成了良好的品牌知名度和品牌美誉度，品牌在今后的发展被看好。

**（二）区域性品牌：内外交困，发展空间尚存**

1. PK全国性品牌，区域品牌内外受阻

在国美、苏宁这些强势品牌基本完成了一线城市的网点布局，频频收购区域品牌进军二、三线市场之后，区域性的家电连锁品牌对外扩张显得有些捉襟见肘，对内发展又饱受强势品牌侵蚀。区域品牌内外受阻主要表现在以下两个方面：

（1）对外扩张条件不再具备

家电行业的整体环境已经不具备由区域连锁品牌发展成为全国连锁品牌的环境。一方面，强势连锁品牌由于销售量大，可以在与供应商的谈判中获得更优势的价格和资源支持，在此之后，供应商已经没有扶持、帮助区域连锁品牌成为全国连锁品牌的资源和心态；另一方面，已经成型的全国连锁品牌也不会坐看区域连锁品牌成为自己下一个强大的竞争对手。

（2）对内发展受到威胁

区域连锁品牌基本在二、三级市场进行布局，而这些市场正是全国性家电连锁品牌进一步扩张的必争之地。近年来，国美、苏宁等一线品牌积极进行全国布局，在利用自身品牌优势之余，通过频繁并购一些区域性品牌不断扩大其在二、三线城市的影响力。这些全国性品牌凭借业已形成的品牌知名度和资源优势迅速入侵，一些区域性品牌在这种扩张势力的影响下则显得有些实力不济，所占据的市场份额进一步缩小。

从本次调查的数据来看，国美（含永乐、大中）、苏宁近乎瓜分了36个城市的城市第一席位，只有安徽的百大电器得到当地消费者认可，入主合肥第一。

2. 争做二、三线市场的有益补充，品牌发展成为关键

虽然区域连锁品牌较全国连锁品牌在整体实力上不具备对抗的能力，但从目前来看，二、三级市场毕竟不是全国性品牌的主要目标市场，区域性品牌依然是整个市场中不可或缺的重要成员。面对实力强劲的全国性品牌，这些区域品牌或与全国性品牌合作，寻求联盟效益；或利用自身的区域性优势资源，进行差异化经营，争做二、三级市场的有益补充。

从本次调查的结果来看，区域性品牌仍有其生存发展的空间。许多区域品牌仍在消费者的选择范围之列，如安徽的百大电器和国生电器分别位于常用、预购、理想品牌的第五、第七位，重庆的重庆百货电器也位列预购品牌第十。

**（三）外资品牌：通过并购切入中国市场，发展潜力不可小视**

国内家电连锁行业巨大的市场空间和丰厚的利润正吸引着外资品牌的目光，以百思买为代表的国际家电连锁巨鳄开始试水中国。由于国内家电连锁品牌的垄断地位没有给外资品牌留下挨个门店逐步推进的时间和机会，百思买通过并购五星家电快速切入中国市场。在百思买宣布正式收购五星电器后，国内家电连锁市场出现了第一家完全市场层面上的中外合资企业。

从本次调查的结果来看，五星电器的提及率顺利跻身常用、预购、理想品牌榜前十行列，五星潜力百分比（1.2％）位列第二，晋级百分比（0.8％）排名第三，百思买的潜力和晋级百分比（0.1％）均锁定第五，具备相当的发展潜力。

**（四）补缺品牌：超市、百货仍有生存空间**

1. 超市、百货销售功能渐隐

专业化成为各行业发展的趋势，卖场也不例外。专业化的售卖不仅带来产品的丰富、多元以及低价，消费者还能依据自己的需求有针对性地到达某类卖场进行消费。随着专业家电卖场的兴起，作为家电卖场诞生前消费者购买家电的传统场所，超市、百货的家电销售功能逐渐隐去。虽然超市、百货的家电销售正一步步被专业的家电卖场所替代，但在现阶段，一些超市、百货仍是家电产品的销售力量之一，成为家电销售市场的补缺者。

从本次调查的结果来看，诸如家乐福、沃尔玛等超市品牌和各地区的百货大楼也被消费者提及，虽然其市场份额日渐萎缩，但仍有一定的生存空间。

2. 家电卖场重返超市、百货现端倪

近来，家电专业卖场出现了重返超市、百货的趋势。这种家电卖场与超市、百货同址开店的新模式，既弥补了大超市、大商场经营品类的欠缺，又能带旺家电卖场的人气，在实现双赢的同时，也使超市、百货作为家电售卖场所的发展空间大增。

## 三、家电卖场品牌发展策略和市场热点趋势

**（一）收购兼并频繁上演，行业整合如火如荼**

由于家电零售行业是零售业中利润最低的行业，家电连锁品牌只有做大规模，才能提高自身与厂家的议价能力。并购、扩展店面数量都一度成为家电连锁品牌扩大规模的主要方式。目前，家电连锁业正处于行业大规模整合阶段。如国美通过一系列收购后，成为国内家电连锁的龙头，轰动一时的永乐、大中并购案彻底改变了整个行业的格局。除此之外，国美亦加强了对区域品牌的并购，如哈尔滨黑天鹅、武汉中商等。由此，国美组建了中国最大的家电连锁阵营，再一次改写了中国家电连锁业的“产业地图”。

但是，家电卖场的同质化现象使得品牌的整合难度加大。面对各品牌有一定重合的现状，在统一企业的战略思想、采购、管理以及资金，实现资源共享的前提下，针对不同地域消费者，从门店形象、目标消费者、经营策略和产品结构上寻找并凸显品牌间的差异，成为各大品牌在并购浪潮过后需好好消化的问题。

**（二）低价、规模竞争之后，差异化品牌竞争成为核心**

随着低价格的规模竞争加剧，竞争的同质化现象日益严重。这时，在服务和经营上进行有特色的差异化竞争，在差异化竞争中凸显品牌价值显得尤为必要，如此，才能使企业以及整个市场的发展更为健康。

面对这种情况，一些大型的家电连锁企业的品牌意识逐渐觉醒，开始大力加强自身品牌建设。先是苏宁在2005年启动换标，随后国美也在2007年推出新标识并在全国进行全面换标，苏宁还以巨资聘请潘玮柏和孙俪为品牌形象代言人……种种迹象表明，随着网络扩张达到一定规模，并购、扩充门店已不再是连锁巨头单纯追求的目标，以消费者为中心，打造连锁企业自身的品牌形象成为未来连锁竞争的核心。

**（三）从销售型向服务型转变成为未来趋势**

随着家电卖场从卖方市场向买方市场转变，“服务”成为家电连锁业的核心竞争力，也是家电卖场在差异化经营、打造国际化卖场的道路上迈出的重要一步。

国美、苏宁等家电巨头把“服务”提高到战略层面，将“服务”视为自身增值的一个法宝。如苏宁的阳光服务，国美的“薄利多销、服务当先”口号的提出，以及为消费者提供退货等服务，家电卖场的服务战逐渐升级，家电卖场由销售型向服务型转变成为一种发展趋势。

## 专案解析

### 苏宁：力推专业化之路，服务、营销、信息步步跟进[①]

苏宁电器是中国3C（家电、电脑、通讯）家电连锁零售企业的领先者。“截至2005年12月底，苏宁电器在中国27个省份，90多个城市拥有近300多家连锁店，员工7万多名。据商务部统计数据显示，2005年苏宁电器销售额近400亿元。”[②] 苏宁电器在多年的连锁发展中，找到了适合自己的专业化道路。

**专业化服务**

苏宁的服务专业化体现在自建物流，做专业自营的服务，而非服务外包。苏宁秉承“服务是苏宁的唯一产品，顾客满意是苏宁服务的终极目标”的服务理念，志在成为广大消费者心中拥有良好知名度与美誉度的家电连锁服务品牌。

专业自营服务不仅能树立企业品牌，也可以实现服务创收。如苏宁的“5315”服务平台建设工程，其收入主要来源于两方面：“一是在用户购买商品的三包期内，企业代替生产商直接为顾客提供配送、安装、维修服务，从生产商那里获取服务报酬。二是三包期外，直接从用户获得收益。”[③]

**专业化营销**

苏宁从发展之初，就非常注重与供应厂商的合作，通过合作使双方提高竞争力。如今，这种协同营销已经延伸到一种广泛领域之间的合作，所带来的直接效应就是成本的降低，同时也有利于在全国范围内推广、培育品牌。

“苏宁与供应厂商合作的领域包括如下几个方面：第一，双方合作，进行产品销售；苏宁在全国销售平台上销售品牌的产品，同时品牌厂家给予苏宁最低价；第二，双方共享物流系统，节约成本；第三，双方采购平台嫁接，节约采购；第四，双方信息资源共享，更好地服务顾客。”[④] 从起初与一个或多个品牌合作到后来与产业中领导企业的全面合作，再到与传统家电、信息家电领域知名企业全面合作，苏宁与供应厂家走向全面协同营销时代，合作更深入、领域也更广泛。

除此之外，苏宁还注重探索培训营销人才的新模式。2006年5月，SSMS“三星＆苏宁营销学院”成立，这为国内大型企业之间进行教育资源共享、提高专业培训质量提供了新思路。

**专业化管理**

科学技术是第一生产力，信息化是企业发展的开路先锋。苏宁电器是国内零售业中率先应用信息化管理平台进行运营和管理的企业。其采用的SAP全球排名第一的ERP管理软件，以管理集成度高、流程控制严密著称于世，世界五百强企业有70％采用该系统，更加适应目前苏宁连锁规模扩大、异地扩张增多的发展现状。

服务的专业化为苏宁在消费者心目中树立了良好的品牌形象，营销的专业化使苏宁能够更好地与生产企业精诚合作，管理的专业化则为苏宁加强内部管理构筑了更为优良的平台，希望苏宁的专业化之路能越走越好。

（执笔：张晓丹）

---

① 专业化品牌：执著的淘金者 苏宁［OL］．［2006-09-21］．http：//www.fj007.com/news/news_html/20069/200692148470_0.html.

② 数据来源：苏宁官方网站。

③ 苏宁电器力推服务产业升级“5315”计划出台［OL］．［2005-03-16］．http：//tech.sina.com.cn/it/2005/03/16/1049551953.shtm.

④ 苏宁兵法演绎家电战［OL］．［2005-04-30］．http：//www.zjol.com.cn/gb/node2/node802/node1155/node311542/node311565/userobject15ai4197359.html.

# 第十三章 媒体

## 概 述

### 一、媒体品牌的概念和特性

关于媒体品牌的概念有不同的解释，其中一种解释认为，媒体品牌是指媒体名称、媒体标识、节目版面、风格和特色、节目宗旨、节目声誉、节目包装、节目结构、观众认同等有形无形的总和。另一种解释是“媒体品牌就是媒体的技术物质品质与感性条件相融合而形成的一个整体识别标志，是一个媒体区别于另一个媒体的重要标志，也是媒体本质的外在表征”。

媒体品牌与商业品牌有所不同，其主要特点是，媒体品牌受地域政治文化语言的影响较大，品牌的渗透性、转移性较差，不易产生全国乃至世界驰名品牌；同时，媒体品牌的共享度高，适用人群广泛，媒体之间受众往往重叠，不易使消费者形成依赖性；此外，媒体是政府的喉舌，承担着社会主义宣传和精神文明建设的任务，相对于商业品牌来说更具有公共性。①

### 二、媒体品牌经营的发展道路

关于中国媒介品牌经营的发展道路，中国传媒大学黄升民教授在《品牌经营：媒介的机会与陷阱》一文中有所阐述，认为媒体品牌经营的路径无非有三条②：

第一条路是满足现状，靠广告赢利。这种模式最大的缺点是媒体抗风险能力低。单纯依靠广告赢利不仅限制了媒体品牌的赢利本能，同时也限制了媒体自身的发展，使之无法适应未来的国际竞争。

第二条路是改良主义。这也是我国媒体在发展中一贯采取的办法，即通过集团化或者多种经营的方式，将媒体品牌延伸到企业形式的子公司身上，然后再利用子公司将媒体品牌推向资本市场进行运作。改良主义看似可行，但存在明显的缺陷，如政策风险、负面影响、产权问题等。

第三条路是对我国的媒体制度进行改革，为媒体培养出一个可以使品牌经营与资本市场对接的制度来。在这种制度之下，媒体进入资本市场，以企业的方式进行品牌经营，从而避开陷阱，抓住机会。

### 三、我国媒体市场竞争现状

作为文化产业的重要组成部分，中国媒体的产业化经营伴随着市场经济的发展也在不断推进。传媒产业竞争格局不断升级，品牌战略已成为业界的一种共识。但是，由于媒体行业本身的特殊性以及中国国情的复杂性，中国媒体所处的市场环境十分独特，媒体间的竞争也极具特色：

---

① 邓旭斐. 新闻媒体品牌策划探析［M］. 暨南大学出版社，2003.

② 黄升民，李洪兴，乔均. 品牌经营：媒介的机会与陷阱［N］. 中华新闻报，2003.

首先，竞争已呈现白热化。在现阶段的中国，媒体经营总体上遵循“二次售卖”原则，即媒体把内容售卖给受众，获得其注意力，然后把注意力再售卖给广告商，广告成为绝大多数中国媒体的主要收入来源。在这种情况下，当注意力有限、广告资源稀缺时，媒体间的竞争便不断升级，演变成一种此消彼长的“零和博弈”。

其次，竞争并非完全市场化。由于我国国情特殊，媒体作为党的“喉舌”，肩负着弘扬社会主义文明、服务社会大众的重任。因此，媒体首先强调的是政治属性，其次才是市场经营。在这种情况下，不同政治级别的媒体，其所拥有与可支配的资源与影响力相差甚远，媒体品牌的强势程度和竞争力也不尽相同，市场竞争存在着先天的不完全。比如电视行业中，中央电视台作为唯一的国家大台，在内容资源、政府资源等各方面优势突出，因而在市场竞争中地方电视台只能望其项背。

最后，品牌战略成为竞争法宝。同质化成为当前我国媒体市场最严重的问题之一。在竞争者众多的媒体市场中，由于市场经营意识的薄弱，众多媒体处在跟风、模仿、抄袭等低水平竞争阶段，这使得某种内容形式走俏市场，其他竞争者随即跟进，整个媒体市场缺乏个性、“千篇一律”。在此背景下，先知先觉者根据消费者在品位、需求上逐渐细分化的现状，进行差异定位，推行品牌战略，取得了良好的市场效果。湖南卫视、《南方周末》、《三联生活周刊》等媒体的成功都已证明品牌战略已成为夺取竞争主动权的法宝。

# 第一节　最喜欢观看的电视频道

## 一、消费者最喜欢观看的电视频道的基本情况

电视与我们的生活息息相关，是娱乐和获取信息的重要渠道之一，本调查对消费者心目中最喜欢观看的电视频道作了相应调研，调查中消费者共提及了137个电视频道品牌，其中综合类电视频道最受欢迎，提及率为65%；其次是娱乐类频道，占据了23%的提及份额。由此可见，能够多方面满足消费者娱乐和休闲需求的电视频道更受青睐。见图3－13－1。

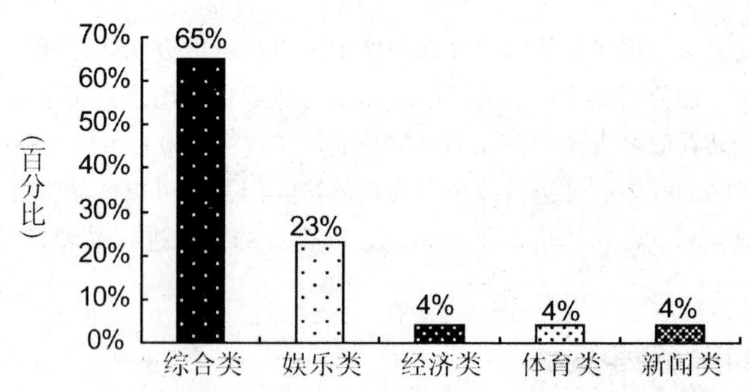


图3－13－1　消费者喜欢的电视频道类型

## 二、消费者最喜欢观看的电视频道十强数据

消费者最喜欢观看的电视频道十强数据见表3－13－1、表3－13－2、表3－13－3。

**表 3—13—1 最喜欢观看的电视频道家庭消费者十强**

| 排 序 | 理想品牌 | |
|---|---|---|
| | 名 称 | 提及% |
| 1 | CCTV—1 综合频道 | 13.9 |
| 2 | CCTV—5 体育频道 | 12.0 |
| 3 | CCTV | 8.1 |
| 4 | 湖南卫视 | 5.1 |
| 5 | CCTV—6 电影频道 | 4.7 |
| 6 | CCTV—8 电视剧频道 | 4.7 |
| 7 | 凤凰卫视中文台 | 4.4 |
| 8 | CCTV—2 经济频道 | 4.2 |
| 9 | CCTV—3 综艺频道 | 4.1 |
| 10 | CCTV—10 科教频道 | 3.8 |

**表 3—13—2 最喜欢观看的电视频道潜力消费者十强**

| 排 序 | 理想品牌 | |
|---|---|---|
| | 名 称 | 提及% |
| 1 | CCTV—5 体育频道 | 21.6 |
| 2 | CCTV | 8.2 |
| 3 | CCTV—1 综合频道 | 8.0 |
| 4 | 湖南卫视 | 7.8 |
| 5 | 凤凰卫视中文台 | 6.9 |
| 6 | CCTV—6 电影频道 | 6.2 |
| 7 | CCTV—10 科教频道 | 4.4 |
| 8 | CCTV—2 经济频道 | 2.8 |
| 9 | CCTV—3 综艺频道 | 2.7 |
| 10 | 东方卫视 | 2.4 |

**表 3—13—3 最喜欢观看的电视频道两类消费者加权十强**

| 排 序 | 理想品牌 | |
|---|---|---|
| | 名 称 | 提及% |
| 1 | CCTV—5 体育频道 | 13.9 |
| 2 | CCTV—1 综合频道 | 12.7 |
| 3 | CCTV | 8.2 |
| 4 | 湖南卫视 | 5.6 |
| 5 | CCTV—6 电影频道 | 5.0 |
| 6 | 凤凰卫视中文台 | 4.9 |
| 7 | CCTV—8 电视剧频道 | 4.2 |
| 8 | CCTV—10 科教频道 | 4.0 |
| 9 | CCTV—2 经济频道 | 3.9 |
| 10 | CCTV—3 综艺频道 | 3.8 |

## 三、消费者最喜欢观看的电视频道十强解析

此次消费者最喜欢观看的电视频道调查中，十强累计百分比达到 66.2，集中度较高。十强包含了中央频道和地方频道，其中，中央电视台及旗下多个频道累积占 55.7%的份额，具有压倒性优势，而地方频道共占 10.5 个百分点。同时，在类别上，十强囊括了诸如 CCTV－1、凤凰卫视中文台等综合类频道以及体育、影视、科教、电视剧等专业频道。其中，专业频道的累积提及率为 34.8%，综合频道的累积提及率为 31.4%，两者可谓势均力敌。

### （一）央视频道品牌建设成效初显

#### 1. 央视各频道占据八席

中央电视台作为国家大台所拥有与可支配的资源非地方电视台所能比拟，在全国市场的影响力非常大。调查显示，中央电视台在消费者最喜欢观看的电视频道品牌前十强中占据了 8 个席位。

近年来，央视不断通过体制机制改革、节目创新等方式增强自身的竞争力，自 2005 年推行“频道品牌化”战略以来，逐步形成了以新闻拳头栏目为基点、以旗舰频道为龙头、以专业频道为依托的品牌阵容。CCTV－5 更是凭借 2008 年北京奥运的契机，成为极具市场影响力与号召力的专业体育频道，在本次调查中位居消费者最喜欢观看的电视频道品牌榜首。

#### 2. 频道子品牌与整体品牌相互促进

中央电视台的频道发展大致经历了以节目为中心、以栏目为中心和以频道为中心 3 个阶段。随着各频道品牌影响力和知名度的逐渐上升，央视整体的品牌影响力也随之水涨船高。在“最喜欢观看的电视频道”填答中，直接填写中央电视台的消费者不在少数，CCTV 的提及率在所有被提及的电视频道中排名第三，整体品牌形象已获得消费者的高度认可。经过多年的发展，中央电视台已经成为强势的媒体品牌，且逐步实现了品牌的市场化经营和规范化管理，建立了完整的、系统化的品牌建设规范和标准，这都将进一步提升央视的品牌影响力。

#### 3. 部分子品牌之间差距不大

调查显示，闯入此次消费者最喜欢观看的电视频道十强的央视部分子频道，如 CCTV—10、CCTV—8、CCTV—2 和 CCTV—3，它们之间的加权百分比差距不大，这说明作为并列的子频道，由于定位、市场各有不同，相互间市场冲突不大，可以互补，从而达到品牌间的竞争平衡。

### （二）湖南卫视凭借“娱乐化”品牌形象获得认可

1997 年，湖南卫视上星播出之后，推出了《快乐大本营》、《玫瑰之约》、《音乐不断》等一系列名牌娱乐栏目，在中国掀起了一股电视娱乐的旋风，筑就了湖南卫视娱乐传媒的强势品牌地位。调查显示，湖南卫视在消费者最喜欢观看的电视频道品牌十强中排名第四，仅次于中央电视台且高于凤凰卫视等地方频道，以及 CCTV－6 电影频道、CCTV－8 电视剧频道和 CCTV－3 综艺频道等娱乐频道。湖南卫视之所以获得如此高的品牌认同，取决于其清晰的定位——打造“最具活力的中国电视娱乐品牌”，湖南卫视正是凭借这种差异化定位使“娱乐化”的品牌形象深入人心并逐渐得到消费者认可。

### （三）凤凰卫视精专新闻、资讯，品牌深入人心

凤凰卫视是华语频道中非常具有影响力的一个频道，其特色是及时报道时政时事，打造新闻、资讯的专业品牌。同时，通过深入、极具震撼力的评论感染观众，形成时事评论的个性品牌。其品牌栏目《时事直通车》、《凤凰早班车》、《相聚凤凰台》、《锵锵三人行》、《时事开讲》等作为凤凰卫视中文台的核心栏目，颇受观众喜爱。调查显示，凤凰卫视中文台名列消费者心目中最喜欢观看的电视频道第六位，高于中央电视台电视剧频道、科教频道等，在消费者心目中的地

位可见一斑。

## 专案解析

### CCTV—5：依靠专业资源打造品牌优势

中央电视台体育频道（CCTV－5）是中国大陆创办最早、现在规模最大、拥有世界众多顶级赛事中国地区独家报道权的专业体育频道。频道于1995年1月1日正式开播，通过亚太1A卫星覆盖中国大陆地区，全天24小时播出，主要节目有《体育新闻》、《北京2008》、《足球之夜》、《体育人间》、《天下足球》等。①

**品牌定位于专业体育频道**

与地方电视台体育频道相比，CCTV－5拥有丰富的赛事资源，占有中国电视体育市场约80%的市场份额，市场优势显著。作为中央电视台旗下的重要品牌，CCTV－5每年直播国内外比赛高达1 600多场，平均每天直播3场以上赛事，体育赛事直播量位居全球第一。

**借奥运契机提升品牌**

2008年1月1日起，CCTV－5正式更名为奥运频道，标志着CCTV－5将充分利用2008年北京奥运会的契机，以东道主的姿态为自己打造一个全新的大舞台。为此，CCTV－5将以奥运会的节目标准和模式，最大限度地展示自身实力，以此来提升自身品牌形象与影响力。

**全面利用独有资源展开品牌推广**

国际级体育赛事的转播是CCTV－5的独有资源，也是受众选择CCTV－5的主要原因，如何利用好这些赛事资源是CCTV－5生存的关键。因此，CCTV－5形成了依托大赛打造专业品牌形象的策略。世界杯、欧洲杯、F1、大师赛等最具代表性的顶级大赛都是CCTV－5可以用来建设自身品牌的独有资源，集中推广CCTV－5的大赛资源，可以将优势的赛事资源转化为频道自身的品牌效应。此外，关注重要赛事的同时，CCTV－5也借力常规性联赛与锦标赛，持续不断地形成频道亮点，加深观众对于频道的印象，促进受众赛事收视惯性的形成。

（执笔：吕艳丹　代凌燕）

# 第二节　最喜欢收听的广播

## 一、消费者最喜欢收听的广播的基本情况

作为四大传统媒体之一，广播具有方便、快捷，信息多、娱乐性强等特点。随着车载广播的发展和手持收听终端的多元化，广播的影响力将进一步蔓延与深入。本次调查针对“消费者最喜欢收听的广播”作了调研，消费者总共提及的广播台共283个，其中综合类广播电台和音乐类广播电台占据了绝大部分份额，分别为41%与19%，两者相加达到60%，而交通类广播电台这些年的经营有所改善，也是消费者喜爱的广播台的一种，提及率达15%。见图3－13－2。

① 本节关于CCTV－5的数据和信息参考www.cctv5.com。

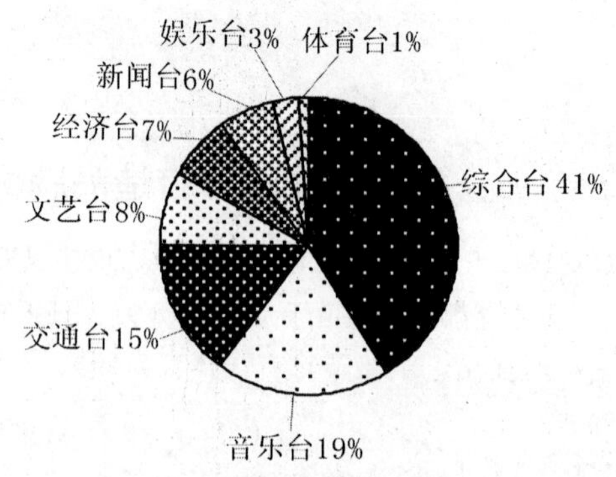


图 3－13－2　消费者最喜欢收听的广播类型

## 二、消费者最喜欢收听的广播十强数据

消费者最喜欢收听的广播十强数据见表 3－13－4、表 3－13－5、表 3－13－6。

表 3－13－4　最喜欢收听的广播家庭消费者十强

| 排　序 | 理想品牌 | |
|---|---|---|
| | 名　称 | 提及％ |
| 1 | 中央人民广播电台 | 10.1 |
| 2 | 中央人民广播电台音乐之声 | 7.3 |
| 3 | 中央人民广播电台中国之声 | 6.3 |
| 4 | 中国国际广播电台 | 1.9 |
| 5 | 北京人民广播电台交通台 | 1.8 |
| 6 | 中央人民广播电台经济之声 | 1.7 |
| 7 | BBC | 1.4 |
| 8 | 广东人民广播电台 | 1.4 |
| 9 | 济南人民广播电台音乐广播 | 1.3 |
| 10 | 东方电台流行音乐频率动感 101 | 1.1 |

表 3－13－5　最喜欢收听的广播潜力消费者十强

| 排　序 | 理想品牌 | |
|---|---|---|
| | 名　称 | 提及％ |
| 1 | 中央人民广播电台音乐之声 | 17.0 |
| 2 | 中央人民广播电台中国之声 | 8.9 |
| 3 | 中央人民广播电台 | 6.9 |
| 4 | BBC | 5.1 |
| 5 | 东方电台流行音乐频率动感 101 | 3.2 |
| 6 | 中国国际广播电台 | 2.5 |
| 7 | VOA 美国之音 | 2.0 |
| 8 | 济南人民广播电台音乐广播 | 1.9 |
| 9 | 四川人民广播电台城市之音 | 1.6 |
| 10 | 中国人民广播电台经济之声 | 1.3 |

表 3—13—6　最喜欢收听的广播两类消费者加权十强

| 排　序 | 理想品牌 | |
|---|---|---|
| | 名　称 | 提及% |
| 1 | 中央人民广播电台 | 9.4 |
| 2 | 中央人民广播电台音乐之声 | 9.2 |
| 3 | 中央人民广播电台中国之声 | 6.8 |
| 4 | BBC | 2.2 |
| 5 | 中国国际广播电台 | 2.0 |
| 6 | 中央人民广播电台经济之声 | 1.6 |
| 7 | 东方电台流行音乐频率动感 101 | 1.5 |
| 8 | 北京人民广播电台交通台 | 1.5 |
| 9 | 济南人民广播电台音乐广播 | 1.4 |
| 10 | 广东人民广播电台 | 1.2 |

## 三、消费者最喜欢收听的广播十强解析

在消费者最喜欢收听的广播中，十强累计百分比达到 36.8%，其中，中央级电台累计百分比达到 29.0%，和地方级电台 5.6%相比占据绝大优势。此外，十强中除了综合类电台名列前茅之外，音乐类广播电台和外语类广播电台也表现不俗，累计百分比分别达到 12.1%和 4.2%。

### （一）中央级电台占据十强半数席位

中央级电台以丰富的节目内容、细分的频道定位，借助先天的覆盖优势，在全国市场上表现突出。上榜的中央人民广播电台及其子调频音乐之声、中国之声、经济之声等专业频道、中国国际广播电台等，共占据了十强的半数席位，影响力不可小觑。而地方级电台虽然为数众多，但由于自身的区域性媒体定位，覆盖范围有限，听众规模也相对较小，因此其影响力相对较小。见图 3—13—3。

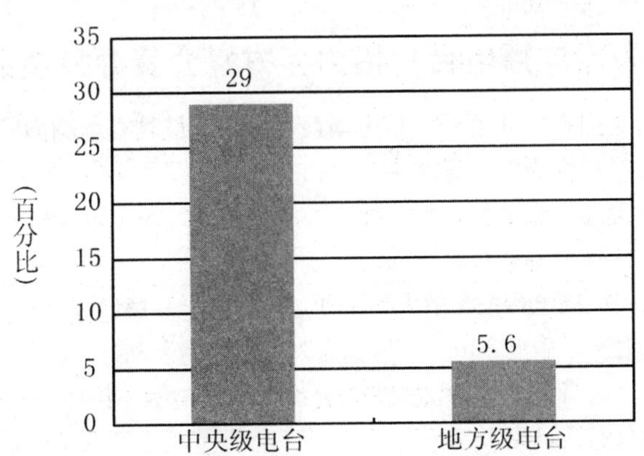


图 3—13—3　十强广播媒体中央级电台和地方级电台累计百分比对比

### （二）经济发达地区电台表现突出

近年来，随着经营意识、品牌意识逐渐觉醒，地方媒体纷纷谋求转型与改革，地方电台充分利用自身贴近听众的区域优势，在市场化的道路上取得了长足的发展，在这一点上，北京、上海、广东等经济发达地区的广播电台显得尤为突出。调查显示，东方电台流行音乐频率动感 101、北京人民广播电台交通台和广东人民广播电台都进入了十强。这些经济发达地区区域媒体的不俗成绩，将会产生一种示范性作用，促进其他地区媒体的发展。

### （三）音乐类广播深受消费者欢迎

受众收听广播的目的之一是为了休闲娱乐，而音乐类广播电台多样的音乐种类和丰富的娱乐资讯恰恰满足了听众的这一要求。同时，由于广播方便快捷、更新及时，总能带给听众最前沿的

音乐潮流以及最新的娱乐资讯。此外，广播受收听地点和使用设备的限制较少，能够更方便地满足人们娱乐的需求。本次调查的结果显示，在消费者最喜欢收听的广播十强中，有3个是音乐类广播（中央人民广播电台音乐之声、东方电台流行音乐频率动感101、济南人民广播电台音乐广播），累计百分比达12.1%，可见中国消费者对于音乐类广播的喜爱。见图3－13－4。

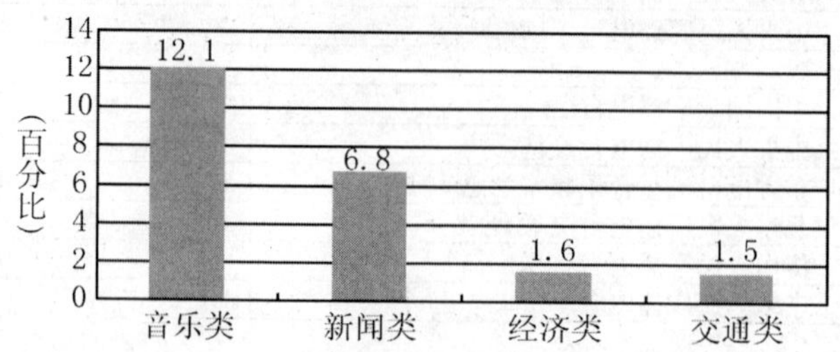


**图3－13－4　消费者最喜欢收听的广播十强类型分析**

**（四）外语类广播表现不俗**

广播不但可以用来休闲娱乐，还可以成为学习外语的工具，因此备受一部分消费者关注。除了促进语言学习之外，通过外语广播尤其是海外广播台能够接触到最新的国外资讯，也是消费者及时了解国际信息的重要渠道。调查结果显示，BBC（2.2%）和中国国际广播电台（2%）在消费者最喜欢收听的广播中分别居于第四和第五位，排名比较靠前。在十强之外，消费者还提及了CNN、NPR、RFI等国外知名广播电台。

## 专案解析

### 中央人民广播电台：借力多方媒介资源打造品牌①

中央人民广播电台是国家广播电台，是中国最重要的、最具有影响力的大众传媒之一。

现办有中国之声、经济之声、音乐之声、都市之声、中华之声、神州之声、华夏之声、民族之声、文艺之声等9套无线广播节目，每天播音200个小时，播出范围覆盖全国。

**创建子品牌频率，增强品牌价值**

消费者对于中国人民广播电台的了解大多是通过旗下的子品牌频率，比如广大受众熟知的音乐之声、中国之声、文艺之声、华夏之声等。这一系列的“之声”品牌，代表着中央人民广播电台的形象，构成了其品牌价值。当每一个子频率在消费者心目中占有一定地位的时候，中央人民广播电台的整体品牌效应也就自然凸显出来了。

**整合报纸媒体，提高品牌竞争力**

2007年9月，中央人民广播电台经济之声频率同南方日报报业集团旗下的21世纪报签署了合作协议，宣布双方将在新闻资源共享、市场活动开发、广告经营等方面展开深度合作。二者的联盟，可以使受众获得更及时、更全面的财经信息，同时，也可以整合双方广告服务，争取更多的商机。跨媒体整合是中央人民广播电台一次重要的尝试，增强了其品牌影响力，提升了品牌竞争力。

**进军新媒体，增强品牌生命力**

2006年2月，中央人民广播电台的网络电台和互动社区—银河台网站（www. radio. cn）全新改版上线，标志着中央人民广播电台正式踏入播客新媒体领域，向全民音视频娱乐门户迈进。银

① 关于中央人民广播电台的数据和相关信息参考中国广播网 http：//www. cnr. cn 和百度百科－中央人民广播电台 http：//baike. baidu. com/view/27853. htm。

河台形式更加活泼、时尚、个性，内容更显灵活，并增加了听众与媒体之间的互动，成为广大网民自由交流的平台。

（执笔：代凌燕）

## 第三节　最喜欢阅读的报纸

### 一、消费者最喜欢阅读的报纸基本情况

读报是人们早期获取信息的重要渠道之一，但是随着科技的进步和媒介的发展，电视、网络等媒体分流了报纸的受众，报纸的品牌经营面临着新的挑战。本次调查中，消费者被问及“最喜欢阅读的报纸”时共提及了254份，其中75%为综合类报纸，其次是娱乐类报纸，占到8%的比例，可见信息量丰富、全面的综合类报纸有着更深厚的群众基础。见图3—13—5。

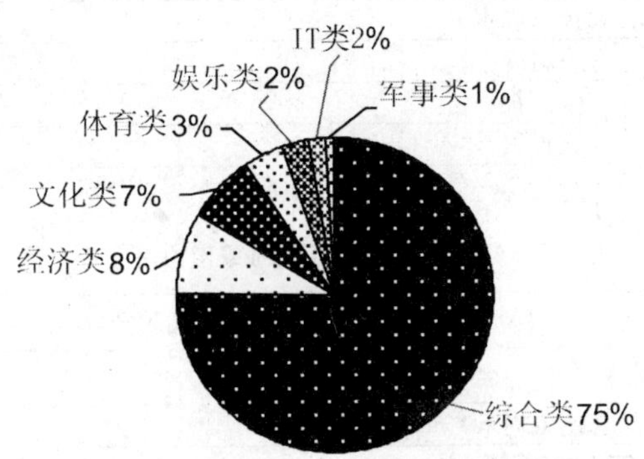


**图3—13—5　消费者提及的最喜欢阅读的报纸类型分布**

整体来看，消费者喜欢的报纸媒体比较分散，第一品牌和第二品牌的提及率仅为5%左右，其他品牌的提及率都在3%以下，这与报纸媒体本身地方性强、种类繁多不无关系。根据新闻出版总署信息中心传媒发展研究所编撰的《中国报业发展报告2007：创新成就未来》中的数据显示，截至2006年12月底，我国共出版各类报纸1 935种，其中地方级单位出版的报纸占了88.6%。① 见图3—13—6。

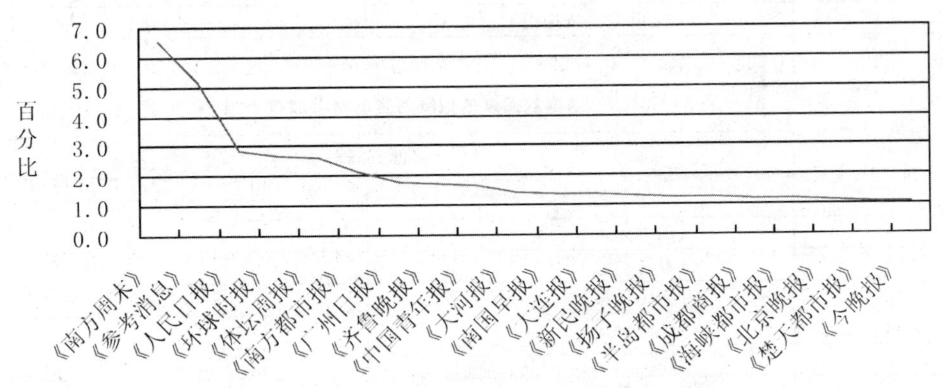


**图3—13—6　消费者最喜欢阅读的报纸二十强中的长尾**

① 首部报业蓝皮书发布 广东报纸数量居全国首位［OL］.［2007-07-05］. http://news.sohu.com/20070705/n250921208.shtml.

## 二、消费者最喜欢阅读的报纸十强数据

消费者最喜欢阅读的报纸十强数据见表 3－13－7、表 3－13－8、表 3－13－9。

**表 3－13－7　最喜欢阅读的报纸家庭消费者十强**

| 排　序 | 理想品牌 | |
|---|---|---|
| | 名　称 | 提及% |
| 1 | 《南方周末》 | 5.3 |
| 2 | 《参考消息》 | 5.2 |
| 3 | 《人民日报》 | 2.4 |
| 4 | 《环球时报》 | 2.2 |
| 5 | 《南方都市报》 | 2.0 |
| 6 | 《广州日报》 | 2.0 |
| 7 | 《体坛周报》 | 1.8 |
| 8 | 《齐鲁晚报》 | 1.7 |
| 9 | 《大河报》 | 1.6 |
| 10 | 《大连报》 | 1.5 |

**表 3－13－8　最喜欢阅读的报纸潜力消费者十强**

| 排　序 | 理想品牌 | |
|---|---|---|
| | 名　称 | 提及% |
| 1 | 《南方周末》 | 11.6 |
| 2 | 《体坛周报》 | 5.8 |
| 3 | 《参考消息》 | 5.0 |
| 4 | 《环球时报》 | 4.8 |
| 5 | 《人民日报》 | 4.7 |
| 6 | 《中国青年报》 | 3.2 |
| 7 | 《南方都市报》 | 2.6 |
| 8 | 《China Daily》 | 2.1 |
| 9 | 《齐鲁晚报》 | 1.9 |
| 10 | 《21 世纪经济报道》 | 1.8 |

**表 3－13－9　最喜欢阅读的报纸两类消费者加权十强**

| 排　序 | 理想品牌 | |
|---|---|---|
| | 名　称 | 提及% |
| 1 | 《南方周末》 | 6.5 |
| 2 | 《参考消息》 | 5.1 |
| 3 | 《人民日报》 | 2.9 |
| 4 | 《环球时报》 | 2.7 |
| 5 | 《体坛周报》 | 2.6 |
| 6 | 《南方都市报》 | 2.2 |
| 7 | 《广州日报》 | 1.8 |
| 8 | 《齐鲁晚报》 | 1.7 |
| 9 | 《中国青年报》 | 1.7 |
| 10 | 《大河报》 | 1.4 |

## 三、消费者最喜欢阅读的报纸十强解析

在消费者最喜欢阅读的报纸中，十强累计百分比为28.6%，集中程度不高。在十强中，都市类报纸受欢迎程度较高，累计百分比达到11.8%，党政机关报其次，为9.8%。除此之外，一些国际新闻类报纸和专业体育类报纸也跻身十强，累计百分比分别达到4.4%和2.6%。

**(一) 都市报占据四强**

在此次调查中，《南方周末》以6.5%的提及率位居“消费者最喜欢阅读的报纸十强”榜首，再一次证明其在全国市场上强大的品牌影响力。

除此之外，《南方都市报》、《齐鲁晚报》、《大河报》等也在十强之列，共同占领了十强的半壁江山。

因为报业的竞争越来越激烈，如何利用有限的资源获得更多的市场份额成为经营者们永恒的话题，而尽可能地满足大多数消费者的需求便是其中的一种发展模式，大众型都市报应运而生。这种都市类报纸涵盖了政治、经济、文化、教育、体育、娱乐、生活休闲等各个方面，在向读者介绍全国信息的同时还向他们发布当地的新闻，具有鲜明的地域特征。这种全国信息和地域信息相结合的办报模式，赢得了广大读者的喜爱。

**(二) 党团机关报成绩不俗**

综观“消费者最喜欢阅读的报纸十强”，党团类机关日报表现突出，《人民日报》、《广州日报》、《中国青年报》均入围十强，其中《人民日报》位列第三。

中国政治体制的特殊性决定了作为国家喉舌的党团类报纸是国家宣传的重要阵地，也是国家重大信息发布的渠道。和其他类型的报纸相比，《人民日报》等党团类报纸拥有得天独厚的资源，能够较多地获得政府部门的相关信息，更方便地进行新闻采访，其报道也相应地更受党和国家的重视。这种资源优势能够提升报纸品牌的公信度，促进其在竞争激烈的报业市场中不断发展。

此外，党团类报纸独特的身份也是其发行量的重要保证。中国的许多机关部委都会订阅党团类报纸，以了解国家重要新闻和政策的发布，这在很大程度上保证了党团类报纸的发行。

**(三) 国际新闻类报纸表现突出**

值得关注的是，在“消费者最喜欢阅读的报纸”五强中，有两个都是以报道国际新闻为主的报纸，即《参考消息》与《环球时报》。

随着改革开放的深入，我国更多地融入到国际社会中，消费者对了解国外信息、国际社会动态的需求也不断增强。在此背景下，从内参走向公开发行的《参考消息》、强调“报道整个世界”的《环球时报》依靠新华社和人民日报社的强大内容支撑平台，在全面反映国际政治外交形势的同时，逐步加强了经济、科技、文教和军事等各方面的报道内容，为读者呈现了一个更加丰富的国际社会。

**(四) 专业类报纸《体坛周报》上榜**

现如今社会中的信息越来越多，读者的细分程度也越来越高，因此，根据受众的需求进一步细分，形成差异化的定位，在专业领域内深耕细作，也能成就报纸品牌强大的影响力。

《体坛周报》是此次调查中唯一进入十强的专业类报纸，提及率为2.6%，位居第五，实力不容小觑。《体坛周报》专注于报道赛事和体坛动态，紧紧抓住了关注体育的消费者的目光，在体育类报道中赢得了很强的市场地位，获得了较高的品牌忠诚度。

## 专案解析

### 《南方周末》：公信力成就品牌影响力[①]

《南方周末》创办于1984年，是南方报业传媒集团旗下综合类新闻周报，也是中国报业市场中发行量大、公信力强、传阅率高、影响非常广泛的新闻周报。现在每期出版32个版，分新闻、经济、文化三大板块，内容紧扣中国社会发展的热点与焦点，通过全面、深入、生动地报道新近发生的重大新闻，完整、真实的记录中国社会迈向未来的脉络、趋势和图景。

《南方周末》在中国报业市场的经营中是比较成功的，其成功不仅仅来源于对社会的关注、对正义的坚持，更来自于对自身经营的创新与开拓。在分众化、细分化的时代，《南方周末》认识到只有形成自己的品牌和特色才能生存，在摸清市场与环境的基础上，它清晰地定位了自身的读者群，开始走入品牌化经营时代。

**明确受众找准品牌定位**

报纸同质化是困扰中国报业的一个问题，进行独特的定位、满足消费者更深层次的需求是整个报业的共识。《南方周末》看到了中国消费者素质的提高与知识分子的爱国热情，将高端读者群——知识分子锁定为目标受众，誓做"沟通知识分子和大众的桥梁"，并以"对读者进行科学与民主的启迪"为己任。在这一定位的支撑下，《南方周末》的报道中总是透露着一股人文气质，无论是文风还是报纸的排版，也总给人以深刻的文化气息。很快，《南方周末》获得了读者的认同，并在中国报纸市场中迅速立足。

**以极具风格的内容突出品牌性格**

真实性是新闻报道的基本属性，《南方周末》擅长深入挖掘新闻真相，敢于说真话、说实话，敢于同腐败势力和社会黑暗面作斗争，为民众讲话，为国人呐喊。在尊重基本新闻事实的基础上，《南方周末》以自己的视角对事件进行客观公正的评价，展现其有深度的思想，表达对社会的关注与思考，在消费者心目中形成了广泛的公信力，成为一个具有社会责任心的品牌。

**注重经营累积品牌资产**

《南方周末》非常注重自身的品牌营销。通过一系列的宣传广告、推广活动等，《南方周末》塑造起真实、公正、权威的品牌形象，彰显正义，传递民意，传播"深入成就深度"的品牌理念，表达了其理想与目标，在市场上树立了良好的品牌形象。

（执笔：吕艳丹　代凌燕）

# 第四节　最喜欢阅读的杂志

## 一、消费者最喜欢阅读的杂志基本情况

近二十年来，中国期刊先后经历了大众、时尚、财经三大浪潮，行业发展迅速，在杂志数量、类型、内容编辑等各个方面都取得了较大的发展与突破。本次调查中，对于"最喜欢阅读的

① 本节关于《南方周末》相关信息及数据均参考百度百科－南方周末 http：//baike.baidu.com/view/28478.htm 和南方周末网 www.nanfangdaily.com.cn。

杂志”消费者总共提及了178个杂志品牌，其中最多的为生活、家庭类杂志，达到29.2%，这类杂志的读者群广泛，内容贴近生活并易于被人们接受。其次，由于现代人越来越注重修养的提高与知识的进步，文化教育类杂志也受到了广泛的欢迎，调研中，消费者共提及了26个文化教育类杂志品牌，占14.6%。见图3－13－7。

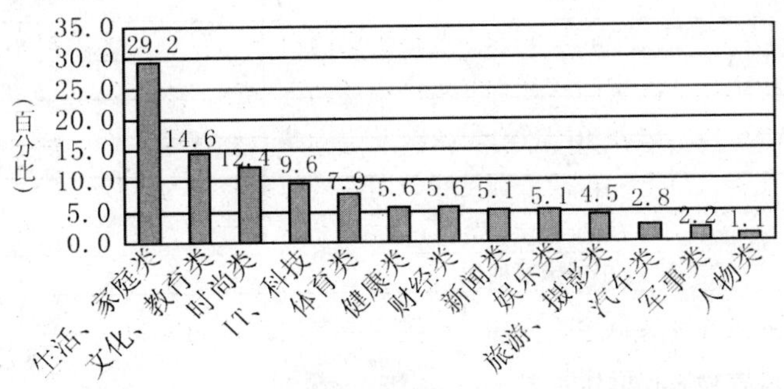


图3－13－7　消费者提及的最喜欢阅读的杂志类型分布

## 二、消费者最喜欢阅读的杂志十强数据

消费者最喜欢阅读的杂志十强数据见表3－13－10、表3－13－11、表3－13－12。

表3－13－10　最喜欢阅读的杂志家庭消费者十强

| 排序 | 理想品牌 | |
|---|---|---|
| | 名称 | 提及% |
| 1 | 《读者》 | 28.0 |
| 2 | 《知音》 | 9.2 |
| 3 | 《瑞丽》 | 4.3 |
| 4 | 《家庭》 | 3.4 |
| 5 | 《女友》 | 2.4 |
| 6 | 《青年文摘》 | 2.2 |
| 7 | 《时尚》 | 1.8 |
| 8 | 《特别关注》 | 1.5 |
| 9 | 《家庭医生》 | 1.3 |
| 10 | 《故事会》 | 1.3 |

表3－13－11　最喜欢阅读的杂志潜力消费者十强

| 排序 | 理想品牌 | |
|---|---|---|
| | 名称 | 提及% |
| 1 | 《读者》 | 24.2 |
| 2 | 《瑞丽》 | 5.9 |
| 3 | 《青年文摘》 | 5.0 |
| 4 | 《女友》 | 2.7 |
| 5 | 《女刊》 | 1.9 |
| 6 | 《大学生》 | 1.8 |
| 7 | 《知音》 | 1.7 |
| 8 | 《萌芽》 | 1.7 |
| 9 | 《意林》 | 1.6 |
| 10 | 《三联生活周刊》 | 1.6 |

表 3－13－12 最喜欢阅读的杂志两类消费者加权十强

| 排 序 | 理想品牌 | |
|---|---|---|
| | 名 称 | 提及％ |
| 1 | 《读者》 | 27.2 |
| 2 | 《知音》 | 7.7 |
| 3 | 《瑞丽》 | 4.7 |
| 4 | 《青年文摘》 | 2.8 |
| 5 | 《家庭》 | 2.7 |
| 6 | 《女友》 | 2.4 |
| 7 | 《时尚》 | 1.7 |
| 8 | 《特别关注》 | 1.4 |
| 9 | 《中国国家地理》 | 1.2 |
| 10 | 《故事会》 | 1.1 |

## 三、消费者最喜欢阅读的杂志十强解析

消费者最喜欢阅读的杂志品牌中，十强累计百分比达到 52.9％，其中一半被《读者》（27.2％）所占据，具有压倒性优势。十强中以面向大众的生活、文学杂志为主，如《读者》、《知音》、《家庭》等，累计百分比达到 43.9％；同时包含《瑞丽》等时尚杂志和《中国国家地理》等针对小众读者的专业杂志，这两类杂志的累计百分比分别为 6.4％和 2.6％。见图 3－13－8。

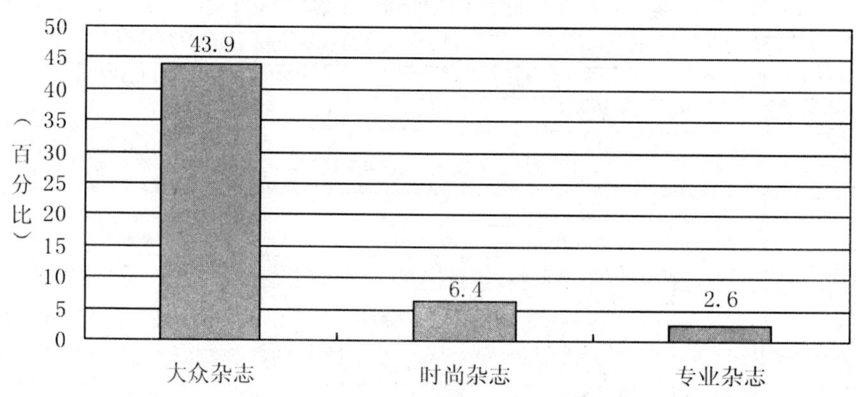


图 3－13－8 消费者最喜欢阅读的杂志十强类型分析

### （一）传统大众杂志依然强势

在 20 世纪 90 年代末以前，传统大众类杂志在中国杂志市场上占据了主要份额，比如《读者》、《家庭》、《知音》、《故事会》、《青年文摘》等，它们都是伴随老百姓多年、大家耳熟能详的老字号杂志品牌。

而今，随着时代的变化和社会的发展，这些传统大众类杂志依然挺立在市场上，并在消费者心目中占据着非常高的位置。在本次调查中，《读者》在消费者理想杂志品牌提及率中以 27.2％占据榜首即可说明这一点，此外，《知音》、《青年文摘》、《家庭》等都超过众多时尚杂志和精英杂志位居前列。

这主要是因为，首先，传统杂志品牌经营多年，已经运作成熟，形成了稳定的采编、发行体系，分销渠道深入全国各地，包括乡镇和西部边远地区，是新兴杂志所不能及的；其次，这些杂志在过去的 20 多年发展中形成了庞大且忠诚的受众群，尤其是《家庭》、《知音》的家庭女性读者

群和《读者》、《青年文摘》所吸引的文学爱好者，与时尚杂志和专业杂志的读者相比，在数量上和忠诚度上占据一定的优势。

**（二）时尚杂志发展迅速**

随着中国媒介市场的开放化和市场化，中国的杂志品牌也随之成为媒介市场中活跃的一分子，尤其是时尚杂志，契合了人们不断提高的物质生活和时尚追求，发展势头良好。调查显示，《瑞丽》和《时尚》分别位居消费者理想杂志品牌榜第三位和第七位。

相比传统大众杂志，现代时尚杂志在内容、读者群和发行渠道上都有所创新，有利于品牌价值的形成。杂志所承载的信息广泛，涵盖了服饰、美容、家居、旅游、音乐、书籍、生活健康等各个方面，比如时尚集团的《时尚 cosmopolitan》、《时尚伊人》、《时尚健康》、《时尚旅游》、《时尚时间》、《时尚家居》等，这类杂志能够全面把握时尚潮流，形成对于时尚潮流的引导力量，打造独特的品牌内涵。同时，时尚杂志开发出了“都市白领”这一读者群，他们有着较高的学历、职位和高收入，消费能力强，使得时尚类杂志获得广告主的青睐，有利于品牌的发展和利润空间的提升。此外，时尚类杂志除了传统的报摊零售和订阅外，还开辟出超市零售、飞机赠阅和向娱乐休闲场所渗透的读者接触途径，有利于时尚杂志扩大品牌影响力，尤其是在优质读者群中形成品牌认知度。

**（三）面向小众的专业杂志展露头脚**

由于市场的不断细分和杂志的进一步发展，专门面向小众的专业杂志应运而生。与传统的大众杂志不同，这类杂志定位明确，在锁定一个细分读者群的同时，在内容上更加具有专业性、针对性。比如本次调查中的《特别关注》和《中国国家地理》，凭借内容的深度、专业获得了消费者的认同，分别位于消费者理想杂志品牌榜中的第八和第九名，体现了专业杂志的强大品牌影响力。

## 专案解析

### 《读者》：深入心灵的品牌①

由读者杂志社编辑出版、甘肃人民出版社主办的《读者》（半月刊）杂志是我国享有良好声誉的综合类期刊。自 1981 年创刊迄今，《读者》历经 27 年的发展，月发行量由最初的 3 万册，达到 2006 年月平均发行量 898 万册，居中国期刊排名第一，亚洲期刊排名第一，世界综合性期刊排名第四，取得了突出的社会效益和经济效益，走出了一条中国期刊发展的成功之路。

**销售金牌：发行量的品牌**

《读者》的发行量之高在中国已经创下了一个奇迹，2000—2007 年连续 7 年稳居全国期刊月发行量首位，这种成就是中国其他期刊很难达到的。

此外，《读者》在海外华文期刊市场中也占有很大的份额，发行延伸至世界 90 多个国家和地区，在美国、日本、澳大利亚、新加坡等国家和地区拥有广泛的读者，在华人世界具有很强的影响力。

**人文关怀牌：中国人的心灵读本**

人文关怀是《读者》的核心理念，也是它在中国杂志市场中发展的最大的竞争力。一篇散文、一首小诗，一个睿智的故事，却能够带给消费者精神上的愉悦与满足，使之开拓了视野，敞开了心灵，因此，《读者》被称为“中国人的心灵读本”。

**低调亲民：你我身边的杂志品牌**

虽然《读者》的发行量大，覆盖范围广，但是它却不炒作、不张扬，以清新雅致的风格，默

---

① 本节有关《读者》信息及数据参考百度百科－读者 http://baike.baidu.com/view/2638.htm 和读者网 www.duzhe.com。

默地陪伴在读者身边，静静地发出自己独特的声音。

27 年来，《读者》一如既往地保持着这种低调的作风、温馨的感觉、流畅的文字，使读者如沐春风，备感亲切。

（执笔：代凌燕）

# 第五节 最喜欢浏览的网站

## 一、消费者最喜欢浏览的网站基本情况

互联网在经历 20 世纪 90 年代末的泡沫之后，逐渐步入正轨，各种不同类型的网站不断创造、引导、迎合网民的需求，发展迅速。从本次调查的结果中可以看出，消费者提及的“最喜欢浏览的网站”共有 80 个，其中 36％为专业类网站，包括金融、体育、游戏、学习类网站等，同时，互动性社区类网站充分体现了互联网互动性和交流性的特点，也受到了众多消费者的欢迎，占到了 23％。见图 3－13－9。

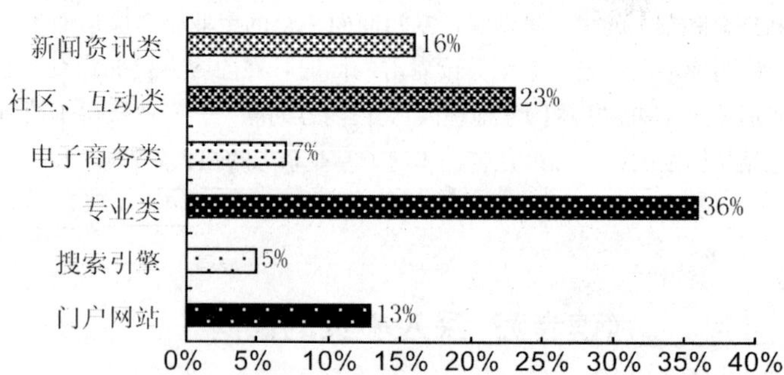


图 3－13－9 消费者提及的最喜欢浏览的网站类型分析

## 二、消费者最喜欢浏览的网站十强数据

消费者最喜欢浏览的网站十强数据见表 3－13－13、表 3－13－14、表 3－13－15。

表 3－13－13 最喜欢浏览的网站家庭消费者十强

| 排 序 | 理想品牌 | |
|---|---|---|
| | 名 称 | 提及％ |
| 1 | 新浪 | 25.0 |
| 2 | 百度 | 23.3 |
| 3 | 搜狐 | 10.2 |
| 4 | 163 网易 | 7.2 |
| 5 | yahoo 雅虎 | 3.4 |
| 6 | hao123 | 2.0 |
| 7 | 腾讯 qq | 1.9 |
| 8 | 淘宝 | 1.9 |
| 9 | google | 1.5 |
| 10 | 阿里巴巴 | 0.7 |

表 3—13—14　最喜欢浏览的网站潜力消费者十强

| 排　序 | 理想品牌 | |
|---|---|---|
| | 名　称 | 提及% |
| 1 | 百度 | 28.6 |
| 2 | 新浪 | 19.1 |
| 3 | 163 网易 | 7.5 |
| 4 | 搜狐 | 4.3 |
| 5 | 校内网 5q | 3.0 |
| 6 | hao123 | 2.7 |
| 7 | 腾讯 qq | 2.6 |
| 8 | yahoo 雅虎 | 2.1 |
| 9 | google | 2.0 |
| 10 | 土豆网 | 1.6 |

表 3—13—15　最喜欢浏览的网站两类消费者加权十强

| 排　序 | 理想品牌 | |
|---|---|---|
| | 名　称 | 提及% |
| 1 | 百度 | 24.4 |
| 2 | 新浪 | 23.8 |
| 3 | 搜狐 | 9.0 |
| 4 | 163 网易 | 7.3 |
| 5 | yahoo 雅虎 | 3.2 |
| 6 | hao123 | 2.1 |
| 7 | 腾讯 qq | 2.0 |
| 8 | 淘宝 | 1.8 |
| 9 | google | 1.6 |
| 10 | 校内网 5q | 0.8 |

## 三、消费者最喜欢浏览的网站十强解析

网络媒体是人们获取信息的重要途径之一，新闻浏览和信息搜索是网络作为信息渠道的典型应用。从调查结果中可以发现，所有网站类型中门户网站和搜索引擎是消费者最为喜爱的。在门户网站一类中，三大主流门户新浪、搜狐、网易以 53%的份额占据绝对优势，而在搜索引擎领域中，google 只占到 2%，百度以 32%的十强份额大大超越 google，成为消费者心目中最喜爱浏览的网站。此外，即时通讯、电子商务、网络视频等网络媒体亦进入十强。

### （一）综合门户最受欢迎

门户网站是互联网中发展最早、功能最全面的网站类型，它能够满足消费者对新闻、邮箱、搜索、娱乐等方面的需要，因而受到消费者的喜爱。如今在众多的国内门户网站中，消费者提及率最高的、最主流的门户非新浪、搜狐和网易莫属，它们凭借丰富的信息、多方面的专业服务受到了网民的青睐。本次调查显示，新浪（23.8%）、搜狐（9.0%）和网易（7.3%）分别位居消费者心目中理想网站品牌排行榜中的二、三、四位，三者的加权百分比之和达到 40.1%。

三大门户之发展迅速，一是因为有雄厚的资金后盾且赢利模式日渐多元与成熟，再就是不断调整战略争取用户，形成差异化的品牌竞争力。比如新浪走出同质化的重要一环便是其 Web2.0 的发展，并延伸到其五大业务中，形成强效的品牌增值；而搜狐在获得北京 2008 年奥运会网络服务提供商的提名后，得到了体育领域的独家资源，这也是其他门户难以比拟的优势。

此外，除了传统的三大门户，新兴综合门户如腾讯也逐渐发展起来，居于消费者理想网络品

牌第七名（2.0%），预示着以互动性、社区性为主要特点的新兴门户已经崛起。

**（二）搜索引擎百度独大**

搜索引擎在网站中占有非常重要的地位，是消费者所依赖的重要网络工具。根据本次调查数据显示，百度以高达34.4%的加权百分比高居榜首。百度根植于中国文化，始终以中国品牌的内涵示人，在中国消费者心目中逐渐形成“中国人的搜索引擎”这样一种品牌认知。而来自美国的搜索引擎google虽然从国际化品牌的角度诠释了技术和创新，但在消费者心智中的位置却明显落后，以1.6%的提及率位居第九。

**（三）电子商务网站日渐流行**

随着互联网科技的发展，中国消费者对网络的接触越来越多，电子商务网站具备便利性、社区性、低价格的品牌特点，正吸引着越来越多消费者的尝试。

淘宝便是培育C2C电子商务群体的一支中坚力量。在淘宝模式中，支付手段的优化和诚信体系的建立，使得卖家和买家的利益都在一定程度上得到了保证，电子商务的风险大大降低，更多的消费者逐渐接受网络购物。在本次消费者最喜欢浏览的网站品牌排名中，淘宝位居第八（1.8%），深受消费者的认同。随着物流配送体系的完善、网络科技的进步，淘宝模式也将进一步发展壮大。

## 专案解析

### 百度：打民族牌的网络品牌

百度，2000年1月创立于北京中关村，是全球最大的中文搜索引擎，2005年8月5日在美国纳斯达克上市。

*科技力和用户体验赢得品牌偏爱*

作为一个搜索引擎，百度之所以强大，离不开与日俱新的技术。先进的平台、高效的处理器、卓越的速度，都使得百度成为消费者可以依赖的搜索工具。此外，从与华为合作，开拓储备千亿级的服务能力，到与全球最大的半导体芯片制造商英特尔组建联合实验室，百度的每一天都在科技的创新中成长，因此可以说，其品牌的基础是其科技的力量。

科技含量高不一定用起来复杂，百度的另一优点便在于使用的简单与方便。只要找到百度搜索框，输入关键词，就可以获得想要的信息。同时，搜索联盟会员、移动搜索业务都使得百度进一步获得了消费者的偏爱，而成为消费者心目中最喜欢浏览的网站。

*创新和多元化增强品牌价值*

百度的竞争力强还在于其不断的创新，不断地了解消费者的需求并加以满足。除了基本的网页搜索功能之外，百度还开发出了“知道”、“贴吧”、“百度传情”、“百度指数”等，针对人们对不同信息的细分需求提供更加丰富多样的搜索平台。

为了更好地竞争与生存，百度在为企业提供竞价排名业务的基础上，积极拓展各种赢利途径，发展了关联广告业务和精准广告、移动搜索服务、手机娱乐服务、图铃下载等增值服务，进一步拓宽了利润来源的空间，增强了自身的品牌价值。

*风云人物丰富品牌形象*

百度之所以著名的另外一个原因是，百度有一个风云人物李彦宏。从2002年获选“中国十大创业新锐”之后，李彦宏获奖不断，2003年至2005年连续3次荣获“中国十大IT风云人”称号，2006当选美国《商业周刊》2006年全球“最佳商业领袖”。优秀的企业领导者就如同品牌的活招牌，李彦宏的智慧与魄力，也使得百度这个品牌充满了睿智与创新的精神。

（执笔：代凌燕）

# 附：南京城市居民心目中的理想传媒品牌

## 一、南京传媒产业的发展现状

南京的传媒产业局面可谓十分繁荣。就广播电视来说，盘踞着两大传媒集团，即成立于2001年的江苏省广播电视总台集团和正式挂牌于2004年的南京广播电视集团两大传媒集团，这两大传媒集团所经营的业务对当今大众传媒的许多业态都有涉及。南京观众接触最多、感受最为强烈的则为两大传媒集团旗下的各个电视、广播频道。见表3－13－6。

**表3－13－16　南京两大传媒集团**

| 江苏省广播电视总台（集团） | | | 南京广播电视集团 | | |
|---|---|---|---|---|---|
| 序号 | 电视频道 | 广播频道 | 序号 | 电视频道 | 广播频道 |
| 1 | 江苏卫视（1套） | 新闻综合 | 1 | 新闻综合频道（1套） | 新闻频率 |
| 2 | 综艺频道（2套） | 经济 | 2 | 影视频道（2套） | 经济频率 |
| 3 | 城市频道（3套） | 文艺 | 3 | 教育科技频道（3套） | 交通频率 |
| 4 | 影视频道（4套） | 新闻综合音乐 | 4 | 生活频道（4套） | 音乐频率 |
| 5 | 靓妆频道（5套） | 交通广播网 | 5 | 文体频道（5套） | 体育频率 |
| 6 | 体育频道（6套） | 健康 | 6 | 十八频道（6套） | 城市管理广播 |
| 7 | 少儿频道（7套） | 金陵之声 | 7 | 少儿频道（7套） | |
| 8 | 公共频道（8套） | 旅游专列 | 8 | 股市信息频道（8套） | |
| 9 | 江苏教育电视台（9套） | | | | |
| 10 | 国际频道（10套） | | | | |

注：位于南京的两大传媒集团经营的电视、广播频道列表。

报刊方面，南京总人口600万左右，市区常住人口不足300万，但报纸最多时每天有10种日报出版①。激烈竞争的结果是强者突围，南京市出现了3家“世界报业五百强”和“全国晚报都市类报纸竞争力二十强”的报纸。同时，南京的报纸发行密度也是全国领先。“据资料显示，新生代市场监测机构曾选取中国有代表性的20个大型城市，对15～64岁的居民进行了每日接触媒体状况调查。结果，在南京报业市场竞争最激烈的1999年，20个城市报纸日平均到达率为71.7%，日到达率最高的城市是南京，为85%；1999年和2000年两年平均报纸阅读率最高的5个城市中，南京又居首位，为83.6%。”②

近几年，南京报业市场格局由南京日报报业集团、新华日报报业集团、新华社江苏分社三大核心力量瓜分。这些集团旗下的期刊是中国媒体市场上颇有影响力的生力军③，在南京地区也具有一定的影响力。

## 二、南京传媒产业的突出特点及发展背景

南京的传媒业具有突出的特点：首先，南京传媒在经营创新方面屡有建树。为了在激烈的竞争中获胜，南京传媒已经习惯在发行、新闻采写等领域不断创新，不断自我颠覆。南京报业的“南京模式”是报业史上不可不提的一笔，南京也是国内少数发行免费报纸的城市之一。④电视节

① 马培军．反击“南京模式”[J]．中国报业，2005（7）：63-66．

②④ 陆高峰．南京媒体在“战斗”中成长[J]．青年记者，2007（8）：23．

③ http：//www.js.xinhuanet.com/．

目《南京零距离》则开启了被称为中国电视“第三次革命”的“民生新闻”的时代。其次，南京传媒业拥有一些蜚声全国的名牌传媒产品，报纸业有《扬子晚报》，电视业则有《南京零距离》、《人间》、《绝对唱响》和《名师高徒》等享有一定知名度和美誉度的原创节目。

南京传媒业的发达，可以归因于南京整体杰出的人文环境和出色的教育环境。南京区域文化中心的地位使其拥有重大信息源的优势，有利于拓展传媒业市场覆盖面；而较高的城市文化品味，又对传媒业的发展提出了需求。另外，南京出色的高等教育也为南京传媒业输送了大批优质人才。“在南京，拥有包括南京师范大学、南京大学两家新闻学院，以及众多其他新闻专业教育院系，形成了一个仅次于北京、上海和武汉的全国第四大新闻人才教育培训网络和从本科到博士的完备的新闻人才培训体系。在南京的一些新闻院系中，又特别注重培养学生的文科修养和实践经验。它们每年既为当地媒体输送了大量新闻实践人才，同时，一些有过长期媒体实践经验的老师又在为当地的媒体提供着智囊支持。这种学界与媒体良好互动的合作局面，无疑对南京媒体的创新和发展起到了不可忽视的作用。”①

## 三、南京城市消费者心目中的理想传媒品牌

在“2008 中国消费者理想品牌大调查”中，南京地区共收回了 211 份有效问卷，其中男性 106 人，女性 105 人。在 211 位受访者中，大四学生（后文统称为“潜力消费者”）共计 63 人；25～34 岁的家庭消费者 49 人，35～44 岁的家庭消费者 45 人，45～54 岁的潜力消费者 34 人，55 岁以上消费者 20 人。本文着重关注南京城市消费者心目中的传媒品牌，采用 SPSS13.0 软件对相关数据进行了分析。分析结果见表 3－13－17、表 3－13－18。

**表 3－13－17 南京城市居民家庭消费者最喜欢的媒体前五名**

| | 排序 | 电视 | | 广播 | | 报纸 | | 杂志 | | 网站 | |
|---|---|---|---|---|---|---|---|---|---|---|---|
| | | 名 称 | % | 名 称 | % | 名 称 | % | 名 称 | % | 名 称 | % |
| 家庭消费群体（25～34岁） | 1 | CCTV－5 | 14.4 | 江苏音乐台 | 26.5 | 《扬子晚报》 | 24.4 | 《读者》 | 29.3 | 新浪 | 25.6 |
| | 2 | CCTV－6 | 14.3 | 南京音乐台 | 11.8 | 《现代快报》 | 17.8 | 《瑞丽》 | 12.2 | 百度 | 16.3 |
| | 3 | 凤凰卫视 | 12.2 | 中国国际电台 | 5.9 | 《参考消息》 | 11.1 | 《看电影》 | 7.3 | 搜狐 | 9.3 |
| | 4 | CCTV－2 | 9.5 | 江苏经济台 | 5.6 | 《金陵晚报》 | 11.1 | 《新周刊》 | 4.9 | 西祠 | 7.0 |
| | 5 | CCTV－8 | 8.6 | 江苏交通台 | 5.3 | 《南京晨报》 | 4.4 | 《人物周刊》 | 2.4 | Google | 4.9 |
| 家庭消费群体（35～44岁） | 1 | CCTV－5 | 18.5 | 交通台 | 10.5 | 《扬子晚报》 | 25.6 | 《读者》 | 33.3 | 百度 | 28.0 |
| | 2 | CCTV 综合 | 14.7 | 江苏音乐台 | 10.5 | 《金陵晚报》 | 23.3 | 《知音》 | 18.2 | 新浪 | 20.0 |
| | 3 | CCTV － 3 综艺 | 9.3 | 南京交通台 | 9.5 | 《现代快报》 | 14.0 | 《故事会》 | 6.5 | 搜狐 | 12.0 |
| | 4 | 南京电视 | 7.0 | 江苏人民电台 | 5.5 | 《参考消息》 | 7.0 | 《财经》 | 3.3 | 中华网 | 4.0 |
| | 5 | 南京电视－4 | 6.8 | 江苏经济台 | 5.2 | 《南京晨报 | 4.7 | 《瑞丽》 | 3.2 | Google | 4.0 |
| 家庭消费群体（45～54岁） | 1 | CCTV 综合 | 13.8 | 南京经济台 | 23.1 | 《扬子晚报》 | 34.4 | 《读者》 | 27.8 | 搜狐 | 16.7 |
| | 2 | 南京电视台教科频道 | 12.7 | 南京音乐台 | 15.4 | 《现代快报》 | 25.0 | 《青年》 | 11.7 | 百度 | 16.7 |
| | 3 | 江苏城市频道 | 12.7 | 江苏文艺台 | 7.0 | 《金陵晚报》 | 15.6 | 《健康》 | 5.6 | 人民网 | 8.3 |
| | 4 | CCTV 综艺频道 | 10.9 | 江苏经济台 | 7.0 | 《参考消息》 | 9.4 | 《家庭》 | 5.2 | | |
| | 5 | 江苏卫视 | 6.8 | 江苏音乐台 | 5.0 | 《南京晨报》 | 7.9 | | | | |

① 陆高峰．南京媒体在“战斗”中成长［J］．青年记者，2007（8）：23.

续 表3－13－17

| | 排序 | 电视 | | 广播 | | 报纸 | | 杂志 | | 网站 | |
|---|---|---|---|---|---|---|---|---|---|---|---|
| | | 名 称 | % | 名 称 | % | 名 称 | % | 名 称 | % | 名 称 | % |
| 家庭消费群体（55岁以上岁） | 1 | CCTV综合 | 15.8 | 江苏人民台 | 20.0 | 《扬子晚报》 | 42.1 | 《读者》 | 20.0 | 百度 | 62.5 |
| | 2 | 江苏电视台城市频道 | 15.7 | 南京交通台 | 10.5 | 《现代快报》 | 26.3 | 《健康》 | 13.3 | 雅虎 | 25.0 |
| | 3 | 南京电视台 | 12.3 | | | 《金陵晚报》 | 21.1 | 《家庭》 | 6.7 | 新浪 | 12.5 |
| | 4 | 湖南卫视 | 10.5 | | | 《人民日报》 | 5.5 | | | | |
| | 5 | 江苏卫视 | 5.8 | | | 《环球时报》 | 5.3 | | | | |

注：本数据来自于由中国商务广告协会与中国传媒大学主办的“2008中国消费者理想品牌大调查”。

**表3－13－18 南京城市居民潜力消费者最喜欢的媒体前五名**

| 排序 | 电视 | | 广播 | | 报纸 | | 杂志 | | 网站 | |
|---|---|---|---|---|---|---|---|---|---|---|
| | 名 称 | % | 名 称 | % | 名 称 | % | 名 称 | % | 名 称 | % |
| 1 | CCTV－5 | 24.2 | 南京音乐台 | 14.4 | 《扬子晚报》 | 29.5 | 《读者》 | 41.0 | 百度 | 31.7 |
| 2 | CCTV | 12.9 | 江苏音乐台 | 14.3 | 《现代快报》 | 16.4 | 《瑞丽》 | 8.2 | 新浪 | 15.0 |
| 3 | CCTV－6 | 9.7 | 中央人民广播电台 | 9.6 | 《南方周末》 | 13.1 | 《三联生活周刊》 | 6.6 | 163网易 | 10.0 |
| | 凤凰卫视中文台 | 9.7 | | | | | | | | |
| 4 | 东方卫视 | 6.5 | 中央人民音乐台 | 9.5 | 《金陵晚报》 | 6.6 | 《女刊》 | 4.9 | 搜狐 | 8.3 |
| | CCTV－10 | 6.5 | | | | | | | 滕讯qq | 5.0 |
| 5 | 湖南卫视 | 4.8 | 中国国际广播电台 | 4.8 | 《体坛周报》 | 3.3 | 《东方》 | 3.3 | 淘宝网 | 4.9 |

注：本数据来自于由中国商务广告协会与中国传媒大学主办的“2008中国消费者理想品牌大调查”。

由上述调查数据可以得出以下结论：

**（一）央视及地面频道影响力大，年轻消费者的喜好更加多元化**

·中央电视台在南京地区仍然具有巨大的影响力。

·江苏卫视在南京本地城市居民中的受欢迎程度不及江苏电视台城市频道和南京电视台的一些频道。

·年龄与电视媒体的喜好关联性较大。家庭消费群体年龄越大，对本地消费媒体的认同度和接触率越高，而潜在消费群体则没有这一特征。此外，消费者越年轻，对于电影的喜好度就越高，在频道选择上也更加多元化。而25～34岁的家庭消费者是各个年龄组中最为青睐电视剧频道的人群。

**（二）本地广播媒体优势显著，年龄较大的消费者倾向经济、交通类频道**

·南京城市居民最爱收听的广播前五名中几乎清一色是本地广播台，本地化特征十分明显。越是年轻的南京城市居民，对于非地方性的广播电台的悦纳程度越高。在35岁以上家庭消费者中间，前5名都被本地广播台所把持。

·南京经济台的年龄化特征最为明显，它在其他年龄段都无甚作为，但在45～54岁的家庭消费者中的收听比率却达到了23.1%。而35～44岁的消费者对于“交通台”这一频道类别具有较强的倾向性。

**（三）《扬子晚报》一枝独秀，部分外地报纸受到欢迎**

·《扬子晚报》独秀之势明显，在潜在消费者和各年龄段家庭消费者中均位居“最喜欢阅读的报纸”的第一名。该报在短短十多年，从日发行量5万～6万份，跃升到最高日发行量205万份，平均日发行量180万份，成为全国发行量最大的晚报。“扬子现象”引起全国新闻界的关注。

·进入南京城市居民“最喜欢看的报纸”前5名的共有5份外地报纸：《南方周末》、《体坛周报》、《人民日报》、《参考消息》以及《环球时报》，其受欢迎的程度明显与年龄相关。

**（四）杂志的区域性弱，不同年龄消费者各有偏好**

·与报纸相比，杂志的区域性特征明显弱化。

·不同年龄的消费者有着不同的生活主题和关注重点。从总体来看，年轻的消费者更喜欢接触《三联生活周刊》、《新周刊》、《人物周刊》等周刊类杂志，上了一定年纪的消费者则更加关注《家庭》和《健康》。

**（五）网络媒体偏好的地域性差异小，年龄差异明显**

·网络在五大媒介中地域差异最小，只在25～34岁的南京城市居民中，有7%的人喜欢上总部位于南京的西祠网。而年龄差异对网站的偏好较为明显。

·百度在潜在消费者和55岁以上家庭消费者中的领先优势较为突出，最受欢迎比率分别为31.7%和62.5%。同样的品牌偏好背后的原因却可能大不相同。对于潜在大学生而言，他们频繁使用搜索引擎作为学习工具，但对于55岁以上的家庭消费者来说，他们的使用偏好则可能与其有限的网络知识有关。

（执笔：崔晨丹　沈艳　中国传媒大学南广学院新闻传播学系）

# 第十四章　城市

## 概　　述

### 一、城市品牌的概念

城市是中国行政区划的重要组成部分，截至2004年12月31日，全国共有661个城市，其中4个直辖市，283个地级市，374个县级市①。但是，在这661个城市中，属于一级城市的（直辖市、特别行政区、GDP大于1 600亿元且市区人口大于200万的城市）仅有18个，即北京、天津、沈阳、大连、哈尔滨、济南、青岛、南京、上海、杭州、武汉、广州、深圳、香港、澳门、重庆、成都、西安。而这18个一级城市中，在亚洲乃至世界享有知名度的更是少之又少，一定程度上反映出我国城市的知名度和美誉度不足，而城市的知名度和美誉度对于一个国家及其城市来说是至关重要的，关系到竞争力的高低、经济发展的潜力、旅游业的开拓、对世界的影响力，等等，由此可见，我国城市品牌建设尚待加强。

所谓城市品牌，就是城市个性在城市顾客心中形成的品牌积淀。对于这个概念，可以从城市个性、城市顾客与品牌积淀3个方面进行理解②：

第一，城市个性是城市所具有的各种比较优势和竞争优势，特别是城市所拥有的“独特资产”，如青岛的“五朵金花”。从某种意义上说，城市个性就是城市的某种特色，这种特色对于城市品牌的塑造特别重要。

第二，城市顾客包括城市的内部顾客和外部顾客，前者包括城市的治理者和市民，后者包括旅游者、投资者和其他利益相关者。

第三，品牌积淀是城市个性在城市顾客心目中形成的总体印象和评价，是城市顾客对客观的城市个性形成的主观反应。

### 二、城市品牌的特征和功能

城市品牌不同于城市形象，城市形象包罗万象，城市品牌化更像一个标签化的过程，通过突出城市形象中的某一部分，使人们将品牌城市从众多城市中识别出来。③ 可以说，城市品牌具有独特性、多样性、资产性、可塑性的特征。

从城市品牌的作用范围及其影响力上来看，城市品牌具有凝聚力、吸引力和辐射力。④ 这三种力量共同作用，促进城市发展。

所谓凝聚力就是城市的聚合能力，凝聚力高的城市可以更好地整合城市资源，包括物质资源和人力资源，使它们的作用得到最大化发挥，通过物质和精神的有效结合，共同推进城

---

① http://www.xzqh.org/quhua/index.htm.

② 罗月领．城市品牌的理论初探［J］．天津行政学院学报，2007（4）．

③ 范方志，杨海水．城市品牌化经营初探［J］．湖南人文科技学院学报，2004，（5）．

④ 李成勋．城市品牌定位初探［J］．市场经济研究，2003（6）．

市建设；吸引力是指城市对外的吸引程度，吸引力高的城市可以更多地获取外部的资金、人才、政治关注、政策支持等，有利于城市的持续性发展；辐射力代表了城市的影响力，城市的变革、发展都有可能对周边地区造成影响，比如城市经济的提升可以带动周边经济的发展，城市的改革也可以影响到其他地区的建设思路。

# 第一节　中国最宜居住的城市

本次调查旨在了解在消费者心目当中哪些城市是最适宜居住和生活的，同时洞察这些城市受到消费者青睐的原因是什么。在此基础上，分析消费者心目中最宜居住的城市的品牌建设之道，一方面可以为其他城市所借鉴，另一方面也可以为企业的营销活动提供一些有意义的参考。

## 一、最宜居住城市十强数据

最宜居住城市十强数据见表 3－14－1、3－14－2、3－14－3。

**表 3－14－1　最宜居住城市家庭消费者十强**

| 排　序 | 理想品牌 | |
|---|---|---|
| | 名　称 | 提及％ |
| 1 | 大连 | 10.2 |
| 2 | 青岛 | 9.2 |
| 3 | 杭州 | 8.1 |
| 4 | 成都 | 7.2 |
| 5 | 昆明 | 6.4 |
| 6 | 上海 | 5.9 |
| 7 | 厦门 | 4.8 |
| 8 | 珠海 | 3.3 |
| 9 | 北京 | 3.2 |
| 10 | 苏州 | 2.4 |

**表 3－14－2　最宜居住城市潜力消费者十强**

| 排　序 | 理想品牌 | |
|---|---|---|
| | 名　称 | 提及％ |
| 1 | 大连 | 12.9 |
| 2 | 杭州 | 10.6 |
| 3 | 青岛 | 9.4 |
| 4 | 昆明 | 8.0 |
| 5 | 成都 | 6.6 |
| 6 | 厦门 | 5.7 |
| 7 | 上海 | 4.6 |
| 8 | 苏州 | 2.9 |
| 9 | 北京 | 2.7 |
| 10 | 威海 | 2.6 |

**表 3－14－3 最宜居住城市两类消费者加权十强**

| 排 序 | 理想品牌 | |
|---|---|---|
| | 名 称 | 提及％ |
| 1 | 大连 | 10.8 |
| 2 | 青岛 | 9.2 |
| 3 | 杭州 | 8.6 |
| 4 | 成都 | 7.1 |
| 5 | 昆明 | 6.7 |
| 6 | 上海 | 5.6 |
| 7 | 厦门 | 5.0 |
| 8 | 北京 | 3.1 |
| 9 | 珠海 | 3.0 |
| 10 | 苏州 | 2.5 |

## 二、最宜居住城市十强概况

在“最宜居住的城市”调查中，消费者共提及了中国75个城市，包括沿海、内地以及东西部各主要城市和地区。

在75个城市中，十强累计百分比达到61.1％，表明消费者心目中最宜居住的城市分布比较集中。其中，大连以10.8％的加权百分比名列第一，但由于和紧随其后的青岛、杭州等城市的提及率相差不大，因而其优势并不显著。

此外，十强城市覆盖了沿海、内地以及西部城市，其中沿海城市累计百分比达到33.6％，内陆城市为28.0％。省会、直辖市与其他城市累计百分比相当，各占30个百分点左右，前者略高。

## 三、最宜居住城市十强解析

### (一) 气候舒适型城市颇受青睐

一个城市是否适宜居住，气候等自然环境是非常重要的因素。比如，气候温和、湿润、日照充分、雨量适宜等。一般来说，年平均气温10℃～25℃，年平均降水量1 000mm～2 700mm的地域比较适宜人类居住，而中国广大的南方城市和部分北方沿海城市基本上全年可以达到上述舒适指标。

因此，从地域上看，中国最宜居住城市前十名中，南方城市居多，分别为杭州、昆明、上海、厦门、珠海、苏州，累计提及率达31.4％；北方城市有3个入围，即大连、青岛和北京，提及百分比共计23.1％；西部城市只有成都晋级十强，提及率为7.1％。见图3－14－1。

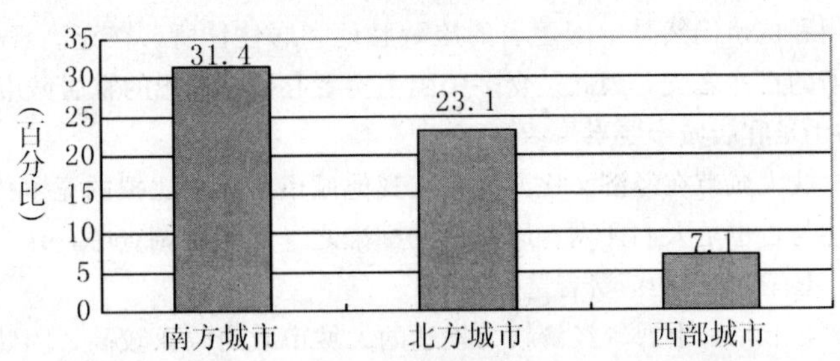


**图 3－14－1 最宜居住十强城市地域分布累计百分比**

其中，大连和昆明是典型的气候舒适型宜居城市，这两座城市的年平均气温都在10℃～

15℃，温暖宜人且不燥热；同时，它们的年降水量也维持在 1 000 毫米左右，保证了人民生活和生产的正常进行。此外，全年日照充分也是大连和昆明的宜居优势。见表 3－14－4。

**表 3－14－4　大连、昆明部分气候指数**

| 城　市 | 年平均气温（℃） | 年降水量（mm） | 全年日照量（H） |
|---|---|---|---|
| 大连 | 10.5 | 550～950 | 2 500～2 800 |
| 昆明 | 14.9 | 1 011.3 | 2 400 左右 |

**（二）文化亲和型城市更显宜居魅力**

有些城市之所以成为很多人心目中的宜居城市，是因为其优雅、亲切的文化所彰显出的巨大魅力。虽然它们不如北京、广州等响亮，不似香港、上海般繁华，没有车水马龙的熙攘街道，没有高耸入云的摩天大楼，但也少了污染不堪的空气，特有的文化味道使这些城市在消费者心中占据了相当的分量。

9.2%的消费者选择青岛为最宜居城市。青岛的人文氛围沉稳而舒适，没有拥挤与匆忙，生活与工作的步调和谐；城市街道别致优雅，外国建筑平添情趣，中式与西式完美合璧形成了青岛别具一格的城市风貌。

成都的获选率为 7.1%，其“慢节奏、重享受”的城市形象给人以深刻的印象。整个城市的步伐温和而缓慢，享受生活、体验生活成为成都人的共识。成都人会享受，尤其懂得美食，小火锅、麻辣烫、各种精致小菜使得成都美食天下闻名。

此外，还有 3%的消费者将珠海视作最适宜居住的城市。珠海的城市文化与青岛相似——舒适且注重人的感受。整齐的树木、不饰夸张的楼宇均传递出与人为善、以人为本的哲学。由于城市开发较晚，珠海在历史沉淀感上不及青岛却比青岛更具时尚感和现代感，亲切的城市形象使走近它的人都能感受到零距离的温暖。

由此看来，消费者们更倾向于选择环境优雅、极具亲和力的城市居住。同时，压力小、生活舒适也是青岛、成都、珠海等优雅型城市入选中国最适宜居住的城市的理由。

**（三）环境美丽的城市占优势**

如果一座城市美丽，总会让人流连忘返。人们常说“上有天堂，下有苏杭”，如镜般的西湖，如画般的园林，富有诗意的拱桥，充满古韵的街道，苏州和杭州这两座以美丽闻名世界的城市同样是中国消费者企盼的宜居之处。

调查中 8.6%的消费者认为杭州最适合居住，2.5%的人选择苏州。在苏州、杭州，随眼望去，处处是画。古时候，苏杭之地养育出很多诗人、词人、画家，或许就是因为江南的秀美，诗情画意般的景色才渲染出了无数美丽的篇章，激起了人们的艺术气息。苏杭山水养人，苏杭的风景宜人，现如今苏州和杭州仍然是中国著名的旅游胜地和居住佳所，在充满现代气息的 21 世纪仍然保持着纯净和谐的自然之美，因此是众多中国消费者心目中理想的宜居城市。

**（四）经济实力仍是宜居城市要素**

北京、上海等一线大城市在经济文化方面具有其他城市所无法比拟的竞争优势，它们名列十强正说明经济的发达与否也是人们评判宜居城市的标准之一。本次调查中，认为北京宜居的消费者百分比占到 3.1，还有 5.6%的消费者选择上海。

和中小城市相比，北京、上海等经济较为发达的大城市政府收入较高，因此用于提高百姓生活的基础工程建设和社会安全、社会保障等方面的投资也相应增加，政府提供给人们的居住、教育、医疗水平也比较高，百姓能够安居乐业，享受现代化生活带来的舒适与乐趣。

## 专案解析

### 大连：气候宜人，环境宜居[①]

大连位于中国东北部辽东半岛南端，西临渤海，南濒黄海，属辽宁省第二大城市，总面积1.25万平方公里，人口603万。

**城市品牌推广——从城市品牌到品牌城市**

城市品牌对于城市的发展意义深远，对于城市而言，品牌意味着实力，也意味着活力与竞争力。从本次调查来看，大连在环境城市品牌中处于前列，在宜居城市品牌中占据首位，可以说，大连的城市品牌建设是成功的。

大连的城市品牌推广形成了独特的模式，即先培育城市中的著名品牌，比如大连服装节、足球队、女骑警、花园式广场等，形成大连的特色，迅速提升大连在国内外的知名度和美誉度，使大连成为知名的人居及旅游品牌城市，带动经济发展和城市竞争力的提升。

**宜居先锋——品质带来品牌**

“中国最宜居住的城市”通常要具备这样几个条件，即环境友好、生活便利，交通、商业、教育、医疗卫生、文化等都要达到宜居城市的指标。[②] 见图3－14－2、表3－14－5、表3－14－6、表3－14－7。

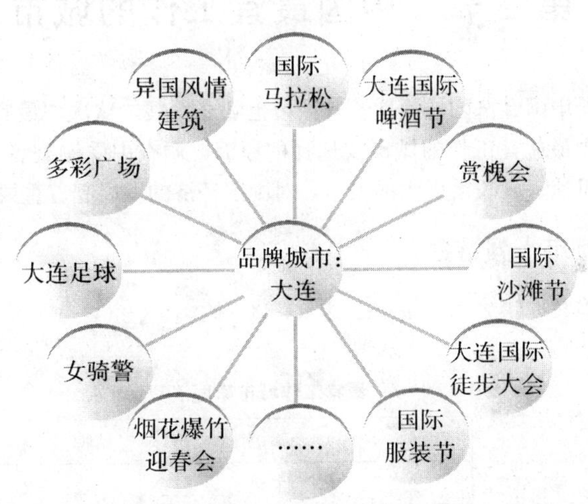


**图3－14－2 大连城市品牌推广**

**表3－14－5 2006年大连市气候指数**

| 年平均气温（℃） | 年降水量（mm） | 全年日照总时数（H） |
|---|---|---|
| 10.5 | 550～950 | 2 500～2 800 |

① http：//baike. baidu. com/view/4055. htm.

② 此部分大连基本数据参照大连市人民政府网 www. dl. gov. cn。

表 3－14－6　2006 年大连市绿化指数

| 人均公共绿地面积（$m^2$） | 城市绿化覆盖率（%） |
| --- | --- |
| 10.6 | 42.8 |

表 3－14－7　2006 年大连市消费指数

| 消费品价格指数 | 服务项目价格指数 |
| --- | --- |
| 101.0 | 102.3 |

大连市位于北半球的暖温带地区，具有海洋性特点的暖温带大陆性季风气候，冬无严寒，夏无酷暑，四季分明。同时，大连市注重城市绿化建设，2006 年末，人均公共绿地面积已达到 10.6 平方米，城市绿化覆盖率达到 42.8%。环境质量总体状况良好。此外，大连的居民消费价格一直涨幅平稳，2006 年消费品价格指数和服务项目价格指数分别为 101.0 和 102.3。

近年来，大连市政府把建设“生态宜居城市”这一任务写进了政府工作报告，提出了打造中国领先的宜居城市品牌的五年规划，大连的居住前景会更加美好。

（执笔：吕艳丹　代凌燕）

## 第二节　中国最宜工作的城市

近三十年来，随着中国经济的快速增长，城市也随之发展，这次“最宜工作的城市”调查主要展现消费者心目当中最适宜工作的城市及选择的原因，调查中受调查者共提及 47 个城市，这些城市都是经济发展迅速、成长潜力大的城市，对中国经济的发展起着重要的推动作用。

### 一、最宜工作城市十强数据

最宜工作城市十强数据见表 3－14－8、表 3－14－9、表 3－14－10。

表 3－14－8　最宜工作城市家庭消费者十强

| 排　序 | 理想品牌 | |
| --- | --- | --- |
| | 名　称 | 提及% |
| 1 | 上海 | 31.1 |
| 2 | 北京 | 14.8 |
| 3 | 深圳 | 9.6 |
| 4 | 广州 | 6.9 |
| 5 | 成都 | 3.0 |
| 6 | 杭州 | 2.7 |
| 7 | 大连 | 2.6 |
| 8 | 青岛 | 2.3 |
| 9 | 重庆 | 2.0 |
| 10 | 宁波 | 1.8 |

表 3—14—9 最宜工作城市潜力消费者十强

| 排 序 | 理想品牌 | |
|---|---|---|
| | 名 称 | 提及% |
| 1 | 上海 | 36.4 |
| 2 | 北京 | 13.0 |
| 3 | 深圳 | 10.4 |
| 4 | 广州 | 6.0 |
| 5 | 杭州 | 4.1 |
| 6 | 大连 | 2.6 |
| 7 | 成都 | 2.4 |
| 8 | 青岛 | 2.3 |
| 9 | 香港 | 2.1 |
| 10 | 厦门 | 1.7 |

表 3—14—10 最宜工作城市两类消费者加权十强

| 排 序 | 理想品牌 | |
|---|---|---|
| | 名 称 | 提及% |
| 1 | 上海 | 32.2 |
| 2 | 北京 | 14.5 |
| 3 | 深圳 | 9.7 |
| 4 | 广州 | 6.7 |
| 5 | 杭州 | 3.0 |
| 6 | 成都 | 2.9 |
| 7 | 大连 | 2.6 |
| 8 | 青岛 | 2.3 |
| 9 | 重庆 | 1.8 |
| 10 | 宁波 | 1.7 |

## 二、最宜工作城市十强概况

在 47 个最宜工作的城市中，十强的累计百分比达到 77.4%，比较集中的反映了消费者的喜好。其中，上海以 32.2%的提及率取得绝对优势，位于榜首，与获得 14.5%的北京拉开了一定的差距。十强中，全部为经济发达或比较发达的一线城市，南方城市的表现尤其突出，如广州、深圳、杭州、宁波等，累计百分比达到 55.1%。

## 三、最宜工作城市十强解析

### (一) 竞争力强的城市更宜工作

适宜工作的城市的选择标准很多，比如经济发展水平、经济开放程度、薪资水平、人才的发展空间等，但是这一切首先都要依托一点，即这个城市的竞争能力，包括产业机构是否优化、增长速度是否持续快速、效率和质量是否够高等。如果一个城市的竞争能力强、自然经济成长快、开放度高，这个城市的人才发展和待遇也就相应地高于其他城市。

多年以来，在改革开放的大背景下，依靠资源优势与政策支持，中国一线大城市的经济发展一直非常迅速，竞争能力持续加强。同时，这些大城市对于务工人员的需求相应也十分强烈，能够充分利用人才，给予人才比较好的发展空间。

调查显示，中国最宜工作城市前十名中，上海、北京、深圳、广州等经济发达的大城市位居“最宜工作的城市品牌”四强，累计百分比达到63.1%，展现了其对人才的独特魅力。

此外，成都、大连、青岛、宁波也在十强中出现，提及率分别为2.9%、2.6%、2.3%、和1.7%，虽然距上海、北京等发达城市有一定差距，但是其随着经济发展能力的增强，城市竞争力进一步增加，成长潜力不容小觑。

**（二）长三角、珠三角地区更吸引工作者**

以上海、杭州为代表的长江三角洲和以广州、深圳为前线的珠江三角洲是当今中国经济最活跃的区域，随着改革开放的深入，各种成分的企业尤其是外资企业、民营企业在此蓬勃发展，同时得益于经济辐射效应，以它们为核心形成了一个庞大的城市集群，因此，长三角、珠三角对谋求事业发展的工作者有着强大的吸引力。

以上海为中心的长江三角洲连接了内地与沿海，同时沟通长江流域的经济动脉，近年来一直呈现高度发展的增长态势，也是中国经济实力最强、发展水平最高的地区。在经济发展的同时，对于人才的需求也会进一步扩大，因此是比较好的职业发展地。

珠江三角洲是中国制造业、房地产业发展迅速的地区，外贸进出口势头迅猛、外资公司投资的增加、高新技术产业的拓展都为人才提供了较多的就业机会，同时，配合经济的发展，长江三角洲非常注重城市建设，优美的环境、完善的设施也是吸引人才驻留的重要原因。

**（三）高收入城市更受青睐**

经济发达程度高的城市往往给予劳动者的工资回报比较高，同时，这些城市就业机会多、发展空间大、工作环境好，人们也更愿意到这样的城市寻求生存和发展，从调查结果中上海高居榜首并高出第二、三名20个百分点左右就可以看出这一点。北京、深圳、广州都是中国经济发展的中心城市，居民平均收入水平较高，对就业者的吸引力也因此较强。可以说，薪资水平是就业人员选择适宜工作的城市的重要指标之一。

## 专案解析

### 上海：人才的理想工作地①

上海简称沪或申，是中国第一大城市，也是重要的江海港口。上海的经济发展迅速，1992年以来，上海经济已连续15年保持两位数增长。2006年，全市实现生产总值10 296.97亿元，首次突破1万亿元；同时，正在向现代化国际大都市目标迈进的上海，肩负着面向世界、服务全国、联动“长三角”的重任。面对充满机遇而又富有挑战的21世纪，上海确定了新的中长期发展目标：到2020年，把上海基本建成国际经济、金融、贸易、航运中心之一和社会主义现代化国际大都市。

**城市品牌实践**

经济发达是上海城市品牌快速成长的主要动力，一系列经济政策的出台和产业结构的调整，使得上海全市GDP连续十年两位数增长，达到上中等国家收入水平。同时，受海派文化影响，上海能够吸收来自各国先进经验，并在此基础上进行创新，改造成适合自己的有效模式加以运用，这在一定程度上节省了谋求发展所要花费的时间成本，使得上海发展速度快于中国许多城市和地区，大大提高了城市竞争力和品牌形象。此外，2010年世博会在上海召开，届时，上海将全方位展示其城市品牌形象，进一步增加上海在全世界的品牌认知，提高上海的知名度与竞争力。

① 有关上海数据均参考百度百科一上海 http://baike.baidu.com/view/1735.htm 和上海政府网 www.shanghai.gov.cn。

**人才的理想工作地**

首先，上海劳动力需求度高。从上海人口结构上看，老龄化趋势明显，需要年轻劳动力承担城市建设。与2000年第五次人口普查相比，2005年上海0～14岁人口比重下降了3.4个百分点，而65岁及以上人口比重为11.9%，上升了0.5个百分点。可见，上海的老龄化现象非常严重，因此对劳动力的需求较大。

其次，上海人才、就业政策优越。上海市委市政府看到了人才的力量，特别重视人才的吸引，比如建立上海的“绿卡”制度、自由职业制度、提供保障服务等。

再次，上海正积极实施就业政策从“积极就业”向“充分就业”的转换，社会保障覆盖面也正进一步扩大，保障标准相应提高，这都将吸引越来越多的人才。

最后，上海薪资水平高，工作、生活环境较好。上海市由于经济发达，商品经济高度市场化，人们的薪资水平相对于中国其他城市比较高。据抽样调查显示，2006年，上海城市居民家庭人均可支配收入达到20 668元，比上年增长10.8%。其中，工薪收入13 962元，增长12.5%。

同时，上海居民居住质量也在不断提高。2006年，全市建成居民住宅2 746.80万平方米，市区人均居住面积达到16平方米。此外，上海商业发达，商品种类众多，能够满足生活和工作中对于物质的各方面要求，所以，众多消费者选择上海为其理想中的工作城市。

（执笔：代凌燕）

# 第三节　中国最宜经商的城市

投资、经商自古以来与人们的生活休戚相关。商业活动是城市经济发展的集中体现之一，越是经济发达的城市，商业活动越是活跃。本次调查对中国“最宜经商的城市”进行调研，消费者共提及了57个城市，从调查结果中可以分析出人们心目中最理想的经商城市品牌以及对这一品牌的认知与倾向，也可以了解不同城市的投资及创业潜力。

## 一、最宜经商城市十强数据

最宜经商城市十强数据见表3－14－11、表3－14－12、表3－14－13。

表3－14－11　最宜经商城市家庭消费者十强

| 排　序 | 理想品牌 | |
|---|---|---|
| | 名　称 | 提及% |
| 1 | 上海 | 30.6 |
| 2 | 广州 | 18.2 |
| 3 | 深圳 | 13.1 |
| 4 | 温州 | 5.1 |
| 5 | 北京 | 5.0 |
| 6 | 香港 | 2.5 |
| 7 | 杭州 | 2.5 |
| 8 | 宁波 | 2.0 |
| 9 | 成都 | 1.5 |
| 10 | 重庆 | 1.4 |

表 3－14－12　最宜经商城市潜力消费者十强

| 排　序 | 理想品牌 | |
|---|---|---|
| | 名　称 | 提及％ |
| 1 | 上海 | 33.0 |
| 2 | 广州 | 17.7 |
| 3 | 深圳 | 17.1 |
| 4 | 温州 | 7.0 |
| 5 | 香港 | 3.5 |
| 6 | 杭州 | 2.9 |
| 7 | 北京 | 2.7 |
| 8 | 宁波 | 1.4 |
| 9 | 大连 | 1.1 |
| 10 | 苏州 | 0.7 |

表 3－14－13　最宜经商城市两类消费者加权十强

| 排　序 | 理想品牌 | |
|---|---|---|
| | 名　称 | 提及％ |
| 1 | 上海 | 31.1 |
| 2 | 广州 | 18.1 |
| 3 | 深圳 | 13.9 |
| 4 | 温州 | 5.4 |
| 5 | 北京 | 4.5 |
| 6 | 香港 | 2.7 |
| 7 | 杭州 | 2.6 |
| 8 | 宁波 | 1.8 |
| 9 | 成都 | 1.3 |
| 10 | 大连 | 1.3 |

## 二、最宜经商城市十强概况

在消费者认为最适宜经商的 57 个城市中，十强累计百分比达到 82.7％，因此，这 10 个城市受到了绝大部分消费者的认可，而上海，在获得最宜工作城市称号的同时，继续以 31.1％的压倒性优势占据了最宜经商城市的榜首。同时，从数据中可以看出，东部沿海经济发达城市居多，如上海、宁波等，累计百分比达到 73％，其中浙江省就有温州、杭州、宁波 3 个城市上榜。

## 三、最宜经商城市十强解析

### （一）区位优势、产业基础是城市宜商的重要原因

根据调查数据，我们可以发现，长三角、珠三角具有明显的优势，分别有上海、杭州、温州、宁波与广州、深圳、香港入围。区位优势与产业基础是这两个地区适合投资、经商的重要原因。见图 3－14－3。

从 20 世纪 90 年代改革开放的优势逐渐显现以来，我国经济有了长足的发展，尤其是长三角、珠三角地区，地理位置优越，处于中国经济发展的前沿，与外商的联系紧密，因而具有较强的区位优势，能够吸引到较好的投资和资源。

同时，东部沿海城市在发展规划上具有前瞻性和科学性，因此，相对内地偏重重工业或者以农业为主的产业结构来说更加合理，产业链条也相对完善，生产力水平较为平均，发展迅速，并

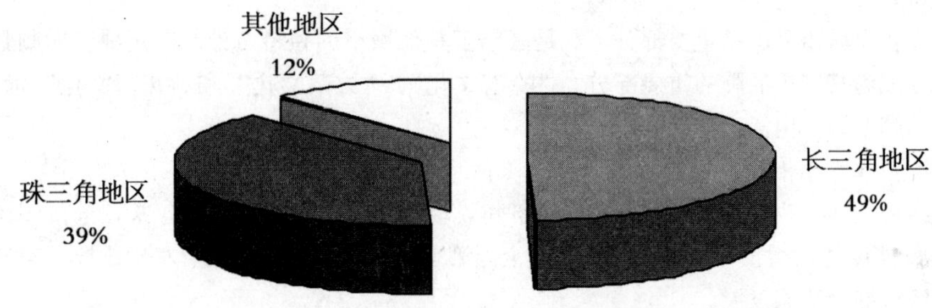


图 3－14－3　最宜经商十强城市地域分布

成功地吸引了众多外商的投资。

**（二）投资政策和资源环境好的城市更具吸引力**

投资经商需要倚赖的不只是城市的经济发展，还需要相应的政策支持和保护。具有优厚宜商政策的城市往往能够为投资者提供更好的政策支撑和资金帮助，使投资者拥有良好的投资环境和投资保障。上海、北京、广州、深圳、温州、宁波等城市为了鼓励当地经济发展出台多种吸引投资的优惠政策，在税务、资金、技术、管理等方面大力扶持，受到投资者的信任与青睐。

此外，众多沿海大城市也具有非常良好的资源环境，诸如能源、原材料等，这些资源的丰富使得企业和投资者拥有较强的保障、较好的发展空间和整体大环境的支持。比如上海市的钢材基地、微电子产业基地，虹桥经济技术开发区、上海紫竹科学园区等，都为投资者提供了较多的保障。见表 3－14－14。

表 3－14－14　上海资源环境概览①

| 产业基地 | | |
|---|---|---|
| 微电子产业基地 | 汽车产业基地 | 精品钢材基地 |
| 造船产业基地 | 石油化工及精细化工基地 | |
| 综合开发区 | 张江高科技园区 | 上海紫竹科学园区 |
| 虹桥经济技术开发区 | 外高桥保税区 | |
| 金桥出口加工区 | 陆家嘴金融贸易区 | 上海多媒体产业园 |
| 工业园区 | | |
| 浦东新区 | 国家级开发区 | 市级工业园区 |
| 农业开发区 | | |
| 宝山区现代农业园区 | 闵行现代农业园区 | 嘉定现代农业园区 |
| 孙桥现代农业开发区 | 崇明县现代农业园区 | 农工商现代农业园区 |
| 金山区现代农业园区 | 松江现代农业园区 | 香花桥镇现代农业园区 |
| 奉贤现代农业园区 | 上实现代农业园区 | 南汇现代农业园区 |

## 专案解析

### 广州：投资者的乐园②

广州是广东省省会，全省政治、经济和文化中心，中国第三大城市。广州自然条件优越，物产资源丰富，毗邻港澳，是中国南方重要的商埠及交通枢纽和港口城市。广州全市面积 7 434.4 平方公里，人口 9 754 600 人。2007 年国内生产总值 7 050.78 亿元，比上一年增长 14.5%，仅次

① 上海政府网 www.shanghai.gov.cn。

② 有关广州数据均参考广州政府网 www.gz.gov.cn 和百度百科 http://baike.baidu.com/view/6771.htm。

于上海、北京，位居第3名。

**城市品牌实践**

城市文化是城市品牌的重要部分，也是区别于其他城市的独特之处。广州独特而颇具地方色彩的文化，成为其城市品牌的重要部分。“岭南文化”、“饮茶文化”和“花街文化”远近闻名，为广州的品牌增添了内涵。

**经商者的理想之地**

广州经济发达。改革开放以后，广州经济建设取得了显著成绩。十多年来，全市国民经济以年均13%的速度持续增长，综合经济实力居全国第三位。如今，广州工业基础雄厚，第三产业发达，国民经济综合协调发展。

同时，广州是我国改革开放的前沿地区。改革开放以来，广州利用自己的地缘优势、海外侨胞的人缘优势和政府特殊政策，确立并实施了“外向带动”的经济社会发展战略。目前，在广州直接投资兴办企业的国家和地区已有60多个，外商投资企业8 000多家，外国公司办事处2 000多家。外商投资企业经济效益显著提高，实力不断增强，已成为广州市国民经济的重要组成部分。

此外，广州的投资政策对于经营者来说非常有利。为方便投资者经营，广州特地兴建了多个经济开发区；同时，为了鼓励投资者投资，对于在广州投资和追加投资的企业，广州市政府在所得税、地方所得税、增值税和其他税收等方面都给予一定的优惠。

（执笔：代凌燕）

## 第四节　中国最宜学习的城市

是否适宜学习表明了城市对于人才的吸引以及该城市的教育实力和发展潜力，因此本次调查也对中国消费者心目中“最宜学习的城市”作了调研，消费者共提及与教育、学习有关的城市57个，并得出了最终最受消费者欢迎的“中国最宜学习城市”前十强。通过这次调查可以了解到消费者心目对于学习城市的品牌认知与选择倾向，而对于不同城市影响力的深入分析，则有助于教育文化及相关产业借助城市品牌及优势更有效地展开营销推广活动。

### 一、最宜学习城市十强数据

最宜学习城市十强数据见表3－14－15、表3－14－16、表3－14－17。

**表3－14－15　最宜学习城市家庭消费者十强**

| 排　序 | 理想品牌 | |
|---|---|---|
| | 名　称 | 提及% |
| 1 | 北京 | 52.0 |
| 2 | 上海 | 11.9 |
| 3 | 西安 | 3.0 |
| 4 | 南京 | 2.8 |
| 5 | 杭州 | 2.4 |
| 6 | 大连 | 2.1 |
| 7 | 武汉 | 2.1 |
| 8 | 深圳 | 1.9 |
| 9 | 广州 | 1.8 |
| 10 | 成都 | 1.7 |

表 3－14－16 最宜学习城市潜力消费者十强

| 排 序 | 理想品牌 | |
|---|---|---|
| | 名 称 | 提及% |
| 1 | 北京 | 52.7 |
| 2 | 上海 | 8.3 |
| 3 | 西安 | 3.4 |
| 4 | 杭州 | 3.4 |
| 5 | 武汉 | 3.1 |
| 6 | 南京 | 2.8 |
| 7 | 大连 | 1.9 |
| 8 | 广州 | 1.7 |
| 9 | 厦门 | 1.6 |
| 10 | 深圳 | 1.4 |

表 3－14－17 最宜学习城市两类消费者加权十强

| 排 序 | 理想品牌 | |
|---|---|---|
| | 名 称 | 提及% |
| 1 | 北京 | 52.1 |
| 2 | 上海 | 11.2 |
| 3 | 西安 | 3.1 |
| 4 | 南京 | 2.8 |
| 5 | 杭州 | 2.6 |
| 6 | 武汉 | 2.3 |
| 7 | 大连 | 2.1 |
| 8 | 广州 | 1.8 |
| 9 | 深圳 | 1.8 |
| 10 | 成都 | 1.6 |

## 二、最宜学习城市十强概况

在消费者提及的 57 个宜学习城市中，十强的累积百分比达到 81.4%，说明大部分消费者认同十强中的城市为宜学习品牌。北京是消费者心目中的最理想学习之地，以 52.1%的提及率高居榜首，中国第一大城市上海提及率为 11.2%，位居第二。

从十强总体情况来看，消费者认为最适宜学习的城市多为历史悠久的文化古城，或者为经济实力雄厚、在教育上投入巨大的发达城市，其中内地城市和沿海城市不相上下。

## 三、最宜学习城市十强解析

### （一）教育资源是“宜学习”的根本之基

教育资源丰富是一座城市成为“宜学习城市”的首要原因，包括院校数量、师资水平、教学设施等。教育资源丰富的城市拥有较高的教育水平和教学能力，能够为学生制订更为科学合理的教学计划，有助于学生的学习和发展。

在消费者“最宜学习的城市”十强中，前三名北京、上海、西安都是中国著名院校的集中地，比如北京有北京大学、清华大学，上海有复旦大学、同济大学，西安有西安交大、西北工业大学等，这些学府都是造就人才的重要基地，是学子们的向往之处。

**（二）文化资源乃“宜学习”之内在因素**

文化是教育的根本，是学习的基础，拥有深厚文化底蕴的城市，往往都独具魅力，会对个人产生良好的熏陶，因此这样的城市往往更适宜学习。

调查显示，消费者认为最宜学习的城市十强中有7个都是历史久远的古老城市，如北京、西安、成都等，累计百分比达到64.5%。这些城市经过历史的积淀，文化体系较为完整，这些业已形成的文化资源应用于该城市的教育，甚至延伸出去影响到其他地方的教育，都会使这种文化的价值得以充分凸显。

此外，这些城市具有长期良好的教育传统，注重知识的传播和文化的熏陶，文化从业者也相应集中和活跃，文化产业发达，能够形成良好的“宜学习”氛围。见图3－14－4。

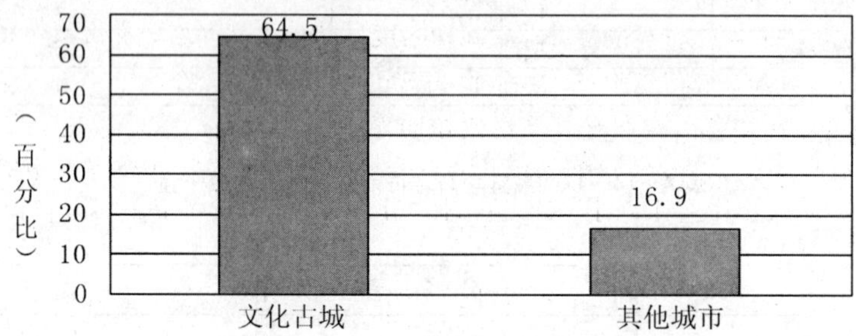


**图3－14－4　最宜学习的城市十强中文化古城累积百分比**

**（三）经济资源为“宜学习”护航**

经济是城市发展的动力，也是城市文化教育发展的基础。经济发达程度往往和城市的教育事业及市民文化素质成正比，其原因是经济发达城市不但教育环境和条件优越，而且能够有更多的资源投入到教育事业。从调查数据中可以看出，北京、上海、广州、深圳等经济发达城市均都入围消费者“最宜学习的城市”。

此外，对于大部分学子来说，学习是为了就业，具有经济资源优势的城市往往更能在就业上满足学子们的要求，北京、上海、广州、深圳等发达城市对人才的需求量大，能够为人才提供更多的岗位，也更懂得重用人才，发挥人才的最大价值，因此，这些也是经济发达城市成为最宜学习的城市原因之一。

**（四）开放包容为“宜学习”加分**

城市开放意味着可以以更加包容的姿态接受外来文化和知识，更新知识结构和内容，形成更加健康、科学的文化体系，从而直接或间接有益于个人的学习。

“中国最宜学习城市”十强中大部分都是开放程度高的城市，如北京、上海、大连、深圳、广州等，它们的优势在于文化氛围活跃，有更多的机会同外界开展文化交流，吸收新知识、新文化的能力较强，这些都会促进教育质量的提高。

得益于改革开放的成功，这些城市往往成为外界了解中国的窗口，国外的学者、留学生也更倾向于将这些城市作为到中国访问、学习的首选，世界上各种重要的活动或者会议也较多地在这些城市举行，因而国际间交流的机会较多，城市的教育资源日益丰富，文化氛围日趋浓厚。

## 专案解析

### 北京：重教育、宜学习的城市①

北京是一座有 3 000 多年建城史、850 多年建都史的中国历史文化名城，2005 年在国务院批准的《北京市城市总体规划（2004－2020 年）》中，北京被定位为“国家首都、国际城市、文化名城、宜居城市”。

**以“文化”为发展关键词**

北京的定位是“国家首都，国际城市，文化名城，宜居城市”，确立了“文化”为发展关键词，强化了北京城市品牌。同时，2008 年奥运会也是推动北京城市营销和品牌建立的重要契机，全球聚焦将瞬间提升其在全世界的品牌形象和知名度。此外，首都这一身份使得北京获得了更多的关注，成为北京巨大的无形品牌资产，是北京不可或缺的品牌优势。

“宜学”是北京市较其他城市而言优势比较明显的一个方面，基于其在文教方面的特殊优势——历史悠久，人文积淀深厚，北京能够为市民提供良好的教育，能够给儿童提供完善的成长环境。

**人文资源丰富**

北京是有着千年历史的文化名城。在历史上，北京曾为五代都城，历代帝王都在这里建造了许多宏伟壮丽的宫廷建筑，使北京成为我国拥有帝王宫殿、园林、庙坛和陵墓数量最多，内容最丰富的城市。此外，众多历史上著名的诗人、画家、学者都在北京留下了他们的著作，使得北京具有极其浓厚的文化古韵。

**教育事业相对完善**

北京是全国最大的科学技术研究基地，有中国科学院等科学研究机构和号称中国硅谷的北京中关村科技园区，每年获国家奖励的成果占全国的 1/3。北京也是全国高等院校的中心，聚集了很多全国、世界的著名高校。2000－2001 年度北京普通高等学校 59 所，成人高等学校 61 所，研究生培养机构 177 家。

（执笔：代凌燕）

# 第五节　中国最宜旅游的城市

“最宜旅游的城市排名十强”展现的是在消费者所提及的 70 个适宜旅游的城市中提及率排名前十的城市，通过排名可以了解到消费者心目中对理想旅游城市品牌的认知与倾向。而分析不同城市对人们的吸引力，有助于旅游及相关产业借助城市品牌的优势，更有效地展开营销推广活动。

## 一、最宜旅游城市十强数据

最宜旅游城市十强数据见表 3－14－18、表 3－14－19、表 3－14－20。

---

① 北京相关数据信息均引自百度百科－北京 http://baike.baidu.com/view/2621.htm 和首都之窗 www.beijing.gov.cn。

表 3－14－18 最宜旅游城市家庭消费者十强

| 排 序 | 理想品牌 | |
|---|---|---|
| | 名 称 | 提及％ |
| 1 | 杭州 | 9.6 |
| 2 | 昆明 | 8.9 |
| 3 | 北京 | 7.3 |
| 4 | 桂林 | 5.9 |
| 5 | 大连 | 5.6 |
| 6 | 成都 | 5.0 |
| 7 | 青岛 | 4.2 |
| 8 | 三亚 | 3.8 |
| 9 | 丽江 | 3.4 |
| 10 | 西安 | 3.3 |

表 3－14－19 最宜旅游城市潜力消费者十强

| 排 序 | 理想品牌 | |
|---|---|---|
| | 名 称 | 提及％ |
| 1 | 杭州 | 9.3 |
| 2 | 昆明 | 8.4 |
| 3 | 桂林 | 6.1 |
| 4 | 大连 | 5.8 |
| 5 | 北京 | 5.7 |
| 6 | 成都 | 4.8 |
| 7 | 丽江 | 4.6 |
| 8 | 西安 | 3.9 |
| 9 | 青岛 | 3.6 |
| 10 | 拉萨 | 3.2 |

表 3－14－20 最宜旅游城市两类消费者加权十强

| 排 序 | 理想品牌 | |
|---|---|---|
| | 名 称 | 提及％ |
| 1 | 杭州 | 9.6 |
| 2 | 昆明 | 8.8 |
| 3 | 北京 | 7.0 |
| 4 | 海南 | 6.4 |
| 5 | 桂林 | 6.0 |
| 6 | 大连 | 5.7 |
| 7 | 成都 | 5.0 |
| 8 | 云南 | 4.9 |
| 9 | 青岛 | 4.1 |
| 10 | 三亚 | 3.6 |

## 二、最宜旅游城市十强概况

在消费者提及的 70 个适宜旅游的城市中，十强的累积百分比为 61.1％。十强的加权百分比都在 10％以内，前三名杭州、昆明、北京的理想品牌提及率集中在 7％到 10％之间，彼此间差距不大，没有出现具有压倒性优势的城市品牌。

## 三、最宜旅游城市十强解析

### （一）美景比古迹更加诱人

城市景色成为人们选择旅游去处的重要考量因素。据调查数据显示，杭州、昆明、海南、桂林、大连、三亚、丽江都是人们心目中的理想旅游之地，这里气候温暖湿润，植物丰富多样，地形地貌奇特，吸引着众多的人来游乐体会。

历史人文气息浓厚的城市也是吸引旅游者的原因之一，但是由于近年来媒体报道频繁、网络对景点的介绍也很充分，消费者对古迹的兴趣正在下降。而环境的污染和大城市的拥挤嘈杂，使得人们更向往山清水秀的美景之地。昆明、海南、桂林、三亚等都是风景宜人、环境舒适的美丽城市，在十强中占有一席之地。

调查显示，前十名基本都是旅游热门城市，其中以杭州、昆明、三亚为代表的风景性旅游城市加权百分比为 49.1%，而文化类旅游城市，如北京、成都等的累积百分比为 12%。同时，西安以 3.4%的加权百分比排名第 12，而南京、洛阳等文化和古迹丰富的城市分别排名 32 和 47，理想品牌提及率分别为 0.4%和 0.2%，可见美景比古迹更加诱人。见图 3－14－5。

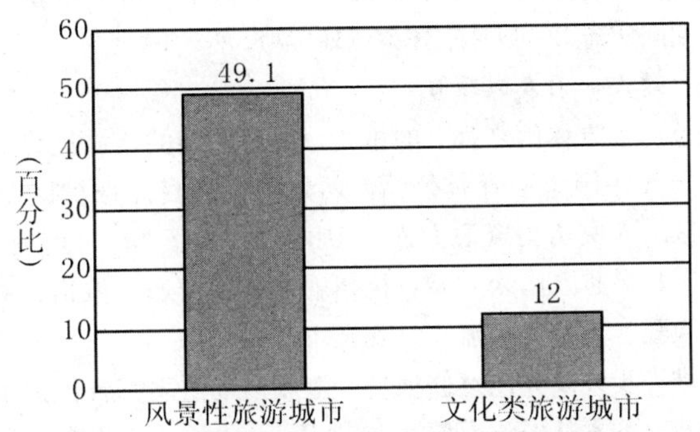


**图 3－14－5　最宜旅游的城市品牌十强中城市类型分析**

**（二）闲适比繁华更具魅力**

如今，人们的生活节奏加快，工作压力增大，在繁华城市里的人们的生活状态往往更紧张。因此，适逢旅游，消费者往往会选择轻松、闲适的城市来解压。

从中国最宜旅游城市十强数据中可以看出，消费者心目中喜爱的旅游城市为杭州、昆明、海南、桂林、大连、成都、云南、青岛、三亚，这些大部分都是环境优美、舒畅宜人的城市，一旦消费者试图从旅游中寻求解压与放松时，很自然地会将它们作为选择对象。

**（三）盛会形成超凡引力**

除了环境优美之外，著名的大型活动也是城市吸引人们前来旅游的重要原因。十强中，大连、青岛、三亚这 3 座海滨城市都非常擅长打造知名盛会，形成广泛的影响力和吸引力。比如大连的服装节、狂欢节、达沃斯年会已经成为世界的焦点，这些成功品牌使得大连成为闻名世界的品牌城市。而青岛的啤酒节，三亚的博鳌论坛、世界小姐的选举，也成为这些城市的特色，每年吸引着大批游人前来。

**（四）部分旅游品牌省级认知大于城市**

调查显示，海南、云南两个省级行政单位被 11.3%的消费者选入最适宜旅游的“城市”，同三亚、昆明同时上榜，且名次分列第四和第八位，说明消费者对这两个省的整体品牌概念大于单个城市的概念。消费者之所以会形成这样的看法，一个原因是因为云南、海南都是以旅游产业为主要支柱，本身就是旅游品牌的代表，区域给消费者的印象更深；另一个原因是像云南这样一个省有多个旅游胜地，如昆明、大理、丽江、西双版纳、香格里拉等，消费者容易对云南省形成整体概念认知，将这些旅游城市归类为云南。

## 专案解析

### 杭州：打造“休闲之都”、“品质之城”

杭州是浙江省省会，地处长江三角洲南翼，杭州湾西端，钱塘江下游，京杭大运河南端，是长江三角洲重要中心城市和中国东南部交通枢纽、全国重点风景旅游城市和历史文化名城。

**推出全新城市品牌理念**

2007年，杭州市提出“东方休闲之都·品质生活之城”的城市品牌建设目标，力图由过去的单纯观光型城市向观光、休闲、度假三方面齐头并进发展，强调以城市品牌为龙头、以行业品牌为节点、以企业品牌为基础，实现三者之间良性互动，使杭州成为以观光旅游、文化体验、会展交流、休闲度假为特色，具有卓越生活品质的国际旅游休闲中心。并不断加强旅游国际化，2004年就推出《推进杭州旅游国际化启动方案》，2007年又出台了《杭州市新一轮旅游国际化行动方案》，在2007－2011年期间实施30项具体行动计划。①

**充分利用优势资源，开发休闲度假项目**

被世界休闲组织授予“东方休闲之都”的杭州，有着充沛的资源优势。自然资源方面：拥有两处国家级风景名胜区，五座国家级森林公园，两处国家级自然保护区，一处国家级旅游度假区，一处省级旅游度假区。人文历史资源方面：中国六大古都之一，市内遍布65个国家级、省级、市级文物保护单位，自吴越、南宋开始，杭州就是休闲安逸的城市，富庶、优美、娴静，远离战争，吸引了无数文人骚客、社会名流来此观光。

在此基础上，杭州进一步开发休闲度假项目。重点推进西湖综合保护工程，建设多个杭州市休闲基地，设立西溪湿地、艺术社区、商贸社区、滨江动漫城、历史文化街区等特色区块，开发休闲旅游、文化创意体验旅游等特色项目。

**培育和发展“十大特色潜力产业”**

除了熟知的旅游，杭州市政府还注重发挥行业协会的作用，将茶楼、美食、演艺、疗养、保健、化妆、女装、婴童、运动休闲、工艺美术这十大产业列为“十大特色潜力行业”进行培育，以打造多元化的休闲产业。

**利用会展和节庆活动扩大城市品牌的传播效应**

杭州借助奥运会、世博会、第二届杭州世界休闲博览会等国际重大会展活动宣传推介城市品牌。并开始实施国际会展提升工程，包括办好西博会和国际动漫节，以及各种特色旅游节庆活动；加强与国际会议中介机构的联合，建立会议大使制度，吸引高层次国际会议落户杭州；提升强化本地专业会展公司的专业化运作水平；积极引进境外会议展览公司来杭举办国际性会展活动，与国际会议展览机构建立长期合作机制。

**加大对外宣传促销力度，打响城市品牌形象**

杭州已着手实施城市旅游品牌国际推广专项计划。比如借助CNN、BBC和凤凰卫视等主流媒体宣传推介城市旅游品牌；接轨大上海，共建共享长三角旅游品牌；利用杭州15个国际友好城市、38个友好交流关系及往来城市、10个国际机构、40多个民间友好组织的资源举办各类交流活动，加大城市品牌和旅游品牌的推介宣传力度等。

（执笔：吕艳丹　代凌燕）

---

① 解读杭州新一轮旅游国际化行动方案［OL］. http：//www.hangzhou.gov.cn/main/ggfw/zxxx/T187870.shtml.

# 第十五章　人物

## 第一节　最欣赏的企业家

企业家品牌是近年来颇受关注的一个话题，越来越多的企业领导人开始注重自身品牌形象，通过塑造个人品牌创建宝贵的无形资产，提升企业的知名度。同时，企业家个人品牌通过作用于投资者、消费者和企业员工，与企业品牌进行互动，彼此相互促进。

### 一、最欣赏的企业家调研基本情况

#### （一）男性企业家提及率近九成

调研显示，消费者提及的最欣赏的企业家共 85 人，其中男性 76 人（89.4%），女性 9 人（10.6%），这主要跟女性企业家本身数量较少有关。

#### （二）消费者对大陆企业家认可度较高

这 85 位企业家中有 60 位来自中国大陆，12 位来自中国台湾，7 位来自中国香港，还有 6 位国外知名企业家，其中有 8 位中国大陆企业家进入十强。

#### （三）IT、制造、房地产行业企业家备受关注

从行业分布来看，IT 行业企业家被消费者提及的最多，共 18 位企业领导人。其次是机械制造业和地产业，企业家数量分别为 12 和 11。其他被提及的企业家遍布各个行业，比如化工、媒体、食品、金融、商贸、教育、服装等。

### 二、最欣赏的企业家十强数据

最欣赏的企业家十强数据见表 3－15－1、表 3－15－2、表 3－15－3。

**表 3－15－1　最欣赏的企业家家庭消费者十强**

| 排　序 | 理想品牌 | |
|---|---|---|
| | 名　称 | 提及% |
| 1 | 李嘉诚 | 23.1 |
| 2 | 比尔·盖茨 | 13.6 |
| 3 | 张瑞敏 | 10.6 |
| 4 | 马　云 | 6.4 |
| 5 | 王　石 | 6.1 |
| 6 | 牛根生 | 4.3 |
| 7 | 史玉柱 | 3.7 |
| 8 | 柳传志 | 2.4 |
| 9 | 张朝阳 | 1.4 |
| 10 | 巴菲特 | 1.2 |

表 3－15－2　最欣赏的企业家潜力消费者十强

| 排　序 | 理想品牌 | |
|---|---|---|
| | 名　称 | 提及％ |
| 1 | 李嘉诚 | 24.0 |
| 2 | 比尔·盖茨 | 15.5 |
| 3 | 张瑞敏 | 8.7 |
| 4 | 马　云 | 7.5 |
| 5 | 史玉柱 | 4.1 |
| 6 | 王　石 | 3.6 |
| 7 | 牛根生 | 3.5 |
| 8 | 李彦宏 | 2.1 |
| 9 | 柳传志 | 1.8 |
| 10 | 张朝阳 | 1.4 |

表 3－15－3　最欣赏的企业家两类消费者加权十强

| 排　序 | 理想品牌 | |
|---|---|---|
| | 名　称 | 提及％ |
| 1 | 李嘉诚 | 23.3 |
| 2 | 比尔·盖茨 | 13.9 |
| 3 | 张瑞敏 | 10.3 |
| 4 | 马　云 | 6.6 |
| 5 | 王　石 | 5.6 |
| 6 | 牛根生 | 4.2 |
| 7 | 史玉柱 | 3.8 |
| 8 | 柳传志 | 2.2 |
| 9 | 张朝阳 | 1.4 |
| 10 | 李彦宏 | 1.2 |

## 三、最欣赏的企业家十强解析

调查显示，消费者最欣赏的企业家多的来自于 IT 互联网行业，累计百分比达到 25.3％。这主要是由于，近年来随着网络时代的来临，IT 产业异军突起、发展迅速，成就了许多创业者，早期有比尔·盖茨，近年来有马云、张朝阳、李彦宏、柳传志等。而房地产的企业家也受到较多关注，累计百分比达 28.9％。这一直也是个拥有众多成功创业者的领域，比如李嘉诚、王石都凭借超前的眼光、过人的才华在地产行业成就了辉煌的事业。

### （一）五六十年代企业家——白手起家的实干者

早期成功的企业家大都为人们所敬仰，因为那时的创业条件艰辛，这些企业家大都白手起家，勤勤恳恳地开拓事业，因此，所形成的个人品牌形象往往充满智慧、不屈不挠、魄力十足。

消费者最欣赏的企业家十强中，创业于五六十年代、白手起家的实干者代表有李嘉诚一人，加权百分比为 23.3％，是唯一一个提及率超过 20％的企业家。此外，同一时期的霍英东虽然没有进入十强但也被消费者提及。他们都是 50 年代早期的创业者，凭借对机遇的把握与过人的毅力，成就了非凡的事业。事业成功之时，他们又因对于慈善事业的慷慨投入而受到同行和大众的认同，形成了颇具魅力的个人品牌。

经过长期的发展，这些五六十年代企业家已经成为企业的一部分，不但拥有广泛的社会知名度，而且还将个人形象与企业及产品联系在一起，极大地促进了产品的销售，提升了企业的声誉。由此可以看出，企业的成功非常需要创业者的支撑和推动，企业家的个人品牌能够帮助企业降低经营的风险、获得外界的信任、得到员工的敬仰与追随。见表 3－15－4。

表 3－15－4 五六十年代企业家代表基本情况

| 企业家 | 排名 | 提及率% | 出生年份 | 所属公司 | 创业年代 | 所属行业 |
|---|---|---|---|---|---|---|
| 李嘉诚 | 1 | 23.3 | 1928 | 长江实业 | 1950 | 地产、运输等 |
| 霍英东 | 20 | 0.5 | 1923 | 霍兴业堂置业有限公司 | 1953 | 地产 |

### （二）七八十年代企业家——时代转型的弄潮人

经济体制的转型与革新也是企业发展的重要转折，这一时期是酝酿机遇、迸发潜力的重要时机，而能够在这关键时刻抓住机遇、勇于开拓的人，往往能够成就一番大事业。

消费者最欣赏的企业家前十强中，创业于七八十年代的共有 5 人，他们是张瑞敏、王石、牛根生、柳传志和史玉柱，累积百分比为 26.1%。他们经历过企业的重要转型与改革，最终成为成功的企业家。随着这些企业在中国大地上享誉盛名，企业家们的创业经历及其性格、爱好，或者成功秘诀成为人们关注的焦点，在获得广泛的关注和传播之后，企业家个人品牌便相应树立。

他们属于时代转型的弄潮人，其个人品牌的形象主要表现为锐意进取、挑战机遇、坚韧不拔，同时，与富豪和大亨们不同，他们大多朴实亲民、淡泊名利，但又有着非常鲜明的个性形象。可以说，这类企业家品牌不仅代表了他们的经营能力与管理实力，还意味着他们个人的知名度、影响力、美誉度与企业的品牌形象紧密相连，形成了企业的无形资产，推动着企业的不断发展。见表 3－15－5。

表 3－15－5 七八十年代企业家代表基本情况

| 企业家 | 排名 | 提及率% | 出生年份 | 所属公司 | 创业年代 | 所属行业 |
|---|---|---|---|---|---|---|
| 张瑞敏 | 3 | 10.3 | 1949 | 海尔 | 1984 | 家电 |
| 王　石 | 5 | 5.6 | 1951 | 万科 | 1984 | 房地产 |
| 牛根生 | 6 | 4.2 | 1958 | 伊利 & 蒙牛乳业 | 1983 | 食品 |
| 史玉柱 | 7 | 3.8 | 1962 | 巨人集团 | 1989 | 保健品、网游 |
| 柳传志 | 8 | 2.2 | 1944 | 联想集团 | 1984 | IT |

### （三）90 年代企业家——玩转资本与概念的精英

20 世纪末，IT 行业的勃兴与狂热造就了一批年轻有为的 IT 经理人，他们凭借领先的技术、卓越的理念和出色的资本运作能力在中国刮起了一阵互联网的旋风，在这股旋风中，创业者们也凭借极富个性的形象成就了鲜明且张扬的个人品牌。

消费者最欣赏的企业家前十强中，创业于 90 年代、资本精英型的企业家有三人，他们是马云、张朝阳、李彦宏，累积百分比为 9.2%。作为 90 年代企业家，他们敢于做秀，善于借助媒体的力量，通过个人的展示和传播增添企业的品牌价值。比如，张朝阳、潘石屹，他们推崇时尚、个性的生活理念，把活力带入搜狐、把前卫带进 SOHO，与企业的追求一脉相承，相互促进。

出众的表现，鲜明的个性，可以让企业家从众多的竞争者中脱颖而出。这些玩转资本与概念的精英们证明了，一位明星般的企业领导人是企业最好的代言人，他们的个人魅力使企业更富有人性、更具有活力。他们吸引着人们的注意力，使企业长期处于公众焦点，这无疑为企业带来了更多的资源和机遇。

表 3－15－6　90 年代企业家代表基本情况

| 企业家 | 排名 | 提及率% | 出生年份 | 所属公司 | 创业年代 | 所属行业 |
|---|---|---|---|---|---|---|
| 马　云 | 4 | 6.6 | 1964 | 阿里巴巴 | 1999 | IT |
| 张朝阳 | 9 | 1.4 | 1964 | 搜狐 | 1996 | IT |
| 李彦宏 | 10 | 1.2 | 1968 | 百度 | 1999 | IT |

## 四、不同消费者所欣赏的企业家

### （一）年长消费者欣赏张瑞敏，年轻消费者青睐马云

调查显示，随着年龄层的提高，消费者对张瑞敏的喜爱程度有所上升。这因为，首先，张瑞敏的创业年份较早，年长消费者更了解其经历和创业历程，更有认同感；其次，张瑞敏的个人形象沉稳、内敛却又不失威严，更符合年长消费者对于成功企业家的心理预期；最后，张瑞敏主要从事家电行业，与家庭消费者关系密切，而且相对于新兴 IT、房地产行业来说，海尔品牌更多地为年长消费者所知晓和了解。见图 3－15－1。

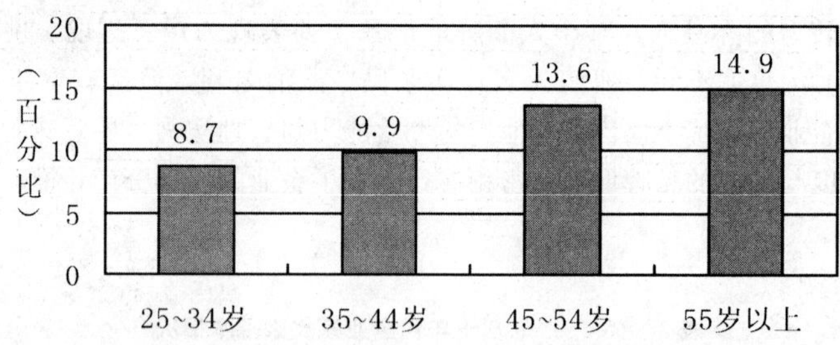


图 3－15－1　不同年龄消费者对张瑞敏的欣赏程度

年轻人青睐马云主要因为，马云身处互联网电子商务行业，主要接触上网人群，而这类群体中年轻人居多。同时，马云极富个性的形象和传奇的经历也使其成为众多青年人的偶像，如阿里巴巴上市、华尔街的追捧、淘宝的成功都为年轻人所津津乐道。见图 3－15－2。

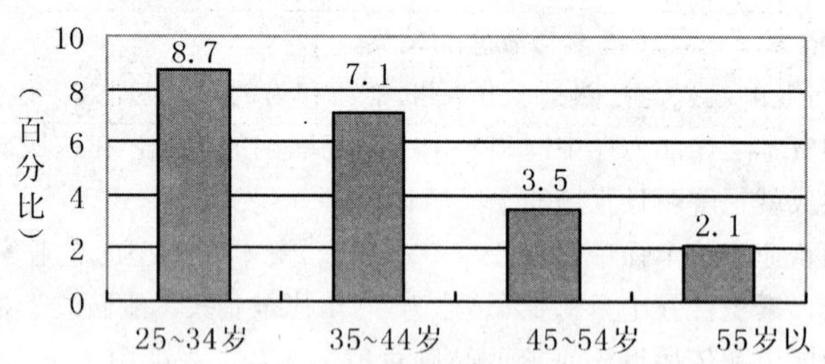


图 3－15－2　不同年龄消费者对马云的欣赏程度

### （二）低学历者欣赏李嘉诚，高学历者更喜爱马云、王石

根据调查，有 30.3%的小学以下学历消费者和 33.3%的初中学历消费者喜爱李嘉诚，主要因为李嘉诚是白手起家成功创业的典范，他的经历使低学历人士看到了希望，哪怕没有很高的学历，只要凭借个人的努力和付出，也可以收获事业。见图 3－15－3。

此外，调查显示，随着消费者学历的增加，对于马云、王石等企业家的喜爱程度逐渐增加，

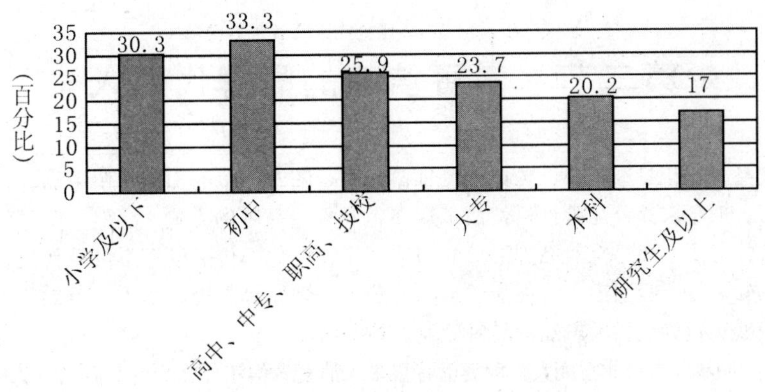


图 3—15—3 不同学历消费者对李嘉诚的欣赏程度

这主要原因为他们是高学历、高技术含量的企业家代表，凭借专业知识和特长创造了家喻户晓的著名企业。见图 3—15—4、图 3—15—5。

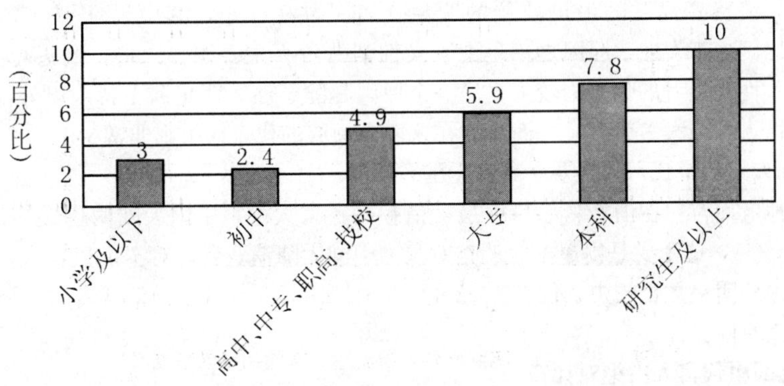


图 3—15—4 不同学历消费者对马云的欣赏程度

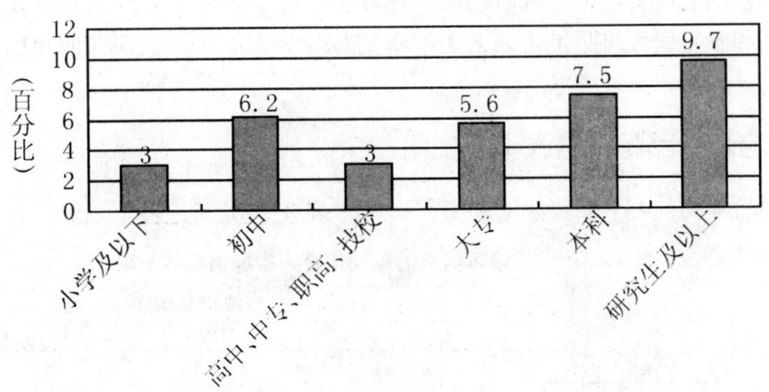


图 3—15—5 不同学历消费者对王石的欣赏程度

（执笔：吕艳丹 代凌燕）

# 第二节　最可信赖的品牌代言人

如今，产品差异化日渐缩小、传播手段日益雷同，随着竞争的加剧，使用品牌代言人，借助代言人的特征、形象来诠释品牌性格便成了众多企业打造品牌的方式。当然，明星代言有利也有弊，但只要选择得当，还是会对品牌形象的塑造、品牌文化的传播发挥不可替代的作用。尤其是明星们较高的知名度、吸引力，往往能够影响消费者的情感和态度，产生示范效应，带动其追随者和认同者的购买行为，扩大产品的品牌效应。

然而社会中明星的数量非常庞大，种类也有很多，消费者信赖什么样的品牌代言人？哪种明星最具有号召力和影响力？什么样的代言人最能迎合产品的目标消费者？这些都是企业所关注的问题。

## 一、最可信赖的品牌代言人调研基本情况

### （一）男性代言人比例高于女性

调研显示，消费者提及的最可信赖的明星代言人共136个，其中男性占57.4%，女性占42.6%。男性比例高于女性，原因之一是由于女性消费者为主要购物人群，购买行为较为感性，异性代言人对女性购买者的吸引力较大；另一个原因是除了演艺明星和主持人以外，体育类、精英类代言人男性占据绝大多数席位，而女性在这两个领域的代言人中则非常少。

### （二）中国大陆明星代言人提及率略高于港台明星

此外，就地区而言，在消费者心目中最可信赖的代言人中，中国大陆明星最多，占48.5%，港台明星占38.2%，这主要是由于本次调查对象为中国大陆消费者，对本土代言人接触较多，也更加熟悉；而国外明星数量较少，仅有13.2%，主要原因是大部分中国消费者对国外代言明星的认知度和记忆度有限。

### （三）演艺明星代言人占绝对比重

同时，本次调研中出现的代言人职业多为演艺明星、体育明星和主持人，企业精英类明星只有王石一人。演艺明星最多，比例达79.4%，体育明星有10.3%，主持人有9.6%，这与从事演艺事业的代言人和参与代言的明星中演艺类明星的数量较多有关，且演艺明星的媒体曝光度高，消费者也容易对其产生印象。

## 二、最可信赖的品牌代言人十强数据

最可信赖的品牌代言人十强数据见表3－15－7、表3－15－8、表3－15－9。

表3－15－7　最可信赖的品牌代言人家庭消费者十强

| 排　序 | 理想品牌 | |
|---|---|---|
| | 名　称 | 提及% |
| 1 | 成　龙 | 18.4 |
| 2 | 刘德华 | 8.7 |
| 3 | 刘　翔 | 6.7 |
| 4 | 姚　明 | 6.7 |
| 5 | 陈道明 | 5.9 |
| 6 | 濮存昕 | 4.3 |
| 7 | 倪　萍 | 3.2 |
| 8 | 蒋雯丽 | 2.9 |
| 9 | 葛　优 | 2.4 |
| 10 | 周杰伦 | 2.2 |

表 3－15－8　最可信赖的品牌代言人潜力消费者十强

| 排　序 | 理想品牌 | |
|---|---|---|
| | 名　称 | 提及％ |
| 1 | 成　龙 | 19.0 |
| 2 | 刘德华 | 10.9 |
| 3 | 姚　明 | 8.3 |
| 4 | 周杰伦 | 5.4 |
| 5 | 刘　翔 | 5.0 |
| 6 | 陈道明 | 4.1 |
| 7 | 濮存昕 | 2.8 |
| 8 | 王力宏 | 2.1 |
| 9 | 倪　萍 | 1.8 |
| 10 | 李连杰 | 1.6 |

表 3－15－9　最可信赖的品牌代言人两类消费者加权十强

| 排　序 | 理想品牌 | |
|---|---|---|
| | 名　称 | 提及％ |
| 1 | 成　龙 | 18.5 |
| 2 | 刘德华 | 9.1 |
| 3 | 姚　明 | 7.0 |
| 4 | 刘　翔 | 6.4 |
| 5 | 陈道明 | 5.6 |
| 6 | 濮存昕 | 4.0 |
| 7 | 倪　萍 | 2.9 |
| 8 | 周杰伦 | 2.8 |
| 9 | 蒋雯丽 | 2.5 |
| 10 | 葛　优 | 2.2 |

## 三、最可信赖的品牌代言人十强解析

在 36 位代言人中，消费者最信赖的品牌代言人十强的累积百分比为 61％，其中多为演艺明星，十强中占七席，累积百分比为 44.7％。以拼搏、敬业著称的成龙在人们眼中拥有相当高的可信度。这种信任也转嫁到他所做的霸王洗发水、VISA 卡、思念水饺等品牌广告中。体育明星姚明、刘翔的提及率之和为 13.4％，超过很多演艺明星，这与其在各自领域所取得的骄人成绩以及 2008 年北京奥运会带来的热潮不无关系。他们展现出来的活力、健康、自信等形象，同样具有很强的消费动员力。

**（一）不同地域消费者的喜好各异，代言人所代言的品牌带有地域特征**

不同地域消费者对各地区品牌代言人的认知和喜好有所差异，因此品牌在进行营销传播活动时通常根据目标消费者的心理来选择代言人。如国际品牌的世界性广告多选择国际明星作为代言人；国内品牌针对国内消费者的广告多选择本土知名明星代言；而国际品牌进入某一地区需要本土化的时候也往往会选择该地区的名人来代言。

本次调查中上榜十强的代言人中，成龙、姚明和陈道明分别位列第一、第三和第五名，分析他们所代言的品牌可以发现，代言人所代言的品牌具有一定的地域特征，如姚明较多地为国际品牌代言，陈道明是国内品牌热衷的代言人，成龙则是国外品牌与中国消费者沟通联系的最佳人选。见表3－15－10。

**表3－15－10　代言人基本情况**

| 代言人 | 类　型 | 形　象 | 代言品牌 | 国家或地区 |
|---|---|---|---|---|
| 姚　明 | 运动员 | 篮球巨人；沉稳 | 锐步；佳得乐；百事可乐；VISA卡；Apple；搜狐；瑞士豪雅表；中国联通CDMA；麦当劳；Garmin任我游、Sorrent手机游戏、MIG手机短讯、燕京啤酒等 | 中国大陆 |
| 陈道明 | 演员 | 沉稳；严谨 | 可口可乐；马自达汽车，奥科玛，利郎（服装），中科暖卡（服装），厦华电视，天王表，宝丰酒，多普达手机，豪日摩托，圣帝罗阑皮鞋，仁和可立克，高炉家酒等 | 中国大陆 |
| 成　龙 | 演员 | 正直；勇敢；敬业 | 三菱汽车；霸王；佳能EOS；得意龙体育用品；新日电动车；VISA卡 | 中国香港 |

**（二）不同代言人吸引的消费群体不同，代言品牌具有行业性差别**

不同的明星都有其各自的背景、独特的形象与所吸引的人群，针对不同的行业及其产品，明星们的适用性和作用是不尽相同的。有些明星适合代言化妆品，而有些却是代言汽车的最佳人选，还有一部分明星可能只适合代言企业或者公司品牌。

本次调查中进入十强的代言人中，刘德华、濮存昕、倪萍和葛优都表现不俗，分析他们所代言的品牌可以看出他们在代言行业上的差别。比如演员刘德华和葛优更多地代言家电、服饰以及生活快速消费品品牌，倪萍、濮存昕等主持人则更多地为医药保健及公益类品牌做代言。见表3－15－11。

**表3－15－11　代言人基本情况**

| 代言人 | 类　型 | 形　象 | 代言品牌 | 国家或地区 |
|---|---|---|---|---|
| 刘德华 | 演员；歌手 | 敬业；正直 | 班尼路；马司表；金立手机；阿迪达斯；罗蒙；和成卫浴；LG手机；爱立信手机；奥尼洗发水；百事可乐；雀巢咖啡等 | 中国香港 |
| 濮存昕 | 演员 | 和蔼；正直；公益大使 | 恒基伟业；耀邦家具；瑞嘉地板；奇强；罗蒙；高炉家酒；公益广告；盖中盖等 | 中国大陆 |
| 倪　萍 | 演员；主持人 | 亲切；公益大使 | 21金维他；北天鹅羽绒服；金鸡胶囊等 | 中国大陆 |
| 葛　优 | 演员 | 幽默 | 双汇；中国移动神州行；曲美家具；南极人都市羽绒服；亿利甘草良咽；可口可乐；奥克斯手机；三元乳品 | 中国大陆 |

这主要因为，演艺明星与消费者的日常接触最多，同时更注重时尚和生活品质，由他们代言家电、服饰及生活消费品品牌更符合其形象和特质，有可能带动潮流，也更容易被消费者接受；体育明星本身代表健康、活力，因此他们代言体育用品和健康产品更为合适；而主持人给消费者的感觉是稳重、真诚，他们代言的药品和保健品品牌消费者更加信赖。

**（三）代言人所具有的独特气质，为不同品牌加分**

明星们不同的年龄、专长、定位以及粉丝群体造就了明星们独特的气质和形象，因此，很多品牌在选择代言人时也应该考虑到这一点。

本次消费者最信赖的代言人十强中，明星因为独特的个人气质，更多地代言与其个性相关的品牌。成龙在消费者心目当中的形象敬业、正直、勇敢，因而多为强调品质的品牌做代言人，比如三菱汽车、佳能相机等；而姚明和刘翔作为知名运动员，代表活力、动力，因此，两大可乐品牌、两大通信公司，还有耐克、锐步等运动品牌会分别选择他们作为形象代言人；周杰伦是年轻人的偶像，多才多艺、动感十足、极富个性，是针对年轻人的流行消费品品牌最常选择的代言人，如动感地带、百事可乐、美特斯邦威等；此外，蒋雯丽是消费者心目中好妈妈、好主妇的代表，由她代言的厨具、婴儿用品也为消费者所信赖和支持。见表 3－15－12。

**表 3－15－12　代言人基本情况**

| 代言人 | 类　型 | 形　象 | 代言品牌 | 国家或地区 |
|---|---|---|---|---|
| 刘　翔 | 运动员 | 体育健将；开朗 | 耐克、安利纽崔莱、可口可乐、起亚、VISA、伊利、EMS、联想、杉杉、Jager 公司、白沙、隆鑫摩托、升达地板、中国移动、康佳、奥康、杉杉、凯迪拉克等 | 中国大陆 |
| 周杰伦 | 演员；歌手 | 时尚、动感、很酷、有才华 | 百事可乐；统一方便面；动感地带；可比克薯片；高露洁牙膏；德而惠运动装备；美特斯邦威服饰；松下手机；优乐美奶茶等 | 中国台湾 |
| 蒋雯丽 | 演员 | 亲切；美丽 | 雅士利奶粉、太太乐鸡精、好太太家品、欧派橱柜；爱恩贝；汪氏蜜蜂园；笑雪服饰；盼盼食品等 | 中国大陆 |

## 四、不同消费者所信赖的品牌代言人

调查显示，随着消费者年龄层的增加，对于倪萍的信赖程度也相应提高。原因是倪萍作为资深主持人，有着亲切、正直的个人形象，她代言品牌时的语言和画面也非常亲切，更能打动有一定生活阅历的消费者。同时，倪萍年近五十，年长消费者对她的接触较多，也更能够得到消费者的信任。见图 3－15－6。

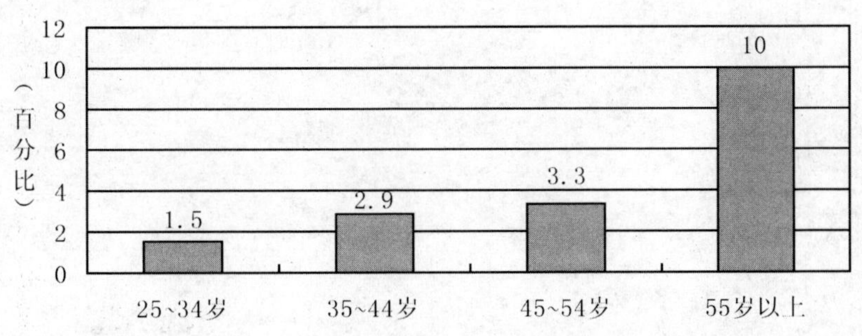


**图 3－15－6　不同年龄消费者对倪萍的信赖程度**

刘德华、周杰伦一直是走在时尚尖端的人士，他们不断带动着音乐、电影、服装的流行，为年轻人所追捧，是年轻消费者所追逐和崇拜的对象，因此，由他们代言的产品也相应得到年轻人的喜爱和认同。见图 3－15－7、图 3－15－8。

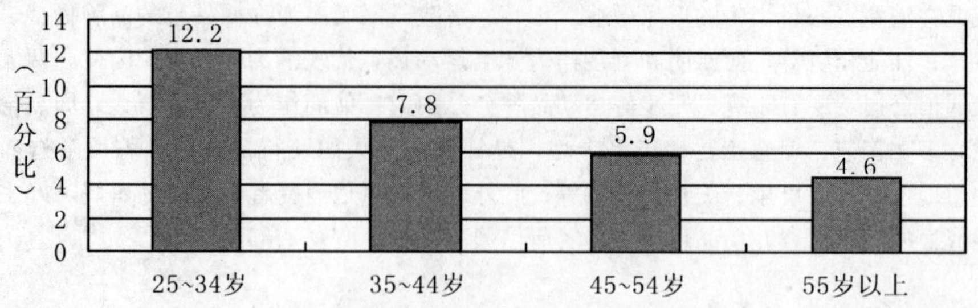


图 3－15－7　不同年龄消费者对刘德华的信赖程度

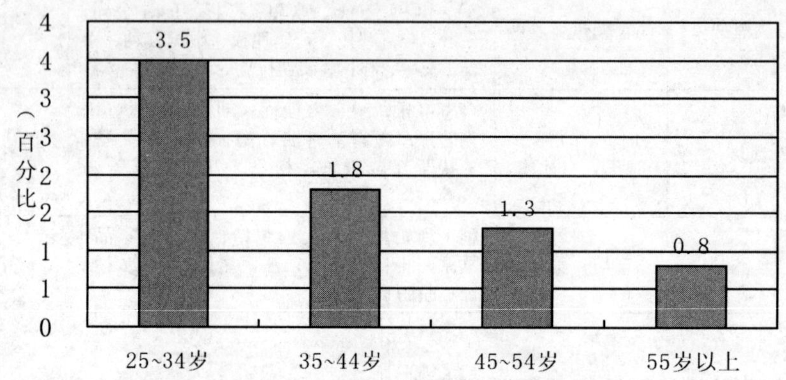


图 3－15－8　不同年龄消费者对周杰伦的信赖程度

（执笔：代凌燕）

第四部分

# 部分省市品牌发展状况

# 实施辽宁集群品牌战略 催化区域经济整体发展

目前，尚没有人对辽宁各种资源进行整合研究，社会各界对“辽宁”这一品牌缺乏明晰的品牌概念，没有充分认识到品牌资产对辽宁未来的发展的重要性。因此，对辽宁省内资源进行充分系统总结、归纳、开发，并进而树立起“辽宁”品牌，就显得非常重要。

## 一、合理进行工业产业布局，打造区域品牌

装备制造业是辽宁工业的支柱产业，但是零部件、元器件产业薄弱，缺乏成套能力，服务不发达，没有形成以主机制造厂为核心、上下延伸的强大产业链。因此，要充分发挥产业集聚作用，即以沈阳机床、沈阳鼓风机、特变电工沈阳变压器等企业为龙头，依托沈西工业走廊，辐射辽宁中部城市群，加快发展以机床、石化通用设备、冶金矿山重型设备、输变电和发电设备等产品为代表的沈阳装备制造业产业集群。以大连机床、大连冰山等企业为龙头，加快发展以机床、机车、重型装备、港口装卸设备、制冷设备等产品为代表的大连装备制造业产业集群。在此基础上，大力打造区域品牌，围绕主导产业发展企业集群。

## 二、整合人文、自然资源，打造旅游品牌

目前，国内的很多省级行政区都有鲜明的旅游品牌形象，如黑龙江的“冰雪旅游”、陕西的中国古都形象等。但是，辽宁省内的旅游资源却基本处于各自为战的状态，各个城市基本上只考虑到以本市旅游资源来吸引消费者，人为地割裂了各地之间的联系，造成了一定的资源浪费。今后，应该将各市旅游资源进行整合包装，包括满清文化、红色文化、二人转等，系统开发，互惠互利、相互促进，形成一个较大规模的辽宁旅游圈。

## 三、加强绿色与生态资源的整合和品牌建设

目前，辽宁基本形成了南、东、西、北各具特色的农业产业区，要在此基础上，发挥各区域的比较优势和特色优势，沿着沈大、沈山—沈四、丹大3条主要高速公路干线兴建各具特色的绿色高效农业产业带。同时，可以将辽宁地区富有地方特色的玉石资源岫岩玉和阜新玛瑙融入其中，整合在辽宁品牌之下，使其宣传效果最大化。

## 四、沈阳地区消费特征及品牌发展建议

在“2008中国消费者理想品牌大调查”活动中，沈阳地区一共取得200个样本。下文就将以这200个样本为基础，分析一下沈阳消费者在消费时具备哪些特征，并针对这些特点，对沈阳本土品牌的发展提出建议。

### （一）沈阳的优势品牌

对于某些类产品来说，沈阳本地并不具备实力强大的品牌，比如家电、日化、服饰、IT等行业，在选择这些产品的过程中，沈阳地区消费者与全国的消费者并没有表现出太大的差异。

但是，对于一些地域性较强的行业，沈阳本地的企业具备一定的竞争力。这些企业历史悠久，沈阳本地人已经形成了一定的消费习惯，建立起了一定的品牌忠诚度，并且形成了一定的品牌依赖。特别是对于年纪稍长一些的人更是如此。

#### 1. 日常调味品

对于日常调味品来说，年龄在35岁以上的消费者是消费的主力。而在本次调查中，该年龄段

的消费者在关于调味品一项的调查显示，有 51 人正在使用沈阳本地生产的红梅，38 人打算再次使用红梅这一品牌的调味品，有 43 人认为红梅是调味品中的理想品牌。这三类选项分别占总人数的 25.5％、19％和 21.5％，所占比例均远高于其他品牌。再来看看，红梅在全国消费者心目中的地位：在“常用品牌”、“预购品牌”和“理想品牌”的竞争中，分列第五、第七和第六，所占比例仅为 5.5％、3.8％和 4.3％。远不及名列三甲的太太乐、海天和李锦记，更无法和自身在沈阳区域市场中的地位相比。

红梅在沈阳地区的地位与在全国差异较大，因为其营销范围主要局限在沈阳及周边地区，很少向全国扩张。在其他地域，并不具备向市场领导者挑战的实力。当然，如果红梅能够稳定住其在沈阳及周边的地位，并适时向整个东北市场进军的话，也能够给自身品牌建设带来益处。

2. 啤酒

调查显示，有 72 人正在饮用的品牌是雪花，有 58 人预备购买这一品牌，有 48 人认为雪花是自己心目中的理想品牌。所占比例分别为 36％、29％和 24％，均高于其他品牌。可以看出，在沈阳地区，雪花是当之无愧的领导品牌。而在全国范围内，雪花在这三项的比例分别为 15.7％、13.9％和 10.6％，所占位置分别为第二、第二和第三。

可以看出，雪花在全国和沈阳地区的消费者心目中差别并不像红梅那么大。这主要是因为华润雪花啤酒有限公司在全国多个城市都成立了分公司，营销范围很广，已经成为一个全国性的品牌。当然，与其他地区比较，还是在沈阳消费者心目中的地位更为重要。

3. 牛奶

有部分消费者填答正在饮用沈阳的辉山牛奶。我们认为，除了本地生产的牛奶保鲜效果比较好之外，价格也是一个影响消费的因素。因为辉山牛奶在价格上稍低于蒙牛、伊利等外地品牌。当然，在预购品牌，特别是理想品牌方面，沈阳消费者大都选择的是蒙牛、伊利等全国性的领导品牌。

不过，有一点是需要这些企业注意的：正在使用其产品的沈阳消费者虽然占较大比重，但是，在理想品牌这一选择中，他们所占的比重都有一定程度的下降。这是一个应该警惕的信号，这说明虽然他们暂时在市场上领跑，但是，消费者对他们并不是十分满意。如果不进行仔细分析的话，恐怕将来会给品牌建设带来危机。

**（二）沈阳地区消费者的品牌消费特征**

首先，沈阳的消费者在购买某一品牌的产品后，下一次的预购品牌往往也会选择同一品牌，理想品牌也不会改变。这即是说，沈阳地区的消费者比较容易形成一定的品牌忠诚度，消费习惯比较稳定，而且，一旦形成了品牌忠诚度，很难再进行转变。可见，对于准备进军沈阳的品牌来说，沈阳并不是一个特别容易攻陷的市场，但是，一旦进入到市场中，并成为领导品牌的话，对品牌的维护相对就要容易一些。

其次，沈阳的消费者在选择品牌的时候，地域倾向比较明显。本次调查中，有一类问题是关于城市的：“您认为中国最宜居住的城市”、“您认为中国最宜工作的城市”、“您认为中国最宜学习的城市”等。有很大一部分沈阳的受访者都填答了“沈阳”。这种明显的地域性也体现在品牌的选择上。例如前面提到的那几大沈阳本土的品牌，在沈阳消费者心目中就拥有很高的地位。即便有一些大品牌能够在全国市场中成为领导者，也无法撼动一些沈阳地产品牌在沈阳这一区域市场中的地位。

总之，中国地域辽阔，文化类型多样，沈阳作为辽宁最具代表性的城市之一，具有鲜明的地方特色，在消费领域也同样如此。本次调研只是为今后的研究奠定了一个基础，至于未来沈阳品牌的发展方向，还需进行更深入的调研、分析。

（执笔：赵世清　田　宇　沈阳工业大学文法学院新闻传播系）

# 吉林省品牌经济态势及路径思考

是否拥有世界级品牌是衡量一国或地区经济发达程度及其竞争力的重要标志之一。幅员面积、人口、GDP分别占全国2%的吉林省①，目前拥有国内品牌产品数量只占全国的1%②。据关东绿色生态参茸有限公司企业博客数据，因为没品牌，吉林人参一年竟少赚100亿！因此，积极培育国内与国际知名品牌，发展品牌经济已成为各省乃至全国经济发展的当务之急，而对于品牌经济欠发达省份就更是如此。

## 一、吉林省品牌经济基本态势

### （一）品牌总量偏低，尚属品牌弱省

总体来看，我国品牌经济呈现地区非均衡的发展态势。按中国名牌产品有效期为3年计算，2004－2006年，我国已有中国名牌产品1 328个；到2006年为止，被国家工商行政管理总局认定的中国驰名商标已达882个；2005－2006年度被商务部认定的中国出口名牌共190个。③ 中国名牌、中国驰名商标以及出口名牌3个方面的地区分布状况如表4－2－1所示。显然，其中以广东、浙江、山东、江苏等为代表的品牌强省所在的东部地区在总量上明显强于其他各区，占据绝对优势，而吉林省所在的东北部地区则明显处于弱势。此外，吉林省即便与辽宁、黑龙江、内蒙古等品牌欠发达省份相比，也还有些差距。

表4－2－1　我国品牌地区分布比较④

| 地区分布 | 东部地区 | | 中部地区 | | 西部地区 | | 东北部地区 | |
|---|---|---|---|---|---|---|---|---|
| | 数量 | % | 数量 | % | 数量 | % | 数量 | % |
| 中国名牌的地区分布 | 993 | 75 | 150 | 11 | 114 | 9 | 71 | 5 |
| 中国驰名商标的地区分布 | 569 | 68 | 130 | 16 | 84 | 10 | 48 | 6 |
| 出口名牌的地区分布 | 161 | 84 | 11 | 6 | 11 | 6 | 7 | 4 |

注：其中东部地区包括北京市、河北省、天津市、山东省、江苏省、上海市、浙江省、福建省、广东省、广西壮族自治区、海南省11个省、自治区和直辖市；中部地区包括内蒙古自治区、山西省、河南省、安徽省、江西省、湖北省、湖南省7个省和自治区；西部地区包括陕西省、四川省、重庆市、贵州省、云南省、宁夏回族自治区、甘肃省、青海省、西藏自治区、新疆维吾尔自治区10个省、自治区和直辖市；东北部地区包括辽宁、吉林、黑龙江3个省。

### （二）品牌省内城市分布不均衡

中国名牌和吉林省名牌产品主要集中在长春、吉林等地，白城、松原、辽源等地偏少，全省41个县（市）仅有省级以上名牌产品40余个，地理标志（原产地域）保护产品品牌多存在于长

① 能源［EB/OL］.［2008-04-05］. http：//www.jilin.cei.gov.cn/jlsq.jsp? catalogID=32.

② 吉林省质量技术监督局. 吉林省中国名牌、地理标志（原产地域）产品保护工作进展情况［EB/OL］.［2008-04-05］. http：//www.jlqi.gov.cn/other/sj/2006fgc01-3-1.doc.

③④ 祝合良，王平. 中国品牌发展的现状、问题与对策［J］. 经济与管理研究，2007（8）：24-25.

白山地区的市县，中部和西部地区目前一个没有。① 如图4－2－1所示：

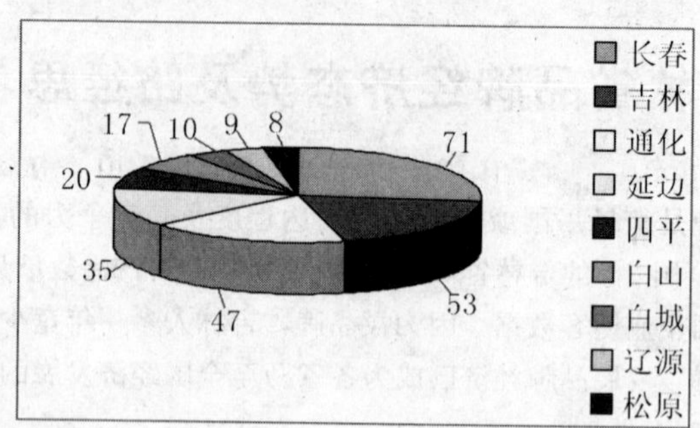


图4－2－1 全省各市州中国名牌和吉林省名牌产品分布图

（三）品牌行业布局结构不完善

汽车、石化、农产品深加工、现代中药及生物医药、光电子信息及高新技术，是吉林省经济发展的五大支柱优势产业。在2007年由商务部组织的“全国品牌万里行·东北振兴行”活动中，吉林省评选出53个具有地域特点和产业特色的省内畅销品牌，仍以农副产品和食品加工业居多，现代服务业企业无一家上榜，行业布局结构不完善。近年来，省质量技术监督局陆续推动规模以上工业企业开展以“提高技术进步水平、提高质量保证能力、提高产品质量效益”和“争创名牌产品、争创质量管理先进企业”为主要内容的“三提高、二争创”活动，引导企业面向市场不断强化质量意识和品牌意识。图4－2－2展示了全省部分行业开展“三提高、二争创”活动及形成吉林省名牌、中国名牌产品情况，吉林省名牌产品的行业分布差异较大，中国名牌产品则明显分布于食品行业。

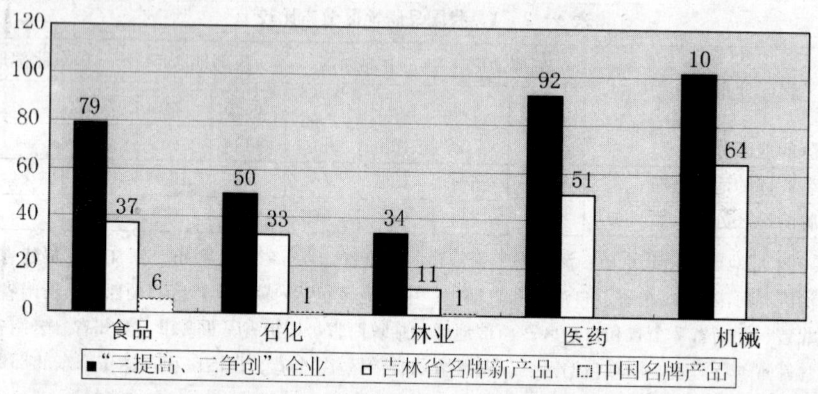


图4－2－2 全省部分行业开展“三提高、二争创”活动及形成吉林省名牌、中国名牌产品情况

（四）品牌经济占国民经济比重严重偏低

吉林省知名品牌所创造的价值占国民经济的比重严重偏低，而发达国家的品牌经济占国民经济的份额则高达60％以上。2005年，吉林省GDP占全国比重为1.98％，工业产品产销率达99.24％，但国内市场占有率仅为1.81％，吉林省的中国名牌产品占全国比重仅为0.86％，② 是东三省中最低的。2006年，吉林省拥有中国名牌产品数量仅为12个，截至2007年末，该数量上

① 吉林省质量技术监督局．吉林省中国名牌、地理标志（原产地域）产品保护工作进展情况［EB/OL］．［2008-04-05］．http：//www.jlqi.gov.cn/other/sj/2006fgc01-3-1.doc.

② 王子阳，等．吉林省通过实施品牌战略 品牌建设硕果累累［N］．吉林日报，2007-02-20.

升为27个。而我国品牌第一大省广东省，则拥有中国名牌产品165个①。在中国品牌研究院于2007年公布的“中国最有价值商标五百强”排行榜中，吉林省上榜商标数为8个，占1.6%，仍然偏低。

**（五）国际、国内著名品牌占据省内市场主导地位**

总体而言，吉林省消费市场呈现众多强大的国内外品牌与较少或较弱的地方品牌共存的局面。在“2008中国中心城市消费者理想品牌调查”中，长春市共计发放问卷165份，回收问卷165份，其中有效问卷153份，家庭消费者与潜力消费者的样本比例约为2∶1。

研究显示，皓月、德大、阿满、老昌、泉阳泉、金仕佰、长白山、洮南香、通化、农大红、大众、捷达、宝莱、奥迪、修正、敖东、长春亚泰、欧亚、长春百货，以一定优势闯入了品牌前五的位置。其中表现异常抢眼的是熟食市场，皓月、德大、阿满、老昌占据了常用品牌五强中的4个席位，而且在预购品牌及理想品牌中也均有一定表现，如表4－2－2所示。上述19个品牌涵盖了57个调查消费品类中的10类，仅占17.54%，而更多的消费品类则为联想、海尔、茅台、五粮液、娃哈哈、同仁堂、索尼、三星、安利、耐克等众多国内国际知名的品牌占据。调研从消费者的视角说明，国际、国内著名品牌占据省内市场主导地位，地方品牌只在部分消费市场中具有一定优势。

**表4－2－2　长春市城市消费者熟食消费常用品牌、预购品牌、理想品牌五强②**

| 排序 | 常用品牌 | | 预购品牌 | | 理想品牌 | |
|---|---|---|---|---|---|---|
| | 名　称 | % | 名　称 | % | 名　称 | % |
| 1 | 双汇 | 20.32 | 双汇 | 20.40 | 皓月 | 18.32 |
| 2 | 皓月 | 16.00 | 皓月 | 17.20 | 双汇 | 20.80 |
| 3 | 德大 | 11.36 | 德大 | 12.48 | 阿满 | 8.16 |
| 4 | 阿满 | 9.36 | 阿满 | 10.56 | 德大 | 8.16 |
| 5 | 老昌 | 6.24 | 草原兴发 | 6.24 | 老昌 | 5.44 |

## 二、吉林省品牌经济存在的主要问题

**（一）品牌营销不力，高端市场占有率较低**

吉林省高端消费市场主要被国际、国内知名品牌所占据，即便省内畅销品牌也往往由于营销环节的不力而难以进驻高端市场。在省内市场中，地产酒占到总份额的70%以上，居于绝对优势，其中吉林三秀“榆树大曲、洮南香、洮儿河”销量最好，但均处于市场中低端。始建于1985年的金仕佰啤酒集团，凭借现代化的技术设备和管理模式，迅速跻身于中国啤酒行业十强之列，是我国啤酒行业首家获得ISO9001质量管理体系认证的企业。企业如果能够借助上述卖点，有力宣传，则金仕佰完全可能同样在理想品牌中取得战绩，而不仅仅是局限于常用品牌和预购品牌（见表4－2－3），而理想品牌某种意义上是品牌处于高端市场的反映。

---

① 黄春光．关于实施名牌战略的若干心得［EB/OL］．［2008-04-05］．http：//www.ybqi.gov.cn/zhijiankuaixun.htm.

② 2008中国消费者理想品牌大调查项目组．2008长春城市消费者理想品牌调查报告［R］．

表 4－2－3 长春市城市消费者啤酒消费常用品牌、预购品牌、理想品牌五强①

| 排序 | 常用品牌 | | 预购品牌 | | 理想品牌 | |
|---|---|---|---|---|---|---|
| | 名 称 | % | 名 称 | % | 名 称 | % |
| 1 | 雪花 | 23.76 | 雪花 | 23.04 | 雪花 | 19.52 |
| 2 | 青岛 | 10.96 | 青岛 | 10.16 | 青岛 | 18.72 |
| 3 | 金仕佰 | 10.56 | 金仕佰 | 10.16 | 百威 | 11.36 |
| 4 | 哈尔滨 | 10.56 | 哈尔滨 | 10.16 | 蓝带 | 9.36 |
| 5 | 蓝带 | 7.84 | 百威 | 6.96 | 哈尔滨 | 7.20 |

此外，企业产品居于产业上游，这也是高端市场占有率较低的又一表现。如吉林延边是我国七大产烟区之一，延边烤制烟叶是著名的卷制上等烟添加料烟丝，始终供不应求，著名的中华牌香烟、云烟、白沙烟等品牌香烟中都有延边的烟叶成分。

**（二）中小型企业品牌战略滞后，行业覆盖分布窄**

吉林省的品牌经济主要集中于汽车、农副产品和食品加工行业，行业覆盖面明显偏窄。从吉林省经济发展结构态势来看，在品牌企业、中型企业、小型企业三者构成的金字塔型框架中，吉林省中小型企业的品牌经济培育不容忽视，尤其是那些已经具备较好基础、正在成长中的企业。应以《“十一五”实施名牌战略的发展对策》为指导，积极在更广泛的行业孕育品牌经济的生长点。

**（三）品牌核心价值偏低**

吉林省地方品牌虽然在当地乃至全国拥有比较高的品牌知名度，但是品牌核心价值仍偏低，在消费者心目中的地位不牢固。随着品牌消费情结的加重，地方品牌的生存空间势必受到进一步的挤压。一旦国内或国际知名品牌强势进入，必然令地方品牌在一定程度上丧失竞争中的优势。吉林省汽车工业已形成了以一汽集团公司为核心的汽车工业体系，并已成为国内规模最大、具有相当实力的汽车制造基地，是中国汽车工业的摇篮。然而，在强手如林的市场竞争中，品牌高度分散，竞争优势弱化，这里的名次已几乎没有了排序的意义（见表 4－2－4）。被誉为“吉林省最有价值商标标王”的一汽集团尚难以回避这样的问题，其他品牌就更是如此。

表 4－2－4 长春市城市消费者汽车消费常用品牌、预购品牌、理想品牌五强②

| 排序 | 常用品牌 | | 预购品牌 | | 理想品牌 | |
|---|---|---|---|---|---|---|
| | 名 称 | % | 名 称 | % | 名 称 | % |
| 1 | 本田 | 3.12 | 奥迪 | 8.24 | 宝马 | 14.40 |
| 2 | 大众 | 2.72 | 丰田 | 5.44 | 奥迪 | 8.64 |
| 3 | 捷达 | 1.92 | 本田 | 5.12 | 奔驰 | 6.64 |
| 4 | 宝莱 | 1.52 | 大众 | 3.92 | 本田 | 6.24 |
| 5 | 丰田 | 1.52 | 宝莱 | 2.32 | 大众 | 5.84 |

**（四）品牌个性不足**

吉林省商业联合会有关人士分析认为，缺乏个性是吉林品牌需要觉醒的地方。③ 个性是品牌形象的灵魂，是品牌的精髓所在。比如源自地下深层火山岩、玄武岩的泉阳泉矿泉水，经检测，所有 21 大类 241 项指标均与世界著名品牌伏维克等极为接近，部分指标甚至超过世界最著名的依云矿泉水。④ 然而却没有成就其无可比拟的独特品牌个性。

①② 2008 中国消费者理想品牌大调查项目组．2008 长春城市消费者理想品牌调查报告［R］.

③ 53 个“吉林造”品牌畅销吉林［EB/OL］.［2008-04-06］. http：//www.pinsou.com/news/2007/07/10/20077101047216739.htm.

④ ［2008-04-06］. http：//www.jlmpmq.org.cn/qiye/tjqy.jsp？id＝3604.

## 三、吉林省品牌经济的潜在优势

### （一）品牌经济发展的地域资源优势

吉林省位于东北地区中部，素有“黑土地之乡”之称，盛产玉米、人参，具有发展高效农业、绿色农业的有利条件。① 省内生态系统完整，水文地质条件独特，火山地貌景观奇特壮观，自然资源丰美富饶。此外，能源资源种类也较多，煤炭、石油、天然气、油母页岩都有一定储量②。

### （二）品牌经济发展的科技优势和文化依托

2007年吉林经济发展报告显示，吉林省科学研究与技术开发机构304个，全省从事科技活动人员8.2万人，其中研究与发展人员2.8万人。全年研究与发展活动经费支出40.9亿元，占全省生产总值的0.96%。全省共签订各类技术合同3 542项，成交金额17.4亿元。获得国家授权的专利2 855件，同比增长23%。③

从企业自身来看，部分行业企业确实拥有国际或国内领先技术优势。比如长春轨道客车股份有限公司拥有“CRC”自主品牌，建有国家级企业技术中心和博士后科研工作站，拥有国内规模最大、精度最高、技术最先进的碳钢车、不锈钢车和铝合金车3条生产线，构建了国际一流的产品制造平台。④ 再如，吉林省也是我国生物技术产业的发源地之一，其产品种类涵盖菌苗、疫苗、类毒素、抗毒素等诸多类型，占全国现有生产品种63%，长春已成为亚洲最大的基因工程药物和疫苗生产基地。⑤ 这种科技及人才优势，为品牌经济发展提供了强有力的支持。同时，吉林省有汉族、朝鲜族、满族、蒙古族、回族、锡伯族等44个民族，古老特色的、不乏传统农业中优良工艺和各民族历史文化承载的关东文化，为创立和发展具有文化特征的知名品牌注入了文化的力量与生机。

### （三）优势产业带规划的实施

目前吉林省已在多个行业拥有或在建优势产业带，如“一汽核心汽车工业体系”、“以吉化、吉林油田为龙头的石油化工产业基地”、“中国北方酒业基地”、“中国长白山矿泉水企业战略联盟”、“人参标准化示范区”等，优势产业带规划的实施必将为吉林品牌经济的发展夯实基础。

## 四、吉林省品牌经济的路径思考

### （一）大力发掘优势资源，实施优势品牌带动战略

2007年拥有酒类生产企业132家、总生产能力近40万吨的榆树市被确定为“中国北方酒业基地”。一个以酒业为龙头，以种植引导到加工业、加工业带动养殖业、养殖业促进种植业的循环经济产业链正在形成。据初步统计，榆树市酿酒带动相关产业总产值达75亿元以上，占全市GDP总量的48.3%，创造劳动就业岗位15万多个。⑥ 吉林省长春皓月清真肉业股份有限公司是国家八部委确认的首批国家级现代农业产业化重点龙头企业，是我国及亚洲地区肉牛产业第一大系列加工企业，覆盖从农场到餐桌的多个产业。预计到2010年，皓月将带动20多万农户、100多万农民从事养牛和养羊业，农民年可增收20多亿元，直接安置就业人员1万多人。⑦

---

① ［2008-04-06］. http：//www. jl. xinhuanet. com/dfgl/index. htm.

② 能源［EB/OL］.［2008-04-05］. http：//www. jilin. cei. gov. cn/jlsq. jsp? catalogID=32.

③ 2007年经济发展报告［EB/OL］.［2008-04-05］. http：//www. jilin. cei. gov. cn/jlsq. jsp? catalogID=32.

④ ［2008-04-05］. http：//www. jlmpmq. org. cn/qiye/tjqy. jsp? id=3739.

⑤ 现代中药及生物医药［EB/OL］.［2008-04-05］. http：//www. jilin. cei. gov. cn/jlsq. jsp? catalogID=29.

⑥ 吉林榆树打造中国北方酒业基地［EB/OL］.［2007-09］. http：//www. 39ny. com/livestock/MyXw/200709/livestock_16700. html.

⑦ 吉林省长春皓月清真肉业股份有限公司［2008-04-07］. http：//www. spppw. com/company/157. html.

这种以优势资源为龙头，带动相关产业，实施优势品牌带动战略，打造循环经济的模式，具有典型的示范作用和推广价值。为此，要深入调查、充分研究、认真规划、科学评估和深层发掘吉林省的各类优势资源，选择一批发展潜力明显、年产规模较大的优势产品进行重点培育，使之快速成长为名牌产品，进而带动更多的产品，将吉林省品牌经济推上健康发展的快车道。

**（二）实施地理标志产品保护，建立“地理标志＋龙头企业＋农户”经营模式**

培育具有原产地性质的品牌产品，将资源优势转化为经济优势，是提升吉林省区域竞争力非常现实可行的选择。具体来看，地理标志将为农产品加工提供一个“地理标志＋龙头企业＋农户”的经营模式，成为地方经济发展的一个增长点；同时它还是一个巨大的无形资产，成为区域经济的形象名片。目前，吉林省已有吉林长白山人参、延边苹果梨、吉林长白山中国林蛙油、露水河红松母树林子仁和吉林长白山天然矿泉水等5个产品获得了国家地理标志（原产地域）产品保护，生产加工上述产品的企业经国家质检总局批准使用地理标志（原产地域）产品专用标志。此外，吉林梅花鹿鹿茸、鹿鞭、鹿胎膏、鹿尾、鹿血、鹿筋、鹿胎盘和通化山葡萄酒也已通过国家质检总局地理标志（原产地域）产品保护形式审查，有望正式获得保护。①

**（三）品牌延伸完善品牌体系，丰富品牌发展内涵**

品牌延伸，借助成功品牌的影响，不失为一条快速占领市场的“绿色通道”。作为国内大型的鲜玉米系列食品加工企业的吉林天景公司，正在建设30万吨鲜玉米系列食品综合开发项目，包括营养鲜玉米果穗系列产品、鲜玉米饮料、鲜玉米花丝保健食品、鲜玉米膳食纤维产品等自主研发的产品。正是这些响当当的产品，让“天景”稳居“中国鲜玉米行业最具影响力第一品牌”的位子。②

**（四）强大的区域市场营销，打赢区域市场**

区域市场竞争可以利用品牌在本土的亲和力、地域的便利性、销售渠道的深度紧密性，以及本地销售终端和消费者等一些特殊方面，在一定范围内将战线伸展到所有的层级市场，形成由面到点、由点到户的深度分销网络，从而占有相对的优势。长春百事可乐饮料有限公司就在长春市场上演了一次“大逆转”，使百事可乐成为可口可乐追逐和赶超的目标（见表4－2－5）。另据AC尼尔森调查资料显示，长春百事可乐系列产品市场份额已经达到52.3%，消费者对百事系列产品忠诚度达64%③。在全球百事评比中，长春百事获3项巨奖，即百事中国区年度最佳灌瓶厂、最佳市场推广奖、全球最佳销售执行奖。长春百事的成功源于其对营销理念的深度把握、理解和创新，以及对长春本地市场的透彻分析和精耕细作。

**表4－2－5　长春市城市消费者碳酸饮料消费常用品牌、预购品牌、理想品牌五强④**

| 排序 | 常用品牌 | | 预购品牌 | | 理想品牌 | |
|---|---|---|---|---|---|---|
| | 名　称 | % | 名　称 | % | 名　称 | % |
| 1 | 百事可乐 | 46.48 | 百事可乐 | 32.00 | 百事可乐 | 35.60 |
| 2 | 可口可乐 | 17.28 | 可口可乐 | 18.00 | 可口可乐 | 19.60 |
| 3 | 美年达 | 10.96 | 雪碧 | 10.16 | 美年达 | 15.20 |
| 4 | 雪碧 | 6.96 | 美年达 | 8.64 | 雪碧 | 8.16 |
| 5 | 非常可乐 | 1.60 | 七喜 | 5.04 | 七喜 | 3.92 |

① 吉林省质量技术监督局．吉林省中国名牌、地理标志（原产地域）产品保护工作进展情况［EB/OL］．［2008-04-05］．http：//www.jlqi.gov.cn/other/sj/2006fgc01-3-1.doc.

② 王子阳，等．吉林省通过实施品牌战略 品牌建设硕果累累［N］．吉林日报，2007-02-20.

③ ［2007-05-10］．http：//lihuidaina.blog.hexun.com/9345704_d.html.

④ 2008中国消费者理想品牌大调查项目组．2008长春城市消费者理想品牌调查报告［R］.

**（五）勇于创新，促进品牌经济成长**

创新是企业发展的重要推动力，其目标就是要整合市场、技术，实行组织变革，以改善企业的竞争力和组织效率。企业要关注自身的市场定位、技术轨迹、能力建设和组织流程，以面对那些对它们的业绩造成影响的变革。省内品牌企业应该充分利用自己在当地市场的诸多天然优势，包括资源的、渠道的、人员的、客户关系的、产品价格，等等，通过不断创新，率先在该市场制造一定的壁垒，向消费者提供物美价廉的产品和高质量的服务。

**（六）政府的大力扶持是品牌经济成长的后盾**

品牌经济的发展离不开政府行政手段的推动：一是切实做好品牌经济发展的组织实施工作。在专门机构的组织下，认真制订发展规划和实施计划，为品牌经济的创立、发展和壮大创造良好条件。二是要做好公共服务项目的提供和资金援助工作。除了相关的信息服务外，对品牌的认证、注册、研发、宣传等有关费用，财政给予一定的扶持和资助。三是加强品牌产品和品牌企业形象的塑造和宣传。充分利用网络、电视等各种媒体手段，不断扩大品牌产品在国内外市场上的知名度。四是以国家标准强化品牌产品的质量。严格按照质量标准组织生产，确保品牌产品质量的稳步提高。五是广泛开展专业培训，提高广大生产者的科技文化素质，增强企业竞争能力。六是通过法律法规宣传、具体指导等方式，提高本地中小企业的商标法律意识，激发他们注册商标和使用商标的积极性，不断增强品牌意识等。

（执笔：高红阳　田　韡　彭易龙　东北师范大学传媒科学学院）

# 江西省品牌发展现状与对策

江西省地处中国东南偏中部，长江中下游南岸，作为最具经济活力的长江三角洲、珠江三角洲和闽南三角地区的腹地，已成为东部地区重要的资金、技术梯度转移的承接基地，优良农产品的供应基地和劳务输出基地。近年来有不少品牌在区域内迅速成长，成为地方经济繁荣发展的标志，政府和企业对品牌打造与振兴极为重视，投入了大量的人力与物力资源，但是江西著名品牌的数量和规模与周边发达的广东、浙江相比，仍然差距明显。如何构建有竞争力的行业龙头品牌，让更多的江西品牌享誉全国及至世界，是值得思考的问题。

## 一、江西品牌发展缺乏整体规划

尽管绝大多数企业都已经意识到品牌的作用，但品牌建设往往受制于企业的经营模式。这一点也决定了江西品牌在整体规划、传播推广上的先天不足。许多企业迫于资金压力，其日常事务更多停留在传统的产品生产与推销层面上，品牌塑造作为企业长期的战略任务，并没有成为企业领导者日常工作的重点。

在品牌管理方面，由于对品牌缺乏整体规划，从而导致在品牌管理、传播、推广、维护和更新等方面存在比较大的随意性和分散性，也使企业品牌发展缺乏延续性和整体性。中小企业由于自身的原因，缺少先进的品牌管理意识和知识，企业的品牌管理仍处在以产品为中心的阶段。其特点是企业非常重视第一产品的功能及质量，认为品牌与产品形象划等号，并从短期的角度策划及执行品牌管理活动，品牌与单一交易挂钩。没有认识到投资建立品牌资产与顾客关系的重要性。

另外，不少企业在品牌推广行为中急功近利、表现浮躁，忽略了品牌建立与成长的有序性、生态性与科学性。在缺乏正确的品牌理论指导，品牌目标不清晰、定位不明确的情况下，就大肆产品包装、广告轰炸，以赌一把的心理求得一时效益，使许多品牌在消费者心目中昙花一现。由于不能认识到品牌知名度、兴趣度、认知度、差异度、偏好度、购买欲望度、联想度、忠诚度等不同层次在消费者心目中形成的价值，企业长期品牌资源遭到巨大浪费。因此，江西中小企业应该在产品、服务、质量、品牌塑造等方面强化自主品牌意识，使江西拥有更多有效益、有口碑的自主品牌。

## 二、江西品牌发展对策思考

在科技快速发展的今天，产品的价格差异越来越小，同质化程度越来越严重，所以企业将品牌推向市场时，不仅要确保高品质的产品，而且拥有高于品牌价值的品牌观念更为重要。一些成功的品牌经验值得大家思考和借鉴。

### （一）广告带路，走出江西

在此次“2008中国消费者理想品牌调查”过程中，我们发现，江西的许多品牌在本省拥有相对较高的知名度与美誉度，如南昌啤酒、润田纯净水等。然而，从调查结果中，各品类前10名的品牌中却难以发现这些在江西数一数二的品牌的踪影。我们认为这些品牌在区域市场比较成熟的基础上可以逐渐走出区域限制，在品牌规划上认真思考，挖掘自身潜力，努力做强做大，才能使更多的江西名牌成为中国名牌、世界名牌。要做到这一点，企业在品牌观念以及内功修炼方面还要狠下工夫。

从广告心理学理论角度讲，广告在建立消费者品牌认知、培养品牌意向和改变对品牌的态度上有着重要作用。加大广告投放力度，提高广告创意水平和技巧，仍然是传统行业品牌成功的法宝。江西是个农业大省，更多的是传统行业品牌，广告是提升品牌知名度、塑造企业形象最便捷有效的方式之一。

以汇仁集团为例，20 世纪 90 年代末，企业一年便拿出 1 400 多万元在中央电视台一套节目每晚黄金段强势推出 5 秒标版“仁者爱人，汇仁集团”，宣传企业文化理念。广告很快获得社会的广泛认同，使汇仁品牌的知名度、美誉度、附加值大幅提升。同时，汇仁充分作好售后服务，积极参与和主办各类社会公益活动，多方面提高汇仁的品牌美誉度。在广告上狠下工夫的还有江中制药、江铃汽车、仁和药业等江西品牌。

**（二）定位明确，设计创新**

要用系统的观点对待品牌的传播和塑造。从最初的原材料选择、产品生产直至将产品交到消费者手中，企业必须谨慎处理好每一个环节。

品牌定位是把品牌自身的优势特征与目标消费者的心理需求相统一的过程，同时，通过在目标消费者心目中确立与众不同的差异化竞争优势和位置，从而锁定目标消费者。随着消费者需求越来越趋于个性化，品牌也必须具有鲜明的个性，即与其他竞争品牌有质的区别，从而使之具有独特的差异性优势。必须时刻紧跟时代的脚步，不断迎合变化的消费者品位，不断用新材料、新技术、新设计的产品形象增加产品新的元素，增加品牌的时尚感与个性。

以金圣为例，全国企业商标评估中心对南昌卷烟厂的无形资产进行了全面调查研究和评测，曾认定“金圣”品牌价值为 41.8 亿元，该品牌之所以发展成为强势品牌，其中重要的原因还来自于独有的产品设计和科技创新。20 世纪 90 年代，针对吸烟与健康的矛盾越来越突出，行业内部的竞争也日益加剧。南昌卷烟厂创造性地提出了将我国传统中医药理论与现代科技相结合，开发研制能解除烟草之弊的低害特色卷烟产品，以“金圣”为品牌。此后，金圣秉持“关爱健康为金，满足民需为圣”的品牌精神，积极支持绿色消费运动，进一步加大对“金圣”产品科研项目的投入，以“金圣”产品为龙头，致力于把“南烟”建设成为中国乃至世界的低害特色卷烟基地。

**（三）借助媒体，传播突围**

当今品牌传播态势已经从传统的大众传播时代进入分众传播时代，随之又进入混媒传播时代。除了使用传统的报纸、杂志、广播、电视等媒体之外，企业要想吸引消费者的眼球，还要创造性地使用新媒体、开发独特媒体，不能仅仅拘泥于传统媒体。在广告投入有限的情况下，大胆地使用非常规的边缘媒体，常常能取得意想不到的传播效果。

营销传播创新的方式多种多样，包括媒体形式的创新，如手机广告、植入广告等新的传播资源和载体；表现形式的创新；还有传播内容的创新。全方位系统化的创新才能发挥更大的效应。尤其是一些资源有限的中心企业，更应该充分利用网络这一新兴媒体加强品牌宣传。

**（四）文化挖掘，整合传播**

对中小企业品牌来说，在有了一定的品牌知名度后，就要考虑如何提升品牌美誉度和忠诚度，常用的公关方式有：赞助、参加公益活动等。江西的中小企业更要善于发现公关机会，充分利用好当地市场的热点新闻和大众关注的事件，让品牌更深地植入消费者的意识之中。

现阶段，利益相关者的需求愈来愈理性化、个性化，某项单一的销售技巧显然不能有效促成购买。于是，整合诸如广告、公关、促销、直销、视觉、服务等沟通工具就成为必然。整合的过程并不是传播工具的简单罗列与组合，而是挑选最适合且最优的资源有机融合，并最大限度地发挥其合力。

**（五）绿色品牌，江西富矿**

如今的消费者对产品的健康性、环保性甚为关注，“绿色品牌”的出现迎合了消费者的这一需求转变。能否打好“绿色品牌”这张牌，是江西品牌之路建设的关键。在打造绿色生态农产品品牌方面，江西省拥有得天独厚的优势。作为一个农业比重较大的省份，江西的粮食、油料、蔬菜、生猪、蜜橘、淡水鱼类等农业品在全国占有重要地位。治湖治江治山的“山江湖工程”被联合国专家誉为跨世纪工程和可持续发展的范例，养猪、制沼和种果相结合的生态农业方式在赣南实施取得良好效益，正逐步向全省推广。如何将这种自然资源上的优势切实转化为品牌资源优势，值得我们思考。其实，目前市场上已经有许多凭借“绿色”而闻名的品牌，如来自大草原的蒙牛、伊利等。江西农产品要打造绿色品牌，应该多借鉴这些成功品牌的运作经验。

## 三、结语

广告大师史蒂芬曾说过：“产品是在工厂所生产的东西，而品牌则是消费者所购买的东西。一件产品可以被竞争对手模仿，但品牌则是独一无二的。产品很快会过时落伍，而成功的品牌是持久不衰的。”英国经济学家阿尔弗雷德·马歇尔曾将企业的发展过程比作树木成长的过程，他认为“生存——发展——衰亡”是企业生命周期的一般模式。按照这一生命周期假说，垄断不可能无限扩大，规模经济与竞争存在一种均衡，均衡的结果是大企业衰退并为中小企业取而代之。这一点对江西广大的中小企业来说，无疑是一次机会。积极把握市场态势，做好自我定位，不断整合市场手段及相应市场资源，发展一套适宜自身的品牌管理规划方案，江西企业的众多中小品牌一样可以成就大品牌、占领大市场。

**参考文献**

[1]〔美〕凯文·莱恩·凯勒（Kenvin Lane Keller）. 战略品牌管理 [M]. 李乃和，李凌，沈维，曹晴，译. 中国人民大学出版社，2003.

[2] 余明阳，朱纪达，肖俊崧. 品牌传播学 [M]. 上海：上海交通大学出版社，2005.

[3] 陈凤杰. 中小企业创新 [M]. 大连：东北财经大学出版社，2002.

[4] 余世维. 突破中小企业发展瓶颈 [M]. 北京：东方出版社，2006.

[5] 陈乃醒，傅贤治. 中国中小企业发展与预测 [M]. 北京：中国财政经济出版社，2005.

[6] 汪晓莺. 江西中小企业发展优势及对策探讨 [J]. 企业经济，2003 (5).

[7] 陈昭玖，陈至发. 江西中小企业发展战略定位分析 [J]. 江西社会科学，2003 (4).

[8] 陈至发，段克和. 江西中小企业发展现状、问题和对策 [J]. 江西农业大学学报（社会科学版），2002，1 (2).

[9] 周学军，李黎青，肖海. 江西省中小企业发展与就业问题研究 [J]. 商场现代化，2006 (15).

（执笔：曾　光　周　军　南昌大学新闻与传播学系）

# 海南省品牌发展分析

海南省位于中国版图最南部，作为最早一批开放特区之一，经历了早期快速发展到20世纪90年代初泡沫经济以及产业结构重新调整后的迅速恢复期。伴随着经济特区的建设，海南省也开始品牌建设之路。

## 一、海南省品牌发展历程

海南省品牌发展经历了商标意识阶段、名牌意识阶段、品牌经营意识阶段。这3个阶段对海南省品牌发展来说不是顺时交替，而是同时存在的，即在同一市场可能同时存在3种意识，这与地区经济水平、企业意识等因素相关，并且在各个阶段也显示出不同的表现特征。

农业在海南发展中一直占有相当比重，为农产品创造商标成为海南品牌建设最基本的也是非常重要的一环。“截至2006年底，全省有注册商标13 121件，其中我省著名商标158件、中国驰名商标9件。我省的著名商标、中国驰名商标企业成为了带动地方经济发展的主力军，商标品牌战略在兴农、助农、富农、促进农村经济发展中，已显现出重要作用。”①

在自主品牌开发方面，海南省与内地市场相比，本土品牌与外来品牌竞争的激烈程度相对弱小。这主要是因为：海南省与内地市场隔海相望，高额运输成本成为外来品牌进驻海南市场的重要阻碍因素，加之海南市场空间相对内地一些发达省市地区相对较小。所以，海南市场在较长时期内更多体现在本土自主品牌的创造与发展。2000年以来，随着海南航空改革、粤海铁路开通、各大港口运输能力增强、城市道路改造等系列交通条件迅速改善，加之海南市场经济快速恢复发展掀起新一轮的下海热潮，各行业的外来品牌，如家电零售连锁企业、大型连锁超市、网络通信集团等纷纷落地海南，才具有真正意义上本土品牌和外来品牌的竞争与较量。这种竞争在客观上改变了企业只搞生产不管市场的现状，积极促进了企业品牌意识增强和品牌发展布局。

2006年8月，海南省商务厅借助商务部“品牌万里行”活动这一契机，同时实践省政府制定的“质量兴省”战略，在全省11个商贸行业内开展首批品牌创建示范活动。2007年，省商务厅召开海南省商贸行业品牌建设工作会议，将品牌创建企业评选范围扩大到15个行业。会上同时开通品牌海南网作为品牌发展的网络宣传阵地。此后，相继举办了“我与海南”品牌征文、摄影、商标设计大赛等系列活动。2008年4月又举办了海南品牌形象代言人大赛及“品牌在海南”汽车摩托车环岛游活动。政策支持、品牌宣传推广、品牌知识培训等活动为企业品牌创建注入强劲活力。这一时期，形成政府高度关注行业品牌、企业积极经营品牌的品牌建设热潮。

## 二、海南省的品牌发展总体特征

### （一）结合本土资源，打造独具特色的本土品牌

从企业品牌看，海南省的著名品牌椰树矿泉水以“海南马鞍山火山岩深层泉水”的独特卖点从一个地方性品牌变成全国性品牌，椰树集团另一个产品椰树椰子汁也以海南特产椰子成功进行市场细分，在饮料行业中形成了独特的竞争优势。此外，如椰岛鹿龟酒、京润珍珠等无不以不可替代性的本土资源优势，成为市场同类产品的佼佼者。从城市品牌塑造来讲，近几年海南省大力加强城市品牌建设。三亚市在2006年举办的“城市名片”征集活动中，将三亚市的旅游资源、投

---

① 黄成模．实施商标品牌战略 促进我省经济发展［N］．海南日报，2007-04-30．

资环境、政策环境、特色文化通过精心策划以打包形式传递给市场，牢固确立了三亚“浪漫之都”的品牌定位，并且融入了娱乐之都、时尚之都等新的品牌内涵。

**（二）借助产业聚集平台，培育重点企业品牌**

自1996年海南省政府正式确定“一省两地”产业发展战略以来，新兴工业、绿色农业、旅游度假业成为海南省产业发展的重中之重。首先是农业，在海南省倡导“生态岛”和“绿色农业”的背景下，已经形成如海南的罗非鱼、文昌鸡、香蕉、琼中绿橙、澄迈福橙、三亚兰花等优质农产品品牌。白沙牌绿茶被国家农业部认定为2007年中国名牌农产品，成为农业品牌中较为典型的代表。旅游度假行业是海南最具竞争力也最为成熟的行业，亚龙湾国家度假旅游区、南山文化旅游区、天涯海角旅游区、博鳌旅游开发区等一批档次较高的景点、景区建设完成，形成上至城市品牌、下至特色旅游景点，大至健全的配套设施、小至旅游纪念品开发等全方位多样化服务内容的品牌形象。

**（三）部分品牌经营纳入国际化概念，大多数仍局限在区域市场**

少数知名企业在市场运作中打破地区限制，将品牌形象理论、品牌经营理论纳入企业经营管理中，较早显示出国际化眼光。同时，由于外来品牌切入本土市场总体上较晚，本土品牌的竞争意识唤醒也较晚，目前大多数本土品牌立足于区域市场，与外来品牌展开激烈竞争。

**（四）传统品牌参与市场竞争，注入新的品牌内涵**

传统企业采用现代市场营销理念，为企业品牌注入新的文化内涵，激发企业新的活力。如海南航空通过一系列企业改革和资产重组，以创造企业核心竞争力和塑造企业文化为中心，将创办时仅有1 000万元资金的小企业变成目前总资产超过600亿的大型航空公司，品牌形象和品牌内涵进一步提升、完善。根据“2008中国消费者理想品牌大调查”数据显示，海航在家庭消费者中，常用品牌、预购品牌、理想品牌的排名均在第四位，比重分别为8.3%、5.2%、5.3%①，仅次于南方航空、国际航空和东方航空，在潜力消费者中也具有较高的品牌提及率。

## 三、品牌发展趋势

**（一）品牌意识逐渐增强，品牌经营向科学化、系统化迈进**

推广品牌经营理念的基本前提是企业的品牌意识和品牌知识不断加强。海南省经济发展在历史上长期处于一个封闭和半封闭的状态，缺乏与外界的广泛交流，在人们潜意识中封闭式的岛屿文化时有出现。经过经济特区20年的发展，思想意识逐渐开放，对于政府和企业来说，目前最重要的是以先进的现代企业管理理念武装大脑，进一步加强品牌知识培训，为企业品牌塑造和发展提供理论支持。

**（二）品牌逐渐突破地域限制，向省级、国家级品牌发展**

截至2008年，海南省进入质检总局“中国名牌产品”名单的仅有5位（椰树椰子汁、椰树矿泉水、富岛大颗粒尿素、金盘变压器、椰岛鹿龟酒），这个数据一定程度上反映了海南省在创建国家级品牌方面仍显薄弱。海南省政府方面在最近几年一直加强相关工作，2008年3月，海南省政府印发了《海南省商标和名牌产品奖励办法的通知》，通过鼓励性政策促进企业品牌创造意识，激发塑造品牌的积极性。从海南省现状来看，不乏一批向国家级品牌突破的省属潜力品牌，政府和企业可考虑共同合作，加以优先扶持和发展。

**（三）品牌宣传手段多样化，本土特色仍然成为重要诉求**

在产品严重同质化时代，产品的独具特色将成为市场营销的重要卖点。事实证明，已经成功

---

① 2008中国消费者理想品牌大调查［J］. 国际广告，2008（3）：55.

进入全国市场的海南品牌中，突出本土特色、强调优势资源是其重要诉求点。应该将这种优势继续强化，充分利用优势打开市场缺口。

**（四）居民消费水平提高，品牌类别范围不断扩大**

除产业聚集形态的影响因素外，居民消费水平和消费结构对品牌类别影响较为明显。资料显示，2007 年海南省城镇居民人均可支配收入 10 997 元，农民人均纯收入 3 791 元，职工平均工资 19 357 元。据国家统计局调查结果，2007 年全国城镇居民人均可支配收入 13 786 元，农村居民人均纯收入 4 140 元。海南省在经济特区 20 年发展中，经济各指标实现了巨大突破，但目前相比较于全国平均水平而言，仍然有一定差距。海南省的品牌多出现在食品类别，和消费结构有相当密切的关系。生活水平的不断提高和消费结构的不断调整，对于创造多类别品牌将产生积极影响。

客观分析品牌发展各个方面，与内地发达省份和地区相比，海南历史上长期偏于一隅造成的经济、政治、文化相对边缘性和封闭性，无法为海南品牌发展提供肥沃的土壤，在品牌发展上存在较多不足之处。可喜的是，通过海南建省及办经济特区 20 年的建设，海南省各个方面都有飞跃性的进步，不断发展的经济、开放的思维、独特的资源、消费水平的提高、企业意识的觉醒都将为海南省品牌发展成长提供均衡的营养。

**参考文献**

［1］建省办经济特区 20 周年系列材料之一：奋进的 20 年.［2008-03-26］. http：//www.hainan.gov.cn.

［2］张三夕. 从古代的政治流放地到现代的经济特区［J］. 海南师范学院学报（人文社科版），2000，3：73-82.

［3］孙东辉，符丹萍. 多举措打造海南知名品牌［N］. 中国经济时报，2008-02-27

［4］2008 中国消费者理想品牌大调查［J］. 国际广告，2008，3：21-73.

（执笔：何晶娇　海南大学人文与传播学院）

# 四川省品牌发展分析

四川素称“天府之国”，地处长江上游，位于西南腹地，与西部 7 省市区接壤。它是我国重要的工业基地，现代工业体系门类齐全，正在成为“外资西进、内资西移”的重要承接地。

## 一、四川省品牌发展的总体思路

培育发展自主品牌是经济发展的必然选择。一方面，自主品牌是企业参与国际竞争的需要。四川省的企业不仅面对的是国内的市场，还要面对国际市场，当前世界经济的竞争实质是质量和品牌的竞争，要生存发展，必须发展自主品牌。另一方面，培育和发展自主品牌是适应市场经济的必然结果。市场经济条件下，企业的生存首先要寻找市场，不仅要靠产品去找，更重要的还是要靠品牌去找，这从一个侧面反映了当前国内消费已经从传统的产品消费模式发展到品牌消费阶段。

品牌对于一个国家、一个民族的生存发展有着极为重要的意义。曾有专家从世界产业转移的角度作出过这样的分析：世界经济第一次产业大转移给美国造就了像通用电气、惠尔浦等一批世界级品牌，第二次产业转移给欧洲带来了像西门子、伊莱克斯等知名品牌，第三次产业转移给日本、韩国造就了像三洋、索尼、三星和 LG 等一批世界级品牌，依此类推，第四次产业大转移的时候，已经指向了中国，也就意味着在中国目前的状况下，到了造就世界名牌的最好时机。因此，无论从产业转移的规律上来分析，还是从企业面对市场的实际运行方面来分析，品牌的塑造对四川的企业来讲已经是当务之急的事情。只有不断创造出自己的新产品，满足国内外市场的需求，把品牌打出来，才能在激烈的市场竞争中得到生存和发展。

四川省按照商务部的工作部署，已经把自主品牌建设工作作为“十一五”期间的工作重点，着力打造“品牌四川”，推进全省产业结构的调整和升级。四川将着重围绕具有竞争优势的电子信息产业、重大装备制造业、资源优势产业和优势农产品加工业，整合内外贸两个市场、两种资源，努力转变全省经济增长方式，全方位、多层次地推动四川省自主品牌的建设，在全省范围内营造出“做品牌、推品牌、用品牌、爱品牌”的良好社会氛围，扶持一批具有广泛影响力的国内知名品牌，重振一批老字号品牌，培育一批具有较强竞争力的国际知名品牌。

## 二、四川省品牌发展的现状

截至 2006 年，四川省共有中国驰名商标 23 个、中国名牌 29 个、中华老字号 27 个、出口畅销品牌 3 个、中国名酒 6 个、“三绿工程”畅销品牌 7 个以及 433 个四川省名牌产品和 494 个四川省著名商标。

### （一）出口品牌建设情况

“十五”期间，四川省外贸系统围绕电子信息产业、重大装备制造业、资源优势产业和优势农产品加工业等优势产业，重点支持一批优势企业。通过出口拉动，塑造四川省品牌形象，进而推动四川省优势产业的发展和重点龙头企业的成长。截至 2007 年，出口高新技术产品 239 种，主要集中在计算机通信技术产品和电子技术产品。高新技术产品出口企业中，出口 100 万美元以上具有自主品牌的有 13 家，占出口 100 万美元以上企业数的 41.9%；上述企业出口高新技术产品合计 1.58 亿美元，占全省高新技术产品出口总额的 28.5%。

但是和东部沿海省市相比，四川省出口品牌建设差距较大，全省仅有长虹、五粮液和丝丽雅

3个商务部重点支持的出口品牌和78个有出口实绩的省部级品牌。高新技术出口品牌“近乎空白”，出口企业“散户”居多。

**(二）代表行业品牌建设情况**

1. 川酒品牌建设情况

白酒产业是四川省食品饮料行业中的主要组成部分，一直是其传统优势产业。在中国第五届白酒评比中，四川省的宜宾五粮液酒、泸州老窖特曲酒、绵竹剑南春酒、成都全兴大曲酒、古蔺郎酒、射洪沱牌曲酒被评为金奖，获得中国酒界最高荣誉的“中国名酒”称号，誉称“六朵金花”。五粮液集团积极培育强势品牌，实施“1＋8＋9”（1个国际性品牌、8个全国性品牌、9个区域性品牌）计划，构建起覆盖市场不同消费层面且配搭有致的品牌群落，打造出中国食品饮料业中最具价值（386亿元）的白酒品牌。“国窖1573”、水井坊、舍得等品牌则是中国以高端白酒重塑企业辉煌的经典范例。目前，四川白酒行业获得中国驰名商标6个、四川著名商标45个、四川名牌21个。

2. 餐饮业品牌建设情况

川菜既是我国餐饮文化的重要代表，又是四川省具有竞争力的优势产业。四川省商务流通行业一直致力于推广和发展川菜品牌，坚持多品牌运作，把实施品牌战略作为扩大经营规模、降低成本、增强企业核心竞争力、提高经济效益的有效途径。通过努力，四川省成都饮食公司龙抄手、四川保宁蒸馍有限公司等10个餐饮企业（品牌）申报第一批“中华老字号”，谭鱼头、皇城老妈、巴国布衣、红杏等12家企业获得“中国川菜畅销品牌”称号。皇城老妈、巴国布衣、武陵山珍、卞氏菜根香等4家企业被商务部评选为2005年度全国一百强餐饮企业，谭鱼头成为商务部批准的第一家在境外投资的餐饮企业，先后在中国香港、中国台北开设了分店。川菜的品牌形象得到进一步提升。

但是，四川省多数餐饮企业对品牌建设认识不足，不能深刻理解和把握品牌的内涵，甚至把做品牌简单理解为做广告。部分品牌老化，不能适应市场环境变化，品牌亲和力下降。此外，缺乏引领全川发展的品牌航母，单店销售额与发达地区相比还存在相当大的差距。

3. 川茶品牌建设情况

川茶是四川农业经济的重要组成部分。近几年来，以“竹叶青”、“峨眉雪芽”品牌为代表的川茶开始走出盆地，在国内外崭露头角。虽然川茶名声在外，但总体来说四川茶叶企业的品牌意识较差。企业往往满足于代工出口或作为浙江、福建等沿海地区的茶叶粗制品提供商，自有品牌打造意识不强。虽然像绿昌茗、嘉竹等原来从事外贸加工的企业已经意识到了内贸品牌的重要性，但在消费者认知、产品知名度提升、美誉度建立等方面还有许多工作要做。

**(三）老字号品牌建设情况**

据不完全统计，四川省共有老字号企业83家，其中：餐饮企业37家，食品生产企业21家，酒类生产企业11家，零售企业11家，其他企业3家。老字号企业凭借着良好的信誉、独特的产品、优质的服务，曾在当地乃至全国产生了一定的影响力、知名度和美誉度。目前，71家老字号企业经营状况良好，占总数的85.5%，27家老字号企业成为商务部首批认定的“中华老字号”企业。然而，市场经济的快速发展，给老字号企业带来了巨大冲击。一些老字号当中的国有企业困于体制问题，活力不够；一些企业由于使用传统工艺，造成无法大批量工业化生产，影响了品牌效应的进一步扩散；一些企业采用连锁、特许经营的方式，在执行上出现了诸多问题，对品牌造成了伤害。因此，一些老字号企业陷入了发展停滞甚至是生存困难的窘境，振兴老字号任务艰巨。

## 三、四川省品牌未来发展的策略

**（一）积极建立品牌评价认定体系**

按照商务部确定的评价原则、标准和方式，突出四川省的地方特色，统筹国内外两个市场，针对出口品牌和内贸畅销品牌的建设需要，积极参加商务部中国畅销品牌的评选，同时制定四川省畅销品牌的评价标准和重点扶持的出口品牌评价标准，建立标准科学、程序规范、公正透明的四川省畅销品牌评价体系。

**（二）完善和建立品牌促进体系**

四川省商务厅已与省财政厅出台了扶持品牌建设的财政政策，支持拥有自主品牌的企业参加国内外展览、展示活动，支持企业到国外推广、宣传自主品牌，支持企业在境外注册商标和申请专利等知识产权的备案。以此扶持拥有自主品牌的企业参与国内外市场竞争，引导四川省产业结构优化升级，促进自主品牌发展壮大。

**（三）健全品牌保护体系**

加大市场秩序的整顿力度，规范市场经济秩序，严厉打击各种商业欺诈行为，建立诚信经商和良好社会氛围，加强知识产权的保护，做好自主品牌的保护工作。

**（四）完善品牌推广体系**

加强与省级各相关部门的协调，研究制定品牌发展战略的发展规划并组织实施，研究支持自主品牌建设的政策，在政策资金上支持企业参加国内外大型展览、展示活动，扩大自主品牌商品销售，推出一批自主品牌先进典型。通过新闻媒体的宣传，扩大自主品牌的影响，提高四川省自主品牌的市场份额。

致谢：本篇在成文的过程中，得到四川省商务厅谢开华厅长、贾壮苗副厅长、刘欣副厅长等领导和有关部门的大力支持并提供了相关资料，成都阿佩克思达彼思整合营销传播公司樊剑修先生、成都谭鱼头投资集团谭长安先生、西华大学品牌符号研究所刘晓彬先生提供了相关资料和图片，在此一并致谢！

**参考文献**

[1] 四川省统计局、国家统计局四川调查总队．四川统计年鉴（2007）［M］．北京：中国统计出版社，2007.

[2] 黄翔．“成都造”名牌战略与策略策划［J］．成都大学学报（社科版），2000（4）：26-29.

[3]《川菜品牌与川菜产业“走出去”发展战略》课题组．川菜品牌与川菜产业“走出去”战略构想［J］．农村经济，2004（12）：48-50.

[4] 段新友．加快四川茶业发展［J］．中国茶业，2005（1）：4-5.

（执笔：夏燕成　成都理工大学商学院）

# 上海市品牌竞争格局分析

上海是一个有着品牌记忆的城市。1911年“美孚火油”、“日本仁丹”等国际品牌已见于上海的路牌广告。1979年3月15日，瑞士雷达表在《文汇报》上的广告成为“文化大革命”以后中国第一条外资品牌的广告……这些品牌的记忆见证了上海经济繁荣、城市文明、受众审美的形成，让这座城市品牌意识的形成早于其他地区。而与品牌意识伴随而来的大量国际品牌，也让这座城市有了更广阔的国际视野。随着经济发展，上海作为长三角经济区的龙头，发展本土品牌成为新时期的重要举措。

## 一、政府主导的本土品牌的发展战略

2006年2月，以推进上海品牌建设为己任的上海品牌促进中心成立；自2006年始，由市经委支持、上海品牌促进中心主办、上海商业信息中心和上海交通大学品牌研究中心联合承办的上海品牌年会每年在上海召开；2007年1月，上海召开振兴发展老字号品牌工作会议，并启动老字号振兴计划；2007年8月，上汽集团斥资279亿元打造自主品牌；在2007年7月出版的《上海市广告业“十一五”发展战略研究》一书中就多次将本土品牌的发展放到了一个显著的位置。在上海广告业“十一五”发展的总体思路中，就包括将上海广告业建设成为品牌国际化的传播和推广基地。

## 二、上海消费者对本土和外资品牌的消费与认知现状

### （一）上海消费者对本城市和本地品牌的认可度高

上海人对自身文化和城市的认可历来很高，在近几年热播的《姨妈的后现代生活》、《双面胶》等影视作品中都有生动的描述。这一结论在“2008中国消费者理想品牌大调查”中也得到证实。在最适宜居住、最适宜工作、最适宜学习、最适宜经商和最适宜旅游城市5项评判中，上海成为本埠人心目中各方面最理想的城市。具体数据如表4—6—1：

**表4—6—1 上海在城市认可中所占比例**

| | 最适宜居住的城市 | 最适宜工作的城市 | 最适宜学习的城市 | 最适宜经商的城市 | 最适宜旅游的城市 |
|---|---|---|---|---|---|
| 上海所占比例（%） | 48.5 | 86.6 | 64.9 | 66.9 | 16.7 |

这一自我的认可也体现在对品牌的认可程度上。上海消费者对本埠品牌的认可，相较于其他本土品牌高出很多。在最常用品牌中，上海本地品牌9项，占所有品类的15.8%、本土品牌的27.3%；在预购品牌中，本地品牌为7项，在所有品类和本土品牌中的比例分别是12%和22%；在理想品牌中，本地品牌为8项，占所有品类的14%和本土品牌的25.9%。

其中，光明牛奶这一品牌在上海消费者心目中有着极大的认同感（在常用、预购和理想品牌3项指标中均为40%左右）。对这一品牌的认可可以看作上海消费者对本埠品牌认可的集中体现。消费者心目中的国有好品牌往往是有国字头背景的品牌。许多上海本地一些上了年纪的销售员和消费者在谈到某一品牌是否是好品牌时，还会讲：阿拉这个品牌是国营产的，又不是私人做的呢。“光明”是新中国成立后最早的牛奶品牌之一。在上海消费者的心目中，光明牛奶就是最值得信任、最贴心的乳制品品牌。

### （二）上海消费者心智中本土品牌和外资品牌的对比

但在外资品牌面前，上海消费者又显得不够自信，外资品牌在上海的认可程度高于全国平均水平。因为受一百多年来西风东渐的影响，在很多上海消费者的心目中，最好的品牌仍然是外资品牌。尤其在时尚品牌的消费上，上海到目前为止还只是一个时尚消费之都，而不是一个时尚创造之都。在上海的许多时尚地标型场所，我们几乎见不到上海和中国本土品牌的身影。

本次调查显示，在上海消费者常用品牌中，本土品牌为33个，占57个总体品类的57.9%；在预购品牌中，本土品牌占总体品类的55.3%；在理想品牌中，本土品牌占总体的54.3%。这一数据表明：在目前上海的品牌格局中，本土品牌和外资品牌已经形成了平分秋色的格局，其中本土品牌在一定程度上还占有优势。但本土品牌在预购品牌与理想品牌的比例较之常用品牌的比例稍有下降，意味着未来本土品牌在上海的发展充满挑战。

## 三、上海市场本土与外资品牌的竞争态势

### （一）上海消费市场中，本土品牌受到外资品牌的强力冲击

上海市商业信息中心调查数据显示，2007年合资、本地品牌市场份额扩大，竞争加剧。综合十大类63个商品销售前10名品牌的情况来看，合资、进口、本地和国有非本地品牌的市场占有率分别为36.1%、8.9%、29.2%和25.8%，其中合资和上海本地品牌比重比上年分别提高5.2和1.4个百分点，进口和国有非本地品牌相应减少1.6和5个百分点。不同的行业，品牌格局也存在较大差异。日用品市场中，合资品牌优势明显。在20个品类中，销量前十位的品牌中，合资品牌数占50%以上的品类达40%，在芳香剂、洗发水和卫生巾三品类中，这一比例高达80%。相比之下，上海本地品牌和国有非本地品牌数占畅销品牌数超过50%的品类只有5%和15%。①

为了更好地了解上海品牌格局的发展，我们有必要追溯一下历史发展的数据。上海商业信息中心公布的数据显示：自1997到2007年，上海消费市场的畅销品牌中，本土品牌的比重呈现逐步降低的趋势，由1997年的69.40%下降到2002年的54.40%，再到2007年的50.92%，10年降低了18.48个百分点。而外资品牌的比重则明显增加，尤其是在服装和化妆品市场中，外资品牌占有较大的比重。②

这些数据真实地显示了中国加入WTO之后，品牌格局受到了巨大的冲击，原先本土品牌一边独大的局面被打破，本土品牌的发展面临更大的压力和挑战，这也使得上海国际化的特征越来越明显。

### （二）本土品牌力量有所回升，未来有待进一步发展

进一步分析发现，从国产品牌下降的速度来看，前5年（1997－2002年）国产畅销品牌的下降速度明显快于后5年（2002－2007年）。这一数据显示：前5年外资品牌借助巨大的品牌优势和雄厚的资本实力，在上海快速发展，它们迅速抢占了国产品牌的市场份额。而后5年部分国产品牌逐渐崛起，增强了这些品牌的竞争力，使得越来越多的国产品牌能够与外资品牌抗衡，消费者迷信外资品牌的现象也逐渐得到改变。

“2008上海品牌年会”上公布：在2007年“畅销品牌”中，国内品牌数量占50.9%，外资品牌数量占49.1%，两大类品牌总体上保持势均力敌、平分秋色的局面。与上年相比，国内品牌比例提升了1个百分点，平均市场份额上升了0.7个百分点，这两项数据都是3年以来首次出现回升。我们期待在今后的发展中，本土品牌会有更佳的表现！

（执笔：张　华　上海师范大学广告系）

---

① 2007年上海快速消费品市场分析［OL］.［2008-01-31］. http://news.cnfol.com/080131/101，1281，3759867，00.shtml.

② 上海市商业信息中心［OL］.［2008-02-01］. http://www.brand.sh.cn.

# 重庆市本土品牌市场拓展浅析

说到重庆品牌，可能人们最先想到的是重庆的火锅品牌，比如重庆小天鹅、重庆秦妈、重庆德庄等。除此之外，重庆是国内汽车、摩托车的重要生产基地，涌现出了像长安、嘉陵、力帆、宗申、隆鑫等知名品牌。但除了这些品牌，重庆的一些本土名牌在其他城市认知度普遍较低，它们的国内市场的拓展之路还任重道远。

## 一、重庆本土品牌简介

重庆本土品牌按照其经营和影响范围，大致可以分为三类：享誉全国的品牌、辐射西南地区的品牌、稳扎重庆本土市场的品牌。

**（一）享誉全国的品牌**

除了本文开篇提到的火锅、汽摩品牌之外，重庆享誉全国的品牌还包括日化行业的“冷酸灵”、制药行业的“太极”、工艺品行业的“谭木匠”、酒业的“山城啤酒”和“诗仙太白”、摄影行业的“金夫人”、地产行业的“龙湖地产”，等等。其市场范围已向全国拓展，享有较广泛的知名度和一定的市场占有率。长安汽车、谭木匠等品牌甚至已开始进军海外。

**（二）辐射西南地区的品牌**

以“冰点水”为例，该品牌在2007年被《重庆晨报》评为“影响重庆十大人气品牌”。在众多国内外知名白水品牌的重重包围下，冰点水在重庆本土仍然保有30%的市场占有率，实属不易。目前，冰点水已在四川、云南、广西等省和自治区设立公司，产品辐射西南地区，但其在外地的知名度和认可度还偏低，因此，冰点水正在酝酿新一轮的扩产——5年内销量增加到10亿瓶，成为全国性饮料品牌。

**（三）稳扎重庆本土市场的品牌**

重庆有很多品牌立足本地市场，在当地消费者中口碑良好，如新世纪百货、重庆百货、天友乳业、江津老白干、乌江榨菜、美心门业、科而士鞋业等。这些品牌伴随着重庆的成长，成为重庆人生活不可或缺的部分。

## 二、重庆本土品牌特征

以上所介绍的重庆本土品牌，有的是享誉全国的大品牌；有的正在通过西南地区的辐射逐步拓展国内市场；有的才刚刚起步，以稳扎重庆本土市场为己任。无论是哪种类型的重庆本土品牌，它们都具有以下这些特征。

**（一）品牌形象偏低端**

重庆本土品牌起点普遍较低，再加之各品牌企业对品牌建设的理解不如沿海城市的企业那么深入，因此重庆高端品牌屈指可数，只有谭木匠、龙湖、金夫人等几个。除此之外的大多数重庆品牌都偏低端，即使是远销海外的长安汽车、力帆摩托，基本都是以走低端路线取胜。

**（二）品牌文化内涵较单薄**

大多数重庆本土品牌缺乏内涵，以销售、赢利为核心目的，在品牌塑造方面经验欠缺。这一点从其品牌标志就可看出。重庆品牌的标志，大多数都是图形与品牌名称的简单组合，有的甚至就只有标准字；有图形标志的品牌很多图形和颜色都极不考究。这些都说明重庆本土品牌在品牌内涵的提炼上下的工夫还不够，有的甚至还没有把品牌内涵吃透，这也是其始终处于行业低端市场的原因。

而且很多重庆本土品牌虽然有着悠久的历史和文化，但是在品牌塑造时没有正确、深入地挖掘其品牌文化，因此在品牌销售时给人底蕴不足的感觉，这将为其向其他城市进行市场拓展带来很大的障碍。

**（三）品牌战略规划不够**

重庆很多本土品牌有自己独特的产品工艺，比如冰点水，无论冬夏，其口感都较为冰凉，但一直都未能走出重庆，走向全国乃至国际市场，实为可惜。这就说明其对品牌发展的战略规划不够，缺乏占领全国市场的雄心壮志。虽然现在冰点水开始在全国市场谋篇布局，但在激烈的市场竞争下，冰点水是否能如愿尚未可知。

## 三、重庆本土品牌市场拓展展望

重庆虽然已经有一些步入国内市场乃至国际市场的知名品牌，但总体来说，数量并不多，大多数品牌还停留在重庆本土和重庆周边城市，处于市场化运营后的起步阶段。随着品牌概念的不断深化和企业的发展，拓展国内外市场是很多重庆品牌的必需。鉴于重庆本土品牌的特征，笔者在此对重庆本土品牌的市场拓展提出以下几点建议。

**（一）提高产品技术含量，加大自主研发力度**

要打造高端品牌，必须从提高产品品质开始，而提高产品品质首先必须提高产品的技术含量，加大自主研发力度，开拓具有独特销售主张、适应消费者需求的核心产品。这一点对于高科技行业和制造业的品牌尤为重要。像长安、力帆等品牌虽然借助国外先进技术打造出一些中端产品，但自主研发能力还偏弱，产品线仍然以低端产品为主，这对于品牌形象的提升不利。

**（二）提升品牌文化内涵**

重庆本土品牌要想在其他城市占有一定市场份额，必须加强对品牌文化的挖掘，提升品牌内涵和气质。

在品牌文化内涵的挖掘方面，谭木匠做得尤为突出。其“我善治木”、“好木沉香”的产品理念和口号给人沉稳、底蕴深厚之感，始终把握中国传统工艺的核心内涵，并与现代时尚元素结合，造就出符合现代人审美意识和消费需求的产品，开拓了一片“蓝海”。重庆其他品牌可以借鉴谭木匠的品牌战略，提升品牌形象。

**（三）增强对品牌发展战略的规划**

品牌在已具备一定实力以后，应该逐步开拓更广阔的市场，如果一直停滞不前，守着眼前的市场存活，终将被外来品牌吃定。但向外扩张，必须在领悟品牌核心价值的基础上进行较好的战略性规划。

以乡村基为例，由于中式快餐门槛较低，企业在扩张之路上坚持不搞加盟，只采取直、联营连锁的方式发展。在2007年引进外资后，乡村基第一个动作就是回购联营餐厅的股份，并且决定今后只做直营，更进一步强化控制力，“一定要保证乡村基永不变味！”乡村基认为，一个企业的持续稳健发展是最重要的，它并不追求一夜红遍大江南北，它要将这个品牌做长、做大、做强。在乡村基未来的规划里面，走出重庆仅仅是第一步，而在全国布局成了未来的重心——“2008年计划开15家餐厅、2009年20家、2010年25家餐厅！”

## 四、结语

重庆成为直辖市以来，经济文化发展迅猛，由于加大了与外界的交流，重庆本土品牌也逐步成长起来，并开始了市场拓展之路。但由于其自身起点较低，对品牌建设的认识还不够深入，所以重庆本土品牌向国内其他城市的市场拓展难度较大，任重而道远。但只要与时俱进，不断深化品牌内涵，加强品牌文化建设，加强对市场开拓战略的规划，相信重庆本土品牌会走得更好、更远。

**参考文献**

[1]“直辖10年影响重庆十大品牌评选”系列报道[N]. 重庆晨报，2007-11-27—2008-02-01.

[2] 重庆各本土品牌官方网站。

[3] 中国摩托车城市：“摩都”重庆之企业篇[2008-02-14]. http：//info. 72ec. com/article/2008-0214-91314. html.

[4] 世界品牌实验室. 乡村基：中国的“青德基”[2008-01-23]. http：//www. wci. cn/ShowArticle. asp? ArticleID=14311.

（执笔：黄　蜜　四川外语学院新闻传播学院）

# 宁夏伊斯兰产业品牌发展之路探析——以银川市为例

宁夏是全国唯一的回族自治区，因伊斯兰文化特色享誉国内外。首府银川市提出“回族之乡”的城市定位，并指出“要提高银川市作为现代化区域中心城市的城市化水平，在建设西北地区最适宜居住、最适宜创业城市的基础上，进一步强调了银川市要努力建设成为中国回族文化中心”①。

这样的城市定位需要有坚实的产业支撑。在银川市十一五规划中就提出“要将清真食品及穆斯林用品产业发展成为六大特色产业之一，充分发挥‘回族之乡’品牌优势，把银川打造成为全国重要的清真食品及穆斯林用品产业基地。2010 年清真食品及穆斯林用品工业总产值达到 40 亿元”。另据清真食品和穆斯林用品产业发展办公室（以下简称“清穆产业办”），该产业发展目标是到 2010 年，年均递增 20%。培育 3～5 个销售过亿元的生产经营企业，2～3 个在全区有影响的产业品牌。产品覆盖宁夏市场，拓展全国穆斯林集中区域，部分产品进入东南亚、中东国际市场。这对于深处中国内陆、经济发展受到很多条件制约的少数民族地区来说，为实现跨越式发展提供了契机。

本文的发现基于以下研究方法：前期通过负责并完成 36 个中心城市全国消费者理想品牌（银川市）的调查，结合《宁夏统计年鉴》，对银川市民的品牌认知度有了整体了解，然后搜集整理大量政府报告、政策文件、媒体资料、相关的学术文献进一步深入确定研究问题，并对宁夏工商行政管理局商标广告监管处处长和清穆产业办的工作人员进行了深度访谈，且对宁夏大学部分学生在餐饮文化、服饰、旅游、歌舞表演、出版 5 个产业方面对伊斯兰产业品牌的定位及品牌感知进行了简单的测试。

## 一、伊斯兰产业及品牌发展现状

传力中国调查显示：全国消费“市场热点转移到中低端城市。现在全国只有 33.5%的零售额来自最发达的 24 个城市。中低端城市的强劲购买力，已成为市场扩张的核心推动力”②。同时，很多生产型企业也正在进行从东到西的这一战略转移，以往被忽略的西部市场价值现在显示出重要的研究意义。在这样的大背景下研究宁夏的伊斯兰产业的品牌之路，就显得意义非凡。

在“2008 中国消费者理想品牌大调查”中，银川市的调查结果显示出市民总体的品牌意识还较为薄弱。也发现对于房地产、烟、酒、食品等，因为受到自身产业特性和地域性特征的影响，银川市民更倾向于消费本地品牌。这对于培育更多类似夏进、塞北雪这样伊斯兰产业中的品牌，拓展自治区内市场份额提供了空间。

考虑到全宁夏人口中，回民人口 200 万，占到全区总人口的 35.46%，另外很多汉民和其他少数民族也很喜欢消费清真食品和伊斯兰用品。再加上周边省份如新疆、青海、甘肃、陕西以及全球分布在世界各地约有 13 亿穆斯林人口的相对稳定的消费需求，这个产业所面临的消费市场是非常值得研究开发的。

专项调查统计显示，2007 年银川市清真食品和穆斯林用品产业主营业务实现营业收入 29.83 亿元，比上年增长 28.9%，实现利润总额 1.68 亿元，增长 80.6%。根据清穆产业办数据显示，

① 吴海鹰，等. 宁夏蓝皮书：2007－2008 宁夏经济社会形势分析与预测［M］. 宁夏人民出版社，2008：18.
② ［J］国际广告，2007（11）：43.

以清真食品、保健品和穆斯林用品为主的加工工业实现总产值 19.61 亿元，比上年增长 40.9%，大大高于全市工业增长 19.5%的速度；清真餐饮企业实现营业额 8.61 亿元，比上年增长 23.9%；清真批发零售企业实现零售额 0.61 亿元，增长 26.3%，均高于全市餐饮业和批发零售业增长速度。

十一届三中全会以后，宁夏的品牌发展与全国同时起步，但后来进展却非常缓慢。从 1992 年开始进行了 6 届宁夏著名商标的评选，总计才有 170 件获选。① 杨晓光 2004 年曾作了全国品牌地区差异分析，他发现品牌价值与 GDP 总量有一定的相关，与人均 GDP 的相关性较强；品牌数量与 GDP 总量及人均 GDP 都有较强的相关性。中西部地区的品牌在五百强中仅占 20%左右。② 宁夏的发展状况也恰好说明了这一点。截至 2007 年底，人均 GDP 仅仅位居全国 200 个城市中的第 197 位。③ 从 2005 年开始，宁夏品牌近三年入选中国名牌的仅有 5 件。④ 而在全国驰名商标中，宁夏仅有两个商标——西北轴承股份有限公司的 NXZ 和圣雪绒，位居全国倒数第二，仅占全国驰名商标中的 0.16%。另据清穆产业办，在伊斯兰产业中，截至目前已有全国名牌产品 1 个、宁夏名牌产品 8 个、中华老字号企业 1 家。

## 二、伊斯兰产业及品牌建设中的问题

2007 年，为响应国务院发布的《国家中长期科学和技术发展规划纲要（2006—2020 年）》，宁夏制定了《关于加快实施商标战略意见的通知》（以下简称《战略》），同时运用各项措施鼓励商标注册。比如对于荣获“中国驰名商标”称号的企业，政府一次性奖励 60 万元；荣获“宁夏著名商标”称号的企业，政府一次性奖励 5 万元。同时在 2008 年建立“商标指导员”制度，开展“保姆式”全程服务，指导企业开发、注册并运用商标。这些措施都为伊斯兰产业特别是伊斯兰文化、旅游产业的品牌发展提供了良好环境。

政府意识到品牌建设对于整个产业长远发展的重要性，但是还缺乏建立伊斯兰产业品牌方面的引导政策和措施，对企业及消费者品牌意识的培养力度不够。虽然清真食品和穆斯林用品产业发展领导小组多次强调要注重品牌发展，但是在 2007 年仅有“中国（宁夏）国际清真食品、穆斯林用品节暨宁夏投资贸易洽谈会”及“回商”服务商标进行了注册，这与本文前面列出的产业规模并不相符。

政府以及企业还普遍存在着“商标就等于品牌”等基本概念的误区，还没有认识到品牌而不仅仅是商标对于整个产业，对于单个企业长远发展，对于提升城市竞争力的重要意义。商标仅仅是品牌的一部分。商标更强调的是法律概念，而品牌是对于消费者而言的，强调各种经验感知综合的市场营销概念。一个产品或服务要想建立自己的品牌，不仅仅要申请注册商标，用法律保护自己，更重要的还要市场细分，找准自己的目标消费者，确立自己的品牌个性、品牌认同、品牌定位，通过一系列长期的整合传播策略不断地与消费者沟通，并在沟通中注重自己品牌资产的管理与保护。

另外，虽然政府已经重视加强与媒体合作，宣传商标的价值，但是还没有注意到传播策略和方式的改进。应该通过培养消费者的品牌消费意识，进而带动企业推进品牌建设。

许多企业对于伊斯兰产业品牌传播的认识还停留在单向的“宣传”阶段，缺乏与消费者沟通的系统的品牌传播策略。目前伊斯兰产业中各企业在对外沟通中还主要运用当地报纸、一些伊斯

① 根据对宁夏回族自治区工商行政管理中心商标广告监管处处长的访谈。

② 杨晓光. 中国品牌的地区分布及其影响 [J]. 地理学报，2005，60 (2)：194.

③ 2007 全国城市人均 GDP 排名 [OL]. http：//ccdv. people. com. cn/GB/107120/6831987. html.

④ 根据中国名牌网 2005—2007 年名牌统计表整理。

兰网站、销售终端海报、活动等渠道，没有制定整合传播策略，系统地分阶段地帮助消费者建立正确的、全方位的品牌认知。

## 三、伊斯兰产业品牌竞争力提升城市品牌竞争力

基于品牌数量的企业主体之间的竞争，相对于经济总量和经济发展速度，是影响未来区域经济竞争的更重要的力量。因此，能否创建并保持有竞争力的品牌格局将影响到未来区域经济竞争的格局。据此，以下将通过分析3个关系来为伊斯兰产业的品牌建设提出建议。

**（一）产业链——变产业资源为产业资本，变产业竞争力为品牌竞争力**

伊斯兰食品种类繁多，文化风俗与歌舞表演也非常有特色。但是整体上还没有实现利用多种所有制经济实现从文化资源到文化资本的转变。

对于文化资源，不仅仅需要通过政府措施将其作为非物质遗产来保护与传播，更需要利用市场，通过完整产业链对其进行深加工，开发出更多的衍生产品，实现文化资源的充分利用及转化。比如说目前在各级政府的倡导下，文艺工作者积极创作有时代气息的“花儿”，开发出歌舞剧、广播剧等多种类型的表演形式，但没有就单一作品从作品本身到参与表演的演员、表演服饰、旅游、餐饮文化、出版、各类饰品、纪念品、仪式等总体的品牌建设进行统一规划，打通各产业链，整合资源，发挥最大的效益。各个产业类别在自己的产业中独自奋斗，甚至是在各自产业中忙着生产不同的新产品，或者仅仅是产业间的简单联合，比如有关伊斯兰文化的演出在中华回乡风情园举行等，造成了资源的浪费。

**（二）产业集群——产业竞争力提升城市竞争力**

波特提出产业集聚对一定地区产业国际竞争力的作用。①《中国城市竞争力报告》也提到“城市的竞争和发展主要是通过城市产业来实现的”②。北京国际城市发展研究院2006年发布的报告论证了产业集群是城市和区域经济增长的源泉。根据该报告提供的判断产业集群出现的标准，目前各类伊斯兰产业虽然初步形成了“三区、两基地”共同发展的格局，但是各产业仍表现出弱、小、散的特点，没有呈现出产业集聚的明显特征。宏观上讲，还没有形成由科研机构、企业、政府以及中介机构共同形成的创新网络；从微观机制上，虽然在个别产业比如在伊斯兰服饰产业发展中，已经作了产、学、研一体共同调研、共同开发的很好尝试，却没有将其发展成为长期的合作机制。因此，没有发挥出通过产业集群来提升银川整体竞争力的作用。

**（三）整合品牌传播战略与策略——产业品牌竞争力提升城市品牌竞争力**

产业品牌竞争力与城市品牌竞争力是相互促进的关系：前者为提升后者提供坚实的基础，后者的提升为前者在引进资金、引进人才、开拓市场、提高品牌在消费者心目中的美誉度和忠诚度、提高市场占有率等方面都有重要的促进作用。

银川市曾提出“塞上湖城”、“回族之乡”、“西夏古都”3个定位，就本文的题目这里重点谈第二个。在品牌建设的规划中，首先要提出的问题就是“回族之乡”的含义是什么。在总体上还缺乏明确的定义，没有设计统一的识别系统。进一步提出的问题就是品牌个性在哪里，品牌认同是什么。银川市作为国内唯一的回族自治区首府，定位为“回族之乡”，具有独特性，这对于塑造品牌个性来说是非常重要的特征。在硬件方面，通过前面的描述可以看出伊斯兰产业发展对“回族之乡”的品牌支撑，但是软环境方面，该品牌的建构还不够明确。

对于品牌建设，不仅是政府等各部门间比如清穆产业办、文化部各部门、旅游局、工商行政

---

① 〔美〕迈克尔·波特．竞争论［M］．北京：中信出版社，2003：210.

② 倪鹏飞．中国城市竞争力报告［M］．北京：社会科学文献出版社，2006：54.

管理局、知识产权局等要联合，政府各部门还要跟企业以及各个产业协会联手，制定出系统的品牌沟通策略，通过有代表性的明星产业品牌，持续有效地培育区内外的消费者对于“回族之乡”和伊斯兰各产业的品牌感知与理解。

致谢：非常感谢宁夏回族自治区工商行政管理局商标广告监管处白处长、银川市商务局李局长、银川市清真食品和穆斯林用品产业发展办公室张科长对本文的重要贡献，以及《银川晚报》记者王丽芳所提供的帮助。

**参考文献**

[1] 杨晓光. 中国品牌的地区分布及其影响 [J]. 地理学报，2005，60 (2)：194.

[2] 迈克尔·波特. 竞争论 [M]. 北京：中信出版社，2003.

[3] 北京国际城市发展研究院. 集群：中国经济的龙脉 [2006]. http：//www. ccgov. org. cn/cityforum/html01/yjbg/cycy/jqyj/jqyj13. htm.

（执笔：薛　辉　宁夏大学人文学院）

# 附　录

## 2008 中国消费者理想品牌大调查调研说明

### 一、调研组织机构

**主办单位：**

中国商务广告协会

中国传媒大学

**支持单位：**（按名称笔画为序）

中华全国新闻工作者协会

中国广告主协会

中国公共关系协会

中国电子商会

中国对外贸易经济合作企业协会

中国企业联合会管理咨询委员会

中国国际公共关系协会

中国质量协会学术教育工作委员会

中国轻工工艺品进出口商会

中国食品土畜进出口商会

商务部外贸发展事务局

商务部国际贸易经济合作研究院

**研究单位：**

BBI 商务品牌战略研究所

国际广告杂志社

中国传媒大学广告学院

**战略合作伙伴：**

中世丰德文化发展有限公司

**共同研究单位：**（按大学所在城市行政区划为序）

| | |
|---|---|
| 中国传媒大学 | 青岛大学 |
| 天津理工大学 | 郑州大学 |
| 石家庄学院 | 华中科技大学 |
| 山西大学 | 湖南商学院 |
| 内蒙古师范大学 | 暨南大学 |
| 沈阳工业大学 | 深圳大学 |
| 辽宁师范学院 | 广西大学 |
| 东北师范大学 | 海南大学 |
| 黑龙江大学 | 四川外语学院 |
| 上海师范大学 | 成都理工大学 |
| 中国传媒大学南广学院 | 贵州财经学院 |
| 浙江大学 | 云南财经大学 |
| 宁波大学 | 西藏大学 |
| 安徽大学 | 西北大学 |
| 福建师范大学 | 兰州大学 |
| 厦门大学 | 青海民族学院 |
| 南昌大学 | 宁夏大学 |
| 山东建筑大学 | 新疆大学 |

### 二、调研组委会名单

**主　　任：**周可仁　全国政协外事委员会副主任、中国商务广告协会会长

**常务副主任：**刘立宾　中国商务广告协会常务副会长兼秘书长、国际广告杂志社社长

**副 主 任：**（按姓氏笔画为序）

丁俊杰　中国传媒大学副校长、中国商务广告协会副会长

王　宁　中国电子商会常务副会长兼秘书长

王汉江　中国轻工工艺品进出口商会会长

李兴国　中国公共关系协会常务副会长

张晓利　中国对外贸易经济合作企业协会常务副会长

屈建民　中国广告主协会秘书长
郑砚农　中国国际公共关系协会常务副会长兼秘书长
赵晨仔　中华全国新闻工作者协会党组副书记
胡新欣　中国企业联合会副理事长
顾学明　商务部国际贸易经济合作研究院院长助理
黄升民　国务院学科评议组成员、中国传媒大学广告学院院长
焦根强　中国质量协会副秘书长
霍建国　中国食品土畜进出口商会会长

**秘 书 长：**张树庭　中国传媒大学广告学院副院长、BBI 商务品牌战略研究所所长
**副秘书长：**李红宁　中国商务广告协会会长助理
王建锋　上海师范大学创意产业研究所副所长
王　瑄　国际商报要闻部主任

**总 策 划：**刘立宾　中国商务广告协会常务副会长兼秘书长、国际广告杂志社社长
**专 家 组：**顾　问：刘保孚　中国商务广告协会首席顾问
洪良浩　台湾《管理杂志》发行人
组　长：黄升民　国务院学科评议组成员、中国传媒大学广告学院院长
副组长：金定海　上海师范大学人文与传播学院副院长、中国商务广告协会副会长
刘国基　北京大学教授、中国商务广告协会顾问
成　员：（见共同调查研究大学名单）
**课 题 组：**组　长：张树庭　中国传媒大学广告学院副院长、BBI 商务品牌战略研究所所长
副组长：吕艳丹　BBI 商务品牌战略研究所《品牌管理参考》执行主编
孔清溪　BBI 商务品牌战略研究所研究总监
技术总监：沈　浩　中国传媒大学调查统计研究所副所长
成　员：（见共同调查研究大学名单）
分析组：曾小彤　王纪辛　易晓辉　郭　瑾　冯　淇　王　迎　张志宏
郑苏晖　张亚萍　董　妍　陈珊珊　朱宁迪　张晓丹　孔　超
周忠亮　李瑞雪　魏述东　代凌燕　李林凤　张逸君

## 三、调研价值：为各界进行品牌评价和决策提供参考

与以往其他专业市场研究公司、社会组织和研究机构所进行的消费者消费行为与态度研究不同，“2008 中国消费者理想品牌大调查”具有以下三大特点：

**（一）调查由全国 36 所高校首次联合推出，具专业性和权威性**

本次调查由全国 36 所知名高校共同参与执行，调查样本分布于高校所在的 36 个中心城市，覆盖了全国所有省份及自治区，以期对我国不同经济区域的品牌消费形态形成全方位的了解。合作学术机构之多、覆盖范围之广、调研规模之大在我国均属罕见。

**（二）调查对象聚焦于城市两类消费群体，具典型性和代表性**

本次调查选取了两类很有代表性的城市消费群体。

一类是家庭消费者。他们具有一定消费能力、拥有丰富的消费经历，对各类消费品品牌较为敏感，代表着城市基础消费模型。这一群体对品牌的使用情况、购买意向及品牌态度，能够直观地反映当前各行业品牌在城市市场的消费现状和竞争格局。

另一类是大学四年级学生。他们正处于从学校走向社会的过渡时期，有着强烈的消费欲望。大学四年使他们已经形成了初步的品牌消费意识，虽然现实的经济实力限制了他们的消费表现，但他们在学生时代所养成的消费特点、习惯与品牌观无疑将深刻地影响着未来的消费结构，一旦走出这个阶段，实现经济独立的大学生将把对品牌的渴望转换成真实的消费力。而且，较高的教育背景决定了他们将成为未来社会上的实力阶层，拥有较高的收入和强大的品牌消费潜力。因此，这一特殊群体的品牌消费行为及态度对品牌未来的发展态势将产生不可忽视的影响。

**（三）调查内容触及 3 种消费形态、57 个消费品类、12 个人文项目的品牌认知，具热点性和全面性**

本次调查充分考虑了 3 个层面的品牌消费形态。其中，“常用品牌”考察的是消费者目前的品牌使用状况；“预购品牌”考察的是将来的品牌购买预期，有助于了解消费者对品牌的忠诚度及转换情况；而“理想品牌”则考察的是消费者对品牌的偏好，代表品牌的真正价值。

在调查内容上涵盖了消费与人文两大方面。在消费方面，包括耐用消费品、日用消费品、生活服务等多达 12 个行业、57 个产品品类，触及人们日常生活的方方面面；在人文方面，则涉及了城市、媒体、人物 3 个方面、12 个细分类别，反映了消费者对人文品牌的认知与态度。

正是基于上述特点，“2008 中国消费者理想品牌大调查”更具有特殊的价值，具体来说包括以下 5 个方面：

1. 对政府的价值

本调查考察了当前我国消费市场中不同品牌的实际影响力和发展潜力，有助于相关部门进一步贯彻落实科学发展观，确定品牌工作的重点培育对象，制定相关政策措施，引导和鼓励企业创建自主品牌。

2. 对行业的价值

本调查分析了不同行业、品类的品牌消费现状，有助于在整个行业内树立以消费者为导向的品牌价值观，并为行业规划提供市场预测依据，营造出培育品牌、保护品牌的市场环境，促进行业的可持续发展。

3. 对企业的价值

本调查获得了全国不同类型消费者在品牌使用、购买和态度方面的第一手数据，有助于企业了解消费者对自身品牌的认知，把握与同业品牌之间的竞争格局，从而制定更为精准的品牌营销传播策略，以改变或强化消费者对品牌的态度，增值品牌资产。

4. 对消费者的价值

本调查从消费者的立场出发，全面展现品牌在全国各地消费者生活中和心目中的真正地位，为消费者决策提供真实、客观的市场信息。

5. 对学术界的价值

本调查从实证的视角，深入考察全国不同区域消费者对不同品类的品牌消费与认知状况，建构完善的品牌消费数据库和品牌价值体系，为相关学术研究提供参考。

## 四、调研技术说明

“2008 中国消费者理想品牌大调查”采用问卷调查的方式，对特定消费者进行随机抽样调查，以获取消费者对品牌的认知、回忆、好感及实际消费情况。

**（一）调查对象**

发放问卷 7 800 份，回收问卷 7 141 份，其中有效样本总量为 6 421 份。调查对象包括家庭消费者与潜力消费者两大类别，二者样本比例约为 2∶1。

**调查对象**

| 类　别 | 界　定 | 执行区域 | 有效样本量（份） |
|---|---|---|---|
| 家庭消费者 | 25 岁以上、有固定收入的本市常住居民 | 36 个中心城市 | 4 288 |
| 潜力消费者 | 本市高等院校大学四年级本科学生 | 170 所高校 | 2 133 |

**（二）执行时间**

2007 年 10—11 月在各城市调查，2007 年 12 月—2008 年 1 月进行数据统计分析。

**（三）抽样原则**

面向全国 36 个中心城市抽样（包括直辖市、省会城市、计划单列市等）。根据各城市的人口数量和经济发展程度（城市人口及 GDP 来自国家统计局官方统计数据）进行加权，将 36 个城市划分为 4 个等级，并按照城市人口的性别、年龄比例进行严格的配额抽样。置信区间为 95%时，抽样误差控制在 3%。

**（四）调查方式**

（1）采取拦截访问式问卷调查。

（2）共计调查 57 个消费品类、12 个人文项目。其中提及消费类品牌 3 528 个，城市 315 个，各类媒体 2 517 个，人物（企业家和品牌代言人）726 个。

在品类选择上集中于与城市消费者品牌消费直接相关的 B2C 类产品，涵盖了 IT、数码及相关产品，通信产品及服务，家电，日化，服装服饰，食品，饮料，烟酒，制药，交通工具，房产家装，服务等方面。选取消费品品类时主要依照广告投放量、行业发展潜力、行业社会关注度等多项指标，综合参考商务部《中国商品分类》及工商总局、质检总局相关产品分类，以及各行业分析报告等多种产品分类标准。此外还涉及了社会较为关注的城市、媒体、企业家、品牌代言等问题。

（3）调查内容主要涉及 3 个方面的消费者品牌消费行为与态度问题。

①目前最常使用的品牌——体现品牌当前的市场消费状况；

②近期计划购买的品牌——体现品牌未来的市场消费状况；

③不考虑价格等因素的理想品牌——体现品牌在消费者心中的理想程度。

**（五）数据处理**

*1. 数据整理及分析*

本次调查的所有数据采用 pcedit 数据处理软件，按照调查问卷原内容进行录入。在此基础上，运用社会科学统计软件 SPSS（Statistical Package for the Social Science）13.0 版本进行数据的分析及挖掘。

*2. 有效回答甄别*

考虑到本次调查目的在于获取有消费行为及态度的消费者的品牌消费形态，因此在统计数据时将不属于该问题访问对象的填答视为无效填答，不计入该品类针对该问题的有效样本量。即：统计“常用品牌”时排除了填答“不常购买”的消费者；统计“预购品牌”时排除了填答“不打算购买”的消费者；统计“理想品牌”时排除了填答“无所谓/不知道/记不清”的消费者。

## 五、调研样本构成

### （一）家庭消费者

1. 性别

| 性 别 | 频 数 | 百分比 |
|---|---|---|
| 男 | 2 182 | 50.9 |
| 女 | 2 106 | 49.1 |
| 总计 | 4 288 | 100.0 |

2. 年龄

| 年 龄 | 频 数 | 百分比 |
|---|---|---|
| 25～34 岁 | 1 366 | 32.1 |
| 35～44 岁 | 1 347 | 31.7 |
| 45～54 岁 | 988 | 23.2 |
| 55 岁以上 | 554 | 13.0 |
| 总计 | 4 255 | 100.0 |

3. 学历

| 学 历 | 频 数 | 百分比 |
|---|---|---|
| 小学及以下 | 111 | 2.6 |
| 初中 | 489 | 11.5 |
| 高中、中专、职高、技校 | 1 080 | 25.4 |
| 大专 | 898 | 21.1 |
| 本科 | 1 314 | 30.9 |
| 研究生及以上 | 367 | 8.6 |
| 总计 | 4 259 | 100.0 |

4. 职业

| 职 业 | 频 数 | 百分比 |
|---|---|---|
| 政府机关、党群组织、企事业单位工作人员 | 1 286 | 30.5 |
| 生产、运输设备操作等相关人员 | 127 | 3.0 |
| 农、林、牧、渔、水利业生产人员 | 55 | 1.3 |
| 技术人员及专业人士 | 595 | 14.1 |
| 商业、服务业人员 | 805 | 19.1 |
| 军人 | 41 | 1.0 |
| 自由职业、个体从业者 | 759 | 18.0 |
| 退休人员 | 352 | 8.3 |
| 无职业者 | 166 | 3.9 |
| 其他① | 36 | 0.9 |
| 总计 | 4 222 | 100.0 |

① 包括空姐、保安、健身教练、化妆师、厨师等。

5. 个人月收入

| 个人月收入 | 频　数 | 百分比 |
|---|---|---|
| 500 元以下 | 202 | 4.8 |
| 501～1 000 元 | 597 | 14.1 |
| 1 001～2 000 元 | 1 221 | 28.9 |
| 2 001～3 000 元 | 1 119 | 26.5 |
| 3 001～5 000 元 | 735 | 17.4 |
| 5 001～7 000 元 | 225 | 5.3 |
| 7 001～10 000 元 | 64 | 1.5 |
| 10 001 元以上 | 65 | 1.5 |
| 总计 | 4 228 | 100.0 |

6. 家庭月收入

| 家庭月收入 | 频　数 | 百分比 |
|---|---|---|
| 1 000 元以下 | 120 | 2.9 |
| 1 001～2 000 元 | 369 | 8.8 |
| 2 001～3 000 元 | 698 | 16.6 |
| 3 001～5 000 元 | 1 177 | 28.0 |
| 5 001～10 000 元 | 1 152 | 27.4 |
| 10 001～15 000 元 | 427 | 10.1 |
| 15 001～20 000 元 | 131 | 3.1 |
| 20 001 元以上 | 135 | 3.2 |
| 总计 | 4 209 | 100.0 |

## （二）潜力消费者

1. 性别

| 性　别 | 频　数 | 百分比 |
|---|---|---|
| 男 | 1 051 | 49.3 |
| 女 | 1 082 | 50.7 |
| 总计 | 2 133 | 100.0 |

2. 专业

| 专　业 | 频　数 | 百分比 |
|---|---|---|
| 文科 | 701 | 36.1 |
| 理科 | 350 | 18.0 |
| 工科 | 370 | 19.0 |
| 管理科 | 288 | 14.8 |
| 农科 | 18 | 0.9 |
| 医科 | 85 | 4.4 |
| 艺术类 | 118 | 6.1 |
| 其他① | 14 | 0.7 |
| 总计 | 1 944 | 100.0 |

① 包括包装、体育等专业。

3. 个人月收入

| 个人月收入 | 频　数 | 百分比 |
|---|---|---|
| 500元以下 | 1 354 | 73.1 |
| 501～1 000元 | 308 | 16.6 |
| 1 001～2 000元 | 114 | 6.2 |
| 2 001～3 000元 | 43 | 2.3 |
| 3 001～5 000元 | 22 | 1.2 |
| 5 001～7 000元 | 8 | 0.4 |
| 7 001～10 000元 | 2 | 0.1 |
| 总计 | 1 851 | 100.0 |

4. 家庭月收入

| 家庭月收入 | 频　数 | 百分比 |
|---|---|---|
| 1 000元以下 | 301 | 15.8 |
| 1 001～2 000元 | 373 | 19.5 |
| 2 001～3 000元 | 393 | 20.6 |
| 3 001～5 000元 | 448 | 23.5 |
| 5 001～10 000元 | 255 | 13.4 |
| 10 001～15 000元 | 65 | 3.4 |
| 15 001～20 000元 | 20 | 1.0 |
| 20 001元以上 | 53 | 2.8 |
| 总计 | 1 908 | 100.0 |

## 六、共同调查研究大学名单

| 城　市 | 高　校 | 院　系 | 课题组专家 | | 合作研究人员 | |
|---|---|---|---|---|---|---|
| | | | 姓　名 | 职　务 | 姓　名 | 职　务 |
| 北京 | 中国传媒大学 | 广告学院 | 张树庭 | 副院长 | 董　妍 | 研究主管 |
| 天津 | 天津理工大学 | 管理学院广告系 | 范志国 | 系主任 | 于志宏 | 教师 |
| 石家庄 | 石家庄学院 | 文学与传媒学院 | 杨红莉 | 院长助理 | 马韶培 | 广告学教师 |
| 太原 | 山西大学 | 文学院广告系 | 韩志强 | 系主任 | 周海潮 | 社科处副处长 |
| 呼和浩特 | 内蒙古师范大学 | 国际现代设计艺术学院广告系 | 门小勇 | 系主任 | 李少博 | 院长助理 |
| 沈阳 | 沈阳工业大学 | 文法学院新闻传播系 | 赵世清 | 系主任 | 田　宇 | 教师 |
| 大连 | 辽宁师范学院 | 文学院 | 孙晓兵 | 副院长 | 高海冰 | 教研室主任 |
| 长春 | 东北师范大学 | 传媒科学学院 | 王以宁 | 院长 | 高红阳 | 博士 |
| 哈尔滨 | 黑龙江大学 | 新闻传播学院广告系 | 崔德群 | 系主任 | 马荣帧 | 教师 |
| 上海 | 上海师范大学 | 人文学院广告系 | 郑　欢 | 副教授 | 张　华 | 讲师 |
| 南京 | 中国传媒大学南广学院 | 新闻传播学系 | 张　燕 | 系主任 | 崔晨丹 | 教师 |
| 杭州 | 浙江大学 | 传媒与国际文化学院 | 胡晓芸 | 广告学专业主任 | 胡晓芸 | 广告学专业主任 |
| 宁波 | 宁波大学 | 传播与艺术学院 | 贺雪飞 | 常务副院长 | 叶英英 | 副院长 |
| 合肥 | 安徽大学 | 新闻传播学院广告学系 | 邬盛根 | 系主任 | 周春霞 | 博士 |
| 福州 | 福建师范大学 | 传播学院 | 刘　泓 | 院长助理 | 叶凤琴 | 教研室副主任 |
| 厦门 | 厦门大学 | 新闻学院 | 黄合水 | 副院长 | 陈素白 | 讲师 |
| 南昌 | 南昌大学 | 新闻与传播学系 | 曾　光 | 教研室主任 | 曾　光 | 教研室主任 |

续表

| 城市 | 高校 | 院系 | 课题组专家 | | 合作研究人员 | |
|---|---|---|---|---|---|---|
| | | | 姓名 | 职务 | 姓名 | 职务 |
| 济南 | 山东建筑大学 | 广告传播与社会调查研究所 | 邓相超 | 所长 | 邓相超 | 所长 |
| 青岛 | 青岛大学 | 文学院广告系 | 查灿长 | 系主任 | 董彬 | 讲师 |
| 郑州 | 郑州大学 | 新闻与传播学院广告学系 | 颜景毅 | 系主任 | 李惊雷 | 副教授 |
| 武汉 | 华中科技大学 | 新闻与信息传播学院广告系 | 陈先红 | 系主任 | 史旻昱 | 博士 |
| 长沙 | 湖南商学院 | 设计艺术学院广告系 | 何鹄志 | 系主任 | 文新华 | 副教授 |
| 广州 | 暨南大学 | 新闻与传播学院广告系 | 李苗 | 副教授 | 龙思思 | 教师 |
| 深圳 | 深圳大学 | 传播学院 | 王晓华 | 副院长 | 严丽娜 | CATI 实验室助理 |
| 南宁 | 广西大学 | 行健文理学院 | 梁仕云 | 副院长 | 邓丹丹 | 广告专业负责人 |
| 海口 | 海南大学 | 人文与传播学院广告系 | 王海燕 | 系主任 | 何晶娇 | 教师 |
| 重庆 | 四川外语学院 | 新闻传播学院 | 张幼斌 | 副院长 | 黄蜜 | 教研室主任 |
| 成都 | 成都理工大学 | 商学院市场营销系 | 花海燕 | 副院长 | 夏燕成 | 副教授 |
| 贵阳 | 贵州财经学院 | 文化传播学院 | 顾雪松 | 副院长 | 张远义 | 教师 |
| 昆明 | 云南财经大学 | 传媒学院 | 唐嘉庚 | 副院长 | 高阳 | 教师 |
| 拉萨 | 西藏大学 | 教务处 | 王琼 | 副处长 | 尼玛拉姆 | 副教授 |
| 西安 | 西北大学 | 新闻传播学院 | 杨立川 | 院长 | 李常青 | 广告系教师 |
| 兰州 | 兰州大学 | 新闻与传播学院 | 李文 | 教授 | 武建义 | 讲师 |
| 西宁 | 青海民族学院 | 文学院 | 王维国 | 副院长 | 李朝 | 教研室主任 |
| 银川 | 宁夏大学 | 人文学院新闻系 | 薛金强 | 系主任 | 薛辉 | 教师 |
| 乌鲁木齐 | 新疆大学 | 新闻与传播学院 | 寇紫遐 | 教研室副主任 | 松岩 | 教师 |